近代日本〈陳列所〉研究

Commercial Museum
in Modern Japan
Takuya Miyake

三宅拓也 著

目次

序章　〈陳列所〉研究史と本書の視座……3
一　〈陳列所〉とは何か……3
二　既往研究の成果……12
三　本書の課題と構成……25
第一章　一九世紀末における商品陳列機関の世界的流行
――"Commercial Museum" あるいは "Export Samples Warehouse"……35
はじめに……35
一　一九世紀末における商品陳列機関をめぐる世界的状況……38
二　新陳代謝するミュージアム
――ブリュッセル・コマーシャル・ミュージアムの誕生……46
おわりに……57
第二章　明治初期の勧業政策と陳列施設……65
はじめに……65
一　明治政府の殖産興業政策……67

二　内国勧業博覧会の開催と政府主導の陳列施設……73
三　地方都市における博覧会開催とその常設陳列施設への展開——石川県を事例として……105
おわりに……128

第三章　「通商博物館」設置計画と「商品陳列所」の受容……145
はじめに……145
一　明治政府による「通商博物館」設置計画……147
二　府立大阪商品陳列所の誕生……172
おわりに……191

第四章　農商務省による〈陳列所〉組織化の試み
——貿易品陳列館設立から「道府県市立商品陳列所規程」制定まで……203
はじめに……203
一　農商務省商品陳列館の設立——事業統合と庁舎建設……205
二　農商務省商品陳列館による地方〈陳列所〉の支援……222
三　「道府県市立商品陳列所規程」の制定とその効果……240
おわりに……245

第五章　多様化する〈陳列所〉――内地・外地の〈陳列所〉……253
はじめに……253
一　内地の〈陳列所〉……257
1 石川県 258　2 大阪府 260　3 埼玉県 268　4 岩手県 269　5 愛知県 272
6 広島県 279　7 和歌山県 287　8 愛媛県 290　9 長野県 291　10 神奈川県 293
11 島根根 298　12 兵庫県 301　13 徳島県 307　14 山口県 310　15 鹿児島県 313
16 沖縄県 317　17 三重県 319　18 宮崎県 326　19 北海道 329　20 福井県 333
21 滋賀県 335　22 茨城県 340　23 大分県 343　24 青森県 348　25 宮城県 351
26 富山県 353　27 鳥取県 356　28 岡山県 358　29 熊本県 361　30 佐賀県 365
31 秋田県 368　32 長崎県 370　33 高知県 372　34 群馬県 374　35 香川県 377
36 新潟県 381　37 静岡県 384　38 岐阜県 388　39 山形県 390　40 奈良県 393
41 千葉県 396　42 福岡県 401　43 山梨県 405　44 京都府 408　45 福島県 415
46 東京府 420　47 栃木県 427　48 丸ビル地方物産陳列所 428
二　外地の〈陳列所〉……430
49 台北 431　50 京城 435　51 哈爾濱 442　52 シンガポール 446
おわりに……452
第六章　社会教育施設としての〈陳列所〉――山口貴雄による運営とその建築……479
はじめに……479

一　近代工業教育の成果としての山口貴雄……482
二　〈陳列所〉における山口貴雄の活動……501
三　山口貴雄の〈陳列所〉運営……526
おわりに……529

結　章　近代日本の〈陳列所〉……543
一　〈陳列所〉の誕生と展開……543
二　〈陳列所〉の特質……552
三　〈陳列所〉にみる近代の日本……567

あとがき
初出一覧
図版一覧
付録：〈陳列所〉建築一覧
索引（人名・事項・〈陳列所〉）

近代日本〈陳列所〉研究

序章　〈陳列所〉研究史と本書の視座

一　〈陳列所〉とは何か

本書は、明治から昭和戦前期の日本にあまねく普及した公共の陳列施設である〈陳列所〉の実態を明らかにするものである。この種の施設が、都市の産業を奨励する目的で各地に設置された経緯を検証し、制度・活動・建築を含めて都市との関わりに注目することで、日本の近代に特有な都市施設としての歴史的意義を考察する。

はじめに、本書が扱う〈陳列所〉が具体的に何を指すのかを示すため、いくつかの建築に目を向けたい。このことは本書の背景となる関心を説明することにもなるだろう。以下に紹介する建築はいずれも戦前に建てられたものだが、現在も地域の文化遺産として活用されている。

鹿児島県立博物館　考古資料館（図1：以下、竣工年／竣工時名称／文化財指定等の順に記す：一八八三年（明治一六）／興業館／国登録有形文化財）は、同地における石造の建築文化をよく示すもので、洋風の中に和のモチーフが見え隠れする意匠に近代建築黎明期の強い創造力を感じさせる。奈良公園内の奈良国立博物館の後方に位置する奈良国立博物館　仏教美術資料研究センター（図2：一九〇二年（明治三五）／奈良県物産陳列所／重要文化財）は、平等院鳳凰堂を髣髴とさせる近代和風建築の代表格である。岡崎市郷土館の収蔵庫として使用される建物（図3：一九一三年（大正二）／額田郡物産陳列所／重要文化財）は、本館として使用される旧額田郡立公会堂とともに、大正初期の地方都市における公共建築の様子をよく示す例として評価されている。これらの建築はいずれも、現在は博物館関連施設として使用されているものである。横浜市の中心部に位置する横浜情報文化センター（図4：一九二九年（昭和四）／横浜商工奨励館／横浜市認定歴史的建造物）は、日本大通りに面して建つ中層のビルを増改築したもので、日本新聞博物館と放送ライブラリーに加えて情報産業関連のオフィスが集まる複合施設（運営は公益財団法人 横浜企業経営支援財団）である。特別名勝・栗林公園内に建つ香川県商工奨励館（図5：一八九九年（明治三二）／香川県博物館）は、大名庭園を起原とする同園の中核施設として利用されるものであり、地域の特産品の販売も行う。そして広島市の原爆ドーム（図6：一九一五年（大正四）／広島県物産陳列館／ユネスコ世界文化遺産）は、本来の建築物としての用途は失われてしまったものの、戦争の惨禍を今に伝えるモニュメントとして、平和記念公園の象徴的存在となっている。

これらの建築物は、あるものは博物館関連施設、あるものは地域物産の販売所というように、現在の活用方法が異なるだけではなく、竣工時期・意匠・規模・構造・立地環境まで様々である。さらにいえば、竣工当時の使われ方も異なっているように思われる。余暇を過ごす公園やかつての大名庭園と、いち早く開港した貿易都市の目抜き通りでは、往来する人々が明らかに異なると想像されるからである。現在の活用のされ方の相違も、こうした周辺環境のあり方と無関係ではない。

しかしこのような相違点を持ちながらも、先述の建築は地方行政府によって「物産陳列所」などという名称を冠して建設された点で共通する（これらは後に「商品陳列所」などに改称した）。それはつまり、和風意匠で近世以前からの歴史環境に寄り添うようなものと、都市の中心部に当時最新の意匠で屹立したものとが、少なくと

図１　鹿児島県立博物館 考古資料館

図２　奈良国立博物館 仏教美術資料研究センター

図３　岡崎市郷土館 収蔵庫

図４　横浜情報文化センター

図５　香川県商工奨励館

図６　原爆ドーム

も名称の上では同種の公共施設として存在していたことを意味する。同時にこれらの建築にみられる華やかさや周辺環境への心遣いに、設置者が注いだ大きな熱意が共通して感じられるのである。

このことは、「物産陳列所」や「商品陳列所」という施設が、行政施設としての全国的な枠組みの中で設置されたことを示唆する一方で、その枠に収まらない都市それぞれの歴史的・文化的・政治的な強い個性の存在をうかがわせる。なぜ同じ名称を持ちながらも個性的な建築が各地に誕生し、今に残るのか。そもそも「物産陳列所」や「商品陳列所」とは何か。本書の出発点にあるのは、現在に残るいくつかの魅力的な建築物を通して沸き上がった、「物産陳列所」や「商品陳列所」に対するこのような素朴な関心である。

以上にみたように、本書が注目する〈陳列所〉とは、すなわち「物産陳列所」や「商品陳列所」である。本書ではその総称として〈陳列所〉を用いるが、この妥当性は本書を通じて明らかにしていきたい。

建築物が現存するものは数が限られてしまったが、〈陳列所〉は、明治から昭和戦前期の日本において各道府県に設置されていた。府県レベルでの設置がほとんどだったが、横浜市や額田郡のように市や郡の単位で設置されるものや、商業会議所などによって運営されるものもあり、大正期には各府県にひとつ以上の割合で設置されていた。そこで行われた業務は、大正初期頃の福島県物産陳列館を例に挙げれば、重要物産・内外国製品の収集陳列、県内業者の委託販売、県産品紹介と市場調査、実業関連図書の公開などである。こうした活動は、個体差はあるがおおよそどの〈陳列所〉でも行われている。そこでは、都市の農業・工業・商業を奨励するための様々な活動が展開された。

〈陳列所〉の全国的な施設普及は、戦前期においては美術館や博物館（ここでは文部省が管轄する施設を指す）を凌駕するものであった。当時の建築計画の専門書は、「我国の博物館事業が其の美術博物館と、科学博物館とを問はず、頗る不振の状態にあるにも拘らず、其の類似施設である処の商品陳列館が特異の発達を為し、其の数に於て、其の質に於て、又其の規模に於て、相当見る可きものあることは甚だ興味ある事実と言はなければならない」と記すほどである。[1] 博物館の全国的な普及が戦後を待たねばならない点を思えば、戦前の日本の都市における公共の陳列施設としては〈陳列所〉が最も一般的な存在だったといえるだろう。さらに言えば、この普及の程度は世界的に見ても特異であった。[2]

このような〈陳列所〉は、日本の近代を考える上でいくつかの点で重要な意義を有している。

ひとつは、〈陳列所〉が近代になって生み出され、明治から昭和戦前期という限られた時期にだけ存在した施設だという点である。近世以前にも物品を集めて見せる場として、物産会や見せ物、寺社の開帳などの催事的な場があった。しかし〈陳列所〉は、近世以前からの伝統や知識基盤を踏まえながらも、日本が近代国家として歩み始めたことによって誕生した常設の公共的施設であり、その後の展開においても近代化を図る諸種の政策に深く関係する。一方で、戦前期において全国的な流行をみたにもかかわらず、現代社会においては戦前のそれを継承して〈陳列所〉と名乗る公共施設は姿を消している。この点は、現在も各地の主要な公共施設であり続ける府県庁舎や博物館、あるいは公会堂などと大きく異なる。こうした時代性ゆえに、〈陳列所〉を日本の近代に特有の施設として扱うことができる。

次に挙げられる重要性は、〈陳列所〉が全国各地に設置された施設だという点である。このことは、全国各地に普及したという画一性と、都市それぞれに見られる個別性の両面において意義深い。各地に設けられた官公庁や学校が近代国家の行政や教育政策を実現する場となったように、〈陳列所〉は勧業政策や貿易政策の実現の場として設置されたものであり、全国的な普及をみた最初期の公共施設のひとつである。しかし、立地環境を含む建築計画にある程度の時代的な統一性が見受けられる官公庁舎や学校と違って、〈陳列所〉には都市ごとの明らかな差異が存在する。それゆえに、都市形成の土台となるような都市の個性を、〈陳列所〉という切り口から見出すことができないだろうか。

さらに、地域社会において〈陳列所〉が社会的役割を担った点も重要である。先に見た現存物件の例に明らかなように、〈陳列所〉は地域の象徴的な場所に位置する例が多く、現在までの都市の歴史と深く関わりを持ってきた。そして、その誕生から長きにわたって地域で唯一の広大な空間を有する公共の陳列施設であったために、各種の陳列会や集会など、様々な催しの会場となった。〈陳列所〉として使用されなくなった建物は、その閉鎖後、学校や図書館などの公共施設として活用され、行政と市民生活をつなぐ存在であり続けた例も多く、〈陳列所〉が位置した場所に公立博物館が設置されている例も少なくない。

〈陳列所〉は物産・商品を扱うことを通じて、商工業に関する同時代の地域情報が集積する場でもあった。集められた情報は統計化された上で機関誌などにも掲載され、職員や専門家による考察が加えられた。展覧会・品評会への出品物や出品者の情報を含む記録の蓄積は、都市の履歴を克明に伝える貴重な史料である。〈陳列所〉は、殖産興業という大きな看板を掲げながらも、地域住民の普段の生活と様々な場面で密接に関わりを持つ存在であったのであり、この点に都市施設としての大きな社会的意味を見出すことができる。

このような〈陳列所〉の歴史的意義は、すなわち都市施設としての〈陳列所〉の特性でもある。そして、本書が第一に着眼するのは、〈陳列所〉が持つこのような特性である。すなわち、現代には存在しない近代日本特有の都市施設であるという時代性や、施設名称にあるように、機能が規律によって統制されているように見える一方で備わる地域的・歴史的な多様性である。〈陳列所〉のこのような特性への関心は、同時に様々な〈陳列所〉を生み出した都市の個性への関心でもある。規律を持ちながらも枠組みを越えて都市の個性を発する〈陳列所〉には、明治政府の方針に基づき西洋を受け入れながらも、それぞれの歴史を踏まえて近代化を実現していった日本の都市の特質が、要約されているように思えるのである。

以上に示したような〈陳列所〉の実態を明らかにするために、本書では〈陳列所〉をめぐる制度・組織や活動の枠組みと、個別の施設における地理的・歴史的な事情の双方から考察を進める。

（1）対象としての〈陳列所〉

本書が対象とするのは、「物産陳列所」や「商品陳列所」などと呼ばれる公共施設である。などとしたのは、物産陳列所・物産陳列館・物産陳列場や商品陳列所・商品陳列館・商品陳列場というように、名称に微妙な差異が認められるからである。ここでは、「物産陳列所」と「商品陳列所」をそれぞれの総称として使用する。そして、先に述べたように、本書ではさらにこれらを一括りに扱うこととし、その総称として〈陳列所〉を用いる。

〈陳列所〉の活動は、大きく次の四つに分類することができる。[3] つまり、①参考品・地域物産の蒐集・陳列（図書室の整備／陳列品の分与／委託品の陳列即売など）、②展覧会・共進会ほか集会に対する会場提供（自主開催／会場貸など）、③商工業に関する調査と紹介（機関誌・調査報告書の発行／講演会／海外情報通信員の配置など）、④商工業に関する指導・補助（取引斡旋／工業試験の実施／図案の考案など）である。ただし、これはあくまで〈陳列所〉の全体を見渡した上で見出し得る枠組みであり、個々の〈陳列所〉がこれらの活動を万遍なく実施していたわけではない。概して、「商品陳列所」と名乗る施設は、商工業に関する調査や紹介を積極的に行い、海外の情報も広く取り扱う傾向があるが、名称によって分離し得るものではないのである。なお、各〈陳列所〉の予算は基本的に設置主体の勧業費から捻出される。

既往研究の具体的な成果については後述するが、従来の研究は「物産陳列所」と「商品陳列所」を分けて扱い、あるいはどちらかの呼称に基づく内容に統一した上で全体論的に扱ってきた節があり、両者のあり方を包括してひとつの対象と捉えて論じるものはない。また、〈陳列所〉を生み出した都市それぞれの背景を積極的に取り上げる視点は重視されない。それゆえに、全体を視野に入れた上で、地域性や都市空間との関わりを含めた個性に対する視点が抜け落ちており、〈陳列所〉の多様なあり方が取りこぼされてきた。その結果、ひとつの〈陳列所〉が設立に至る経緯や、そこで実際に行われたことを、都市それぞれの実態に即して論じるものも見られない。具体的な施設の差異に触れぬまま、名称の同一性によって評価がなされてきたといえる。

これに対して本書では、「物産陳列所」や「商品陳列所」を、制度的につながりを持つひとつの公共的な施設・組織として捉え、機能や空間を含めて、その実態を明らかにすることを試みる。〈陳列所〉として総称するのも、このためである。〈陳列所〉という存在そのものを取り上げて歴史に位置づけるには、〈陳列所〉の多様性を認めた上で全体の枠組みと個別事例を検証し、名称の同一性のみに依らない慎重な議論と多角的な視点からの考察が必要だと考える。

本書は、以上の問題意識を背景として、明治から戦前期における「物産陳列所」や「商品陳列所」を〈陳列所〉というひとつの存在として捉え直し、その実態を、全体の枠組みと個別事例の双方から検証する。この作業を通して、〈陳列所〉の制度・組織・活動や建築と都市との関わり、その時代的変化を明らかにすることで、日本近代に特有な都市施設として、〈陳列所〉を歴史的に位置づけることを目指したい。

（2）対象とする〈陳列所〉の定義

前述した目的で考察を進めるにあたり、本書ではさしあたり〈陳列所〉を次のように定義しておく。すなわち、①農商工業の奨励を目的とし、②農商工業者に対する補助・指導を行う機関のうち、③拠点となる常設施設を持ち、④物品の陳列公開を行う機関である。さらに、本書では、⑤国・道府県・市・郡などの公立機関によって、植民地を含む当時の日本国内に設置されたものを基本的に扱うこととする。本書では都市との関わりを重視し公共施設としての〈陳列所〉の意義に注目するため、県などから運営を委託されているものを除き、商業会議所など半公共的機関によって設置されたものは対象外とした。つまり、基本的には商業会議所や同業者組合による陳列施設、博覧会などに設置された物品販売所としての陳列所、「商品陳列所」と名乗る民間の勧工場などは含まない[4]。

本書が取り上げる〈陳列所〉は、さらに具体的にいえば、〈陳列所〉の制度的中心にあった農商務省（のち商工省）によって監督されたもの、たとえば『農商務省商品陳列館報告』[5]などに一覧として掲載されるものである。公立の〈陳列所〉の監督機関は農商務省であり、同じ常置陳列施設とはいえ、文部省が監督する「博物館」とは一線を画すものである。一方で、明治初期の勧業博物館をはじめ「博物館」という名称であっても、上記①〜⑤を満たすものは考察の対象としている。これは、本書第二章で明らかにするように、明治期における地方の博物館運営は基本的には勧業政策の一部であるため、その活動の実態は〈陳列所〉と重なる部分があり、〈陳列所〉の振幅の範囲にあると考えるためである。誤解を恐れずに言えば、殖産興業を目的として地方都市に誕生した明治初期の博物館・博物場は、今日にいう「博物館」ではなく〈陳列所〉に後継されるものである。

そもそも、「物産陳列所」や「商品陳列所」という名称は、物産や商品を陳列する所という漠然としたものであるため、当時からしばしば混乱を招いてきた。それは、「商品陳列所」などの呼称が一般的でありすぎ、博覧会や勧工場、百貨店をはじめとする小売商店などにおける商品の陳列販売空間を指すものとしても使用されるためである[6]。このことは〈陳列所〉の、陳列以外の活動に目が向けられがたくなる理由ともなっている。なお、一八八〇年代頃には新聞紙上においても、断りのないまま前項で示した施設を指して「商品陳列所」などという語が限定的に用いられていることから、明治後半期には商品の販売所とは異なる商工業政策上の施設を指す語として認識されていたようである。

二　既往研究の成果

ここで既往研究の成果を振り返り、本書の位置付けを確認しておきたい。

博物館関係者や経済学者を中心に、国内に普及する「物産陳列所」や「商品陳列所」についての活動の分析・考察は戦前から行われてきたが、[7]〈陳列所〉が歴史研究の対象として取り上げられるのは、一九七〇年代からである。それらは、制度・組織・活動に代表されるソフト面に関心を置くものと、施設の建築や環境などのハード面に関心を置くものに大別できる。前者は博物館史、経済史、メディア・デザイン・工芸・美術史の各分野からの研究が、後者は建築史、都市史の各分野からの研究が主に該当する。〈陳列所〉を早くから取り上げたのは、博物館史と経済史であり、制度・活動の考察と各分野における歴史的な位置付けが行われてきた。それらの成果を土台として、近年は複数の分野から〈陳列所〉の多様な活動の断面が明らかにされつつある。なお〈陳列所〉と深く関わりを持つ博覧会や博物館は、社会文化史・政治思想史・文化資源学などを含めて各分野の対象となっている。

以下では、まず〈陳列所〉の制度・組織・活動に関する既往研究について、次いで〈陳列所〉の建築や都市に関する既往研究について、最後に〈陳列所〉に深く関わりを持つ関連分野の研究について、それぞれの視座に注目しながら整理する。

（1）博物館史分野からの〈陳列所〉研究

戦中の混乱で忘れられていた〈陳列所〉の存在を掘り起こし、歴史研究の対象として論じたのは、博物館史分野からの研究が最初である。物品を収集して陳列公開する常設施設であるという〈陳列所〉の性格が、今日の博物館と多く共通することが、その関心を喚起したといえるだろう。なお博物館と〈陳列所〉は、戦前期に文部省が「常置観覧施設」として一括りに扱ったこともあるほか[8]、戦後にまとめられた『日本博物館沿革要覧』にも、博物館と別項目ながらも「商品陳列所類」として、〈陳列所〉が採録された[9]。

戦後日本の博物館史研究を牽引した椎名仙卓は、戦中の混乱で忘れられていた物産陳列所・商品陳列所の存在を再発見し、戦後の博物館史研究の壇上で取り上げた[10]。椎名は、「不特定多数の人に観覧させることを目的としている」ことと活動の内容から、物産陳列所を「一種の〝産業を主体とした博物館〟」と見なした。そして「物産陳列所から商品陳列館へ」という展開として捉え、「博物場的な雰囲気が温存され」「産業の振興を目的」とした物産陳列所が、「貿易品斡旋機関としての性格」や「商品の販売促進のための方途」を強く持った商品陳列所へという展開を示す。また、時代的な変化を受けて明治四〇年代以後は「物産陳列場と商品陳列館のちがいを名称だけで区別することは困難となる」と指摘するものの、「とにかくこの両施設は共存共栄という形で発展する」として、あくまで別の存在として扱った[11]。

〈陳列所〉に対する椎名の関心は、陳列される物品の種類とその扱われ方に集中している。それゆえに、〈陳列所〉の活動の一部を限定的に取り上げるにとどまっており、その全体像を踏まえて評価し得たかというと疑問が残る。また、椎名の研究は明治初期における「博物館」「物産陳列所」「商品陳列所」に対する区別の根拠に曖昧な点があり、いくつかの矛盾もある。たとえば、博物館と物産陳列所の相違点として、当時の博物館では「珍品奇品や学術上価値の高い物品」を陳列し収集品を原則永久保存する一方で[12]、物産陳列所は「普通のどこにでもある日常生活と深いかかわりのあるありふれた物品」を陳列し、それを販売したことを指摘する[13]。しかし、実際には物産陳列所で収集・陳列されたものは、すべてが委託販売の用に充てられたわけではなく、一方で当時の博物館・博物場では陳列品の販売が公然と行われていた[14]。また、椎名自身が明治中期頃の地方博物館を「地域社会の殖産興業政策のために創設されたり、あるいは地域の学校と深い関わりをもって発達[15]」したとしながら、物産陳列所についても「地域社会の産業の発達を促すために、その地域の自然物や特産物などを展示公開した施設[16]」としているように、共通する部分も多く見受けられるのである。

とはいえ椎名の先駆的な業績は、看過されてきた〈陳列所〉の存在を提示し、それらの設置目的や展示内容の考察を通して博物館史上に初めて位置づけた意味で、たいへん意義深く、重要なものである。こうした椎名の〈陳列所〉理解は、その後の博物館史研究における基本的な立場として引き継がれた。地方の博物館史研究における〈陳列所〉への言及や[17]、民間の商工業団体による陳列施設に対する評価も[18]、椎名による位置付けを援用するものである。椎名の研究を受けて、前川公秀が地方〈陳列所〉の事例研究として、千葉県の〈陳列所〉を取り上げてその様態を明らかにしている[19]。

椎名に代表されるこのような〈陳列所〉理解に対して異議を唱えたのが、犬塚康博による一連の研究である。犬塚は従来の博物館史研究において看過されてきた事象を意欲的に取り上げ、博物館研究者が看過してきた事実そのものを含めて博物館史研究の見直しを唱えてきたが、物産陳列所・商品陳列所もそのひとつである。

犬塚は、椎名の「博物館」「物産陳列所」「商品陳列所」に対する評価と分類を批判した[20]。そこではまず物産陳列所と同時代の博物館が殖産興業という目的において同一であり、さらに物産陳列所と商品陳列所についてもその名称の可逆的な変化を根拠に「同一の範疇における「あれもこれも」」として扱うべきものであると指摘する[21]。さらに犬塚は、椎名が物産陳列所を博物館として認める一方で商品陳列所を忌諱したとし、その背景に戦前から続く博物館関係者による「商品」という語の忌諱を指摘した。この点に、商品陳列所に「教育」の存在を認めない「博物館の自意識」を見出すのである。そして犬塚は、物産陳列所を「産業博物館」とし商品陳列所を「商業博物館」とする一九三〇年代の博物館関係者の評価を参照し、さらに「反商品の教育主義」という博物館の自意識を批判することで、商品陳列所を「商業博物館」であると結論づけている。

また犬塚は別稿において、戦前の博物館関係者に内在した「商品陳列所」の施設やシステムを「博物館」に流用しようとする動きを取り上げて論じている。なお、ここでいう商品陳列所とは、一九二〇年に制定された農商務省令における「道府県市立商品陳列所規程」によるものとされる。ここでの犬塚の指摘は、博物館関係者による初めての事業団体である「博物館事業促進会」結成後の博物館関係者による「商品陳列所」に対する認識を明らかにするものであり、その点において示唆に富んでいる。ただし、そこで博物館関係者を援護する存在として紹介される山口貴雄の言説などは、独自の思想を持って〈陳列所〉行政に深く携わった山口の活動を充分に踏まえて位置づけられたものではなく、疑問が残る。

以上、博物館史において〈陳列所〉を扱った先行研究を概観したが、それらにおける最大の関心は、〈陳列所〉が「博物館」であるか否かを見極めようとするものであり、かつ〈陳列所〉を「博物館」の領域に内包させようとするものであったといえるだろう。それゆえに、〈陳列所〉の多様な活動のなかから、陳列・展示に関する部分のみにその関心が示されてきた。それは、一九三〇年代の博物館関係者と同様に、〈陳列所〉の活動の一部に陳列・展示という「博物館」としての機能を見出すことによって、それを「博物館」として取り込まんとしている印象が拭えない。

犬塚が従来の博物館関係者に内在する博物館認識の矛盾を指摘したように、そもそも近代日本における「博物館」の認識は定まっていない。近代西洋で新しい〝ミュージアム〟が生まれ続ける中で、それらを断続的に学び、翻訳しながら「博物館」や「美術館」をつくってきた日本にとって、何がミュージアムであるかは未だ議論の半ばといえるだろう。ただ、当時の人々が西洋で実見したのは、いずれもミュージアムである。それでは「博物館」とは何なのか。物品を収蔵したり展示をする場所が「博物館」なのか。こうした状況の中で、〈陳列所〉の一部の側面のみを取り上げて「博物館か否か」だけを問い続けることは、出口のない迷路をさまよい歩くようなものではないだろうか。それゆえに、まずは〈陳列所〉が何であったのかを、具体的に明らかにしていくことが重要となる。同じく西洋の〝ミュージアム〟から翻訳されて誕生した〈陳列所〉の実態を明らかにすることで、相対的に日本独自に展開した「博物館」や「美術館」の存在をも捉え、それらを議論するきっかけとなるだろう。この意味において、本書は博物館史研究に資するものとして想定される。

なお、近年の博物館史研究において、従来とは異なる視点や事象を取り上げてその再考を試みるものがある。[22]とりわけ、従来の日本の博物館史研究で取り上げられてこなかった在外史料を活用して博物館関係者の動向を委細に復原することで、黎明期における博物館政策の背景を明らかにした財部香枝の研究[23]や、従来の研究で取り上げられる事例の偏在を含めて、博物館に内在する政治的側面を鋭く指摘した金子淳や前述した犬塚康博らの研究[24]は、本書にも大きく影響を与えている。

（2）経済史分野からの〈陳列所〉研究

経済史分野からの研究は、博物館史において取りこぼされた〈陳列所〉の陳列以外の活動、とりわけ商業情報の収集・拡散と、〈陳列所〉相互の連絡を検証し、情報機関・組織として評価するものである。外務省の領事報告との関連に注目した杉原薫や高嶋雅明らによる一連の研究や、地方都市における商品陳列所の活動を産業との関わりに注目して考察した須永徳武の研究がその代表的なものとして挙げられる。経済史では、情報施設としての関心から、農商務省商品陳列所などの登場により情報機関としての活動が本格化する一八九〇年代以後の「商品陳列所」を主な対象と捉え、また、領事報告や輸出政策に対する情報施設としての関心から、日本が交易を行う海外の都市に設置された「海外商品見本陳列所」も含めて取り上げている。[25]

なお、日本が満州や南洋諸島に設置した〈陳列所〉は、その設置主体となる団体への関心の一環で、経済史にとどまらず歴史学や国際関係史においても言及されており、日本の植民地政策などとの関係が論じられている。代表的なものとしては、哈爾濱《ハルビン》商品陳列館を設置した日露協会を扱ったもの(26)、新嘉坡《シンガポール》商品陳列館を設置した南洋協会を扱ったものがある(27)。いずれも、団体の現地活動の拠点として、一定の役割を果たしたことが明らかにされている。

経済史における成果のなかでも、近代日本の通商活動における〝情報のインフラストラクチャー〟を形成するシステムの一部として〈陳列所〉を位置づけた杉原薫の研究は、情報施設としての〈陳列所〉の側面を体系的に可視化した点において、たいへん意義深いものである(28)。杉原が進めていた〈陳列所〉に関する研究を引き継いだ高嶋雅明は、情報施設としての「商品陳列所」が登場する経緯を整理し、政府関係者の動向を明らかにした(29)。

須永徳武は、杉原・高嶋らの成果を踏まえて、「商品陳列所」を博覧会・共進会と結びつけて論じ、地域産業との関わりを検討した(30)。須永は、博覧会・共進会を技術知識・情報の普及促進機関として捉えた清川雪彦の視座(31)を援用し、「商品陳列所」を博覧会・共進会機能が恒常的組織化したものとして認識する。そして、商工情報の調査、陳列や委託販売といった活動を紹介し、「農商務省による産業育成政策の枠内で、地域の実業団体を実体的基盤として包摂しつつ、地方政府により設立、運営された勧業機構の一つ」と位置づける。さらに、須永は〈陳列所〉の背景に、地域産業との密接なつながりを指摘している。この成果は、情報収集をはじめとして〈陳列所〉の具体的な活動を指摘した点において重要な意味を持つものであり、また〝情報のインフラストラクチャー〟の一端に位置する地方〈陳列所〉が、地域の勧業行政機構の一環として地域産業との密接な関係を持つことを指摘した点において、重要な示唆を与える。

経済史における成果は、〈陳列所〉の活動をより広範な視点から俯瞰するものであり、本書でもおおいに参照するものである。ただし、須永が課題として指摘しているように、個別の〈陳列所〉の実態を明らかにする事例研究の蓄積はまだごく一部にとどまっており、都市よる偏差を具体的に提示するには至っていない。また、〝情報のインフラストラクチャー〟という目に見えぬ構造に注目するがゆえに、具体的な〈陳列所〉の施設や都市との空間的な関わりは問題とされていない。〈陳列所〉は物と施設を伴った恒常的な場所として都市に立ち現れるものであり、その空間でどのような活動が具現化され、利用者がどのようにその場所と接点を持ったのかという点が、ここからは取りこぼされている。

なお、博物館・経済史研究をうたうものではないが地域史の視点から、地方〈陳列所〉に注目する研究もみられる[32]。埼玉県立文書館における埼玉県商品陳列所の研究は、同所の活動の分析を通じて、県の商工業政策を明らかにしようとするものである。県民生活との関わりの解明が展望として示される点が、他にはみられない視点である。

(3) メディア史・デザイン史・工芸史・美術史分野における研究の蓄積

〈陳列所〉は、メディア史・デザイン史・工芸史・美術史などからも研究の対象となっている。これらの分野からの研究は、各分野の視点から見て特徴的な〈陳列所〉の活動を検証し、位置付けを行うものである。こうした様々な分野からの関心自体が、〈陳列所〉の活動の幅広さを示している。以下、分野ごとの既往研究を見ていくが、これらの分野では、経済史同様に概して「商品陳列所」として全体を扱う傾向がある。

メディア史・デザイン史の分野からは、広告行為および広告ポスターの図案啓蒙に関する〈陳列所〉の活動が取り上げられている。こうした活動を強く推進した大阪府立商品陳列所や農商務省商品陳列館が、とりわけ注目される[33]。この傾向は、近年になって『叢書・近代日本のデザイン』の一冊として大阪府立商品陳列所の三〇年史が復刻されたことにもうかがえる[34]。

特にメディア史における田島奈都子の研究は、〈陳列所〉の公共機関としての啓蒙機能を指摘し、その上で広告普及活動の位置付けを行った点で注目すべきものである。田島は、明治・大正期に日本で開催されたポスターに関する展覧会の実態を明らかにすることで、この時期に開催されたポスター展の大半が〈陳列所〉によって主催されたものであることを明らかにし、〈陳列所〉が広告活動の普及に関与したことを指摘した(35)。さらに、農商務省商品陳列館や大阪府立商品陳列所の活動を中心に、各地の〈陳列所〉における広告普及活動を拾い上げ、「展示室という恒久的なハードと、専門職員や展示品というソフト、そして機関誌という媒体まで独自に所有していた」ことを「商品陳列所」の特徴として挙げ、こうした特徴が広告の啓蒙普及に成果を上げたと結論づけた(36)。

工芸史からの研究は、近代日本における輸出製品の主力であった工芸の奨励に〈陳列所〉が深く関わっていたことに関心を寄せるものである。その代表的な研究に、農商務省商品陳列館に注目した森仁史の研究がある。森は、農商務省商品陳列館の活動を含めて政府各省による工芸奨励活動を検証し、近代日本における工芸の特質とその展開過程を明らかにした(37)。当時の輸出製品の主力であった工芸に関する活動を通して、政府による一連の工芸奨励政策のなかに〈陳列所〉の活動を位置づけ、成果を具体的に指摘した点において、森の研究はたいへん意義深い。〈陳列所〉と工芸との関わりは継続的に注目されており、農商務省商品陳列館や愛知県商品陳列館が収集した西洋陶器を取り上げ、わが国の輸出陶芸について考察する堀真子の研究もこの流れを汲むものだといえる(38)。

最近では美術史の視点からも〈陳列所〉が取り上げられている。彬子女王は、京都商品陳列所が海外向けに発行したカタログに挿絵として掲載された風俗画を題材に、明治・大正期の京都における風俗画理解を検証した(39)。京都商品陳列所の海外向けカタログに掲載された挿絵は、当時の京都画壇の絵師たちによって描かれた風俗画であり、日本の特徴的な表現を用いて、世界に京都文化を紹介する意図があったこと、そして〈陳列所〉などを通して海外を意識したことで、京都で廃れつつあった風俗画の伝統が復活していったことを指摘している。彬子女王の研究は、〈陳列所〉そのものについて問うものではないが、〈陳列所〉の活動と都市文化との密接なつながりを示唆するものであり、〈陳列所〉研究の可能性を広げる点で重要である。

このように、〈陳列所〉の活動の多様さが徐々に明らかにされつつある。こうした個別研究の成果は、概して〈陳列所〉の活動と、都市の産業・文化との関連を指摘するものであり、〈陳列所〉の活動がいかにそれらと密接に関わりをもっていたかを物語る。

しかしながら、これらの研究は各分野に関する部分に限って〈陳列所〉の一側面を取り上げるものであり、他分野における活動や施設の様態に触れることはほとんどない。さらに、取り上げられる〈陳列所〉は広告や工芸に関する啓蒙機関としての活発な活動をみせた事例、言い換えれば商工業が発展した大都市の事例に限られ、研究対象に重複もみられる。一方で、その他の地方の〈陳列所〉については紹介にとどまっている。既往研究においては、考察対象とされた〈陳列所〉がなぜ特徴的な活動を行ったかには踏み込んでおらず、むしろ多数であるその他の〈陳列所〉と相対化して論じることが課題として残る。

（４）建築史・都市史分野における〈陳列所〉研究

これまでみてきた既往研究は、主にソフトの面で〈陳列所〉に注目するものであり、具体的な建築や設備などのハードの面に大きな関心が払われていない。それゆえ〈陳列所〉の建築についての研究は、建築学の分野における研究に絞られる。

〈陳列所〉の建築は、戦前においては建築計画学的視点からの分析対象であった。戦前の建築専門家の教科書的存在といえる『高等建築学』は、建築計画を扱った中の一冊で商品陳列館を取り上げている。この第二一巻は「美術館」と「博物館・商品陳列館」の二編から成り、後者の一章が「商品陳列館」に割かれた(40)。このことは、当時は建築計画としてひとつの分類がなされるほど〈陳列所〉が一般的であったことを示している。〈陳列所〉は、建築計画学的には博物館と一括りに扱われていることも注目しておきたい。〈陳列所〉の建築計画は、施設の性格によって例外はあるものの、「敷地の選定に関しては博物館編に於いて述べた処を其のまま適用することが出来る」とされ、「全く独立した陳列館の平面計画に関しては、博物館の場合に述べた事と殆ど同じである」とされた。しかしながら、やがて組織としての〈陳列所〉が姿を消すと、建築計画学的な視点から〈陳列所〉が取り上げられることはなくなった。

戦後になると〈陳列所〉の建築は現存物件を中心に歴史研究の対象となった。個別事例の研究が進められ、その成果が蓄積されつつあるが、道府県にひとつ以上の割合で普及した〈陳列所〉の全体からすると、取り上げられた事例はごく一部にとどまっている。なお、これまでの建築史的研究は〈陳列所〉そのものへの関心から取り上げられたものではなく、現存する建築の実態の把握や来歴の調査に主眼を置くものである(41)。近年は、横浜商工奨励館の保存修復に際してまとめられた調査(42)や、角哲らによる秋田県物産館の研究(43)にみられるように、地方都市の建築文化を特徴づけるものとして注目されている(44)。

このように、〈陳列所〉の建築に関する既往研究は特定の事例を取り上げるにとどまり、〈陳列所〉という枠組みで横断的に分析したものはない。全国的に普及した施設でありながら、個別の実態が不明なものがほとんどであり、その建築史的研究もほぼ手つかずの状態だといえるだろう。

〈陳列所〉の都市空間との関わりについては、徐蘇斌の研究がある(45)。徐は、勧業博覧会と並ぶ近代化政策の重要なモデルとして、府立大阪商品陳列所が中国の類似施設に与えた影響を明らかにした。徐の研究は近代日本の〈陳列所〉と都市との関係を直接取り上げたわけではないが、〈陳列所〉やそれとつながりの深い博覧会などを総体として、近代の公共空間が中国の都市に与えた影響を明らかにしたものであり、〈陳列所〉などの都市施設がいかに受容され、変容するのかを考察する視点は、都市と〈陳列所〉との関わりを考察しようとする本書に重要な示唆を与えるものである。

（5）海外における〝コマーシャル・ミュージアム〟への注目

大阪府立商品陳列所や農商務省商品陳列館など海外に向けて情報を活発に発信していた〈陳列所〉は、英語名称として〝コマーシャル・ミュージアム（Commercial Museum）〟を使用している。それは、本書第三章で明らかにするように、これらの〈陳列所〉が欧米のコマーシャル・ミュージアムの流れを汲んでいることによる。

欧米のコマーシャル・ミュージアムは、博覧会研究やミュージアム・スタディーズ、そして貿易史・経済史の分野で研究対象として取り上げられている。博覧会研究やミュージアム・スタディーズとしてはアメリカ合衆国での研究が盛んであり、主に社会学的視点から考察されてきた。コマーシャル・ミュージアムが、自由貿易経済や帝国主義といった社会情勢の展開に深く関連したものであり、その時代的な特質を強く持ち合わせているからである。

博覧会研究における代表的なものに、アメリカのロバート・W・ライデルによるものがある。ライデルは、一九世紀にアメリカ合衆国が開催した万国博覧会の検証を通じて、同国の帝国主義や民族主義が万国博覧会に表出していたことなどを明らかにし、そこに込められたイデオロギー性を明らかにしてきた。その関心の一つとして、シカゴ万国博覧会をきっかけとして設立されたフィラデルフィア・コマーシャル・ミュージアム（図7）や、その創設者であるウィリアム・P・ウィルソンの活動が、アメリカ合衆国のフィリピンに対する植民地政策と深い関わりがあったことを明らかにし、[46]フィラデルフィア・コマーシャル・ミュージアムは「帝国の野望を日常的な実践として落とし込むことを支えた」存在であったと指摘している。[47]

ミュージアム・スタディーズの観点からは、同じくアメリカのスティーブン・コンの研究がある。コンは、ア

図7　フィラデルフィア・コマーシャル・ミュージアム
郊外に建つ陳列館（左）と市街地の事務館（右）。

メリカ合衆国において一九世紀後半から二〇世紀初頭に設立された様々な種類のミュージアムの実態を紐解き、ものに基づいた認識論（Object-based Epistemology）を背景として、一九世紀後半のアメリカ合衆国における知の生産の最前線としてミュージアムが機能していたこと、そして二〇世紀に入ると知を生み出す役割が大学などの学術機関に移行していき、ミュージアムは知の普及機関として機能することを明らかにした[48]。そこで事例のひとつとして取り上げられたのがフィラデルフィア・コマーシャル・ミュージアムであり、設立の経緯と活動が詳細に論じられた[49]。

同ミュージアムは、アメリカの帝国主義的な拡大を背景に、貿易や商工業政策と関わりながら施設内での陳列・展示にとどまらない活動を展開したが、創設者であるウィルソンの死後、徐々にその活動を変化させ、商工業者の展示や会合に場所を提供するようになり、一九三〇年代にはコンベンション・センターとなる。さらに、コンはフィラデルフィア・コマーシャル・ミュージアムの誕生から一九九〇年代の閉鎖までの変遷を改めて検証し、それが世界の経済や社会状況、都市に利益をもたらす施策の変化、リーダーの喪失など、ミュージアムをめぐる政策的・組織的環境に依拠することを示した。こうした環境の変化が資料の陳腐化を招いたことでミュージアムにおける資料の位置付けに影響を及ぼし、また都市内に設置された別の社会教育機関の台頭などもあって、コマーシャル・ミュージアムの社会的意味が変化していったという。[50]

コンの研究は、現代のミュージアムに経済的・観光的・娯楽的な役割を認めることが重要であるのと同様に、過去のミュージアムが社会に果たしてきた役割を明らかにすることが重要であると指摘する。そしてまた、ミュージアムにおける物・作品・資料のあり方を問うものである。こうした視点は、日本の〈陳列所〉が現在の都市生活に残した意義を考察する上で、極めて重要な示唆を与える。

経済史的視点からは、貿易振興機関のひとつとして取り上げられてきたが[51]、近年、フランスのセヴェリーヌ・A・マリンは、欧米の複数のコマーシャル・ミュージアムの分析を通して国際経済史・貿易史的意義を明らかにした[52]。マリンは、フランスとドイツのコマーシャル・ミュージアムの考察を核として、それらに影響を与えた近隣諸国の同類施設との関わりに目を配りながら、一九世紀後半から二〇世紀初頭の国際経済におけるコマーシャル・ミュージアムが果たした役割を考察し、コマーシャル・ミュージアムは、国際化する世界に対して国内意識を団結させるナショナリスト的なレトリックの一部であり、「国家が国際経済競争に勝ち残るための必要不可欠な道具」であったと指摘する。ただし、ここでの考察の対象に日本は含まれていない。

このように、コマーシャル・ミュージアムは、近代史の研究対象として近年改めて世界的に注目されている。各国の政治や経済、産業技術、教育や文化などの歴史を考察するきっかけとなる存在であるとともに、戦前期の国際社会を俯瞰し、相互比較することのできる存在として、その意義が認められつつあるのである。しかし、欧米のコマーシャル・ミュージアムを取り上げる研究はもとより、こうした視点を踏まえた上で日本の類似施設を考察する研究はみられない。こうした状況において、日本版のコマーシャル・ミュージアムともいえる〈陳列所〉の実態を明らかにすることは、国際的な視点からも極めて重要な課題なのである。

この他、〈陳列所〉に関する研究としては、博覧会・共進会に関するものがあるが、それらのうち博覧会・共進会の閉会後の常設施設に言及する研究は、東京で開催された内国勧業博覧会における上野の博物館や、第一勧工場に関するものが主であり、地方の事例については多くは見られない(53)。

以上、〈陳列所〉に関する既往研究の成果を概観してきた。一九八〇～九〇年代に博物館史と経済史で先行した〈陳列所〉への関心は、近年になってその特徴的な活動が、近代日本の産業発展の過程を示す存在として注目されることにより、拡大してきたといえる。しかし、これらの研究が相互に検証されることはほとんどなく、それらを連繫する包括的な視点から〈陳列所〉の存在を総体として描き出し、日本近代史上に位置づけていく作業が必要である。また、美術館・博物館などを含め今日の〝ミュージアム〟をめぐる議論の中で、コマーシャル・ミュージアムが世界的に注目を集めつつある。それゆえに、日本においてコマーシャル・ミュージアムを名乗った〈陳列所〉の実態を明らかにすることは、日本の〝ミュージアム〟を世界史的に位置づけることだといえる。

三　本書の課題と構成

本書は、以上に述べた問題意識を背景に、既往研究の成果を踏まえ、以下の課題を設定して考察を進める。

（1）本書の課題

①〈陳列所〉行政・組織の把握

第一の課題は、〈陳列所〉をひとつの独立した行政機関・組織として具体的に把握することである。これまでの研究は、〈陳列所〉の一部分を取り出して既存の枠組みに当てはめて評価するもの、あるいは個別の分野に関する活動を取り上げてその普及機関などとして捉える見方である。これらは、いずれも〈陳列所〉の機能を位置づけるが、全体像を描き出すものではない。また、都市産業と深く結びついていることが予想されるために、ある〈陳列所〉で有効であった機能分析が、別の〈陳列所〉では全く意味をなさないことも想像される。これは、名称や活動ごとに〈陳列所〉が分離して捉えられてきたことが原因となっているように思われる。そのため、本書では様々な機能を内包したひとつの行政機関・組織として〈陳列所〉という枠組みを設定し、その実態の解明を通して、〈陳列所〉という存在を日本近代史に位置づけることを試みる。

② 建築・都市環境を含めた空間としての把握

第二の課題は、建築や都市環境を含めた空間として〈陳列所〉を把握することである。これは、前述の課題に対しても重要な視点となるが、従来の研究からは取りこぼされた点であり、本書では特に注目する。〈陳列所〉の建築やそれが置かれた場所が多種多様であるにもかかわらず、どの既往研究も基本的にはその建築や環境に対する特別な関心は払われなかったといってよい。建築史分野における既往研究も、〈陳列所〉としての機能や組織に対する認識を前提として検討されたものではない。〈陳列所〉の多種多様な活動が、いかなる場所のいかなる施設で行われ、どのように活用されたのか。そして、それが〈陳列所〉としてどのような意味を持つのかは、これまで考察されてこなかった。

そこで、本書では、〈陳列所〉それぞれの空間を具体的に明らかにすることを目的のひとつとし、〈陳列所〉の空間と活動とがどのような関わりを持ったのかに注目する。

（2）本書の構成

本書では、〈陳列所〉という日本の近代に特有な存在を扱うため、明治維新以後から第二次世界大戦の終戦までの時期（主に一八七〇年代から一九四〇年代まで）を対象とする。〈陳列所〉は、西欧の博覧会や博物館からの影響を受けて誕生・発展し、第二次世界大戦の激化により衰退を始めるまでの間、時代ごとにあり方を変化させてきた。そうした〈陳列所〉の盛衰を含む全体像を把握するため、本書も基本的には時系列に沿って記述する。序章のあと六章からなる本論が続き、結章で全体を通じた考察を行う。以下に、各章の概要を記す。

第一章では、本書を通じて取り上げる日本の〈陳列所〉に関する議論に備えて、一九世紀末に西欧で流行したコマーシャル・ミュージアムの実態を明らかにする。わが国の〈陳列所〉に対する西欧からの影響はこれまでも指摘されていたが、西欧の類似施設の具体的な様相についてはこれまで取り上げられてきた例はなく、その実態については不明な点が多い。具体的には、一九世紀末のコマーシャル・ミュージアム（商品陳列所・商業博物館）やエクスポート・サンプル・ウェアハウス（輸出品見本陳列所）などの陳列施設の世界的状況を当時の史料から確認し、そこで得られた知見を踏まえて、コマーシャル・ミュージアムの嚆矢であるブリュッセル・コマーシャル・ミュージアムについて考察する。

第二章では、明治初期の勧業政策と陳列施設の関わりを検討する。明治政府の勧業政策と博覧会・共進会および常設陳列施設について、内国勧業博覧会の実施と博物館の設置を取り上げ、さらに関連する陳列施設として勧工場に言及する。加えて、こうした政府の取り組みが、地方都市において、都市固有の事情と関わりながらどのように実体化したのかを明らかにするため、石川県を事例に考察する。

第三章では、西欧のコマーシャル・ミュージアムから影響を受けた日本が、一八八〇年代にそれを受容し、貿易を主眼とする〈陳列所〉を国内に誕生させるまでの経緯を明らかにする。具体的には、政府による「通商博物館」設置計画と、それと入れ替わるように進められた府立大阪商品陳列所の設置を取り上げる。まず、外務省外交史料館が所蔵する一次史料を用いて「通商博物館」設置計画を再検討する。特に、計画に関与した各省がどのような意図を持って参与し、どのように欧米のコマーシャル・ミュージアムやエクスポート・サンプル・ウエアハウスを捉えて受容していったのかを明らかにする。次いで、「通商博物館」設置計画と深く関わりを持ち設置の実現に至った府立大阪商品陳列所について、政府計画とのつながりに注目しながら考察する。

第四章では、〈陳列所〉を管轄する農商務省の動向を追い、地方の〈陳列所〉に対する具体的な関わり方に注目しながら、〈陳列所〉行政の実態を検証する。博覧会と深い結びつきを持つ〈陳列所〉、コマーシャル・ミュージアムとしての〈陳列所〉のそれぞれに深く関わる農商務省は、一八九六年に自省の〈陳列所〉を設立する。ここではその貿易品陳列館の施設整備の経緯を追い、そこから見えてくる農商務省内における陳列施設の位置付けと、「通商博物館」設置計画や府立大阪商品陳列所との関係を明らかにする。次いで、後継の農商務省商品陳列館を含めて、先行研究を参照しつつ地方の〈陳列所〉との具体的な関係に注目しながらその活動を検討し、一九一〇年に「道府県市立商品陳列所規程」の制定に至る背景と、その効果を検証する。

第五章では、地方都市の〈陳列所〉を取り上げ、「道府県市立商品陳列所規程」によって統一が図られるに至った〈陳列所〉の多様性を考察する。とりわけ都市との空間的な関わりを把握するため、〈陳列所〉の置かれた環境やその建築に注目し、その活動との関連を意識して事例を考察する。対象とする〈陳列所〉は、日本列島内のそれに加えて、この時期に戦争を経て日本が獲得していった「外地」の〈陳列所〉も含む。外地の〈陳列所〉は、内地とは設立者や運営の事情が異なり、政府の庇護を受けた民間団体が運営するものもあった。これら外地の〈陳列所〉は『農商務省商品陳列館報告』においてその活動が紹介されるなど、内地と同様に農商務省商品陳列館と連絡をとりながら活動するものであり、近代日本の〈陳列所〉を考えるにあたって不可欠な存在である。

第六章では、これまでみてきた〈陳列所〉の実態を踏まえ、そのなかでも特異な活動を展開した複数の〈陳列所〉に関与した山口貴雄に注目する。山口は、農商務省技師として農商務省商品陳列館の設立直後から、三〇年近くにわたって〈陳列所〉に関与してきた人物であり、その半生は〈陳列所〉の指導者的立場にあった。山口が携わった

〈陳列所〉が従来のものとは異なることは、文部省とのつながりの深い博物館関係者からも指摘されていた。その実態を明らかにすることを通じて、他の〈陳列所〉の様態を間接的に把握することにもなろう。具体的には、山口が運営に関与した農商務省商品陳列館・愛知県商品陳列館・大阪府立商品陳列所の活動や、山口自身の言動を通して、昭和を迎えた〈陳列所〉を指導者らがどのような方向に導こうとしていたのかを明らかにする。

最後に、結章で本論の全体をまとめた上で〈陳列所〉の意義を本書の視座に基づいて考察し、以上を通して近代日本における〈陳列所〉の実態とその特質を総括する。

（1）下元連『博物館・商品陳列館』（小林政一・下元連『高等建築学』第二一巻所収、常磐書房、一九三三年）三一一頁。なお、下元は「商品陳列館」を「商業博物館」と「商品見本市」の中間に位置するものと捉えており、「博物館の社会教育機関としての目的と、商品見本市の商取引振興を図る為の功利的目的と両方を併有し、純粋な博物館とも云へないと同時に又全く商取引上の一手段とも考へられない」としている。

（2）戦前から日本の博物館界を牽引した棚橋源太郎は、「私は前からこの商品陳列所といふものが、日本にはなぜこんなにたくさんあるかと不思議に思ってゐた。アメリカにはフィラデルフィアにたゞ一つのコンマーシルミュージヤムがあるきりであり、フランスには見当らぬし、ドイツにしてもブレーメンと外一二ヶ所しかないのに、日本には五十近い商品陳列所があるのである。これはむしろ変体的に発達したのではないかと私は考えて居る」と述べ、日本における〈陳列所〉の普及率の高さを指摘している。「本会主催博物館並類似施設主任者協議会議事録」（『博物館研究』第二巻八号、博物館事業促進会、一九二九年）七頁。

（3）この分類は、各〈陳列所〉の規則や活動報告などを参照して、時代を通じて各所が行った活動を基に著者がまとめたものである。詳しくは本書の議論を通じて言及する。

（4）ただし、横浜商工奨励館のように、行政当局が商業会議所などに運営を委嘱されたものなどは対象に含む。

（5）『農商務省商品陳列館報告』は、博覧会・共進会を管轄した農商務省が一八九六年（明治二九）に設置した農商務省商品陳列館が発行した機関誌である。詳しくは本書第四章参照。

（6）いわゆる勧工場の呼称には、「物品陳列所」「売品陳列館」「商品館」（初田亨「勧工場の設立とその後の変遷」『日本建築学会計画系論文集』第三二九号、一九八三年、一二五〜一三三頁）や、「商品陳列場」（「新橋商品陳列場」『読売新聞』一八九九年九月一四日付）などが散見される。類似する名称ゆえ、商品陳列所と勧工場の混同が当時から問題となっていたようで、愛知県商品陳列館は「名古屋商品館は当市広小路通りの勧工場なり。右本館と混同する向きあり、ご注意乞ふ」（「広告」『愛知県商品陳列館報告』第二七号、一九一三年、四頁）と注意を促す広告を出している。

（7）博物館事業促進会の機関誌『博物館研究』における記事や、松崎寿解説『フィスク氏商業政策』（巌松堂、一九一二年）、河津暹『経済私言』（金刺芳流堂、一九一二年）といった経済専門書など。

（8）「常置観覧施設一覧」（文部省、一九二九年）、「教育的観覧施設一覧」（文部省、一九三〇〜四二年）、同前（文部省普通学務局、一九三〇年）など。いずれも、伊藤寿朗監修『博物館基本文献集』第九巻所収（大空社、一九九〇年）。

（9）倉内史郎・伊藤寿朗・小川剛・森田恒之編『日本博物館沿革要覧』、野間教育研究所、一九八一年。ここでの採録基準は「「博物館」という名称を有する有しないにかかわらず、①資料を収集・保管し、②継続的な展示の設備をもち、③職員による管理がなされ、④公開されている」ことであった。ただし、「商品陳列所」は、「展示資料が商品であるという特有の性格を考慮して」ひとつの独立した「ジャンル」として区分された。

（10）椎名仙卓「所謂〝物産陳列所〟に就いて」（『博物館研究』第一四巻六号、日本博物館協会、一九七九年）七〜一四頁。椎名仙卓「物産陳列所の使命と推移」（同『日本博物館発達史』、雄山閣、一九八八年）二二一〜二二四頁。

（11）椎名仙卓「「物産陳列場」と「博物館」――どこが違う」（同『明治博物館事始め』、思文閣出版、一九八九年）、二〇〇〜二〇五頁。

（12）前註10「所謂〝物産陳列所〟に就いて」、八頁。

（13）前註10「物産陳列所の使命と推移」、二二八頁。

（14）後々田寿徳「大阪博物場：楽園の盛衰」（『東北芸術工科大学紀要』第一六号、二〇〇九年）一〇一〜七七頁など。

（15）前註10「物産陳列所の使命と推移」、二一二頁。
（16）同右、二一五頁。
（17）國學院大學博物館学研究室が発行する『博物館学紀要』には、一八九〇年代を中心に各県の博物館史研究が継続的に発表された。
（18）加治由行「物産・商品陳列所についての一考察」（『研究紀要』第六号、全国大学博物館学講座協議会、二〇〇〇年）五九～六六頁。
（19）前川公秀「物産陳列館の一事例：千葉県における場合」（『國學院大學博物館学紀要』第五号、一九八〇年）二六～三七頁。
（20）犬塚康博「反商品の教育主義：博物館の自意識に関する考察」（『千葉大学人文社会科学研究』第二〇号、二〇一〇年）六九～八四頁。
（21）犬塚による「物産陳列所、商品陳列所は、「あれかこれか」の二者択一でないのは無論のこと、「あれからこれへ」という発展史観のもとにも置くことのできない、同一の範疇における「あれもこれも」と見るべきものとしてある」という指摘は、陳列所を総体として見る上で重要である（前註20）。ただし、犬塚の議論においては同種の名称の中における個別性は議論されなかった。
（22）福島庸子「わが国における博物館成立過程の研究：展示空間の教育的特徴」（早稲田大学博士論文、二〇一〇年）。
（23）財部香枝「幕末・明治初年の博物館受容過程の研究：スミソニアンとの関係を中心に」（名古屋大学博士論文、二〇〇三年）。
（24）金子淳『博物館の政治学』（青弓社、二〇〇一年）や犬塚の一連の研究など。金子や犬塚らの成果は博物館史研究会の活動にも表れている。
（25）高嶋雅明「輸出貿易政策と海外商品見本陳列所」（『経済理論』第二一八号、和歌山大学経済学部、一九七八年）二四～四七頁。
（26）富田武「後藤新平と日露協会」（同『戦間期の日ソ関係』、岩波書店、二〇一〇年）二〇三～二六二頁。

(27) 河西晃祐「南洋協会と大正期「南進」の展開」(『紀尾井史学』第一八号、上智大学大学院史学専攻院生会、一九九八年)三九~五三頁。
(28) 杉原薫「明治日本の産業政策と情報のインフラストラクチャー」(同『アジア間貿易の形成と構造』、ミネルヴァ書房、一九九六年)二四三~二六三頁。
(29) 高嶋雅明「商品陳列所について」(角山榮編『日本領事報告の研究』、同文館出版、一九八六年)一五七~一七八頁。
(30) 須永徳武「地域産業と商品陳列所の活動」(中村隆英・藤井信幸編『都市化と在来産業』、日本経済評論社、二〇〇二年)二四三~二七五頁。
(31) 清川雪彦「殖産興業政策としての博覧会・共進会の意義:その普及促進機能の評価」(一橋大学経済研究所編『経済研究』第三九巻四号、岩波書店、一九八八年)三四〇~三五九頁、同「技術情報の普及伝搬と市場の形成:博覧会・共進会の意義」(同『日本の経済発展と技術普及』、東洋経済新報社、一九九五年)二四一~二八〇頁。
(32) 橋本栄「埼玉県商品陳列所の県外活動」(『文書館紀要』第一二〇号、埼玉県立文書館、一九九九年)二三~三六頁、および小松邦彦「昭和初期における埼玉県商品陳列所の経済活動」(同前第二七〇号、二〇一四年)六三~七二頁。
(33) 菅谷富夫「大阪府立商品陳列所と図案啓蒙活動」(宮島久雄編『大阪における近代商業デザインの調査研究』、平成一五・一六年度文部科学省科学研究費補助金基礎研究(C)(1)研究成果報告書、二〇〇五年)一六三~一七二頁など。
(34) 緒方康二「『回顧三十年』:大阪府立商品陳列所の変遷とそのデザイン」(森仁史監修『回顧三十年(大阪府立商品陳列所)』叢書・近代日本のデザイン第三三巻、ゆまに書房、二〇一〇年)四一五~四一八頁。
(35) 田島奈都子「近代日本におけるポスター認識とその展開:明治・大正期ポスター展を中心として」(『メディア史研究』第一三号、ゆまに書房、二〇〇二年)七四~九一頁。
(36) 田島奈都子「近代日本における広告の啓蒙普及機関としての商品陳列所」(『メディア史研究』第二一号、ゆまに書房、二〇〇六年)一〇五~一四〇頁。
(37) 森仁史『日本の〈工芸〉の近代:美術とデザインの母胎として』(吉川弘文館、二〇〇九年)。
(38) 堀真子「当館寄託のエミール・ガレ陶磁作品:作品調査報告と展示にむけての考察」(『愛知県陶磁資料館研究紀要』

第一六号、二〇一一年）一～二六頁。

(39) 彬子女王「風俗画と京都：京都商品陳列所の公式カタログに描かれた風俗画を中心に」（松本郁代・出光佐千子・彬子女王編『風俗絵画の文化学Ⅱ：虚実をうつす機知』、思文閣出版、二〇一二年）四一一～四三一頁。

(40) 下元連「商品陳列館」（前註1『博物館・商品陳列館』、三〇九～三三八頁）。

(41) 上野邦一「旧奈良県物産陳列所について」（『学術講演梗概集』計画系五八、日本建築学会、一九八三年）二五九七～二五九八頁、四元行叶「興業館設立の背景と構造、意匠について（現：鹿児島県立博物館考古資料館）」（『都城工業高等専門学校研究報告』第二一号、一九八七年）六三～七二頁、畔柳武司「旧額田郡公会堂・同物産陳列所の遺構について」（『名城大学理工学部研究報告』第四一号、二〇〇一年）など。個別の事例については第五章の各論を参照されたい。

(42) 『横浜市商工奨励館：歴史的建築物とこれからの都市づくり』（横浜産業振興公社、一九九七年）。

(43) 角哲・永井康雄「秋田県記念物産館（大正一四年）の建設経緯と建築的特徴について：秋田の近代建築に関する基礎的研究 その三」（『日本建築学会東北支部研究報告集』計画系七四、二〇一一年）一四一～一四四頁。

(44) 他に、李明・石丸紀興『近代日本の建築活動の地域性：広島の近代建築とその設計者たち』（溪水社、二〇〇八年）などがある。

(45) 徐蘇斌「清末における勧業博覧会の受容と都市空間の再編」（同『中国の都市・建築と日本：「主体的受容」の近代史』、東京大学出版会、二〇〇九年）一五一～二〇四頁。

(46) ライデルは、セントルイス万国博覧会においてフィリピンの人々が〝展示〟されたいわゆる「フィリピン村（Philippine Reservation）」に注目し、フィリピン博覧会委員会の委員長であったウィリアム・P・ウィルソンがその実現に果たした役割を明らかにした（RYDELL, Robert W., "The Louisiana Purchase Exposition, Saint Louis, 1904: 'The Coronation of Civilization'", *All the World's A Fair*, The University of Chicago Press, Chicago, 1984, pp.154-183）。さらにその関心はウィルソンが創設に携わったフィラデルフィア・コマーシャル・ミュージアムの活動に及び、アメリカ合衆国の帝国主義や植民地主義とコマーシャル・ミュージアムとの関係を明らかにしている（RYDELL, Robert W., "Forerunners of the Century-of-Progress Exposition", *World of Fairs: the Century-of-Progress Exposition*, The

University of Chicago Press, Chicago, 1993, pp.15–38)。

(47) 前註46 "Forerunners of the Century-of-Progress Exposition", p.35.

(48) CONN, Steven, *Museums and American Intellectual Life, 1876–1926*, The University of Chicago Press, Chicago, 1998.

(49) CONN, Steven, "The Philadelphia Commercial Museum: A Museum to Conquer the World", *Museums and American Intellectual Life, 1876–1926*, The University of Chicago Press, Chicago, 1998, pp.115–150.

(50) CONN, Steven, "The Birth and the Death of A Museum", *Do Museums Still Need Objects?*, University of Pennsylvania Press, Philadelphia, 2010, pp.172–196.

(51) BAIROCH, Paul, "European Trade Policy, 1815–1914", MATHIAS, Peter and POLLARD, Sidney Eds., *The Cambridge Economic History of Europe, vol.8: The Industrial Economies: Development of Economic and Social Policies*, Cambridge University Press, Cambridge, 1989, pp.1–160.

(52) MARIN, Séverine Antigone, "Introducing Small Firms to International Markets: The Debates over the Commercial Museum", BERGHOFF, Hartmut; SCRANTON, Philip; SPIKERMAN, Uwe Ed., *The Rise of Marketing and Market Research*, Palgrave Macmillan, New York, 2012, pp.127–152.

(53) 博覧会・共進会に関する研究は、①近代化過程における殖産興業政策の一環としての技術史・文化史・経済史的研究、②社会学・表象文化論的研究に大別できる。①については、吉田光邦『万国博覧会：技術文明史的に』（日本放送出版協会、一九八五年）、吉田光邦編『万国博覧会の研究』（思文閣出版、一九八六年）、清川雪彦「殖産興業政策としての博覧会・共進会の意義」（前註31）、國雄行『博覧会の時代：明治政府の博覧会政策』（岩田書院、二〇〇五年）など。②については、吉見俊哉『博覧会の政治学：まなざしの近代』（中央公論社、一九九二年）、松田京子『帝国の視線：博覧会と異文化表象』（吉川弘文館、二〇〇三年）、伊藤真美子『明治日本と万国博覧会』（吉川弘文館、二〇〇八年）など。

第一章　一九世紀末における商品陳列機関の世界的流行
——“Commercial Museum”あるいは“Export Samples Warehouse”

はじめに

産業革命を経験し自由貿易時代を迎えた欧米諸国は、博覧会の場で技術革新の成果を示し、あるいは帝国主義的拡大の威容を示した。一九世紀の世界において、国家最大のイベントは博覧会であったといっても過言ではない。(1)

博覧会の歴史は一八世紀末のフランスに遡る。革命後のフランスは、貿易と工業の振興を目的に一七九八年にパリで産業博覧会を初めて開催し、大きな成果をあげた。製品を一堂に集めて大衆に提示する博覧会が国内産業の発展に寄与することが理解されると、博覧会は欧州諸国に急速に普及していった。一八五一年にはロンドンで初めての万国博覧会が開催され、博覧会は世界規模の祭典となる。世界は博覧会の時代を迎え、博覧会の空間は発展し続ける科学技術と自由貿易世界の縮図ともいえる様相を呈した。

しかしながら、近代化を進める西洋諸国が祝祭的なイベントのみに自国産業の未来を委ねていたわけではない。この時期には、学校や博物館などの常設施設が博覧会と関連を持って設立され、国内産業の底上げに貢献した。

初めて博覧会を開催したフランスは、博覧会に先立って一七九四年に工芸院(Conservatoire des Artes et Métiers)を設立し、収集した機械類の展示や、学校組織での活動を通して工業技術者の教育に注力する。(2) 工芸院は博覧会とも関係が深く、産業博覧会の出品物が収蔵された。

一八五一年のロンドン万国博覧会も、世界の模範となる博物館を生んだ。(3) 万国博覧会をきっかけとして、翌一八五二年に既存の工芸学校を改組して商務省(Board of Trade)の中に工芸局(Department of Practical Art)が設置され、いよいよ産業振興政策が進められた。工芸局の責任者は、万国博覧会の開催に尽力したヘンリー・コール(Henry Cole)である。(4) 後に、万国博覧会の余剰金から、工業教育や製造業に関する科学・芸術を支援するための経費が捻出されたことで、製造工業博物館(Museum of Manufacture)が設立され、やがてサウス・ケンジントン・ミュージアム(現在のヴィクトリア・アンド・アルバート・ミュージアムおよびロンドン・サイエンス・ミュージアムの前身)となる。産業革命後の世界において、博覧会と博物館は、密接な関係を持ちながら発展した。

大国の工業技術水準の高さや国際競争力を知らしめる結果となったロンドン万国博覧会は、一方で小国にとっては世界市場における自国製品の劣勢を知る場であった。欧州諸国は、この状況を打開して産業と貿易の振興を図ろうと製造業の技術革新に取り組むことになるが、ドイツやオーストリアに設置された工芸博物館(Kunstgewerbemuseum)は、まさにその舵取り役を果たすことになる。(5)

博覧会は世界の需要を見極める場、換言すれば市場調査の場でもあった。たとえば、一八六七年のパリ万国博覧会を通して日本の漆器が人気を博し、一九〇〇年のパリ万国博覧会がアール・ヌーヴォーの世界的流行のひとつのきっかけとなったことはよく知られている。自由貿易が拡大する世界経済においては、外国市場の需要をいかに把握して自国製品に取り込むかが、国際競争力を獲得するためのもうひとつの課題であった。それゆえに、技術革新のために常設施設として博物館が求められたように、恒常的な市場調査機関が必要とされたのである。

当初、外国市場の調査に貢献したのは外国駐留領事たちであった。ドイツの経済学者ヴィルヘルム・レキシス（Wilhelm Lexis）の著書を翻訳した『商業経済論』（岩村茂訳、一八九五年）は、「外国貿易ヲ実際ニ奨励センガ為メニハ洵ニ領事ノ規則正シキ報告ヲ必要トス。領事ハ本国ノ商業及工業ヲ顧ミ定住国ノ経済ノ有様ニ注意シ万般ノ貿易ニ関スル通信ヲ為スヲ専務トス。而シテ其用本国政府ノ為ニスルヨリ寧ロ其国人民ノ利益ヲ主眼トスルモノナリ」と述べ、国内商工業の底上げに果たす在外領事の重要性を説いている(6)。ドイツでは領事報告として公布するほか緊急を要するものは官報に掲載し、フランスでは週報として、イギリスでは重要なものを電報で発するなど、各国が様々に外国市場の情報を頒布したという。万国博覧会では世界各地から製品と情報が一ヶ所に集まるが、その反対に世界各地に広がる領事のネットワークで情報を収集したのである。

外国貿易の振興に重要な方策として、『商業経済論』が領事報告に次いで指摘したのは「国立ノ商業博物館」であった。レキシスは、ブリュッセルの「商業博物館」をその嚆矢として紹介し、「白耳義《ベルギー》ノ領事ハ其駐在国ヨリ本国ニ関係アル一切ノ内外国商品ノ標本ヲ本国博物館ニ贈ルノ例規ナリ。是ヲ以テ同国輸出入ノ工業品及粗製品ハ蓋ク館内ニ陳列セルヲ以テ一般人民ニ必要ノ指南ト為リ、外国貿易ノ為メニ大ナル利益ヲ与フ」と評した(7)。市場調査を行う在外領事を通じて参考となる物品をも蒐集し、その陳列によって市民に製品の改良や取引の拡大を働きかけるものであった。また、これが国家的戦略と密接に関わるものとして捉えられている点にも注意しておきたい。

『商業経済論』は、「商業博物館」に類似する施設として私立の「輸出品標本貯蔵所」にも言及している。その性質は「商業博物館ノ如シ」としながらも、商業博物館が「一般ノ商品ヲ蒐集シ主トシテ研究ノ用ニ供スル」一方で、輸出品標本貯蔵所は「唯実際ノ必要ノミニ限リ只管輸出ノ奨励ヲ目的トスル」という。詳しくは後述するが、ここでいう「商業博物館」は"Commercial Museum"に、「輸出品標本貯蔵所」が"Export Samples Warehouse"に対応する。

戦後の研究に目を向けてみても、これらの商品陳列機関が一九世紀末から二〇世紀初頭の貿易政策に重要な役割を果たしたとする指摘は多い。イギリスの経済史研究者ペーター・マティアスらは、コマーシャル・ミュージアム[8]（類似施設を含む）が、第一次世界大戦までの間に欧州だけで二〇館以上を数えるほどに拡大していたことを挙げ[9]、貿易政策における重要な施策であったと評価している。さらに、この種の施設がアメリカやトルコ、そして日本にも設置されていることから、欧州を中心に世界的に流行したことを指摘している。

一九世紀末から二〇世紀初頭にかけて、コマーシャル・ミュージアムなどの商品陳列機関は、貿易振興政策の重要機関として世界で広く認められた存在であった。だがしかし、日本の事例に言及があるにもかかわらず、わが国においては欧米のコマーシャル・ミュージアムが取り上げられた例は少なく、その実態については不明な点が多い。そこで本章では、第二章以後で展開する近代日本の〈陳列所〉についての議論に備えて、世界的に流行したというコマーシャル・ミュージアムやその類似施設の実態を把握することとしたい。

一　一九世紀末における商品陳列機関をめぐる世界的状況

（1）ロンドン商法会議所によるコマーシャル・ミュージアム調査「ムレイ報告」

まず、「博覧会時代」[10]とも呼ばれる一九世紀後半期に、コマーシャル・ミュージアムやその類似施設が置かれた状況を当時の史料から確認しておきたい。本書がとりわけ注目する史料は、外務省外交史料館に残された「一千八百八十六年九月十五日倫敦《ロンドン》商法会議所執務委員へ《ママ》「ムレイ」氏ノ提出セシ通商博物館ニ関スル特別報告」（以下、「ムレイ報告」と記す。図1）と題された、原稿用紙三六枚の報告である[11]。報告の内容は表題にある通りで、ロンドン商法会議所のムレイがコマーシャル・ミュージアムの設立を目指して、「純粋ノ通商博物館而已ニ止マラズ輸出品見本陳列所ノコトヲモ之ヲ取調べ、傍ラ技術博物館《ミュージアム》幷ニ商工業練習所ノコトヲモ取調べ」たものであり、調査の概要と、それを踏まえた提言がまとめられている。「ムレイ報告」が含まれる簿冊は、一八八〇年代後半に外務省を中心として進められた「通商博物館」設置計画（本書第三章で詳述）に関わるものであり、計画の参考とするために収集されたものと考えられる。

日本語で記されるこの「ムレイ報告」には原典が存在する。それは『商法会議所報 増補版（*Supplement to the*

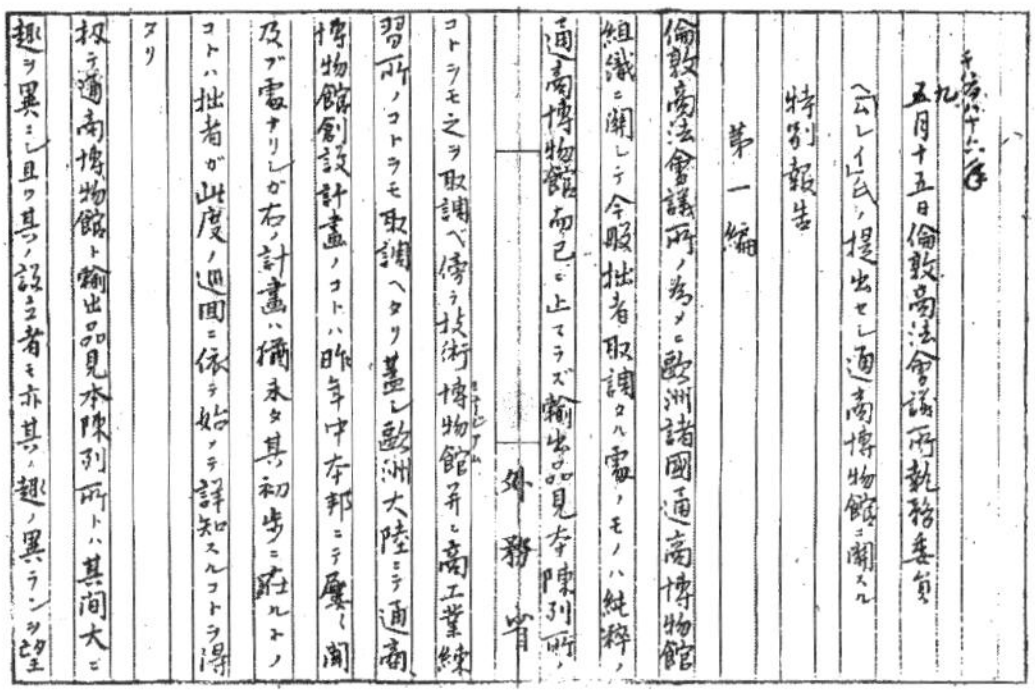
五月十五日倫敦商法會議所執務委員
ムレイ氏ノ提出セシ通商博物館ニ關スル
特別報告
第一編
倫敦商法會議所ノ爲メニ歐洲諸國通商博物館
組織ニ關シテ今般拙者取調タル處ノモノハ純粹ノ
通商博物館而已ニ止マラズ輸出品見本陳列所ノ
外務省
コトヲモ之ヲ取調べ傍ラ技術博物館《ミュージアム》幷ニ商工業練
習所ノコトヲモ取調ヘタリ蓋シ歐洲大陸ニテ通商
博物館創設計畫ノコトハ昨年中本邦ニテ屢々聞
及ブ處ナリシガ右ノ計畫ハ猶未タ其初歩ニ在ルモノ
コトハ拙者ガ此度ノ週回ニ依テ始メテ詳知スルコトヲ得
タリ
扨テ通商博物館ト輸出品見本陳列所トハ其間大ニ
趣ヲ異ニシ且ツ其ノ設立者モ亦其ノ趣ノ異ランヲ望

図１　「ムレイ報告」

SUPPLEMENT

Chamber of Commerce Journal.

OCTOBER 5, 1886.

SPECIAL REPORT ON COMMERCIAL MUSEUMS.

By KENRIC B. MURRAY, F.R.G.S., F.S.S.

Presented to the Executive Committee of the London Chamber of Commerce on the 15th of September.

PART I.

The enquiry which I have made, on behalf of the London Chamber of Commerce, into the organisation of the commercial museums existing in the principal states of Europe, has been directed not only to the commercial museums proper, but to the export pattern depôts, and, also, in a more limited degree, to the technical museums and technical schools or institutes in which commercial and technical training is completed. The general result of my visits has been to elucidate that the movement for the creation of commercial museums in continental Europe, of which we have heard so much in this country during the last year, is still in its initiatory stage.

It is necessary, at this early part of my report, to explain that a radical difference exists, and is intended by their founders to exist, between commercial museums and the export pattern depôts. The former were instituted more for historical and technical objects (although the Brussels museum also covers trade purposes), whilst the export pattern collections were devised solely for the transaction of business, and not as museums at all. Generally speaking, the museums may be said to have arisen either with the assistance, or through the direct initiative, of the State (although there are exceptions to this, such as Frankfort and Leipzig), whilst the pattern depôts have been invariably created through private enterprise. It is also worthy of remark that each of the collections which I visited (with the single exception of Leipzig) owed their origin to local industrial exhibitions, from which both exhibits, show-cases, and in some instances even the buildings, were obtained as a nucleus of the existing collections. In this respect, curiously enough, continental organisers were inspired by the same ideas which have prompted those in favour of commercial museums in Great Britain to believe, that the existing Colonial and Indian Exhibition might, with general approval, be utilised as the most efficient means of at least giving a start to the first commercial museum in the United Kingdom.

It will, perhaps, be satisfactory to those who are disposed to be pessimistic, as regards the industrial position of England, to know, that, generally speaking, commercial museums have, as yet, hardly passed from the theoretical to the practical. The museum at Brussels, founded by the Belgian Government, supported by State funds and located in a Government building, is by far the most complete of its kind. France, Germany, Austria, Switzerland, Italy, Holland and Portugal are each of them occupied, in one way or another, in following the example of their neighbours in forming museums or pattern agencies, but they are all more or less on their trial and relatively incomplete. Stuttgart is the most successful, if not the largest exponent of the export pattern idea, whilst Frankfort follows closely on its lead. On the other hand Milan and Frankfort are giving excellent examples as to what can be done, even on the Continent, by private initiative and without Government assistance, in the commercial museums which are there in course of organisation. But, in all cases, the advance actually realised is not so great that England could not, with relative ease, if once it were resolved that a commercial exhibition were a desirable addition to our existing institutions, reach and even surpass anything yet attained on the Continent. This would be the case whether such a museum or exhibition be founded by private enterprise or with Government assistance. The means at the disposal of the Chambers of Commerce of the Kingdom and their connection with those of the Colonies

図２　「ムレイ報告」の原典

Chamber of Commerce Journal)』として一八八六年一〇月五日にロンドンで発行された「コマーシャル・ミュージアムについての特別報告(Special Report on Commercial Museums)」である[12](図2)。この特別報告は、一八八六年九月一五日にケンリック・B・ムレイ(Kenric B. Murray)がロンドン商法会議所役員会(Executive Committee of the London Chamber of Commerce)に提出したものであり、欧州の事例調査の結果と調査に基づく提言が、一九頁の特別報告という形で発行されたものである。前述の「ムレイ報告」とは表題や内容が一致する。

報告者のムレイは、当時のロンドンにおいてコマーシャル・ミュージアム設置運動を牽引した人物だったようである。ムレイは、一八八〇年代に『商法会議所報』にてコマーシャル・ミュージアムの設置を繰り返し説き、さらに特別報告の翌年にはイギリスの評論誌『現代評論(*The Contemporary Review*)』に「コマーシャル・ミュージアム(Commercial Museums)」と題した論考を寄せた[13]。コマーシャル・ミュージアムの設置で遅れをとっていたイギリスにおいて、事業計画の参考資料としてまとめられた特別報告は、産業革命を牽引したイギリスが置かれていた状況を含めて、当時の欧州におけるコマーシャル・ミュージアムの状況を知る重要な手がかりとなろう。

ロンドンで発行された特別報告を日本の関係当局がいつ・どのように入手したのかは明らかではない。しかし、原典が発行された翌年には日本国内の新聞紙上に邦訳が分割掲載されていることからも、当時の日本の関係者にとって、ほぼ同時代の極めて重要な情報源であったことは間違いない[14]。「ムレイ報告」は当時の日本にもたらされていた情報を追跡し得るという意味でも貴重な史料なのである。以下では、当時の日本の関係者がどのような情報を入手し、理解していたのかを把握する意図も含めて、主に邦訳された「ムレイ報告」を参照し、必要に応じて原典や他史料を参照しながら、当時の状況を見ていくこととする。

なお、「ムレイ報告」で使用される「通商博物館」「商業博物館」という語は、原典における“Commercial Museum”あるいは“Trade Museum”に対応し（必ずしも一対一で対応して使用されているわけではない）、「輸出品見本陳列所」は同じく“Export Pattern Depôt”に対応する[15]（一般的には、ムレイの他文献をはじめ、英文史料では“Export Samples Warehouse”と表記されることが多い。英訳の差異が生じるのは、そもそも独語の“Exportmusterloger”からの訳語であるため）。翻訳された報告の題に付された「通商博物館」という呼称は、資料を入手し、後の「通商博物館」設置計画を起草した外務省の担当部局が通商局であったことによる[16]。本章では特に断りのない場合、当時の「ムレイ報告」が主に使用した「商業博物館」をその訳語として使用することとしたい。

（2）「商業博物館」と「輸出品見本陳列所」

一九世紀後半、世界最大の輸出貿易国であったイギリスに対し、欧州各国は国内市場の保護に努めてきたが、一八八〇年頃より自国の輸出貿易を発達させることで対抗しようとする動きが起こる。その動きの中にあって、特に重要な役割を果たした施設として「ムレイ報告」が言及する施設がふたつある。ひとつは本章冒頭でレキシスの評価とともに紹介した「商業博物館（Commercial Museum）」であり、もうひとつが「輸出品見本陳列所（Export Samples Warehouse）」と呼ばれる施設である。

「商業博物館」の設置を目指したムレイの計画は、「通商博物館ハ其ノ組織ノ殊様異体ヲ問ハズ到底我英国ニ対抗スル大陸工業競争ノ一進歩ト認メザルヲ得ズ」と語られたように、「商業博物館」の効果を高く評価してのものであった[17]。ここで注目すべきは、「商業博物館」や「輸出品見本陳列所」の発達が、貿易先進国であったイギリスではなく、自由貿易時代を生き抜くためにイギリスに次ぐ欧州の国々の都市で起こった点である。「ムレイ報告」では、その具体的な事例として、ブリュッセル、フランクフルト、ライプチヒ、シュトゥットガルト、ミラノの陳列施設、さらにアントウェルペン、フランクフルト、チューリッヒ、ウィーンの学校施設を紹介している。なかでも「他ニ比類ナキ最モ完全ナル者」としてブリュッセルの「商業博物館」（一八八一年設立）が、「輸出品見本陳列所中第一等トスルヲ得ザルモ最良ノモノ」としてシュトゥットガルトのそれ（一八八二年設立）が高く評価された(18)。

これら欧州各国に設置された「商業博物館」と「輸出品見本陳列所」は、輸出貿易を発達させるという目的を持つ点においては共通しているが、その具体的な様相は明確に異なるものであった。ムレイは報告の冒頭で次のように記している。

扨テ、通商博物館ト輸出品見本陳列所トハ其間大ニ趣ヲ異ニシ且ツ其ノ設立者モ亦其ノ趣ノ異ランヲ望ムトノコトハ本報告ノ初ニ当テ之ヲ説明シ置クコト必要ナルベシ。蓋シ通商博物館ハ重ニ《ママ》歴史的・技術的ノ為メニ之ヲ設ケ（ブッラセルス通商博物館ハ商法的ヲモ包括スレトモ）、輸出品陳列所ハ全ク博物館ト異ナリテ専ラ商業取組ノ為メニ計画シタル者ナリ。夫レ通商博物館ハ概ネ政府ノ補助ヲ得ルカ若クハ政府自ラ第一著ニ之ヲ創設シテ而シテ後始メテ興起セシナリ。（フランクフオルト、ライプチツグノ如キハ之ニ則ラズト雖モ）然ルニ見本陳列所ハ必ス民間ノ計画ニ出ヅ(19)。

ここに示されるのは、「通商博物館」（商業博物館）は歴史的・技術的な側面が強く政府の影響下にあり、「輸出品見本陳列所」は商業的な側面が強く、民間の当事者らによって設置されるものであるという認識である。対比の後半部分、つまり設置者の違いによって区別する態度は、同時期にベルギーを視察していた農商務大臣一行の報告にも見受けられる(20)。しかしながら、民間の設立であっても「商業博物館」として認識されたものも存在し、それだけによる区別は必ずしも意味をなさない。

それでは対比の前半部分、つまり両者の性格の違いはどうか。これを検証するためにムレイが評価した二つの施設に注目したい。翻訳された「ムレイ報告」には詳細な情報は含まれていないが、外務省が当時収集した資料の中に各機関についての報告が含まれている。[21]まずブリュッセルの「商業博物館」についてみると、同館の目的は次のように記されている。

概館ノ目的タル外国ニテ製造シタルモノヲ又他国ニ輸出シ其市場ノ需要ニ供スル物品ノ品位ト代価ヲ示シ、見本ニヨリテ白耳義人之ヲスルヲ得セシメ、其初メニ製造シタル国ト局外ノ地ニテ競争スルノ方便ヲ内国人ニ与フルノ目的ナレバナリ。[22]

つまり、自国への輸入品あるいは輸出市場における他国製品に対抗し得る製品を生産し、販売できるよう、その過程の参考に供することがその目的であった。陳列品には産地や製造法などの詳細なデータがそれぞれに記され、類品ごと、あるいは地域ごとに配置された。[23]これは、競争相手となる他地域の製品を比較検討しやすいように、あるいは輸出先の風俗や流行を汲み取りやすいようにという配慮による。

ムレイが「今通商博物館創設ノ意見ヲ報道スル所以ノモノハ、方今ノ英国商業ヲ直接ニ拡張スルノ手段ニ非ズシテ、商業家・工業家・支配人及ビ職工社会（就中職工社会）ノ為メニ其ノ職業技術ヲ教育スルノ手段トシ、愈々益々将来之我商業ヲ拡張スルノ間接方法トスルニ在リ」[24]と述べるように、「商業博物館」に教育的機能を見出したのもこの意味においてであろう。[25]そして、「商業博物館」を報告の冒頭で「歴史的・技術的」としたのは、蒐集する歴史的資料が保存のためだけではなく、自国の商工業者が新たな意匠・図案を考案するための参考資料としても位置づけられ、商工業に関する情報を提供していたことによると考えられる。[26]こうした目的のために、同館には図書室や情報局などの充実した設備が整えられ、荷造法の指導まで行われていた。[27]

一方、シュトゥットガルトの「輸出品見本陳列所」は次のように報告される。

輸出見本展列《ママ》所ナルモノハ我貿易商ニ於テ輸出ノ見込アル製造品ノ見本雛形或ハ図式本ヲ蒐集シ、之カ区分ケヲナシテ一室ニ陳列シ置キ、之レヲ外国ノ購買者ニ縦覧セシメ以テ外商ニ貨物ヲ売込ムコトヲ計画スル精神ナリ。[28]

ブリュッセルのそれとは異なり、自国産の輸出向け製品を広く販売するために便宜を図ることがその目的であった。それは、いわば国外に向けてのショールームであり[29]、先のムレイの言葉を借りれば、商業を拡張する直接的な方法であったといえるかもしれない。これはつまり、英語表記における“Museum”と“Warehouse (Depôt)”の違いである。

こうして、当時の欧州諸国における「商業博物館」と「輸出品見本陳列所」を比較したとき、歴史的・技術的な意図で陳列する教育的なものと商品の広告を意図して陳列する商業的なもの、利用者として国内の商工業者を想定するものと国外の商工業者を想定するもの、貿易奨励に対して間接的に働きかけるものと直接的に働きかけるもの、といった振れ幅が認められる。この振れ幅は相反するだけではなく、そもそもブリュッセルの「商業博物館」が実際の商取引に関わったように、双方の性格を持ち合わせるものも当然ながら存在し、すべての施設がこの二項対立的にはっきりと分割されるわけではない。それでも一九世紀末の欧州において発達した貿易促進を最終目的とする陳列施設が、その最終目的を実現するために掲げた目標や手段は一様ではなく、とりわけ「商業博物館」と「輸出品見本陳列所」との間には相違があったことを認識しておかねばならない。

ところで、「商業博物館」などが登場する少し前の一八五〇年代頃から、万国博覧会をきっかけに、産業振興を目的とした博物館が欧州で興隆していたことはすでに述べた。一八五二年に設立されたイギリスのサウス・ケンジントン・ミュージアムや、それに範をとってドイツやオーストリアを中心に発達した工芸博物館などである[30]。これらの博物館も貿易振興を視野に入れて活動したが、主に美術工芸品を扱うものであり、職工の技術向上に重点を置くものであった。工芸博物館が専門教育を行う学校を併設し、技術の直接的指導を行ったことからも、その関心がうかがえる。対して「商業博物館」は美術工芸に限らず農工商業を広く対象とし、自国製産品の市場拡大のために戦略的な生産と交易を市井の商工業者に促すことを第一義とした。

さて、こうした欧州各国の状況下にあって、ロンドン商法会議所が目指したのはブリュッセルのような「商業博物館」であった。ムレイは目標とする「商業博物館」について次のように記している。

博物館ナル語ハ其ノ陳列ノ物品ノ多少何時マテモ変更セザル者ノ様ニ思ハルレバ或ハ誤解ヲ生スルコトモアラン。復タ博覧会ト云フ語ハ最新ノ物貨ヲ蒐集スルノ意味アレバ、通商博物館ノ趣意ニハ却テ適当ノ意ヲ通スベキ歟。如此キ陳列館ニシテ完全ヲ極メタルモノハ即チ歴史上物件現在ノ物件共ニ之ヲ集メタルモノナリ。(31)

古器旧物をいつまでも陳列するのではなく、博覧会のように最新のものだけを蒐集するでもない、新旧の製品を蒐集し陳列することを最良とした。もちろん、これらは共に商工業者の生きた教材として参考に資するためである。

さらに、ムレイは「商業博物館」を機能させるために、ロンドンの中央館と地方都市の支館による「商業博物館」の連携システムも提案し、中央館はサウス・ケンジントン・ミュージアム、ブリティッシュ・ミュージアム、ナショナル・ギャラリーといったイギリスを代表する博物館に並ぶものとして構想している。(32)

以上、「ムレイ報告」を参照しながら、一八八〇年代の商品陳列機関をめぐる世界的状況を概観してきた。欧州の主要な交易都市において、世界経済を牽引するイギリスに対抗するための施設として「商業博物館」「輸出品見本陳列所」が誕生し、効果をあげた。それを迎え撃つべくイギリスも同様の施設の設置を図ったが、イギリスの当局者が目指したのはショールームとしての「輸出品見本陳列所」ではなく、教育的側面を持つ「商業博物館」であった。当地の製産品や海外の流行品が一堂に会して陳列され、貿易に関する情報拠点にもなるこれらの施設は、一九世紀末の世界貿易界において、重要な施設となったのである。

欧州におけるこうした動向は他地域にも注目され、アジアやアメリカにも広がりを見せる。具体的には、第三章で取り上げる一八八〇年代後半における日本での「通商博物館」設置計画、そしてシカゴ万国博覧会を契機に設立されるフィラデルフィア・コマーシャル・ミュージアムなどである。その後の自由貿易時代を乗り越えるために、それぞれの国や地域が抱える事情に合わせた多様なコマーシャル・ミュージアムが誕生し、相互に連絡をとって活動を展開した。なお、日本においては「ムレイ報告」で示された訳語が、やがて内容とは切り離されて使用されていくこととなる。

二　新陳代謝するミュージアム
――ブリュッセル・コマーシャル・ミュージアムの誕生

（1）設立経緯

欧州の様々な類似施設に言及した「ムレイ報告」のなかで、「商業博物館」すなわちコマーシャル・ミュージアムとして最も高く評価された施設が、一八八二年に開館したブリュッセルのコマーシャル・ミュージアムである。コマーシャル・ミュージアムの嚆矢であるブリュッセル・コマーシャル・ミュージアムは、前節で確認したイギリスをはじめとして、世界中で手本とされた。以下では、同館についてもう少し掘り下げていきたい。なお、ブリュッセル・コマーシャル・ミュージアムの正式名称は"Musée Commercial"と仏語表記されているが、ここでは便宜的に都市名を付し、本書中での統一を図るために英語表記の読みを用いた。

ブリュッセル・コマーシャル・ミュージアムの起原は、ベルギーの独立五〇周年を記念して一八八〇年に開催された内国博覧会（Cinquantième Aniversaire de L'indépendance de La Belgique. Exposition Nationale de

1880）に遡る。[33] ブリュッセル郊外、現在のサンカントネール公園を会場としたこの博覧会は、ベルギーを中心に各地から収集された美術品・製産品を一堂に紹介した。ちなみにサンカントネール公園の地はこの内国博覧会に合わせて整備されたものである。膨大な陳列品を収容するために建設された巨大な陳列館を舞台に、博覧会は盛大に催された。

この時、後にコマーシャル・ミュージアムの設立主体となるベルギー外務省は、在外領事などを通じて収集してきた他国産の製品や原料を資料として出品している。資料は細かく分類され、目録が作成された。それは『一八八〇年内国博覧会：在外領事編纂コマーシャル・ミュージアム目録(*Exposition nationale de 1880 : Catalogue du musée commercial formé par les agents du service extérieur*)』[34] として頒布されており、ここにブリュッセル・コマーシャル・ミュージアムの萌芽を認めることができる。常設施設としてのコマーシャル・ミュージアムの設置は内国博覧会翌年に議会で可決され、さらにその翌年の一八八二年に開館する。[35]

ベルギー外務省が各国の産業資料の収集や陳列に熱心となった背景には、貿易振興の意図があった。その具体的な理由を、ベルギー外務省は前述の目録の中で次のように表している。

わが国は、商品を輸出するべく消費地の好みを反映した商品を作らなければならない。需要に応えるべく消費地の好みを把握しなければならない。そのためには、ベルギーの製造業者は消費地で好まれている布・糸・道具・製品を実見した上で、同じように製造するとよい。そしてほとんどの場合、わが国ではより安価に製造することが可能である。さらに、我々は加工して再輸出するための原料や国内生産の不足分を補うために必要な原料（鉱石・繊維・食料品・香辛料など）をどこから輸入できるのかを把握しなければならない。[36]

ここに明示されたように、他国製品や原料は、領事報告などによる情報を補完・補強するために必要不可欠な実物資料であり、ベルギー外務省はこうした資料の陳列を通して国内の製造業者に最新の情報を教示し、国際競争力の高い製品の生産を促すことを企図したのであった。

ブリュッセル・コマーシャル・ミュージアムの公開は内国博覧会からの流れを汲んで段階的に進められた。同館は一八八二年七月一七日には週刊の機関誌『コマーシャル・ミュージアム報告(*Bulletin du Musée Commercial*)』(以下『報告』と記す。図3)を創刊し(37)、その活動を公に開始する。

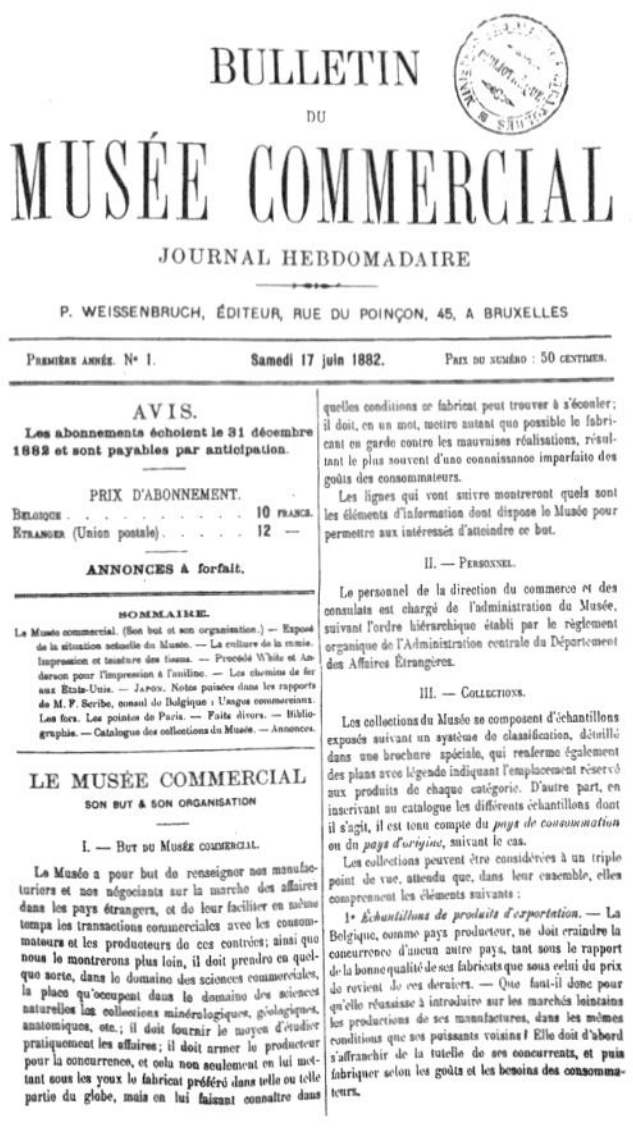

BULLETIN

DU

MUSÉE COMMERCIAL

JOURNAL HEBDOMADAIRE

P. WEISSENBRUCH, ÉDITEUR, RUE DU POINÇON, 45, A BRUXELLES

PREMIÈRE ANNÉE. Nº 1. Samedi 17 juin 1882. PRIX DU NUMÉRO : 50 CENTIMES.

AVIS.

Les abonnements échoient le 31 décembre 1882 et sont payables par anticipation.

PRIX D'ABONNEMENT.

BELGIQUE . . . . 10 FRANCS.
ETRANGER (Union postale). . . . . 12 —

ANNONCES à forfait.

SOMMAIRE.

Le Musée commercial. (Son but et son organisation.) — Exposé de la situation actuelle du Musée. — La culture de la ramie. Impression et teinture des tissus. — Procédé White et Anderson pour l'impression à l'aniline. — Les chemins de fer aux États-Unis. — JAPON. Notes puisées dans les rapports de M. F. Scribe, consul de Belgique : Usages commerciaux. Les fers. Les pointes de Paris. — Faits divers. — Bibliographie. — Catalogue des collections du Musée. — Annonces.

LE MUSÉE COMMERCIAL

SON BUT & SON ORGANISATION

I. — BUT DU MUSÉE COMMERCIAL.

Le Musée a pour but de renseigner nos manufacturiers et nos négociants sur la marche des affaires dans les pays étrangers, et de leur faciliter en même temps les transactions commerciales avec les consommateurs et les producteurs de ces contrées; ainsi que nous le montrerons plus loin, il doit prendre en quelque sorte, dans le domaine des sciences commerciales, la place qu'occupent dans le domaine des sciences naturelles les collections minéralogiques, géologiques, anatomiques, etc.; il doit fournir le moyen d'étudier pratiquement les affaires; il doit armer le producteur pour la concurrence, et cela non seulement en lui mettant sous les yeux le fabricat préféré dans telle ou telle partie du globe, mais en lui faisant connaître dans quelles conditions ce fabricat peut trouver à s'écouler; il doit, en un mot, mettre autant que possible le fabricant en garde contre les mauvaises réalisations, résultant le plus souvent d'une connaissance imparfaite des goûts des consommateurs.

Les lignes qui vont suivre montreront quels sont les éléments d'information dont dispose le Musée pour permettre aux intéressés d'atteindre ce but.

II. — PERSONNEL.

Le personnel de la direction du commerce et des consulats est chargé de l'administration du Musée, suivant l'ordre hiérarchique établi par le règlement organique de l'Administration centrale du Département des Affaires Étrangères.

III. — COLLECTIONS.

Les collections du Musée se composent d'échantillons exposés suivant un système de classification, détaillé dans une brochure spéciale, qui renferme également des plans avec légende indiquant l'emplacement réservé aux produits de chaque catégorie. D'autre part, en inscrivant au catalogue les différents échantillons dont il s'agit, il est tenu compte du *pays de consommation* ou du *pays d'origine*, suivant le cas.

Les collections peuvent être considérées à un triple point de vue, attendu que, dans leur ensemble, elles comprennent les éléments suivants :

1º *Échantillons de produits d'exportation*. — La Belgique, comme pays producteur, ne doit craindre la concurrence d'aucun autre pays, tant sous le rapport de la bonne qualité de ses fabricats que sous celui du prix de revient de ces derniers. — Que faut-il donc pour qu'elle réussisse à introduire sur les marchés lointains les productions de ses manufactures, dans les mêmes conditions que ses puissants voisins? Elle doit d'abord s'affranchir de la tutelle de ses concurrents, et puis fabriquer selon les goûts et les besoins des consommateurs.

図3 『コマーシャル・ミュージアム報告』第1号

創刊号でも報じられているが、この時点では資料を公開するための施設整備が完了していないために情報局のみでの活動開始であり、正式な開館は資料の陳列公開を待つとされた。この経緯からは、同館が陳列のみではなく、情報の発信を同様に、あるいはそれ以上に重視していたことがうかがえる。

とはいえ、開館までの期間も資料は死蔵されていたわけではなく、準備の整ったものから部分的に公開が開始された。目録に掲載を終えた資料は、申請をすれば誰でも閲覧できる体制が整えられていた。資料の陳列公開の準備は、資料整理と並行して継続的に進められたのである。こうして、『報告』を発行したその年のうちに、商業博物館はブリュッセル市街地中心部に開館する(後掲図4参照)。

内国博覧会の時と同様に、ブリュッセル・コマーシャル・ミュージアムに要請されたのはベルギーの貿易振興に資することであり、国内商工業者を対象とした情報機関・指導機関としての働きであった。それは同館の目的として次のように掲げられる。

当館の目的は、製造者や仲買人たちに対して外国における商売の展開について教えることであり、同時に外国の消費者や生産者との間に立つ彼らの取引を容易にすることである。また、詳しくは後述するが、当館は、自然科学の分野において鉱物学や地質学や解剖学などの収集物が占めているような地位を、商業の分野においても実現させるべきであり、商売について実際的に学ぶ方法を提供するべきである。そして、外国の特定地域の製造者について示すだけでなく、製造者がどのような状況で商品を捌いているかを知らせることによって、生産者が競争に耐えられるようにすることを任務とする。一言でいえば、消費者の好みの不完全な理解を主な理由とする失敗を予防するため、出来る限り製造者に注意を促すことである[38]。

ブリュッセル・コマーシャル・ミュージアムは、他国市場の実情を国内の商工業者に知らせ、自国製品の戦略的な販売を図る基幹施設として位置づけられた。同館が、物だけではなく、その背景に広がる情報を収集・公開の対象としたのは、こうした責務を果たすためであった。この位置付けは先の内国博覧会の延長線上に位置するものであり、同時期のいわゆる工芸博物館とは方向を異にするものであった。変化し続ける国際社会において自国の商工業者が遅れを取らぬよう、各地に派遣された領事との連携を土台としてブリュッセル・コマーシャル・ミュージアムは立ち上げられたのである。

従来とは異なるこのようなミュージアムのあり方は、当初から一般社会に抵抗なく受け入れられたわけではない。陳列品公開前の館報発行などに見られるブリュッセル・コマーシャル・ミュージアムの段階的な活動開始について、批判記事を掲載する新聞さえあった。その批判に対して同館は、段階的な活動開始は、国際市場への進出を目指すベルギーの製造者や卸売業者に、最新かつ実際的な情報を提供するという館の設置目的に沿う妥当な処置であると力説し、理解を呼びかけている[39]。ブリュッセル・コマーシャル・ミュージアムの開館は、ベルギーの人々にとっても、これまでにないミュージアムの誕生だったのである。

（2）組織と活動

ブリュッセル・コマーシャル・ミュージアムの組織と活動は、製品見本の陳列公開と商工業情報の提供を両輪とするものであった。同館は、その収集・公開の方針について次のように説明している。

外国の消費者の好みの変化に応じて収蔵品は常に変更されなければならない。それゆえ、ブリュッセルに着いてから数ヵ月後にしか公開されないような見本品の収集は現実的ではない。現在、ミュージアムの収蔵品は、一八八〇年の内国博覧会場での試験的な展示の時と同様に、特定の領事の個人的なイニシアティブによって外務省に送られてきたもので構成されている。[40]

ブリュッセル・コマーシャル・ミュージアムは、時勢を写し取るように常に最新の情報を提示することを旨とし、変化し続ける陳列を方針とした。これはドイツなどの工芸博物館が、当初の産業技術的関心から美術史・文化史的関心へと収蔵品の方針を転換し、史料として保存・陳列を意識する傾向にあった当時においては、独自の方向性を示すものであったといえる。このように新陳代謝するミュージアムを可能としたのは、同館を所管する外務省が持つ海外に広がるネットワークであり、それを通じて絶えず収集される資料と情報であった。

ブリュッセル・コマーシャル・ミュージアムの収蔵品は、輸出品見本・輸入品見本・荷造装飾見本の三つに分けることができる。[41] 輸出品見本とは主に在外領事を通じて収集した外国製品であり、各国で需要のある製品が見本として示された。輸入品見本は主に加工品の素材や農作物などで、国外から運び込まれる原料を中心に紹介した。これらが製品に直接関係する一方で、当時問題とされていたベルギー製品の粗悪な梱包を改善することを目的とする荷造装飾見本が、流通や装飾に関する技術と情報を提示した。

陳列品を効果的に説明し、観覧者が望む情報に素早く到達できるよう、陳列には様々な工夫がなされた。[42] 陳列室に隣接する場所に情報室が設置され、目録掲載品や陳列品に関する価格情報など委細な情報が集められた。ここでは、利用者から商工業に関する調査依頼があれば、陳列品に関係することでなくても、職員が在外領事に照会して対応し、必要な情報を調査して提供した。また、商工業の専門図書をはじめ、世界各国の新聞・雑誌、類似施設の目録などが集められた図書室も併設されており、文献による情報と合わせて陳列品について学ぶことができるよう配慮されている。資料の収集・保存を本義とする従来の博物館とは異なり、コマーシャル・ミュージアムにとって商工業情報の収集・整理・提供は、陳列と相互補完関係をなすものであり、根幹となる活動のひとつであった。

館内活動とも密接に関わる『報告』を通じた情報の発信は、ブリュッセル・コマーシャル・ミュージアムにとって重要な位置を占めた。このことは、陳列公開に先立って『報告』が創刊された事実からも明らかであろう。週刊で発行された『報告』は新聞のような頒布されやすい体裁をとった。誌面には同館職員による論説や各種報告とあわせて、領事報告などに基づく国内外の最新情報が掲載され、鉄道貨物運賃や土木工事の入札情報まで商工業に関わるあらゆる情報が網羅された。奇しくも創刊号には、駐日領事からの報告として、日本の商業慣習を紹介する記事が掲載されている(43)。

『報告』はまた、陳列される資料を周知するための役割も果たした。『報告』には新資料の到着により日々更新される資料目録が随時掲載され、ブリュッセル・コマーシャル・ミュージアムは最新資料の紹介に努めた。世界各地に派遣された在外領事からの最新の資料と情報は、『報告』を通してベルギーの商工業者に届けられたのである。

こうした独自の活動によって、ブリュッセル・コマーシャル・ミュージアムはベルギーが列強諸国と渡り合う原動力として、レキシスら同時代の経済学者に評価されるのである。

（3）建築

従来の博物館とは一線を画す活動を展開したブリュッセル・コマーシャル・ミュージアムは、その建築においても独自性を見出すことができる。コレクションの収集や陳列を第一義とする従来の博物館は、その保存の環境が重要視される。対して、常に新しい製品や原料に更新される陳列や、『報告』や情報局を活用した情報共有により、市民と素早く密接な関係を築くことが重要であった同館は、市街地に百貨店さながらの建築を構えたのであった。

ブリュッセル・コマーシャル・ミュージアムは、ブリュッセル中心部に位置するオーギュスタン通り一五・一七番地に建つ建築を改修して設立された(44)。オーギュスタン通りは、郵便局や証券取引所が建ち並ぶ目抜き通りに直交する通りで、郵便局や王立劇場、グラン＝プラスにも近い市の中心部である（図4・5）。鉄道駅にも近く、市街の街並の中に並んで建つその建築は、記念碑的存在として建設されることが多い従来のミュージアムとは異なり、市井の商工業者がアクセスしやすい存在であったといえる。この立地環境にはムレイも関心を示しており、報告の中で「博物館が設置された建物は、規模が大きく美麗な建築である。市街地中心部に近く、メインストリートから数ヤードと離れておらず、中央郵便局から徒歩二〜三分、証券取引所からは徒歩三〜四分の距離にある」と、その利便性に言及している(45)。

ブリュッセル・コマーシャル・ミュージアムの建築は、元々は音楽ホールとして使用されたものである(46)。これは、開館準備中である一八八一年に、ファサード改修（道路に面する一階窓枠の変更）の申請図面の記述にも明らかである(47)。図面タイトルには「コマーシャル・ミュージアム／ブリュッセル　オーギュスタン通り／（元フィルハーモニー管弦楽団所在地）／ファサードの変更(Musée Commercial / Rue de Augstins à Brusselles / (Ancien Local de La Société Philharmonique) / Changements à apporter à la façade)」（スラッシュは原文における

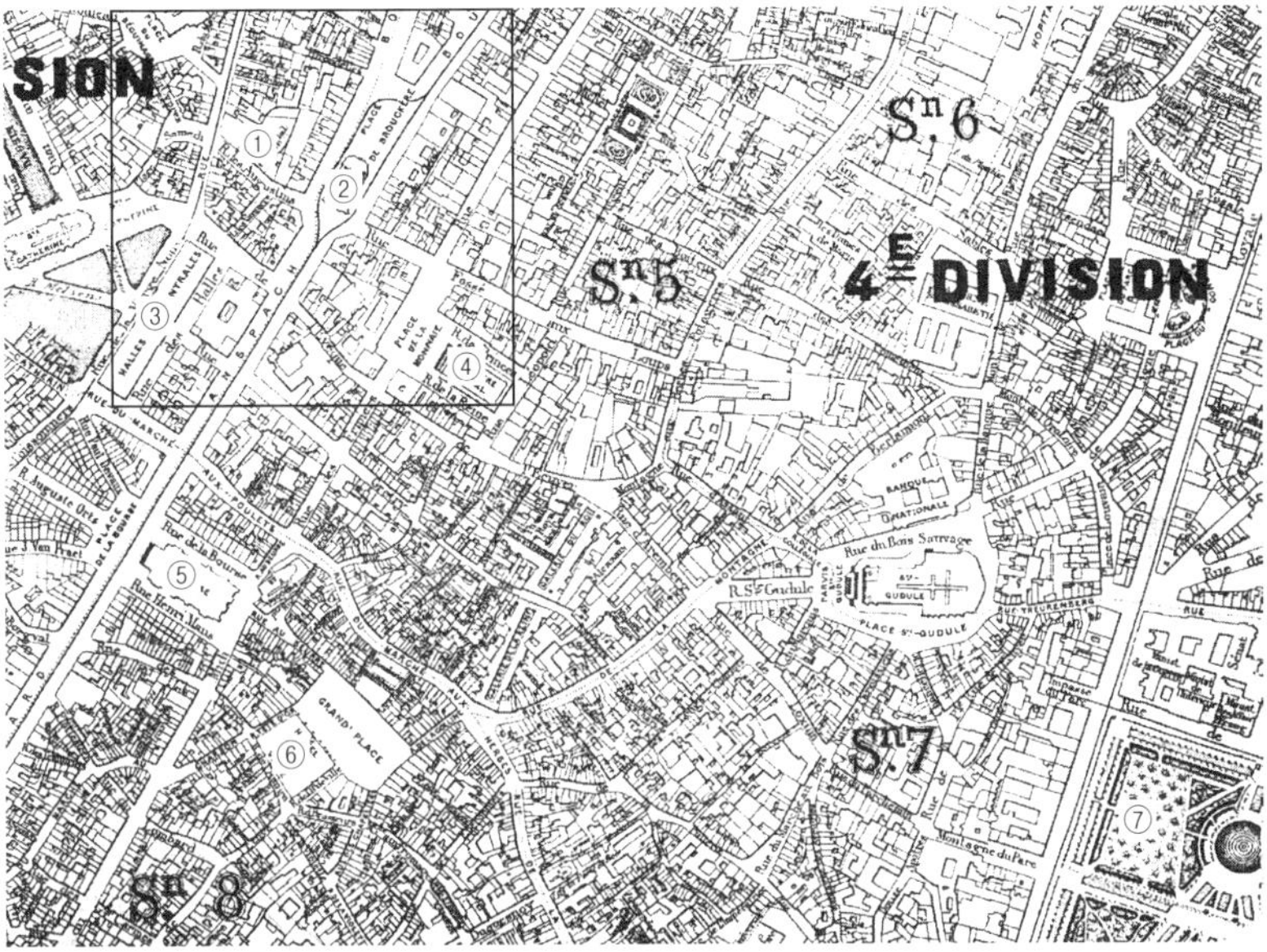

図４　ブリュッセル・コマーシャル・ミュージアムの位置

①コマーシャル・ミュージアム、②郵便局、③中央市場、④王立劇場、⑤証券取引所、⑥市庁舎、⑦公園。公園から２km弱東方にサンカントネール公園が位置する。市庁舎前のグラン＝プラスに面してギルドハウスが建ち並ぶ。鉄道が敷設されているアンスパック通りは、ブリュッセルの玄関口である北駅と南駅をつないだ。中央駅はグラン＝プラスと公園の中央付近に計画され、1952年に開業する。

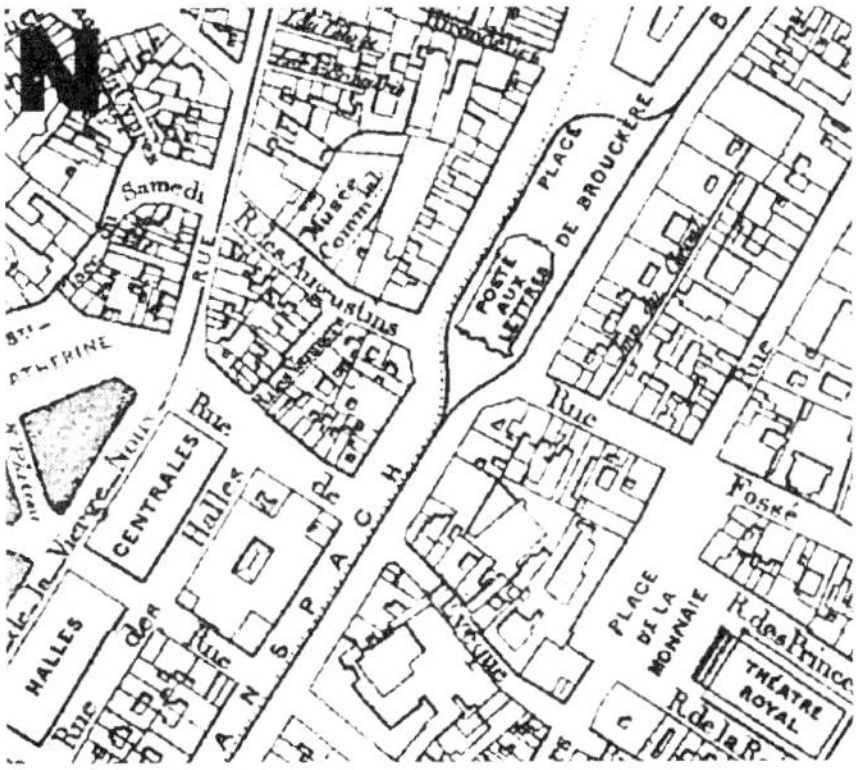

図５　ミュージアム付近の拡大図

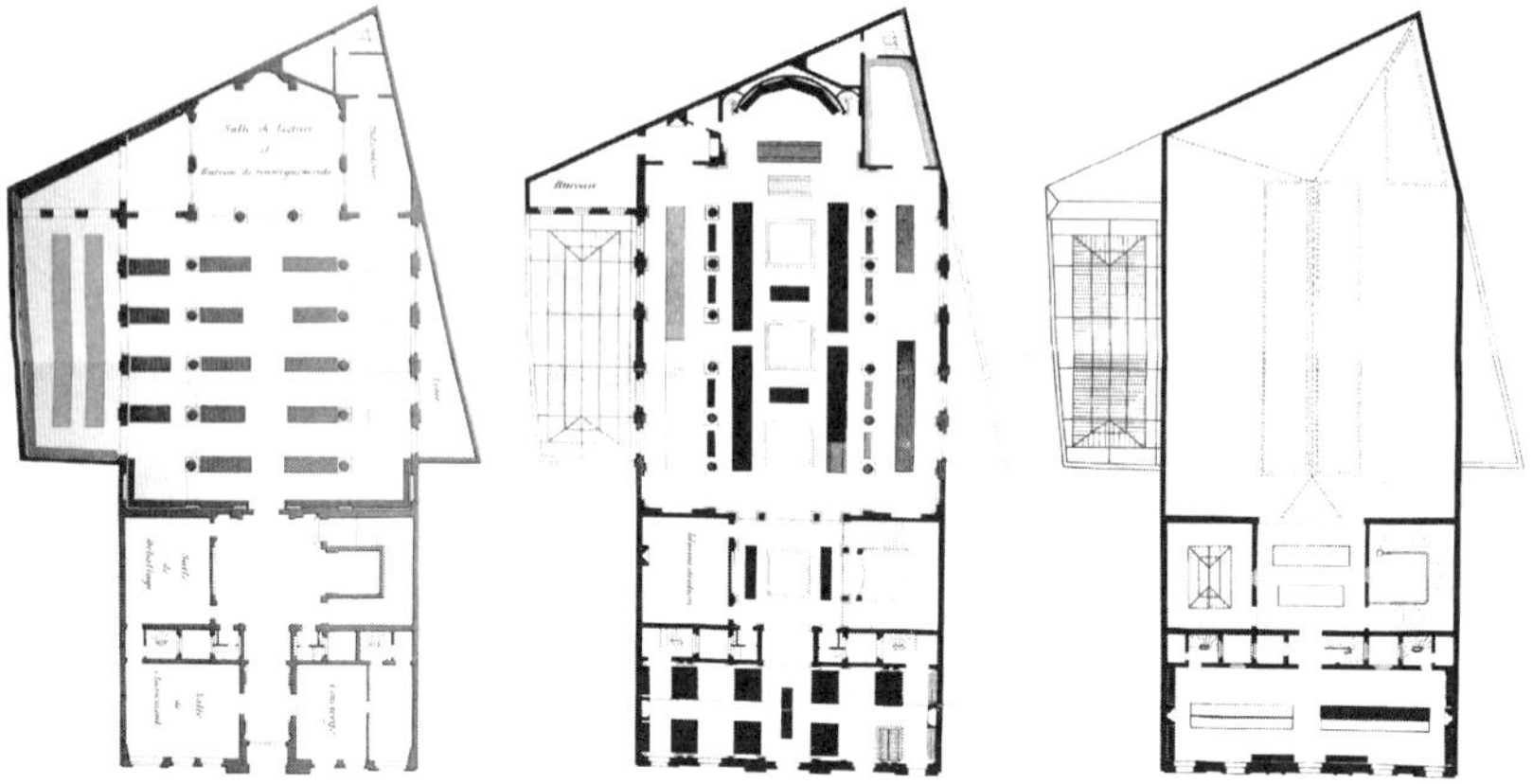

1階　　2階　　3階

図6　ブリュッセル・コマーシャル・ミュージアム 各階平面図

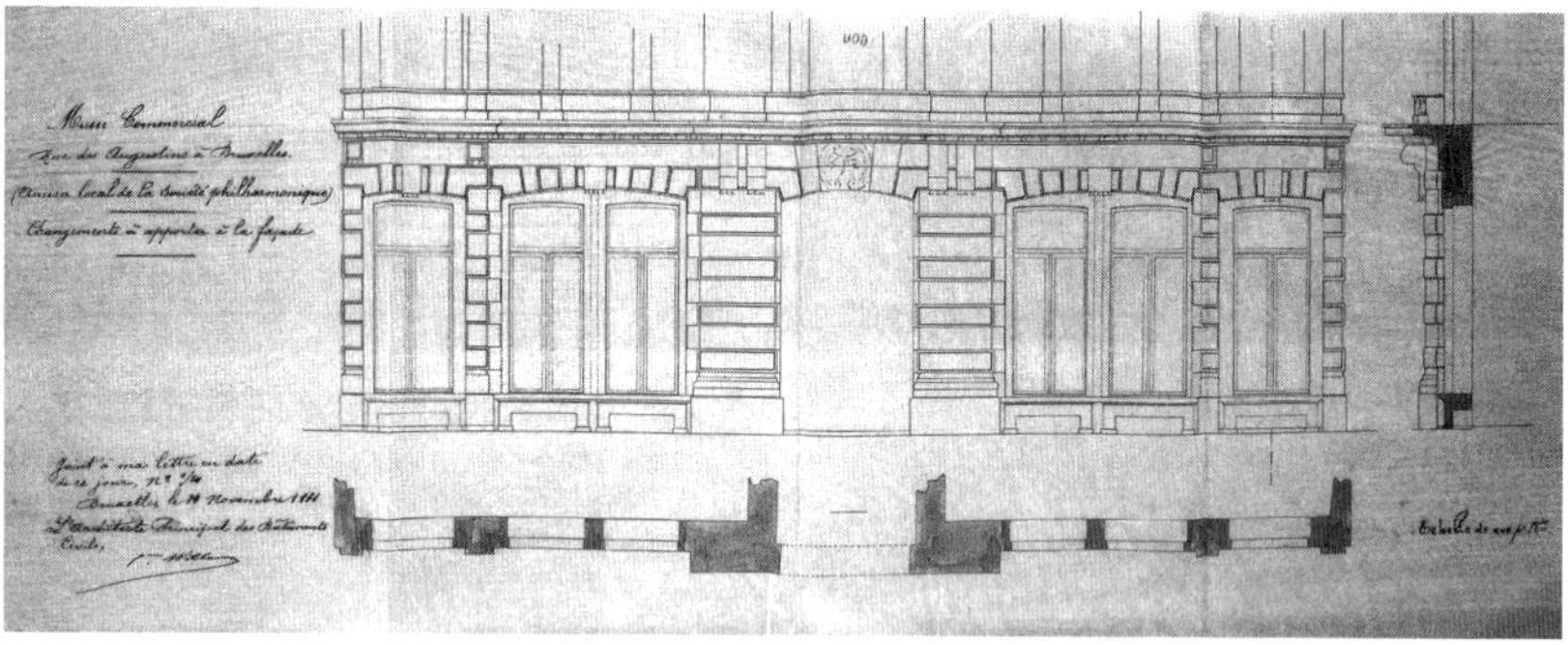

図7　ブリュッセル・コマーシャル・ミュージアム 立面図(正面1階部分)

る改行を示す）と記されている。ベルギー政府は、この建物を所有者であった管弦楽団から約一万二千ポンドで購入した。利用に際しては、ブリュッセル市に毎年四〇ポンドの土地借用料が課せられた。

開館時の様子は、同館発行の収蔵品目録に付された平面図などから知ることができる。建物は道路に面する三階建て部分と、敷地奥に広がる二階建て部分からなる（図6）。道路側部分の一階を事務室や荷解き室として運営に使用する他は、ほとんどの空間が陳列の用に充てられた。一階の道路に面する窓は、開館時に改修されている（図7）。こうした外観からは、いわゆる〝殿堂〟のようなミュージアムらしさは感じられず、都市のなかに同化する建築であった。

陳列品は細かく分類され、項目ごとに整理されて各室に配される。二階建て部分は各階が大きな一室の陳列室である。二階の陳列室は七・五メートルの天井高を持ち、さらにトップライト（構造体であるトラス最上部までの高さは二階床から一一・六メートル）も備えた開放的で機能的な陳列空間で[48]、「光は窓と天井の両方から降り注ぎ、充分すぎるほど」であったという[49]。二階の陳列室には後に回廊が増設される（図8）。ただし、一九二九年の回廊増設時の図面に記された施設名は「政府商業局（Office Commercial de Etat）」とあり[50]、ブリュッセル・コマーシャル・ミュージアムに組織変更が行われたようで、用途も変更されている可能性も否定できない。

こうした室内環境に関して、現地を訪れたムレイは、「空間の印象は、ロンドンのジェルミン通りにある地理学博物館に近い。ただし、ブリュッセル・コマーシャル・ミュージアムはその三分の二から半分ほどの規模である」と記している[51]。地理学博物館は、ジェームズ・ペネットホルン（James Pennethorne）が設計した建築で一八五一年に開館した博物館である[52]。

アクセスしやすい一階の陳列室の突当りには、「閲覧室および情報事務室（Salle de Lecture et Bureau de Renseignments）」「案内所（Indicateur）」が位置し、陳列室と情報機関としての機能が併置されている。閲覧室

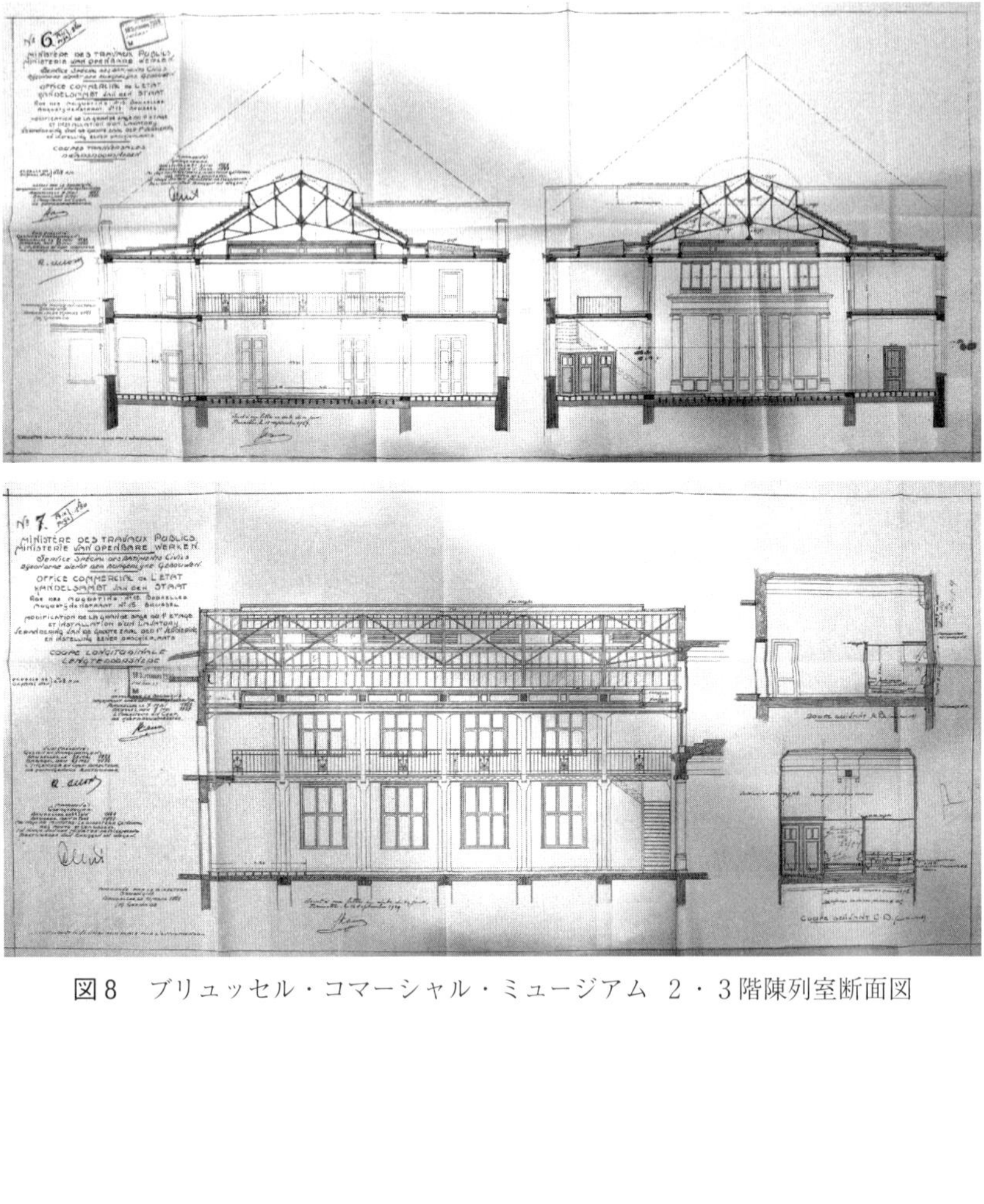

図8　ブリュッセル・コマーシャル・ミュージアム　2・3階陳列室断面図

に向かって左側にある区画は大きなトップライトを有するが、この場所の用途は一八八八年に同館を訪れた日本の農商務省大臣一行による報告によって明らかとなる。同報告では、「列品場ノ傍ニ「ガラス」天井ノ一室ヲ設ケ、之ニ五大洲各地ノ商工業雑誌報告類ヲ蒐集シテ縦覧セシムルノ備ヘアリ」と述べられており、この部屋が後に図書室として使用されていたことをうかがわせる(53)。このような諸機能の配置により、利用者は陳列されたものだけではなく、陳列品の背景にある様々な情報にも、容易にアクセスが可能であった。これは同時に、文字の情報を補足するために陳列品が機能したともいえる。

設備的にも興味深い試みがなされている。三層の各階陳列室に配置された広範な種類の陳列品を有効に活用し、利用者の理解を助けるために、陳列室各階には呼び鈴が設置されていた。呼び鈴は事務室につながっており、陳列品について詳しく知りたい者は、この呼び鈴を押せば職員をその場に呼び出して陳列品を眼前に説明を聞くことができた(54)。

このような陳列と関連づけられた各種の支援機能の配置は、ブリュッセル・コマーシャル・ミュージアムの平面計画や設備における特徴的な部分といえるだろう。このような特徴に対する関心は、他国による現地報告にも確認できる(55)。前節において、陳列と並行して行われる商工業情報に関する業務を同館の活動の特徴として挙げたが、コマーシャル・ミュージアムにとって必要不可欠な情報機関としての活動は、陳列と相互補完をなすものとして建築的にも明らかであり、それら両面において、従来とは異なる特徴を備えていたといえる。

おわりに

以上、一九世紀末における商品陳列施設――わが国には「商業博物館」や「輸出品見本陳列所」として紹介された――の状況を概観し、コマーシャル・ミュージアムの嚆矢であるブリュッセル・コマーシャル・ミュージアムについて詳しく見てきた。産業の近代化に始まる自由貿易の世界において、外国市場に自国製品を戦略的に展開するための指導が、コマーシャル・ミュージアムに求められた役割であった。

博覧会をきっかけとして、産業や貿易を振興するための施設が世界各地に設置されていった。第二節でみたように、ロンドン商法会議所のムレイが注目した貿易振興を主軸とした施設に限っても、「商業博物館」から「輸出品見本陳列所」あるいは学校施設まで様々である。こうした中で、ムレイが「商業博物館」の特徴のひとつとして運営主体が国家であることに注目し、レキシスが貿易政策において国立の「商業博物館」の重要性を説いたように、国家の貿易政策にとって有益な施策と評価されたものが「商業博物館」であり、とりわけその嚆矢であるのがブリュッセルの「商業博物館」——ブリュッセル・コマーシャル・ミュージアムであった。

ブリュッセル・コマーシャル・ミュージアムは、美術品を保存する従来のミュージアムとは異なり、新陳代謝し続ける新しいミュージアムとして誕生した。そのありようは当時のベルギーにおいても異質なものと見なされたが、その効用が認められ、欧州をはじめ世界に流行していくこととなる。その先進的な活動は建築的にも体現され、コマーシャル・ミュージアムにとって必要不可欠な情報機関としての活動と陳列とが、相互補完をなす空間として提示された。ここに、新しいミュージアムが都市の中に実現したのである。

本章で考察してきた一九世紀末におけるコマーシャル・ミュージアムは、わが国で語られてきた博物館史に新たな視点をもたらすものだといえる。従来の博物館史研究において、コマーシャル・ミュージアムは取り上げられてこなかった。世界の工場として一九世紀後半の世界を牽引し、初めて万国博覧会を開催したイギリスは、大英博物館やサウス・ケンジントン・ミュージアムの存在により、ミュージアムにおいても他国の模範となる存在とされてきた。だからこそ、一八八〇年代にイギリスが貿易対抗国における脅威と捉えたものがコマーシャル・ミュージアムであり、イギリスがそれを取り込むべく奔走した事実は興味深い。世界は自由貿易の時代を迎え、その見取り図を変えつつあった。

さらに二〇世紀を前にして、自由貿易の波はやがて一部に帝国主義的な色合いを見せる。コマーシャル・ミュージアムもまた、これと無関係ではなかった。ロバート・W・ライデルやスティーブン・コンが、フィラデルフィア・コマーシャル・ミュージアムの背景にフィリピンに対するアメリカの植民地政策を見出すように、二〇世紀に入ると世界のコマーシャル・ミュージアムは、時に植民地政策の装置として機能していく(56)。

ブリュッセル・コマーシャル・ミュージアムが設置された時代における、自国製品の近代化と改良の指導を通した貿易振興から、新たな市場獲得による貿易の拡大に重心が移り、その結果としての植民地政策へと移行する。ブリュッセルに始まり世界的な流行をみるコマーシャル・ミュージアムは、自由貿易から帝国主義的な対外進出へと展開していく世界の過渡期を象徴する存在なのである。

（1）吉田光邦『万国博覧会：技術文明史的に』（日本放送出版協会、一九六〇年）、吉見俊哉『博覧会の政治学：まなざしの近代』（中央公論社、一九九二年）。
（2）高橋雄造『博物館の歴史』（法政大学出版局、二〇〇八年）二二七～二七〇頁。
（3）同右、一六一～一八九頁。
（4）一八四九年にパリで開催された産業博覧会を視察したコールが、アルバート公に万国博覧会の開催を提案したことが、一八五一年のロンドン万国博覧会開催につながったとされる。
（5）池田祐子「ドイツの工芸博物館について：その設立と展開：ベルリンを中心に」（デザイン史フォーラム編『近代工芸運動とデザイン史』、思文閣出版、二〇〇八年）一三三～一五八頁。
（6）レキシス『商業経済論』（交通学館、一八九五年）二七四～二七五頁。
（7）同右、二七六～二七八頁。

（8）本書では「Commercial Museum」の読みをカナ表記して「コマーシャル・ミュージアム」と記す。これは、“Commercial museum”の訳語の選択が、当時から大きな意味を持ったからである。戦前の有識者の中にはあえて「コンマーシアル、ミュージアム」などとする者もいる。この点については、とりわけ本章と第六章でとりあげる。

（9）MATHIAS, Peter; POLLARD, Sidney Ed., *The Cambridge Economic History of Europe, vol. 8: The Industrial Economies: The Development of Economic and Social Policies*, Cambridge University Press, 1989, pp.94-102.

（10）園田英弘「博覧会時代の背景」（吉田光邦編『万国博覧会の研究』、思文閣出版、一九八六年）三〜二〇頁。

（11）『商品見本陳列所設立ニ関シ外務、文部、農商務三省協議一件』第二巻分割1（以下、『三省協議一件』第二巻分割1などと記す）、外務省外交史料館所蔵、アジア歴史資料センター（以下、本書ではJACARと記す）提供［B10074366500］52〜88画像目：「一千八百八十六年九月十五日倫敦商法会議所執務委員「ムレイ」氏ノ提出セシ通商博物館ニ関スル特別報告」（以下、「ムレイ報告」と記す）。

（12）MURRAY, Kenric B., “Special Report on Commercial Museums”, *Supplement to the Chamber of Commerce Journal*, October 5, 1886, pp. 1-19. タイトルの添え書きとして、次の一文が記されている。“Presented to the Executive Committee of the London Chamber of Commerce on the 15 th of September.” これは、前註11に挙げた「ムレイ報告」の題目に一致するものであり、内容の同一性からもその原典であると判断した。原典は全体の概要・提言と国別調査報告の二章からなるが、「ムレイ報告」として外交史料館に残るのは、訳出された一章（原典の一〜八頁）のみである。

（13）MURRAY, Kenric B., “Commercial Museums”, *The Contemporary Review*, vol.51, 1887, pp. 494-506.

（14）「商業博物館」（『中外物価新報』一八八七年一〇月二五・二七・二八・三〇日、および同年一一月一・二日付）。ただし、「ムレイ報告」とは、邦訳者の違いのためか文章が完全には一致しない。

（15）ムレイは別稿（前註12）において、商業博物館（通商博物館）に相当するものとして“Commercial Museum” “Trade Museum” などを、（輸出品）見本陳列所に相当するものとして独語を用いた“Muster-Lager”（英訳すると“Pattern Depot” “Sample Warehouse”に相当。近年の英語文献においては“Sample Warehouse”の使用が多く見受けられる）を使用している。なお原語に倣えば、ブリュッセルの商業博物館は“Musée Commercial”（仏語）、シュトゥットガルトの輸出品見本陳列所は"Exportmusterlager"（独語）と表記されている。

(16)『三省協議一件』第一巻、外務省外交史料館所蔵、JACAR 提供［B10074366300］5画像目：「通商博物館略則案」。

(17)『三省協議一件』第二巻分割1、58～59画像目：「ムレイ報告」。

(18)『三省協議一件』第二巻分割1、54画像目：「ムレイ報告」。

(19)『三省協議一件』第二巻分割1、53画像目：「ムレイ報告」。

(20)「特報第十六号 アンヴェルス港商品陳列場」、一八八六年（農商務省『欧米巡回取調書』第五冊 白耳義国之部、農商務省、一八八八年、四三～五〇頁）。一般名詞としての比較ではないが、ベルギー国内の商業博物館と商品陳列所（ここでは「輸出品見本陳列所」の意味か）の相違が次のように記されている。「アンヴェルス港商品陳列場ハ（中略）ブリュクセル府商業博物館ト稍其形ヲ均シクシテ其性質ヲ異ニス。然レトモ両者ノ関係モ亦離ルヘカラサルモノナリ。而シテ（甲）（商業博物館ヲ云）ハ政府ノ設立ニシテ（乙）（商品陳列場）ハ本港有志者ノ発起市会議ノ可決ヲ以テ一港市民ノ共立ニ成ルモノナリ」。

(21)ここで参照するものは、「ムレイ報告」と同じ簿冊に綴じられたものであり、「ムレイ報告」と同様に当局が蒐集した資料の一部である。「ムレイ報告」の最後には「今又拙者ガ今般経歴シタル各博物館ニ関シ簡単ノ説明ヲ為サン」とあるが、原典（前註11）に含まれる内容とは異なる。

(22)『三省協議一件』第二巻分割2、外務省外交史料館所蔵、JACAR 提供［B10074366600］26画像目：「白耳義国「ブリュッセル」府商業博物館ニ関スル取調書」。

(23)『三省協議一件』第二巻分割2、26～32画像目：「白耳義国「ブリュッセル」府商業博物館ニ関スル取調書」。

(24)『三省協議一件』第二巻分割1、70画像目：「ムレイ報告」。

(25)ブリュッセル・コマーシャル・ミュージアムが示した教育的効果は、「社会の教育力」を持つ施設の模範例として明治期の文学者高山林次郎（蝸牛）が同館を紹介していることからもうかがえる。高山は、「博物館は啻に古物展覧会に止らず、世界文明の最も進歩せる機運と調節し、よく将来に処して機先を制するの教訓と指導とを与ふるものなること猶かのサウスケンジントン博物館若しくは、白耳義商業博物館の如くならざるべからず」としており、ムレイの思想に共通する見解を示している（「教育力を持つ諸機関」、石田新太郎『天化人育』、北文館、一九一二年、第三章第三節、一五四～一五九頁）。なお高山は「博物館論」（『太陽』第五巻九号、一八九九年）でも、ブリュッセル商業博物館を高く評価している。

（26）『三省協議一件』第二巻分割1、60～61画像目：「ムレイ報告」。

（27）『三省協議一件』第二巻分割2、26～32画像目：「白耳義国「ブリュッセル」府商業博物館ニ関スル取調書」。

（28）『三省協議一件第』二巻分割1、9画像目：「通商局取調 スチットガルト府輸出見本展列所ノ起立」。

（29）前註13 "Commercial Museums", p.501.

（30）前註5「ドイツの工芸博物館について」、および天貝義教「オーストリアの近代工芸運動」（デザイン史フォーラム編『近代工芸運動とデザイン史』、思文閣出版、二〇〇八年、一七八～一八九頁）。

（31）『三省協議一件』第二巻分割1、60画像目：「ムレイ報告」。

（32）『三省協議一件』第二巻分割1、64～65画像目：「ムレイ報告」。

（33）『三省協議一件』第二巻分割2、20画像目：「白耳義国「ブリュッセル」府商業博物館ニ関スル取調書」。

（34）Ministère des affaires étrangères, *Exposition nationale de 1880 :Catalogue du musée commercial formé par les agents du service extérieur*, 1880. ベルギー王立図書館所蔵。

（35）『三省協議一件』第二巻分割2、20画像目：「白耳義国「ブリュッセル」府商業博物館ニ関スル取調書」。

（36）前註34 *Exposition nationale de 1880*, p.2.

（37）*Bulletin du Musée Commercial*, première année, no.1, P. Weissenbruch, 1882. ベルギー外務省図書室所蔵。

（38）"Le Musée Commercial: Son but et son organization", *Bulletin du Musée Commercial*, première année, no.1, P. Weissenbruch, 1882, p.1. ベルギー外務省図書室所蔵。

（39）"Musée Commercial: Ouverture des Bureaux", *Bulletin du Musée Commercial*, première année, no.3, P. Weissenbruch, 1882, pp.33-34. ベルギー外務省図書室所蔵。

（40）"Exposé de la situation actuelle du Musée", *Bulletin du Musée Commercial*, première année, no.1, Musée

Commercial, P. Weissenbruch, 1882, p.3. ベルギー外務省図書室所蔵。

（41）前註38 “Le Musée Commercial”.

（42）「特報第十一号　領事ノ配置及商業博物館」（農商務省『欧米巡回取調書』第五冊　白耳義国之部、農商務省、一八八八年、一三～二一頁）、『三省協議一件』第二巻分割2、26～32画像目：「白耳義国「ブリュッセル」府商業博物館ニ関スル取調書」など。

（43）“Japon: Notes puisées dans les rapports de M. F. Scribe, consul de Belgique”, *Bulletin du Musée Commercial*, première année, no.1, Musée Commercial, 1882, pp.6-7. ベルギー外務省図書室所蔵。

（44）ブリュッセル市公文書館所蔵［TP 1600］, TP 6928, TP37048. 以下、記号と数字は史料番号。

（45）前註12 “Special Report on Commercial Museums”, p.9. 以下、特に注記なき場合、ブリュッセル・コマーシャル・ミュージアムの様態と引用は同史料による。

（46）前註12 “Special Report on Commercial Museums”, p.9.

（47）ブリュッセル公文書館所蔵［TP 1600］.

（48）ブリュッセル公文書館所蔵［TP 37048］.

（49）前註12 “Special Report on Commercial Museums”, p.9.

（50）ブリュッセル公文書館所蔵［TP 37048］.

（51）前註12 “Special Report on Commercial Museums”, p.9.

（52）F. H. W. Sheppard Ed., “Jermyn Street”, *Survey of London: volumes 29 and 30: St James Westminster, Part 1*, 1960, pp.271-284.

（53）前註42「特報第十一号　領事ノ配置及商業博物館」。

（54）同右。

（55）WILSON, “The Commercial Museum of Brussels”, July 11, 1882, *Commercial Relations of the United States. Reports from the Consuls of the United States on the Commerce, Manufactures, Etc., of their Consular Districts*, No.19-May

1882, The Department of State, According to Act of Congress, 1882, pp. 601–603.

(56) RYDELL, Robert W., "The Louisiana Purchase Exposition, Saint Louis, 1904: The Coronation of Civilization", *All the World's a FAIR*, The University of Chicago Press, 1984, pp. 154–183. CONN, Steven, "The Philadelphia Commercial Museum: A Museum to Conquer the World", *Museums and American intellectual life, 1876–1926*, The University of Chicago Press, 1998, pp. 115–150.

第二章　明治初期の勧業政策と陳列施設

はじめに

明治政府は欧米列強に対抗するため、資本主義経済の育成と手工業的段階にあった産業改良を進めた。政府は近代国家として国力を上げることを最重要課題とし、殖産興業をスローガンに掲げ産業の近代化を推進した。それと同時に、輸入超過を防遏するため輸入代替を、あるいは外貨獲得の手段として市場を国外へと求めて輸出振興を政策として打ち出していくのである。こうした勧業政策の成果により、日本は外国勢力からの独立を保ち、近代国家として欧米列強と渡り合う国力を養っていった。

明治政府による数ある勧業事業の中で、各事業の成果と在来産業、あるいは市民とをつなぐ役割を果たしたのが、博覧会・共進会であった。それは「万国博で実見した近代技術の導入や官営模範工場制度の普及をも意識した近代工業部門と在来産業部門の総合的な発展、ないしは相互補完的な発展を目指した殖産興業政策であった」[1]と評される。明治政府は、江戸末期に万国博覧会を体験した者を中心に、西洋の博覧会に産業的・経済的な効果を期待し、万国博覧会への参加と国内での博覧会開催を推進した。

実現した博覧会・共進会の会場には、仮設・常設の陳列施設（以下、本書では物品陳列の用に供される施設を、その機能的側面に注目して指す場合、「陳列施設」と表記する）が立ち並び、あるいは寺院や公共建築などが陳列の用に供された。博覧会・共進会に出現したこれらの施設は、勧業のための近代的陳列施設のはじまりといえるだろう。実際に、博覧会・共進会は、博物館や百貨店などの起原とされている[2]。一方で、博覧会・共進会の開催は会場の整備を通じて、公園の造成をはじめ様々な都市整備を促したのも事実である[3]。博覧会・共進会は、近代日本の経済成長や都市空間の近代化に有形無形の影響を与えた。出品物や会場での空間体験を通じて、産業や文化の近代化が目に見える形で提示されたのである。

しかしながら、政府の勧業政策がすべての産業に平等に振り分けられ、全国の府県が足並みを揃えて近代化の道を歩き出したわけではない。当然のことながら、それぞれの府県、つまり〝地方〟にはそれぞれの産業のあり方があり、その目指すところも異にしている。欧米の先進的な資本主義国家の外圧を意識しながら、生産振興策の取捨選択を迫られた明治政府が差当りその対象としたのは、外国市場に対応しうる養蚕・製糸、製茶といった特定の産業であった[4]。だからこそ政府主催の共進会で最初に取り上げられることとなる。だがしかし、これらがすべての府県において主要産業であるわけではなく、中央と地方において差異が生じることは想像に難くない。

この差異を埋めるものが、〝地方〟がそれぞれに展開した勧業政策であった。実際に、明治前半期においては政府が国家として必要と認めたもの（多くは官営企業が担った）以外については、地方に一任されていた[5]。地方行政府が勧業政策のイニシアティブをとり、政府はそれに人的・金銭的補助を行ったのである。さらに政府は、地域産業における勧業政策の指針を『興業意見』[6]などを通じて示したが、実際の指揮は地方に任され、地方がその実情に合わせて設定した目標に向かってそれぞれの道を歩いた。そして地方の勧業の場においても、博覧会・共進会の開催は重要な意義を持ち、その基幹施設としての常置陳列施設が都市に誕生するのである。

本章では、政府の勧業政策と博覧会・共進会、そして常設の陳列施設の枠組みを確認し、その枠組みが地方都市でどのように実体化したのかを検証する。第一節で明治政府の勧業政策における博覧会・共進会の意義を、第二節では政府の博覧会事業とそれに起因する陳列施設について確認する。それを踏まえて第三節では、政府の勧業政策が地方都市にどのような影響を与えたのか、そして地方都市固有の事情との関わりから陳列施設がどのように展開したのかを、いち早く常設の陳列施設を設置した石川県を事例として考察する。

一　明治政府の殖産興業政策

(1) 明治政府の勧業機関

欧米列強を通じて国際経済への門を開いた幕末の日本は、列強に対抗するべく様々な施策を行った。幕府との間に完全なる連携がないまま各藩でそれぞれに進められた勧業政策は、明治維新によって政府のもとに一元化されることとなる。とはいえ、維新直後の勧業政策は場当たり的ともいえる状態であり、それが軌道に乗るのは、一八八一年（明治一四）の農商務省の誕生をまたねばならない[7]。

明治政府による初期の勧業機関は、大蔵省（一八六七年に設けられた金穀出納所を源流とし財政を司る）と、民部省（地方の府県業務をはじめ民政を担当する）がそれぞれの範囲で掌握し、流通に関する事項は大蔵省通商司が、生産に関する事項は民部省が所管した。一八七一年（明治四）に民部省が廃されると、その事務は大蔵省に引き継がれる。一方で、工業に関してはその前年に設置された工部省がすべてを取り仕切った。工部省は、工学・勧工・鉱山・鉄道・土木・灯台・造船・電信・製鉄・製作の一〇寮からなり、工学の教育から官営工場の運営まで工学全般を掌握し、近代工業の礎を築いた。

こうしたなか、内務省の誕生が勧業政策におけるひとつの画期となる。一八七三年（明治六）一一月、大久保利通は輸入超過の原因を工業の不振と考え、それを打開する殖産興業のための機関として内務省を設立する。勧業に関する具体的な事務は勧業寮（のち勧商局・勧農局）が掌握した。官営の鉱山や工場などの事業を管轄する工部省の事業は、民間工業の勧奨という意味において大蔵・内務両省の管轄と重なり、その境目が不明瞭となる。これを解消するため一八七八年（明治一一）に、内務省が農業・食料品工業・農作物を原料とする各種工業を、工部省が鉱業・化学工業・金属工業を主に担当することが定められた。

複数の省で進められた勧業事務は、やがて一本化されることとなり、内務省駅逓局・山林局・勧農局・博物局・大蔵省商務局が統合され、一八八一年に農商務省が誕生する。八五年には工部省の廃止にともない鉱山・工作事務が統合され、一方で駅逓局が独立して逓信省となる。

さて、勧業を司る官庁がこうした変遷を遂げるなか、具体的な事業が実現化していった。あるものは幕府や藩から引き継ぎ、あるものは新しい事業として構想されたのである。

幕府の事業を引き継いだものとしては鉱山や製鉄所がある。鉱山は民部局に属した後、やがて工部省の所管となり、同省廃止に及ぶ。横浜製鉄所は、民部・大蔵省を経て工部省の所管となりやがて海軍省へと移された。藩の事業を継承するものとしては、兵庫製鉄所（加賀藩）や堺紡績所（薩摩藩）などがある。前者は金沢県が所管したが、やがて工部省に移り、一八八五年に農商務省に移る。後者は、七二年に大蔵省の所管となり模範工場として経営された後、民間に払い下げられた。

明治になって新設された施設も少なくない。農業に関しては、たとえば東京に設けられた内藤新宿試験場や三田育種場がある。大蔵省時代に始動し内務省に引き継がれた内藤新宿試験場では、牧畜・養蚕・製茶についての品質改良とその普及にあたった。勧業寮時代の一八七四年（明治七）一〇月には試験場内に農業博物館が設置されている。(8) 当初は内藤新宿試験場の付属施設として始まった三田育種場も、有用な果樹や木材用の種苗を育成し、農産物の改良に努めた。同場内には三田農具製作所（後に独立して農務局直属となる）が設けられ、農具の改良が進められるとともに、付属する陳列施設では製作した農具が陳列され、その普及が図られた（本書第四章参照）。なお、三田育種場の支園として、播州葡萄園（兵庫県加古郡）と神戸阿利襪《オリーブ》園（兵庫県神戸区）がある。

工業においては、官営工場の代表ともいえる富岡製糸場がまず挙げられる。当初、富岡製糸場は民部省が所管し、後に大蔵省勧業寮を経て内務省に移った。このほか、新町紡績所（群馬県）や愛知および広島紡績所などの紡績関係機関が内務省勧業寮の所管として設立されている。工部省が所管したものとしては、他に製錬所・製糸場・女工場などがある。また深川セメント製造所と品川ガラス製造所も工部省が関与した重要な施設である。

以上、明治初期の勧業政策に関与した官庁と、それらが所管したいくつかの勧業機関をみてきた。明治政府の勧業政策は、場当たり的といわれたその初期段階においては、関係官庁がそれぞれの立場から、西洋からの技術受容とその普及を目指し、産業の近代化・西欧化を推進したのである。

（2）移植産業の奨励と在来産業の改良

明治前期の勧業政策は、大きくふたつの系列に分けられる(9)。ひとつは官営事業や資金貸与などの直接的勧業であり、もうひとつは民間の企業心を刺激して物産を改良させ事業を興起させる間接的勧業である。官営事業においては模範伝習が意図され、政府自らが最新の施設を設置して事業に従事し、事業者は模範的施設の見聞を通して、あるいは伝習施設を通して、受動的立場による勧業行政への参加に留められていた。これを乗り越えるために、各事業者が中心となって取り組むことのできる環境作りが重視された、間接的勧業へと展開する。その具体的な契機となったのが農商務省の設置であった。

先に述べた直接的勧業と間接的勧業は、そのまま工部省と内務省（のち農商務省）の政策方針の違いにほぼ当てはめることができる。工部省が対象とした産業は、ある意味で軍事機構の強化と経済の資本主義化の要請に従い、工場制工業としての形態で欧米先進資本主義諸国から移植されたもの——すなわち移植産業である。対して内務省が対象とした産業は、明治以前から存在していた商業資本の下にある資本主義的家内労働・問屋制家内工業・手工業であり、種々の産業部門にわたって散在するもの——すなわち在来産業である。

工部省を中心に工部・内務両省が進めた初期の官業事業は機械的・模範的西欧化を目指したものであったが、在来産業の技術水準からかけ離れた位置での上からの移植は、直ちに在来産業の技術水準を引きあげる効果をもたらさなかったのみならず、巨額な投下資本の未回収を招く。その反省を踏まえた内務省による勧業事業は「模範勧奨のかたちをとった「上から」の資本主義育成策であり、具体的には輸入防遏のための輸出奨励政策に重い比重がおかれるとともに、土産的な在来産業につよい配慮が示されている」ものであった[10]。

移植産業が経済的に機能し始めるまでには時間を要したが、その間の日本経済を支えたのは、西欧の機械技術を前提とした在来産業の発展であった。そして、在来産業と移植産業が相互補完的に関係をもつことにより、日本の近代技術が形成されていった[11]。

（3）勧業政策としての博覧会・共進会

移植産業と在来産業の相互的な発展を目指す姿勢は、博覧会・共進会にも見出される[12]。そこでは明治政府の勧業政策が横断的に取り上げられ、市民に目に見える形で提示された。

内務卿となった大久保利通は、内務省設立の翌年一八七四年に「殖産興業に関する建議書」をまとめ、国家的財産危機を輸出増進によって打開することを説く。大久保はそのなかで「大凡国ノ強弱ハ人民ノ貧富ニ由リ、人民ノ貧富ハ物産ノ多寡ニ係ル、而テ物産ノ多寡ハ人民ノ工業ヲ勉励スルト否サルトニ胚胎スト雖モ、其源頭ヲ尋ルニ未タ嘗テ政府政官ノ誘導奨励ノ力ニ依ラサル無シ」[13]と述べ、国力増強に向けた産業発展と、そのための政府による奨励を説く。同じ年に内務省が「勧業博覧会所規則ノ儀」で博覧会の開催を提言したことは、殖産興業と貿易促進が博覧会に期待されていたことを物語っている。

岩倉使節団の一員として欧米を視察した大久保は、一八七三年（明治六）のウィーン万国博覧会への参加を通して殖産興業に果たす博覧会の意義を確信し、七七年には東京・上野で内国勧業博覧会を開催する。それが盛況のうちに閉会すると、間もなく以後五年毎に内国博覧会を開催することが布告された。その後予定通りの五年毎ではなかったが、第二回（一八八一年）・第三回（九〇年）は引き続き上野で、第四回（九五年）は京都・岡崎、第五回（一九〇三年）は大阪・天王寺というように、場所を移して開催された。一九〇八年（明治四一）の開催が計画された第六回は、財政上の都合により実現しなかったが、その前年に東京府の主催で東京勧業博覧会が開かれた[14]。

一方で、勧農局長の松方正義は、一八七九年（明治一二）のパリ万国博覧会を視察した際にフランスの競争会（コンクール）制度に感銘を受け、帰国後直ちに同様な共進会制度の確立に着手した[15]。それは、同年に製茶共進会として横浜で実現し、政府による初めての共進会となる。

こうした出発点の違いもあり、博覧会と共進会の区別について「博覧会は、多種多類の物を集める会なるに共進会は或る同種同類の物を限りて集めるを相違点とす」[16]とされる。他にも、当時は「博覧会と共進会とは確然たる区別を立つること難しと雖ども前者は広く学問美術生産業に関する事物を陳列して一般に紹介し兼ねて斯道の進歩を計り後者は主として重要物産を陳列して之等生産業の発展を計るにある」[17]という認識があった。

国内外の製産品や参考品を集めて物品毎に審査して優秀者に褒賞し、陳列を通じて市民の知識の増進を図ったという点において、博覧会と共進会は同義であり区別し難いが、主催者や関係者らにとっては区別されるものだった。その差異は、共進会は博覧会と比べてより強く参加者の競争を図り、地域産業の進展に力点を置く傾向に表れる。これは博覧会の褒賞が賞杯や褒状を贈られるに留まったのに対し、共進会では現金や物品が与えられる場合があり、商品の販路を開くために補助がなされたことからもうかがい知れよう。

政府は一八八五年（明治一八）までに三つの博覧会と八つの共進会（二つの絵画共進会を含む）を開催したが、それらを通して各府県や民間に対し、博覧会および共進会のモデルを提示した。農商務省は博覧会・共進会の開催を奨励し、可能な限りの優遇と協力を惜しまなかった。特に聯合共進会に対しては、農商務省から褒賞金が全額下付されたほか、審査長および審査官が派遣され、時には褒賞授与のために高官が式典へ出席するほどの協力体制であった。こうした農商務省の姿勢は、殖産興業政策における重要施策として博覧会・共進会を捉えていたことの表れにほかならない。

聯合共進会は共進会の効果をより高める目的で、いくつかの府県が集まって広範囲に出品物を設定して開催されるものである。たとえば、東日本諸府県聯合による聯合共進会を見てみると、一八八一年（明治一四）に神奈川県主催で一府四県が参加して開催されたことに始まり、年々その参加府県数を増やして一九一〇年（明治四三）の群馬県主催による一府十四県聯合共進会となるまでに、一三回の聯合共進会が開催されている[18]。聯合共進会は大規模な会場に開設されたが、その整備は開催府県の都市構造に影響を及ぼすものもあり、近代地方都市の整備を語る上でも重要な存在である。明治後半期には聯合共進会の大型化が進行し、管轄機関である農商務省は一九一〇年には、「道府県聯合共進会規則」[19]によって開催条件や審査方法を定め、農商務大臣への認可申請と事後の報告を義務づけた。

共進会の大型化は、出品点数や対象品目の拡大によって当然問題も招き、やがて聯合共進会の開催は減少していった。具体的には、審査員の確保が困難になったこと、必要経費が膨らむ割に進歩の跡がみられないことなどが問題点として指摘される。しかし、共進会全体で見ると停滞方向に向かっていたわけではなく、一方で同業組合等による民間の共進会の開催が盛んになっていく。つまり、かつては共進会の開催が同業組合の結成に大きく貢献したのに対して、今度は同業組合が共進会の開催を逆にリードするようになったのである。

博覧会・共進会の社会経済的な意義を指摘した清川雪彦は、その本質的機能として、「出品物に対して審査と評価を行い、それを通じて出品者間の競争を促し、延いては品質の全体的な向上や生産方法の改善を実現する機能」（評価機能）と、「出品物や参考品の展示を通して、製品・生産物に体化されている技術情報を縦覧者および出品者相互間に拡散しかつ共有化させることによって市場の形成・拡大を図る機能」（公示機能）を指摘している。こうした機能は、「製品や生産物に体化されている技術情報、ないしはその背後に存在する技術智識の普及伝搬を通じてのみ実現され得る」ものであり、製品や見本品の陳列を根幹に据える博覧会・共進会は、この意味において勧業政策の重要な役割を担ったといえよう。

博覧会・共進会の場においては、期間中に開催される集談会も公示機能のひとつとして重要な役割を果たした。集談会は同業者同士が互いの経験や技術情報を直接交換できる場であり、それらが同業組合の結成する主要な契機となり、さらにはそれが物と情報のネットワークとして構築される。主催者と出品者・観覧者、あるいは出品者同士など、博覧会・共進会の〝場〟を通じた交流は、殖産興業に間接的に寄与する博覧会・共進会の意義として看過できない点である。

二　内国勧業博覧会の開催と政府主導の陳列施設

（1）大学南校物産会と町田久成の「集古館」構想

前節では明治政府の勧業政策における博覧会・共進会の意義と地方への波及を概観したが、ここでは勧業政策を体現する場所としての博覧会・共進会が具体的な施設としてどのように都市に出現し、展開していったのかを確認しておきたい。以下、勧業を目的とした政府の陳列施設として、博覧会と博物館の整備経緯について両者の関係に注意しながら概観する。

政府主催による最初の博覧会的な催しは、大学南校物産局が一八七一年（明治四）五月一四日から七日間、東京の九段招魂社で開催した物産会である[20]（図1の地図①）。この物産会は、計画当初においては「博覧会」と称し、国内の産物を一堂に陳列し実物を見せることで、人々の知識を広げ開化に導こうとするものであった[21]。大学南校および後身の文部省博物局における博覧会は、古器旧物の保存を訴える町田久成と、江戸時代からの本草学の系譜にある田中芳男という、一八六七年（慶応三）のパリ万国博覧会を実見した二人を中心に進められる。

江戸時代後期の博物学における自然研究は、薬草・薬物の探求にとどまらず、殖産興業に直結する学問であった。それは、外交文書や洋書の翻訳から実地研究へと重心を移した時期の蕃書調所に、物産方が設けられたことからもうかがえる[22]。こうした意味において、大学南校物産会は、江戸時代後期の物産会——具体的には幕末の嘗百社の博物会の枠組みを引き継いだものであり、陳列品の多くは田中やその師である伊藤圭介らの私蔵品が占めた。しかしながら、陳列品の中に含まれるパリ万国博覧会から持ち帰っただろう器械や油画の存在が、旧来の物産会の枠組みを拡張してみせた。また高橋由一の絵画なども出品物に含まれており、こうした人工品の存在が、新しい時代の到来を大衆へ伝える役割を担った。

この物産会のもうひとつの特徴として、「古物之部」がその後の博覧会で大きく扱われるきっかけとなったことが指摘されている。これは町田久成の構想によるものと考えられている。町田は物産会開幕の前月に古器旧物の保存制度の確立を建言し、その核となる「集古館」の建設を説いた[23]。集古館とはすなわち歴史美術に関する古器旧物を収集保管する施設であり、ブリティッシュ・ミュージアムが念頭に置かれていた[24]。物産会で古器旧物が

図１　明治初期における政府の博物館関連施設の位置

①九段招魂社（大学南校物産会）、②湯島聖堂大成殿（博覧会）、③内山下町博物館、④上野公園（内国勧業博覧会）、⑤東京府第一勧工場

取り上げられたのは、歴史的遺物保護のための施設としての博物館像が、物産会に投影されていたからにほかならない。集古館に関する建言に応える形で、一八七一年（明治四）五月二三日には、いわゆる「古器旧物保存方」が布達され[25]、これに関連して町田ら博物局関係者が参加する「壬申検査」（わが国初めての文化財調査とされる）が実施されることとなる。大学南校物産会は、勧業を意図して実施されたものであったが、その一方で、文化財保護政策の確立や、「美術」の制度化とも深く関係していた[26]。

大学南校物産会を組織した大学南校物産局は、一八七一年七月一八日の文部省設置にともなって文部省博物局となる。翌七二年三月一〇日には、文部省博物局の主催による博覧会が湯島聖堂大成殿で開催された（図1の地図②）。このいわゆる「湯島聖堂博覧会」には、当時参加準備中であったウィーン万国博覧会のために集められた物品が陳列された。同年四月末に会期を終えると、当初予定していた通り継続的な施設公開へと移行し、博物局に属する施設のうち物品の陳列に供する部門を「博物館」と称して、毎月一と六のつく日（三一日は除く）に開館した。開館日の設定は当時の官員の休日にあたる。恒常的な陳列公開につながるこの博覧会が、わが国の「博物館」のはじまりとされる。

（2）ウィーン万国博覧会参同と勧業のための「博物館」構想

明治政府が初めて参加した万国博覧会である一八七三年（明治六）のウィーン万国博覧会（以下、ウィーン万博と記す）は、政府が勧業という視点から国内外の物品と情報を集積する大きな契機となる。博覧会の効果を体感した佐野常民をはじめとする博覧会事務局は、博覧会開催を視野に入れた勧業のための博物館の設置を具体的課題として認識し、勧業政策の一環として常設陳列施設の整備に取り組んだ[27]。

ウィーン万博に明治政府が参加するきっかけは、一八七一年（明治四）の春にオーストリア＝ハンガリー帝国の代理公使であるヘンリー・カリッセ（H. Calice）から来た参加要請であった。当初は積極的な態度を示さなかった明治政府であったが、同年末に改めてカリッセが明治天皇に陳情したことで、政府挙げての博覧会参加準備を進めることとなる。同年一二月一三日、大蔵大輔の井上馨ら三名が「墺地利《オーストリア》国展覧会御用掛」に命ぜられ、年が明けた一八七二年（明治五）一月五日には、文部省から町田久成と田中芳男という、後に博物館行政の中心となるふたりも御用掛に加わり、やがて博覧会事務局が組織される。この後、博覧会事務局は文部省博物局と一体となって博覧会参加準備を進めていった。なお、町田と田中の参加は五月に開催を控えた「湯島聖堂博覧会」の準備にあたっていた時期と重なる。同年五月二五日に佐野常民が墺国博覧会理事官に任じられる。一〇月二七日には博覧会事務官の職名が定められ、外遊中の大久保利道が博覧会事務総裁に、佐野常民が副総裁となる。なお、これに先立つ一〇月一四日の時点で国民に博覧会への参加協力が呼びかけられている。

ウィーン万博参同の目的は、すなわち「博覧」と「伝習」、そして「勧業」に集約される。実質的な博覧会事業のトップである佐野常民は、出品収集の最盛期ともいえる一八七二年六月に博覧会参同の目的を五つ挙げている。要約すれば、①国産品の出品を通した日本の紹介、②職工学生の派遣を通した技術伝習、③博覧会開催の基礎としての博物館創設、④海外貿易における輸出増進、⑤欧米諸国の市場調査である[28]。ウィーン万博を担当する御用掛が命ぜられた一ヶ月ほど前の一八七一年（明治四）一一月一二日には、右大臣の岩倉具視を特命全権大使とする岩倉使節団が横浜を解纜する。使節団の特命全権副使には、参議・木戸孝允、大蔵卿・大久保利通、工部大輔・伊藤博文、外務小輔・山口尚芳の四名が名を連ねる。明治政府の要人を集め進められたこれらの事業は共に明治の国家プロジェクトであり、先進諸国「回覧」による近代国家創出の国家プロジェクトとしての岩倉使節団に対して、「博覧」と「伝習」による「勧業」を通して近代産業創出を図る国家プロジェクトがウィーン万博参同であった。明治政府にとって博覧会事業は勧業政策上の最重要事業であったといえるだろう。

出品物の調査は文部省博物局が担い、全国からの協力を得て収集が進められた。出品物収集も先述の目的に沿って進められていくこととなる。ウィーン万博に向けての収集品は準備中の「湯島聖堂博覧会」にも出品するとされ、博物館には追加予算が与えられている。出品収集は「湯島聖堂博覧会」の開会後にも継続され、正倉院の開封などによる歴史的遺物調査の一方で、収集品選定のために作成した各府県の物産調書に基づき、各地の特産品が集められた。収集品は各二点ずつ提出するよう依頼され、ひとつをウィーンでの陳列に、残るひとつを博物館の資料にするとした(29)。集められた物品は、博覧会事務局からの要請で文部省博物局のある湯島聖堂構内に保管され、一八七二年一一月をもって収集を終えた後に、明治天皇と皇后の天覧に供されている。

ウィーン万博に出品されたものは、生糸・織物類・縫箔物・組物・漆器・磁器・銅器・七宝・竹器・藤細工・象牙細工・鼈甲細工・鯨骨細工・皮細工・水晶細工・瑪瑙〆類・彫刻物・画・団扇・紙類・蠟・鉱物・宝石化石類・動物・植物・巨大物品の二六種である。織物類、いわゆる工芸品や細工物を中心に、鉱物や植物などの国内で産出されるものが集められている。巨大物品は、名古屋城の金鯱のほか、出品のために作製された鎌倉大仏の張抜、東京谷中の天王寺五重塔や伊勢神宮の模型などである。また、技術伝習を担う人材として四三名がウィーンへ渡った。

こうした準備を経て明治政府が初めて参加したウィーン万博は、一八七三年五月一日から一一月一日までの会期を無事に終えて閉会する。会期中、日本の出品物は好評を博し、初めての万博経験は現地を訪れた事務官や技術伝習生を通じて、多くの知見をもたらすこととなった。その成果は現地を訪れた事務官らによってまとめられ、とりわけ博覧会事務局副総裁を務めた佐野の報告は、後の博覧会政策と博物館に強い影響を与えた。佐野が閉会後一年以上を経て帰国して提出した復命書には、ウィーン万博の報告書の最終目的が、殖産興業と文明開化を進めた上での日本における万国博覧会開催にあったことを伝えている。そして、そのための基幹施設として博物館の設立を説いた。すなわち勧業のための博物館の設立構想である。

博覧会事務局は佐野の帰国後の一八七五年（明治八）から七六年にかけて、一七部一四二巻に及ぶ博覧会報告書をまとめる。最初にまとめられた六冊のうちのひとつ『博覧会報告 四』には、勧業のための「博物館」「術業伝習場」の設立と、「博覧会」の開催についての佐野の意見書に加え、博物館の創設と画学校の設立についてのG・ワグネルの建議がまとめられている。佐野が描く博物館像はワグネルのそれと同じ勧業に向いていた。ワグネルと佐野が想定する博物館は、いずれもロンドンのサウス・ケンジントン・ミュージアムであった。

ワグネルは、ウィーン万博のイギリス出品の質の高さをサウス・ケンジントン・ミュージアムの成果として評価し、「博物館及ヒ学校ノ設ケ今日ニ至テ多ク幸福ノ果ヲ結成シ、大ニ輸出ノ増殖ヲ助ケタリ、意フニ此館日本ニ於テモ必ス同効ヲ致スベシ」として、勧業を目的とする博物館と学校の設立を唱えた(30)。こうした主張は、佐野の意見書にも取り込まれ、強く訴えられることとなる。佐野は意見書において「博物館ヲ創建スル須ラク之ニ技術伝習場ヲ附シ将来支館支場ヲ各地ニ布置シ且大博覧会ヲ開ク」ことを目的として示し、勧業のための博物館とその付属学校（技術伝習場）の創設、さらには万国博覧会に匹敵する博覧会の開催を説いたのである(31)。さらに佐野は博覧会の基礎として博物館を位置づけ、博覧会場となり得る公園的な空間と、将来の鉄道敷設を前提とした物品運搬のための交通の便から、その設立の地として上野を選んでいる。

ウィーン万博参同の準備段階から博物館の創設を射程に入れていた佐野であったが、それは閉会後において、勧業の一環として改めて強く主張された。佐野らの報告書に示された建言は、一八七七年（明治一〇）の第一回内国勧業博覧会の開催までに規模や内容に異同があるものの、ほとんど提案通りに実現していった。佐野やワグネルの建言を掲載する『澳国博覧会報告書』は政府各省をはじめ各道府県に配布することを企図されており、実際に地方都市の勧業政策にも影響を与えていくこととなる。

(3) 博覧会事務局と文部省博物局の合併と再分離：内山下町博物館の活動

文部省博物局・博覧会事務局の二局合同で進めてきたウィーン万博の準備も、一八七三年(明治六)一月に出品物を、二月二五日に佐野常民やG・ワグネルら首脳陣を送り出したことで一段落する。それも束の間、万国博覧会への参加は博物館の存在理由を勧業という方向に引き寄せ、それを具現化するかのように組織が改められた。一八七三年三月一九日に、太政官は文部省と博覧会事務局の両者に通達を出し、文部省の博物館・書籍館・博物局・小石川薬園が博覧会事務局に吸収される形で組織が合併される。常設の博物館の設置を目指す二つの組織の統一は事務の合理化にあったともいえるが、正院の下で勧業政策の一環として活動する博覧会事務局に博物館行政がまとめられたことは、博物館行政の比重が勧業に寄ったことをうかがわせる。これにともなって文部省博物局の職員と当時の収蔵品は、期日を限って公開を続けていた湯島聖堂大成殿から内山下町の博覧会事務局の場所に移転した。博覧会事務局の中に博物館という施設が内包される構図である。

その後、博覧会事務局はさらに組織を変化させる。一八七五年(明治八)二月九日、文部省から合併した博物館・書籍館・小石川薬園は、博覧会事務局から分離して文部省の管轄下に戻る。これは岩倉使節団に参加していた田中不二麿の帰国などによって、学校教育のための博物館の設立を目指し始めた文部省からの再三の打診に応えたものであるが、これまで博物館が収集してきた資料などは博覧会事務局に存置された。佐野がウィーンから帰国し、前述した博物館構想を示したのはこの頃である。なお、大学南校時代から博物館に関わり続け、大博物館の構想を温めてきた町田久成は、文部省への博物館等の引渡しは当初から反対の立場にあった。ここに古器旧物と勧業に関わる博物館と、学校教育に関わる博物館という、ふたつの系統が現れることとなる。

文部省への博物館の引き渡しの一方で、その翌月の三月三〇日に博覧会事務局が内務省に移管され、名称を「博物館」と改称する。大久保利通の提唱によって設立された内務省は、明治政府の殖産興業を総括する立場にあった。その内務省の一局として博物館が位置づけられたのである。しかしながら、内務省内において「博物館」の名は定着せず「第六局」や「博物局」などと改称を繰り返し、一八七六年（明治九）一月に「博物館」の名に復すが、その後も「博物局」と改称されている[32]。なお、七六年二月に内務省の所管する博物館（博覧会事務局を引き継ぐもの）のみ「博物館」と名乗ることとし、それ以外の他省や府県の博物館は、地名や専門名称などを博物館の前に記すよう太政官が布達した。文部省所管の「博物館」は、これによって「東京博物館」と改称している。

さて、組織の変更がなされたものの博覧館事務局の系譜に位置する博物館の中心は、相変わらず町田や田中らが担っていた。町田と田中は内務省移管後も博物館掛を命ぜられ引き続き博物館の運営に携わる。遅れて一八七五年五月二七日に勧業権頭の河瀬秀治が博物館掛を兼務することになり、勧業政策の最高責任者とも言える人物が博物館を統括する形となった。河瀬は七七年に第一回内国勧業博覧会を迎えるとその事務官長も兼ね、日本で最初の内国勧業博覧会を実現する原動力となった。第六局時代の七五年五月三〇日時点の組織は、町田が局長と考証科長を兼任し、博物科長に田中、工業科長に塩田真、庶務科長に山高信離を置く体制であった。塩田は後に農商務省が設置する貿易品陳列館の初代館長となる人物である（本書第四章参照）。

博覧会事務局と合併した博物館は、内山下町の旧佐土原・中津両藩邸と島津装束屋敷の跡に位置し（図1の地図③）、構内に残る藩邸時代の建物を陳列館として使用した（図2・3）。

一八八五年当時の構内には、古物館（史伝部・教育部・法教部・陸海軍部・芸術部）（以下、（　）内は陳列内容）、天産部列品館（動物類）、同前（植物類）、同前（鉱物類）、農業山林部列品館（農業山林部）、工業機械部陳列館（一）、工芸機械部陳列館（二）、芸術部列品館（英国博物館贈品）の諸館が建ち並んでいた（八七年に古物館以下順番に「第一号列品館」などと数字を冠した名称に改められた）。その後、施設整備が進められ鉱物館や動物飼育所、熊

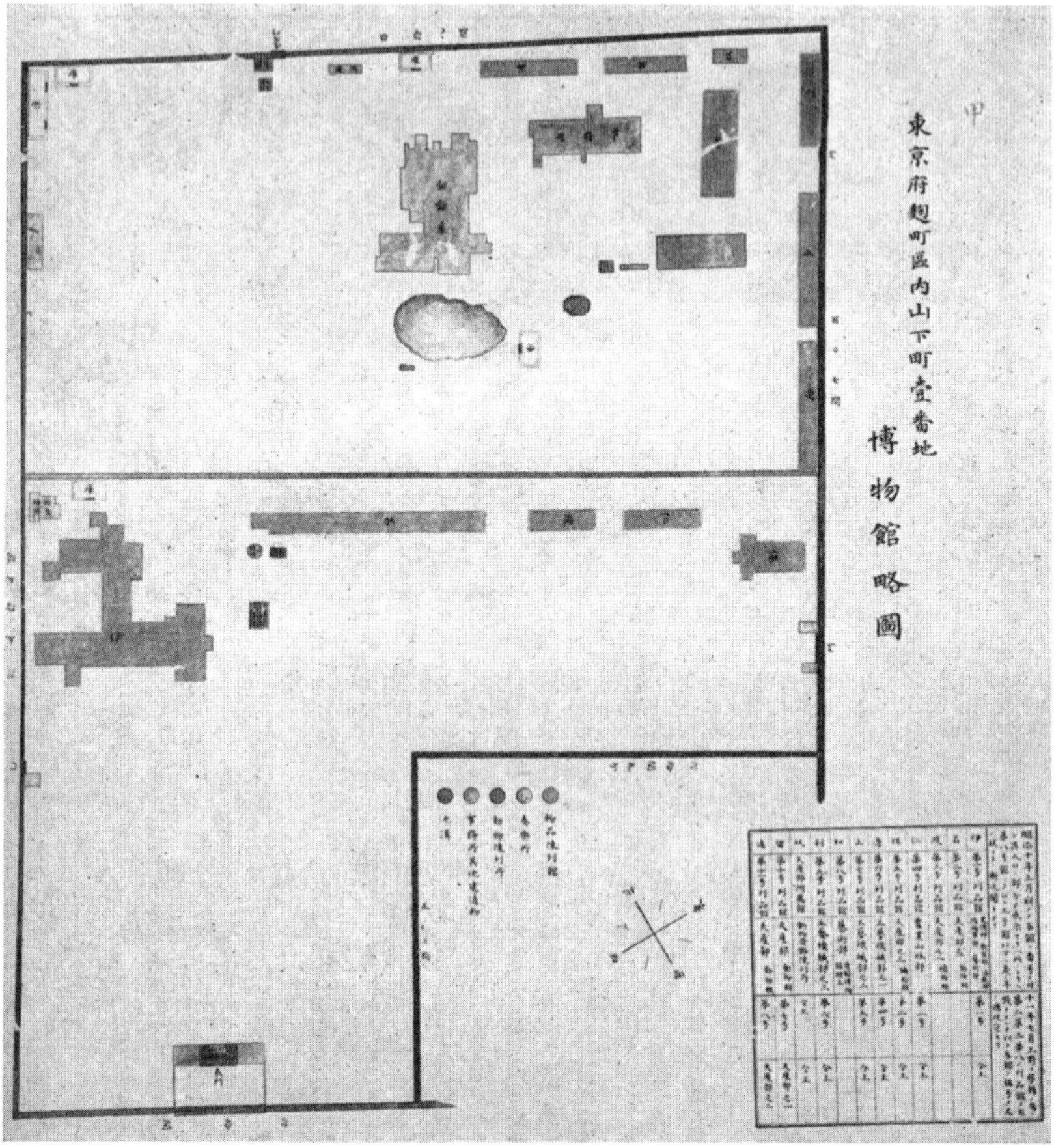

図２　内山下町博物館（1878年頃）平面図

図３　内山下町博物館の正門と第一列品館

室、動物細工所〔剝製製作所〕、植物分科園、植物寒中置場〔温室〕などが設けられた。

博物館では、従来のように所蔵品や諸家の私蔵品に加えて、ウィーン万博へ出品した余剰品を陳列する博覧会（一八七三年）や、ウィーン万博からの持ち帰り品を陳列する博覧会（一八七四年）を開催している。七六年（明治九）からは博覧会の代わりに「連日開館」と称して陳列公開を行い、宮内省御物や万国博覧会などを通じて入手した外国の物品（動物標本から機械類まで）も陳列している。また、町田が取り組んできた古器物の保存と調査の取り組みも継続して進められている。七五年（明治八）の二度目の正倉院宝物調査の実施や、翌七六年の「遺失物取締規則」の制定などはこの時期の重要な成果である。

前述した万国博覧会関係の陳列の他にも、組織の移管を重ねる中で勧業的側面を強く示す活動を確認できる。以下に、この時期の博物館の取り組みにおいて勧業的側面から注目すべき事項を紹介しておきたい。

①物品払下げ

博覧会事務局への移管後も、博物館は一と六のつく日の開館を続けたが（一八七五年からは日曜日も開館）、会期を定めた博覧会も開催している。一八七三年（明治六）の博覧会では、「澳国博覧会へ列セシ品物並ニ博物館及諸家珍蔵ノ奇品」が陳列されたが、「澳国博覧会へ陳列セシ剰余ノ品物ハ、価ヲ定テ払下ニ相成候条望ノ者ハ掛リ官員へ可申出事」として、ウィーン万博出品物のうち余剰の品物は希望者に払い下げられた[33]。この時は余剰品の処分であったが、博物館における物品の売買は一八七四年（明治七）の博覧会においてはより勧業的な意図をもって出品物の販売が企画された。その背景には、「博覧会ノ注意ハ元来古器古書画等ノ類及ビ外国奇珍ノ物品ヲ見テ其智識ヲ宏達セシムルノミニ無之、今日百工ノ製造スル所民生日用ノ供スル所ノ品類ヲモ陳列セシメテ弥其業ヲツトメ其巧ヲ競ハシムル亦一大眼目ノ処ニ有之」という考えがあり、「勧業ノ一端」として博物館構内の長屋に一般からの出品物を集め、売買の途を開くことで商工業の勧奨を図ろうとした[34]。博覧会事務局は実施要項を提出して許可を願ったが、見本として出品させることは差支えないが売買は許可できない、という外史の判断によって実施には至らなかった。

②伝習試業所（工業試験場）

一八七四年の博覧会において、出品売買の場に充てようとされた構内の長屋は、翌七五年以降、ウィーン万博に派遣して伝習させた各種の技術の試業を行うための試業所として活用される。試業所では、生糸製造・煉瓦製造・製紙・測量・陶器製造などの技術が紹介された。なお、ウィーン万博持ち帰り品のうち、陳列品は博物館で、伝習技術関係のものは勧業寮で管轄された。博物館に付属する技術伝習場の設置は、まさに佐野の描いた構想の実現といえよう。なおこれに先立つ一八七四年四月には、博覧会事務局内の組織に従来の博物科・考証科・庶務科に加えて工業科が加わっている。

このことは勧業寮の記録には「工業試験場」として残っている。すなわち「工業試験ノ事ハ原《ママ》正院ノ所管ニシテ墺国博覧会ノ事務ニ属セリ。明治八年七月十日当寮ノ所管トナリ内山下町博物館中ノ一区ヲ分テ試験場トナシ左ノ各業ニ着手セリ」という。(35) 業務の内容は、石油・鉱物・顔料の分析試験から、陶工・染工・塗工・玉工（水晶や瑠璃からレンズを作成する）の伝習と製造、さらには夜景写真術の伝習まで多岐にわたる。また勧業寮は「内山下町工業試験場」でイタリア式の方法で機械による製糸試験を実施していたといい、ここでは糸の強弱や太さ、あるいは製造効率などの本格的な試験が行われていた。(36) なお、製糸試験の事業は翌年には内藤新宿の支所に移転されている。

③地方博覧会への物品貸与

地方博覧会への物品貸与は博覧会事務局への移管後から始められている。内務省移管後の一八八六年（明治九）一月二二日には、貸与の手続きや保証について記載した「物品拝借人心得方条例」が定められている。地方に貸与された物品には天産品や工芸、古器旧物など様々である。政府の博物館が、各地から物品を収集する一方で、所蔵品の貸与を通じて地方の博覧会とも双方向的につながっていた点は注目すべき点である。陳列される物品をめぐるこうした関係は、やがて農商務省に引き継がれる博覧会や共進会、あるいは各地に設置される〈陳列所〉の土台となる。

この他にも、たとえば図版集の刊行や工芸の普及にあたった観古美術会の拠点となるなど、勧業的側面を持つ活動を当時の博物館は展開している。とりわけ博物館と伝習試業場が同一構内への展開にその具現化をみることができる内山下町での活動は、佐野やワグネルの建議にみられる博物館像の実現といえる。大学南校時代から古器旧物の保存を唱えた町田の博物館像に、ウィーン万博を通じて勧業の側面が投影されることによって、明治の博物館像が形成されていったのである。

（4）内国勧業博覧会の開催と博物館の上野移転

内務省の博物館がわが国唯一の「博物館」を宣言した一八七六年（明治九）二月、内務卿・大久保利通は内国勧業博覧会についての伺いを太政大臣に提出すると[37]、同年七月一八日には、翌七七年に上野公園を会場として博覧会を開催することを布告した[38]。

内務省による博覧会開催の提案は、博覧会を前提とした博物館の設立を説いた佐野常民の意見書を踏まえたものであった。この時期、内山下町の博物館は定期的な連日開館と開館日を限っての公開を実施していたが、それにもかかわらず内国勧業博覧会の開催を求める理由として、内務省は二月に提出した伺いの冒頭で次のように述べている。

開成の義務や暫時も忽にす可からさる所之れ有り。人智開明の進歩を助くるに博物館の設ありと雖も於時博覧会を開設せすんはあるへからす。乃ち万物を遺類なく一場間に蒐集し素性物は質の良否を調し人工は巧拙を査し識者之れを評論し百工相見て互に自ら奮励し商売は販売交易の途を開く、是れ此の会の本旨にして（後略）

ここに挙げられた博覧会の意義は、清川雪彦の言う博覧会の評価機能と公示機能そのものである。大久保をはじめ内務省関係者は、当時の博物館が人知開明の進歩を補助するとはいえ、そこにはない実益的な意義を博覧会に見出していたといえる。建議は続けて、国内各地で開かれ始めたこの頃の博覧会が勧業の意味では機能していないことや在来産業の衰退を嘆き、その打開策として、諸外国で開かれる勧業のための博覧会を全国規模で実現することを唱えた。この博覧会は国内産の天産人工の各種物産を収集して東京府下で開催するとした。当初の会期予定は一八七七年二月一五日から四ヶ月間が設定されていたが、会場の都合などで繰り下げられ、最終的に七七年八月二一日から一一月三〇日までとなる。

内国勧業博覧会の準備は、内務省内に設けられた内国勧業博覧会事務局（以下、内国博事務局と記す）を中心に進められる。一八七六年（明治九）八月には、勧業頭・松方正義、東京府権知事・楠本正隆、工学頭・大鳥圭介が内国勧業博覧会御用掛に、内務権大丞・田中芳男や勧業寮六等出仕・山高信離らが内国博事務局兼務に命じられ、さらに内務小輔・前島密を審査委員長とし、町田久成や田中芳男らが審査官に命じられた。

博覧会の施設構成や出品の分類は、これまで経験した万国博覧会に倣い、とりわけ前年に参加したフィラデルフィア万国博覧会が参照された(39)。出品に関しては「出品者心得」を配布し、具体的な方針を示した。それは、内国勧業博覧会において国内の産物を一堂に収集陳列する目的が、今後の産業繁栄にあり、比較を通じて出品者や来場者の目を養うことであった。それゆえに、一般市民からの珍品奇品・古器旧物の出品は認めなかった(40)。とはいえ油画などが排除されたわけではなく、「美術館」が会場構成の中心に捉えられたように、主催者側においては重要な位置を保ち続けた（図4）。

出品物の準備と並行して、上野公園内の会場整備が進められた。内国博事務局から博物館・書籍館などを文部省に分離する件に関係して、文部省の大学予定地となっていた上野公園内の敷地がこの頃には博物館建設予定地となっており、この博物館予定地（寛永寺旧本坊跡地）が会場に充てられることとなる。必然的に博覧会場の整備は博物館の施設整備と深く関係している。内国博の会場は煉瓦造の美術館を中心として、木造平屋建ての東西本館が配置され、合わせて四館七棟が整備された(41)。上野公園内の敷地の取得から会場整備の経緯は『東京国立博物館百年史』などによると後掲表1のようになる。

前述したように、上野への博物館建設は町田が集古館の建議直後から主張してきたことであった。一八七三年（明治六）六月二八日には、上野公園の地は火災の恐れが少なく、動植物の管理に適する環境があるとして、博物館と書籍館を建設することを博覧会事務局がしたが、文部省用地となっているため許可されなかった。当時の上野公園は、本坊跡（のち博物館所在地）、中堂跡（竹の台一帯）はともに文部省用地となっており、医学校の建設が進められていた。それでも上野に博物館を設置することは町田にとって譲れないことであり、文部省側と折衝を続けた結果、中堂跡の地を博物館用地として獲得する。土地の確保を待って、内務卿大久保利通から「東叡山博物館建設之儀伺」が出されるが、その書中において上野公園への博物館設置は「他年盛大ノ博覧会相開候ニモ好都合ノ儀ト存候」と言及されたように(42)、博覧会の開催が念頭に置かれ、その用地確保を進める有力な要因となったことがうかがえる。上野への博物館建設は、佐野の構想にもうかがえることは先に見た通りである。

博物館のための上野公園における用地確保は、一八七六年（明治九）一月に博物館長となった町田の主導で進められていく。町田は中堂跡のみでは動植物の管理に不十分だとして、上野公園一帯を博物館の管理下におくこ

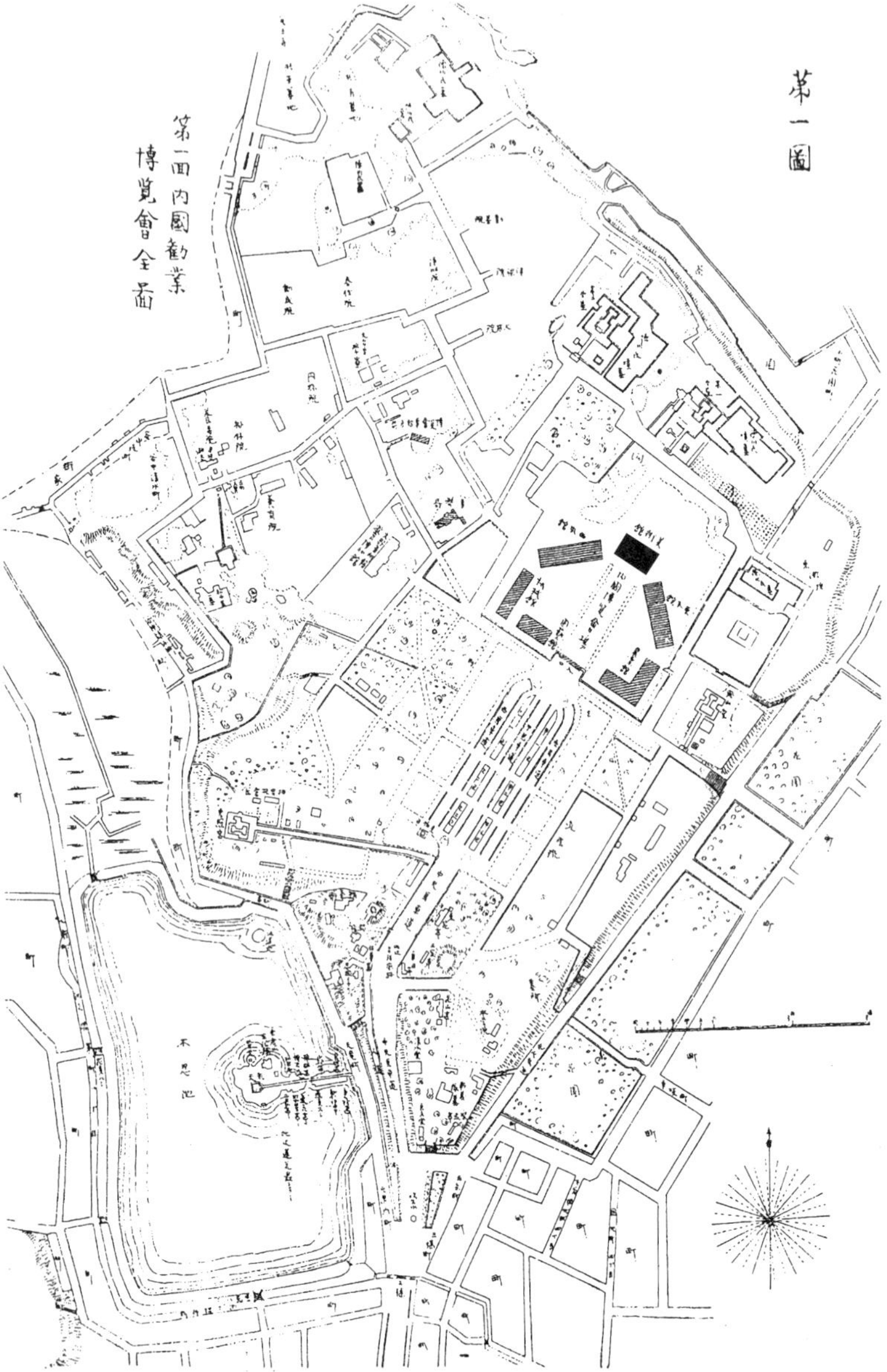

図4　第１回内国勧業博覧会 会場配置図

黒く塗りつぶした建物が「美術館」として使用されたもの。会場正門前の園路を北西に進んだ突き当りに、文部省の教育博物館がある。

とを上申する。これは間もなく聞き届けられて、文部省用地などを除く上野公園一帯が東京府の管理から博物館の管理へと移ると、博物館は直ちに公園内の整備に着手している。さらに町田は、中堂跡よりも本坊跡が博物館にとって最適であるため、建設地を本坊跡に変更したいと上申する。当時、本坊跡は文部省用地であり、学校教育に特化した博物館の設置を計画していたが、町田はその地に「英国ケンシングトン博物館ノ如ク壮大不抜ノ基礎」を実現しようとした(43)。

これまでブリティッシュ・ミュージアムを引き合いに博物館の建設を説いてきた町田が、この段においてサウス・ケンジントン・ミュージアムを範とした背景には、同館を評価する佐野やワグネルの報告が影響を及ぼしていると考えられる。本坊跡をめぐるこの問題は文部省のために替地が用意できたことによって解決し、こうして町田が牽引する博物館が上野に実現するための素地が整った。

この後、内国勧業博覧会の開催地を上野公園とする旨が布告される。さらには上野公園を管理する博物館に対して、内国博の開催用地に関して内国博事務局への協力が要請された。時を同じくして、博物館が内国博開催への協力を要請された翌月に、文部省から引き継いだ本坊跡の換地が終わり博物館用地となる。こうして、博物館の建設計画と博覧会の開催がひとつのものとなり、かつて佐野が説いた博物館の姿が、上野公園一帯を舞台に実現していく。

さて、博物館用地を中心として整備された内国博会場であるが、本坊跡は煉瓦造の美術館を中心とした陳列館が建ち並ぶ主会場となり、そこへのアプローチとなる中堂跡には売店が軒を連ねた。本坊跡が博物館用地となったのは一八七六年八月二九日（文部省の承諾は五月九日）で、美術館の着工はその約四ヶ月後の一二月二六日、竣工は博覧会開幕一〇日前の一八七七年八月一一日である。一一月三〇日の閉会後は、中核施設となった美術館と陳列棚などを保管する機械館を除いて取り壊されている。この頃には上野公園は博物館の管理地となってはい

表１　上野公園における第１回内国勧業博覧会および博物館の整備過程(上野新館の着工まで)

年月日	上野公園内の整備に関する事項	月日	博覧会・博物館関係組織に関する事項
1870年５月	東京府が管理していた上野・寛永寺中堂跡が文部省の大学東用地となる	９月６日	大学南校に物産局を設置
1871年２月３日 ７～８月	大学南校が博物館用地として九段坂上三番薬園地を東京府から受領 町田久成と蜷川式胤が博物館候補地として上野・芝などを検分	４月25日 ５月14日～20日 23日 ９月25日 10月４日	集古館建設・古器旧物保存の布告について建言 大学南校が九段招魂社地で物産会を開催 古器旧物保存方の布告 文部省内に博物局を設置 湯島大成殿を博物局展覧場とする
1872年２月 ３月	本坊跡が陸軍省用地となる 上野の文部省・陸軍省用地を東京府に引き渡すため、正院が上地することを通達	１月５日 ８日 ２月22日 ３月10日～４月30日 ６月	博覧会事務局、ウィーン万博出品につき布達 正院に博覧会事務局を設置 博覧会事務局が内山下町に移る 博物館が博覧会を開催して開館 佐野常民がウィーン万博の参加目的のひとつに博物館の建設を挙げる
1873年１月15日 ３月25日 27日 ６月28日 ８月13日	公園制定についての太政官布達(太政官布達第16号) 上野山内が公園に指定される。４月開設 陸軍省が本堂跡などを正院に返還 博覧会事務局、上野公園元寛永寺跡を博物館・書籍館の建設予定地にすることを上申 本坊跡・中堂跡などが文部省の大学用地となる	３月19日 ４月15日～７月31日 ５月１日～11月１日 ５月26日	博物館・書籍館・博物局・小石川薬園を博覧会事務局に合併、ついで博物館が内山下町に移転 博物館が博覧会を開催 ウィーン万国博覧会 大久保が岩倉使節団の外遊から帰国
1874年		３月16日～６月10日 ５月 ７月30日	博物館が博覧会を開催 大久保「殖産興業ニ関スル建議書」 湯島聖堂から書籍館蔵書を浅草に移して浅草文庫を設置
1875年11月24日	文部省用地である中堂跡を、東京府への引渡しを経て博物館用地として内務省が下付を受けることが決定	１月 ２月９日 ３月30日 ５月	佐野が澳国博覧会の復命書を提出 博覧会事務局から博物館・書籍館・博物局小石川薬園を文部省に再分離 博覧会事務局を博物館と改称し内務省所属とする 『澳国博覧会報告書』にて佐野が東京に大博物館を建設するとした意見書をまとめる
1876年１月10日	上野公園が博物館の所属となる(社寺境内地・文部省用地などを除く)	１月４日	第六局となっていた組織名称を再び博物館と改称、ついで町田が博物館長となる

1月22日	中堂跡が博物館設立用地として東京府から引き継がれる	2月10日	大久保、内国勧業博覧会を1877年に開催することを上申
1～2月	在外公使に各国の博物館の絵図面・組織・目録等の調査を依頼（1月13日出、2月4日達済）	5月10日～11月10日	フィラデルフィア万国博覧会
3月19日	町田、博物館建設地を中堂跡から本坊跡（文部省用地）に変更することを請願	7月18日	太政官、内国勧業博覧会を上野公園で開催することを布告
5月9日	上野公園開園式	21日	上野公園を管理する博物局に、内国博開催用地に関して内国勧業博覧会事務局への協力要請
同日	本坊跡を東院跡・護国院跡などと換地することを文部省が承諾	8月1日	内国勧業博覧会規則、出品規則、出品者心得、売店規則を布達
8月29日	換地が実施され本坊跡が博物館用地となる		
12月26日	内国勧業博覧会施設「美術館」起工（1877年8月11日竣工）		
1877年1月	内国勧業博覧会施設「本館」など着工（7月竣工）この頃、J・コンドルが来日		
	8月21日　内国勧業博覧会開会		
		9月27日	太政官、発掘埋蔵物を内務省に届けさせ検査を受けることを布達
	11月30日　内国勧業博覧会閉会		
12月21日	大久保「上野公園内へ博物館建築之儀ニ付伺」（12月27日裁可）		
27日	太政官から工部省に工事実施が命じられる（コンドルへの設計委嘱は1878年初頭か）		
1878年1月10日	各国公使が収集した図面類を内務省会計局長に回付され内務省として図面調整に当たる	5月20日～11月10日	パリ万国博覧会
2月	内国勧業博覧会施設の不要部分（美術館・機械館以外）の取毀が完了		
3月中旬	工部省、博物館建設工事に着工（1881年1月27日に仮引渡し、同年3月1日～6月30日の間第2回内国博美術館として使用。1882年3月20日竣工開館）		（1881年4月7日に農商務省に移管。同年8月16日～11月10日頃に資料を上野に移送し、1882年3月20日竣工開館）

※東京国立博物館編『東京国立博物館百年史』（1973年）、同前資料編（1973年）、関秀夫『博物館の誕生』（岩波書店、2005年）、菊池重郎「第1回内国勧業博覧会の建築について：わが国博覧会建築の史的研究（第1報）」（『日本建築学会論文報告集』第63巻2号、1959年）665～668頁、小林安茂『上野公園』改訂版（東京都公園協会、1994年）

たが、存置された美術館に博物館の事業が移されたわけではなく、実際の活動は引き続き内山下町で続けられた。これは、上野公園内でのさらなる規模の博物館計画が進められていたためである。

新しい博物館の建設への動きは、博物館用地が上野公園に初めて確保できた直後からうかがえる。一八七六年一月、内務省は在外領事に対して博物館建築の資料調査を打診して、その調査を行っている。博覧会会期中には外国から参考図面が送られてきていた。博覧会終了後の一八七七年一二月一日に内務卿大久保利通が太政大臣に建議することで博物館の建設が本格化すると、(44) 翌年一月一〇日に集められた海外の資料が内務省会計局長に回付されて建築図面が調整される。やがてJ・コンドルによって設計が進められ、(45) 一八七八年三月中旬に工部省によって着工した。コンドルは博物館の建築に東洋的性質を持たせる意図で、シュード・セラセニック式の意匠を採用したという。博物館の工事では、展示に関する博物館側からの要望、西南戦争後の物価高騰や自然災害に伴う資材不足などから建設費が膨れ上がり、当初予定の一〇万円を大きく越えて一六万四九八九円余となった。

博物館の建設が進められるなか、一八七九年(明治一二)四月二日に、第二回内国勧業博覧会を二年後の八一年三月一日から六月三〇日まで上野公園で開催することが決まる。この伺いでは、前回の主会場である本坊跡は博物館を建設中であるため中堂跡のみでの開会も検討されたが、前回より多くの出品が予想され場所が不足するとの理由で、竣工が見込まれる博物館をその会場に充てたいというものであった。これが裁可されたことで、新築の博物館を使用して第二回内国勧業博覧会が開催され、内国博での使用後に本来の博物館として開館することとなった(図5)。なお、第二回内国博開催中の一八八一年四月七日に、博物館は内務省から農商務省へ移管される。

第二回内国博の会期中、博物館の建物一階部分が美術館として公開される(図6・7)。二階部分には、博物館の史伝部をはじめとした収蔵品が収められていた。一方で、内山下町の博物館は、第二回内国博開催中の三月

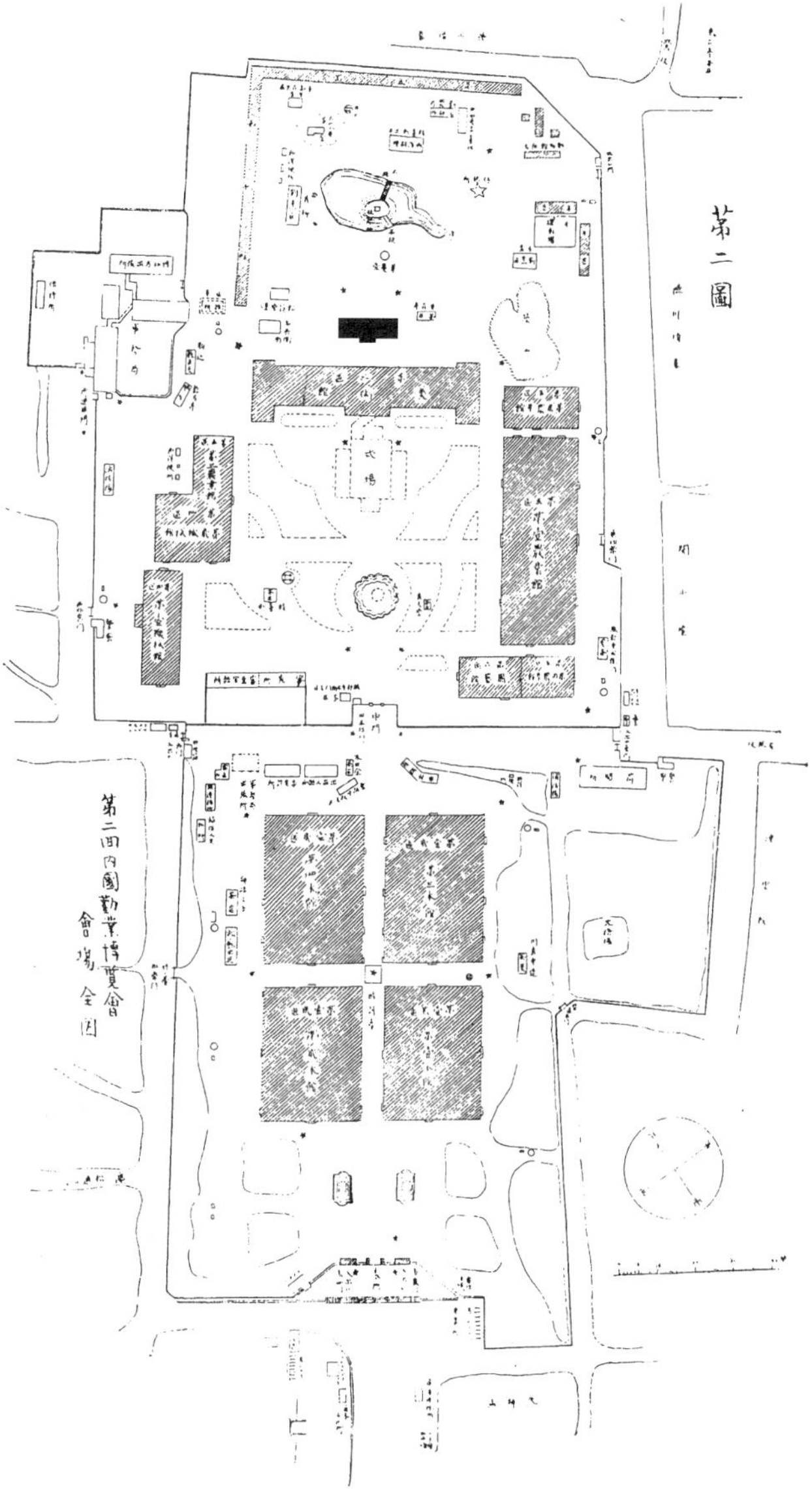

図５　第２回内国勧業博覧会 会場配置図

黒く塗りつぶした建物が第１回内国勧業博覧会において「美術館」として使用されたもの。その前面にコンドル設計の博物館が建設され、会期中は階下が「美術館」として使用された。

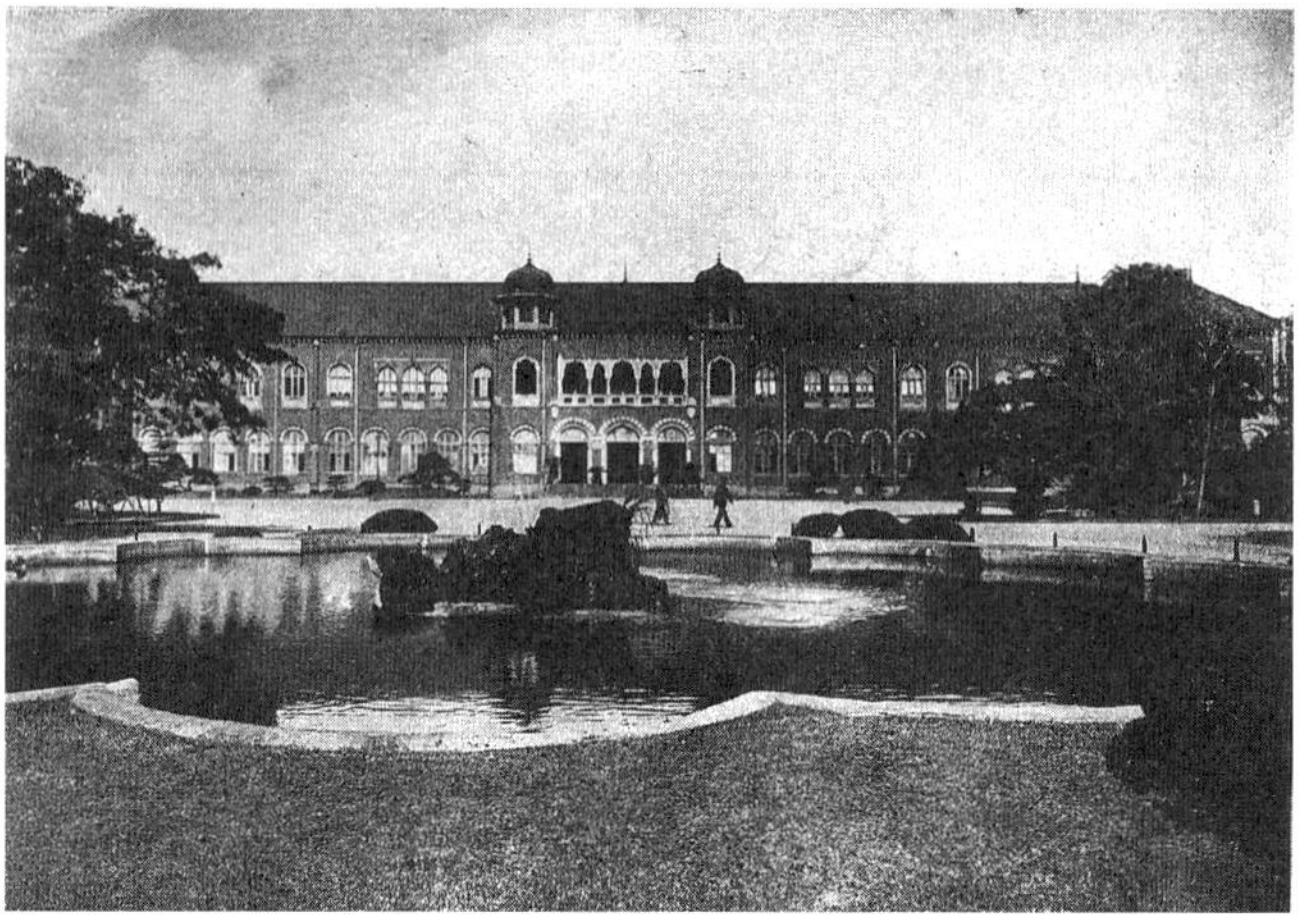

図6　博物館

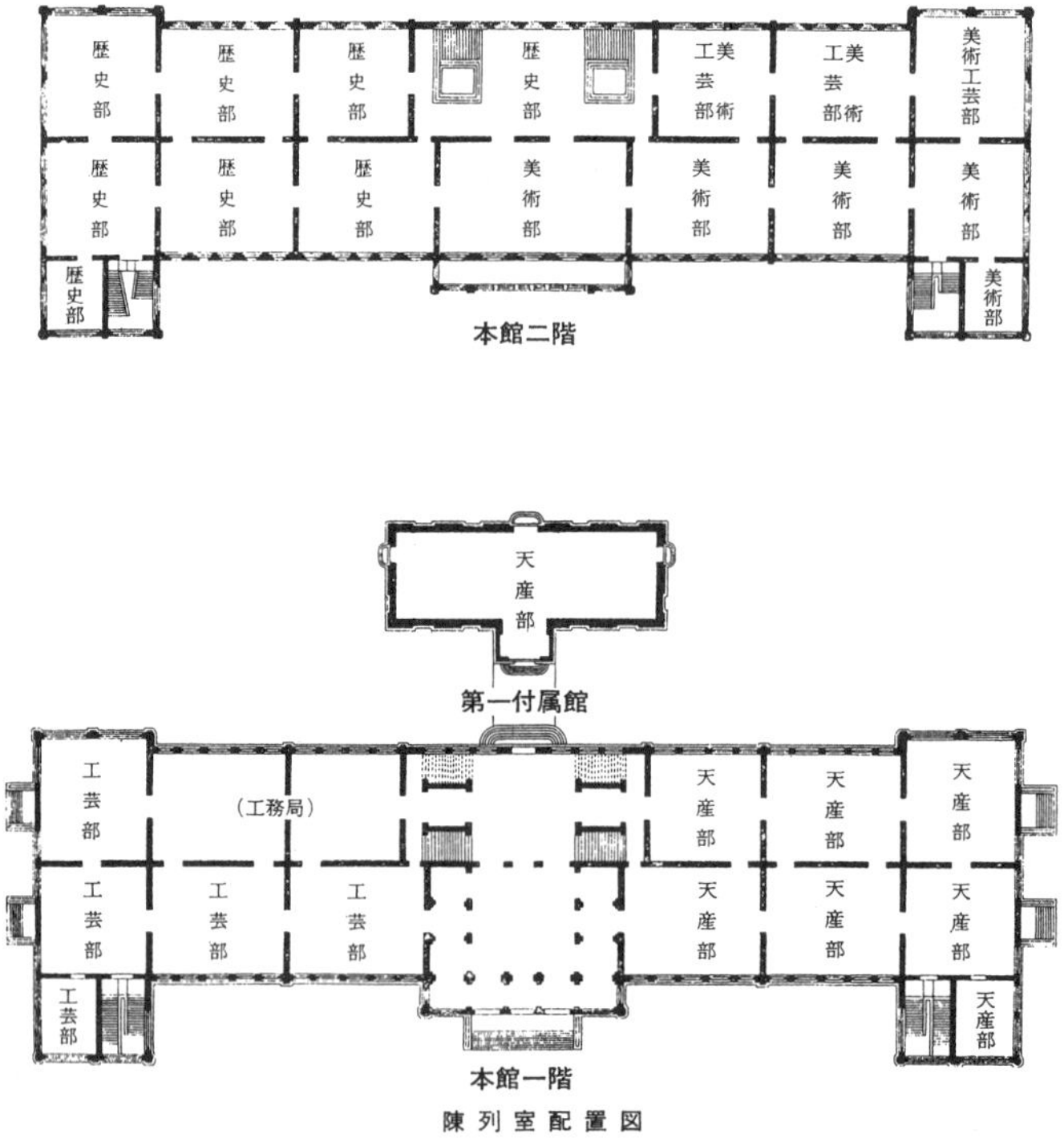

図7　博物館 平面図(陳列区分は1889年頃のもの)
「第一付属館」とあるのが、第 1 回内国勧業博覧会で美術館として使用された建物。

一五日から六〇日間の連日開館を行い、終了後は引き続き一と六のつく日および日曜・大祭日に開館した。この頃、同館の構内が外務省応接所（鹿鳴館）の敷地となり、一部の施設は取毀が進められていた。

第二回内国博の閉会後、博物館は内国博事務局から上野公園内の建物の引継ぎを受けると、内山下町博物館を閉館して所蔵品を順次上野に移していった。新しい本館を中心に、その背面に建つ第一回内国勧業博覧会美術館を第二館として整備が進められ、一八八二年（明治一五）三月二〇日に、明治天皇の臨席する中で、新しい博物館の開館式が挙行され、同日午後に一般に公開された。なお、内山下町博物館の跡地はそのまま農務局に移管され、一八八三年に内藤新宿勧業寮にあった農業博物館の流れを汲む農産品陳列所が開設された（八五年に蚕業試験場内に移される）[46]。

町田や佐野が、日本が近代国家となるために必要と認識した博物館は、歴史資料の保存や勧業というそれぞれが抱く博物館像を内包して上野公園に誕生する。以後この博物館は、一八八六年（明治一九）三月に宮内省に移管されるまで、農商務省が同じく所管する博覧会・共進会とも緊密な関係を維持した。農商務省時代の博物館には、農商務省各局が収集した勧業関係の参考品も陳列されている。また各府県で活発に開催され始めた博覧会や共進会に、工芸品を中心に多くの所蔵品が勧業関連の参考品と共に参考品として貸与された。博物館の活動を記した『博物局報告書』には、天産部・農業山林部・園芸部・工芸部・芸術部・史伝部・図書部・動物園の各陳列品の様子や古物調査などの成果が記されるほか、地方共進会への陳列品貸与や製品図式貸与の実績や博覧会共進会の事務大要が記されており、勧業的な活動が引き続き活発に行われていたことがわかる。博物館が担ったこの博覧会事務は、博物館の宮内省移管後も総務局博覧会課として農商務省に残るが、博物館は皇室の宝物庫としての性格を担うようになる。ここにおいて、明治初年以来、絶えず関わりを持ち続けてきた博覧会と博物館が明確に分離されることとなる。

農商務省時代の博物館に陳列されていた農商務省各局の収集品は、宮内省移管後も引き続き陳列することとされ、本館階下の二室と第二付属館の全体をその用に充てる決定をしたが、一八八七年（明治二〇）一月に農商務省側から「今般都合ニ由リ同館内陳列場借用方見合申候条此段及御通牒候也」という申し出があり中止されている[47]。農商務省工務局の標本のみは本館一階の二室に陳列されたが、一八九〇年（明治二三）一一月に返却された。これは、詳しくは第三章および第四章で触れる農商務省による別の陳列施設の計画が関係している。博物館を失った農商務省は、明治初年以来勧業の場であり続けた博物館から離れて、新たな陳列施設の建設を具体化しようとしていた。一方で、宮内省の博物館は移管からまもなく欧州の王立博物館に倣い[48]、一八九〇年五月一六日に帝国博物館となり、新しく組織された帝国京都博物館、帝国奈良博物館とともに皇室の宝物庫としての性格を強固にしていく。上野の博物館の宮内省移管によって、明治の博物館は新たな時代を迎えたのである。

以上にみてきたように、明治政府による博物館の設立は、物品収集や施設整備の点においてウィーン万博や内国博をはじめとする博覧会事業と不可分に進められた。この原動力となったのは、古器旧物保存や博物学的収集・分類に加えて、常に大きな存在感を示した勧業の意識であった。この点は博物館を内務省に所属させるという明治政府の方策にも表れていよう。誤解を恐れずに言えば、明治初期の博物館は、育種場や農具製作所などと並ぶ内務省の勧業機関であった。陳列品が並ぶ一角に勧業寮の工業試験場が置かれた内山下町の博物館の空間は、勧業機関としての博物館の姿が具現化したものといえるだろう。もちろん、一方では町田が当初から主張してきた文化財保護の使命もあり、同時代的に輸入されたいくつもの博物館像の中で揺れ続けながら活動を展開していた。博覧会と密接につながり、勧業機関として時に陳列以外の施設をも内包する明治初期の博物館の姿は、勧業を目的とする地方行政府の陳列施設にも少なからず影響を与えていくのである。

（5）勧業機関としての勧工場：東京府第一勧工場再考

本節の最後に、内国勧業博覧会から誕生したもうひとつの陳列施設として勧工場に触れておきたい[49]。勧工場は、明治期に流行した常設の陳列施設である。客が自由に施設内を回遊して直接商品を購入する陳列販売方式が新しい消費空間として人気を博し、明治中頃には民間の勧工場が繁華街に建ち並んだ。明治の人々はやがて、勧工場内に並ぶ陳列品を見て歩くこと自体を楽しむようになる。勧工場はその娯楽的な要素も踏まえて百貨店の起原とされる[50]。

繁華街における消費空間として民設の勧工場が流行したこともあり、勧工場には民間小売店舗としての印象が強いが、そのはじまりは一八七八年（明治一一）に東京府が永楽町辰ノ口に開設した公設の東京府第一勧工場（以下、第一勧工場と記す）である（図8・9）。同場は俗に「辰ノ口勧工場」と呼ばれる。設置主体は東京府だが、内国勧業博覧会と深くつながりを持って誕生したものであり、その後の運営においても両者は関係を保った。

第一勧工場という名称は、それが設置された同時期に神田の養育院内に置かれていた施設と関係している。この施設は、民間に組織された精工社が官有地を借用して一八七七年に設立したもので、漆器・蒔絵・陶磁器などの保護・勧奨や伝習を行った。永楽町の第一勧工場に対して、神田のこの施設が第二勧工場と位置づけられた。第二勧工場は製作場のみを有し、物品陳列施設は存在しなかったといい、前述した消費空間としての勧工場のイメージとは異なる。もっとも、第一勧工場も陳列施設だけからなる施設ではなく、後に園芸場なども設けられていた[51]。つまり、少なくとも「勧工場」という施設名称が定まった時点では、物品陳列施設に限らない工業製品の製造場を含んだ複合的な勧業施設であった。それでは「勧工場」とは、そもそも何を指したのか。以下ではその点に注目しつつ、東京府の「勧工場」設立経緯を見ていきたい。

第一勧工場は、第一回内国勧業博覧会の開会前、一八七七年二月末に東京府が提出した計画に始まる。設立計

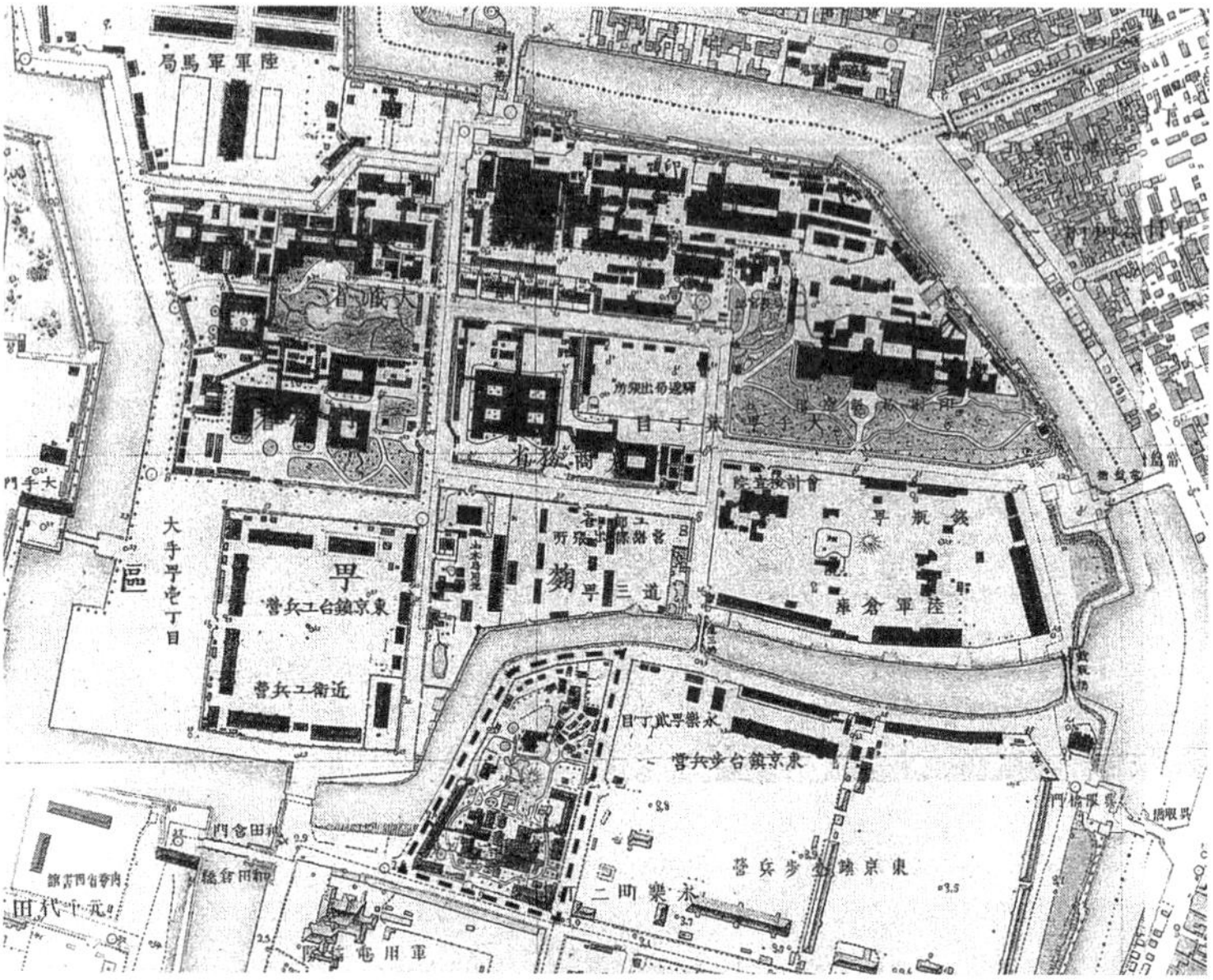

図８　東京府第一勧工場の位置

東西に流れる堀の南側に位置する台形の敷地（点線枠内）が東京府第一勧工場。対岸の敷地のさらに北側に農商務省が位置する。図の左側は皇居。

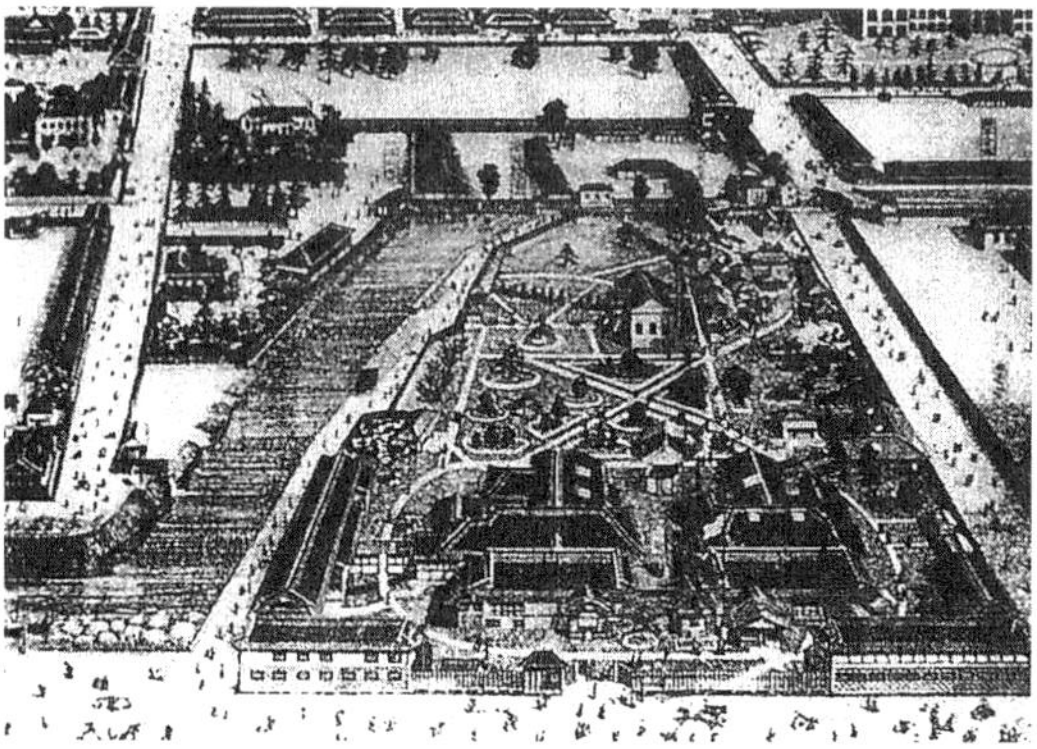

図９　東京府第一勧工場の様子

画の時点では「物産陳列所」と称していた。設置の目的は「府下諸工業奨励之為管内ニ於テ産出スル諸物品者勿論他府県ヨリ回送スル処ノ諸物産等陳列、普ク府下工商縦覧ニ供シ、百事勧奨ノ一端ニ為サン為メ」とされた(52)。ここに記されたように、当初は国内で製造・産出される物品を陳列し商工業者の奨励のために公開する施設、いわば内国勧業博覧会をそのまま常置するような施設として計画された。東京府は物産陳列所の設置場所として、永楽町二丁目の大蔵省紙幣寮活版局として使用されていた建物の借用を申請、一八七七年三月二六日に許可を受けている。

東京府は予算を編成して準備を進めていたが、内国勧業博覧会における物品販売の様子を鑑みて、内国博閉会七日前（一八七七年一一月二四日）にさらなる計画を提案する。それは、内国勧業博覧会の閉会後に売れ残った物品を「辰の口工業場」に移し、陳列販売を行いたいというものであった。ここに見られるように、計画段階において物産陳列所の名称は固定的ではなく、表記が近く後に使用される「物品陳列所」のほか、「辰の口工業場」「辰ノ口工作場」などとも記される。

次いで、陳列施設以外の施設が計画に加わる。一一月二六日には、起立商工会社によって「辰之口御工作場之内拝借願」が出され、「元活版局之場所御府工作場ニ御取設之趣拝聴仕候間、右御構内不用之御建物謄写へ拝借仕、銅陶其他之製造方仕度」と、辰ノ口の「工作場」内に銅製品や陶器の製造場を設けることを願い出ている(53)。東京府は提案受理の翌日すぐに決済し、内務卿宛に伺いを立てる準備をしている。

辰の口工業場ハ博覧会残品陳列并工商会社職工差置候儀共御決済ニ付、内務省へ左ノ御届按相伺候也。

按

内務卿宛

第壱大区弐小区永楽町弐丁目壱番地之儀ハ、物産陳列所之名義ヲ以伺之上先般御渡候処、今般更ニ当府工業○○

場（勧工場ト為ス）ト改称、往々府下有志之職工等ヲ募集、工業為相励候積ニ有之候。且差向内国勧業博覧会売残之物品ハ、出品者ニ応シ一時保護ノ為メ同所内ヘ陳列、衆庶之縦覧ヲ許シ売買為収結可申存候ニ付、此段及御届候也(54)。

ここに記されたように、東京府が進めた物産陳列所の計画は、起立工商会社が提案した製造場を合わせたものとなり、「勧工場」として設置願いが出されるのである。改めて一連の流れを整理すれば、当初は物品の陳列を通して府下の商工業を奨励するとされた物産陳列所に、製造場と物品販売の機能が付加され、「勧工場」という名称で正式に内務省に設置申請された、ということになる。

起立工商会社の製造場が実際に運用されたのかどうかは不明だが、その製造場の計画が検討されたことが「勧工場」（当初は工業場）という名称を担保した事実は看過できない。つまり、勧工場の始まりにおいて「勧工場」は単に〝物品の陳列販売施設〟を意味せず、陳列施設と製造場などの〝勧業を目的とする施設の集合体〟であった。後に民間に流行した〝物品の陳列販売施設〟としての「勧工場」とは異なり、ここにおいて陳列施設はその一部を占めるのみである。製作工場ではないものの、実際に東京府の博覧会掛や大蔵省勧商局の製品図画掛といった製造に関する機能が、第一勧工場内に置かれたことが確認できる(55)。

こうした組織構造は第一勧工場の陳列施設が規則書などの公式文書において「第一勧工場内物品陳列所」「第一勧工場物品陳列所」などと名乗っていることからも明らかである。陳列施設がなく製造場のみで構成される第二勧工場も、勧業を目的とする施設という本来の意味においては「勧工場」の名称に矛盾しない。こうした勧業施設の集合体を勧工場あるいは勧業場などと呼ぶ事例は、地方に目を向ければ多く確認できる。東京府における勧工場も、これらと同様の位置付けであったとしても不思議ではない。

とはいえ、「勧工場」＝「物品の陳列販売施設」という認識が、第一勧工場の実態から生じたこともまた事実である。第一勧工場の展開を鑑みると、同場内における製作場の活動は確認できず、物品陳列所以外の施設が事務機能を除いてほとんど機能していなかった（あるいは設置されなかった）可能性が高い。開場から数年後には、「辰の口の第一勧工場は是まで勧工の名のみにて尋常の市場の如くなりし」状態にあったと伝えられる(56)。ここに示されたように、一方で物品陳列所は大いに活用されたことから、勧工場内の一施設であった物品陳列所がその代名詞的存在として認識され、物品陳列所＝勧工場と呼称されたと考えられる。

施設名称が混同されていたであろう様子は、石井研堂『明治事物起原』における「辰ノ口勧工場」の解説に「正しき名は「辰ノ口第一勧工場内物品陳列所」なり」と但し書きされていることからも窺い知ることができる(57)。陳列販売を行う施設の代名詞としての勧工場は、第一勧工場の物品陳列所を模して誕生した民間の陳列販売施設が、その繁盛にあやかって勧工場という名称を用いたことによって、やがて定着していったと考えられる。

さて、第一勧工場は第一回内国勧業博覧会の残品を陳列・販売する施設として政府の許可を得て、前述のように一八七八年一月に開場した。物品陳列所は、大蔵省から引き継いだかつての紙幣寮活版局の建物（江戸時代の伝奏屋敷）の破損箇所を修繕して使用した。構内にあった建物（T・ウォートルスの設計による東京で最初の煉瓦造の家とされる）を事務所とし、さらに内国勧業博覧会の農業館を移築して陳列面積を増やした。第一勧工場には広大な庭園もあり、伝奏屋敷時代の伝統的な庭園にさらなる造園工事を行い、噴水や芝生といった洋風の要素が混ざった庭園がつくられた。庭園には飲食物の売店や休憩所が備えられ、能楽堂では時折舞楽や能楽が演じられたという。第一勧工場は、物品を陳列・販売すると同時に、遊園地的な機能を併せ持つようになる(58)。

第一勧工場は、その後一八八〇年（明治一三）七月一日に物品陳列所の出品人らによる共同運営に移る。勧工場の経営を民間に移すことは、第一勧工場の開場間もなく府の勧業課が作成した将来方針で示されていた。その後、一八八七年（明治二〇）に上野公園の竹の台にある共進会跡に仮移転し、名称を「東京府勧工場」と改称する。改称の理由は、この時点で第二勧工場がすでに消滅しており、番付による区別が意味をなさなくなったためである。[59]この後、八八年一月に運営主体として東京勧工会社が認可され、芝公園内の建物竣工を待って移転した。民間に移管されたとはいえ、東京府と政府の支援は続けられた。民間移管後は一八八四年四月まで勧工場内の物品陳列所に属する建物については無償で貸し出されること、官吏による監督指導が行われることが合わせて伝えられていた。これにより、「府庁創始ノ趣旨ニ基キ工芸ヲ進メ物品改良ノ捷径タル見本館設立ノコトヲ企図」し、資金補助を受けるとともに農商務省から参考品を借り受けた。[60]

参考品を通しての政府との関係は、会社組織化以後も続いた。一八九五年（明治二八）に芝公園内の地所賃料契約の更新に際して出された願書では、政府や東京府とのつながりと、それによる公共性を理由に支援を申し出ている。その願書において東京勧工会社は、東京府勧工場が東京府によって設立された経緯を述べ、「其際府庁御設立ノ御主旨ニ基キ、出品人一同精励従事仕、将来ノ拡張ヲ計リ、去ル廿年中会社法ニ組織ヲ変更シ、当地ニ新タニ列品館ヲ造設開業仕、益工業家ノ模範タランコトヲ力メ、其出品ノ如キハ最モ精工ノモノヲ選ミ、価格ヲ廉ニシ、加フルニ農商務省工務局御所蔵之英仏其他各国ノ工芸品標本類数百品拝借陳列仕候処、年々毎ニ来館人増加シ、大ニ社業ノ盛況ヲ呈シ、府下ハ勿論各府県下工業家ノ注意ヲ喚起候様相成、是畢竟府庁御保護ノ余光ト奉存候、右ノ次第ナルニ付、販売上ニ於ケルモ利益一途ニ傾向セル普通販売店ニ無之」として、列品館新築に巨額の費用を要したことも踏まえ、今後一〇年間は賃料半額を継続してほしいと請願する。[61]これに対し、東京市会は「元来同社ハ商工業ノ発達ヲ図ルノ目的ヲ以テ創設シ、爾来実業家ノ注意ヲ喚起シ、本市ニ利益ヲ与ヘタルコト不少」とし、事情を酌量して向こう三ヶ年は賃料を三割減額することを決めている。

こうした両者の認識は、東京府勧工場が他の民間の勧工場にはない公共性を示すものであり、農商務省が博覧会・共進会で展開した勧業政策が、形を変えて表出していたともいえる。ただ、東京勧工会社にとって官とのつながりは経営を円滑にする手段に過ぎず、販路拡張のための情報流通は単なる販売利益を求めるものであったり、欧米の参考品も客寄せのための珍品として扱われるだけだったという可能性も考えられる。また、勧工場に提供された模範としての参考品が、実際にどれほどの効果を発揮したのかも判然としない。それでも、東京府とその後継による勧工場が、陳列販売を行うだけの施設ではなく、商工業者に対する公共支援としての勧業政策の一端を担っていたことは特筆すべきことだろう。

なお、東京府の第一勧工場物品陳列場に類似する同時期の施設として、一八八〇年（明治一三）に神奈川県が横浜公園に開設した神奈川県物産陳列場がある(62)。これは、前掲『明治事物起原』において、物産陳列場の創始とされるものである(63)。その目的は「天造人工の差別なく内国の産物にて人々の日用の品は残らず取集め無代にて諸人の縦覧を許し農商の事業を勧め通商の便路を開く為め」であり、「東京の勧工場同様物品の売買をも許され」ていた(64)。東京の第一勧工場や神奈川県物産陳列場の売上は、新聞紙上において並べて掲載されることもあり、これらふたつの施設が、同種の施設として扱われていたことは明らかである(65)。神奈川県物産陳列場は一八七七年一一月頃に設置が決まり、続いて同年一一月頃に横浜公園内のクリケット場の西に建設が開始されている（図10）(66)。翌八〇年三月頃には陳列の作業に着手していることから、これ以前に竣工していたようである（図11）。陳列準備を終えた後、同年四月一八日に開会式を迎えた。この開会式には大蔵卿となっていた佐野常民や品川弥二郎内務小輔、松田直之東京府知事が参列して盛大に行われている。

同場は、民間の勧工場が興隆するにつれてそれらと同一視されるようになった。ただし、民間勧工場の登場によって来場者が半減したが、「勧工場へ行く客は素見《ひやかし》が多く陳列所へは却って縦覧人の少ないのは静かでよい」と外国人観光客の来場は増加したという(67)。しかしながら、こうした状況は「当初ノ主意ニ齟齬スル」として、一八八二年（明治一五）に県費での運営が中止されることとなる。県費が廃止された後は、「県官や出品人達が残

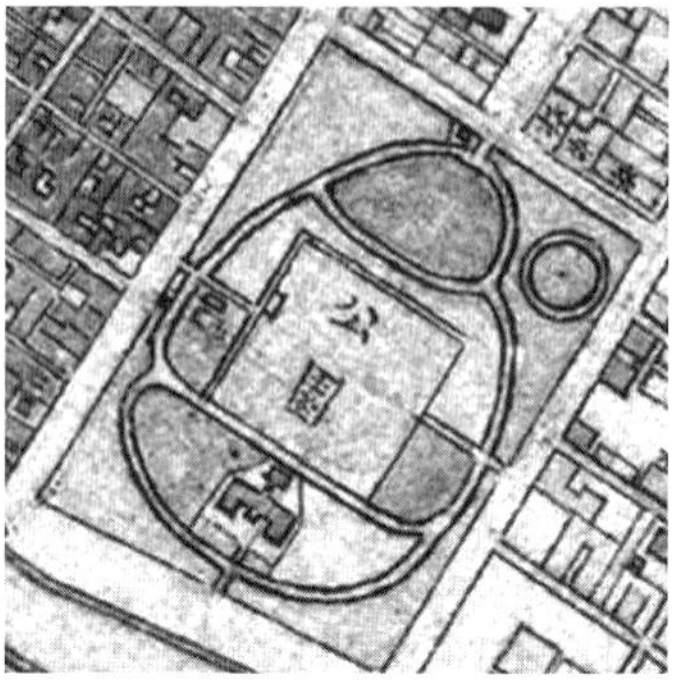

図10　横浜公園と神奈川県物産陳列場の位置

公園内の中央広場西側にある小さな建物が神奈川県物産陳列場か。

図11　神奈川県物産陳列場

り惜しく思ひ、いろいろと協議」した結果、翌年一月からは出品者ら有志八八名が維持管理して運営が行われることとなり(68)、東京の第一勧工場と同様に民間に移されて継続した。民間移管後には、従来の活動に加えて私立絵画共進会の会場となるなどして活用された(69)。しかしこの状態も長くは続かず、物産陳列場の建物は一八八七年（明治二〇）になって横浜の電信郵便局の仮庁舎として使用されることとなり、陳列を廃止した。その後、建物の老朽化が激しかったため郵便局による仮使用の終了とともに取り壊されている(70)。

第一勧工場の設置は、たとえば神奈川県の事例にみたように地方にも影響を与えた。しかしその一方で、民間の力によって多くの「勧工場」が設置され繁華街に進出する。勧工場の全盛期といわれる明治中頃の勧工場は、欧米のバザーやフェアーを範にとり「偕楽園」を目指した第一勧工場のようなタイプではなく、京橋勧工場のような種類のものであったという(71)。すなわち、繁華街に立地する代わりに庭園を持たず、建物内を細かく区切って希望者に貸し出すものである。こうした種類の違いの根本には、第一勧工場にみられたような公共性の有無が関係しているように思われる。

勧工場は、陳列販売の方式や、多くの物が集まる賑わいを歩く空間体験といった、博覧会・共進会のそれを引き継ぐものであったといえる。さらには、内国勧業博覧会の残品販売のみではなく公共性を持った勧業施設として機能し、明治政府の勧業政策に連なる施設でもあった。消費を娯楽として体験する近代的な陳列販売施設のはじまりとしての側面が注目されがちな勧工場ではあるが、とりわけ公設のものについては、博覧会の機能を常置する勧業施設のひとつのあり方としても、重要な意義を見出せるのである。

三　地方都市における博覧会開催とその常設陳列施設への展開——石川県を事例として

（1）地方都市の博覧会

ここまで政府が主導した博覧会やそれに関係する陳列施設についてみてきた。首都・東京を主な舞台としたこれらの事業に対して、地方都市ではどのような状況が展開したのだろうか。東京の大学南校が物産会を開催したのと同じ一八七一年（明治四）の秋、天皇が東京に移った後の京都では、「一ハ知識材芸ヲ啓開スルノ導線トナシ、一ハ満都衰色ヲ復活スル機器トナサンヲ欲シ」た有力商人らが発起人となって京都博覧会が開催される。[72]翌年には和歌山や金沢でも地元の有力商人らの手によって博覧会が開催されており、以後も各地で博覧会が開かれた。明治初期、地方都市において博覧会はすでに流行ともいえる様相を呈した。

博覧会の情報は、福沢諭吉や村田文夫らの欧米見聞録を通して一般にも広がり、また政府からの積極的な博覧会の勧誘によって啓発されていった。[73]たとえば、太政官は一八七〇年（明治三）に地方府藩県に宛てて、翌年のロンドン万国博覧会の勧誘通達を送っている。府藩県に送られた通達は、管内に告知され、一般に知らされるのである。この時は博覧会の意図が理解されなかったのか、あるいは申請期間が短かったのか、全国的に良い反応はなかったという。とはいえ、こうした通達を通じて博覧会の情報が拡散されたことが、地方都市における博覧会開催の素地となったことは間違いない。博覧会の開催は、地方都市の産業構造や流通組織の問題を浮き彫りにしながら、近代資本経営あるいは近代産業への移行過程で、その基盤を形成する重要な役割を果たしていくのである(74)。すなわち、地方都市においても博覧会・共進会は、殖産興業あるいは勧業の中心的な場のひとつであった。

地方都市における最初期の博覧会は、多くの場合特別な陳列施設ではなく寺院や貴族邸宅など既存の建築物を会場として開催された。これは大学南校の物産会がそうであったように、出品物を陳列できる広い空間の確保がまずは求められたからである。例を挙げれば、西本願寺・建仁寺・知恩院・大宮御所などを会場とした京都博覧会、両国万八楼を会場とした両国博覧会、岡山城を会場とした岡山博覧会、そして後述する兼六園の外国人官舎などを会場とした金沢の展覧会などがこれにあたる(75)。

やがて博覧会・共進会の規模の拡大と共に、それら既存の建造物ではその陳列品および機能を内包することができなくなると、新たに博覧会・共進会の開催に合わせて建物を建て、会場として利用するようになる（多くは仮設建築であった）。当初は陳列するための場所を物理的に求めて陳列施設が充当されたが、次第に博覧会・共進会というイベントをより効果的に行うための施設として、陳列施設が建設されるようになる。政府の博覧会が博物館を基盤に勧業の場として機能したように、地方都市においても博物館などの陳列施設が同様の役割を果たし、陳列や物品を通じた様々な活動で大衆の経済活動を支援した。このための陳列施設——具体的には博物館・物産陳列所・商品陳列所など——が、博覧会の普及と合わせるように各地に設置され、大正末期にはほぼ全国に普及していくのである。

以上を踏まえて、ここからは明治初期の地方都市において博覧会がどのように展開し、常設施設としての空間を作り上げていったのかについて、石川県を事例に検討していきたい。

明治維新を経て藩政から県政へと移り変わるなかで、藩主の庭であった兼六園が一般へと開放され、一八七二年には金沢で初めての博覧会（展覧会）が開催される。博覧会場として使われた施設は間もなく常設の博物館となり、金沢名所を辿る明治初年の錦絵双六には「上リ」として堂々と描かれる。勧業事業を牽引する博物館は、近代金沢の象徴的存在となった。大名庭園に陳列施設が設置された例は、高松・栗林公園や岡山・後楽園など数例確認できるが、設置された時期は金沢・兼六園が最も早い[76]。また後述するように、兼六園には、大名庭園が太政官布告によって公園となる以前から〈陳列所〉の原型となる機能が存在し、近世の大名庭園が公園となっていく過程において、〈陳列所〉との関係やその変容を追うことのできる事例として重要なものである。

ここでの関心を改めて整理すると、ひとつは、地方都市・金沢において勧業を目的とする陳列施設がどのように整備されていったのかということ。もうひとつは、〈陳列所〉の建築が大名庭園に挿入されたときどのような展開をみせるのかということである。こうした視点に立ち、〈陳列所〉と大名庭園それぞれの近代における変容の相互関係に注目して検証を進めたい。

本節で用いた主な史料は、石川県立図書館・金沢市立玉川図書館近世史料館および成巽閣に所蔵されている当時の記録や目録・絵図などの史料、『石川県勧業博物館十年略記』[77]『勧業博物館二十年略記』[78]などの刊行物、『北国新聞』に掲載された当時の記事などである。兼六園に関する全体的な把握は『兼六園全史』[79]による。なお、兼六園の開放経緯については長山直治の論考に[80]、金沢博物館の設立経緯については金高有希の論考[81]に依るところが大きい。

（2）明治維新後の金沢

前田家が治めてきた加賀藩は、一八六九年（明治二）六月一七日に聴許された版籍奉還によって金沢藩となり、続いて翌年七月一四日の廃藩置県で金沢県となる。藩庁・県庁は、必然的に金沢に置かれた。その後、管轄区域を改めて旧加賀国のみを管轄する新しい金沢県が誕生、この時に管轄区域を縮小し、地理的・経済的な要因から一八七二年（明治五）四月に金沢から県庁を美川へと移して石川県に改称する。しかし同年中に七尾県廃止にともなって、石川県は県庁の金沢への再移転を上申、翌年一月二五日に復帰を果たした[82]。明治維新の諸改革による士族の窮迫、そして県庁の移転によって、金沢の町は人口を大きく減らした。一八七一年（明治四）八月現在の金沢町の人口は一二万三四五三人で、その四割前後を士族が占める[83]。版籍奉還にともなう禄制改革や武家地処分によって士族が窮迫したが、多くの士族――純然たる消費者に支えられてきた金沢において、それは都市全体の問題であった。この対策として窮迫士族に対する授産事業が展開されたことで、士族をはじめとして金沢からの人口流出が進み、一八七二年には一〇万九六八五人と激減する[84]。その後、ほぼ明治の前半期を通じて人口は減少の一途をたどった。

しかしながら、局所的に見れば、この時期に金沢が繁栄したとみる者もいた。一八八六年（明治一九）四月に『金沢論』を著して衰退する金沢の振興策を論じた河合辰太郎は、その中で維新直後の金沢の様子を四期に区分して振り返っている[85]。区分の最初は、一八七〇年頃から七二年までの「家屋器具売買の時代」で、「金沢の繁栄は実に此の時代に在」ったとする。この時期、窮迫した士族が無用となった広大な家屋や家財・什器を盛んに売却したために、屋敷を幾多の小屋へと建て替える大工・左官、器具や衣類を売買する道具商・古着屋が奇利を得た。そして遊郭が大繁盛したという。維新から日も浅く、その影響はまだ大きな影を落としてはいなかったようである。河合は続く一八七三年から七四年を「仕法頼母子流行の時代」とし、家禄奉還によって一時の大金を得た士族の期限的な消費回復により「全市頗る繁盛」したと記す。とりわけ料理店と人力車が一挙に増加したという。しかしながら、その繁盛は長く続かず、やがて散財した士族の多くが家財の大半を失って衰弱していった。

その後の金沢は、河合が「昨日の盛大は夢の如く、民人日に離散し、市衝月に荒廃し、其衰替実に名状すへか

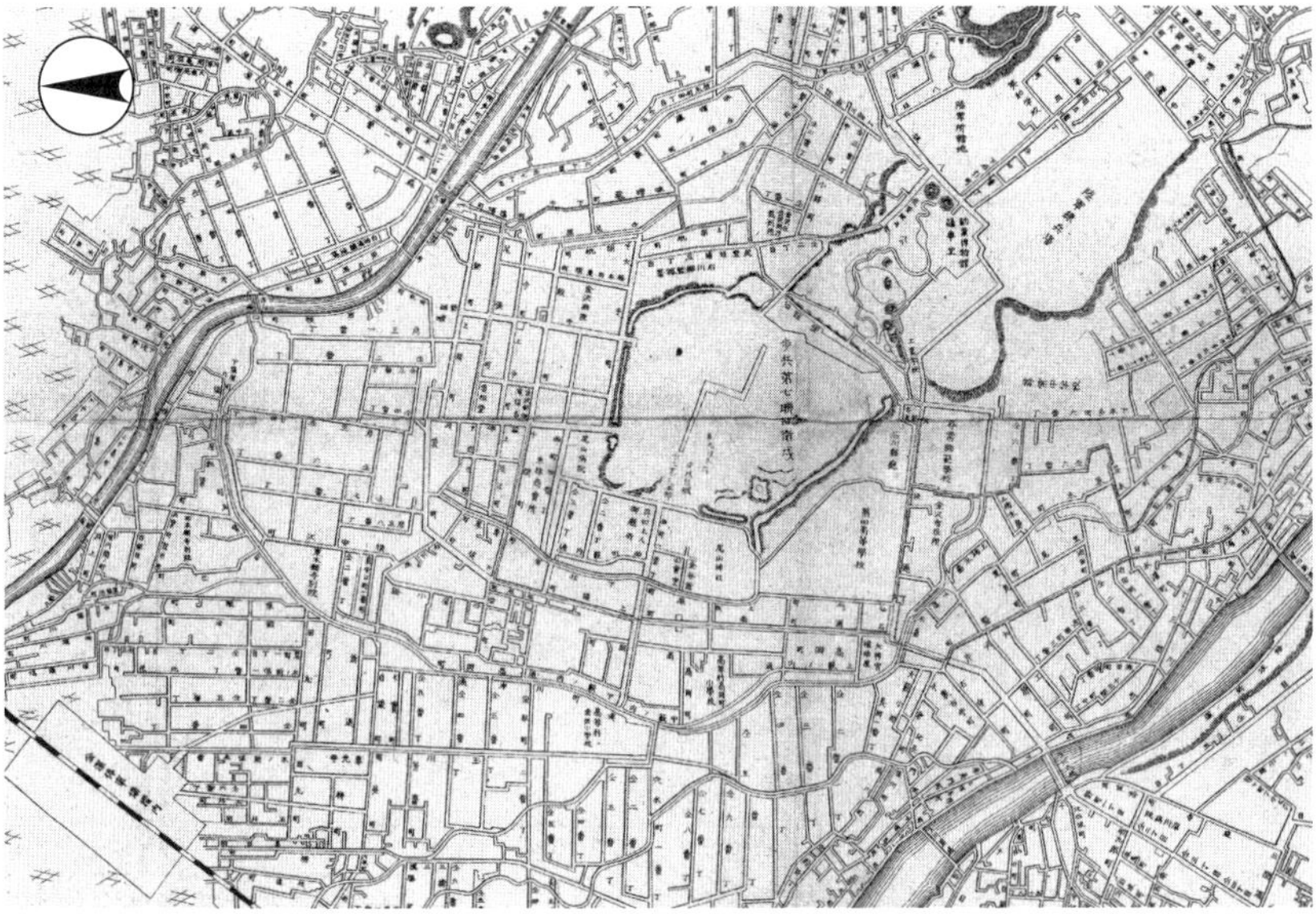

図12　明治期の金沢市街図

金沢城（図中央）の南東に兼六園、さらにその南に練兵場などの陸軍所轄地が広がる。

らす」と嘆くように、一八八〇年代後半においてもなお人口は減少し、経済的にも衰微の色を増していくこととなる。ただし河合が言うように、明治初年の金沢には、窮迫する士族の傍らで、勢いを得た者たちがいたことは看過できない。

さて、明治維新の諸改革は、旧藩主や旧藩士の所有地にも変化をもたらし、庁舎や学校などをはじめとした近代的施設への使い換えがなされていった。藩主の庭であった兼六園（蓮池庭・竹沢庭）は、版籍奉還にともない金沢藩の所有となり、学校の管理するところとなる。明治初年の兼六園内には、中学校のほか、金沢理科学校（一八七〇年七月設置）や、鉱山学所（一八七〇年閏一〇月設置）が置かれ、それに付随する薬草園や、招聘外国人教師の住居として洋館が設けられていた。兼六園に学校が置かれたのは、藩政時代から学校施設が園内に一時期設けられていたことによる。学校の管理下にあった兼六園は、期間を限って市民の入園を許可した。

一八七二年五月、県は兼六園の常時開放について「兼六園の義、自今平生遊覧苦しからず候。且、同所に住居、或は出店等致置き候望の者は地所払下候条、絵図面を以て代金入札致す可く候」(86)と布達する。これによって兼六園に市民が自由に出入することが可能となり、同時に園内の地所が民間に払い下げられていくきっかけにもなった（七七年頃には五〇軒近くの出店があったと伝えられている）。兼六園の一般への開放は、公園の制定を呼びかけた一八七三年一月の太政官布達第一六号よりも早く、兼六園が太政官布達に基づいて「兼六公園」となるのは布達の翌年七四年五月のことである。なお、兼六公園はさらに一九二二年（大正一一）に「金沢公園」として名勝に指定され、二四年に「兼六園」の旧称に復し現在に至る。

（3）博覧会の開催と博物館の設立：一八七二～七六年（明治五～九）

公開間もない兼六園の主役は博覧会であった。士族が窮迫し、人口の減少が進む明治初年の金沢で存在感を強めた町人らの発議によって展覧会・博覧会が兼六園で開催される(87)。兼六園の一般公開後の一八七二年（明治五）九月に開かれた最初の展覧会について、石川県は開催の背景を次のように説明している。

県下金沢町ノ儀ハ人民輻輳ノ地ナル処三県分割移庁本年庁ヲ加賀国美川町ニ移スノ末衰微ヲ極メタリ。然ル処今度同町商売中屋彦十朗森下森八等協議致蔵器ヲ集メ三十日間展覧会取設度旨出願シ、民心ヲ振起シ開化ノ一助トモ相成リ管内限些少ノ儀ニ付不経伺許可致シ本月十二日ヨリ開場致シタリ(88)。

この史料からは、美川への県庁移転によって金沢は「衰微ヲ極メタ」という認識とともに、展覧会の開催によって住民を奮起させることができるのではないかという県の期待がうかがえる。またここから、金沢最初の展覧会は、確かに危機意識の中から、開化を求める時代への応答として生まれたと見ることもできよう。

それでは、なぜ商人らは展覧会の開催を出願したのだろうか。石川県で展覧会の開催が取沙汰されたのは、県庁の美川移転からおよそ半年後の一八七二年八月である。金沢町戸長は同年五月、すなわち兼六園の公開前後に金沢展覧会執事なる商人代表者からの上申を受けており[89]、それを踏まえて石川県庁に宛て次のように出願している。

展覧会取立願

今春以来西京ニ於テ展覧会ノ設有之。甚盛挙ノ由承リ候。其後諸県ニ於テ間々取立候者有之由是亦及伝承候。其起源西洋諸国ノ例ニ倣ヒ智見ヲ開キ事変ヲ察シ候等ノ裨益不少義ト奉存候。然ルニ北国ノ近県ニハ未タ此説無之。遠隔僻地ノ地是□此挙無之テハ、弊習ヲ脱却シ開化ニ進歩スル何ノ日ニカ至ランヤ。依之今般ハ金沢市中ニ設候ハ人気ヲ引立テ開化ニ至ルノ一助ニモ可相成、且又一覧ノ上御公布ノ御趣意ヲ体認シ後日澳国ノ会ニ齎ス可キニ相運ヒ申度奉存候間、私共発願ノ条御聞届被成下度、然ル上ハ設会地所兼六園内元ト外国人館舎ヲ本場トシ其余元ト東校中学舎内ヲ区分シ致借用度、且別冊票告幷規条記相添差上候間、御県管下報告ノ手繰、御県ニ於テ御布伝被成下度、会期限ハ九月十二日ヨリ十月十四日迄総合三十二日相設申度、其期間諸器品預リ置候上ハ非常災患ノ予備不可関義ニ候間、為警備地所広狭ニ随ヒ邏卒被差置候様致度、右ノ数条奉願候以上。

金沢町戸長

壬申八月

石川県御庁[90]

ここでは、京都で開催された博覧会の成功や、翌年に予定されるウィーン万国博覧会を根拠に、「弊習ヲ脱却シ開化ニ進歩スル」ための施策として展覧会の必要が説かれた。さらに、金沢の「人気ヲ引立テ」るためにもなると唱える。とはいえ、それはあくまで付随するものである。「展覧会取立願」からは、近隣にはない展覧会を金沢に実現したいということが最重視されていたようにみてとれ、危機への対応は、展覧会を具現化するための説得材料にもみえる。なお、この時点で、会場として兼六園内の元外国人教師住居（西洋館）と東中学校舎（巽御殿）を希望している。

こうして開催された展覧会には、前田家をはじめ町内旧家に伝わる名品、学校所蔵の舶来教材などが陳列されたほか、書画会や囃子が催され、有線電信の実演も行われた[91]。この展覧会が閉会した一八七二年一〇月、県庁の美川移転の原因が解消したとして、県庁の金沢復帰が上申されている[92]。

一八七四年（明治七）に兼六園が「兼六公園」として改めて公開されると、続けて博覧会が開催された。前回の展覧会と同様に、商人からの申出を許可したもので、巽御殿を主会場とした。前回の主唱者のひとりである森下も副執事に名を連ね、石川県も県内外への出品依頼や広報で全面的に協力し、会期は六月一六日からの三〇日間を予定した。太政官布達に基づく兼六公園の設置から約一ヶ月後のことである。博覧会の開催を触れる票告には、東京や京都で開催された博覧会に加えてウィーン万国博覧会の成果に触れて、博覧会を紹介している[93]。この博覧会では、県内各区庁をはじめ他県や内務省の博覧会事務局にまで広く出品が呼びかけられた。内務省博覧会事務局からは名古屋城の金鯱が出品され、県内外からは多くの物産が集まり勧業事業の色を濃くした。それゆえ急遽別会場を用意し、会期を延長するほどの盛況となった[94]。

しかしながら、事業規模の拡大は博覧会執事に負担を強いる結果となる。大規模な博覧会は「何分手始メ之大挙ニ付、不時出費モ相嵩之不本意之次第」となったといい[95]、「再挙ノ望ヲ絶」たなければならなくなる[96]。ここにある「不時出費」とは、会期中に起こった水害による支出の増大である[97]。事業規模の拡大は、開催経費に加えて災害補償費の増大を招き、博覧会の継続に危機をもたらしたのである。博覧会の開催を、金沢復興の好機ととらえていた県当局にとって、執事らの消沈は看過できないものであった。それゆえに、翌年以後の開催のために千円を下付して、事業の継続を図った[98]。

やがて博覧会執事らは、博覧会事業の安定した継続を図るために博覧会社を結成する[99]。博覧会社は、前述の石川県の援助を受けて一八七五年一月に組織される。展覧会の開催と同様に京都博覧会社に倣った。石川県の場合は執事として官吏が名を連ねることはなかったが、県も規則に則って出資しており、やはり官民協働の事業であった。知事や勧業課が運営に対して意見する一方で、博覧会社が博覧会行政の窓口となった。

博覧会社の活動拠点は、博覧会にも使用された兼六公園内の西洋館が充てられた[100]。常設の場所を持ったとはいえ、博覧会社はあくまでイベントとしての博覧会の開催をめざしたが、資金繰りが依然として苦しく、同年中の博覧会開催は叶わなかった。それゆえに翌七六年には「盛大ノ挙ヲ希望」する声が起こり、石川県はそれを内議するも、前回の損失により博覧会社による開催が懸念されていた[101]。

こうした状況をみて積極的に動いたのが、一八七五年三月に参事から県令となった桐山純孝である。桐山は、一九七六年一月に博覧会開催に向けた私案（以下、桐山私案と記す）を提示するが、その中で次のような見解を示す。

（前略）

一　弥開場セントスレハ博物館ノ御物ヲ始メ拝借方先鞭ヲ附シ為メ既ニ官員上京ノ上論起ル最然ルヘキ事ト思ヘリ。

一　開場即チ巽学校変革ノ内決ノ上ハ場所ニ差支ナシ。又経費出途モ凡見込アリ。

一　右条々ニ陳ル通リ全備ノ上ハ本年開設ニ差障リアルマシクト雖モ爰ニ深慮セサルヘカラサルモノアリ。何トナレハ漸次盛大ヲ希望ノ際一昨年ノ挙ニ損失ヲ醸シ、会社ノ気鋒モ鈍リタル折柄、今回万々一損失ヲアレバ此社ノ維持ハ保シ難シ。又今年開カサレハ其脈絡モ断絶、他年再挙亦保シ難カラン。是大ニ今日慮ハカラサルヘカラサル緊要ナリ。

（後略）[102]

ここにある「巽学校」とは、一八七五年八月に巽御殿内に設立された石川県中学校である。[103] 桐山は、会場や経費の観点から一八七六年中の博覧会開催は不可能ではないとしながらも、慎重な態度を示す。この背景には一八七三年の博覧会による主催者の疲弊があり、さらなる負担増となった場合に翌年以後の博覧会の開催が危ぶまれることを危惧していた。博覧会開催による成果と、主催者である博覧会社への影響の間での葛藤が見え隠れする。

こうした状況の打開策として浮かび上がったのが、常設施設としての博物館の開設であった。桐山私案は、結論として一八七五年の博覧会開催は「面目ヲ改メ先ツ博物館已ニ端緒ヲ開クレハ是ヲ盛大ニスルナリ開設ニ力ヲ尽シ事簡易ニシテ実益アルヲ主トシ博覧会ノ根ヲ堅メ脈絡ノ絶ヘサル策ヲ立ルヲ良善」とする旨を述べる。これは「今日ノ時勢ヨリ適度ト将来ノ進歩トヲ故ニ一歩退キ他日失望ト遺憾ヲ予防スル為メ」であると説明した。博物館設立への舵取りは、博覧会というイベントの継続のための緊急避難的施策でもあったといえるだろう。[104] なお、博覧会の基礎として博物館を設立するとした背景には、一八七五年八月に佐野常民が上梓した『澳国博覧会報告書』や、大阪府が府下に設けた博物場で同年三月から開催した博覧会に接したことが影響していると思われる。[105]

結局、博覧会社は桐山に従い、常設の博物館の設立へと動き出すこととなる。翌七六年一月に、博覧会社は常設施設としての博物館を設立する。同年四月に内務省の認可を得て「金沢博物館」が開館した。その目的は「管内工芸物産ヲ進歩センコトヲ注意」することと紹介されたが、[106] 桐山は「管内山川海陸ニ産スル鳥獣魚介虫類土石草木花弁ノ内奇種異様ト認ムルモノハ採獲ノ上一己ノ私蔵ナサス汎ク人民ノ公観ニ供スル為メ外館ヘ可差出（後略）」として、保存措置をとり採取の経緯などを記録した上で「永久ニ保存シ開智究理ノ資ト為ス」ことも意図していた。[107]

政府の博物館がそうだったように、当時の博物館は常設とはいえ連日開館しているわけではなく、日付や博覧会という形での期間を限った公開が多い。金沢博物館もその例にもれず、四月の開館と同時に博覧会（こうした期限付きの公開を「大会」と呼んだ）の開催を通じて市民に公開され、その後は毎年四月から一〇月の間、一のつく日に開館（これを「小会」と呼んだ）した。陳列品は県内外から収集され、これまでの博覧会に出品していたものは引き続き出品するよう呼びかけられた。また、博物館の陳列品の中には、希望すれば購入することができるものもあった[108]。

兼六公園に初めて誕生した常設の博物館は、衰退した都市を盛り立てようとする博覧会を母胎とした。ただし、その背景には、博覧会を開催することが事業そのものの危機を招く矛盾を乗り越えなければならない事情もあった。

（4）内国勧業博覧会開催、明治天皇行幸と博物館施設の拡充

一八七六年（明治九）に開館した金沢博物館は、明治年間を通じて基本的には施設規模を拡大し続ける。これは勧業事業としての博物館が、都市の発展に少なからず寄与していたことを物語る。とはいえ、際限なく拡大を続けたわけではなく、時代が下るにつれて兼六園ないし成巽閣の歴史性が意識され始めると、その存在は兼六公園にとっての異物とみなされるようになる。以下では、具体的に博物館の施設がどのように兼六公園内に拡大したのか、その展開を概観する。

金沢博物館は博覧会社が持つ西洋館を本館としたが、巽御殿内の施設も併せて使用していた。開館時の博覧大会では、西洋館の「本館」に加えて「元専門学校」（元・巽中学校のこと）と「元英学校」（元・育英学校）が加わり、巽寝殿跡巽御殿が使用されている[109]。これは、前述の桐山私案における会場準備に関する内容にも一致する

ものである。

巽御殿は、維新直後から学校としても使用されていた。一八七五年末においては英学校と巽中学校（元・東中学校）が使用していたが、両校は七六年二月七日付で廃止され、新しく仙石町に師範学校が設立されることとなる。[110] 桐山私案にある「巽学校変革」はこれを指している。

巽学校閉校後の巽御殿と博物館施設について桐山は、「旧巽学校処分ノ方」して、「建物ハ在来ノ儘ニテ博物館トスル事」を示しており、巽御殿の建物を博物館に組み込もうとしていたことがわかる。[111] この時の巽御殿の移管は刊本で確認できないが、巽御殿の建物を博物館が一八七六年に取得したことを、成巽閣所蔵史料から確認できる。[112] 建物の移管に際しては博覧会社が購入する形で予定され、県はその利益を師範学校の新築に充てることを計画している。博物館設立への方針転換は、短期間で変動を繰り返した教育事業の動向と、それに付随する園内諸施設の変動を見据えて進められたともいえる（実際に園外に学校が新築された）。

県令・桐山の目論みの通り、巽御殿を取り込むことで、博物館はこれまでの博覧会場と同等規模の施設を備えることとなる。イベントとしての博覧会は実施し得なかったものの、『澳国博覧会報告書』に倣うように、博物館の基盤整備が着実に進められていった。

金沢博物館開館の翌七七年（明治一〇）、第一回内国勧業博覧会が東京・上野公園で開催される。金沢博物館はその事務に尽力し、さらに東京では受賞品をはじめとする県内外の優秀な製品を購入した。購入した物品は博物館内に陳列したが面積が足らなかったため、育英学校の建物（約一八五坪）を購入して拡大を図っている。この建物はつまり史料に現れる「集産館（旧育英学校）」という記述や、成巽閣所蔵図面から、小立野に抜ける園路沿いの建物と考えられる。陳列面積の拡大のために施設整備を進めた博物館では、内国勧業博覧会に倣って陳列や販売が行われた。これにより、勧業施設としての博物館が市民に広く浸透していったという。なお、この時

図13　兼六公園内の博物館（1890年）俯瞰図

に建物二棟を増築（買い集めた製品、機械類および各地からの出品物をそれぞれ陳列）したという記載もあるが、それは東京で購入した品を陳列するために門長屋を修繕したという文書記録に対応するものと考えられる[113]。この時の修繕により門長屋に南沿する水路が埋められ、水路に架かる石橋も取り払われた。

ところで、兼六公園が「三名園」に数えられた背景には行幸がある。明治天皇は一八七八年（明治一一）一〇月に金沢に臨幸し、その際に兼六公園と博物館に立ち寄っている[114]。天皇を迎えるための修繕や天覧に供する県内物産の収集による拡充で、博物館は大きくその姿を変えるが、これは先述した第一回内国勧業博覧会購入品の陳列面積不足に対する対応であり、行幸への対応と不可分のものである。

この時の増改築により、行幸時の博物館施設は図13のような様態となったと考えられる。

施設は東本館・集産館・集産館内特別陳列室・機械室・西本館（古器物・海外参考品を陳列）に区分されていた。[115]
なお、通常の博物館施設における陳列区分は、「東本館（西洋館）・集産館（旧英育学校建物）・西本館・機械館・成巽閣（旧巽新殿）」の五部となった。[116]この頃、成巽閣の中庭には能舞台が設けられている。[117]

博物館関係者は明治天皇行幸の内意を受けて施設の修繕と拡充を行ったが、なかでも次の引用に示す敷地東西をつなぐ橋の架け替えは注目に価する。

金沢公園内昨年十年小立野石引町ヨリ直径ニ新道ヲ開闢シ、其際一時仮橋ヲ以テ博物館ヨリ日本館ヘノ通路ヲ相弁シ置候処、右ハ急迫ノ折柄当座ノ防ギニシテ今日而已ニ至リ候テ公園内ノ体裁ニモ関シ大ニ見苦敷辺モ有之、且過日御出園之砌御内意モ有之、（中略）眼鏡橋ニ架換ノ儀ニ相成候得ハ、一層園内の風景モ増殖シ、加ルニ開館ノ節縦覧者ノ便宜モ不少（後略）[118]

ここにある、「過日御出園之砌御内意モ有」というのは、明治天皇の臨幸を指すと考えてよい。小立野へ通じる園路を設けこれによって分断される敷地を架橋してつないでいたが、それはあくまで仮設のものであるため園の体裁上も見苦しく、景観を整えるためにも石造の眼鏡橋に架け替えるというのである。この時、園内の石材を活用して架けられたこの橋は、「御幸橋」とも呼ばれた。[119]

園内全般も手が入れられ、地元消防団から博物館宛に桜樹一五〇本の寄付を受け、[120]「明治十一年龍駕北巡ニ際シ大ニ園内ニ修築ヲ加へ」ている。[121]このような博物館の拡充と修繕は、自立する近代都市としての金沢を天皇に示すための舞台整備であったといえる。

（5）園内整備と第五回関西府県聯合共進会の開催

官民一体で活動してきた博物館は、一八八〇年（明治一三）七月に県に移管され、石川県勧業博物館と改称する。これは同年六月末の石川県勧業試験場の廃止と時を同じくしており、この頃に県の勧業事業の整理が行われたことがうかがえる。この前後の主な事績を見てみると、次の通りとなる。

一八七九年（明治一二）　成巽閣内の一室に図書室を設置
一八八二年（明治一五）　成巽閣内の一室に講堂を設置（蓮池会などの活動拠点となる）[122]
一八八三年（明治一六）　東西両館の屋根を瓦に葺き替え
一八八六年（明治一九）　連日開館（冬期および木曜日を除く）となる
一八八八年（明治二一）　成巽閣内の一室に図書特別縦覧室を設置
一八九二年（明治二五）　成巽閣を修繕
一八九四年（明治二七）　第五回関西府県聯合共進会の会場整備

博物館を拠点として活動する団体の結成も相次いだが、図書室や講堂の設置はこうした団体の活動の場となった。勧業の色が濃かった博物館が、次第に活動の幅を広げていったことがわかる。

行幸の後、明治一〇年代後半から成巽閣の改修が進められていく点にも触れておきたい[123]。一八八三年の屋根の葺き替えは、従来の柿葺が「風損ノ患ニ耐ヘサル」状況にあったためであり、修復というよりは現実的な問題への対処であった。一方で、一八九二年の修繕は、「成巽閣ヲシテ漸次旧形ニ復スルノ目的ヲ以テ大ニ修繕ヲ加ヘタリ」と、旧態復古が意識されたものであった。その後、一八九四年の関西府県聯合共進会（以下、聯合共進会と記す）に際しても修繕が行われ、おおよそ旧時の姿に復したという。

この時期、博物館と公園との関係において注目すべきことは、公園の地所が博物館の附属とされたことである。「明治十四年該園所轄ノ便宜ニヨリ之ヲ博物館ニ附属ス」[124]とあるように、その理由として管理の便がうたわれている。博物館に属する公園の坪数は、一八八三年の時点で二万三五九八坪である[125]。一八九四年時点で属する公園地の坪数は先の数値と同様に記されており、「先年来営繕ニ従事セシカ今年ニ至リ扱リ稍ヤ旧観ニ復スルニ至レリ」[126]とあり、博物館が公園の管理・修繕等を担当していたようである。なお、兼六公園に公園事務所が置かれるのは、一八九四年からである[127]。

兼六公園内に様々な要素が付与されていくのもこの頃である。一八八〇年には、西南戦争の戦没者慰霊の意を込めた明治紀念之標が建造された。これを中心として一八八七年頃からは招魂祭が毎年盛大に催されるようになる[128]。先述した工業学校もそのひとつに数えられるだろう。公開直後は、博物館が公園における近代的要素のほとんどであったが、次第に博物館の存在は、いくつかの要素のなかのひとつとなっていった。

さて、既存の建物を利用して拡大を続けてきた博物館の構内は、一八九四年の聯合共進会の開催で大きく変化した。明治初年より数多くの博覧会・共進会に参加してきた石川県にとって、聯合共進会の開催は石川県の悲願であった[129]。一八九二年五月に石川県での関西聯合共進会の開催が決まると、県は勧業博物館を会場とすることとして準備を進めた[130]。

共進会の会場整備に際しては、会場内の料理店の建設に対して、「経験なき者をして之れを為さしめは却って会場内の風致を損じ或は不体裁なる建物を建設して他府県人の嗤笑を招くが如き事なき保し難し」[131]といい、さらに「開会中は如何にも盛大を極め壮観を尽して他府県人へ是れ見よがしに誇らんとの意気込みあるべきとにて（中略）国道線だけは一軒も空家空店なく夫々商店を張らしめ金沢の商業はコンナものなりとの見せ付けをなすこと肝要なり」[132]と、とにかく他府県の人々に地元の優を誇り、圧倒することが求められた。聯合共進会は勧業博物館を主会場とし、さらに隣接する陸軍所轄地も合わせて会場とし、石川県とりわけ金沢をあげての大事業であった。

共進会に先立ち、勧業博物館は大規模な建替えを行う。眼鏡橋とそれがまたいでいた園路を取り壊し、さらに、集産館の建物二棟を移築して場所を確保し、新しい洋風二階建ての本館を建設する（図14①〜③・15）。本館は一八九三年（明治二六）六月着工、翌九四年三月下旬頃に竣工する[133]。取り除かれた集産館は敷地の隅に移され、さらに一棟を常用に建設（四号館）、残りは仮設建築で会場を整備した[134]。本館（第一号館）は廊下で東本館（西洋館）や西本館（長屋門）、集産館と接続され、既存施設と一体に使用された。この建替えにより、兼六公園の南東に、博物館の広大な区画が確保され、桃色の洋館が博物館正門の正面に建つこととなった。出羽町へ抜ける園路が取り壊されたため、新たに成巽閣と金沢神社との間が園路となった。なお、聯合共進会の際には、兼六園内の勧業博物館の敷地と隣接する陸軍所轄地は、間を通る道路をまたぐ橋で直接つながれ、連続して観覧が可能なように整備がなされている。実際の会場面積は兼六園内外で同程度の面積であるが、会場絵図は兼六園内の勧業博物館を中心として園内全域を含め、園外の会場は隅に追いやられている。図の解説においても兼六園の歴史を説いており、共進会の開催は兼六園の存在に大きく依存していた。

聯合共進会が一八九四年七月一〇日に開会すると、これと連動して多くの催しが開催された。「本会開会中に催うされて、本会に盛況を添え、当地に景気を加ふる諸会」として紹介されているもののうち、兼六公園内を会場とすることが判別できるものとして、「明治紀念標招魂祭（延期）」と「博物館創立二十年式」がある[135]。会期中の招魂祭の開催は偶然ではなく、例年六月に開催されていたところ、「当地有志者」らが時期の変更を願い出たことにより実現したものであった[136]。ただし、日清間で緊張が高まったことで無期延期となり、結局一二月に開催される[137]。博物館を舞台とする勧業の要素は、この時、招魂祭の持つ盛況を取り込もうとしたのである。

同様に、招魂祭も博物館の持つ要素を取り込んでいる。一九〇三年（明治三六）の招魂祭では、余興のひとつとして博物館で能楽が行われた[138]。このように、明治後半期の兼六公園では、様々な要素がその時々に膨張したり、縮小したりして、その他の要素と関わりあいながら変化した。その中で、一八九四年の聯合共進会は、博物館を

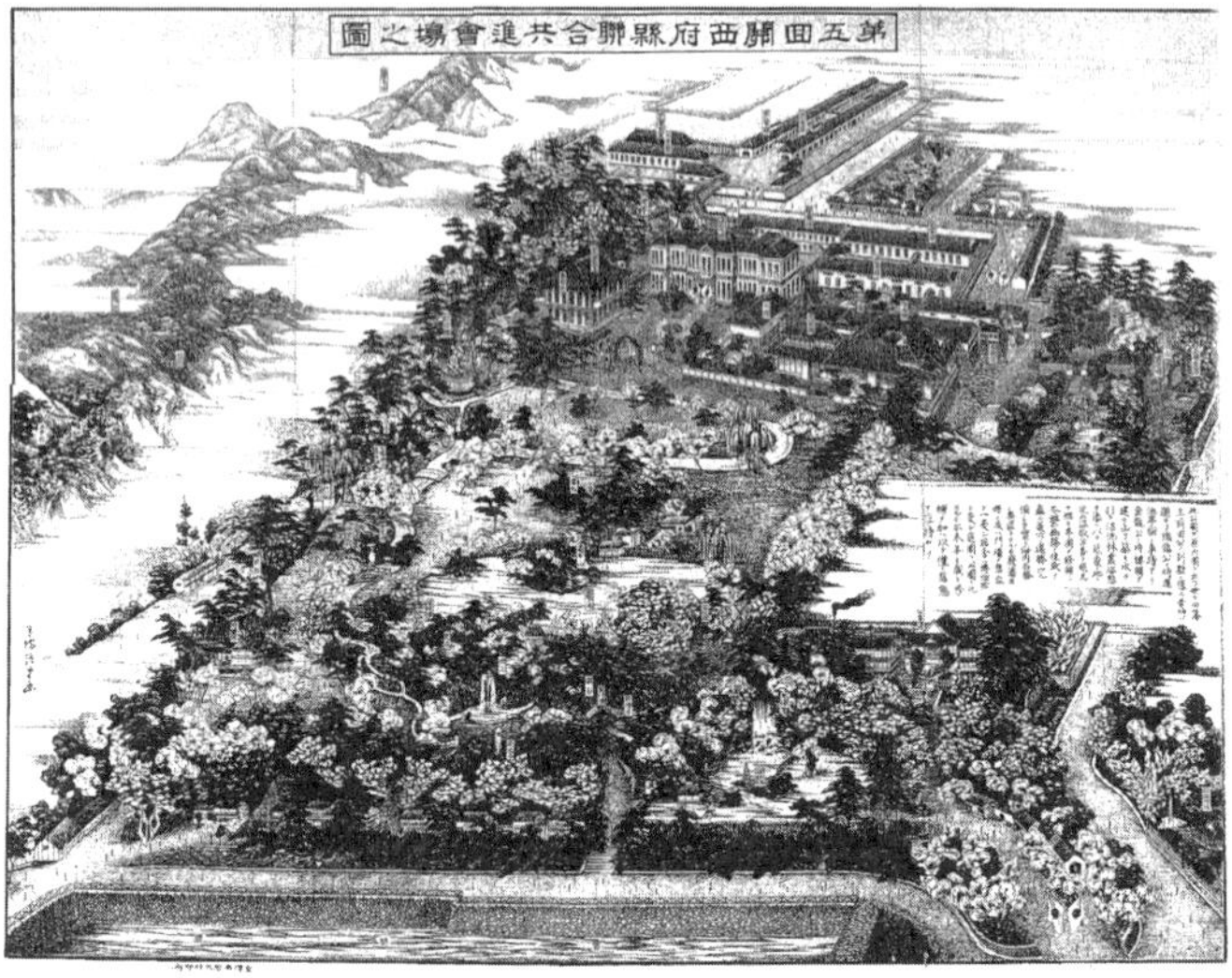

図14① 第５回関西府県聯合共進会 会場俯瞰図

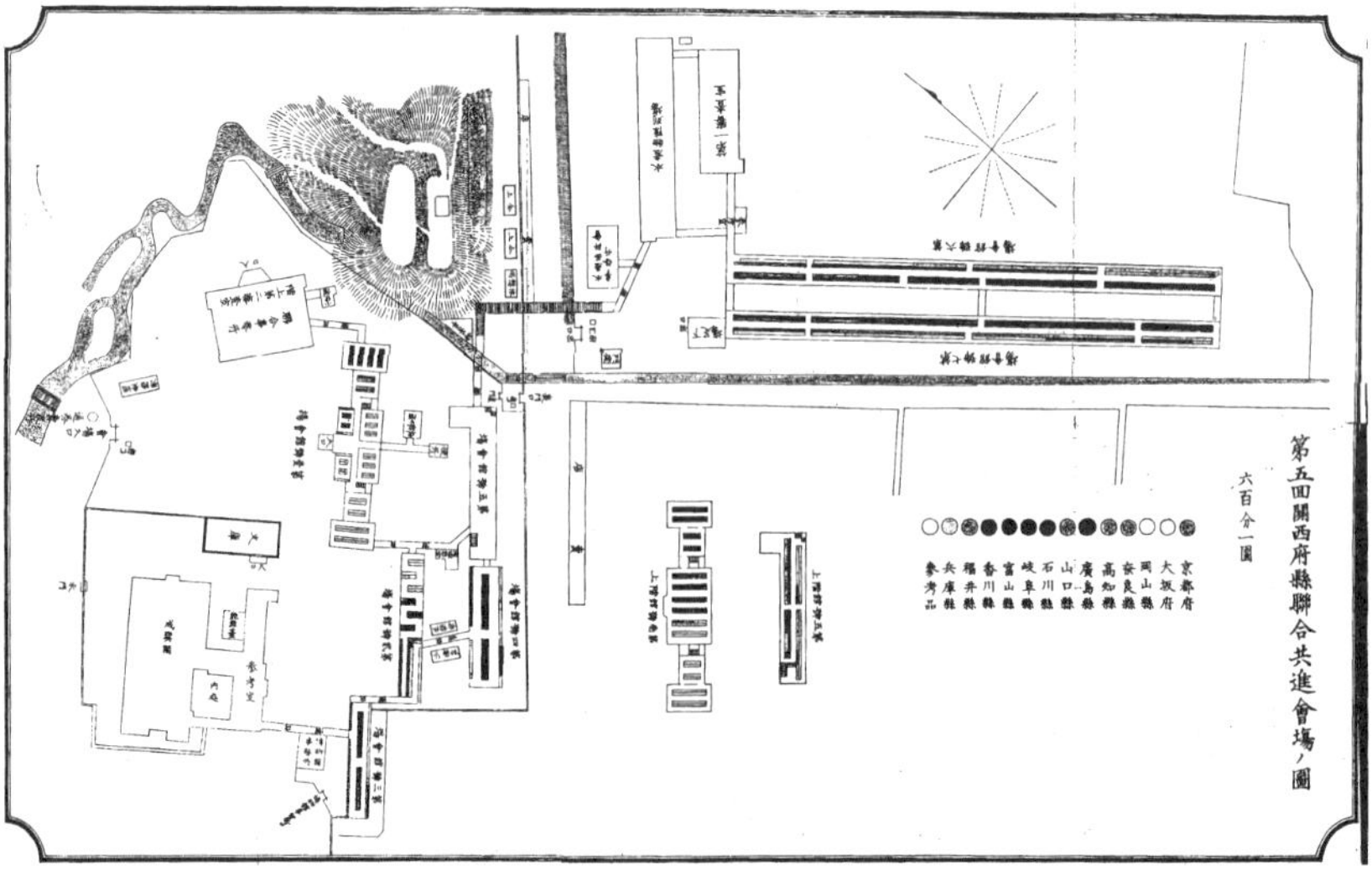

図14② 同上 会場配置図

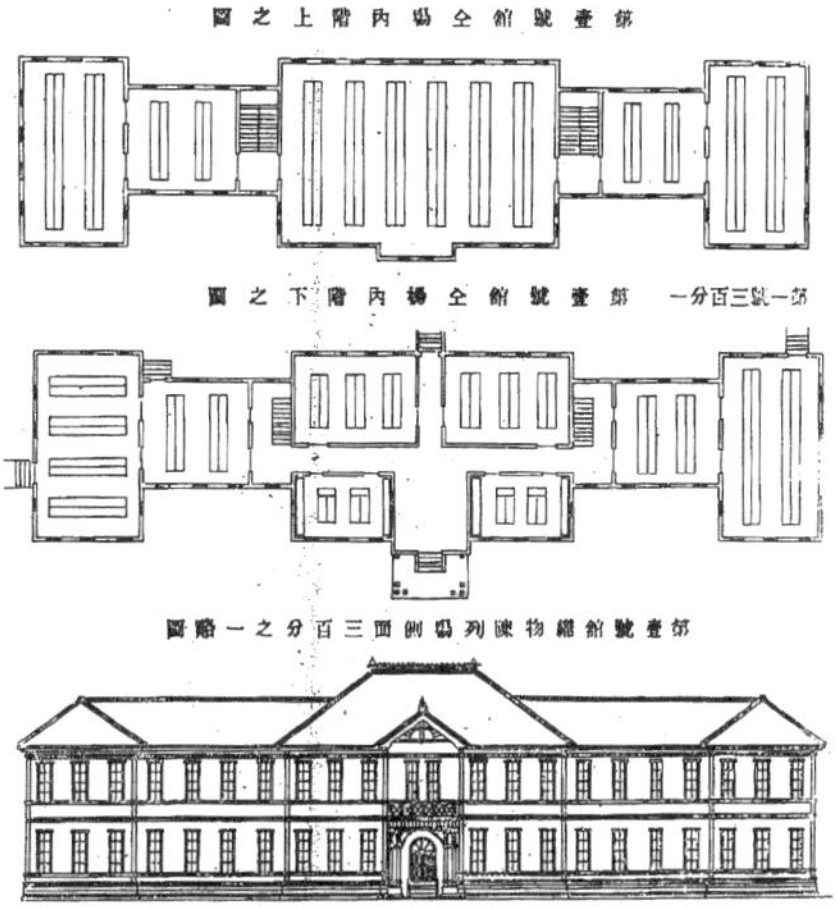

図14③　同右 第一号館平面図(上)・立面図(下)

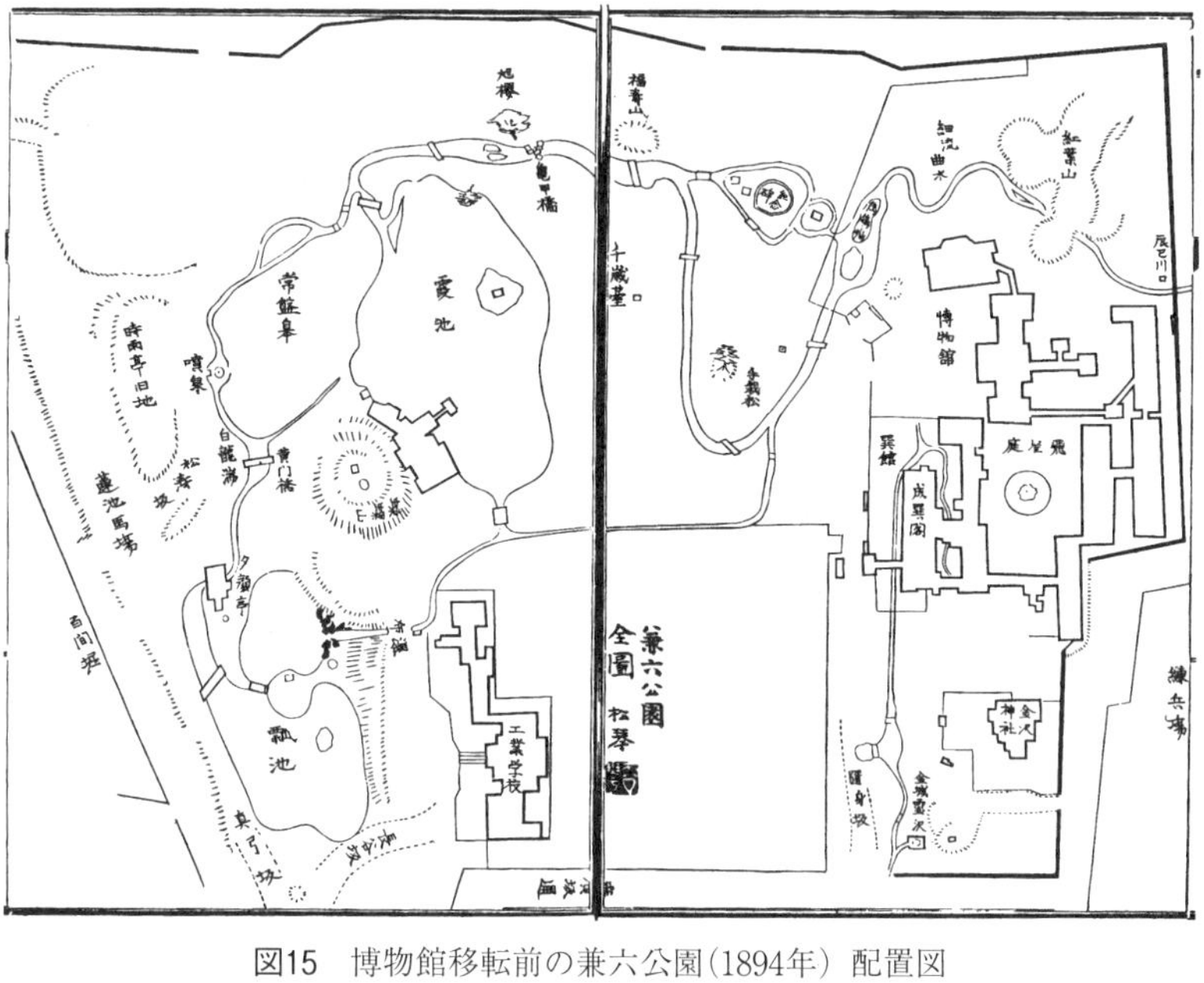

図15　博物館移転前の兼六公園(1894年) 配置図

中心に広がる勧業の要素が兼六公園内に充満した時であったといえる。

（6）「兼六園」の保勝と博物館の移転

勧業博物館は聯合共進会の開催中に創立二〇周年を迎えるが、その様子を報じる記事に次のような一節がある[139]。

殊に博物館の位置は日本国中最も有名なる金沢公園即ち兼六園の中央にあり、其建物の一部は百万封侯夫人の隠棲所にして、成巽閣の名を以てその結構の雅致と倶に、加越能大領の名残を留めたり、是れ容易に得べからざる山水の位置、容易に得べからざる歴史の建物にして、亦た他に誇り得べき材料にあらずや。

記者は名園としての「兼六園」の優位を説き、成巽閣を「加賀百万石」につながる歴史ある建築物として誇っている。共進会の開催に備えては、新たな本館を建設する一方で、成巽閣や兼六公園の修繕が進められたことは先に述べたが、その背景には、明治後半期の金沢における成巽閣・兼六園に対する歴史認識の高まりを指摘することができる。

こうした流れを受けて、兼六公園に対しては藩政期時代への回帰が叫ばれるようになる[140]。一八九九年（明治三二）には山田敬中が旧長谷川邸跡と山崎山付近の改良を委託されるが、山田の計画は旧景回帰を目指すものであった[141]。実際に一九〇一年に山崎山麓の西洋館（博物館東本館）の取り壊しが議決され[142]、やがて園内の工業学校とともに姿を消した。西洋館跡は博物館敷地から分離され、博物館は初めてその規模を縮小する。なお、一九〇四年（明治三七）に博物館の敷地内に新たに洋風二階建ての図書館が建設され、成巽閣内に置かれていた図書室が移されたようである[143]。この時期の近代的施設の増設は開発の推進にもみえるが、これは成巽閣の旧態復帰の一環として捉えることもできるだろう。

兼六公園の保勝運動に呼応して、近代的な要素がまるで兼六園の歴史性を脅かすもののようにみなされ始める。

藩政期の記憶に直接つながる成巽閣も、一九〇九年（明治四二）の東宮行啓を期に前田家の手に戻って博物館から独立し、兼六園の歴史的な要素は空間的にも純化されていくこととなる。

行啓に際して、県は成巽閣を皇太子の御旅館とすることを決める。御旅館とするにあたり、成巽閣を修繕し、公園の手入れをする予定を立て、御旅館の整備と接待を前田家に依頼した[144]。前田家が引き受けなかった場合、修繕や公園の手入れは県費で行うつもりでいた。前田家はそれを了承し、前田家が別荘地とするために購入していた旧長谷川邸跡地と交換するような形で成巽閣の所有が移る[145]。成巽閣が御旅館に指名されたことには、明治中期頃より少しずつ意識され始めた、成巽閣や兼六公園の歴史や由緒が少なからず影響しているだろう。

しかしながら、成巽閣の修繕は簡単には進められなかった。まず、明治天皇行幸の際に建設された能舞台が取り壊される[146]。これは前田家の意志によるものであったが、その後、県当局者から成巽閣における便殿の整備について様々な注文が出された。県当局は、成巽閣の二階では採光・通気が悪く、東宮がそのような場所を好まないだろうから便殿を新築してほしいと願い出る。さらに、土蔵を取り壊して日本風の木造平屋建てを建ててはどうかと提案している[147]。前田家は工期の問題や、玄関に近く騒々しいからとの理由でそれを断るが、県当局は、「各室の一部を取壊ちて是を築かん」と代案を提示する[148]。しかし、これも「全部の構造に影響を及ぼし到底完全を期する能はず」ということで、県もようやく「傍ら遺憾ながら」新築の見合わせを承認する。この一連の動きには、成巽閣をめぐる県と前田家の態度の違いを知ることができる。なお、現在、兼六園に残る煉瓦塀は、この時に成巽閣と再整備した園路との境界として築造されたものの一部である[149]（図16）。

前田家への成巽閣譲渡によって浮上したのが、博物館の移転問題である。当初、県は長谷川邸跡地に博物館を移築するつもりでいたが、「公園の境内を狭め風致を損うる虞あり」という反対を受け、旧工業学校の地へ移築するという方針を立てる[150]（公園内であることに変わりはない）。加賀百万石の歴史を伝える成巽閣周辺において、その存在はもはや異物となった。
博物館の移転先として、一方で金沢市議会は兼六公園外の金沢病院跡地への移転を強く希望していた。

> 金沢市に於ては元金沢病院跡に移築するを以て市の繁栄上多大の利益ありとし、一時市会を請求して村上知事に意見上申を為さんとせり。（中略）博物館設置の場所たるや遊覧人多き所に接近して建設するを適当とし例令市の中央に置くとも特に足を運ぶ者極めて少なかるべければ公園近傍を最も宜しとすとの意見勢力を有し市会側の説は到底遂行すべからざる[151]（後略）

つまるところ、市街地の再開発に博物館を利用したい市と、遊覧者の利用を見込んで兼六公園内で博物館を置き続けたい県との対立である。結果として、市の意見は聞き入れられることはなく、兼六園内に博物館を必要とした県の計画通りに移築工事が進められた（図17）。

図16　兼六園内に残る煉瓦塀

本館の移築工事は一九〇九年五月一五日頃竣工、二三日に開館式を行った。この間、博物館は組織を改変して商業寄りの業務に力を入れた「物産陳列館」として再開することが決まる。装いを新たにした物産陳列館と成巽閣は、それぞれの役割を持って東宮を迎えることとなる（第五章図1参照）。なお、移転後の活動については、第五章で紹介することとしたい。

明治後半期に始まり東宮行啓に際して大規模に試みられた成巽閣と兼六公園の復古的な修繕は、同時期に各地の大名庭園で始まる修景の試みと同様の時代的な気運に合致するものであった。たとえば岡山・後楽園では、園

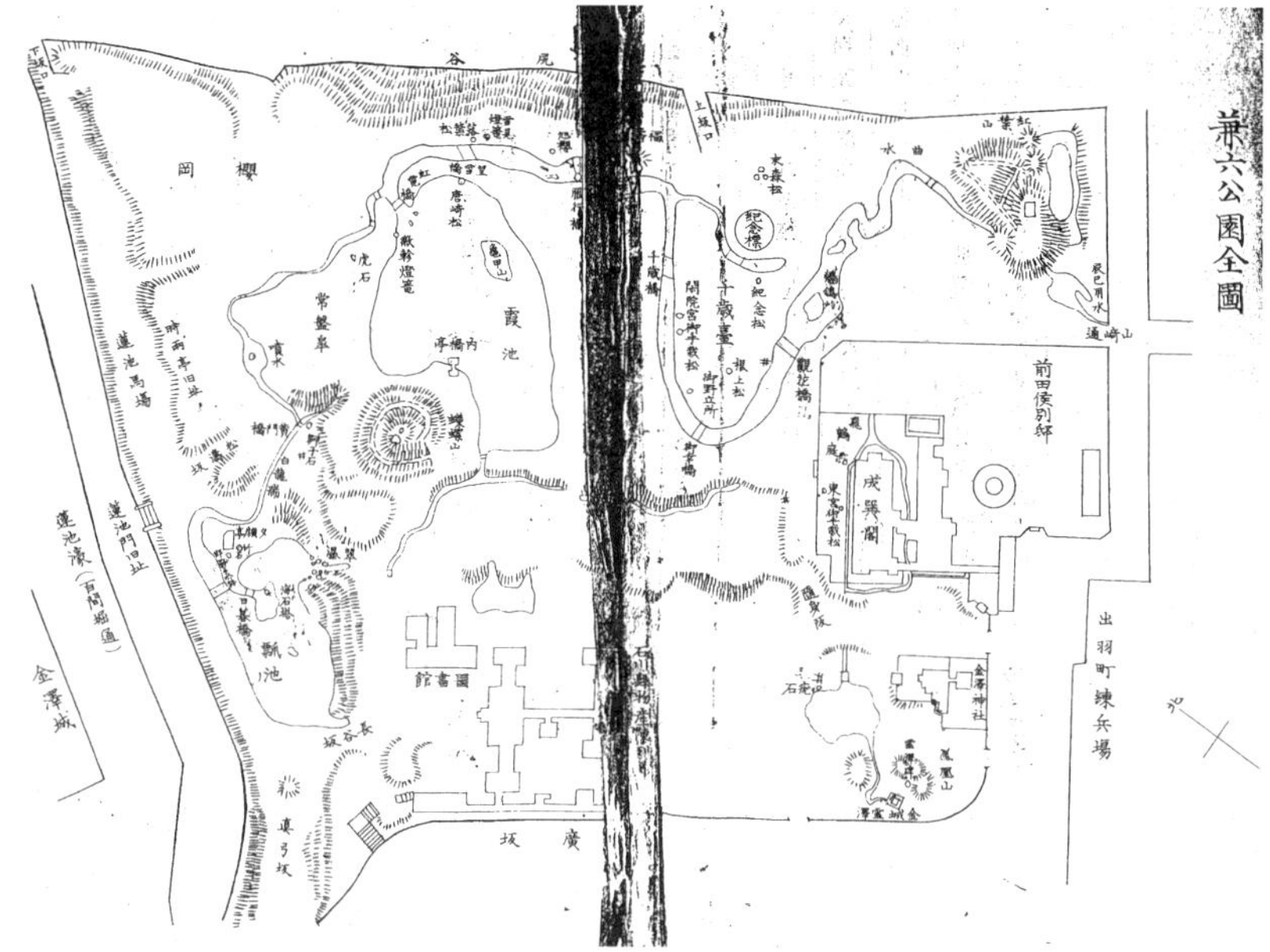

図17　博物館移転後の兼六公園（1917年）配置図

門前にあった岡山県物産陳列館（一八九五年の第四回内国博を機に設置）は、設置後間もなく保勝問題が叫ばれ始め、一九一八年（大正七）に閉鎖して園外に移転、残された建物も一九二〇年には撤去される[152]。金沢では、明治末期の移転騒動においても園内に博物館が留められるが、それは明治初年からの博物館の記憶が、わずかながらも認められた結果だともいえる。

（7）陳列施設の整備と都市空間の変容

近代に入ってからの大名庭園の変容には、都市をめぐる様々な要因、たとえば知事や県各課それぞれの思惑、あるいは天皇や旧藩主の存在などが確認できる。開化の象徴とされた展覧会・博覧会の金沢・兼六園におけるはじまりは、明治維新の変革による都市衰微が背景にある。しかしながら、それが官の事業ではなかったがために、その発起者たちはその正当性を主張する必要があった。発起人―武士に代わって力を付け始めた商人達は、都市衰微の危機と関連づけることで、その実現を図ったように思われる。一方で、勧業のシステムとして機能しようとした矢先に博覧会が断絶の危機に陥ると、県はその延命措置として博物館の常設化を進めた。

開化的な前田家と石川県によって早くから一般に開放された兼六園では、商人の手で博覧会が開かれ、それを石川県・前田家・本願寺などが支えた。常置施設となり、規模の拡大を続けた陳列施設は、博覧会と結びついて上野の博物館のような存在をめざす。この時、その原動力となったのは、知事をはじめ、関係者が共通して持った〝勧業〟の意思であった。

しかしながら、勧業を目的とする近代的施設である博物館――すなわち〈陳列所〉――の拡大は、やがて場所の歴史性との間に摩擦を起こし、ついには歴史性の危機として排除の対象となる。明治後半期以後、歴史への視線が強まるなかで、異物としての〈陳列所〉の存在はやがて「実利と風致は、並行し得ざる」ものとなった(153)。そして、兼六公園に様々な要素が交錯するなかで、〝歴史〟に向かう意識が行啓をきっかけに大きくなったとき、〈陳列所〉の持つ〝歴史〟と〝勧業〟の要素が分離し、〝勧業〟は弾き出された。しかしながら、それは公園の外に出ることはなく、〈陳列所〉は公園内に場所を得る。明治の初め、大名庭園が開かれていく過程で、その原動力として重要な役割を果たした〈陳列所〉は、明治年間を通じて次第にその立場が逆転し、明治の終わりには、〈陳列所〉を開くために、大名庭園が必要とされるようになったのである。

おわりに

明治の日本において、博覧会・共進会は直接的勧業政策と間接的勧業政策を可視化し、大衆化する装置であった。万国博覧会で実見された近代技術の導入や、官営模範工場制度の普及をも意識した近代工業部門と在来産業部門の総合的な発展、ないしは相互補完的な発展をめざす勧業政策として政府によって推進された。同時代的に地方都市においても博覧会が開催される。やがて政府の枠組みの中に地方都市の博覧会が意識的に組み込まれ、総体として発展する。

ウィーン万国博覧会の経験を踏まえて開催された内国勧業博覧会では、移植産業の技術や文化が輝かしく紹介されると同時に、日本中の産業や特産品が一堂に会され、日本という国家の姿が改めて確認された。政府が関与する博覧会では、物品の収集を通じて日本各地との連絡が図られたことも注目すべき点である。地方都市の様態は相互に比較されることで、翻ってその土地の特質が再発見される。そして、地方産業のいくつかは、博覧会を通じて世界市場と接続し、有力な貿易産業として奨励されていった。

政府の勧業政策は、博覧会に付随するように博物館を生む。ウィーン万国博覧会が参考としたロンドン万国博覧会がサウス・ケンジントン・ミュージアムを生んだように、博覧会は勧業政策の可視化装置を常置するために基幹施設を必要とした。とはいえ、政府の博物館は、そのはじまりにおいて文化材保護の活動を内包しており、勧業との間で揺れ動いていた。ただ、博物館施設の建設という大きな目標が一致する両者により、博物館と内国勧業博覧会の事業が緊密な関係を築くことで実現に至り、上野公園の性格を決定づけるような存在となる。そして、実際に上野公園は博物館がその主として管理するところとなるのである。

博覧会と連動した常置陳列施設の整備の過程は、地方都市においても同様に進められる。天皇や藩主が東京に移り、主を失ったとも言える地方都市においては、経済産業活動の活発化による市民の自立が最優先課題であった。石川県の例に見たように、官民がひとつになって、地元産業の活発化を試みた。彼らは博覧会を開き、政府の方針を参考としながら、独自に博物館を組織する。政府と地方都市のいずれにしても、その設立当時においては、勧業関係者の行動の早さや、その現実的な要請により、常置陳列施設が設立されているのである。この例からも明らかなように、「当時の地方博物館は（中略）その多くは殖産興業政策の地方機関としての性格を持つものが多く、内務省の行政指導や許認可を仰ぐ立場にあった」のである。[154]それは博物館といえども、今日の細分化されたそれとは異なる存在であることを示す。

明治初期の勧業を目的とする陳列施設の活動を振り返ったとき、それにはふたつの側面を見出せる。いずれも地元の勧業を目的とするものであるが、ひとつは地元の人々に優れた内外の参考品を示す〝内向き〟のものであり、もうひとつは地元の製産品を外の人々に示して周知させようとする〝外向き〟のものである。これらが均衡をとりながら、政策の方向付けがなされるのである。ここでいう地元とは、政府の勧業施設においては日本という国家そのものであり、地方においては県下を指す。外向きの周知には、交易のための純粋な意図が大部分を占めるが、相手によっては地元の繁栄を誇示する意図が込められた。

それゆえに、〈陳列所〉の持つ〝外向き〟の側面は、しばしば、より重要な意味を持つ。当地の製産品を一覧にできる〈陳列所〉は、都市の産業を他へ紹介する格好の場所であった。それゆえ、天皇の行幸をはじめ、政府高官が地方を巡回する際には、〈陳列所〉が旅程に組み込まれることが多く、当地の産業や地理の様子をひとまとめに提示する場として機能したのである。兼六公園の勧業博物館が、県内中の列品を集めて万全の準備を行ったのは、まさにこうした意図が働いたからにほかならない。そして、〝外向き〟の視線は空間の装いもそれに合わせて変化させる要因となる。

こうした〝外向き〟の〈陳列所〉の性格を示す事例は石川県に限らない。たとえば岩手県では、一八七六年（明治九）七月、明治天皇東北巡幸の際、天覧に供する目的で県下の天産物・製品等を急遽収集し、勧業試験場に一堂に陳列して天皇を迎えている。一八七三年（明治六）創立の勧業試験場には当初陶窯が設置され、養蚕・製糸および製陶の指導機関として機能していたが、[155]明治天皇の巡行を機に陳列施設を備え、県下産業の発展を示した。この勧業場はその後、物産会（博覧会）の会場として岩手県の勧業政策の中心となり巨大施設へと発展した。[156]こうした独立施設だけではなく、地方府県への天皇行幸に際しては、その先々に陳列設備が備えられていく。[157]地方都市において陳列施設は近代都市のプレゼンテーションの場としての性格を備え、常設施設としての〈陳列所〉はまさにその中核施設として機能したのである。

地方都市においては、主催者である地方行政当局に加えて民間商業者の積極的な関与があり、政府とのつながりのなかで進められていく。そこに加えて、天皇や旧藩主の存在が、時として大きな影響を与えることとなる。地方都市においては、民間業者との関係がより直接的なものとなり、会場となる場所の空間的な特性も含めて、陳列施設を取り巻く状況は政府のそれに比べてより複雑なものであったといえる。博覧会の流行とともに、その基幹施設としての常設陳列施設が各地に設置されていくが、それは内外に対する態度と連関して、都市ごとに異なる様相をみせるのである。

（1） 清川雪彦「技術情報の普及伝搬と市場の形成：博覧会・共進会の意義」（同『日本の経済発展と技術普及』、東洋経済新報社、一九九五年）第七章。

（2） 博物館については、東京国立博物館編『東京国立博物館百年史』（一九七三年）、同前資料編（一九七三年）、椎名仙卓『日本博物館成立史』（雄山閣、二〇〇五年）、関秀夫『博物館の誕生』（岩波書店、二〇〇五年）など。勧工場については、初田亨『百貨店の誕生』（三省堂、一九九三年）、鈴木英雄『勧工場の研究』（創英社、二〇〇一年）など。

（3） 田中正大『日本の公園』（鹿島出版会、一九七四年）、永橋為介「第五回内国勧業博覧会の敷地設定におけるスラムクリアランスへの影響」（『ランドスケープ研究』第五八巻五号、日本造園学会、一九九五年）二一～二四頁、小野良平「上野公園における公的儀式とその空間形成への影響」（『ランドスケープ研究』第六〇巻五号、一九九七年）四〇九～四一二頁など。

（4） 関順也「殖産勧業の展開過程」（河野健二・飯沼二郎編『世界資本主義の形成』、岩波書店、一九六七年）。

(5) 由井常彦『中小企業政策の史的研究』(東洋経済新報社、一九六四年)、齋藤修「地方レベルの殖産興業政策:山梨県の事例を中心として」(『松方財政と殖産興業政策』、国際連合大学、一九八三年)二六五～二九四頁など。

(6) 農商務省「興業意見書」上・中・下(『明治前期財政経済史資料集成』第一八～二〇巻、明治文献資料刊行会、一九六四年)。

(7) 堀江保蔵「明治初年の勧業機関」(『経済論叢』第五八巻一・二号、京都帝国大学経済学会、一九四四年)一五七～一七三頁。本項の記述は、特に注記なき場合、同論文による。ここではとりあげていないが、政府の支援のもと府が管轄した勧業機関として舎密局(一八六九年に大阪、七〇年に京都に設置)などがある。

(8) 『旧勧業寮年報撮要』第一回(内務省勧業寮、一八六六年)二九頁。

(9) 上山和雄「農商務省の設立とその政策展開」(『社会経済史学』第四一巻三号、一九七五年)二五七～二七八頁。

(10) 石塚裕道「殖産興業政策と移植産業・在来産業」(『社会経済史学』第三二巻五・六号、一九六七年)五〇三頁。

(11) 中岡哲郎『日本近代技術の形成』(朝日新聞出版、二〇〇六年)。

(12) 前註1「技術情報の普及伝搬と市場の形成」二四九頁。博覧会・共進会に関する本項の記述は、特に注記なき場合、同論文による。

(13) 大久保利通「殖産興業に関する建議書」一八七四年(日本史籍協会編・刊『大久保利通文書』第五巻、一九二八年)五六一～五六五頁。なお、内国勧業博覧会の開催経緯やその後の展開については、國雄行『博覧会の時代:明治政府の博覧会政策』(岩田書院、二〇〇五年)による。

(14) 谷擶山編『最近商工史』(報知社、一九一八年)一六九頁。

(15) 勧農局・商務局編『明治十二年共進会報告』有隣堂、一八八〇年(『明治前期産業発達史資料 第一〇集(五)』所収、明治文献資料刊行会、一九六六年)。

(16) 石井研堂『増補改訂 明治事物起原』下巻(春陽堂、一九四四年)一〇三九頁。

(17) 鈴木又吉郎編・刊『群馬県主催一府十四県聯合共進会案内』(一九一〇年)一頁。

(18) 同右、二～三頁。

（19）「農商務省令第三号（道府県聯合共進会規則）」（『官報』第八〇二三号、一九一〇年三月二五日付）六二三～六二四頁。

（20）木下直之「大学南校物産会について」（『学問のアルケオロジー』、東京大学、一九九七年）八六～一〇四頁。大学南校物産会についての本節の内容は同論文による。

（21）「大学南校上申」一八七一年三月二日（前註2『東京国立博物館百年史』資料編、五七二頁）。

（22）田中芳男「田中芳男君の経歴談」（一九一三年五月三日講演）、大日本農林会編『田中芳男君七六展覧会記念誌』（大日本山林会、一九一三年）三～二五頁。物産所の設置は一八六一年（文久元）に蕃書取調所の頭取であった古賀謹一郎と勝麟太郎が「物産学之儀者必要之学科にて国家御経済之根本に御座候」として物産学のための組織設置を建白したことに始まる。こうして設置された物産所に出仕した田中芳男は、「洋書調所となって愈々開始といふことになったら、肝心な堂々たる先生は他へやられて仕舞った、そこで物産学を開きて殖産興業を以て国を富まさねばならぬという議論で物産所を建てましたが、教育することは第二であって殖産興業の目的を研究させると云ふのが主でありました」（一〇頁）と回想しており、江戸末期における物産学の位置付けをうかがい知ることができる。

（23）「大学献言」一八七一年四月二五日（前註2『東京国立博物館百年史』資料編、六〇五～六〇六頁）。

（24）前註2『博物館の誕生』。

（25）「御布告」一八七一年五月二三日（前註2『東京国立博物館百年史』資料編、六〇六頁）。

（26）北澤憲昭「美術絵への胎動」（同『眼の神殿：「美術」受容史ノート』、美術出版社、一九八九年）一一九～一三八頁。

（27）本節の記述は、特に注記なき場合、前註2『東京国立博物館百年史』および天貝義教『応用美術思想導入の歴史：ウィーン博参同より意匠条例制定まで』（思文閣出版、二〇一〇年）による。

（28）佐野常民が掲げた澳国博覧会参同の目的は以下の通りである（「輸送ノ国産及職工差遣ノ目的」『太政類典　第二編　明治四～明治十年　第百七十一巻　産業二十　展覧場三』国立公文書館所蔵［本館-2A-009-00・太00393100］）。

第一目的

御国天産人造物ヲ採集選択シ、其図説ヲ可要モノハ之ヲ述作シ、諸列品可成丈精良ヲ尽シ、国土の豊饒ト人口之巧妙ヲ以テ御国ノ誉栄ヲ海外へ揚候様深ク注意可致事

第二目的

各国之列品ト其著説トヲ詳密点見シ、又其品評論説ヲ聞知、現今西洋各国ノ風土物産ト学芸ノ精妙トヲ看取シ、機械妙用ノ工術ヲモ伝習シテ勉テ御国学芸進歩物産蕃殖ノ道路ヲ開候様可能致事

第三目的

此機会ヲ以テ御国ニ於テモ、学芸進歩ノ為ニ不可欠ノ博物館ヲ創建シ、又博覧会ヲ催スノ基礎ヲ可整事

第四目的

御国産ノ名品製造方勉テ精良ニ至リ、広ク各国ノ称誉ヲ得、彼日用ノ要品ト為リテ、後来輸出ノ数ヲ増加スル様注意可致事

第五目的

各国製造産出ノ有名品及其原価売価等ヲ探査明シ、又各国ニ於テ欠乏求需スルノ物品ヲ検知シ、後来貿易ノ裨益トナル様注意可致事

(29) 「博覧会事務局　正院宛文書」(前註2『東京国立博物館百年史』資料編、二頁)。

(30) 富田淳久訳「ワグネル氏維納国大博覧会総報告」(『澳国博覧会報告書』博覧会部上、澳国博覧会事務局、一八八五年)一七頁。

(31) 佐野常民「意見書」明治八年五月付(『澳国博覧会報告書』博覧会部中・下、澳国博覧会事務局、一八八五年)一〇〜一一頁。

(32) 前註2『東京国立博物館百年史』、一二〇〜一二三頁。ただし、組織の名称はすぐには落ち着かなかった。なお、『東京国立博物館百年史』はこの改称問題を「草創期にあっては博物館を独立した有機的な営造物として捉えるということにまで至らず、むしろ物品を陳列する場所という捉え方に終始していた。実態においてはあまり変りないと思われるが、近代的な博物館の独立性について厳密にみるとやはり問題があると思われる」(一二〇頁)と捉えている。

(33) 前註2『東京国立博物館百年史』資料編、一七〇頁。

(34) 同右、一八〇頁。

(35)　前註8『旧勧業寮年報撮要』第一回、六三〜六四頁。
(36)　同右、五二頁
(37)　大久保利通「三條公の建議書」一八九六年二月（『大久保利通文書』第七巻、日本史籍協会、一九三八年、四五〜四八頁）。なお、同年四月一八日付で内務省名義で太政官に上申される。
(38)　「内務省内国勧業博覧会開設内務省管轄ノ旨公布」（『太政類典　第二編　第百七十巻　産業十九　展覧場二』国立公文書館所蔵［本館-2A-009-00・太00392100］）。
(39)　前註13『博覧会の時代』、六一頁。
(40)　同右、五四頁。
(41)　菊池重郎「第一回内国勧業博覧会の建築について：わが国博覧会建築の史的研究（第一報）」（『日本建築学会論文報告集』第六三号、一九五九年）。
(42)　大久保利通「東叡山博物館建設之儀伺」一八七五年一一月一二日（前註2『東京国立博物館百年史』資料編、一三〜一四頁）。
(43)　町田久成「博物館建設土地之儀ニ付上申案」一八七六年三月一九日（前註2『東京国立博物館百年史』資料編、一五頁）。
(44)　内務卿「上野公園へ博物館建築之儀ニ付太政官へ御伺案伺」一八七七年一二月一一日立案（前註2『東京国立博物館百年史』資料編、一八頁）。なお、内山下町の施設は火災の危険と建物の損傷があり、博物館での保管が決まった法隆寺献納宝物の保護の観点からも、永久保存を可能とする博物館の建設を説いた。この伺いは一二月二七日付で裁可される。
(45)　J・コンドルの来日は一八七七年であるため、基本計画の立案は一八七六年八月に来日した工部美術学校教師のフォンタネージが行ったとされる。実際の設計においては工部大学校の学生らの参加があった（小野木重勝「上野博物館の設計および建設事情：コンドル設計上野博物館に関する考察Ⅰ」『日本建築学会論文報告集』第一七九号、一九七一年、八七〜九四頁）。

(46)「農業博物館、農産品陳列所」（農林省農務局編『明治前期勧農事蹟輯録』上巻、大日本農会、一九三九年）五一七～五二六頁。
(47) 前註2『東京国立博物館百年史』、二四七頁。
(48) 九鬼隆一は予算案の説明においてオーストリア、イギリス、フランス王（帝）立博物館を詳細に調査し組織立案を行っている。前註2『東京国立博物館百年史』、二五一～二五二頁。
(49) 勧工場については、以下の文献に詳しい。初田亨『百貨店の誕生』（前註2）、同『繁華街にみる都市の近代』（中央公論美術出版、二〇〇一年）、鈴木英雄『勧工場の研究』（創英社、二〇〇一年）、貞包英之「近代における消費の変容：勧工場から百貨店へ」（『山形大学紀要（人文科学）』第一七巻三号、二〇一二年）四九～六八頁。
(50) 前註2『百貨店の誕生』。
(51)「勧工場の始」（前註16『改訂増補 明治事物起原』下巻、八四八～八五二頁）。
(52)「物産陳列所設立地之儀伺」一八七七年二月二八日（『東京市史稿』市街編・第六〇巻、復刻版、臨川書店、四四三～四四四頁）。
(53)「辰之口御工作場之内拝借願」一八七七年一一月二六日（前註52『東京市史稿』市街編・第六〇巻、四四六～四四七頁）。起立商工社は以前から製造場の地を探していたが、火器の取扱に懸念があり、適当な場所が見つけられずにいた。
(54) 内務卿宛文書案に関する勧業課からの伺い、一八七九年一二月（前註52『東京市史稿』市街編・第六〇巻、四四九～四五〇頁）。
(55)「東京府録時」報告第二二号、一八七七年一二月二七日付（『読売新聞』一八七七年一二月二八日付）、および「勧商局報告」一八七八年三月一日付（『読売新聞』一八七八年三月三日付）。
(56)『読売新聞』一八八一年一一月一一日付。この記事は、龍池会と共同で図案考案事業を実施する計画であることを伝えるが、実現したかは不明である。
(57) 前註51「勧工場の始」、八四九頁。
(58) 前註2『百貨店の誕生』、二二頁。第一勧工場がこのような性格になった理由として、同場を所管する東京府勧業課がロンドンの「バザー」やニューヨークの「フェアー」を念頭においていたことが指摘されている。
(59)『東京市史稿』市街編・第七二巻（復刻版、臨川書店、二〇〇二年）三六四頁。
(60)「回議録第八類勧工場明治十三年勧業課」（前註49『勧工場の研究』所収、九〇～九一頁）東京都公文書館所蔵。
(61)『東京市史稿』遊園編・第七巻（『勧工場の研究』所収、一一二～一一三頁）六七〇頁。
(62)『横浜市史稿』産業編（一九三二年）三八一～三八二頁。
(63)「物産陳列場の始」（前註16『改訂増補 明治事物起原』下巻、一〇三九頁）。
(64)『読売新聞』一八七九年一一月二五日付。
(65)『読売新聞』一八八二年一〇月五日付。記事によると、第一勧工場の八月二一日からの一ヶ月の縦覧人は九四二〇人、売上は本館が五四二七円七二銭、支店が二〇八円四六銭七厘で、神奈川県物産陳列場の九月中の縦覧人が七六六一人で、売上が七五一円二〇銭一厘である。
(66)『読売新聞』一八七九年八月五日および同年一一月二五日付。
(67)『読売新聞』一八八二年七月二日付。
(68)『読売新聞』一八八二年九月二七日付。
(69)「横浜私立絵画共進会」（『読売新聞』一八八四年七月二三日付）および「東洋絵画展覧会」（『読売新聞』一八八七年四月三〇日付）。
(70)「物産陳列場引払」（『読売新聞』一八八七年六月三〇日付）および「仮郵便局の取毀ち」（『読売新聞』一八八九年四月二一日付）。
(71)前註2『百貨店の誕生』。
(72)『京都博覧会沿革誌』（京都博覧協会、一九〇三年）一頁。
(73)丸山宏「明治初期の京都博覧会」（吉田光邦編『万国博覧会の研究』、思文閣出版、一九八六年）二一一頁。
(74)村川友彦「明治期の博覧会・共進会と福島県」（福島県歴史資料館編『研究紀要』第一九号、福島県文化センター、一九九七年）六二～八三頁。

(75) 橋爪紳也監修『日本の博覧会 寺下勍コレクション』(平凡社、二〇〇五年)。
(76) ここに記した太政官布告第一六条による公園としての開放と、〈陳列所〉設置の時期はそれぞれ以下の通りである(開放年/陳列所設置年、ともに明治)。金沢・兼六園(7/7)、高松・栗林公園(8/32)、岡山・後楽園(17/28)。
(77)『石川県勧業博物館創立十年略記』(石川県勧業博物館、一八八三年)。
(78)『勧業博物館創立二十年略記』(石川県勧業博物館、一八九四年)。
(79) 兼六園全史編纂委員会・石川県公園事務所編『兼六園全史』(兼六園観光協会、一九七六年)。
(80) 長山直治『兼六園を読み解く:その歴史と利用』(桂書房、二〇〇六年)など。
(81) 金高有希「明治前期における地方博物館の発生:石川県金沢市を事例として」(お茶の水女子大学人間文化創成科学研究科二〇〇八年度修士論文、二〇〇九年)。
(82) 奥田晴樹「石川県成立の歴史的考察」(『日本海域研究所報告』第三七巻、二〇〇六年)一~一四頁。
(83)『石川県史料』第二巻(石川県立図書館、一九七二年)一一九~一二四頁。
(84) 土屋敦夫「近代前期の金沢の人口変遷」(同「近代における歴史的都市と工業都市の形成の研究」所収、京都大学博士論文、一九九三年、四五~九〇頁)。
(85) 河合辰太郎「金沢論」(同『炎詹録』、一九一三年)。
(86) 前註79『兼六園全史』、五〇九頁。
(87) 特に注記なき場合、兼六園内における展覧会・博覧会・博物館については以下に基づく。『博覧会暨博物館履歴』(成巽閣所蔵)、『石川県勧業博物館創立十年略記』(前註77)、『勧業博物館創立二十年略記』(前註78)。
(88)『石川県史料』第一巻(石川県立図書館、一九七三年)二三二頁。
(89)「展覧会票告」一八七二年五月(前註87『博覧会暨博物館履歴』)。
(90)「展覧会取立願」一八七二年八月(前註87『博覧会暨博物館履歴』)。
(91)『金沢展覧会品目』天・地・人(一八七二年)。
(92) 前掲88『石川県史料』第一巻、二頁。

(93) 石川県管下金沢展覧会「金沢博覧会票告」一八七二年五月（前註87『博覧会暨博物館履歴』）。
(94) 博覧会執事から勧業掛宛「附博覧会出願」六月七日、および石川県令内田政風「二百八十五番」一八七二年七月（前註87『博覧会暨博物館履歴』）。
(95) 無題文書、一八七五年一月（前註87『博覧会暨博物館履歴』）。
(96) 前註87『勧業博物館創立二十年略記』、二二頁。「開設中非常ノ水災アリテ損害ヲ受ケ又経費ノ浩ナリシヨリ幾再挙ノ望ヲ絶テリ」とある。
(97) この水害は、一八七四年七月七日に起こった犀川洪水を指すと考えられる（『石川県史料』第二巻、石川県立図書館、一九七二年、四頁）。犀川は兼六園を通り金沢城へ水を引く辰巳用水の水源である。
(98) 石川県令から博覧会正副理事宛文書、一八七三年七月（前註87『博覧会暨博物館履歴』）。
(99) 無題文書、一八七五年一月（前註87『博覧会暨博物館履歴』）三三〜三七頁。
(100) 石川県勧業係から博覧会正副執事宛文書、一八七五年四月三〇日（前註87『博覧会暨博物館履歴』）。
(101) 桐山県令高諭「博覧会ノ義愚案」（前註87『博覧会暨博物館履歴』）。
(102) 同右。
(103) 前註97『石川県史料』第二巻、二七四頁。学校の変遷については『石川県史料』のほか、以下の文献を参照した。在田則子「藩校から県立、官立教育期間へ」（『金澤大学の源流』、金沢大学付属図書館・金沢大学資料館、一九九九年、七〜九頁）。当時の巽御殿内には英学校（一八七二年二月設立時は英仏学校）も置かれている。
(104) 桐山県令高諭「博覧会ノ義愚案」（前註87『博覧会暨博物館履歴』）。このような桐山私案の理論的背景には、一八七五年八月に佐野常民が上梓した『澳国博覧会報告書』の影響がある。「桐山県令公高諭」には、桐山が佐野の報告を参照していた事実を確認できる。
(105) 石川県令桐山純孝、一九七五年九月二十二日付文書（前註87『博覧会暨博物館履歴』）。
(106) 県令代理石川県七等出仕三條久美「乙廿一番」一九八五年五月二二日（前註87『博覧会暨博物館履歴』）。
(107) 石川県令桐山純孝「四六番」一九七五年三月八日（前註87『博覧会暨博物館履歴』）。

(108)「明治九年四月博物館創設ニ付該場要旨左之如」（前註87『博覧会曁博物館履歴』）。
(109)「博物大会陳列区画表」成巽閣所蔵。
(110)前註97『石川県史料』第二巻、三〇三頁。
(111)「桐山県令高案」（前註87『博覧会曁博物館履歴』）。該当箇所は成巽閣部分および門長屋部分と思われる。
(112)「博物館十年間事業来歴書載目」成巽閣所蔵。博物館の来歴を記す一八九六年の項に「英学校之建物買得ヲシテ概館ノ付属トス」と欄外加筆されている。
(113)「博覧会寄付金願」（明治一一年三月一一日第二課受議文書）成巽閣所蔵。
(114)『明治天皇北陸巡幸誌』（加越能史談会、一九二七年）参照。行幸に際しては成巽閣を行在所とすることが議論されたが、供奉官の宿舎を近傍に置かねばならないという規定に従うことが不可能であるため、中屋彦十郎の居宅が行在所に充てられた。
(115)前註114『明治天皇北陸巡幸誌』地、三三三～三三四頁。
(116)前註87『石川県勧業博物館創立十年略記』、一〇頁。
(117)奥冨利幸「明治初期の博覧会における能楽場と貴賓来場との関係について」（『日本建築学会計画系論文集』第七三巻六二三号、二〇〇九年）。
(118)前註113「博覧会寄付金願」。
(119)この眼鏡橋の材料には、同時期に行われた長屋門の修繕によって不要となった門前の石橋や敷石、園内の山崎山にある戸室石などが用いられた。さらに、築造費用に充てるために、兼六公園に東沿する尻垂坂の二重土塀の一部を百間ばかり払い下げた。
(120)前註97『石川県史料』第二巻、四七九頁。
(121)前註87『勧業博物館創立二十年略記』、八四頁。
(122)蓮池会とは東京の龍池会に倣った団体で、勧業博物館を拠点に工芸・美術の保護・開発に取り組んだ。新古美術会などを主催した。

(123) 前註87『勧業博物館創立二十年略記』、五四頁。
(124) 同右、八四頁。
(125) 前註92『石川県勧業博物館創立十年略記』、一〇頁。
(126) 前註93『勧業博物館創立二十年略記』、五四頁。
(127) 前註94『兼六公園全史』。
(128) 本康宏史『軍都の慰霊空間：国民統合と戦死者たち』（吉川弘文館、二〇〇二年）一一一〜一一八頁。
(129) 「第五回関西府県聯合共進会ヲ金沢ニ開設セラレンコトヲ請フ意見書」一八九二年八月一三日、成巽閣所蔵。
(130) 『関西聯合府県繭・生糸・茶・米・麦・菜種・実綿・麻・葉煙草・織物・陶磁器・漆器・紙共進会報告』事務顚末之部（第五回関西聯合府県共進会事務所、一八九五年）。以下、この共進会については同史料を参照する。
(131) 「共進会場に料理屋を建設せんとす」（『北国新聞』一八九四年五月六日付）。
(132) 「関西府県聯合共進会に就て」（『北国新聞』一八九四年二月一日付）。
(133) 「博物館内の新築工事」（『北国新聞』一八九三年九月二八日付）。
(134) 「兼六園（公園）の桜」（『北国新聞』一八九四年四月六日付）。
(135) 「聯合共進会阿開場式に当りて一言す」（『北国新聞』一八九四年七月一〇日付）。
(136) 「共進会と招魂祭」（『北国新聞』一八九四年四月一八日付）。
(137) 「招魂祭の延期」（『北国新聞』一八九四年七月五日付）。一二月の招魂祭については、前註128『軍都の慰霊空間』、一一四頁参照。
(138) 前註128『軍都の慰霊空間』、一一三頁。
(139) 「石川県博物館創立第二十年記念式」（『北国新聞』一八九四年二月三日付）。
(140) 本安宏史「「城下町金沢」の記憶：創出された「藩政期の景観」をめぐって」（高木博志編『近代日本の歴史都市：古都と城下町』、思文閣出版、二〇一三年）三八七〜四一一頁。
(141) 前註94『兼六園全史』、六一七〜六一八頁。

(142) 同右、六二八頁。
(143) 「石川県博物館内図書室平面図」「石川県勧業博物館建物平面図」(いずれも成巽閣所蔵)などによる。現在の石川県立能楽堂別館の辺りに建設され、既存の長屋(集産館)に接続されていた。
(144) 「行啓準備と県会」(『北国新聞』一九〇八年七月一七日付)。
(145) 「東宮奉迎設備」(『北国新聞』一九〇八年八月一四日付)。手続き上は土地の交換ではなく、成巽閣の地は前田家へ売却、前田家の所有地は県へ返還(ただし県は補償金を出す)となっている。
(146) 「成巽閣修繕工事進行」(『北国新聞』一九〇八年九月一七日付)。
(147) 「新築希望の便殿」(『北国新聞』一九〇八年一〇月二二日付)。
(148) 「便殿新築と前田家」(『北国新聞』一九〇九年一月一八日付)。
(149) 「行啓関係の諸工事」(『北国新聞』一九〇八年一一月二日付)。
(150) 「博物館の移転」(『北陸新聞』明治四一年九月四日)。
(151) 「博物館問題不調」(『北陸新聞』明治四一年九月一八日付)。
(152) 後楽園史編纂委員会編『岡山後楽園史』通史編(岡山県郷土文化財団、二〇〇一年)五一六~五二一頁。
(153) 河合辰太郎「兼六公園保勝私見」一九一六年五月(前註94『兼六園全史』)。同じ頃、原熙は兼六公園の修繕方針として開放時の姿が保勝と活用を兼ねる最適解としながら、保存すべき区域を不開放として藩政期の姿に戻すべきだとしている(原熙「兼六公園の保勝について」、同前)。
(154) 金山喜昭『日本の博物館史』(慶友社、二〇〇一年)一二〇頁。
(155) 熊谷常正「岩手県の博物館発達史〔その一〕」(『國學院大學博物館学紀要』第九号、一九八五年)。
(156) 同右。岩手県下初の物産会である一八七八年(明治一一)の勧業物産会では、二棟の建物が新たに建てられ、〈陳列所〉として利用された。その後も勧業物産会が開催され、年を追うごとに規模を拡大し、一八八〇年には他府県からの参加も募り岩手県勧業博覧会が開催された。一八八七年(明治二〇)頃には、二町七反二九歩の広大な敷地に三七棟の建築物を抱える大規模な施設であった。

（157）　山根大知・中野茂夫・小林久高「明治四十年山陰行啓における東宮一行の滞在施設に関する建築史的考察：島根県内の滞在先を中心に」（『日本建築学会計画系論文集』第七〇一号、二〇一三年）一六八三～一六九二頁。

第三章　「通商博物館」設置計画と「商品陳列所」の受容

はじめに

近代日本の博物館史あるいは経済史・貿易史を振り返ったとき、貿易促進を目的として物品を蒐集・陳列して公開する施設として、「商品陳列所」「商業博物館」「輸出品見本陳列所」といった施設の存在を、明治から戦前期にかけて確認することができる。それは第二章でみた「勧業博物館」や「物産陳列所」とも、いくらか異なる存在として語られてきた。

「商品陳列所」が字面通りの漠然とした意味においてではなく、商工業政策に関係する近代的なある特定の施設を指す語として、つまり「商業博物館」や「輸出品見本陳列所」を代弁し得る語として近代日本に登場したのは一八八〇年代以後のことである。それ以前にも、勧業を目的として物産を蒐集・陳列する施設としては地方都市に設置された物産陳列所や博物館などがあったが、府立大阪商品陳列所（一八九〇年開所）や農商務省の貿易品陳列館（一八九六年開館）の登場が契機とされる。[1]「商品陳列所（館）」を名乗るこれらの施設は、貿易を主眼に置いて活動を展開した。

貿易振興を目的に掲げる新しい趣向の陳列所は、自由貿易時代に突入した欧州の類似施設に学んだものであった。第一章にみたように、一九世紀末の欧州では自由貿易の波を乗り越えるための有効な手段として、商業博物館や輸出品見本陳列所の設置が各国で相次いだ。これがやがて日本にも伝搬し独自に消化された上で具現化されていくことになるのだが、その過程で「商品陳列所」という語が明確な意図を持って用いられるようになったのである。

「商品陳列所」の受容のまさにその現場となったのは、明治政府が進めた「通商博物館」設置計画であった。ここでいう「通商博物館」設置計画とは、一八八〇年代後半の日本において、外務・農商務・文部各省と渋沢栄一らが率いる実業団体が関与して、貿易促進を目的とした陳列施設の実現を目指した一連の事業を指し、高嶋雅明が「商品陳列所構想」と呼んだものをいう(2)。「通商博物館」設置計画は、当初の計画通りに実現することはなかったが、これを経験したことによって、大阪商品陳列所や農商務省貿易品陳列館が誕生した。つまり、既往研究が指摘する〈陳列所〉の展開点を生みだした潮流の原点が、この「通商博物館」設置計画なのである。それゆえに、この計画とその後の展開について詳細に検討することは、近代日本の〈陳列所〉を理解する上で大きな意味を持つのである。

これまで「通商博物館」設置計画は、経済史・貿易史分野の研究者によって取り上げられてきた。なかでも外務省外交史料館所蔵史料を発掘してこの計画を取り上げ、その全体像を示した高嶋の功績は大きい。角山幸洋は大阪商品陳列所の設立経緯を考察するなかで、同所が「商業博物館としての成立」に至る事象として取り上げている(3)。しかしながら、それらには史料の解釈と事象の意味付けにおいて疑問が残る。ここでの課題は、商業博物館や輸出品見本陳列所を総称し得る意味での「商品陳列所」が、近代日本に受容されていく過程を具体的に明らかにすることにあるが、そのためには「通商博物館」設置計画と大阪商品陳列所の設立までの流れを、改めて考察する必要がある。

そこでまず、外務省外交史料館が所蔵する一次史料を用いて「通商博物館」設置計画を再検討し、計画に関与した各省がどのような意図を持って参与し、どのように「商品陳列所」を捉えて受容していったのかを考察する。続いて、「通商博物館」設置計画と深く関わりを持ち実現に至った大阪商品陳列所について、特に政府計画とのつながりに注目しながら考察する。この作業を通して、明治期における「商品陳列所」の受容過程を明らかにしたい。なお、特に注記なき場合、本章においてはCommercial Museum（コマーシャル・ミュージアム）の訳語として「商業博物館」を用いる。これは「通商博物館」設置計画の関係者が、当初この語を用いており、史料を引用するにあたっての混乱を避けるためである。

一　明治政府による「通商博物館」設置計画

（1）明治政府による貿易振興のための施設計画

まずは「通商博物館」設置計画に関わる外務・農商務・文部の三省が、当時どのような状況にあったのかを確認しておきたい。陳列施設に関して言えば、それぞれが一八八〇年代半ば頃からこの種の施設についての情報を集め、その必要性を説いていた。

外務省はこの頃すでに各国に領事を派遣・委任しており、領事に貿易に関する最新の情報を調査させていた[4]。その調査事項の中に、「通商博物館」設置計画に関わる情報が含まれていたようだ。実際に、計画の立案に使用したと思われる海外の類似施設の規則書の翻訳などが外務省外交史料館に残されている。

一八八一年（明治一四）に誕生した農商務省は、設立して間もなくまとめた『興業意見』において、農産品や機械などの陳列施設の設置を提案した[5]。それ以後も『工務局月報』や官報告示にて海外の陳列施設に関する最新情報を広報し[6]、農工商業に関する陳列施設を実現する機会をうかがっていた。国内各地の農商工業を指導する立場にある農商務省は、一方で内部に博覧会事務局を抱えるために海外の博覧会事情に精通しており、国内外を通じて実業界の実際に最も近い省であった。

文部省は、農商務省が所管する東京商業学校（森有礼が一八七五年に木挽町に設立した商法講習所の後身）に対抗して、一八八四年（明治一七）に東京外国語学校の附属校として高等商業学校を設立する[7]。その翌年、アントウェルペン高等商業学校出身のジュリアン・ファン・スタッペン（Julian van Stappen）が着任し、校内に商品博物館（商業博物館・票品陳列所・商品陳列所なども表記される）の設置が進められた[8]。スタッペンは、母校の商業博物館をモデルとして、その実現に向けて奮闘したという。

間もなくして、農商務省の東京商業学校が文部省に移管され、同校と東京外国語学校および付属高等商業学校を統合した新しい東京商業学校が、一ツ橋の東京外国語学校跡地に誕生する（図1の地図④）。これは、文部省の再三の上申により、一八八五年（明治一八）の太政官布達で、農学校を除くすべての実業学校が文部省の管轄となったためである。

スタッペンの商品博物館も東京商業学校に引き継がれ、彼の帰国後は一八八六年（明治一九）に着任したアルテュール・マリシャル（Arthur Marichal）が担当した[9]。この商品博物館は、前年まで東京大学理学部博物場として利用されていた建物内に設けられている[10]（図2）。本書では大きく取り上げていないが、後に各地に高等商業学校が設立されると、そこには同様に商品陳列所が附属施設として設けられ、同じく実物資料を用いた教育に寄与した[11]。

以上のように、一八八〇年代前半は実業界および実業教育界そのものが基礎を形成しつつある時代であった。実業教育においては、農商務省と文部省が商業学校の主導権をめぐって対立している。こうした状況にあって、

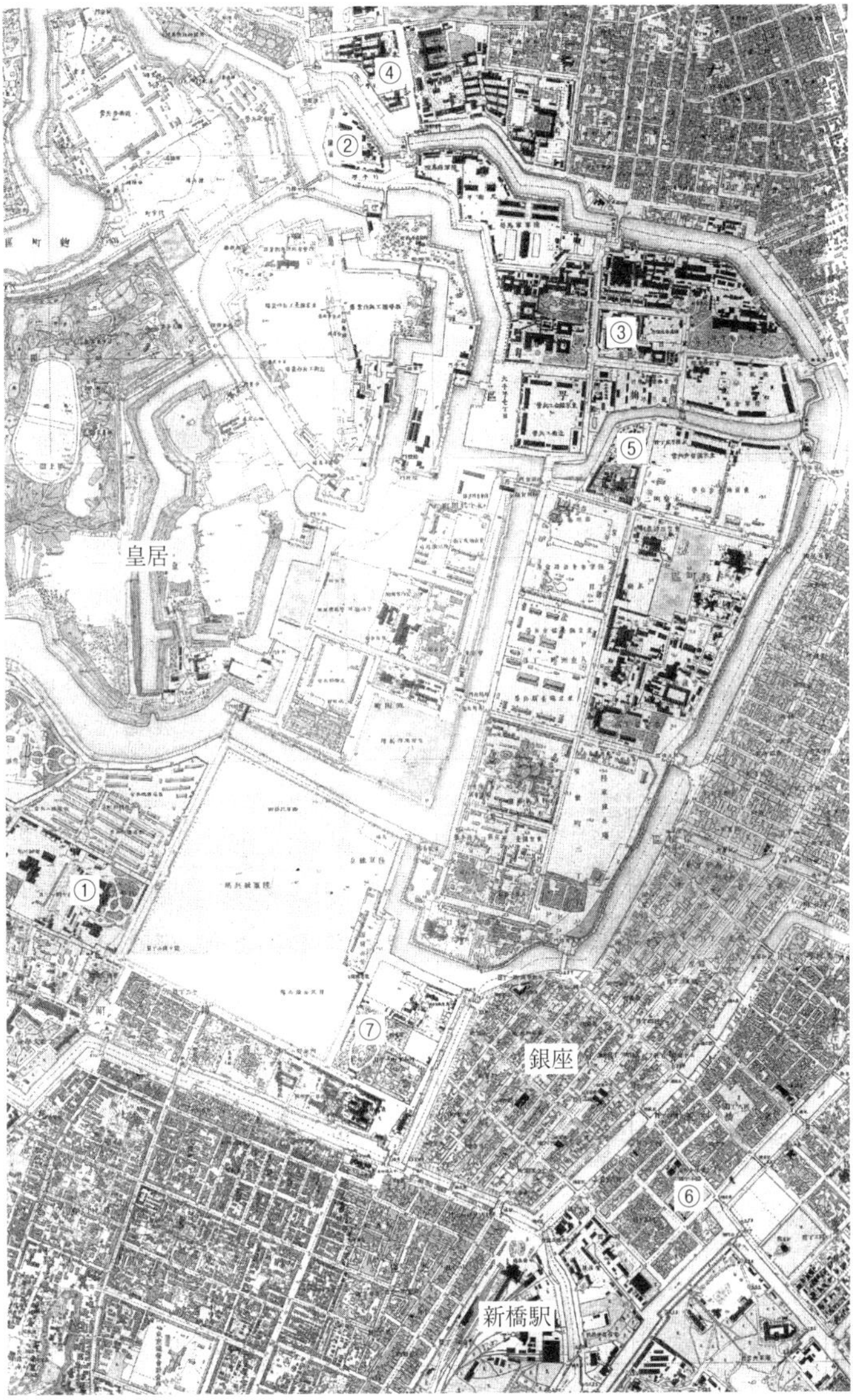

図1　通商博物館設置計画当時の関連施設の位置

①外務省、②文部省、③農商務省、④東京商業学校（一ツ橋、旧東京大学理学部）、⑤東京府第一勧工場（旧辰ノ口勧工場）、⑥商工徒弟講習所（木挽町）、⑦鹿鳴館（内山下町博物館跡）

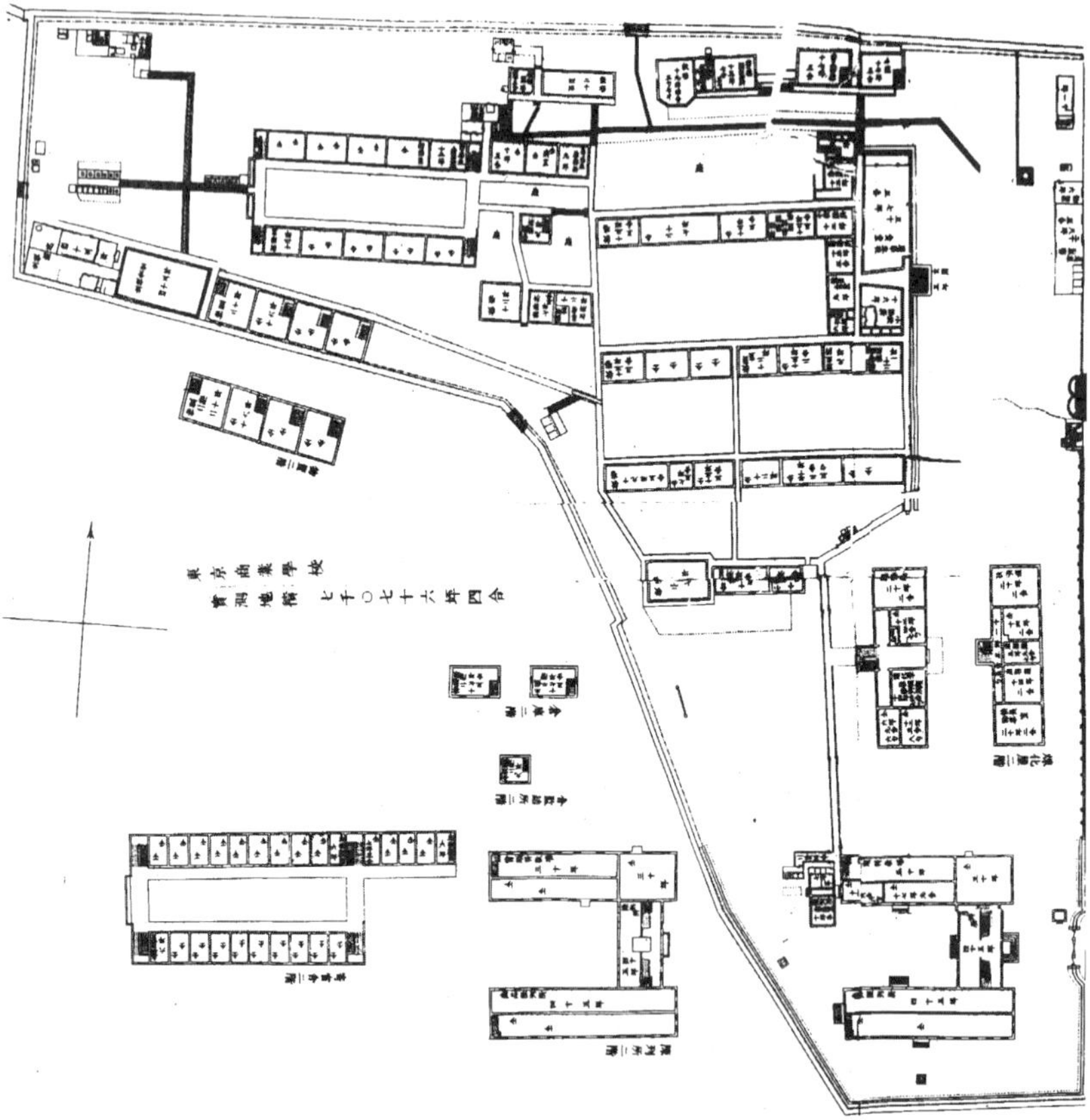

図２　東京商業学校 平面図

南端にあるコの字型の建物が商品博物館(のちに商品陳列所と改称)。学校本体と廊下で接続する北辺部分は実践科教場として使用された。この建物は、かつて東京大学理学部博物場として使用された。

外務・農商務・文部各省が、商工業振興あるいは貿易促進を目的とした陳列施設の構想を持っていたことは注目すべき点である。各省がそれぞれの管轄において農商工業の発展を目指し、最善の方法を模索していたのである。なお、商品陳列機関設置の計画に際して、関係各省がいずれもベルギーに学ぼうとしていた点は興味深い(12)。

(2)政府三省による「通商博物館」設置計画の推移：一八八六年一一月〜一八八七年三月

一八八六年(明治一九)一一月六日、外務省は「通商博物館」の設置に関する照会の文書を農商務省・文部省へ送付した。これが政府の三省が関与した「通商博物館」設置計画のはじまりである。第一章で確認したようにロンドン商法会議所内で商品陳列施設の設立を目指して欧州の類似施設に関する調査報告がまとめられたのが同年九月であるから(13)、日本で「通商博物館」設置計画は世界の潮流からほとんど遅れをとることなく展開したといえる。外務省がこの計画を立案するに至った経緯とその計画の内容を、外務省が打診のために送付した文書の草稿にみてみたい。なお、計画名が「通商博物館」とされたのは、最初の立案が外務省通商局だったことによる(14)。

外国ニ於ケル農工商品之市価需用供給ノ程度及取引上ノ需要ヲ詳カニスルハ通商上最緊要ニ付、外国ニ駐在スル公使領事へ時々訓令ヲ付与シ凡ク我邦ノ貿易ニ関係スル事項ハ特ニ報告為致候処、右報告類ノミニテハ僅カニ其商況ノ如何ヲ観察スヲ得ベキモ其品質ノ如何及品種数ノ種別トニ随ヒテ市価ハ勿論其取引ノ慣習ヲ異スル等ノ事実ニ於テハ往々詳明ナラザルガ為メニ前述ノ報告モ記事論説ニ止マリ当地之者ニ取リテハ実施ノ効用ヲ得ルニ乏シク隔靴ノ感ナキ能ワザルコトト存ジ、因テ右通商上ノ報告ヲ完全ナラシメ之ヲシテ一層有益有功ノモノタラシメンコトハ現今内外貿易ヲ奨励スルニ喫緊ノコトト思考致候ニ就キ、外国ニ派遣ノ領事ヲシテ其駐留ノ各国ニ就キ凡ク我邦貿易ニ参考トナルベキ商品見本ヲ蒐集セシメ、毎品毎種ニ詳明ナル説明ヲ付シテ之ヲ本邦ニ送致セシメ、本邦ニ於テハ府下至便ノ地ヲ撰ビ一ノ通商博物館ヲ設置シ、外国ヨリ送致セシ見本及ビ説明ハ総而之ヲ該館ニ陳列シ公衆ノ参観ニ供シ、又公衆ニ於テ該品及ビ外国ノ商況等ニ関シ質疑ヲ要スル事項ハ当省ヲ経由シテ各領事ニ請願スルコトヲ得セシメバ、農工商業社会ニ一層ノ便益ヲ付与シ内外貿易ヲ奨励スルノ要具ト相成可候。尤右商品見本等ハ其種類夥多有之候ニ付、一時ニ之ヲ購求スルコトニハ難至候間、来年度ヨリ漸次購求ノ積ヲ以而夫々領事ニ訓令ニ及候。且又右同種ノ設置ハ欧州各国ノ内ニハ完全ナルモノ有之候間、可成右ニ倣ヒ候方可然存候。在外領事官へ取調ノ儀ヲ相違置候。右ハ重モニ外国貿易品ノ見本ニ関シ候得共、右設置ノ上ハ従来内国品ニシテ外国ニ輸出スベキモノ及ビ将来輸出ノ見込アル物品ヲモ陳列致候ハバ一層裨益可有之。又商業学校ニ於テモ生徒ヲ演習セシメラレ候ニハ右等ノ設置有之候得バ、頗ル参考ニ相成可申候。就テハ本館設置ノ挙ニ関シ一両度御協議ニ及度儀ニ有之候ニ付、貴省ニ於テハ通商局長ニ□□□□貴省ニ於テ御同見ニ之有候得バ右協議ニ被応候様□心此段及御照会候也[15]。

外務省は以前から日本の対外貿易に関連する国外市場の情報を在外領事らによる報告を通じて収集していたが、文字による報告のみでは実際の状況を把握するには不充分あるため、外国製品の見本を蒐集・陳列し、商況に関して質疑にも対応する「通商博物館」を東京府内に設置しようとしたのであった。これには、駐日外国領事からの勧告が動機のひとつになったようである[16]。

計画案の基礎となったのはブリュッセル・コマーシャル・ミュージアムであった[17]。国外の商業博物館が基本的には外国貿易に関する製品を主に扱うのに対して（同館では輸出入品の両方を扱っている）、「通商博物館」では輸出品や将来輸出品となるであろう製品も扱うとし、さらには、商業学校の演習の場としての利用をも視野に入れていた。このような書添えは計画を実現するために農商務省・文部省を意識して記されたと考えられるが、当時の欧州における様々な類似施設の特徴を包括しようとする側面があったともいえるだろう。陳列する資料については、翌一八八七年度から漸次蒐集するとした。

外務省は関係各省に協力を打診したものの、計画の運営主体を政府が担うことを意図していなかった。照会文に添付した「通商博物館略則案」（以下、「略則案」と記す）には「本館ハ其位置ヲ東京工商協会《未設》中ニ設置シ、其家屋陳列品及図書ノ保管ハ之ヲ同協会ニ委託スト雖トモ、其陳列品及図書ヲ取捨出入シ或ハ報告ヲ編成スル等ノコトハ専ラ帝国外務省通商局ノ管理スル所トスル」と記しており、業界団体を設立した上で運営を委託し、外務省通商局がそれを管理するという構想である。[18] 民間団体によって運営される点は、政府が直接運営するブリュッセルの商業博物館とは異なっている。この照会の後、外務省はそれまで収集してきた情報を踏まえて、リヨン領事にブリュッセル・コマーシャル・ミュージアムの実態調査を改めて命じている。[19]

このような提案を受けた農商務省・文部省は、これをどう受け止めたのであろうか。「通商博物館」設置計画に対して先に反応を示したのは文部省であった。文部省は外務省からの照会を受けた一ヶ月後、一二月六日付で次のように返信する。

去月六日附通商博物館設置ニ関スル御照会之旨了悉、実ニ此挙ハ高説ノ如ク外国貿易ヲ奨励進捗セシムルノ好方便ニシテ且商業学校ニハ緊着離ル可ラサルノ機関ニ有之。既ニ当省ニ於テモ従来一二外国品ノ見本ヲ蒐集シテ東京商業学校所属商品博物場内ニ展列シ漸々整備ヲ図リ居候処、元来此挙ハ□ニ不尠経費ヲ要スルノミナラス最之ニ関スル智識経験ヲ要シ候ニ付先以テ欧州中高等商業学校卒業生ノ優等ナル者ヲ招聘シ東京商業学校教授ノ旁右設置ノ事夫々計画可為致心組ニ有之。既ニ此程白耳義《ベルギー》国アンウェル高等商業学校卒業生一名採用致候折柄御省ノ照会ニ接シ実ニ当省ノ企図ヲ拡張スルノ好機ニ際会致候事ト満足之至ニ候。就テハ右博物館設置ノ義貴省ト御協議可致ハ勿論其管理方及経費支出之義モ彼我分担可致候。尤此挙ハ農商務省ニ関係少カラス候条同省ニ於テモ多分賛成ノ事ト存候間、一応同省ヘモ協議及置候ニ付其意向ニヨリテハ三省一致協力シテ可成完全ノ通商博物館ヲ設立シ之ヲ三省ノ共同管理ニ属セシメ度存候。将又右館設置ノ地ハ他日府下便宜ノ地ヲトシ建設可致ハ勿論ニ候得共、設立一日ヲ早クスレハ其効ヲ収ムル亦一日ヲ速ニスル次第ニ付、幸東京商業学校所属商品博物場ハ素ヨリ完全適良トハ申難ク候得共、其地一ツ橋通町同校構内ニアリテ火災等ノ患モ最モ少キ場所ヲ占メ居候ニ付、差当リ仮ニ通商博物館ニ充用シ、漸次商品見本ノ蒐集調理方ヨリ同館建設ノ事等ニ着手致候ハヽ、彼此好都合ト被存候。貴省ノ御意見及当省ニ於テハ何時ニテモ充用不苦候。仍テ当省ニテハ参事官ノ内一人及東京商業学校長ヲ以テ右ニ関スル御協議ニ応スベク候間、此旨御諒知相成度。右御回答旁及御照会候也。[20]

文部省は外務省の提案を高く評価し、積極的に協力する意思を示した。それは、「通商博物館」の設置が商業学校にも深く関係する問題であり、文部省の所管する東京商業学校が整備を進めてきた「商品博物場」を拡張する好機と捉えたからでもあった。

この「商品博物場」とは前述した東京商業学校付属の商業博物館のことで、この頃の施設要項において「票品陳列所」「商品陳列所」「商品見本陳列所」（以下、商品見本陳列所と記す）などと記された施設を指すと考えてよい。[21] 文中にある「アンウェル高等商業学校卒業生」とはマリシャルのことであろう。文部省は、「通商博物館」実現の場として商品見本陳列所の建物を提供することを申し出ている。「通商博物館」設置計画と事業統合することで、理念的な拡大にとどまらず、学校付属施設の物理的な意味での拡張をも目論んでいたのかもしれない。この姿勢は、文部省代表として協議に派遣するとした人物として、文参事官に並んで東京商業学校長（当時の校長は矢野次郎）が挙げられたことにもうかがえよう。

外務省の構想に大筋で賛成していた文部省であったが、「略則案」が外務省による「通商博物館」の運営管理を提示した点に異論を唱え、政府三省による共同管理を提案している。ここにおいても、外務省に協力するだけではなく、自省のこれまでの活動を拡張するべく発言権を強めようとする文部省の意思が見え隠れするのである。「通商博物館」の実現に向けた文部省の積極的な参加は、建物の提供だけではなく陳列品の蒐集にまで及んだ。文部省は、東京商業学校の商議員のひとりであった益田孝[22]（三井物産社長）の外遊を知ると、「通商博物館」に陳列する商品類の蒐集を益田に依頼し、さらに在外領事が便宜を図るよう外務省に依頼している[23]。

文部省の積極的な反応を、外務省も基本的には快く受け取った。ただし運営方法に対しては意見が一致しなかった。政府の三省によって運営したいとした文部省の申し出に対し、「三省ノ共同管理」という文句に傍点を打った上で「多党政治ハ不可　青木」という加筆が史料上に残されている[24]。この青木とは、当時、外務省総務局長であった青木周蔵であろうか。主導権を握りたいという意思の表れか、あるいは前述したようにそもそも民間の管理を前提としたからか。その理由は判然としないが、外務省は三省が共同で直接的に運営する状況を避けようとしていた。

文部省が迅速な対応を見せる一方で、農商務省はなかなか反応を示さなかった。文部省が益田に商品類の蒐集を依頼した頃、返信を待ちきれなくなった外務省は一八八六年（明治一九）一二月二四日付で催促の文書を送信している[25]。その文面中では、前述した文部省の動向も伝えられた。これを受けた農商務省は年明け間もなく、一月一九日付で次のように返信した。

通商博物館設置之義ニ付送第九四〇七号ヲ以御照会之概了承。右博物館設置之義ハ内外ノ貿易ヲ拡張シ農工商業ヲ振起セシムルニ最モ必要ノ事ニシテ当省事務上緊切ノ件ニ之有。当省商務局ノ事務大蔵省ノ管理ニ属セシ当時内外貿易品ノ見本ヲ蒐集シ今ヤ無慮万ヲ以テ算スルニ至レリ。猶自今其品種ヲ蒐集シ整備ヲ図リ当省ニ於テ陳列所ヲ可致設計画ニシテ就中工業奨励ノタメ已ニ勧工列品所設置ノ見込モ相立候次第ニ有之。然ルニ今回貴省御目論見ノ次第御照会ニ付乃チ商務工務両局長及ヒ報告課長ヲシテ該事務担当御協議可為致候

条、右様御諒知相成度此段及御回答候也。[26]

農商務省はその冒頭で農工商業の振興と貿易の拡張のために「通商博物館」の必要を認め、農商務省にとっても早急に対応すべき問題であるとの認識を伝えた。続けて自省が取り組んでいる関連事業について述べるが、外務省の呼びかけに対する具体的な対応は示さない。農商務省商務局は大蔵省時代から内外貿易に資する参考品の蒐集を続けており、膨大な数の資料を所有していた。その資料を基に参考品の陳列施設を計画中であり、特に工業奨励を目的とした「勧工列品所」を設置する見通しが立ったところであったという。勧工列品所とは、農商務省が『興業意見』において「工芸ノ改良ヲ助クル方法」として設置を説いた、機械類の陳列施設である。[27] 農商務省の反応が遅れたのは、数年がかりで進めてきた省内の既存計画との調整に時間を要したからかもしれない。商務局長（高橋新吉）・工務局長（富田冬三）・報告課長（最上五郎）[28]らの間で外務省の照会について協議するという旨を伝え、その態度を保留している。

外務省の提案に対し、文部省・農商務省はそれぞれに進めていた自省の事業と照らし合わせて反応を示した。文部省は所轄する学校の付属施設に結びつけてその拡大を図ろうと素早く具体的な提案を行ったが、対照的に農商務省は慎重な態度をとった。その行動に違いはあったが、両省ともに外務省の提案に対して賛同した点では共通している。しかしながら、それぞれの意図が微妙に異なるため計画の細部については意見が割れて「所管や監督などに就て容易に議論が一致しない」事態となり、具体的な結論が出るには至らなかった。[29]

（3）民間への計画移転と用語「商品陳列所」の普及

外務・農商務・文部の三省が直接関与する形で進められた「通商博物館」設置計画は、外務省が懸念していた多頭政治の弊害からか、順調に事が運ばなかった。この状況を打開したのは、外務省を中心としながら三省が共同して計画を主導するという体制から、計画をその最大の受益者となる実業者らの事業として進めさせ、それを政府が指導・補助する体制への転換であった。

計画の展開を追う前に、設置を目指す施設の呼称の変化について触れておきたい。政府内調整期においては、便宜的に「通商博物館」という名称が使用されていたが、この頃より「商品見本陳列所」ないしは「商品陳列所」という呼称が主に用いられるようになる。その理由は明確にし得ないが、ここでは以下に示すような関係者の博物館に対する認識と、模範とした運営組織の違いによる影響を指摘しておきたい。次の一節は、一連の計画の経緯を伝える新聞記事である。

今日我邦に於ては官府自ら博物館を設け歴史的美術的の物品を蒐集陳列して一般公衆の観覧に供することあるも、未だ商品見本陳列所を設け内外各種の原質物、半製若くは製造品の市価、割引、手数料、各品の負担すべき各国関税の割合、各市場に至る汽車汽船の運賃、各市場に輸送する時に要する荷造風袋等の模様及び其の方法、見本品の品質と試験すべき工場等の装置を備え商工業者の便利を謀るの用意は毫もあることなし。(30)

ここに示された「商品見本陳列所」の内容は、欧州の事例と比べたとき、輸出品見本陳列所というよりは商業博物館の内容に近い。それでも「商品見本陳列所」という語を用いたのは、この記事に見られるように「博物館」という語に対して歴史的・美術的物品の蒐集陳列施設という認識があったことがその一因となっているのではないかと推測する。

こうした認識には、「ムレイ報告」の見解——すなわち商業博物館は歴史的・技術的目的を持ち、輸出品見本陳列所は商業的目的を持つとする見解も影響力を持ったであろう(本書第一章第一節参照)。前掲の記事が掲載された『中外物価新報』(創刊者は益田孝)には記事の数日後から「ムレイ報告」が分割掲載される。記者はムレイの見解を参照していた可能性が極めて高く、この部分が文脈から切り離されて強調されることで、先の認識が助長された可能性は否定できない。こうした認識から製品を蒐集陳列する施設（欧州の商業博物館や輸出品見本陳列所など）を博物館と区別して、商品見本陳列所と呼んだのではなかろうか。輸出品見本ではなく商品見本としたのは、扱う対象が輸出品に限らなかったことによるのであろう。事業主体の変化も名称に影響を与えた可能性がある。「ムレイ報告」では、商業博物館は官設で輸出品見本陳列所は民設であると説いたが、「通商博物館」設置計画が民間の手に移ったことは、同報告の影響下にある当時の関係者に呼称の変更を促す一因になり得るだろう。こうした呼称の変化は、「ムレイ報告」において商業博物館または通商博物館と翻訳されたブリュッセル・コマーシャル・ミュージアムにも及び、この頃の報道では「商品（見本）陳列所」として紹介されるものが少なからず確認できるようになる。(31)

「通商博物館」設置計画が実業団体の事業となるこの頃から、欧州において組織としても呼称としても明確に区別されていた「商業博物館」と「輸出品見本陳列所」が、日本においては「商品見本陳列所」などの語を介して「商品陳列所」として同化していく事実を確認できるのである。呼称の変化には西洋の言語を翻訳したことによる訳者間の相違も無視できないが、実業団体との関わりが深くなっていくにつれて実業的な施設が求められるようになり、内容としても「輸出品見本陳列所」のそれが求められるようになる。(32)それに呼応するように、名称も変化して流布していったのである。

さて、「通商博物館」設置計画に民間の団体が関与する契機となったのは、文部省から商品見本の蒐集を委嘱された益田孝の欧州出発であった。(33)益田の出発を前にして、外務・農商務・文部の三省は益田と渋沢栄一を招いて会談する機会を設け、この計画の行く末について議論が交わされた。当時の状況は次のように伝えられている。

> 今春益田孝氏洋行の挙ありしかば、此際右三省（外務省・農商務省・文部省―引用者註）当局の方々には氏が送別の宴を兼ね渋沢栄一氏をも其席へ招き談偶々此事（商品見本陳列所設置の問題―引用者註）に及びたれば、渋

沢・益田の両氏にも最も其挙を賛成し且つ其目的を達するには単に官立に為すよりも寧ろ官民相共同して挙行するの優れるに若かずとの意見を以てしたるの時に起これり[34]。

この会談後、外務省は益田・渋沢に大倉喜八郎を加えた三名を改めて招聘し、計画の今後について協議した。その席上で、外務省は「政府も此企には応分の保護を与ふべきに付、各々方に於ても我が商工業の為め特に此の計画を実行するに勉められたし」という趣意を彼らに伝えた[35]。こうして、官で進めてきた「通商博物館」設置計画が非公式ながらも益田・渋沢・大倉という実業界の実力者に託されたのである。それに伴い、設置を目指す施設の呼称として、新聞報道においても「商品（見本）陳列所」が主に用いられるようになる。

こうした状況に合わせて、以後、設立を目指す施設の呼称として「商品陳列所」を使用する。

（4）渋沢栄一らによる計画推進とその顚末：一八八七年四月～一八八八年一〇月

益田孝が欧州へ発った後、実業界において計画実行の推進力となったのは渋沢栄一であった。一八八七年（明治二〇）七月二一日、渋沢は貿易協会の幹事会において「商品陳列所」を創立する必要を説く[36]。欧州の先進事例の紹介を交えた渋沢の提案に幹事らは賛同の意を表した。そして貿易協会だけではなく東京商工会や府下の商業者にまで広く賛成を請い、創立委員を選出して事務を進めることがその場でまとまる。後に書かれた記事には、当初は単独で計画を担当する予定であったと報じるものがそれぞれの団体について認められるが、実際にどちらが先かは判然としない。いずれにせよ、貿易協会で提案を行った渋沢が東京商工会会頭であったように両会には人的に共通する部分があり、実質的にこの計画に関しては一体のものであったといえ、渋沢を中心とした実業界の有力者らによって進められたことは確かである。以後、貿易協会・東京商工会いずれかの場に両会からの出席者を得た上で、「商品陳列所」設置に関しての議論がなされていく[37]。

政府主導期の「通商博物館」から「商品（見本）陳列所」に看板を掛け替えて計画の実現を目指した東京商工会・貿易協会であったが、計画自体は依然として官の影響下にあった。それは、渋沢の提案から二ヶ月後、「商品陳列所」の設立事業に関する初めての集会の様子からもうかがい知ることができる。

当日は別に商品見本陳列所設立草案というが如きものありて之を議したりといふにはなく、唯其筋より参考の為にとて下付されたる報告書様のものを朗読し、互の参考に供したる迄なりと云へり。尤も同陳列所設立に関する大体の趣意組織等は厚意を以て其筋に於て起草し、同陳列所の発起人へ示さるゝの都合なれば、其上にて再び集会を開き諸事を決定する筈なり。[38]

「其筋」とは、これまで「通商博物館」設置計画を進めてきた三省と考えてよいだろう。つまり、今後の動向を占う最初の集会は、東京商工会・貿易協会が独自の案を構想し議論する場ではなく、これまで政府三省が集めてきた情報を把握する場であったといえるだろう。

政府三省から資料と組織計画案の提供を受け、東京商工会・貿易協会は「商品陳列所創設ノ義ニ付願書案」「右ニ付会員募集書案」「創業費予算書案」「収支予算書案」に付録として「商品陳列所ニ充ツベキ建物及地所ノ絵図」を添付した『商品陳列所創立手続書』とその規則案を作成し、政府へ提出する。[39] このことは一八八七年一一月一二日付の新聞が、「商品陳列所の創立願書、規約、事務章程等草案は已に出来したるを以て此の程其筋の内覧に供したる処」と経過を報じている。[40] 東京商工会・貿易協会は発起人として「商品陳列所」設立のための補助を希望し、経営方針や規則に関して三省の認可を得た上で実行したい旨を申し出た。発起人が求めた内容をまとめると次のようになる[41]（［ ］内は補助を求める省の頭文字を示す）。

①文部省附属地（板橋区木挽町一〇丁目・高等商業学校附属徒弟講習所）建物の無税借用［文］

②創業費（建物修繕費・商品見本購入費など）としての補助金下付［外・農・文］

③所有する商品見本および今後蒐集する商品見本の下付［外・農・文］
④蒐集した見本品についての説明書編纂への協力（商業学校の教官ら）［文］
⑤商品見本の蒐集への海外領事の協力［外］
⑥商品見本に関する学術的研究への協力［農・文］
⑦国内外の商況・慣習・規則などに関する報告書の下付［外・農］

創立費などの大半は、シュトゥットガルト輸出品見本陳列所のように(42)、一般の商工業者から設立賛同者を会員として募集し、彼らから徴収する入会金と会費を経費に充てる計画であったが、以上のように、運営は政府三省の補助に大きく依存したものであったことがわかる。そして、その内容は内外貿易の実際の現場において必要な様々な情報を提供する極めて実践的なもので、商工業者の利便を第一に考慮したものであったといえる。それは、「商品陳列所」の位置選定についてもいえる。発起人は、かつて文部省がその設立場所として提供しようとしていた一ツ橋の東京商業学校内の建物ではなく、木挽町の徒弟講習所の地をその設置場所として選び、借用を申し出ている。徒弟講習所は農商務省時代の東京商業学校の跡地を継いで文部省による新しい東京商業学校の付属校として一八八六年に設置されたものである。東京商工会を内包するその敷地は、築地精養軒の南西、電信中央局の南東に位置し、新橋駅や銀座といった商業中心地に近接する（図1の地図⑥）。渋沢らは、実業社会の中心地に「商品陳列所」を設置しようと試みたのである。

「商品陳列所」設置のために徒弟講習所の建物をすべて引き受け、改修を加えて使用する計画が立てられている（図3・4）。大きな変更は、精養軒側の街路に向けて新たに正門を築き、その正面に煉瓦造二階建てを新築するとした点である（図4の戊）。既存施設の外装を下見板張からセメント塗へと改修する計画も示されており（図4の乙・丙・丁。甲は当初からセメント塗）、煉瓦造の増築と合わせて物品を蒐集・陳列する施設としての防

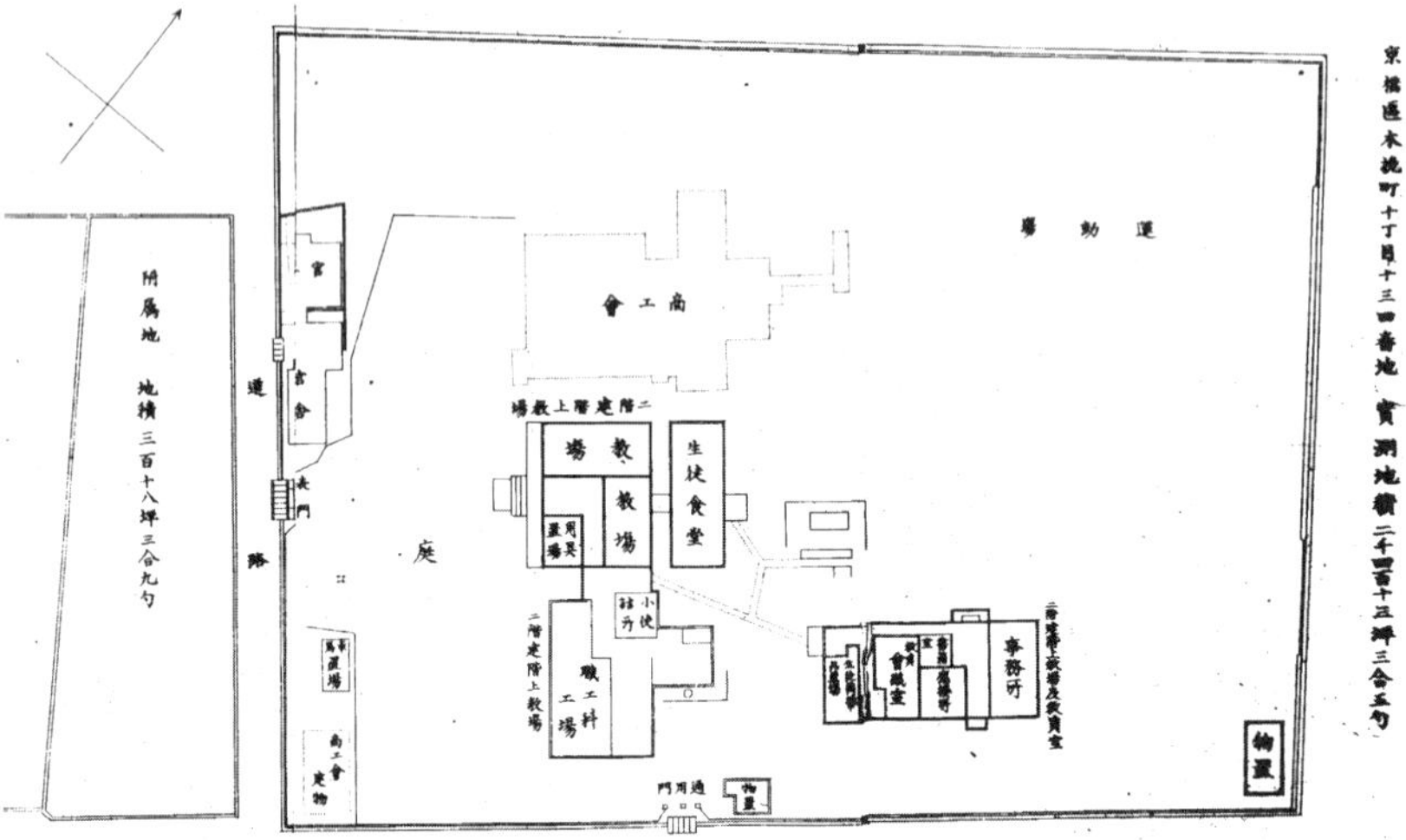

図3　商工徒弟講習所 平面図

敷地内の建物を東京商工会が借用している（点線部）。図の上方に中央電信局、右方に築地精養軒が位置する。

火意識がうかがえる。構内には樹木を新たに植えて庭園を整備し、従来は土塀だった精養軒側の境界は、すべて木柵に置き替える計画が示された。これらは利用者の心象を配慮した結果だろう。

　このような東京商工会・貿易協会からの申し出に対し、不満の意を示したのは文部省であった。文部省は発起人の出願に対する見解として、「商品陳列所創立手続書ニ対スル考案」と題した文書を一八八七年一二月一二日付で外務省に送付し、発起人とは異なる自省の意図を伝えた(43)。

> 蓋シ商品陳列所創設ノ方今我邦商業上ニ最モ必要ノ挙タルヤ言ヲ竢タズ。而シテ今当省ニ於テモ亦力メテ之ヲ慫慂シ其成立ヲ望ム所以ノモノハ主トシテ教育上ノ旨趣ニ出テ、即チ完好ノ商品陳列所ヲ設備シ以テ商工業者ノ利便ヲ図リ兼テ商業学校教授上ニ補益シ一挙両得ヲ期スルニ在リ。然ルニ発起人ノ所願タル殆ント自便ニ偏シテ両便考案ニ乏シキガ如シ(44)。

「商品陳列所」設立の必要は言うまでもないが、文

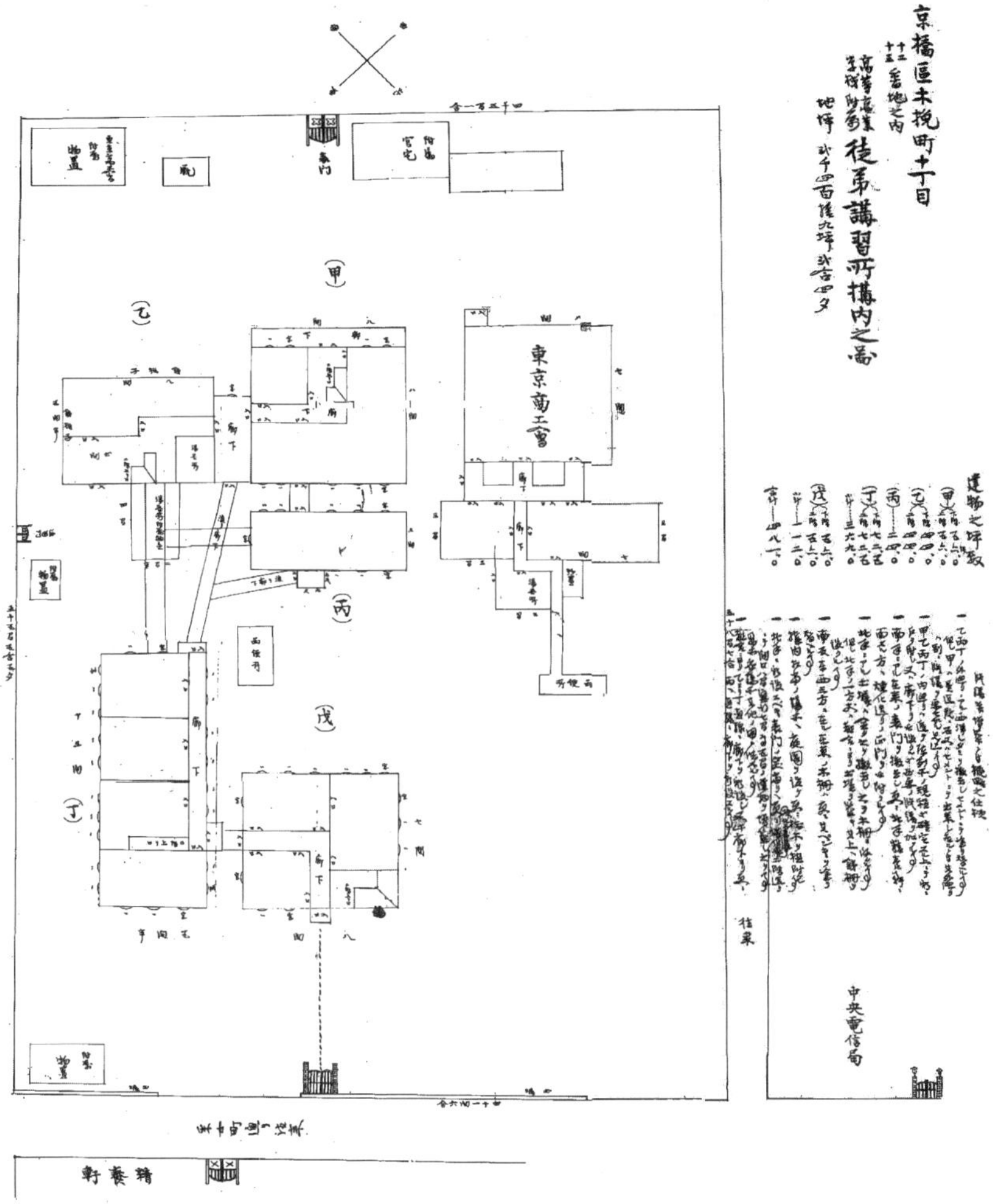

図４　東京商工会が考案した「商品陳列所」の計画図
方位は図３の位置から時計まわりに90度回転されている。

部省がこの計画に賛成しているのはそこに教育上の意義を見出すからであり、商工業者の利便を図ると同時に商業学校における教育に利益をもたらす施設の実現を目指している旨を改めて強調する。この立場から、東京商工会などによる計画案は、彼ら商工業者の利益のみを考慮したものに過ぎないと批判したのである。

文部省が特に反対の意を示したのは、その設置場所についてであった。文部省は、借用の申し入れがあった徒弟講習所の地は同校の運営上必要な場所であるため貸付できないというだけではなく、たとえ木挽町周辺に相当の地所が確保されたとしても一ツ橋の高等商業学校（同年一〇月五日に東京商業学校から改称）から距離が離れすぎているとして反対したのである（図1参照）。前半部分は当然の言い分であるが、後半部に関してはにわかに納得し難い。その理由を、文部省は次のように説明している。

且縦令貸付シ得ルトスルモ又同地方ニ於テ相応ノ地ヲ得テ充全ノ陳列所トナスコトアルモ斯ル隔絶ノ地ニ該所ヲ設置センカ陳列所ニ便ナルモ該学校ニ便ナラス。強テ該校ヲシテ之ニ利用セシメントセハ其商品科ノ教授ニ際シ往復ノ煩労時間ノ徒費等種々ノ不便ヲ免レス。又該校所有ノ商品ハ固ヨリ此隅遠ノ陳列所ニ貸付スルコト能ハス。設シ之ヲ貸付セシカ之ト同時ニ該校ニ於テモ亦陳列ノ設備ヲナサザルベカラズ。斯ノ如クナレバ当省ノ予期スル一挙両得モ遂ニ其一得ナキノミナラズ却テ一失ニ帰セントスルナリ。

木挽町に「商品陳列所」を設置することは同所にとっては便利かもしれないが、商業学校との往復に時間がかかり過ぎるため同校の授業に利用するには不便だというのである。さらには距離が離れすぎているために資料の貸渡しが不可能であり、もし貸渡しできたとしても授業でそれらを使用することができないために、結局は同校内に別の陳列施設を設けざるを得ない。それゆえに文部省にとっては、「一挙両得」を期待した当初計画の意味がなくなると主張した。

こうした理由から文部省が対案として提出した計画は、元の内容に大きな変化はないものの、一ツ橋の商業学校内の商品陳列所（旧博物場）の建物を計画の実現場所として提供するというものだった。木挽町に比べて一ツ橋の地は商工業者にとっては不便な場所であったが、「商品陳列所」を訪れて利益を上げようとする意志のある商工業者であれば熱心に一ツ橋の地まで通うだろうから、彼らにとって場所の遠近や利便性は大きな問題ではないとして、文部省は意に介さなかった。その他の補助申し出に対しては金銭の補助に関するもの以外は承諾するものの、それは一ツ橋の商業学校内への設置を前提とするものであった。

一八八八年（明治二一）一月一八日、発起人の所属する東京商工会・貿易協会は「商品陳列所」設立に関する会議を開き、木挽町の徒弟講習所ではなく一ツ橋の高等商業学校の旧博物場であれば貸し付けるとした文部省の見解が取り上げられる[45]。出席者が少なかったため、具体的な議論は保留されたようだが、「文部省が商品博物館を貸さるるは同省の附属と見ての事か。又たは民立の者と認めての上か」ということを文部省に問うことを決めた。文部省がまとめた「商品陳列所創立手続書ニ対スル考案」の内容がどれほど伝わっていたのかは不明だが、その内容を見れば発起人たちがかような疑問を抱いたとしても不思議ではない。文部省は商工業者と商業学校の双方にとって利益のある〝一挙両得〟な「商品陳列所」のあり方を説いたが、先に示した見解からわかるように、文部省のいう〝一挙両得〟は学校教育に偏重したものであった。文部省はあくまで高等商業学校附属の「商品陳列所」の拡張に計画を結びつけ、学校教育のための同所設置を目指していたといえるだろう。一ツ橋の旧博物場を使用することは、徒弟講習所以外の地に建物を新築するよりは費用がかからないという現実的な面でも利点も主張するが、その本意は自省の高等商業学校の利用に便利となるような形で「商品陳列所」設置を実現したいというところにあったのである。

一方、「商品陳列所創立手続書ニ対スル考案」に対して、農商務省は一八八八年二月一八日に外務省に自身の態度を知らせている[46]。建物に関する補助を必要とされなかった農商務省は、見本品購入費として毎年一千円ずつの補助を承諾する（ただし、次年度は一割減額するとした）。その他の補助に関する記述は確認できていない。

外務省の反応については明らかにできないが、その後の経過をみても、外務省が強く発起人に反対の意を示すことはなかったと考えられる。間もなく外務省は各省からの返信を踏まえて、「創立委員ノ請願書並ニ規則書ニ訂正ヲ加ヘ、別冊乃御図附□□従異存無之候ハバ、右ヲ以テ創立委員ヘ示」(47)すとし、同年三月三日付で各省へ照会した。懸案の設置場所は一ツ橋の高等商業学校の「商品陳列所」を当分の間は無償で貸し付けると明記され、文部省も了承した(48)。各省の持つ見本品はそれぞれ下付する方向でまとまり、見本購入費は外務省・農商務省が援助することとなった。

各省で検討の上外務省によって訂正された創立案・規則書は発起人に回付され、東京商工会・貿易協会では同年三月二七日に会議が開かれた(49)。ただし、訂正案以前に文部省の動向は発起人に伝わっており、政府との間に常に情報のやりとりがあったと考えられる。この時、政府から認められた補助の内容について、「一時金円の補助を止めて物品を以て下附せらるゝやの噂もありしが、今度外務省よりは商品見本購求資として金千三百円、農商務省よりは金千円、文部省よりは同陳列所の建物（神田区一ツ橋通高等商業学校内博物館跡）を貸附又は下附せらるゝ(50)」と報じられている。補助についての折衝の末、発起人は正式な創立願書を提出することが決定する(51)。なお、同年四月二一日には、設置場所として文部省が徒弟講習所を無償貸与する方針が報じられている(52)。

しかしながら、実現に向けての準備は整ったものの、なかなか創立願書を提出するには至らなかった。この間、両会でこの件について調整がなされたようで、同年八月、貿易協会幹事会の席で渋沢栄一が「商品陳列所」を貿易協会の附属として設置してはどうかと提案し賛成を得る(53)。同年一〇月、東京商工会でこの件について渋沢が報告し、東京商工会においても貿易協会に委任することが決定する(54)。結局、政府三省と調整を進めてきた計画に沿って、東京商工会・貿易協会の両者を発起人として創立願書が提出されることはなかった。

貿易協会の単独事業になると、これまでの計画にあったように高等商業学校にある旧博物場を利用するわけではなく、自身の事務所内に「商品陳列所」を設置することを目指した。一〇月九日、当時の事務所では間取や採光面で都合が悪いという理由で前年七月に竣工したばかりの事務所を売却し、「商品陳列所」を新築してその中に事務所を置くこととした。特に目処が立っていたわけではなかったため、仮事務所に移って同所の設立に従事することとなる(55)。その建設には、事務所売却収入一万四千円と政府補助六千円の計二万円の費用を充てることとなった(56)。

一八八八年一二月、貿易協会の「商品陳列所」設置計画が次のように報じられている。

予て計画中なる商品見本陳列場の事に就ては発企人諸氏より外務省・農商務省の両省へ内願中なりしが農商務省よりは創業費中へ金二千円及補助金年五百円、外務省よりは物品見積金額千五百円下附相成る旨聞き届けになりたれど（後略）(57)

この時点で、貿易協会が協力を呼びかけた相手に文部省の文字は見当たらない。おそらく、貿易協会の事業に移った頃に文部省は一連の計画から手を引き、積極的な協力は取りやめていたと推測される。なぜならば、益田が持ち帰った商品見本を手に入れた文部省は、この前後から高等商業学校内の「商品陳列所」の存在を広く一般に宣伝し始めており(58)、これは三省合同で進めてきた計画とは異なる学校付属の「商品陳列所」設置の実現を宣言したものだともいえる。

こうした計画の分裂は、一ツ橋の高等商業学校における学校教育に利用することを最大の目的とした文部省と、木挽町という日本経済の中心地で貿易界を牽引しようとした貿易協会とが、共に満足する形で「商品陳列所」設置を実現することができずに至った結果であったといえるだろう。それゆえ本書では、三省が関与して進められた一連の「通商博物館」設置計画の終点を、貿易協会という一実業団体の附属事業としての実行が決定した一八八八年（明治二一）一〇月とするのである。

貿易協会による事業も結局は実現しないまま終わりを迎える。計画案はまとまっていたが、建設の目処が立たず計画は宙吊りとなったのである。政府内においても様々な事情があったらしく約束通りに資金が交付されなかったため、しびれを切らした貿易協会は一八八九年（明治二二）四月に今後の方針を決め、それが実行できなかった場合は「商品陳列所」の設置を断念するとした[59]。その方針には、この頃には農商務省所有地となっていた木挽町九丁目の地（徒弟講習所の向い）を無償で借用し、「商品陳列所」建設の前段階として協会の集会所を建設すること、同所創立費用として会員を増やして経費を集めることが含まれていた。やがて海外の博覧会への参加の是非をめぐって貿易協会内で分裂が起こり、多くの脱会者を出す事態となる。おそらくこの時、多くの会員の賛助を必要とした「商品陳列所」の設置計画は実質的に不可能となり、実現することなく幕を引いたものと考えられる。

（5）「通商博物館」設置計画をめぐる各省の意図とそれぞれの「商品陳列所」受容

以上、計画に至るまでの状況を確認するところから、各省の政治的・空間的な駆け引きにともない、東京府下で展開した「通商博物館」設置計画について検討してきた。ここでは本節のまとめとして、「通商博物館」設置計画における外務・農商務・文部各省および渋沢栄一ら商工業者の動向を振り返り、その意図を明らかにした上で、欧州の商業博物館・輸出品見本陳列所などを近代日本がどのように「商品陳列所」として受容したのかを考察したい。

外務省は当初から「通商博物館」を自身で運営するのではなく、運営は他者に委託し、情報収集などを通した補助業務を担当することを意図していた。それは、運営者として未設の団体を仮定した「略則案」にも表れている。「通商博物館」設置計画への協力を呼びかけた最初の文書にあるように、外務省にとって「通商博物館」とは、領事報告などの文字情報を物質化するための装置であった。つまり、外務省にとっては運営者が誰であろうと問題ではなかった。それゆえに、計画が実現するのであれば、たとえ設置予定者が入れ替わっても態度を変えず、実現に向けて自身の役割を果たしていった。こうした外務省の態度は、この計画以後の動向からもうかがい知ることができる。国外の情報や見本品を必要とする「商品陳列所」を設置した大阪府や農商務省に対し、外務省は協力を惜しまなかった。領事から送られてくる報告や見本品を提供し、他省の主導する「商品陳列所」の運営を積極的に補助していく。それは外務省が当初描いていた形での実現であったといえるかもしれない。

農商務省は、外務省からの提案に対して当初は態度を保留するものの、基本的には異論を唱えることなく実現に向けて協力した。欧州の商業博物館やその類似施設の状況を一般に広報し、欧州の商業博物館に強い興味を示していた同省は、「通商博物館」設置計画をその実現の好機と捉えたことだろう。農商務省は三省が関与する形での計画が失敗に終わった後も東京商工会・貿易協会に協力の意を示し、終始良好な関係を保っており、貿易協会の単独事業となってからも外務省と共に貿易協会の「商品陳列所」のために見本品の蒐集に協力している(60)。最終的に、農商務省は一連の計画を弾みとして、自身の「商品陳列所」である貿易品陳列館および農商務省商品陳列館を実現することとなる。それと並行して、農商務省は地方都市の陳列所と連携し、商工業界の啓蒙に尽力した。その後も実業団体との結びつきは深く、時勢の変化によって海外に輸出品見本陳列所の必要が叫ばれるようになると、外務省と協力してその実現に傾注していく。

文部省は、外務省からの協力要請を、農商務省同様に自身が抱えていた事業を実現する好機と捉え、照会のあった直後から積極的な反応を見せた。それは外務省が示した内容に特に異論を唱えることなく協力した農商務省とは違い、「通商博物館」設置計画を取り込んで自省が管轄する東京商業学校（高等商業学校）の「商品陳列所」（商業博物館）を拡大しようとする、極めて戦略的な意図に基づくものであった。そこで実現が目指されたのは、商工業者を啓蒙して貿易の奨励を実現しようする商工業界全体に対する教育的性格を帯びた施設というよりも、学校教育のための施設であった。こうした文部省の態度は、「通商博物館」設置計画が民間の手に移った後に、より明確な意志として宣言される。結果として孤立した文部省は計画から手を引き、東京（高等）商業学校付属の「商品陳列所」を単独で運営していくこととなる。

こうした三省の動向を踏まえると、「通商博物館」設置計画を通して、近代日本が欧州の商業博物館・輸出品見本陳列所を商品陳列所として受容する過程の特質として以下のことが指摘できる。

①模範とした欧州の施設について

外務省はブリュッセルのものに代表されるような、一般社会、とりわけ商工業界における教育的側面を持つ商業博物館を模範として「略則案」を作成し、以前からそれに注目していた農商務省もそれに賛同する。商業的側面の強い輸出品見本陳列所も知識としては欧州からもたらされていたが、当初は商業博物館ほど注目されなかった。文部省も外務省に賛同の意を示すが、所管する東京商業学校が目標としたアンヴェルス高等商業学校に附属するもののような、学校教育と直結した商業博物館の実現を強く主張する。模範とした事例は異なるが、いずれも、ベルギーの事例を参照していたことは興味深い事実である。

②「商品陳列所」という語について

計画の起草者である外務省通商局が欧州の商業博物館を模範としたことにより、担当局の名称に因んで当初は通商博物館という語が便宜上用いられた。これは、欧州の商業博物館の特質を理解した上でのことでもあった。しかしながら、計画途中で民間の実業団体に計画の主体が移ったことにより、それ以外の内容にほとんど変化がなかったにもかかわらず、商品（見本）陳列所という語が用いられるようになり、欧州における商業博物館と輸出品見本陳列所などの一連の類似施設が、「商品陳列所」という語に同化される。その背景として、運営主体がシュトゥットガルト輸出品見本陳列所のような形態を模範としたことと、博物館は歴史的史料を扱うものだとする実業団体関係者の博物館認識の影響を指摘できる。

③「商品陳列所」の教育について

当初、「通商博物館」設置計画においては、国内の商工業者に内外の見本品を提示し、海外の情報を提供することによって、実務に携わる商工業者を中心に商工業関係者を啓蒙し、彼らの知識・技術の向上を図るという教育的性格が示されていた。外務省・農商務省は、終始この立場に立った。一方、文部省は他両省の立場を認めるものの、とりわけ学校教育への利益に固執した。これは文部省が「商品陳列所」の実業社会に対する教育的な役割に比べて、学校教育に対するそれを優先していたことに起因すると考えられる。

外務省・農商務省・文部省が関与したこの計画は、実際経済に近い外務省・農商務省と、学校教育の現場に近い文部省とで分裂して終焉を迎えたといえる。欧州から関連する様々な情報を蒐集することから始まった「通商博物館」設置の動きに、各省はそれぞれが抱いていた思惑を実現するべく接近した。しかしながら、結局は理想を異にする互いの距離を埋めることはできず、相容れない他者を排除することによってそれぞれの「商品陳列所」を実現することとなる。

「商品陳列所」におけるこのような二つの方向性は後世においても認められる。大正期に「商品陳列所」を商業に関する施設として紹介した佐野善作（当時、東京商業学校校長）は、実業学校の教授用として（一般の利用も想定）「商品の生産の順序・製法等を教示」するものを「教育的商品陳列所」、商工業者の「参考」に資することを目的とするものを「興業的商品陳列所」として、目的によって分類している[61]。前者でいう「教育的」とは学校教育に関するものを意味し文部省が提唱したものを、後者でいう「興業的」とは殖産興業政策に関するものを意味し農商務省・外務省が提唱したものにそれぞれ通じる。ただし、陳列する商品の選択やその陳列法はどちらも同じであるとし、表現は違えども両者に商品を通した教育的機能を認めた一方で、商業施設としての「商品陳列所」は後者を指すとしている。なお、「商品陳列所」のうち特に国外に設置される貿易販路の拡張を目的としたものを「国産陳列所」として紹介しており、そこでは商品の即売も積極的に行われたとして「陳列所」と「販売所」を兼ね備えたものと説明する。これは、外務省・農商務省が交易都市に設置した輸出品見本陳列所に通じるものだといえよう。

このような「商品陳列所」に対するその後の認識を鑑みると、「通商博物館」設置計画における「商品陳列所」受容の振れ幅が、実際に同所のその後の展開に強く影響を及ぼしたことがわかる。殖産興業・貿易振興の政策や実業教育とも深く結びついた陳列施設の、近代日本におけるこうした受容のあり方は、商業博物館あるいは「商品陳列所」に求める各省の意図を浮き彫りにするものであった。それは、たとえば農商務省と文部省による実業教育の主権争いのように、近代日本が抱えた産業政策・教育政策上の問題を示すひとつであったといえる。

二　府立大阪商品陳列所の誕生

(1) 大阪における「商品陳列所」設置の動向と「通商博物館」設置計画

外務省を中心に進められた三省協働による施設は実現しなかったが、その計画の熱が飛び火する形で、大阪に「商品陳列所」が実現する。一八九〇年（明治二三）に開所した府立大阪商品陳列所がそれである。

大阪には一八七五年に大阪博物場が設置され、「此ニ設置スル博物場ノ旨タルヤ、獨百物ノ奇観ヲ以テスルニ非ス、各地ノ物産品位ノ精粗直価ノ昂低博ク比較ヲ取ルニ便ナラシメンヲ要ス（中略）府下売買交換愈盛大ナランヲ期スルノミ」として、国内物産の紹介と販売が行われていた(62)。大阪博物場は、府立勧工場や教育博物館を合併し、さらには多くの共進会の会場となるなど府下商工業促進の場として活動し、一八八五年に天野皎が博物場長に着任してからは文化・教育的側面を強めていった(63)。これらの既存施設を抱えた大阪が、大阪商品陳列所を設置したことは、つまり既存施設とは異なる目的と意義をそこに見出したからに他ならない。

以下、本節では、「通商博物館」設置計画とその模範となったブリュッセル・コマーシャル・ミュージアムとの関わりに注意しながら、大阪商品陳列所の設立に至る経緯とその実現したものについて考察する。

①大阪商法会議所による計画

大阪商品陳列所設置の実現は、一八八九年（明治二二）に大阪府知事に着任した西村捨三によって進められた。とはいえ貿易振興を図るための商品陳列施設を設置しようとする気運は、それ以前にも大阪商法会議所を中心とする商業者の間に認めることができる。きっかけとなったのは一八八七年に当時の外務省通商局長・浅田徳則が来阪したこと(64)。先にみたように、外務省通商局は「通商博物館」設置計画の中心組織であり、この時期は政府三省の計画が民間主体へと移行しつつある最中である。難航する政府内の調整と並行して、別の形での実現を考慮していた外務省の立場が、ここからもうかがい知れよう。

浅田の来阪目的は不明だが、大阪滞在中に大阪の商業関係者らに商品陳列施設の必要性を説いたという。さらに、「内務外務両省よりも大に勧奨せられし次第も有」ったため、浅田来阪の翌八八年七月、大阪商法会議所において「商品陳列所」の設置計画が討議された(65)。

国内外の商品見本の陳列施設の設置は、副会頭である寺岡らによって計画され、「商品陳列所」の実現可否を議論するため「商品陳列場《ちんれつば》設置議案」として総会に提出された。議案の内容は次の通りである。

商品陳列場設置議案

第一　大坂に商品陳列場を設置するの得失如何

第二　商法会議所に於て商品陳列場を管理するの可否如何
第三　商品陳列場は府内何れの場所に設置するを適当と為すや
第四　商品陳列場設置の費用支弁法及び将来維持の方法如何[66]

議論に先立って、寺村自らが計画に至る経緯と海外の事例について紹介し、計画について次のように説明した。

外国見本品の如きは外務省に請願して取寄せ陳列する筈となし、内国産見本品は大阪府貿易商組合其他当業者に出品を促す見込なり。設置維持費等は其筋の補助を仰ぎ、有志者の醵金及び陳列場の収入を以て支弁の筈なれば宜しく決議せんことを望む。

ここに示されたのは、陳列品から施設準備・維持に至るまで、政府と民間が共同する形であり、それは東京貿易協会らと進めている計画と同様の形である。大阪商法会議所の発起による計画であったが、その実は政府や府の補助を前提とした。

商法会議所が補助を仰ぐとした「其筋」とは、これまでの経緯から外務省をはじめとした政府がまず想定されるが、ここに大阪府が含まれる可能性が極めて高い。それは、浅田の来阪時に府関係者も「商品陳列所」についての談話を受け、この頃から積極的にその実現を検討していた事実を確認できるからである。大阪府は、商法会議所が議案提出をする頃に、浅田に宛てて「商業博物館」設置の意思を伝えるとともに、参考資料の提供を打診している。

過日御来阪之節、御談示相成候商業博物館之義、府下ニ於テ創設致度見込ヲ以テ目下計画中ニ有之候ニ就テハ、本館設立ニ要スル参考書類有之候ハヽ、乍御手数御謄写之上御回付相煩度及御依頼候也。[67]

この打診に対して、外務省は一週間を要さずに浅田名義で返信し、ベルギー（ブリュッセル、リエージュ）、オランダの類似施設三件の現況報告を送付する。[68] 商法会議所の寺村が議案の提出時に海外の事例について紹介していることや、議案が提出された総会を大阪滞在中だった農商務大臣・松方正義とともに、大阪府知事・建野晋三をはじめ秘書官・書記官・府下郡区長などが傍聴していたことからも、商法会議所と府、そして外務省・農商務省が、この計画を連携して進めたことをうかがわせるのである。

しかしながら、政府から地元まで注目を集めたこの議案は、「未だ十分の方法順序費金の支出収入額等の取極もあらざれば、更に詳細の取調べを為し然る」として、この場での議決は見送られる。計画の実態が見えないことが、その原因のひとつであった。

こうした経緯をみると、東京で進められた計画の行き先が危うくなってきたこの時期に、外務省や農商務省はいわばその代替として大阪府そして大阪商法会議所に接近したという構図がみえてくる。商法会議所による陳列施設設置の計画は見送られたものの、そこには外務省や農商務省の直接的な働きかけがあったのである。

②大阪府による計画

大阪商法会議所による計画は頓挫するものの「商品陳列所」設置の気運は立ち消えることなく、続いて大阪府がその実現に動き出す。きっかけとなったのは内務省から大阪府知事に転任してきた西村捨三の着任であるが、具体的な関係者をみていくと、前述した大阪商法会議所の計画と連続するものとして位置づけることができる。

大阪府は、一八八九年（明治二二）一〇月一八日に、大阪奉行所から府が引き継いでいた勧業委託金の約半分（四万一六五九円二二銭六厘）を財源として「商品陳列所」を設置することを議決し[69]、同月二四日にはその立案のために当時の大阪を代表する実業家・有識者を商議員として指名する[70]。商議員となったのは、大阪商法会議所会頭の田中市兵衛をはじめ、伊庭貞剛・豊田文三郎・岡崎高厚・大三輪長兵衛・田邊貞吉・田村太兵衛・玉手弘道・近藤徳兵衛・菊池侃二の一〇名である[71]。このように計画の初期段階から、大阪商法会議所をはじめとする商工業者の関与が認められる。

その一方で政府とのつながりも維持された。計画は、府の担当者を中心とする大阪商品陳列所創立準備委員会（以下、準備委員とする）によって進められる。委員長には板原直吉（大阪府農商課長）が就き、安井正・牧野元良・酒井秀直・藤井恒久・和田銓吉ら府の職員が委員に名を連ねた。なお、板原・牧野・藤井は後に商品陳列所長の任に就き、藤井は後に中国に渡って考工廠（中国版の商品陳列所）の設立に尽力する人物である(72)。政府からは外務省の珍田捨巳、農商務省の蘆葉六郎・吉川二介・宇多良温、逓信省の田中貞吉・澤田硼が、委員として派遣され、設立準備に努めた(73)。ここに逓信省が加わったのは、交通網や鉄道運賃などの流通や通信に関して協力を仰いだためである。

大阪府の事業として進む計画は、大阪府を中心に、商法会議所をはじめとする府下の商工業団体と、外務省・農商務省などの政府組織が密接に関わり合うことで成立するものであった。この構図は、東京で頓挫した「通商博物館」設置計画が、場所と構成組織を変え、そこに実施主体として地方行政機関が加わり先頭に立つことで、実現したものだとも捉えられるだろう。ただし、この計画は主体が大阪府であるため、政府三省による計画とも、東京商工会が主体となった計画とも目指すところが異なり、さらなる展開を見せることとなる。

準備委員会は欧州における商品陳列機関を基に立案する。立案にあたっては、外務省と農商務省に資料提供を求めており、出来上がった計画にも両省に対して検討が稟請されており、計画全体は両省に強く依るものであった。それゆえ、大阪での計画も「通商博物館」設置計画で両省が目指したブリュッセル・コマーシャル・ミュージアムに範をとることとなる(74)。一連の計画は、一度民間の手に移ることで「輸出品見本陳列所」の性格を帯びたが、この段階において再び教育的性格を帯びた「商業博物館」に振り戻される。ただし、計画される施設名称については「商品陳列所」が引き続き使用され、「府立大阪商品陳列所」となった（大正期の施設移転時には「大阪府立商品陳列所」となる）。それゆえに、大阪商品陳列所は、和名こそ「商品陳列所」であるが、英語名称として「Osaka Commercial Museum」を使用する。ここに組織の性格と名称のずれが露呈することとなる。

さて、大阪商品陳列所はブリュッセル・コマーシャル・ミュージアムを手本としたが、「通商博物館」設置計画と同様に、それの完全な移植ではなかった。大阪商品陳列所の目的は、「主に我物産の輸出を増進し又外国品を輸入するの便利を図り、兼て内地商業の発達を助け府下の工業を拡張改良する」(75)ことであり、大筋はブリュッセル・コマーシャル・ミュージアムおよび「略則案」のそれと同様である。けれども、文末に加えられた一節に、工業の拡張改良を明確に目的として掲げられたことは大きな違いであった。これに伴い、同所は製品や原料に関わる化学的な調査研究を業務のひとつとした。

大阪商品陳列所に工業的要素が強く組み込まれた経緯は不明だが、ここでは農商務省の影響を指摘しておきたい。農商務省は一八八四年に前田正名を中心に『興業意見』をまとめ、地方における勧業政策の指針を示している(76)。それは商業学校に併設した貿易品陳列所の設置を説く一方で、「工芸ノ改良ヲ助クル方法」として、機械類の陳列所を設置することや、化学試験や製品・原料の分析を行う試験場をそれに隣接して設置することを説いた。先の「通商博物館」設置計画において外務省より打診を受けた際に、農商務省は類似施設として「勧工列品所」の設置を準備中だと答えている(77)。想像を少したくましくするならば、「勧工列品所」が「商品陳列所」として大阪に実現しようとした時、農商務省が残された自身の計画を加味しようと働きかけたとしても不思議ではない。府の創立準備委員長の板原直吉は前田に師事した人物であり、同所の組織計画にあたって農商務省は他省より多い職員を派遣していたことからも、計画における農商務省の影響がうかがえるのである。

前述の目的を実現するため、大阪商品陳列所の具体的な組織編成においても、ブリュッセル・コマーシャル・ミュージアムを土台としながら独自の変更が加えられた。目的と業務内容については開所に合わせて作成された『大阪商品陳列所設立趣意書』（図5）と『大阪商品陳列所規則説明書』によって詳細に解説され、全国に広く紹介された[78]。この時、準備委員会は「ムレイ報告」を含む関連資料を「陳列所参考資料」として編纂したという。

機関誌『大阪商品陳列所報告』（英題〝A Report of The Osaka Commercial Museum〟；図6）の発行や商業情報の提供を重視する運営方法はブリュッセル・コマーシャル・ミュージアムのそれを継受した。機関誌の題名からもそれはうかがえる。一方で陳列などの内容については変更が加えられる。具体的には、陳列に内国製品が加えられたこと、広告室が設けられたこと、分析試験室が設けられたことの三点である。大阪商品陳列所における輸出入品の陳列内容は、ブリュッセル・コマーシャル・ミュージアムの方針とほとんど同じで、輸出品見本として他国製品を、輸入品見本として他国原料を扱う方針を立てた。内国製品の陳列は、輸出向け製品を陳列し国内製品の〝ショールーム〟とした。この点に「輸出品見本陳列所」からの影響をうかがうことができる。

広告室では製品等の広告を掲示する一方で、国内のものを含めて工事の入札情報は扱わなかった。広告の掲示は有償であるが、広告の掲示面積によって料金が定められた。文字数に依らないこの仕組みを解説した上で、面積を有効に使用する広告の作成を勧奨し、広告意識の啓蒙とその普及に寄与した。

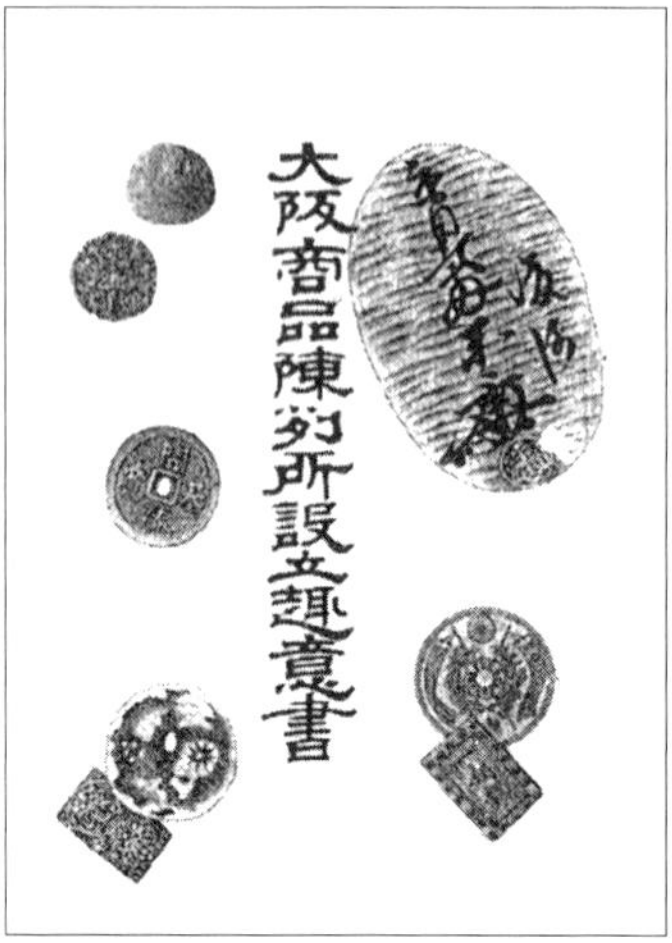

図5　『大阪商品陳列所設立趣意書』

図6　『大阪商品陳列所報告』
第1号表紙

分析試験室では、製品や鉱物などを対象とした定量分析と定質分析が行われた。生産者を指導する本格的な工業奨励機関である。当初は府庁内の分析試験室は大阪商品陳列所自体の拡大に併せて規模と内容を拡大し、やがて同所から独立して大阪府立工業試験場となる。(79)後にこの分析試験室からは、大阪の名産品となる人造真珠やフエキ糊などが誕生する。

もうひとつ注目したいのは、館内に電話機の雛形が置かれた点である。これは逓信省の協力で実現したもので、当時はまだ珍しかった電話の普及を図る目的があった。館内に設置された電話を来訪者は自由に試すことができ、実際に通話も体験できた。これにより、電話の加入申込が相次いだという。(80)

大阪商品陳列所は、ブリュッセル・コマーシャル・ミュージアムを模範としながらも、政府が進めてきた計画から学習し、組織計画された。それは欧州で流行する商業博物館という施設の純粋な移植ではなく、産業構造や政権との関係の中で様々な施設が混合させられた独自の商業博物館への展開であった。こうして、「通商博物館」設置計画をある意味では引き受けつつも、独自の形に収斂し、一八九〇年一一月一五日に開所式を迎える。

開所式には、農商務次官をはじめ、各省局長、府県知事、府会および市会議員、府下商工業者、新聞記者等、五百有余名に及ぶ来賓が参列して盛大な式典が催された。(81)午後二時に始まった式典は、日が落ち暗くなるまで続けられた。正門には菊花のアーチが架けられ、敷地内各所に配置された生花により参列者は迎えられたという。裏庭と正門前の河岸には仮小屋が設置され、陳列所の周囲にまでその祝賀の雰囲気は広がっていたことだろう。食堂や模擬茶店では立食形式の食事が振る舞われ、三〇人の芸者が迎えた。芸者の舞踊や軍楽隊の演奏で賑やかに会食が行われ、夜にはアーク灯による電飾と花火によって賑やかで盛大な門出が演出されたのであった。ここに日本独自の「商品陳列所」が誕生したのである。

開所した後は、平賀義美の所長就任などを契機として、大阪商品陳列所は西日本地域の核となる〈陳列所〉として、急速に成長していく。[82]それに伴って施設も増改築を行い、規模を拡大させていった。しかし、不運にも一九〇九年（明治四二）七月三一日の北区大火に罹災し、施設の大部分を焼失した。それ以後は仮事務所における調査事務を縮小して行うに留まる。陳列機能を回復し、再び大阪の商品陳列所が興隆するのは、大正期に入って再築計画が動き出すのを待たねばならない（再興後については本書第五章参照）。

（2）大阪商品陳列所の建築

大阪商品陳列所の設立は、先に見たように、府の準備委員が実務を担った。準備委員会は、海外の事例を参照して組織計画と並行して、「商品陳列所」に使用する建物の新築計画を進める。建築については、牧野元良と酒井秀直が担当した。[83]一八九〇年九月に竣工し、同年一一月に開所する。以下では欧州の類似施設を研究して誕生した初めての〈陳列所〉である大阪商品陳列所の建築に注目し、建設経緯とその建築的特徴を考察する。

①建設経緯

大阪府は、設立予算を確保するとすぐに府内の官有地を同所用地として使用するため内務省に稟請し、一八八九年（明治二二）一一月にその許可を得る。[84]府が同所の敷地に定めた場所は、田蓑橋の北詰、北区堂島浜通二丁目（現・大阪市北区中之島三丁目）の一角であり、かつて五代友厚の製藍工場「朝陽館」[85]が位置した場所である（図7）。

同所の立地としてこの地が選択された理由としては、①梅田停車場に近く、堂島川の船運も利用できるため運送の便が良い、②隣地に商業会議所・商業学校の設置計画がある、③官有地である、という三点が挙げられている。[86]③は敷地の取得の容易さに関するものだが、①・②は商品陳列所の活動目的を具体的に反映したものであったといえる。堂島川から曽根崎川（蜆川）と交差して大阪駅まで伸びる入堀が物語るように、当時の大阪においい

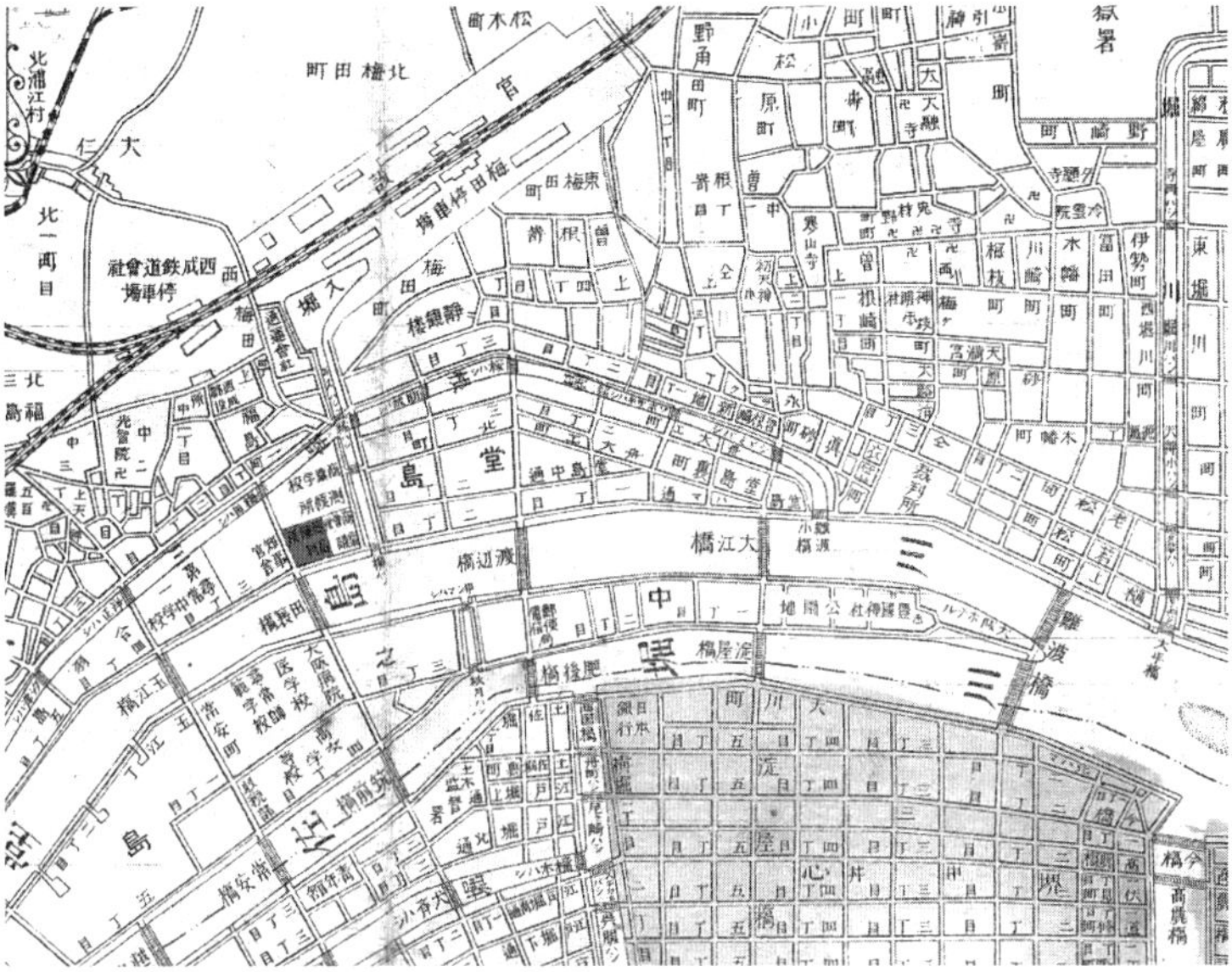

図７　大阪商品陳列所の位置

画面左方中央の網掛け部分が大阪商品陳列所。敷地北側に商業学校と測候所、東側に商業会議所が隣接する。

て水運は重要な流通手段であり、明治に入ってもなお水都の様相を呈していた。商業会議所と関連した計画は、当初から地元実業家とのつながりゆえであろう。

敷地が決定した後、建設委員会はすぐに設計に着手した。建築設計は、原案を大阪府技師・安田為一が作成し、それを基に内閣の臨時建築局技師だった吉井茂則に委託された[87]。

吉井に委託された理由は明らかではないが、吉井は一八九二年に逓信省へ移った後も、大阪停車場（一八九九年竣工）や大阪府会議事堂（一九〇三年竣工）の設計を行う等、明治後半期の大阪と何らかの強いつながりを持ち続けており、大阪商品陳列所の設計は吉井にとって重要な仕事であったといえる。なお、吉井に委託された設計には、「建築局技師吉井茂則氏ニ委託シテ辰野博士ノ賛助ヲ得テ建築図面ノ調整ニ着手セリ」とあるように、辰野金吾も関与した[88]。ただし、前述したように

図８　大阪商品陳列所 正面

組織や運営等に関しては府の準備委員による調査に基づいており、平面計画や規模計画等は安田の手で原案としてまとめられたと考えられる。吉井の役割はとりわけ意匠設計にあったと推測する。

吉井らによる図面の精査を踏まえて府は設計図案を調整し、一八九〇年（明治二三）一月にこれを終える(89)。府は同年二月三日に日本土木会社大阪支店と工事請負契約を交わし、二月七日から工事が始められた。建築工事は迅速に進められ、同年九月下旬に竣工する（図８）。設備関係の完成を待って、一一月一五日に開所式を迎えた。

②建築概要

大阪商品陳列所の建築は、その機関誌の表紙に描かれたように同所の顔であった。ルネサンス風の優雅な姿は、しばしば大阪の名所として紹介された（図９）。竣工当時の様態は、機関誌に掲載された平面図から確認することができる(90)（図10）。一三七五坪の敷地に、陳列室と事務室などからなる本館のほか倉庫などが置かれ、約二千坪を庭園とした(91)。本館は堂島川に向かって建ち、本館と中心軸を揃える正門の前には川沿いに荷揚場が設けられていた。

煉瓦造二階建ての本館は一見すると飛行機のような平面型をしているが、これはふたつの部分に分割して捉えることができる。飛行機の主翼にあたる部分に陳列室が置かれ、尾翼にあたる部分には事務室や商談用の諸室が配されている。このふたつの部分、つまり陳列棟と事務棟は、一階中央部の階段下で接続するのみで、二階では行き来することはできない。つまり空間としては、一字型平面の陳列棟に事務棟のボリュームを付加したものである。外部の意匠からも、異なるものが組み合わされていることが見てとれる（図11）。

陳列棟は中央前面にベランダを張り出し、上下階ともに中央部分を広間とした。二階広間は広告室として使用される。観覧者が試すことができる電話機はこの広告室と他二室に設置された(92)。陳列部分一階の左翼隅には荷造

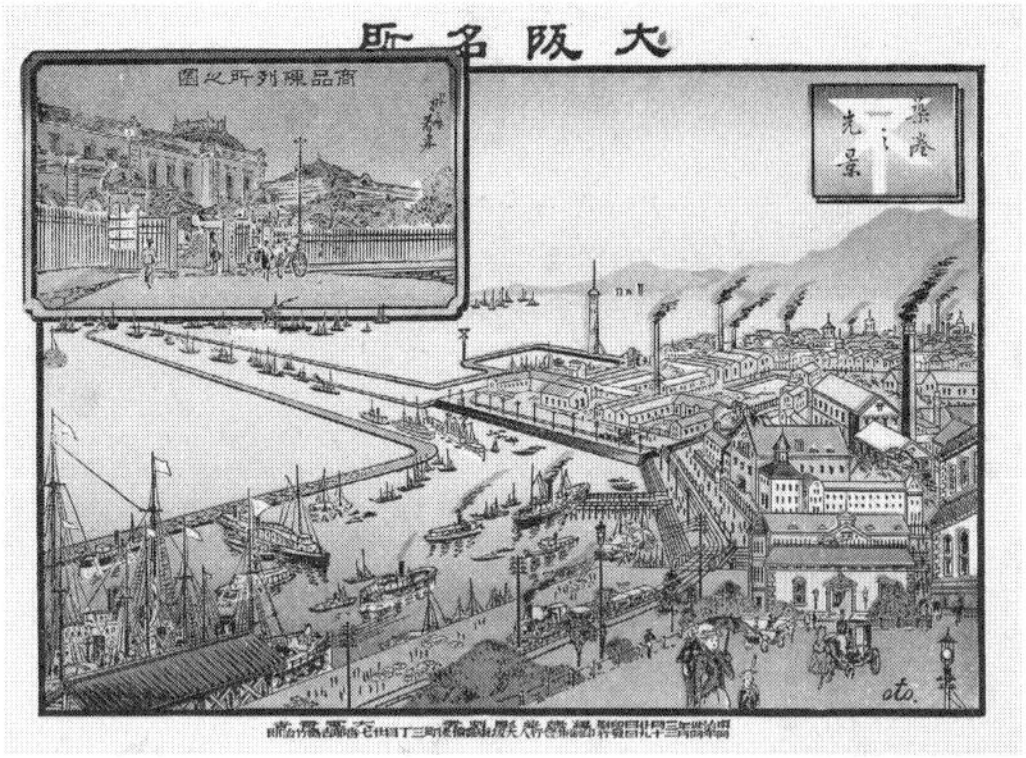

図９　大阪名所として描かれた大阪商品陳列所

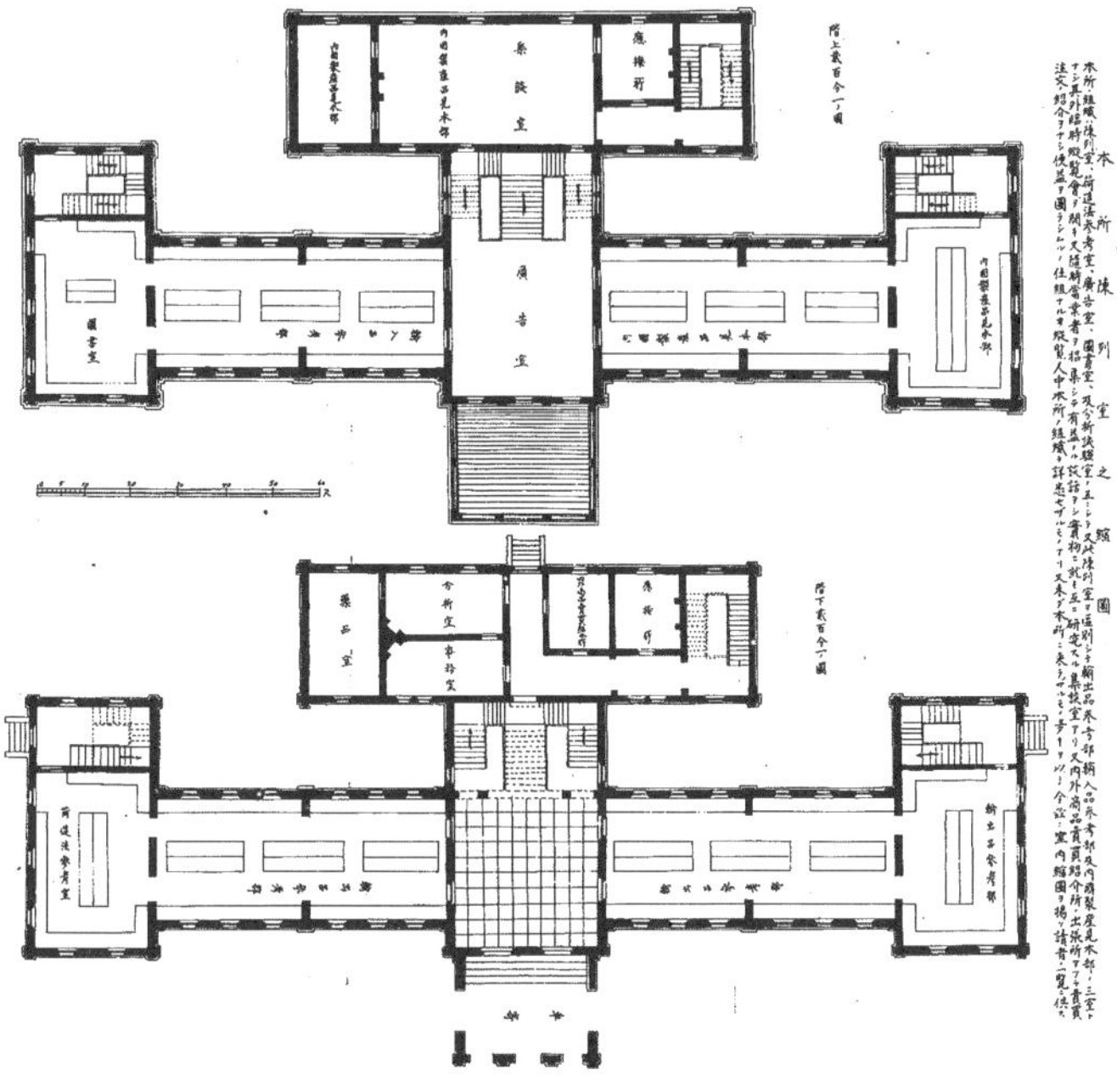

図10　大阪商品陳列所 平面図（開館当初）

図11　北東から見た大阪商品陳列所
左に写るマンサード屋根の建物が大阪商品陳列所の陳列棟。中央に写る煙突のある建物が事務棟。右側手前の塔のある建物は大阪測候所である。

法参考室を設けられている[93]。荷造法参考室の上階部分は図書室に充てられているが、隣の陳列室とは扉なしに接続するものであった。図書閲覧も陳列品の閲覧と同等に扱われ、図書室単独での機能性は求められていない。なお、室内への採光は側面の窓からのみである。

事務棟には事務室のほかに応接室・内外商品実売紹介所・分析室・集談室などが設けられ、陳列所を訪れる商工業者との窓口となるような機能が集められている。とりわけ事務棟二階の集談室は、「当業者ヲ会シテ要用ナル講究談話ヲ為スタメ[94]」また、「当業者ヲ招集シテ実物ニ就キ互ニ研究スル[95]」ための部屋として、商工業者との特に重要な接点となっていた。応接室を含め、ひとつの建築内でありながら陳列室からは隔離された場所に商工業者と接する機能が配置されていることに注目しておきたい。

一八九四年（明治二七）一月に所長に主任した平賀義美は積極的に施設の改造を進め、大阪商品陳列所は最初の興隆期を迎える[96]。同年七月には早くも商品陳列室の拡大計画が立ち上がり、内国製品を集めて自由に販売することのできる施設の設置が発案された。この計画は第四回内国勧業博覧会の開催に乗じて議会に申請されたものであり、公に施設を開いていくことで陳列所の利用促進を図り、施設の周知を意図していた。同年七月六日に決議認可され内国製品陳列館の建設が決定、同年一二月下旬に竣工した。設計は大阪府営繕係・黒田喜隆である。商工業者が直接物販することが可能となるこの施設は歓迎され、商工業者から建設費用の寄付が相次いだという。

内国製品陳列館は平屋の陳列室四棟からなる（図12）。敷地の周囲を縁取るように配置され、門や倉庫などに

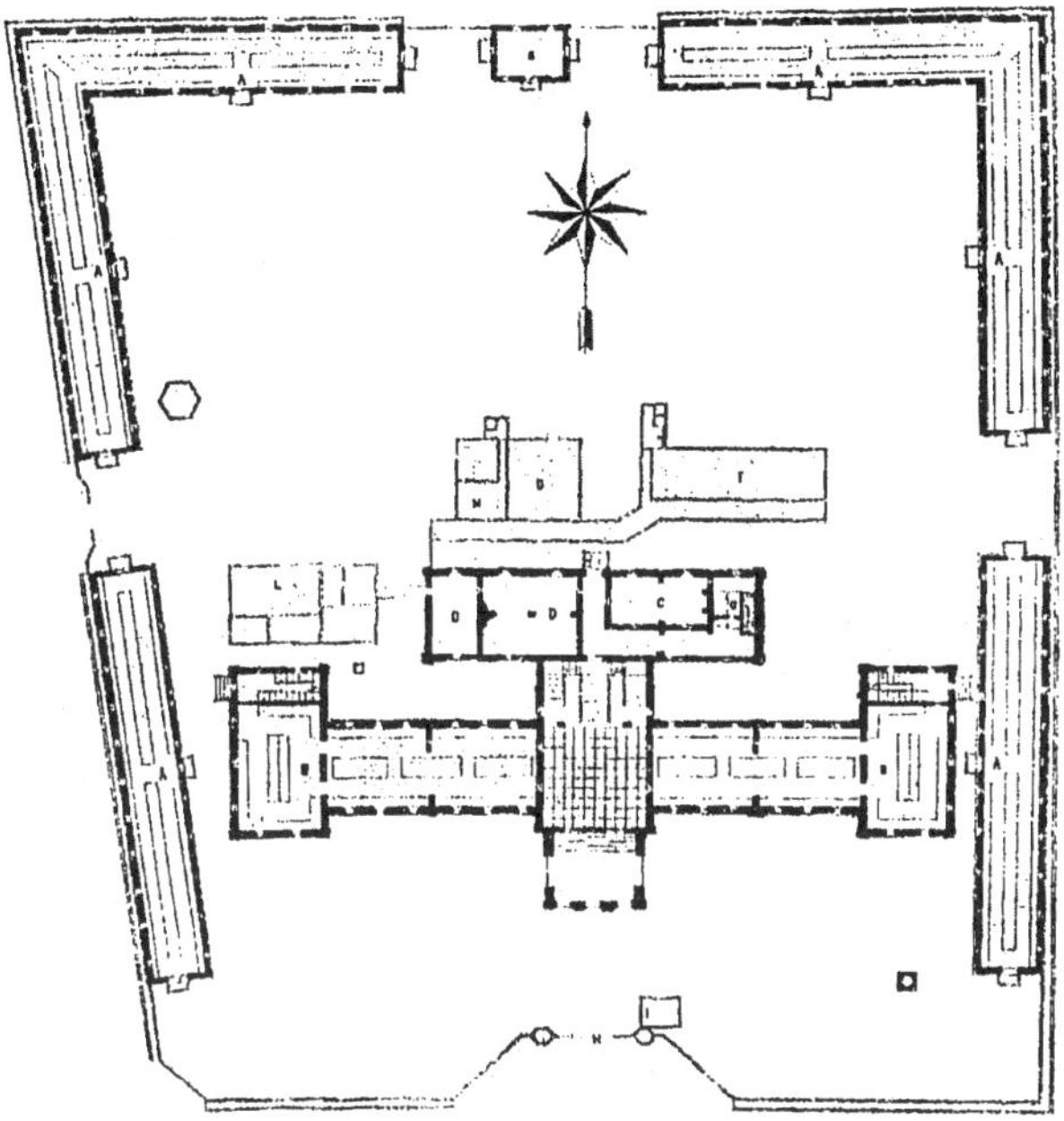

図12　大阪商品陳列所 平面図（1901年）

よって敷地各辺の中央で分断されている。どれも細長い形状であり、隅部にあたる北側の二棟は敷地に沿って曲げられた。それぞれの棟は小口面で相対し、細長い陳列室を通過して商品を見ながら全体を一周できるような造りとなっている。

陳列室の拡大によって利用者が増えたことで、事務機能も従来の規模では対応できなくなり、段階的に施設が拡大した[97]。一八九九年（明治三二）四月一日に、事務所の西隣に大阪府営繕係・岡崎要吉の設計による木造平屋の工業試験部が竣工すると、従来の分析室を移転して規模を拡大した。在来の分析室は事務室との障壁を取り壊して事務室を拡張し、かつての分析室物置場は宿直室となった。さらに翌一九〇〇年には所長室と隣室との隔壁に扉を設け、所長室として一体で利用した。

庭園も活動に合わせた活用が図られた。開所の翌年には、庭園内に巨大な世界商業地図模型[98]を築造し、世界各国の位置形状および交通状況の紹介に利用した。周囲の広大な庭園は市民にも開放され、府に許可されれば土地の利用も認められた。開所後一〇年間における庭園の活用例をまとめると、表1のようになる。

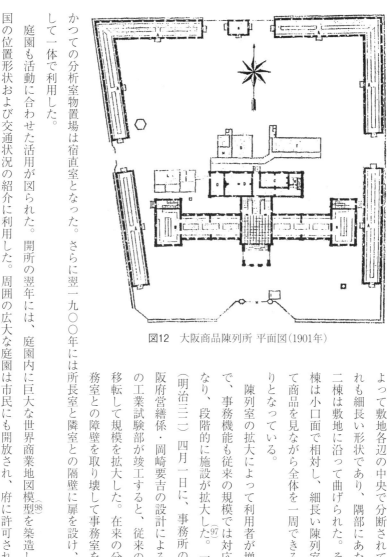

表1　大阪商品陳列所 開所後10年間の庭園内設置物

年月	設置物	規模	設置者
1891年２月	世界商業地図模型(1892年10月台風被害により取毀)	外周260間	大阪府
1892年８月	輸出用牡丹の栽培・陳列(1895年８月まで)	不明	下村常次郎
1894年10月	喫茶店	15坪	松田トメ
12月	喫茶店 内国製品陳列館(４棟)	15坪 336.87坪	尾田市松 大阪府
1895年７月	余興場(1899年９月老朽化により取毀)	不明・泉池なども整備	尾田市松ほか154名による寄付
10月	ラムネ製造機械陳列室	7.5坪	高尾定七
1896年３月	灯籠陳列	5坪	片山徳次郎
11月	卉花樹木栽培	100坪	永井正平
1897年５月	東屋	7.5坪	高尾定七からの寄付
1899年８月	工業試験部	28坪	大阪府

「地所構造」(『府立大阪商品陳列所十年紀要』、1901年)137～140頁より作成。

市民による敷地の利用は、自身が扱う農工商品の実演も踏まえて紹介する陳列室の延長としての使われ方と、利用者に対してサービスを提供する遊興の場としての使われ方のふたつがあった。内国製品陳列館の建設が決議された一八九四年七月以後は喫茶店の設置が相次ぎ、余興場が寄付されるなど充実をみせる。これは京都での内国勧業博覧会に訪れる観客を取り込もうと、設備を充実させていったことがわかる。

施設の充実には、庭園内に喫茶店を出店し余興場寄付の代表となった尾田市松をはじめとして、地元の商工業者の献身的な協力があったことは特筆すべきことである。特に平賀が所長に就任してからの陳列所は、平賀を中心とした商工業者のサロン的存在であったという(99)。平賀は大阪商品陳列所の事業を拡大するために府域を越えた同所の効用を説き、これに対して国庫補助も行われている。[100]平賀の尽力によって、大阪商品陳列所は大阪のみならず名実共に「恰も国立陳列所たるか如き観を呈する」までになる。[101]先進的な組織や施設の充実もさることながら、名物所長の存在が同所の運営を成立させていたのは注目すべきことである。大阪商品陳列所は、公共施設ではあったが、その設立の最初から強く地元の商工業者とつながっており、設立後も持ちつ持たれつの関係で相互交流を保ちながら、施設内容を変化させていったのである。

（3）既存の類似施設との関係

これまで大阪商品陳列所の設立経緯および活動と建築の実態についてみてきた。大阪商品陳列所の組織や活動は、ブリュッセル・コマーシャル・ミュージアムを基盤として地域の事情を反映させているが、その建築についてブリュッセルのそれとは異なる部分が多い。第一章で明らかにしたように、ブリュッセル・コマーシャル・ミュージアムは自国独立を記念する博覧会を起原とし、従来の記念碑的な博物館建築ではなく、市街の建築にその拠点を求めた新しい博物館像を体現するものであった。大阪商品陳列所の建築は（とりわけ本館の建築に関して）、むしろ当時の日本国内に建設されていた「博物館」、つまり公園内の広大な敷地に建設されたそれの建築に近い。以下では、既存の類似施設との比較を通して、大阪商品陳列所の特徴を考察したい。

大阪商品陳列所の立地は、積極的理由から市街地の中に設定される。改めてその選択理由を記せば、①梅田停車場に近く、堂島川の船運も利用できるため運送の便が良い、②隣地に商業会議所・商業学校の設置計画がある、③官有地である、の三点である。このような市街地への立地は、「通商博物館」設置計画で参照された「ムレイ報告」が言及したブリュッセル・コマーシャル・ミュージアムの立地との類似を指摘できよう。ロンドンに商業博物館を設置することを説いた「ムレイ報告」では、さらに「如此建築ハ必ズ商業中心ニ接近ノ場所ニ設置スベシ。則チ取引所ノ近傍若クハ商法会議所ノ構内ニ設置スベシト有リ」と述べ、立地条件を提示していた[102]。

一方で、これは国内の既存の博物館の敷地選択の方針とは大きく異なるものであった。東京の上野公園内に博物館の建設が進められた際、その立地を上野公園内に定めた理由は、内務省が太政官に提出した「東叡山博物館建設之儀伺」（一八七五年）によると、①交通の便がよい土地で、②火災による延焼の心配がなく、③樹木が茂り不忍池があるため動物などの飼育に適する、ことであった[103]。さらに一八七七年（明治一〇）には、「右（博物館─引用者註）ハ市街接近ノ場所ニテ往々失火等ノ患有之。往来ノ家屋ヲ補理相用ヒ候モノニテ不適当ナガラ方今ニ至ル迄姑息相保来候。必竟廃屋同様ノ者ニ候処、修繕ノ為無益ノ費用月々増殖致シ所、所詮此末保存ノ目途無之。冬時ニ至リテハ別テ火難ノ恐少如此危険殆ノ場所ヘ重宝陳置候儀不安事ニ有之候」と述べ、内山下町に位置した当時の窮状を述べ、周囲からの延焼を避けるために上野公園内への移転を強く希望している[104]。すなわち博物館収蔵品の保存が最優先事項であったといえる（大阪ではこの点に重点を置かず市街地に地を得たが、やがて市中の大火に類焼し資料も失ってしまう）。

こうした国内の事例との相違を鑑みると、新着資料の円滑な運用とその効果的な活用を目的とした大阪商品陳列所の敷地選択は、従来の博物館とは趣を異にするものであった。大阪府は、「ムレイ報告」に依拠する通商博物館設置計画を継ぎ、ブリュッセル・コマーシャル・ミュージアムについての資料も得ていた。それゆえに、大阪府がその立地選択に関しても、「ムレイ報告」などを通じてブリュッセル・コマーシャル・ミュージアムから影響を受けた可能性が極めて高いと考えられる。

しかしながら、広大な庭園の中に陳列室を主とする本館を構えた大阪商品陳列所の建築は、百貨店のようなブリュッセルのそれとは大きく異なり、前述したように国内で実現した「博物館」の建築に近い。大阪商品陳列所の建設準備が進められた一八八〇年代末には、すでに東京教育博物館（一八七六年竣工）や東京帝室博物館（一八八二年竣工）など、「博物館」として設計された建築が竣工している。なお、この他にも地方都市に設置された博物館や、学校が設置した博物館があったが、いずれも既存の建築物を流用して運用されたものが多い[105]。

東京教育博物館や上野の博物館、あるいはその後の奈良・京都の帝国博物館の建築は、いずれも広い前庭の奥に二階建ての建築を構える点で共通する。これは前述した火災対策でもあるが、公園的な空間もまた博物館には求められていたともいえる。東京のふたつの博物館では陳列が行われる翼部は壁面と平行に間仕切り壁を設け、部屋を細長く区分した。こうした平面計画は、館内を一筆書きのように一巡させる観覧順路の設定に基づくとされる。初めて博物館専用の建築として竣工した東京教育博物館は、同時期にお雇い外国人A・J・C・ヘールツによって描かれた順路入りの京都博物館案からの影響が指摘されているが[106]、陳列物すべてを観覧できるようにする動線計画は、明治期の博物館建築の基本となる考えであったようだ。

広大な庭園を擁した大阪商品陳列所も、これらの点において国内既存の博物館建築を踏襲するものであった。庭園に広がった余興的な雰囲気は、博覧会や共進会、あるいは大阪博物場のそれを引き継いだものともいえる[107]。大阪商品陳列所の翼部は間仕切りとしての壁を用いていないが、陳列用の什器を中央に配置することで、往復ふたつの通路を確保するよう計画されている。

異なる点を挙げるならば、図書室や広告室が陳列室と同列に扱われた点であろう。さらにいえば、陳列室後部に付属された陳列所独自の活動の拠点となる様々な事務棟の存在も大阪商品陳列所の大きな特徴である。これらの点は、ブリュッセル・コマーシャル・ミュージアムから学習した組織や施設計画からの間接的な影響といえる。

大阪商品陳列所の活動は、独自の機能を組み込みながらも、そのほとんどがブリュッセル商業博物館に倣ったものであった。一方でその建築においては、もちろん当時の大阪とブリュッセルの都市環境や建築技術の相違が前提にあるとはいえ、類似施設の事例として国内の既存博物館が参照された可能性は無視できない。大阪商品陳列所の設計に吉井茂則が携わっており、吉井を通じて辰野金吾の関与があった。J・コンドルが設計した博物館の図面作成には、辰野ら工部大学校一期生の関与があり、また四期生（吉井は五期生）が描いた図面も残されている。[108] 既存事例を鑑みて設計が行われたことを示唆するものである。従来の博物館建築を前面に押し出し、それと事務所建築とを両者の機能的・空間的な接続がなされぬまま直接取り付けたような単純な平面計画は、限られた時間のなかで、新しい機能を持つ施設をどうにか実現しようとした、設計者らの試行錯誤の結果であったといえるだろう。

なお、〈陳列所〉運営についての試行錯誤は大阪商品陳列所開所後の運営においても継続され、やがて同所関係者は新たな模範を見出していくこととなる。同所の立役者である平賀は、一八九九年に欧米諸国を視察した際にベルギーにも立ち寄り、ブリュッセル・コマーシャル・ミュージアムを訪れ、その感想を次のように述べる。

其の規模に至りては近年の設立に係る米国費府商品陳列所に及ばざる事遠しと雖も、諸事小規模にし自ら整然たり。我大阪商品陳列所は曾て同所に模擬したるものなりと聞きしに、果たして然り。故に今之を細説するの必要を見ざるなり。[109]

この頃の大阪商品陳列所は、設立に関与していない平賀にとって、ブリュッセル・コマーシャル・ミュージアムに範をとったという事実を疑うほどそれから隔たりを持つものとなっていた。それゆえに、平賀の眼は次なる模範を求めアメリカへと向けられ、日本の「商品陳列所」は、それを管轄する農商務省を含めてフィラデルフィア・コマーシャル・ミュージアム）を目指した。それと同時に、ブリュッセル・コマーシャル・ミュージアムへの関心は次第に弱まっていくこととなる。

おわりに

以上、本章では東京で展開した「通商博物館」設置計画と、それに続く大阪での「商品陳列所」に注目し、関係者それぞれの意図と、実現を目指す施設の具体的内容の変化について分析してきた。これらをふまえて、明治の日本が欧州のコマーシャル・ミュージアムを日本独自の「商品陳列所」として実現する経緯と、その受容のあり方について最後にまとめておきたい。

そもそも「商品陳列所」は、同時代に欧州で発達した貿易促進を目的とした各種施設から学習したものであり、「通商博物館」設置計画を通してみたように、初期においては関係者それぞれの管轄に引きつけた理解が各自なされた。そして進められた受容の過程とは、立場を異にする者達がいかに自身の理想像を実現させるのかという主導権争いでもあった。

「通商博物館」設置計画は、商業教育の実権争いと同じく農商務省と文部省とで目標とする方向が異なり対立するが、外務省が加わっていたことで実際の貿易産業に直結する施設としての計画に舵が切られた。計画はブリュッセル・コマーシャル・ミュージアムを模範として進められ、民間の協力を仰ぐ過程でショーケース的な陳列施設の要素を加味する。しかしながら、資金難から具体的な設置運営が定まらず、東京での計画は頓挫してしまう。

結果として、計画は形を変えて大阪の地で実現する。計画の仕掛人として当初から関与しながらも設置主体を問わない姿勢をみせた外務省や、大阪府の計画を積極的に支援した農商務省、さらには提案を受けて俊敏に行動に移した大阪の官民の動向をみると、その実現は国家の政策と、地方都市の意志が合致した結果であったといえるだろう。それを実現せしめたのは、近世大坂から引き継がれた資金であり、その資金と人の両面において、

〝商人の町〟と呼ばれる大阪の由縁であった。

ひとつの近代システムの西欧からの受容という意味でも、大阪商品陳列所の誕生に至る一連の経緯は興味深い事例だといえる。それは、組織や活動・立地条件など、文字のみで学びうる範囲においては欧州からの情報を基盤とするものの、空間として立ち現れるその建築は実見できる既存の施設に倣った点である。ソフトとハードの受容のあり方は、その早さや精度において個別に進められたともいえる。大阪商品陳列所の設計にみられた既存事例からの展開の過程は、建築類型の学習と展開のひとつのあり方を示すものだといえるだろう。

大阪商品陳列所の設立以後、貿易を主体としないものを含め、「陳列所」と名乗る公共施設が急速に普及する。(110)本章で考察してきた「商品陳列所」の受容のあり方は、西洋の模倣や、中央から地方への指導といった単純なものではない。そこには利害や背景を異にする多様な集団の意図が、複数のレベルで相互に絡み合っていた。こうした関係を解きほぐすことで見えてきたこと、つまり世界に遅れることなく追随するコマーシャル・ミュージアムが、政府ではなく地方都市の官民の協力によって、東京ではなく大阪において、既存の博物館と一見変わらぬ姿で〈陳列所〉が誕生した事実は、大阪という都市の特質を浮き彫りにする。都市の産業に直結する〈陳列所〉は、官と民あるいは中央と地方（地方と地方）などの複雑な関係の中に成立した。それゆえに、〈陳列所〉に並ぶ品々はもちろん、その建築や関与する人々の姿の中に、もうひとつの都市の姿をみることができるのである。

（1）椎名仙卓「所謂〝物産陳列所〟に就いて」（『博物館研究』第一四巻六号、一九七九年）七～一四頁、および田島奈都子「近代日本における広告の啓蒙普及機関としての商品陳列所」（『メディア史研究』第二一号、ゆまに書房、二〇〇六年）一〇五～一四〇頁。

（2）高嶋雅明「商品陳列所について」（角山榮編『日本領事報告の研究』、同文館出版、一九八六年）。高嶋は「通商博物館構想はわが国における商品陳列所 commercial museum 構想の最初と考える」と記しており、通商博物館構想を包括するものとして「商品陳列所構想」という語を用いる。それは最終的に実現をみる施設の名称が「商品陳列所」であったことによると推察される。しかしながら筆者は、当初用いられていた「通商博物館」という語が「商品陳列所」という語に取って代わられる点に意味を見出すため、本章では当初の「通商博物館」を使用した。

(3) 前註3「大阪に於ける商業博物館」。

(4) 『商品見本陳列所設立ニ関シ外務、文部、農商務三省協議一件』第一巻（以下『三省協議一件』第一巻などと記す）、外務省外交史料館所蔵、JACAR 提供［B10074366300］1～3画像目：「送第九四〇六号・送第九四〇七号」。

(5) 『興業意見』で言及された陳列施設については以下に詳しい。犬塚康博「『興業意見』の陳列所・博物館」（『千葉大学人文社会科学研究』第二一号、二〇一〇年）三五〇～三五九頁。

(6) 「墺斯底利国工芸協会の話説」（『工務局月報』第二号、一八八一年）二一～三六頁、「白耳義国商業博物館の規則」（『工務局月報』第一八号、一八八四年）七～一七頁など。

(7) この頃、農商務省と文部省は、実業学校の管轄をめぐり対立を続けていた。三好信浩『日本商業教育成立史の研究：日本商業の近代化と教育』（風間書房、一九八五年）などが詳しい。

(8) 一橋大学学園史刊行委員会『一橋大学百二十年史：captain of industry をこえて』（一九九五年）二四～二六頁。

(9) 同右、三二頁。

(10) 西村公宏・飯淵康一・永井康雄「東京大学理学部博物場の建築と公開について」（『日本建築学会計画系論文集』第六〇二号、二〇〇六年）一八三～一九〇頁、および『高等商業学校一覧』（一八八八年）付図。なお、東京大学理学部博物場の博物館史的位置付けについては、椎名仙卓「大学附属博物館第一号・東京大学理学部博物場」（『博物館研究』第二三六号、一九八八年）三～四頁を参照。

(11) 東京商業学校をはじめ、彦根・山口・大分・長崎など、各地の商業学校に商品陳列室が設置されている。

(12) 当時の関係者のベルギーへの関心については、三宅拓也「近代日本における商品陳列所の受容：ブリュッセル商業博物館からの学習と展開」（岩本和子・石部尚登編『ベルギーとはなにか』、松籟社、二〇一三年）二五〇～二七一頁を参照されたい。

(13)『三省協議一件』第二巻分割1、外務省外交史料館所蔵、JACAR 提供［B10074366500］52〜88画像目：「一千八百八十六年九月十五日倫敦商法会議所執務委員「ムレイ」氏ノ提出セシ通商博物館ニ関スル特別報告」(以下、「ムレイ報告」と記す)。

(14)『三省協議一件』第一巻、5画像目。「通商博物館略則案」の表紙に「此云ノ原稿ハ通商局長ノ手続ニ在リ仮リニ此字ヲ綴リ置」という書き込みがある。

(15)同右、1〜3画像目：「送第九四〇六号・送第九四〇七号」。

(16)「商品見本陳列所」(『朝日新聞』一八八七年九月一六日付)。

(17)『三省協議一件』第一巻、4〜9画像目：「通商博物館略則案」。この草稿となったと思われるものが、『三省協議一件』第一巻、38〜47画像目に収められている。それはブリュッセル・コマーシャル・ミュージアムの規則の邦訳に加除筆し校正したものである。

(18)『三省協議一件』第一巻、4〜9画像目：「通商博物館略則案」。

(19)『三省協議一件』第一巻、93〜100画像目：「大越領事へ訓令案」。

(20)『三省協議一件』第一巻、10〜11画像目：「受第一一六八九号」。

(21)当初は「票品陳列所」と呼ばれていたようだが(『東京商業学校一覧』、一八八六年、七頁)、高等商業学校と改称した一八八七年以後は主に「商品陳列所」が用いられている(『高等商業学校一覧』、一八八七年、七九頁および付図など)。翌八八年の『高等商業学校一覧』には「商品見本陳列所」の設置目的として「商品見本ハ授業上必要ノモノタルヲ以テ近年漸ク之ガ蒐集ニ着手」(六三頁)とある。

(22)東京商業学校には外部から複数名の商議員が置かれていた。この頃の商議員は、益田孝や渋沢栄一などが務めている。

(23)『三省協議一件』第一巻、12画像目：「受第一一六八九号」。益田の欧米訪問の目的は米の輸出に関する調査であった(益田孝 談「明治二十年の洋行」、長井實『自叙益田孝翁伝』再版、一九三九年、二八九〜二九九頁)。

(24)『三省協議一件』第一巻、11画像目：「受第一一六八九号」。

(25)『三省協議一件』第一巻、14画像目：「送第八六九号」。
(26)『三省協議一件』第一巻、15画像目：「受第六三四号」。
(27)農商務省『興業意見』一八八四年（大内兵衛・土屋喬雄編『明治前期財政経済史資料集』第二〇巻所収、明治文献資料刊行会、一九七九年）。
(28)各長の氏名は、内閣官報局編・刊『職員録(甲)』一八八六年一二月（二七八〜二八二頁）による。
(29)濱田徳太郎編『日本貿易協会五十年史』（日本貿易協会、一九二六年）二三頁。以下、特に註記なき場合、日本貿易協会に関する事績は同史料による。
(30)「商品見本陳列所設置の計画」（『中外物価新報』一八八七年一〇月一四日付）。
(31)「商品見本陳列所」（『読売新聞』一八八七年九月二八日付）、「商品見本陳列所」（『読売新聞』一八八七年一〇月二三日付）など。
(32)「商業博物館と輸出品見本陳列所の得失」（『読売新聞』一八九一年四月九日付）。
(33)益田は一八八七年（明治二〇）三月四日に出国（「益田氏の出発」『中外物価新報』一八八七年三月五日付）、同年一一月八日に帰国した（「益田氏帰朝」『中外物価新報』一八八七年一一月九日付）。
(34)前註30「商品見本陳列所設置の計画」。
(35)同右。
(36)「貿易協会幹事会」（『中外物価新報』一八八七年七月二四日付）。
(37)東京商工会・貿易協会による事業に関する史料がまとめられたものとして、「日本貿易協会 附 商品陳列館」（渋沢青淵記念財団竜門社編『渋沢栄一伝記資料』第一五巻、一九五八年）がある。本章で使用したものの一部がそれにも含まれているが、ここでは各註に示した原典による。
(38)「商品見本陳列所設立に関する集会」（『中外物価新報』一八八七年九月二五日付）。なお、この集会に参加していたのは、貿易協会から渋沢栄一・大倉喜八郎・今村清之助・岡田任一郎、東京商工会から梅浦精一・丹羽雄九郎・守島松兵衛の計七名である。

(39)『三省協議一件』第一巻、27~60画像目：「商品陳列所創立手続書」。史料中に日付の記載がないため作成時期は不明だが、内容や以後の経緯、新聞報道との一致などから、この時期に作成された可能性が高い。なお、東京商業学校は一八八七年一〇月五日をもって高等商業学校に改称するため、それ以前に作成されたものと推定できる。表紙に記載された史料名とそれぞれの題名は若干異なるが、ここでは表紙に記されたものを採用した。

(40)「商品陳列所」(『中外物価新報』一八八七年一一月一二日付)。

(41)『三省協議一件』第一巻、29~32画像目：「商品陳列所創立手続書」。「御補助ヲ要スル事項」として掲載されている。この史料には後から訂正が加えられているが、これは後述する文部省の意見をはじめ各省での協議の結果が反映されたものと考えられるため、ここでは訂正される以前の文面から考察した。

(42)平井泰太郎「スツットガートに於ける「輸出商品陳列所」」(『経済学商業学国民経済雑誌』第三八巻五号、神戸高等商業学校、一九二五年)八八九~九〇四頁。

(43)『三省協議一件』第一巻、56~60画像目：「文部省往復課専八二号」。

(44)『三省協議一件』第一巻、57画像目：「商品陳列所創立手続書ニ対スル考案」(「文部省往復課専八二号」所収)。

(45)「見本陳列所会議」(『読売新聞』一八八八年一月一八日付)。

(46)『三省協議一件』第一巻、63~64画像目：農商務大臣秘書官から外務大臣秘書官宛文書。

(47)『三省協議一件』第一巻、67画像目：「送一四九号」

(48)『三省協議一件』第一巻、91画像目：「受第二七〇六号」。

(49)「商品見本陳列所」(『読売新聞』一八八八年三月二九日付)。

(50)同右。

(51)「商品陳列所創立の相談会」(『中外物価新報』一八八八年三月二八日付)。

(52)「商品陳列所」(『読売新聞』一八八八年四月二一日付)。

(53)『貿易協会雑誌』第七号、一八八八年、三三~三四頁(前註37『渋沢栄一伝記資料』第一五巻所収、一四三頁)。

(54)「第三十二回臨時会(明治廿一年十月廿六日開)」『東京商工会議事要件録』第三五号、一八八八年、一二頁(前註37

『渋沢栄一伝記資料』第一五巻所収、一四四頁)。
(55)「商品見本陳列所」(『読売新聞』一八八八年一〇月一四日付)。
(56)前註29『日本貿易協会五十年史』、二五頁。
(57)「商品見本陳列場の事」(『東京朝日新聞』一八八八年一二月一九日付)。
(58)高等商業学校「商品見本陳列所」(『高等商業学校一覧』、一八八九年)六三頁。一八八九年度の一覧では、商品陳列所が一般商工業者にも有益であることを説いている。なお、後継にあたる一橋大学の大学史では、商品陳列所は八八年に一般公開されたとしている(一橋大学学園史刊行委員会『一橋大学年譜』(一九七六年)一三頁、および前註8『一橋大学百二十年史』、三二頁)。
(59)前註29『日本貿易協会五十年史』、二七〜二八頁。
(60)『商品見本陳列所用物品購入方農商務省ヨリ依頼一件』第一巻、外務省外交史料館所蔵、JACAR提供[B10074367600]。
(61)佐野善作『新撰商学提要』上巻、修正再版(三省堂、一九一八年)五八〜六一頁。
(62)大阪市役所編『明治大正大阪市史』第六巻・法令編(日本評論社、一九三四年)四五四〜四六〇頁。
(63)大阪博物場については、以下の論考が詳しい。埜上衛「府立大阪博物場の考察」(『近畿大学短大論集』第九巻二号、一九七九年)一〇九〜一五〇頁、同「府立大阪博物場の考察(2):明治期公立博物館の活動」(『近畿大学短大論集』第一二巻一号、一九七九年)一五一〜一八〇頁、角山幸洋「大阪に於ける商業博物館」(関西大学経済・政治研究所編『研究双書』第一〇一冊、関西大学経済・政治研究所、一九九七年)、後々田寿徳「大阪博物場:楽園の盛衰」(『東北芸術工科大学紀要』第一六号、二〇〇九年)一〇一〜七七頁。
(64)「商品陳列場設置の計画」(『読売新聞』一八八八年八月四日付)。以下、特に注記なき場合、大阪商法会議所による計画の動向と関連する引用は同史料による。
(65)大阪商法会議所編・刊『大阪商法会議所沿革書』、一八九〇年、二〇頁。
(66)前註64「商品陳列場設置の計画」。
(67)『大阪ニ於テ商品見本陳列所設立ニ付参考書類並見本品貸与方同府知事ヨリ稟申一件』、外務省外交史料館所蔵、

JACAR提供［B10074367500］1画像目：「農商第四二五号」一八八八年七月七日付。
(68) 『大阪ニ於テ商品見本陳列所設立ニ付参考書類並見本品貸与方同府知事ヨリ稟申一件』、2画像面：「送第三二号」。
(69) 『府立大阪商品陳列所十年紀要』（一九〇一年）一頁。
(70) 同右。
(71) 板原直吉「大阪商品陳列所建設事務報告」（『大阪商品陳列所報告』第一号、一八九〇年）二八～三〇頁、および『大阪商品陳列所　第一年報』（一八九一年）鹿児島県立図書館所蔵。
(72) 除蘇斌「清末における勧業博覧会の需要と都市空間の再編」（同『中国の都市・建築と日本：「主体的受容」の近代史』、東京大学出版、二〇〇九年）第三章、一五一～二〇四頁。
(73) 大阪府立商品陳列所創立三十周年記念協賛会編・刊『回顧三十年』、一九二〇年、四頁。
(74) 同右、二二七頁。
(75) 同右、五頁。
(76) 前註27『興業意見』。
(77) 『三省協議一件』第一巻、15画像目：「受第六三四号」。
(78) 『大阪商品陳列所参考品購入方大阪府依頼一件』第一巻、外務省外交史料館所蔵、JACAR提供［B10074371200］1～44画像目：『大阪商品陳列所設立趣意書』および『大阪商品陳列所規則説明書』。特に注記なき場合、以下に記す活動内容は同史料による。
(79) 前註73『回顧三十年』、二三～二四頁。
(80) 「電話交換機設置縦覧人随意ニ試ミ得ベシ」（『大阪商品陳列所報告』第一号、一八九〇年）二七頁。
(81) 「本所開所式ノ概況」（『大阪商品陳列所報告』第一号、一八九〇年）二八頁。
(82) 前註73『回顧三十年』、二一頁。「商発第五六号」大阪府公文書館所蔵［B0.59.54］。農商務省は、「大阪府立商品陳列所ノ事業ヲ改良拡張シ以テ関西地方ニ於ケル実業奨励ノ機関トシテ其ノ効用ヲ全カラシメンガ為国庫ハ明治三十三年度ニ於テ一万円ノ補助ヲ交付スベシ」として、同所を、関西地方を牽引する施設として言及している。

(83) 前註69『府立大阪商品陳列所十年紀要』、一三〇頁。
(84) 「官有地使用ノ儀ニ付稟請」第三号、大阪府公文書館所蔵［M0-0004-4］。
(85) 朝陽館は一八七六年（明治九）に創業した五代友厚による近代式製藍所である。肥前鹿島蔵屋敷のあった場所に、政府から融資を得て建設された。東京・築地と大阪・堂島の二ヶ所に存在し、それぞれ東朝陽館・西朝陽館と呼ばれていたが、東朝陽館は品質向上や輸送がうまくいかず閉鎖された。西朝陽館の運営も不振で、輸出代価の滞りなどが原因で一八八〇年一〇月に休業し、間もなく閉鎖された。宮本又次「五代友厚と朝陽館」（『福山大学経済学論集』第四巻一・二号、一九七九年）一～一九頁に詳しい。
(86) 前註73『回顧三十年』、四頁。
(87) 「地所構造」（前註69『府立大阪商品陳列所十年紀要』、一三七～一四一頁）および前註71「大阪商品陳列所建設事務報告」。なお、吉井は大阪商品陳列所の功労者として、その三〇周年記念式典において表彰されている（「功労者表彰」、前註73『回顧三十年』、三二五頁）。
(88) 前註71「大阪商品陳列所建設事務報告」。
(89) 前掲69『府立大阪商品陳列所十年紀要』、一三七～一四一頁。
(90) 「本所陳列室之縮図」（『大阪商品陳列所報告』第一号、一八九〇年）巻頭。
(91) 前註69『府立大阪商品陳列所十年紀要』、一三七～一四一頁。
(92) 前註73『回顧三十年』、一六頁。
(93) 荷造り法陳列室は、梱包用の箱等を置いてその様子を示していた。空き箱が並んでいたりしたため、当初は倉庫と間違えられることもあったという。
(94) 前註71「大阪商品陳列所建設事務報告」。
(95) 前註90「本所陳列室之縮図」。
(96) 前註73『回顧三十年』、一九～二五頁。
(97) 前註69『府立大阪商品陳列所十年紀要』、一三七～一四一頁。

(98) 一八九一年二月三日に完成した世界商業地図模型は、外周二六〇間(約四七〇m)に及ぶ大規模なものであったが、九二年一〇月九日の暴風雨により大破した。そのままでは風致を損するということと、すでに商業地図設置の目的は達したという理由により撤去された。
(99) 秋山廣太『平賀義美先生』(丁酉倶楽部、一九三四年)一一〇～一六九頁。
(100) 『商品陳列所書類 明治三〇―三二年』大阪府公文書館所蔵[M0-004-7]。平賀は一八九九年に「大阪商品陳列所ニ補助金下付ノ義ニ付申請書」を農相務大臣宛に提出している。そこでは有益な物品を蒐集し学術研究を行う普通博物館に対して「商品陳列所ニ在リテハ広ク商工業品ノ標本ヲ蒐集スル必要アルハ勿論終始新陳代謝ノ方法ヲ設ケテ製造家ノ参考ニ供シ内外華客ノ嗜好ニ投スル最モ肝要ナルコトヲ知ラスヘカラス」と商品陳列所の役割を示し、「関西ニ於ケル実業奨励ノ一大機関ト云フモ決シテ過言ニ非ル」という国家的視点からの効用を説いて、多様な陳列品の蒐集とその新陳代謝のために国庫補助を求めた。
(101) 前註99『平賀義美先生』、一四九～一五〇頁。
(102) 「ムレイ報告」。
(103) 関秀夫『博物館の誕生』(岩波書店、二〇〇五年)一二六頁。
(104) 東京国立博物館編『東京国立博物館百年史』(一九七三年)一九一～一九二頁。
(105) たとえば、地方博物館の代表例である金沢勧業博物館は、藩主一族の邸宅と外国人教師官舎を転用したものである(本書第二章参照)。また、東京商業学校商品博物館は、外国人教師官舎→開成学校病舎→東京大学理学部博物場(修繕・増築)→東京商業学校商業博物館(商品陳列所)と変遷した。理学部博物場の建築については前註10の西村ほか論文参照。
(106) 河田健「教育博物館の平面計画について」(『日本建築学会計画系論文集』第七四巻六四八号、二〇一〇年)四四七～四四二頁。
(107) 前註63「大阪博物場」。
(108) 小野木重勝「上野博物館の設計および建設事情:コンドル設計上野博物館に関する考察I」(『日本建築学会論文報告

集』第一七九号、一九七一年）八七～九四頁。

(109) 平賀義美『欧米商工業視察報告書』（府立大阪商品陳列所、一八九九年）一四一頁。

(110) 前註1「所謂〝物産陳列所〟に就いて」、七～一四頁。

第四章　農商務省による〈陳列所〉組織化の試み
――貿易品陳列館設立から「道府県市立商品陳列所規程」制定まで

はじめに

一八八一年（明治一四）に設置された農商務省は、内務省の勧農局・山林局・駅逓局・博物局、大蔵省の商務局の業務を引き受け、殖産興業に関わる行政を全般的に担った。農商務省の政策は、大書記官に就いた前田正名を中心に編まれた『興業意見』を契機として、近代工業の導入から在来産業の振興に重点を移動させながら展開する[(1)]。これまでみてきた農商務省による〈陳列所〉への関与、すなわち「通商博物館」設置計画への参加や府立大阪商品陳列所に対する設立支援は、『興業意見』に示された事業の部分的・漸次的な実現を、そこに見出した結果であったともいえるだろう。

とはいえ、農商務省が独自の陳列施設を持つことを断念したわけではない。農商務省は一八九六年（明治二九）に貿易品陳列館を、その改組によって翌年に農商務省商品陳列館を設置する。これらは貿易振興を掲げる大阪商品陳列所と同じ方向を向きながらも、中央政府の〈陳列所〉として国内全体の勧業を活動の根幹に据えて、自覚的に地方の〈陳列所〉と連絡して活動を展開した。

先行研究で明らかにされてきたように、明治末期にはほとんどの道府県に〈陳列所〉が設置され、農商務省商品陳列館は政府機関として地方〈陳列所〉を取りまとめる立場にあった(2)。それは、一九二〇年(大正九)に農商務省令として定められた「道府県市立商品陳列所規程」(以下、「規程」と略す)によって制度化される。〈陳列所〉をめぐる中央と地方の関係は、「規程」によってすべてが農商務省商品陳列館に同化あるいは準じたとする見方がある(3)。しかしながら、高嶋雅明が「現実に数多く設立された商品陳列所は第一義的に輸出戦略を意図せず、最終的に輸出向け製品生産や輸出競争力強化に結びつくとしても、さしあたり、地方の勧業奨励・産業振興を目的とするものが多かった」と指摘するように、〈陳列所〉の活動は必ずしも農商務省商品陳列館のそれとは一致しない(4)。こうした状況を招いた〈陳列所〉行政の実態は、改めて検証する必要があるだろう。

そこで本章では、農商務省商品陳列館の成立背景と、同館と地方〈陳列所〉の関係性を改めて検証し、農商務省の動向を中心に〈陳列所〉行政の実態を明らかにすることを課題とする。

まず農商務省貿易品陳列館が同省内に設置されるまでの施設整備の経緯から、同省内における陳列施設の位置付けを検討する。農商務省商品陳列館の建築はこれまで取り上げられておらず、同省庁舎に〈陳列所〉が付帯する経緯やその意味も検討されてこなかった。その上で地方〈陳列所〉との具体的な関係に注目しながら同館の活動を改めて把握し、「道府県市立商品陳列所規程」が成立した背景とその効果を検証したい。

ところで、農商務省が独自に陳列施設を設立する明治二〇年代は、博物館行政の転換の時期でもある。内務省から農商務省に引き継がれた上野の博物館が一八八八年(明治二一)に宮内省図書寮の附属となり、翌年に帝国博物館となる。帝国博物館は、東京を頂点として京都・奈良に分館を置いた中央集権的体制を築く。文部省の東京教育博物館は、これを遠因として一八八九年に高等師範学校の附属となり、独立組織ではなくなる。こうした変化の中で、農商務省が管轄する〈陳列所〉はどのような位置にあったのか。本章の課題は、博物館行政と〈陳列所〉行政を相対化する手がかりともなろう。

一　農商務省商品陳列館の設立――事業統合と庁舎建設

農商務省は、直営の常設陳列施設として一八九六年（明治二九）に貿易品陳列館を設立する。外務省とともに「通商博物館」設置計画を推進し、さらには府立大阪商品陳列所の設立を積極的に援助した農商務省が、ようやく独自の施設を持ったのである。「通商博物館」設置計画の初期に表明していたように、農商務省は以前から省内に類似施設の設置案を持っており、また実際に付属施設とはいえ陳列施設を運営していた。詳しくは後述するが、貿易品陳列館はこうした省内各部局の事業統合によって実現したものである。大阪商品陳列所から六年遅れての出発であったが、農商務省は貿易品陳列館と、その後継である農商務省商品陳列館によって、中央政府の〈陳列所〉としての活動を展開した。

貿易品陳列館の設置目的は、日清戦争後の貿易拡張と工業振興にあった(5)。開館の様子は新聞でも図版付きで大きく報じられ、社会的な注目を集めたことがうかがえる(6)（図1）。その後、同館は一八九七年六月の官制変更によって農商務省商務局内の管理下に移り、名称も農商務省商品陳列館と改められる。この改変は、独立官制ゆえの予算浪費によって商品購入費用が逼迫したことが原因であり、商務局下に移すことで運営を合理化する意図があった(7)。

それゆえに、名称が変更されたものの活動に大きな変化はない。農商務省商品陳列館は名称の変更について触れ、「抑モ貿易品陳列館ト云ヒ、商品陳列館ト云フ文字上之カ解釈ヲ下サバ充分ノ差異アルヘシト雖モ、畢竟スルニ商業ノ拡張ヲ図ルニ資シ、工業ノ発達ノ参考ニ供シ、需要者其物品選択スルノ便ヲ得ルヘキ有益ノ機関タルニ外ナラス」と説明している(8)。商品陳列館の目的は貿易品陳列館時代から一貫して貿易促進を見据えた商工業の

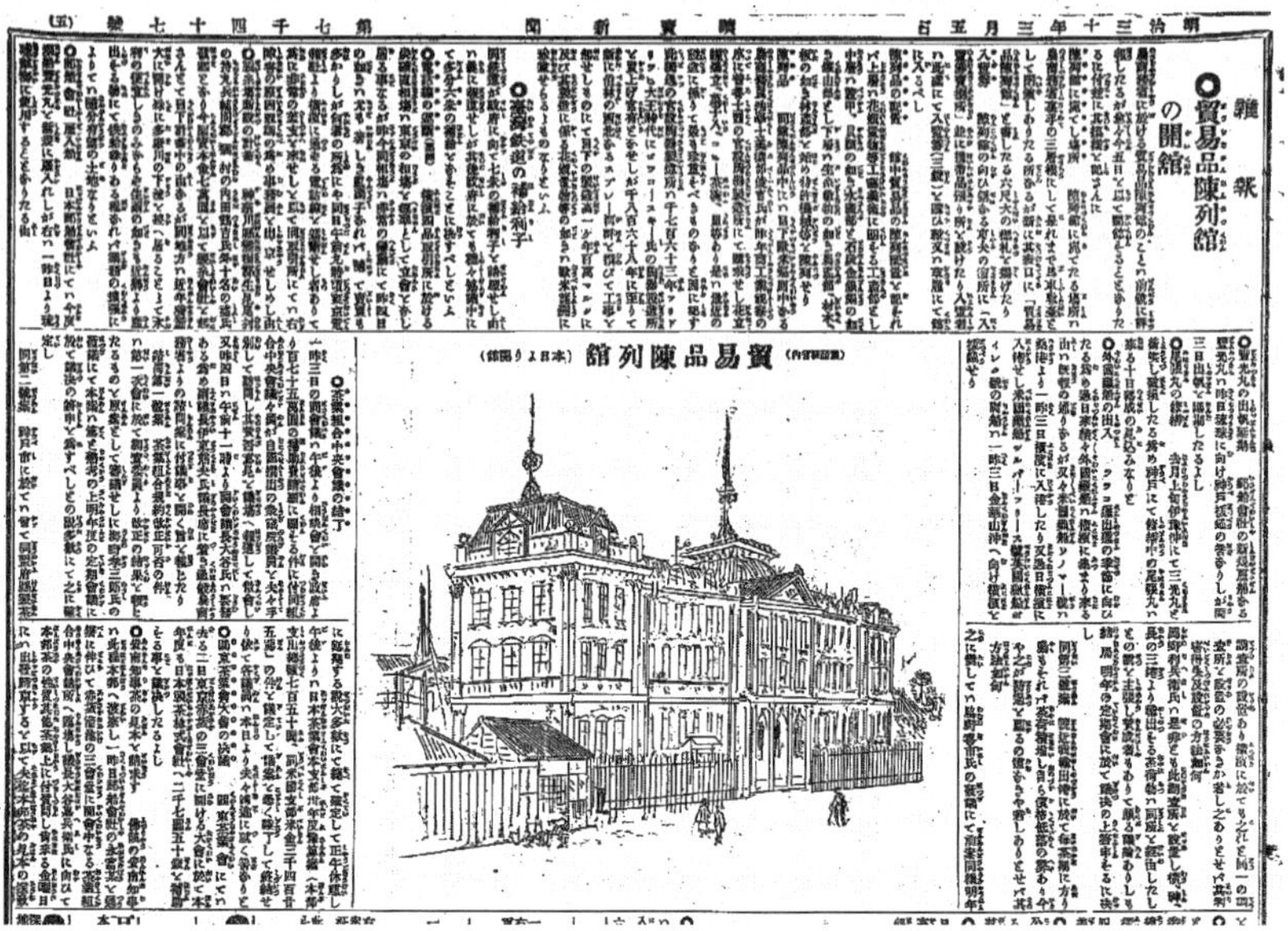
明治三十年三月五日　讀賣新聞　第七千四百七十號　(五)

雜報

○貿易品陳列館の開館

貿易品陳列館（農商務省内）（本日より開館）

図1　貿易品陳列館の開館を報じる新聞記事

発展にあり、一般商工業者の支援がその役割であった。

貿易品陳列館および農商務省商品陳列館が拠点とした場所は、東京府京橋区木挽町一〇丁目（本書第三章図1の地図⑥徒弟講習所の位置）に建つ農商務省庁舎（以下、木挽町庁舎と記す）の一部である。木挽町庁舎は一八九一年（明治二四）六月に竣工した壮大な庁舎で、日本土木会社が建築一式を請負い、同社に在籍中だった新家孝正が設計した[9]（図2〜4）。新家によると、当初この建築は「農商務省特許局」として一八八八年末に起工したもので、続いて起工した「農工品陳列所」「農商工会堂」を合わせて三棟の建築群となり、竣工後に「館内諸所模様替をなし現在の農商務省の結構をなすに至」ったという[10]。三棟で構成されるとはいえ各建築の二階部分以上は一体化され、意匠も統一されているため、巨大なひとつの建築と考えてよいだろう。貿易品陳列館が置かれたのは、新家がいう農工品陳列所の部分である。

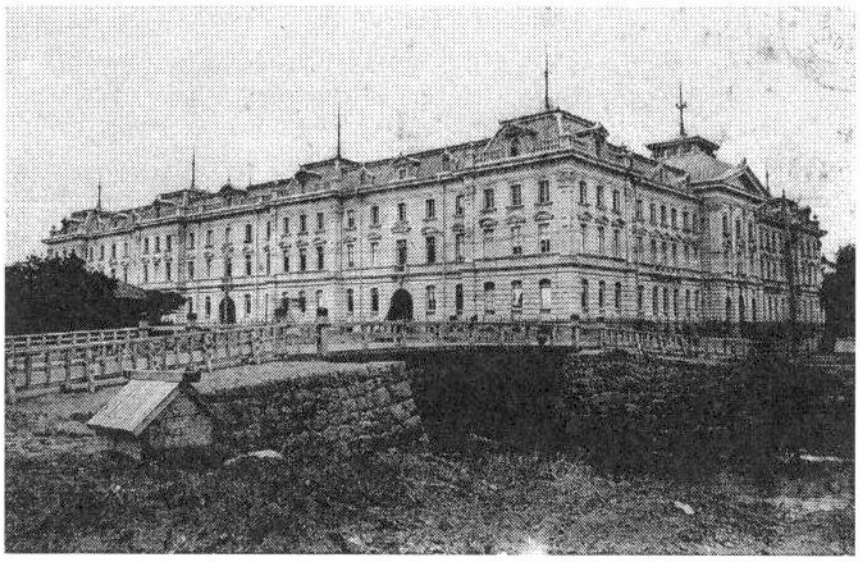

図３　農商務省木挽町庁舎（農商工会堂部分・特許局部分、図４左下から見る）

図２　農商務省木挽町庁舎（農工業品陳列所部分、図４右上から見る）

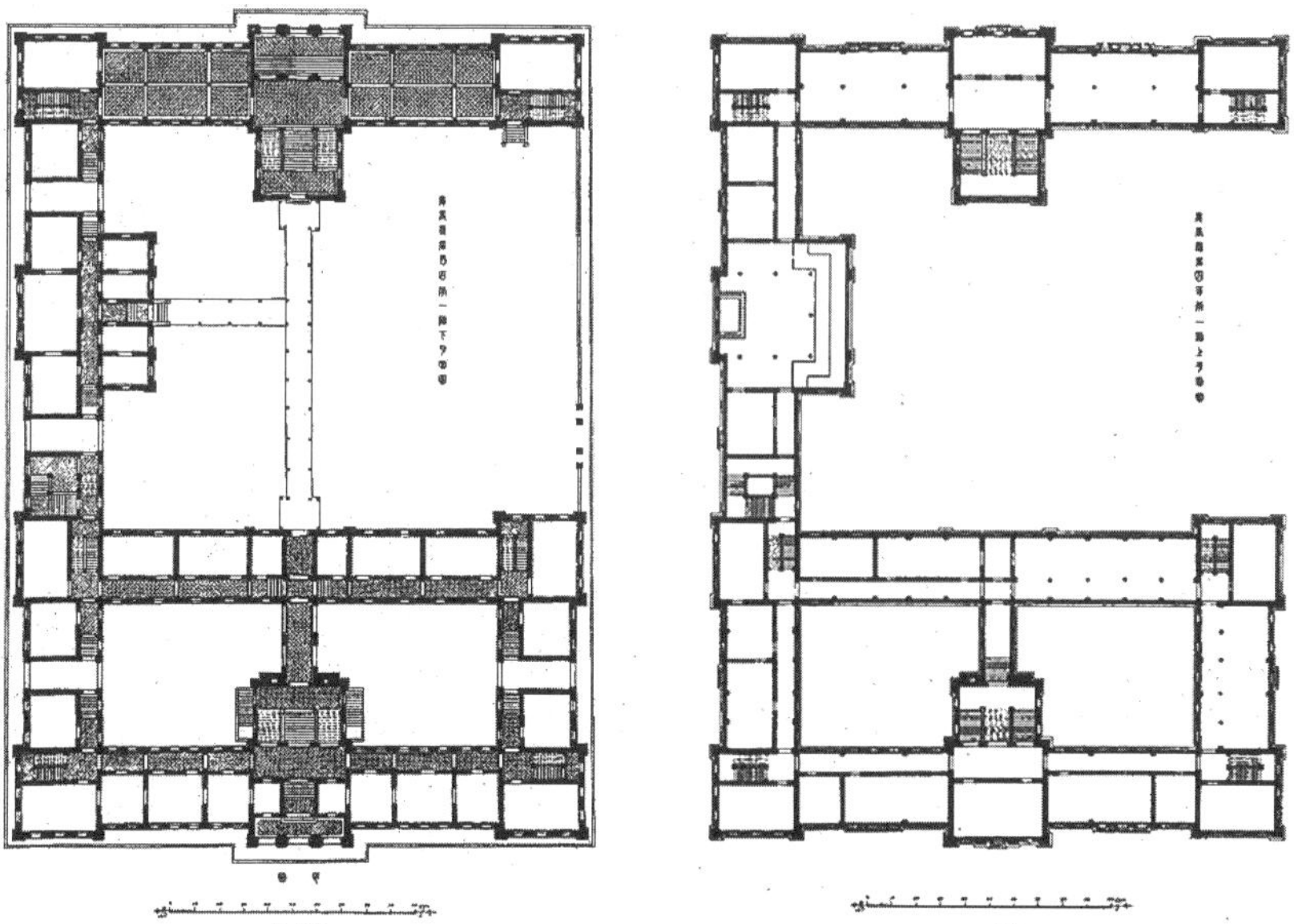

１階　　２階

図４　農商務省庁舎（木挽町庁舎）平面図

計画時の各棟は、（上）農工品陳列所、（中）農商工会堂、（下）特許局。各棟は２階以上で連結される。

ところで、農工品陳列所が起工されたこの時期、同じ敷地に農商務省の支援で貿易協会が「商品陳列所」の設置を検討していた（本書第三章参照）。しかしこの場所には農工品陳列所が建設され、貿易品陳列館として使用される。そもそも、なぜ特許局の建設計画に陳列施設が組み込まれ、さらにはそれが農商務省の庁舎となるのか。この建築の成立過程には、農商務省のなかでの〈陳列所〉の行政的な位置付けを見出すことができそうである。以下、木挽町庁舎各棟の建設と、それを農商務省が使用するに至る経緯をたどってみよう。

（1）特許局の独立と庁舎建築

新家孝正の説明にあるように、木挽町庁舎は特許局庁舎の建設に始まる。特許局は一八八四年（明治一七）に農商務省工務局内に設置された商標登録所を起原とする。後に設けられた専売特許所との合併を経て独立した専売特許局となり、一八八七年一二月二五日に特許局となった[11]。

わが国の特許制度の確立は、特許局初代局長を務めた高橋是清によって成し遂げられた[12]。一八八六年末に特許制度視察の外遊から帰国した高橋は、欧米に倣って商標条例・意匠条例・特許条例を起案し、特許行政の独立をめざした。高橋は特許局庁舎新築の希望を帰国当日のうちに農商務省次官に直訴しているが、これは特許行政の独立を担保するための庁舎建築であった。

高橋が手本としたのはアメリカのパテント・オフィス（Patent Office：特許局）である。ワシントン滞在中に繰り返し同局を訪れて研究した成果をふまえ、発明者や商業者を保護し利益に資するという原則に立って庶務部・審判部・審査部からなる組織を定めた[13]。庶務部には図書館が置かれ、特許品や商標図案などの〈陳列所〉を運営することが明記されている[14]。

このパテント・オフィスはわが国の博物館史にとって重要な存在である。一八六〇年（万延元）に江戸幕府の遣米使節団がパテント・オフィスを訪問し、そこでの陳列を見学している。随行員が各々にその印象を書き残しているが、このなかのひとり名村五八郎元度はパテント・オフィスに「博物館」の語を充てた。これは日本人が自ら「博物館」の語を使用した最初とされている。(15)

高橋は、万延元年の遣米使節団がパテント・オフィスを訪ねたように、「東京見物に来た者が、浅草の観音さまの次には、特許局を見に行かう、といふ位」の存在とするべく建築の計画を進めた。(16)理想の特許局を実現するため高橋は自ら部屋数や面積を算出して計画案を作成し、それを基にJ・コンドルに設計を依頼したという。コンドルの設計の内容は不明だが、出来上がった案から見積もられた建築費は一二万円を数えた。建築予算は山林局管理地の処分で生じる八万円であったため、高橋は大蔵大臣に直談判して四万円の出資を取り付けている。独立庁舎の実現に対する高橋の奮闘ぶりがうかがえよう。

高橋の建築案がどこを計画地としていたかは不明だが、一八八八年二月の時点で、特許局の計画地を内山下町と新聞が伝えている。(17)内山下町は上野に移転する前の博物館が置かれていた場所である。計画地を報じた前述の新聞記事によると、建設予算が一二万円であり、「建築局お雇独逸人何某」によって設計が進められていた。ところが同年六月になると「何か都合ありて」内山下町での建設を見合わせて上野近傍への建設が模索される。(18)さらに九月には特許局の建築が（臨時）建築局を離れ農商務省の手によって進められることが報じられた。(19)翌一〇月には再び内山下町付近「日比谷練兵場「東北最寄」」への建築が再び報じられるものの予算は七万円となり、規模を縮小して木造の「事務所」と「不燃物質陳列場」、煉瓦造の「見本品陳列場」に分割された。(20)最終的には木挽町を敷地として計画が進み、一八八八年一二月に特許局の建築一式が日本土木会社に予算一一万円で依頼される。(21)当初より建築予算が削減されたのは、農商務大臣に就いた井上馨が、竣工後の装飾や外構整備のために一万円を確保しておくよう忠告したからという。(22)

高橋の積極的な働きかけにもかかわらず計画は紆余曲折するわけだが、この背景には臨時建築局による官庁集中計画の存在があった。一八八六年（明治一九）二月に井上馨を総裁として発足した臨時建築局は、ドイツ人建築家を迎えて近代国家を支える行政府としての東京を築かんとしていた。

バロック都市の様相を呈する一八八六年六月のW・ベックマン案に具体的に特許局の文字は見えないが、縮小したJ・ホープレヒト案を基に八七年五月から七月にかけて作成されたH・エンデ案には、鹿鳴館のある内山下町の北側に特許局が農商務省から独立して置かれているのが確認できる（図5）。これは日比谷練兵場東北最寄りに特許局の建設を計画中と報じる、前述の新聞報道とも齟齬がない。記事は「御雇独逸人」が特許局を設計中と伝えているが、日本建築学会に残るH・ムテジウス設計の「専売特許局」図面が、これを裏付けている(23)（図6）。

特許局などの実際の建築計画を取り込みながら現実的な規模に落とし込まれた官庁集中計画は、一八八七年九月に不平等条約改正交渉の失敗を理由に井上が内閣を去ると、内務省の管理のもとで計画縮小を余儀なくされる（井上はこの翌年七月に農商務大臣に就任する）。特許局新築の雲行きが怪しくなった原因も、実は「臨時建築局に何か事情ありて延引したるよし」(24)というものであった。これに連動するかのように、一八八八年秋には特許局の建設が農商務省の手に移るのである。

官庁集中計画は高橋是清が目指した特許局の実現を翻弄しこそすれ消滅させはしなかった。熱心な推進者によって独自の文脈で始まった特許局庁舎の計画は、一度は官庁集中計画に取り込まれるもののそれが頓挫すると、再び独立した計画として自らの手で実現を目指すこととなる。農商務省の事業に戻った計画は、この後、前述したように特許局は計画地を急遽木挽町に移して一八八八年一二月に着工する。この間の建設地変更の理由は、特許局の建築に付加されていく農商務省が所管する諸施設の事情から明らかになろう。

（2）農工品陳列所

特許局の背面に建てられた農工品陳列所は、農商務省三田農具製作所内に設置されていた陳列施設の後継施設

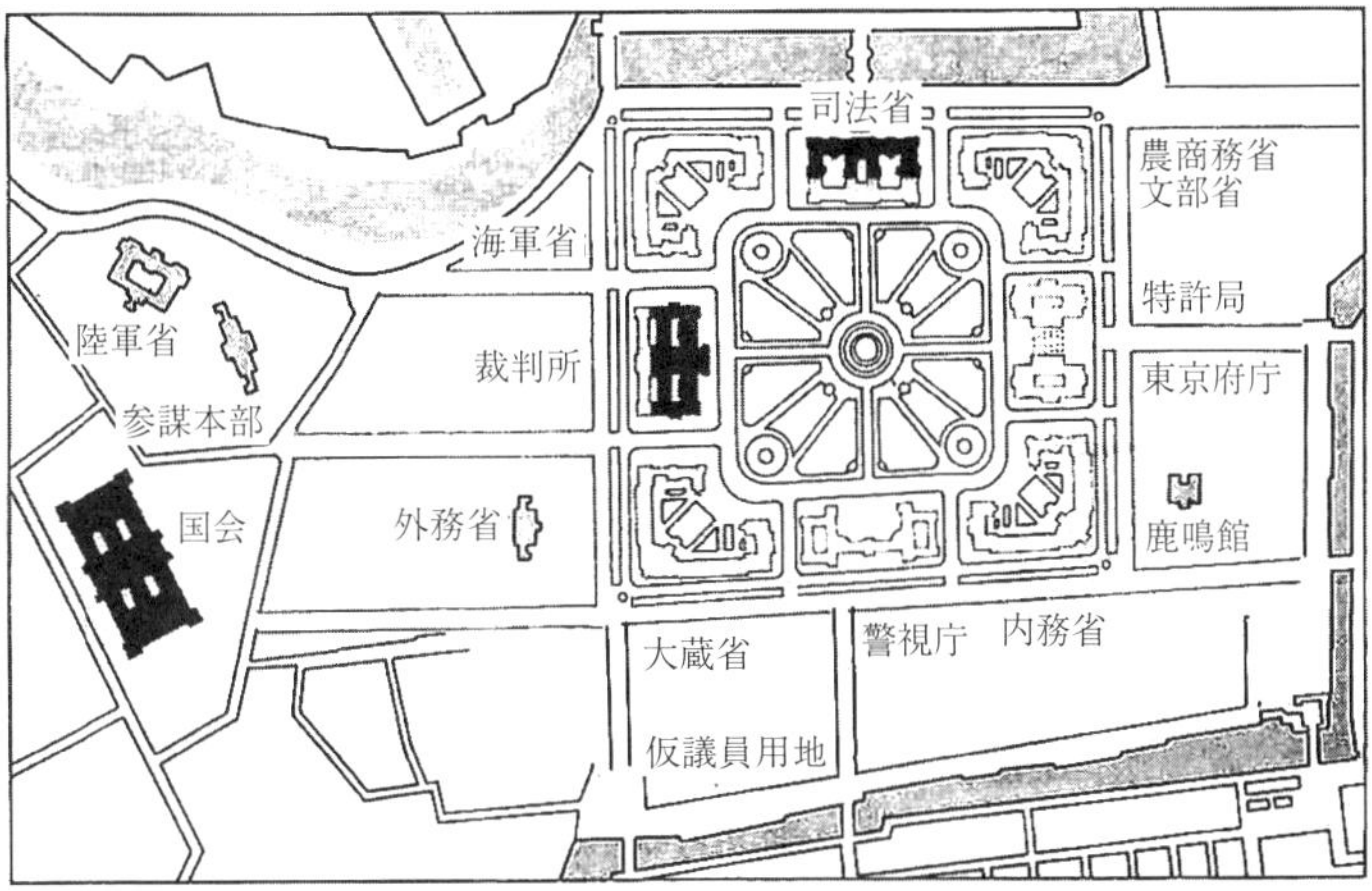

図５　官庁集中計画 H・エンデ案（1887年５～７月立案）

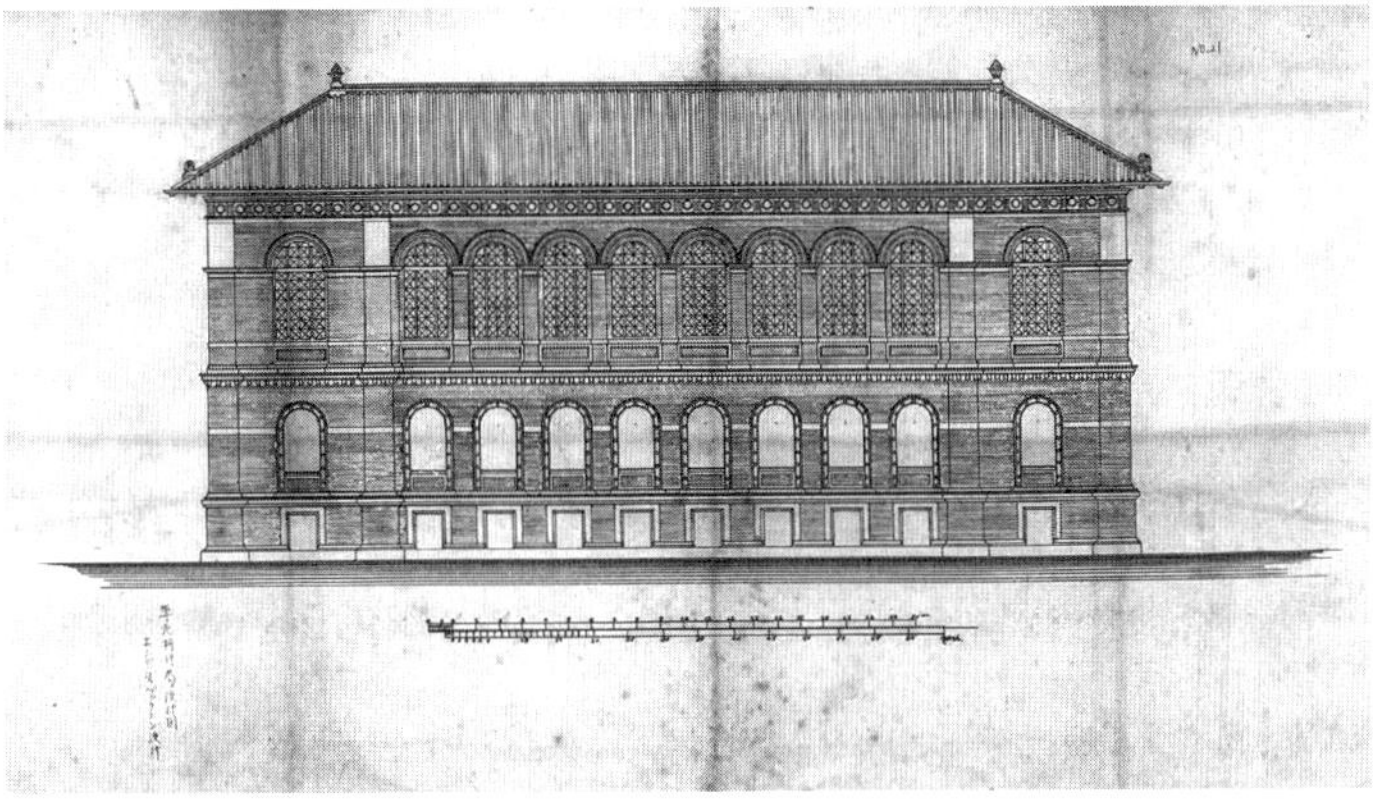

図６　H・ムテジウス設計の「専売特許局」立面図

の新築計画に始まる。三田農具製作所では、前身にあたる内藤新宿試験場で行われていた洋式農具の陳列を引き継いで、最新の農機具などを陳列していた。三田農具製作所は一八八七年五月に焼失してしまうが[25]、その再建を議論するなかで陳列施設の拡大が企画される。それが、同年一一月になって新設が説かれた「農具陳列所」である。その経緯を農商務大臣による建議書にみてみよう（傍線引用者、以下同）。

農商務省所轄三田農具製作所幷農具陳列所新設ノ件

本省所轄三田農具製作所焼失後処分ノ儀ニ就テハ別紙理由書ノ如ク初メ該所再設ノ議アリシト雖モ、又経済上ヨリ観察ヲ下ストキハ該所ノ事業タル本来営利ノ目的ニ非サルヲ以テ創業以来収支計算常ニ相償ハス。去明治十三年太政官伺請ノ上特殊ノ会計法ニ拠リ漸ク今日ニ維持シ来ルモ、単ニ洋式農具ノミヲ制作セント欲セハ其注文品寡少ノ時ニ当リ徒ニ機力ト工手ヲ空費シ、若シ之ヲ補充スルニ他ノ鉄具等ヲ製作販売セハ縦令其利益見サルモ頼テ以テ該所ノ経済ヲ維持スヘシト雖モ、其事実如何ニ拘ハラス民間製鉄家ノ営業ニ妨碍ヲ与フルノ理論ヲ弁疏スルコト能ハス。故ニ寧ロ該所ノ名義ヲ保存シテ民業ニ移シ以テ継続セシムルトセハ農具製作ノ繁閑ニ随ヒ自由ニ他ノ鉄具等ヲ製造シ以テ充分ノ利益アル業ヲ営ムニ足リ、且ツ別紙理由書ノ目的ヲ達スルコトヲ得ヘシ。因テ今般別冊ノ通リ該所ノ土地建物機械併ニ既成ノ農具（標本農具ヲ除キ）及ヒ半製品共悉皆之ヲ公売ニ付シ即金上納ニテ払下ント欲ス。

前者ノ如ク官設ノ農具製作所ヲ廃セバ必ス他ニ一ノ農具陳列所ヲ新設セサルヲ得ス。然ル所以タル明治初年来欧米各国ヨリ購入ノ農具ニシテ標本若クハ参考用ノ為蒐集シタル品類別冊目録ノ如ク三百個ハ、従来陳列所ノ設ケナキニ由リ仮ニ三田農具製作所構内ノ一館ニ収メ農事篤志者ノ望ニ応シテ参観ヲ縦シ、又洋式農具ノ新調ヲ該所ニ注文スルモノアレハ其模型ヲ此標本ニ取リシモノナリ。然ルニ今此農具モ亦該所ト共ニ払下ルトキハ遂ニ散逸シテ復タ収拾スヘカラサルニ至ルハ必然ノ勢ナリ。因テ今般更ニ上野或ハ芝公園内等ニ便宜ノ地ヲ相シ、別紙新栄予算書ノ通リ一館ヲ建設シ右標本農具ヲ陳列シテ遍々衆庶ノ参観ヲ縦シ、且ツ民間製作者ノ洋式農具ヲ製造セント欲スルモノハ何人ヲ論セス此場ニ就テ以テ其模型ヲ取ラシムルトキハ、一ハ農家ノ智識ヲ啓発シ一ハ制作家ニ便益ヲ与ヘ一挙両得、亦以テ政府勧農ノ主旨ニ適スヘシ。就テハ同所払下代金凡壱万八千九百九拾円ハ国庫ニ納入シ、而シテ此新築費凡金壱万五千百円ハ別途支出ヲ仰キ度大蔵大臣ヘ協議ヲ遂ケシ処別紙写ノ通回答有之。依テ同所払下閣議ヲ請。

明治二十年十一月十六日

農商務大臣　伯爵　黒田清隆(26)

三田農具製作所の再建計画は、すなわち農具製作所の本体事業の民間払下げと、従来の陳列機能を独立させた「農具陳列所」の新設であった。三田農具製作所における農具製作の事業は、民間に移すことで自由な活動を促し、一方で洋式農具などの参考品陳列は、農業従事者や農具製造業者を啓発するために独立維持する必要があると説明された。同所の設置には、明治初年以来蒐集されてきた貴重な参考品の散逸防止という意図も含まれている。

農具陳列所の設置場所には、上野公園と芝公園が候補となった。博物館がある上野公園や、東京府の勧工場が移転開業したばかりの芝公園（東京府第一勧工場は一八八七年五月に辰ノ口から芝公園内への移転が決定、上野公園内への仮移転を経て翌八八年五月に移転開業）を計画地とする点は、既存施設との連関が示唆される。計画された建築の規模は、煉瓦造二階建て一五一坪である。建築費は一万五千円が見積もられ、三田農具製作所の地所を払い下げた代価を充てる計画であった。この稟請はまもなく閣議を通過する。

計画が進む過程で、農具陳列所は規模を拡大していった。農具陳列所設置についての農商務省の予算案を受けた大蔵省と会計審査院は、一八八九年二月に次のように報告している。

別紙農商務大臣請議農工業品陳列所建築方ノ件ヲ調査スルニ、右ハ一昨二十年十一月中、三田農具製作所ヲ払下ケ其代金ヲ以農工業品陳列所建築ノ儀閣議已ニ決定ノ処、尚其規模ヲ拡張シ蚕糸試験所ヲ建築シ及ヒ文部省所轄木挽町商法講習所地所建物共要用有之ニ付、右費用ニ充ツル為メ今般農商務省所轄赤坂区榎坂町同葵町不用ノ地所ヲ払下ケ其代金凡ソ五万千六百円并ニ前書三田農具製作所払下代三万三千七百七拾五円四拾八銭閣議済及新町紡績所払下代起業基金紡績器械代ノ内三万四千七百六拾八円五拾九銭大蔵省承認済ヲ合セ金拾弐萬百六拾四円七銭大蔵省ヘ納付ノ上更ニ国庫ヨリ右建築費トシテ七万九百六十四円七銭ヲ農商務省ニ、商法講習所買入代金四万千円ヲ文部省ヘ交付国庫ヨリ交付高ト国庫ヘ納入高ト差異ナシヲ請フトノ趣旨ニシテ、実際不得止モノト被認。大蔵大臣ニ於テモ異議無之ニ付、請議ノ通決議可相成候閣議ニ供ス。[27]

この段階において、農具陳列所は「農工業品陳列所」へと変容し、さらに「蚕糸試験所」が計画に加わった。農商務省の予算案については「前項ニ記載セシ如ク農工業品陳列所及ヒ織物試験所諸費ニ充用ノ積リナリシモ、事業ト金額ノ程度ヲ量リ織物試験所ヲ中止シ更ニ后項ノ如ク蚕糸試験所ヲ建設致シ度右閣議ヲ請フ」と説明されており、当初は織物試験所を付属させる計画だったようだ[28]。前年一二月に農商務省から出された稟請は、この報告の直後に閣議決定される。

ここで注目すべきは、計画予定地が上野・芝公園から木挽町の商法講習所の地所――後に木挽町庁舎が建つ地に変更されている点である。新たに計画予定地となった商法講習所地所は、農工業品陳列所と蚕糸試験所の計画地として文部省から農商務省が取得するとされた。つまり、この時点では特許局の建設地として取得されていたわけではない。

農商務省が示した予算案には、商法講習所の地所を指して「但本文土地ノ内ニハ農商務省所管中明治十七年八月四日元太政官許可東京商工会ニ貸付ノ地所アリ。従テ該会建物モ有之。文部省協議ノ上、非常ノ繰合ヲ以テ本件代価ヲ文部省ニ御渡ノコトヲ請求シ、地所建物ハ農商務省ニ受農工業品陳列所ヲ建築シ、商工会ハ旧ニ依リ貸与ノ積リ」という見解が示され(29)、商法講習所の地に農工業品陳列所を建設し、さらに同所を使用している東京商工会の関係を継続する意図が示されている。第三章でみたように、一八八七年頃から東京商工会と貿易協会はこの地に商品陳列所の設置を企図していた。一八八八年一二月末に講習所の移転が報じられた際、貿易協会の商品陳列所用地として文部省から譲り受けたいとして、農商務省と協会幹部が現地を視察したことが伝えられているが(30)、これは農工業品陳列所の建築計画を受けての視察であったと考えられる。

特許局の建築は一八八八年一二月の時点で請負契約の完了が報じられている。また従来の諸官庁のように「壮厳専一な建物及び庭園等を構へて成るべく所謂役所風を張る」のではなく「なるべく簡便を主とし其位置を表通りに移して直ちに馬車を横着けに着け得る様な建物にせんと既に其設計中」とも報じられ、最も一般商工業者に近い役所である農商務省は、市民の利便性を考慮する必要があるという当局の考えが紹介されていた(31)。立地への関心と計画時期を勘案すると、特許局の木挽町への建設は、農工業品陳列所用地取得を前提として進められたと考えられる。結果として、農工業品陳列所の建設地として取得された敷地に特許局が相乗りする形で、ふたつの建築計画が集約され、木挽町庁舎の原型をつくりあげることとなる。

先に見たように、この地に計画される陳列施設の名称は公文書上でも一年間のうちに変更されており、新聞等での報道ではさらに多様な名称が用いられている。たとえば、一八八九年三月末には「農工商物品陳列場」の名で報じられ、それが「特許局の傍」に日本土木会社の請負で建設されることが伝えられた(32)。翌九〇年一二月には、農商務省が「商工局を始め同省各局の見本品を陳列」する「商品見本陳列場」なる施設を木挽町に建築中であると報じられる(33)。農商務省各局が関与する陳列施設が同時期、同地に複数計画されるとは考えにくく、報道名称の相違は施設内容の振れ幅を表しているととらえてよいだろう。貿易促進を主眼とする商工局系の商品陳列所と三田農具製作所系の農具陳列所は、それぞれが常設施設の建設を目指すなかで変容し、ひとつの計画として統合されていった。これによって当初の「商品陳列所」あるいは「農具陳列所」の名称に収まらないものとなり、農商務省が管轄する諸分野を網羅する陳列施設へと、計画は拡大していったのである。

（3）農商工会堂

農工品陳列所に続いて、一八八九年（明治二二）九月には「農商工会堂」なる施設が一連の建築計画に加わった。農商工会堂の役割と設置の理由は、次のように説明されている。

右農商工会堂建築ヲ要スル理由ハ、将来、農会、商工会、水産会、若クハ山林会員ヲ中央ニ徴集シ時ニ、其実際ノ景況及ヒ意見ヲ諮詢酌量シ以テ省務ノ円滑流通ヲ図ルニアリ。而ノ其位置ハ当時建築中ニ係ル京橋区木挽町拾丁目特許局及農商工業品陳列所ノ傍ラ格好ノ余地アリテ、本会堂ニ適当ノ場所ニ付、二十二年二月二十二日閣議ノ蚕糸試験所建築ヲ中止シ、尚ホ京橋区木挽町二丁目十四番地地所建物ハ（本所ハ十六年五月二十六日大日本農会山林会及水産会ニ無代貸渡ノ義、太政官へ伺出同年六月十一日裁可ヲ得タリ）不要ニ属シタルヲ以テ之ヲ売却シ、合金三万九千八百余円ヲ以テ該会堂建築費ニ充用セント右閣議ヲ請フ(34)。

農商工会堂は、省務の円滑を図るために主要な業界団体（大日本農会・東京商工会・水産会・山林会）を招集して景況や政策について意見を聴取し、議論する場として計画された。農商務省はその設立以来、政策の諮問機関として業界有力者と協議をする場として「農商工上等会議」を組織していた(35)。この会議は当初から常設会議場の設置を目指していたが、資金難から実現できずにいた(36)。農商務省関連施設の建設を好機と捉え、会議場の実現に踏み出したと推察される。農商工会堂の建設には、閣議決定していた蚕糸試験場の建設を中止して、所有物件を売却して予算を捻出するとされた。なお、この時点では農工品陳列所が「農商工業品陳列所」として公文書に記載されていることが確認できる。

農商務省と業界団体は、たとえば大日本農会の役員を農商務省関係者が務め、農商務省の三田育種場の経営を大日本農会が受託していたように、相互扶助する関係にあった[37]。さらに農商務省は各団体の活動拠点として、東京商工会には商法講習所施設を、大日本農会・山林会・水産会に対しては自身の所有する厚生館[38]（当初の「明治会堂」。通称「三会々堂」）を無償貸与していた。厚生館は一五〇〇人を超える収容能力を持つ大講堂を中心に、会議室や事務室を備えた倶楽部型公会堂ともいえる施設である[39]。ところが、農商工会堂の建設のために大日本農会・山林会・水産会の三会は厚生館を後にすることとなる。先の稟請のなかで売却するとされた建物木挽町二丁目の建物こそが厚生館であった。農商工関係の様々な議論が行われてきた厚生館は、特許局庁舎群への農商工会堂の設置によってその機能は移転統合されたといえる。

農商工会堂建設の建議から二ヶ月後の一八八九年一一月には、大日本農会は厚生館から立ち退いており、事業は迅速に進められたようである[40]。厚生館を後にした三会は、江戸見坂の土岐邸内への仮移転を経て、事務所用地として赤坂田町第一御料地（学習院跡地）の五〇年間無償貸与を受け、さらに内国博覧会事務局の建物の払下げを受けて新たに三会堂を新築した[41]。現在、その場所には三会堂ビルが建っている。

（4）特許局庁舎の竣工と農商務省の移転

特許局に始まる木挽町一〇丁目への農商務省関連施設の建設は、紆余曲折の末に特許局・農工品陳列所・農商工会堂の三棟の建設計画となり、一八九一年（明治二四）六月にすべて竣工する[42]。最終的には建坪九二五坪（特許局：五二五坪、農工品陳列所：二二九坪七合五尺勺、農商工会堂：一七〇坪二合五勺）を数える大規模なものとなった。

ところがこの建築において、竣工後すぐにそれらの機能が発揮されたわけではない。竣工したこの巨大な建築はどのように使用されたのか。竣工を待ち構えていたかのように行動を起こしたのは、棟に名を冠した三つの施設ではなく、ほかならぬ農商務省の本省機能であった。農商務省は竣工翌月に次のような請願を出し、竣工して間もないこの建築への本省機能の移転を願い出たのである。

農商務省移転之件

本省ノ家屋ハ明治十四年立省ノ際建造セシモノニシテ当時経費ノ都合ニ依リ古木材ヲ用ヒ一時ノ仮用ニ供シタル営造ニ有之。仮処爾来追々腐朽破損ノ箇所ヲ生シ、連年修補ニ要スル費用少ナカラサルノミナラス漸ク省務ノ増加スルト供ニ事務室ヲ建継キ為メニ日々執務上甚ダ不便ヲ感セリ。然ル処予テ府下京橋区木挽町ニ営築ノ特許局等今回工事竣切ヲ告ク。此建物ハ商工業ノ進歩発達スルニ随ヒ専売特許ノ増加スルト共ニ漸次其標本品ニ多キヲ加フルノ目的ヲ以テ頗ル広大ノ建物ナレハ、目下ニ在リテハ該局ヲ移スモ猶数多ノ空室ヲ余セハ他日諸官衛ト共ニ新築セラルル時迄本省ヲ移転スルニ於テハ執務ノ便得、加フルニ歳費ヲ省ク等其便益少ナカラス。依テ右本省移転ノ儀至急閣議ヲ請フ。

明治二四年七月二十三日

農商務大臣　陸奥宗光[43]

農商務省が移転を希望する理由は、省の成立以来使い続けてきた木造庁舎の老朽化であった。そこにタイミングよく広大な特許局が竣工したため、農商務省庁舎の新築が実現するまでの暫定的処置として、移転したいというのである。この請願はすぐに認められ、一八九一年一一月一六日に農商務省は木挽町一〇丁目の特許局庁舎への移転を実現させる。[44]これにより農商務省の一部局である特許局の庁舎に農商務省が入居する「蓋し奇と言ふべし」という状況となった。[45]

農商務省の移転理由に挙げられたように、新築された特許局等の建築は本省機能が移転したとしても余るほど大規模なものであった。規模の大きさは将来の標本増加に備えたものと説明されるが、機能に対する規模の大きさ、度重なる計画変更や本庁舎移転の円滑な推移を鑑みると、官庁集中計画の頓挫を契機に本庁舎の立替計画として進められていた可能性を疑いたくなる。具体的な設計が固まる時期に、井上馨が農商務大臣についていたことも、こうした物語を想像させるが、その真偽はわからない。

特許局をはじめとして農商務省外局の施設整備として進められた木挽町庁舎の建設は、複数事業の統合によって実現した。それは取捨選択の経緯と農商務省の移転によって、同省の活動を象徴するものとなったといえるだろう。この中にあって陳列施設は、計画の当初から中心的な事業であり、結果として農商務省の中枢に位置づけられたのである。

(5) 収集資料の集約と貿易品陳列館・農商務省商品陳列館の開設

農工品陳列所として実現した建築での活動は竣工後すぐに開始できたわけではなく、一八九六年（明治二九）の貿易品陳列館の開館を待たねばならない。それまで農工品陳列所の建築は「馬車敷台として閉鎖しありたる所」であったという[46]。複数の事業を統合していった経緯から、省内各局の調整、組織や陳列品の整備などに時間を要したものと推察される。

貿易品陳列館では農商務省各局が収集してきた国内外の参考資料が陳列されたが、庁舎建設にともなう事業統合に合わせるように資料の管理も集約されていった。木挽町庁舎の建設中（一八九〇年）に開催された第三回内国勧業博覧会（以下、内国博と略す）では、農商務省は各局の収集品を参考品として出品したが、閉会後の資料の行く先について当時の新聞は次のように伝えている。

農商務省にて木挽町九丁目（一〇丁目の誤りか―引用者註）へ煉瓦造の広大なる普請にて目下建築中の商品見

本陳列場は、来年六月を以て落成の筈なりと。依て商工局を初め同省各局の見本品を陳列する由なる筈中にて、先年仏国《フランス》より購入したる各国の見本類は内国博覧会の参考館へ出陳せる筈。此の品々は右見本陳列場へ出陳することとなりしに付、即今旧内国博覧会第五号館に仕舞ひ置かるる事となれり。又商工局より予て帝国博物館へ出陳したる内国見本品をも同館より取り戻し、同五号館に仕舞置たる所、此も右見本陳列場へ出品なる筈なりと(47)(後略)

内国博参考館へと出品された資料は、木挽町に建設中の陳列施設——すなわち前述の農工品陳列所(ここでは「商品見本陳列場」と報じられている)に陳列するために保管する措置がとられた。資料を一時保管するとされた「旧内国博覧会第五号館」とは、第三回内国博第五本館のことで、後に各種の美術団体の展覧会場として活用された「竹の台陳列館」として知られる建物である。第五本館は第二回内国博第四本館を補修したものであり、九六〇坪の面積を有する木造建築であった(48)(図7)。

農商務省の資料と内国博第五本館の動向については、博物館側の史料にも確認できる。第三回内国博の施設は閉会後に博物館が引き継ぐこととなっていたが、農商務省が「同会第五号本館ニ充用候分壱宇当省ニ於テ要用之候」として、第五本館の借用を願い出る(49)。これに対して博物館は「第五本館ハ農商務省ニ於テ商品陳列所へ陳列スヘキ物品該所建築落成迄之間貯蔵ニ差支候趣ヲ以テ借用之義兼而頼談之有実際不得已様被存候ニ付期限等本館ニ於而差支不相成迄ニ協議致置候」と前向きに検討し、一八九一年(明治二四)九月まで無代にて貸与することを通達している(50)。資料管理に関するこうした動きからも、農商務省各局が進めた陳列事業が統合される様子をうかがい知ることができる。

農商務省が収集した資料は、常設施設ができるまでの間は芝公園の東京府勧工場にも陳列され、一般に公開されていた。東京府勧工場の第一号館には、主に農商務省商工局が購入・蒐集した外国製品が参考品として陳列さ

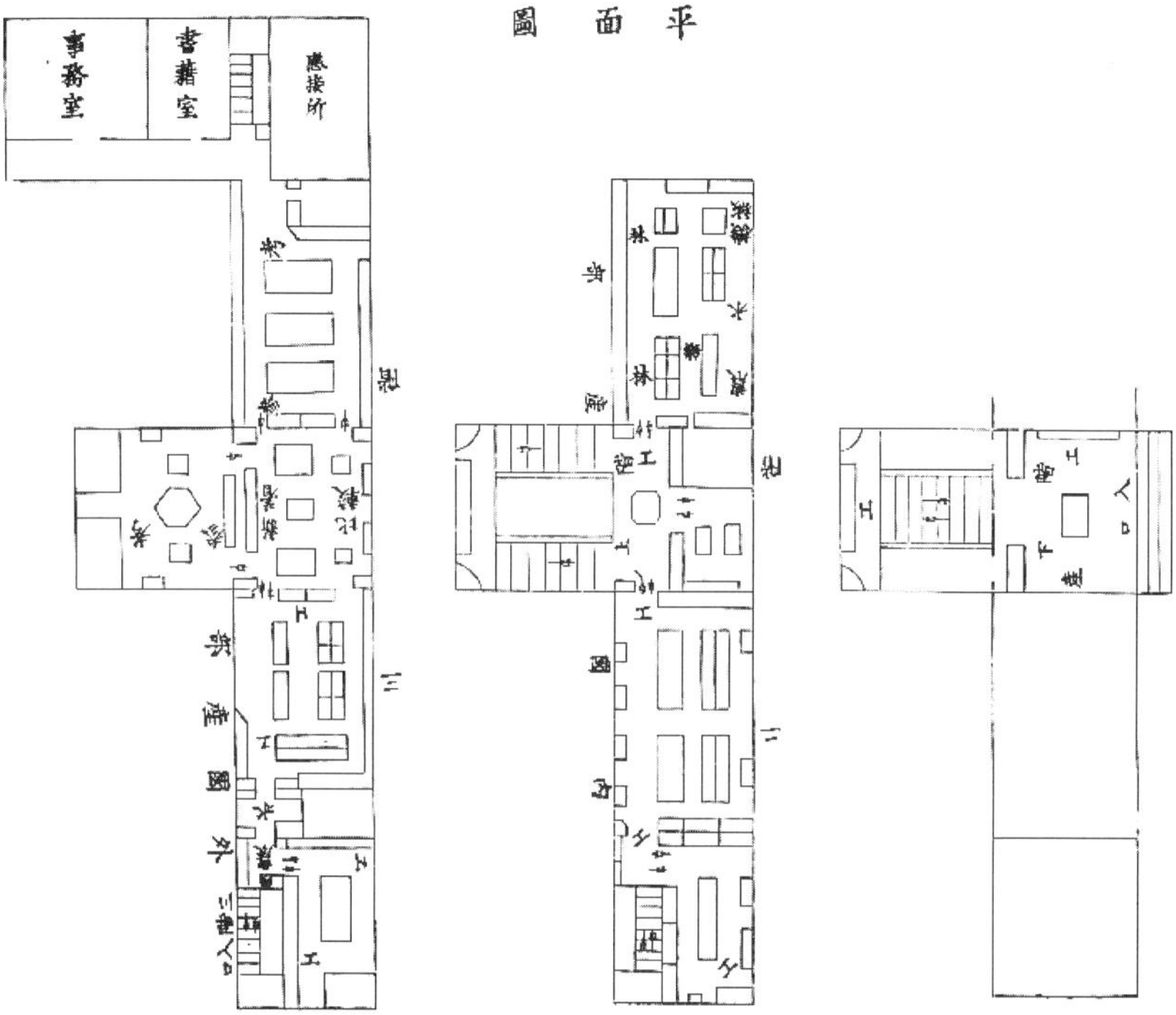

図7　農商務省商品陳列館 陳列配置図(1897年)

れ、新たな資料が到着すると陳列替えも行われた[51]。農商務省の資料は、一八九〇年(明治二三)一一月まで上野の博物館でも陳列された[52]。博物館は、第三回内国博に先立つ一八八九年(明治二二)に農商務省から宮内省へ移管されている。農商務省は引継ぎ後も博物館内の二室を借用して工務局の所有資料を陳列していたが、自らの陳列の場を失った状態にあった。農商務省が新たな陳列施設の設置を目指した背景には、上野をめぐるこうした事情も影響しているかもしれない。

施設と資料の準備が進められた結果、木挽町庁舎の竣工から五年後の一八九六年に貿易品陳列館が開館する。渋沢らが商品陳列館の設置を目論んでいたように、交通の便がよい京橋や新橋から近い木挽町に位置することは、同館の主な利用者である商工業者にとって重要な意味を持った。

貿易品陳列館として使用されたのは、農工品陳列所として建設された市街地寄りの部分である。農商務省商品陳列館への改組直後の陳列配置（図7）を見ると、同館は農工品陳列所部分のすべてを使用していたわけではなく、他機関と棲み分けていたことがわかる。陳列面積を削られる反面、農商務省で開催される各種の会合とあわせて陳列館が活用され、陳列所行政の中央機関としての存在感を強く放っていくこととなる。

以上、特許局の新築に始まる木挽町庁舎の建設過程を明らかにしてきた。すなわちそれは、農商務省が様々な勧業政策を取捨選択しながら統合し、省務の中枢として空間化していく過程であったといえる。陳列施設が保持される一方で各種試験場の建設は中止される。こうした計画の過程で農商務省各局が持つ陳列施設は集約され、時勢を反映しつつそれらを矛盾なく内包するものとして、最終的には貿易促進という目的の下に統合された。

農商務省が獲得した本拠地の一角に陳列施設が残された事実からは、地理的な優位性という理由だけに留まらず、当時の農商務省の政策における陳列施設の重要度をうかがい知ることができる。このことは、陳列所の活動が農商務省全体の政策に強く関わりを持つことをも意味するともいえる。貿易品陳列館の開所に始まる農商務省直営の〈陳列所〉は、時勢を反映しつつ木挽町に設置されて以後、農商務省による陳列所行政の核として、物品の陳列のみに留まらない幅広い場面で、指導機関としての活動を展開していくこととなる。

二　農商務省商品陳列館による地方〈陳列所〉の支援

農商務省庁舎内に設けられた貿易品陳列館は、府立大阪商品陳列所と同様にベルギーのブリュッセル・コマーシャル・ミュージアムをひとつの模範としたが[53]、具体的な方針は大阪商品陳列所に近い。これは大阪と同様に、国内の産業構造を反映したものだと考えられる。大阪と同様に機関誌が発行されたが、工業試験室の設置は組み込まれていない。

貿易品陳列館の業務を定めた「貿易品陳列館規則」には、陳列について次のように記されている。

第一条　本館ハ農商務省内ニ之ヲ置ク
第二条　本館ニ左ノ貿易品見本ヲ陳列ス
第一　内国産
一　重要ナル輸出品
二　将来輸出ノ見込アル物品
三　輸入品ト競争スヘキ物品
四　特ニ新製セシメタル物品
第二　外国産
一　本邦製造品ノ模範トナルヘキ物品
二　本邦輸出品ト競争シツヽアル物品
三　将来本邦輸出品ト競争ノ見込アル物品
四　外国市場ニ於テ他国ヨリ輸入シ勢力アルモノ、中本邦ニテ製造シ得ヘキ見込アル物品
五　重要本邦輸入品
六　将来輸入ノ見込アル物品等
第三条　本館ハ第二条ノ物品ノ外特許局回付ノ特許品登録意匠並ニ商標ノ雛形ヲ陳列ス(54)

陳列品の分類はさらに細分され、工産部・農産部・水産部・鉱山部・機械部・特許部・雑部の八部門からなり、

表1　貿易品陳列館開館時の陳列品

陳列場所	区分	陳列品(産地または出品地)
3階		欧米諸州で流行する夏帽子、組紐など
3階	室内固定および室内移動装飾物	唐木書棚(東京)、陶器衝立(愛知)、組立棚(静岡)、皮紋形(東京)、堺段通(大阪)、絵入り花瓶など
2階中央と左翼	室内装飾品部	ヴァイオリン(愛知)、染織物、ボタン襟飾(外国産)、扇子・団扇(フランス)など
2階右翼		鉱物標本、材木
1階中央	鉱産《ママ》部	石炭鉱(鯰田・端島・中島・高嶋・幌内・夕張・幾春別など)、金属鉱(生野)、金鉱(尾去沢)、随伴鉱(石見・笹谷)、清良硫黄(佐登)、銅鉱(笹谷)、マンガン鉱(沼館)、輝安鉱(市ノ川)など

※「貿易品陳列館開館の模様」(『読売新聞』1897年3月6日付)を基に作成。

農商務省が管轄する分野が広く網羅された。特許局で行っていた特許関係の陳列も貿易品陳列館に統合されており、農商務省が普及に努め始めた特許などの知的財産の啓蒙も視野に入れていたことが特筆される点である。陳列品は、農商務省各局の収集のほか、新たに出品人規定が定められ、一般からの出品や寄贈を求めた。

陳列の方針は大阪商品陳列所とおおよそ一致しているが、対象とする範囲が日本全国である部分で事情が異なり、農商務省が管轄する各産業が網羅された。とりわけ農商務省各局の事業との関連が陳列の分類からうかがえよう。一八九七年に農商務省商品陳列館へと改組された後も、陳列の内容はほぼ同様であるが、原料が対象に加えられた点が異なる。「内国産」の第四項が「製造ノ原料トナルヘキ物品」に改められ、「外国産」の第七項として同じく「製造ノ原料トナルヘキ物品」が加えられた(55)。

このように当初から組織の面では充実していたが、開館時にはすべての部門が陳列を開始できたわけではなかった。貿易品陳列館開館時の陳列内容は表1の通り、ほとんどを工芸部と鉱産部が占めており、林産部・農産部・水産部・機械部・特許部などは準備中であった(56)。貿易品陳列館の開館後、同館の陳列品が新聞紙上に図版入りで紹介されたが、そこに描かれるのも主に工芸品である（図8・9）。農商務省の陳列館は、運営しながら整えられていった。

農商務省商品陳列館として再開館して間もなくの陳列品総数は六〇一七点を数え、長年にわたり蒐集してきた品目を中心に、東京・大阪・京都・愛知をはじめ各地の商工業者からの出品で構成された(57)。この時点での分類によると、陳列品の内訳は、内国産（三五二九点）、外国産（八二〇点）、新着品（二九一点）、比較品（八一点）、

図8　貿易品陳列館 開館時の様子
（工芸部 室内移動装飾品）

◎貿易品陳列館陳列品（一）
本圖陶器三品ハ今回農商務省内に開設せられたる貿易品陳列館内 上層に陳列せらるゝものにして目下歐米巡回中なる美濃部農商務属より特に送り来りたるものなりとぞ製造所ハ獨逸の官設陶器製造所にして其種類と圖の順序によりて記さん
花　立（地、青緑）
花　立（地、茶）
蠟燭立（地、白）
皆日本陶器の標本として獨逸國の製造所に製造せられしもの、櫻花の紋様に御目を留められましてよく〳〵御覽あるべし

図9　陳列品を紹介する記事
欧米巡回中の美濃部俊吉（農商務省商工局属）が収集したドイツ官設陶器製造所製作の陶器。『読売新聞』には、この記事に続いて貿易品陳列館の陳列品（主に外国製品）の図版が不定期で掲載される。

参考品（一二九四点）、特許品（〇点）であり、国内物産の比率が高かった。内国産・外国産はそれぞれ綿や羊毛、鉱石、農鉱業品、織物や陶磁器、時計など農工商各分野のものが幅広く集められた。農商務省商品陳列館は、日本全体を視野に入れて、幅広い分野を網羅する活動を展開したといえる。

なお、特許品が〇点とされたのは、この時点では整理中で公開に至っていなかったことが原因である。やがて充実する特許品の陳列は特許数の増加にともない場所が狭小となり、一九〇五年（明治三八）に独立して商品陳列館の向いに建設された特許局陳列館に移された。[58] さらに一九〇七年（明治四〇）に特許局が麴町区道三町に新庁舎を建設して移ると、特許局陳列館も合わせて移される。[59] 高橋是清が描いた独立した特許局が、ようやく誕生した。

農商務省商品陳列館の陳列品は、その性格上、常に最新であることが求められた。農商務省は最新の製品を購入し続ける必要があるが、それには膨大な経費がかかる（貿易品陳列館はこれが全うできなくなった結果、改組された）。製品購入の負担を軽減しながら最新製品の陳列を維持するために、一般商工業者からの継続的な出品が期待された。これには「輸出品製産地の製造人若くは輸出商をして其商品を見本的に陳列せしめ時々新陳交替せしむる」ことで陳列の陳腐化を防ぎ、さらには流行遅れとなった古い製品を始末する負担を軽減する意図もあった。[60] 農商務省は自ら国外の優良品を購入する一方で、一般からの出品を仰ぐことで陳列の目的を果たそうとしていた。

一方で、世界で流行する最新の製品を陳列したとしても、外国の生活様式に馴染みのない一般の利用者には製品の用途がわからず、陳列の効果がないことが懸念された。そこで、農商務省商品陳列館では館内に室内全体を西洋様式で飾った部屋を設け、西洋の生活様式を紹介しながら具体的な用法と合わせて世界の流行品を具体的に示した（図10）。室内装飾は形式上のものではなく本格的に整えられたものであり、一八九八年にはルイ十四世

図10　農商務省商品陳列館 陳列の様子

様式の客室とエリザベス女王様式の寝室が、室内装飾家の小林義雄によって設えられた(61)。
　資料の保存を第一義とはせず新陳代謝を図り、実際の使用の場面を再現して示す陳列の態度は、歴史資料を扱う博物館とは異なる。しかしながらこのような陳列の態度は、産業と貿易の国際化を急速に進めた日本近代を支えたもうひとつの陳列施設のあり方として――すなわちコマーシャル・ミュージアムとして、評価されるべきだろう。

　さて、ここで改めて農商務省商品陳列館の目的を確認しておきたい。同館の目的は端的に言えば、先述した内外の商品見本を蒐集陳列して市民の観覧参考に供することであるが、『農商務省商品陳列館報告』第一号によれば具体的には次の通りである。

一、本館ハ現ニ貿易品ヨリ又ハ将来貿易品タルノ見込アル商品ヲ陳列ス
二、本館ハ輸出品ニ対スル外国ノ競争品又ハ代用品ヲ陳列シ其比較研究ニ便ナラシム
三、本館ハ内外商品ノ原料ヲ蒐集シ又ハ原料ヨリ製品ヲ得ルノ順序ヲ示ス
四、本館ハ輸入品及其原料ノ見本ヲ蒐集陳列ス
五、本館ハ内外商工業者ノ申出ニ応シ其商品ヲ陳列紹介ス
六、本館ハ商工業上諸般ノ調査報告ニ関スル需ニ応シ又出来得ル限リノ便宜ヲ与フ

七、本館ハ商工業上ニ関シ諸般ノ講話ヲ為ス
八、本館ハ商品ノ荷造、包装、塡充物等ノ標本雛形及写真ヲ陳列シ其改良発達ノ資ニ供ス
九、本館ハ商品ノ陳列、意匠、装飾ニ関スル改良発達ヲ目的トス
十、本館ハ内外商工業上ニ関スル図書ヲ縦覧ニ供ス(62)

農商務省商品陳列館は、「陳列館」という名称を持ちはするものの、調査・研究・啓蒙活動など幅広い活動を実施した。政府の陳列施設とはいえ、そこで実施する活動は一般の商工業者を対象としたものである。個人からの質問や調査依頼にも応答するなど、細かな業務を行っている。また全国を視野に入れるため陳列品は日本中から蒐集されている。新製品開発を通して輸出拡大を目指して企画された商品改良会(63)も全国の製造業者が対象とされ、実際に各地から参加があった。

しかしながら、東京に拠点を置く限り、その対象は東京府民あるいは東京訪問者に限定的にならざるを得ない。そこで農商務省は地方都市の勧業行政や〈陳列所〉を支援し、その組織化を進めることで、〈陳列所〉を通して日本全体の勧業あるいは貿易を促進していくこととなる。外部との連携については、「本館ハ内外博物館商工業学校物産陳列所及商品見本陳列所等ト広ク通信ヲ開キ印刷物ヲ交換シ陳列品ヲ貸借譲渡スヘシ」と規則にも明記された(64)。

農商務省商品陳列館のこうした活動は、大阪商品陳列所の設立時にもみられたような地方〈陳列所〉の設置に対する支援に留まらず、標本の貸し出しや譲渡といった運営上の支援にまで至る。全国を対象とする農商務省商品陳列館にとっては、館外での活動は、各地の商工業者の実態を把握する重要な機会でもあった。同館の活動の概要は先行研究ですでにまとめられているが(65)、そこでは触れられていない地方〈陳列所〉と関わる活動を具体的に紹介しておきたい。

（1）巡回陳列

農商務省商品陳列館の活動のうち、地方に直接的に働きかけるものとして巡回陳列があった。巡回陳列とは、農商務省商品陳列館の所蔵する標本資料から、選りすぐったものをパッケージ化して地方に送り、各地の〈陳列所〉等で一般に紹介するものである。農商務省商品陳列館における陳列の一部を地方都市にいながら眼前にする機会を設け、海外の新しい標本の入手が困難な地方都市の商工業者に世界の動向を紹介した。

巡回陳列では、一度の巡回につき二〇〜六〇点程度が選りすぐられ、農商務省職員による詳細な説明書と共に発送された。具体的には、英国産の綿フランネルやその見本帳などの織物素材、サリーなどの民族衣装、酒便台、写真立てや手帖入れなどの家具類、茶碗や水入れなどの食器類などであり、外国製品を中心に国内製品も合わせて構成された。巡回の情報は、その品目や説明と合わせて、機関誌にて広く公報された。

借受者（主に地方陳列所や業界団体）のもとに到着した標本は一般に公開され、地元の商工業者や学校生徒などが観覧に訪れた。巡回陳列はおおむね好評を博したが、その地に適した内容ではなかったり、標本をうまく活用できなかったりといった事態も起こっている[66]。たとえば第三回巡回陳列の成果報告を見てみると、「標本少数ナルト、直接県下ノ製品ニ過当ナル標本ナキハ一般ニ失望シタルモノノ如シ。陳列品中ニハ熱心ニ其説明ヲ求ムルモノアルモ、付箋ノ外答フルヲ得ザルハ甚ダ遺憾ナリシ」（熊本）、「標本ハ総テ外国産ナルガ故、之ニ対シ批評ヲ試ムベキ眼識ヲ有スル者、当業者中甚ダ稀ニシテ、特ニ掲記スベキ批評ヲ聞カズ、然レドモ陶器ニ付テハ、形状及陶図ノ意匠及価格ノ低廉ナル、其品質ノ堅緻ナル点等ニ付キ、稍当業者ヲ覚醒セシムベキ効果アリタルコトヲ信ズ」（長崎）という具合である[67]。

とはいえ、たとえば「八月以降巡回陳列ヲ施行スルコト二回、其第四回ハ和歌山県下ニ施行シ、（八月二十五日発送　十月十八日帰着）第五回ハ茨城、福島、岩手、宮城、青森、山形及秋田ノ七県ニ（十月二十一日発送）

目下施行中」[68]とあるように、継続的に回を重ねて巡回地を増やしており、農商務省商品陳列館の陳列を拡張する活動ともいえる巡回陳列は、概ね好意的に受け入れられ、地方の産業改良や知識啓発に寄与したといえるだろう。

(2) 標本貸与・譲渡

農商務省商品陳列館が在外領事や海外への職員出張などを通して蒐集した参考品が、地方の商工業者の目に触れる機会は、巡回陳列の他にも用意された。その多くは地方都市における共進会などの機会であり、共進会や実業団体の会合に合わせて農商務省商品陳列館から貸与された参考品である。

農商務省による共進会などへの参考品貸与は、農商務省商品陳列館による巡回陳列以前から実施されており、生産者らに対して大きな啓蒙的意義をもった[69]。このような共進会等への貸与による参考品の紹介と、巡回陳列による紹介の差異は、農商務省商品陳列館の報告において次のように説明された。

巡回陳列ハ、新ニ到着セル標本ニシテ、其地方製産品ノ参考トナルベキモノアル場合ニ於テ、初テ施行セラルルモノナレバ、新ニ標本ノ到達之ナキ以上、又之アルモ其地方製産品ノ参考ニ適セザル以上ハ、之レヲ施行セザル場合ナキニ非ズ。是レ則チ各地方ニ於テ、時々開催セラルル共進会品評会等ヘハ、巡回陳列以外ニ於テ、参考標本ヲ貸与スル所以ナリ[70]。

巡回陳列では主に新着標本の紹介という側面があったが、それゆえに地域の需要に合わない標本が巡回してしまうという事態があった。これへの対応として、地域の特質を考慮した選択を行うことで資料の紹介を効果的にしたのが、標本貸与・譲渡であった。

表2は一九〇五年（明治三八）四月から翌年一月までに実施された標本貸与の実績をまとめたものである。一九〇五年の実績からは、農商務省商品陳列館の標本資料が官民問わず活用されていたことがわかる。同館の資料

表２　農商務省商品陳列館による標本貸与（1905年４月～1906年１月）

	貸与先	品種	点数	目的
1905年 ４～７月	愛知県	清国産綿布	9	当業者参考
	東京府	外国産各種織物見本	15	当業者参考
	兵庫県	外国産各種工芸品	101	当業者参考
	埼玉県	外国産綿布	11	同県機業家参考
	東京府	外国産絹綿布	30	当業者参考
	栃木県	外国各種絹布見本	100	足利織物同業組合染織品評会参考
	群馬県	印度向各種織物見本	42	当業者参考
	日本金工協会	外国産各種金属製品	39	第二回競技会参考
1905年 ８～10月	東京彫工会	内外国産各種工芸品	36	第二十回彫刻競技会参考
	長崎県	内外国産各種工芸品	47	長崎市立商品陳列所参考
	宮城県	印度地方需要ノ織物見本	5	仙台市輸出織物製造家参考
	広島県	米国産野草莚	10	沼隈郡輸出花莚品評会参考
	京都府	印度地方ニ需要セラルル各種商品	103	服飾品展覧会参考
	日本漆工会	外国産仮漆器	13	第七次漆工競技会参考
	三重県	外国産織物	50	大日本蚕糸会第八回品評会参考
1905年 11月～ 1906年 １月	静岡県	外国産各種工芸品	66	静岡市立物産陳列館参考
	徳島県	清韓向織物	24	織物業者参考
	工業試験所	外国産各種陶磁器	74	同所窯業試験場参考
	群馬県	印度向各種織物	11	伊勢崎織物協同組合員参考
	宮城県	印度及南清向各種織物	12	同県機業家参考

※『農商務省商品陳列館報告』第２～４号（1905～06年）より作成。

は地方〈陳列所〉にも参考品として貸与されており、地方陳列所が活動する上での重要な基盤にもなっていた事実を確認できよう。様々な同業組合に対して、それぞれの専門に合う資料を貸し出し、共進会や品評会・協議会の充実に寄与した。また標本資料は、貸与されるだけではなく譲渡されることもあった[71]。

（3）全国陳列所長協議会

巡回陳列や標本貸与などの資料を通じた補助、あるいは農商務省職員の審査員派遣といった支援を通して、農商務省商品陳列館は地方の勧業当局や陳列所と連絡を取っていた。しかしながら全国に林立する陳列所を統制し、それぞれの活動を支援しつつ全体の発展を図るためには、より密接な関係を築くことを必要とした。そのために設けられた場が、農商務省と各地の地方陳列所の責任者が集まって開催される全国陳列所長協議会（以下、協議会と略す）であった。

協議会は、一九〇六年（明治三九）に第一回が農商務省で開催され、以後三年ごと（第五回以降は毎年）に継続的に開催された。協議の場では、農商務省商品陳列館からの諮問に対する各陳列所の回答が発表・共有され、農商務省や地方陳列所が提出した議案について協議された。表3は協議会各回における協議事項の概要である。

農商務省が協議会を開催した意図は、第一回開催時における農商務大臣の訓示において語られている。冗長になるが以下に引用する。

> 本省商品陳列館と各地方物産陳列館との連絡を計り又各物産陳列所相互に気脈を通ぜしむるは陳列館設置の本旨を全ふする所以なり。今や各陳列館の事業漸く緒に就くに至りたるを以て茲に各位の会同を要したり。一国若くは一地方に於ける殖産興業を発達援助せしむる機関として物産陳列所の設立せらるるもの一道二府二十九県に渉り、其数実に四十を以て算するに至りたるは頗ろ悦ぶべき現象なり。

表3　全国陳列所長協議会の協議事項一覧（1906～26年）

回数 開催年	参加陳列所長数	主な協議事項 諮問（●）・議案（○）
第1回 1906年	29名	○商業上に関する海外の通信事項 ○管内に於ける外国直接取引の状況 ○外国に配置すべき商工人名録の件 ○各府県陳列所、実業家に於ける外国標本の件 ○見本並に商品目録を外国へ配布の件 ○巡回標本陳列の件
第2回 1909年	27名 （1名は陳列未設置県からの参加）	○各陳列所が其目的を達する為め施設したる事項並に其効果又之れを実行する上で如何なる故障ありや ○農商務省商品陳列館が各陳列所の経営に資する為め現在事業以外に如何なる施設を要するや ○地方陳列所を介し商品陳列館の趣旨を一般にしらしめ其利用を全からしめんとせば如何なる方法を採るを可とするや ○本省より巡回陳列をなす場合には各地巡回陳列期間中同時に地方特産商品の比較研究会様のものを開催するとせば有益ならんと思考す。其実行に関する意見如何 ○農商務省商品陳列館々報に地方陳列所に関する記事の一欄を設くとせば其搭載事項は地方陳列所相互間に於て又当事者に対し如何なるものを有要とするや及其材料を得る方法如何 ○特許品陳列館と地方陳列所との関係を密接ならしむる方法を講ぜられんことを望む（新潟） ○地方測候所等の例に倣ひ地方陳列所員の待遇法を定められたき事（大分） ○各陳列所相互に其地の産物を参考品として又販売品として交換陳列することとせば、一は参考品購入費の節約となり、一は適切なる参考品を得ることとなり、一は互に物産の紹介となり実益少なからざるべしと思考せらるるにより各陳列所の協定を望む（新潟） ○各省に於て産業に関する印刷物を発行せられたるときは各陳列所に配布せらるる様、農商務省より交渉せられんことを希望す（新潟）

第３回 1912年	32名 （２名は陳列未設置県からの参加）	●既往に於て施設したる重なる事項及其効果 ●現在に於て施設せる事項及将来施設せんとする事項及其項目 ●陳列所の事業を最も有効ならしむる経営方法 ○我輸出貿易品の改善に関する件 ○地方陳列所と本省陳列館との連絡方法 ○陳列所が各陳列所、農事試験所、工業試験所、工業学校、商業学校、商業会議所等其他の団体並当業者との連絡方に関する件 ○砲本購入方法に関する件 ○府県陳列所職制発布の件（奈良） ○商品陳列所費国庫補助法を制定せられたき事（愛知） ○商品陳列所職制を発布せられたき事（愛知） ○商品陳列所が其陳列品を国有鉄道に依り輸送する時は特に運賃を免ぜらるるか又は低減するの制を設けられたき事 ○本省陳列館の商品改良会を東京に限らず各地に開会せらるる制を設けられたき事（愛知） ○新に海外商品見本蒐集委員なるものを置かれ必要なる経費を本省換算中に計上せられたき事 ○本省は地方陳列所の希望に依り海外主要地に確実なる通信員を置くの便宜を図られたき事（愛知）
第４回 1915年	40余名	●陳列所が既往に施設したる重なる事項及び効果（第三回協議会に答申したるものは其以後に於ける事項） ●現在に於て陳列所が施行せる事項及将来施設せんとする事項及其目的 ●陳列所が各地方陳列所、工業試験所、農事試験場、工業学校、商業学校、商業会議所等に対して如何に連絡しつつありや其の状況 ○陳列所の事業を尚一層改善発展しむる方法に関する件 ○時局に際し我貿易の助長に関し陳列所の採るべき方法に関する件 ○国産奨励に関し陳列所の採るべき方法に関する件 ○地方副業奨励に関し陳列所の採るべき方法に関する件 ○管内産業の状況報告に関する件

第5回 1919年	40余名	●陳列場が既往に於て施設したる主なる事項及び其効果並に将来の計画 ●販路拡張に際し陳列場は如何なる施設なせりや ●新規勃興したる生産事業に対して陳列場は如何なる態度を採りつつありや、之に対し保護奨励の手段を講じたりとせば其の施設の概要 ○陳列場の事業を発展せしむる方法に関する件 ○本省主催工芸展覧会出品勧誘に関する件 ○工芸展覧会場内に府県工芸品販路拡張、若くは府県工芸品展覧会開催に関する件 ○輸出人名録編纂並に当業者の調査に関する件
第6回 1920年	40余名	●本省省令道府県市立商品陳列所規程に基き陳列所事業に関し改善を行ふ計画の有無有りとせば其大要 ●商品陳列所事業の進展上本省商品陳列館に対して希望せらるる事項 ○工芸品及輸出向商品の状況調査に関する件 ○輸出業者調査に関する件 ○本省工芸展覧会出品物取締に関する件 ○適切なる商品見本を海外より蒐集するには如何なる方法を採るべきや(大阪) ○常時又は臨時に観覧料を徴することは施設上に如何なる影響を及ぼすべきや(大阪) ○巡回陳列所員要請の要否若し之あらば如何なる方法に依るべきや(大阪) ○商品陳列所費に国庫補助の途を開かれたきこと(秋田) ○商品陳列所規程第一条業務中意匠図案に関する調査及び研究の一号を設くるの件(石川) ○本省商品陳列館の主催に依りて一県若は二県連合し其県製産の商品を蒐め甲県より乙県に巡回陳列をなし一般の批評其他嗜好の如何を知り得る如くする方法に付一考を煩したし(三重) ○商品の調査取引の方法商品の試売等に関しては地方陳列所の相互以来に応じて便宜を計る事(宮城)
第7回 1921年	不明	○地方製産品の海外に於ける販路開拓若くは輸出増進の為め地方商品陳列所の実際執るべき方策如何

		○輸出向製産品又は輸入対抗品の改良生産費低減生産額増加等に関する調査並に之が指導の為各商品陳列所が密接なる連絡をなし実績を挙ぐるに付採るべき実行方法如何
第８回 1922年	33名	○貿易研究会及商品調査研究所設立計画に関する件 ○本年秋当省商品陳列館に於て開催の予定ある地方特産品展覧会に関する件 ○地方陳列所事務講習会に関する件
第9回？ 1926年	36名	●地方商品陳列所の機能を一層発揮せしむる為採るべき方策如何 ●将来輸出の見込みある地方製産品の海外販路を開拓せしむるに付き最有効なる指導方法如何 ○地方特選品の内地販路拡張相互に連絡し実効を収むるに付き各陳列所の採るべき方法に関する件 ○海外市場外国競争品見本の蒐集及び利用に関する件 ○（他地方陳列所提出案件13項目）

※ 議案末尾の（　）は判明する議案提出県名。

出典：（第１回）『東京朝日新聞』1906年３月30日付・同４月28日付；（第２回）『農商務商品陳列館報告』第16・17号、1909年；（第３回）『農商務省商品陳列館報告』第52号、1912年、『読売新聞』1912年５月５日付；（第４回）『貿易時報』第２巻６号（農商務省商品陳列館、1915年）111～113頁；（第５回）『愛知県商品陳列館報告』第97号、1919年、『東京朝日新聞』1919年５月13日付；（第６回）『内外商工時報』第７巻11号（農商務省商品陳列館、1920年）70～71頁、『東京朝日新聞』1920年10月14日付；（第７回）『愛知県商品陳列館報告』第125号、1912年、（第８回）『東京朝日新聞』1922年４月６日付；（第９回）『読売新聞』1926年10月18日付（回数は推定）。

然れども凡そ事業効果の消長は独り其目的の如何に止まらずして之を達する方法手段の良否如何に存ず。思ふに各地物産陳列所の経営は其地方の産業状態に考察し之に適合する施設を計画せざる可からざるは固より論を待たず。農業地に於ける陳列所が其農作上の技能を進め智見啓くと共に其生産物を世上に紹介するを主要事務となすが如き、工業地に於ける陳列所が販路の開拓商人及一般需要者との連絡、原料品の採択、工業図案の改良等を以て重要事務となすが如き、商業地に於ける陳列所が取引上に関する事項例へば貨物の相場、荷造運搬費、関税、内外国の商況等の調査通信を以て主要事務となすが如き、陳列所の局に当るもので宜しく慎重なる考慮を費すべき点なり。而して各自其長所を人に示めすと同時に他の長所を知る事亦一大緊要なり。是に於て各陳列所は自己一地方に局限せず広く他地方を内地は勿論外国市場と相互に物品の交換を怠るべからざるは云ふ迄もなく他の優秀なる製産品に鑑みて而して自ら新製品を創むるの動機を喚起するが如き物品陳列所の最要目的の一たるものと信ず。抑も日露戦争は我邦をして列強の伍近に列せしめたり。今後に於ける国際的干係は外交に商業に工業に益す親密の度を加え、我産業の上に及ぼす影響実に絶大なるものあり、此等に当り殖産興業の発達を助長せしむる機関たる各地方の陳列所が借令其地方の産業に直接の干係なしと雖も之が為に外国貿易に干する注意と施設を等閑に附するが如き事あらば是れ謬れる事の甚だしきものと言ふ可し。況んや我邦産業の現状は各地方共に幾多の干係を外国貿易の上に有せざるもの殆ど罕なるをや。右の次第なるを以て茲に協議会を催し各員の賛同を要し各位が擔営せらるる陳列所の過去及現在の状況に照し、将来の施設改良すべき事項を討議し以て現時斯業界の希望に副ふの経営を為さん事是本大臣の切に希望して已まざる所なり。(72)

地域の産業に合わせて活動する地方〈陳列所〉が、殖産興業の推進機関としての役割を果たすためには、〈陳列所〉相互で理解を深め、さらには国外の事情を把握した上で新たな製品開発を促すことが重要であり、またそのために農商務省商品陳列館および各地方〈陳列所〉間の連絡を緊密にすることが必要である。外国市場を意識する点は、農商務省商品陳列館の方針にも一致するが、地方〈陳列所〉が、それぞれの産業に合わせて活動することが推奨されている点は注目に価する。地域に寄り添いながら、国外にも視野を広げることが求められていた。そのための方策を議論し、陳列所相互の連携を促すことが協議会の開催意図であった。

次に、第二回協議会における大臣訓示を見てみたい。この訓示においては、農商務省商品陳列館が地方〈陳列所〉に求める姿がより具体的なものとして示され、地方〈陳列所〉をそれに近づけようとする意図がより強くうかがえる。

今ヤ国際間ニ於ケル経済的競争ハ益激甚ナラントシ各国競フテ産業ノ発達ニ腐心シ竭智尽力及ハサランコトヲ恐ル、ニ似タリ。顧ミテ我邦ノ状勢ヲ観ルニ近年商工業ノ進歩殊ニ著シク、随テ其対外貿易ニ於テモ卓著ナル進歩ヲ示セリト雖モ、尚ホ之ヲ欧米列強ニ比スレハ其差実ニ甚シキモノアリサレハ将来此等諸国ト相角逐シ世界ノ商戦場裡ニ輸瀛ヲ争ハント欲セハ、外我商品ノ販路拡張ヲ計ルト共ニ内、我産業ノ健全ナル発達ヲ期セサルヘカラス。

想フニ一国産業ノ発達ハ之ヲ地方ノ興隆ニ待タサルヘカラスシテ地方産業ノ興廃ハ実ニ一国経済ノ消長ニ関スルモノナリ。サレハ地方産業ノ助長機関タル各陳列所ハ単ニ其一地方ニ局限セス常ニ広ク内外市場ノ大勢ヲ査察シ之ヲ其地産業ノ状態ニ稽ヘ最モ適切ナル施設ヲナシ以テ当業者ヲ啓発指導シ地方産業ノ振興ニ資スル所ナカルヘカラス。然ルニ現時ニ於ケル各陳列所ヲ見ルニ、単ニ物品ノ陳列ヲナシタリト云フニ止マリ之ニ伴フ適切ナル施設ヲ欠キ為ニ十分ナル効果ヲ挙クルコト能ハサルモノ多キハ本大臣ノ頗ル遺憾トスル所ナリ。故ニ将来ニ於テハ各陳列所ハ内外ノ趨勢ト其地方ノ状況トニ鑑ミ之ニ適応スル施設ヲナシ且本省陳列館並ニ地方各陳列所トノ聯絡ヲ保ツハ勿論、常ニ工業試験場、農事試験場、実業学校、商業会議所其他実業団体トノ関係ヲ密接ニシ当業者ヲシテ能ク陳列所ノ性質効用ヲ了解セシメ進ンデ之ヲ活用セシムルコトニ努ムルコト最モ緊要トス。

今回各位ノ会合ヲ促カシタル所以ハ啻ニ本省ト各陳列所トノ聯絡ヲ密接ナラシムルノミニ止マラス時勢ノ進運ニ伴ヒ各陳列所ノ経営ニ於テモ改善ヲ要スルコト多々之レアルヘキヲ以テ此等事項ヲ討究シ以テ将来ノ施設ニ資セシメンカ為ナリ。望ムラクハ各位克ク此主旨ヲ体シ十分ニ意見ヲ交換シ此会合ヲシテ徒爾ニ終ラザラシメンコトヲ。(73)

この発言からは、当時の地方〈陳列所〉の多くが単に物品を並べるだけに留まり、地方産業の助長機関として内外市場に精通した上で、地元産業に対して適切に働きかける所は少なかった様子がうかがえる。協議会では〈陳列所〉相互の緊密なつながりを求めるのと同時に、農商務省が描く〈陳列所〉像と現状との偏差を埋めることが求められた。

第二回協議会は、一道三府二三県の各〈陳列所〉の代表者二七名が、農商務省の会議室に集参して開催された。ここでの目的は、「本館〔農商務省商品陳列館―引用者註〕と各地方陳列所との連絡を図り、傍ら各陳列所間の事情を疎通する」(74) ことであり、そのための方策が議論された。

協議会で協議される議案は、農商務省商品陳列館が一方的に提出するのではなく、地方〈陳列所〉からも数多く提出されている。議案提出のこの構造は、協議会において終始継続される。さらに、農商務省商品陳列館からの諮問事項や議案にあるように、農商務省商品陳列館の活動方針が協議会の場において協議されていることも注目に値する。農商務省商品陳列館の活動は、その機関誌面に関してまで、地方〈陳列所〉の意見を取り入れながら、その要望に応える形で実行されていったのである。第二回協議会では『農商務省商品陳列館報告』誌上における地方〈陳列所〉の活動状況の記載方法について議論されたが、その場で情報の集約方法が定められると、間もなく同誌に「全国陳列所彙報」が掲載されるようになった。

農商務省商品陳列館は地方〈陳列所〉を貿易方向に導こうとしつつも、自身の活動自体が手探りで進められており、関係者の腐心がうかがえよう。こうした事実からは、そこで構築されつつあった〈陳列所〉のネットワークが、農商務省商品陳列館を中心に据えながらも、地方〈陳列所〉との間に単純な上下関係はなく、むしろ並列的な関係として浮かび上がってくる。

三　「道府県市立商品陳列所規程」の制定とその効果

明治末には四〇を超える〈陳列所〉が各地で活動を行っていたが、陳列所長協議会における大臣訓示で繰り返し言及されたように、その活動内容は千差万別であった。そうした状況は、一九一六年（大正五）時点で次のように評されている。

商品陳列機関を㈠主に地方の物産を陳列し且即売する物産陳列場及び㈡参考品を蒐集陳列して当業者の参考に供するを主眼とする商品陳列所に大別するを得べし。而して此両大別に就て各其特質を見るに、㈠物産陳列場は地方的若くは国内的にして従て小規模なればその経費も一万円内外にて足り興行的の観あり。㈡商品陳列所は規模大にして国際的又は国家的にして其機能も前者の静止的なるに反し活動的なり。且つ漸次調査研究的任務を発揮するの傾向あり(75)。

これによると当時の〈陳列所〉は、国内的・地方的であり地方物産の陳列・販売を主とする静止的な「物産陳列場」と、国際的であり調査・研究的事業も行う活動的な「商品陳列所」に大別できる状況にあった。第一回協議会の開催から一〇年が経っているが、当初の状況とさほど変化はなかったといえる。

当初は、地域産業の違いによる相違を肯定しつつ貿易を視野に入れるよう方向付けを試みた農商務省であったが、次第に貿易を主眼に置いた活動を中心に据えるべく指導を強めていった。それは協議会における議案において貿易に関する活動における議案が増加し、貿易促進について〈陳列所〉間の連絡強化が叫ばれることからもうかがい知ることができる。こうした農商務省の意図はやがて規則として地方〈陳列所〉に提示され、ここに初めて省令によって〈陳列所〉が組織化された。

中央ともいえる農商務省が定めた規則であるが、〈陳列所〉に関する法整備は地方から要望が出され続けていた課題でもあった。第三回協議会において二県から議案として提出されたように、〈陳列所〉職員の職制を整備して職員の身分を保障することが、地方の活動を円滑に実施するために求められた。この議案は協議の結果、認められている(76)。さらには、第三回協議会の議案を審議するため組織された特別調査委員会（参加した地方陳列所長から選ばれた七名からなる）は、〈陳列所〉相互の連絡に関する議案に対して、「各陳列所と本省商品陳列館との関係を制度上連絡せしむる為め本省に於いて研究の上相当の制度を制定せられんことを望む」という結論を提出した(77)。ただし、これらの制定はすぐには進まず、第四回協議会においても議論され、議案とされた「陳列所の事業を尚一層改善発展しむる方法に関する件」に対して、改めて「陳列館の職制に関する規定を速やかに発布せられたきこと」が決議されている(78)。

陳列所長協議会などでのこうした議論も踏まえて、農商務省は物産陳列所および商品陳列所の統一を図る目的で「道府県市立商品陳列所規程(79)」を定め、一九二〇年に省令として発布した。このとき、職制も合わせて制定されている。これにより、農商務大臣を監督者とした商品陳列所の全国組織化が行われることとなる。「規程」制定の背景と目的は、制定後に初めて開催された第六回協議会での農商務大臣訓示に明らかである。

思ふに地方陳列所の任務は主として地方的の利益を基礎として其の地方の産業発達を図るにありと雖も又同時に公設の機関として政府の施設と対応して国産の奨励貿易の拡張等国家全般の利益を増進する事項に就ても常に考慮を払はざる可からず。然るに従来各陳列所の施設は往々地方的のみに局限せられ各陳列所が相互の連絡に依り協調一致以て国家的施設に貢献すること鮮きの遺憾なしとせず仍て本省は先に省令を以て道府県市立商品陳列所規定を定め又今回発布せられたる地方産業職員制に依り是等機関に従事する職員に対し官吏の待遇を与え、以て陳列所業務の統一を期すると共に国家及地方産業指導の必要なる機関として各陳列所の大なる活動を期待せんとするものなり(80)。

ここで語られたように、「規程」および職制の制定は、施設と職員それぞれを政府の制度に組み込み、地方〈陳列所〉を政府機関（農商務省）に貢献する「国家的施設」に貢献するために業務の「統一」を目指すものであった。以下に「規程」の全文を引用する。(81)

農商務省令第四号

道府県市立商品陳列所規程左ノ通定ム

大正九年四月二十三日

農商務大臣　山本達雄

第一条　商品陳列所ハ左ノ業務ヲ行フ
一　商品ノ見本及参考品ノ陳列展覧
二　商品ノ試売
三　商品ニ関スル各種ノ調査
四　商取引ニ関スル各種ノ紹介
五　図書其ノ他刊行物ノ発行募集及展覧
六　其ノ他商品ノ改良及販路拡張ニ必要ナル事項
第二条　道府県市ニ於テ商品陳列所ヲ設立セムトスルトキハ左ノ事項ヲ具シ農商務大臣ニ認可ヲ受クヘシ
一　名称及位置
二　業務ノ種類
三　建物ノ種別坪数及図面
四　設立費及維持費

五　開所年月日

六　所長ノ氏名及履歴

七　規則

前項第一号及至第三号ニ掲クル事項ヲ変更セムトスルトキハ農商務大臣ノ認可ヲウクヘシ

第一項第七号ニ掲クル事項ヲ変更シタルトキハ農商務大臣ニ之ヲ報告スヘシ

第三条　商品陳列所ノ経費予算ハ毎会計年度開始前農商務大臣ニ之ヲ報告スヘシ

第四条　商品陳列所ノ毎年度業務成績ハ五月三十一日迄ニ農商務大臣ニ之ヲ報告スヘシ

第五条　道府県市ニ於テ商品陳列所ヲ廃止シタルトキハ其ノ事由ヲ具シ農商務大臣ニ之ヲ報告スヘシ

第六条　本規程ニ依リ市ニ於テ農商務大臣ニ差出スヘキ書類ハ地方長官ヲ経由スヘシ

附則

第七条　本規程ハ大正九年五月一日ヨリ之ヲ施行ス

第八条　本規程施行前ニ設立シタル道府県市立商品陳列所ハ本規程施工日ヨリ一年内ニ第二条ノ規程ニ準シ農商務大臣ノ認可ヲ受クヘシ

この「規程」によって、これまで「物産陳列所」として活動を行ってきた多くの地方〈陳列所〉は組織見直しの必要が生じた。この「規程」後に新たに設立された〈陳列所〉は少なく、ほとんどが既存の物産陳列所の組織を変更して「規程」に対応していくこととなる。「規程」制定後に開催された第六回協議会では、「規程」への対応について地方〈陳列所〉に諮問している。こうして、期限の一九二一年四月三一日までに多くの「物産陳列所」が「商品陳列所」といった名称に変更し、「規程」の名称として掲げられた「商品」陳列施設へと改変が進められていった。

しかしながら、その後の地方〈陳列所〉の事情を鑑みると、農商務大臣が期待した「統一」は、成し遂げられなかったといってよい。一九二七年（昭和二）の時点においても、「一概に商品陳列所といふても、その規模、設備、経費など大小多少の種類あるばかりでなく、その趣旨目的に至りてもいろいろに分かれている」という状態にあり、外国貿易の振興を主とするものと内国商業（地方物産の紹介・宣伝・改良・斡旋）を主とするものに大別が可能であった(82)。この評価は、先に引用した「規程」前の記事と同一人物によるものである。「規程」によって全国の〈陳列所〉の多くが「商品陳列所」と改称されたため名称による区別は行われていないが、実質的な状況は「規程」制定前のそれと大差がない。つまり、「規程」の効果は、名称や規則内容などの表面的な統一に留まり、実際の中身はその多勢が旧態依然としたままであったといえる。

「規程」制定後においても、農商務省による〈陳列所〉の統一が進まなかった理由のひとつとして、関東大震災の影響も挙げておきたい。「規程」制定の三年後、一九二三年に関東地方を襲った関東大震災により農商務省庁舎は全焼する被害を受けた。その後、農商務省商品陳列館の活動再開は確認できていない。なお、農商務省自体も、一九二五年に商工省と農林省に分割されるが、「規程」は後に商工省令として改正され、農商務省による「規程」に基づいて認可された〈陳列所〉は、そのまま商工省による「規程」に引き継がれた(83)。これにより、〈陳列所〉は他の機関と同列に扱われるようになり、必要であれば、商品陳列所内において工業試験場の業務を行うことが許可され、法的に関連づけられた。

なお、商品陳列館を失った商工省は、一九三〇年前後に「産業博物館」の設立を構想している。有識者による委員会を組織し、建築家を欧米に派遣して研究させる程であったが、緊縮財政のあおりを受けて中断された。この時海外の博物館建築の調査をまかされたのが下元連であり、序章に示した博物館・商品陳列館の建築計画的研究は、この調査の成果をもとにしたものである(84)。

「規程」による統制は、様々に存在していた〈陳列所〉を一度整頓するという意味では重要な役割を果したが、その強制力は細部にまでは至らず、やはり具体的内容の地方性は〈陳列所〉の個性として継続された。それは「規程」制定後ですら、趣旨や目的がそれぞれにあることが指摘された事実に明らかであろう。別の見方をすれば、紙一枚の規則では簡単に統一できないほど、〈陳列所〉のあり方が多様化し、地方性を持っていたともいえる。

おわりに

以上、貿易品陳列館の設置から「道府県市立商品陳列所規程」の制定まで、農商務省による〈陳列所〉行政をみてきた。最後に、本章で得られたいくつかの知見をまとめておきたい。

農商務省は、府立大阪商品陳列所の設置を支援する一方で、省内各局の施設見直しをきっかけに、各局の陳列施設を統合しつつ、その実現を着々と進めていった。それは、最終的に農商務省庁舎となる複合庁舎の建設と並行して進められ、陳列施設はその一角を担う重要な存在として組み込まれ、農・商・工を網羅する〈陳列所〉として一八九六年に実現する。当初は「貿易品陳列館」と称したが、間もなく組織改正が行われ「農商務省商品陳列館」となる。

そこでは、博覧会・共進会において参考品を紹介してきたように、対外貿易を見据えながら各地の産業振興を視野に入れた活動が展開された。「通商博物館」設置計画において模範とされたブリュッセル・コマーシャル・ミュージアムが外務省の管轄下で対外政策の中に位置づけられるのに対し、国内の殖産興業全般を司る日本の農商務省による商品陳列館には、国内産業全体の底上げがその使命の根底にあったのである。

それゆえに、同館の活動は各地方との深い関わり上に成り立つものでもあった。商品改良会や農展など、農商務省が主体となって日本の貿易や産業の方向性を提示する事業が実施されたが、巡回陳列や標本の貸与・贈与などにおいては、地方〈陳列所〉からの意見を反映していった。さらには、全国陳列所長協議会の場で直接意見交換を行い、農商務省商品陳列館の活動を地方に理解・浸透させると同時に、地方の事情に合わせた活動が模索された。〈陳列所〉の利用者は、施設に足を運ぶ市民がその中心となるが、農商務省商品陳列館にとっては、各地方の〈陳列所〉も利用者と見なせる存在であった。

やがて、中央と地方の強固な関係を築くことが双方から課題として叫ばれるようになり、「道府県市立商品陳列所規程」によって〈陳列所〉の制度化が図られる。しかしながら、その効果は「商品陳列所」という名称への統一という、表面上あるいは形式上の統制に留まり、制定後もその内容については地方それぞれの事情が残った。このような事態の理由としては、中央の主導のみによらずに施設運営し得るだけの活動基盤を、地方〈陳列所〉それぞれが築いていたことが考えられる。あるいは、地方の活動が、中央が想定する枠を超えた範囲で展開していたのかもしれない。一九世紀後半以降、博覧会の流行に付随するように、貿易の振興を目的とした陳列機関が貿易都市を中心に世界中に設置されていた。日本においては、陳列所長協議会において、貿易を主とするもの、美術工芸を主とするもの、普通物産を主とするもの、と大別されたように地方〈陳列所〉のあり方は様々であり、その地方性は規則による統制を超えて表出したといえる。日本において独自の発展を果たしたとされる〈陳列所〉だが[85]、こうした多様性を含意した部分にこそ、その特質を見出すことができるのかもしれない。

（1）杉原薫「経済発展の基盤整備」（宮本又郎・阿部武司編『経営革新と工業化』、岩波書店、一九九五年）。
（2）高嶋雅明「商品陳列所について」（角山榮編『日本領事報告の研究』、同文館出版、一九八六年）、森仁史『日本〈工芸〉の近代』（吉川弘文館、二〇〇九年）など。
（3）椎名仙卓「所謂〝物産陳列所〟に就いて」（『博物館研究』第一四巻六号、一九七九年）。

（4）前註2「商品陳列所について」、一七八頁（註三一）。
（5）「本館ノ来由」（『農商務省商品陳列館案内』、一八九七年）一頁。以下、同館の沿革は同書に基づく。
（6）「貿易品陳列館の開館」（『読売新聞』一八九七年三月五日付）。開館後、『読売新聞』は数回にわたって貿易品陳列館の陳列品を絵入りで紹介している。
（7）「貿易品陳列館官制廃止の理由」（『読売新聞』一八九七年六月一四日付）。
（8）前註5「本館ノ来由」、一頁。
（9）新家孝正「農商務省特許局建築ノ要領」（『建築雑誌』第七巻七四号、一八九三年）三七～三八頁。
（10）同右。
（11）農商務省編・刊『農商務省沿革略誌』第一編（一八九二年）一四六～一四七頁。
（12）高橋是清『高橋是清自伝』（千倉書房、一九三六年）三〇五～三一四頁、および麻生大作編『高橋是清伝』（一九二九年）五一～五五頁。
（13）「勅令第七四号（特許局官制）」（『官報』第一三五〇号、一八八七年一二月二七日付、二九七～二九八頁）、および「農商務省令一号（特許局庶務部審判部審査部分掌規定）」（『官報』第一三五三号、一八八八年一月六日付、一三頁）。
（14）前註13「農商務省令一号」。庶務部図書館について定めた第三条第三項に「特許発明及登録商標意匠等ノ陳列所ニ関スル事項」が定められている。
（15）後藤純郎「万延元年遣米使節と博物館、図書館の見聞」（『教育学雑誌』第二四号、一九九〇年）一～一四頁。
（16）前註12『高橋是清自伝』、三〇五～三一四頁。
（17）「特許局」（『読売新聞』一八八八年二月一一日付）。
（18）「特許局地所見分」（『読売新聞』一八八八年六月一〇日付）。
（19）「特許局の建築」（『読売新聞』一八八八年九月一二日付）。
（20）「専売特許局」（『読売新聞』一八八八年一〇月五日付）。
（21）「特許局の請負」（『読売新聞』一八八八年一二月六日付）。

(22) 前註12『高橋是清自伝』、三〇三頁。
(23) 藤森照信「エンデ・ベックマンによる官庁集中計画の研究：その4 建築各論」(『日本建築学会論文報告集』第二八〇号、一九七九年)一七九～一九〇頁。藤森は専売特許局が官庁集中計画の対象となった時期について、文献資料上は不明としている。
(24) 前註19「特許局の建築」。
(25) 前註11『農商務省沿革略誌』第一編、一四一頁。
(26) 「農商務省所轄三田農具製作所ヲ公売ニ付シ更ニ農具陳列所ヲ新設ス」一八八七年一一月二二日、国立公文書館所蔵[本館-2A-011-00・類00330100]。
(27) 「農商務大臣請議農工業品陳列所建築方ノ件」一八八九年二月五日(「農工業品陳列所等建築費支出方ヲ認許ス」所収)国立公文書館所蔵[本館-2A-011-00・類00417100]画像番号：8～10。これは、一八八七年一二月二七日に農商務大臣から内閣総理大臣宛に提出された請議に答えるものである(「農工業品等陳列所建築方ノ件」一八八八年一二月二七日、同前所収、画像番号：2～6)。
(28) 「農工業品等陳列所建築方ノ件」一八八八年一二月二七日(前註27「農工業品陳列所等建築費支出方ヲ認許ス」所収)画像番号：2～6。
(29) 同右、「農工業品等陳列所建築方ノ件」画像番号：4～5。
(30) 「商品見本陳列所建築地」(『東京朝日新聞』一八八八年一二月二五日付)。
(31) 「特許局の建築」(『東京朝日新聞』一八八八年一二月二一日付)。
(32) 「農工商物品陳列場設置」(『読売新聞』一八八九年三月三一日付)。
(33) 「商業見本陳列所」(『読売新聞』一八九〇年一二月三一日付)。
(34) 「農商務省蚕糸試験所建築ヲ中止シ其費用ト府下京橋区木挽町建物ヲ売却シ其代価トヲ以テ農商工会堂建築費ニ充用ス」、国立公文書館所蔵[本館-2A-011-00・類00417100]。
(35) 前註11『農商務省沿革略誌』第一編、四頁。農工商上等会議は農商務省の政策に関する諮問会議であり、「臨時若クハ定期、農商務卿ノ招集ヲ以テ開キ、太政官若クハ農商務卿ヨリ諮問スル農商工ノ利害ニ関スル事件ヲ審議スルモノトシ、其会員ハ兼テ太政官ヨリ之ヲ命ジ、農商務卿ヲ其議長トスル」ものであった。一八八一年（明治一四）の農商務省発足時に、農務局・商務局・工務局や博物局などと並んで、農商務省内の一部局として設置された。

(36)「農商工上等会議場ヲ宝田町ニ設ケ会議ヲ開ク」国立公文書館所蔵［本館-2A-009-00・太00778100］、「農商工上等会議所建築費下付」同前所蔵［本館-2A-009-00・太00778100］、など。

(37)『大日本農会成蹟書』（大日本農会、一八九五年）一～四・二一～二八頁。

(38) 明治会堂は福沢諭吉らによって建設された演説会堂である。藤本寿吉設計、一八八一年（明治一四）竣工。三田演説館とともに、日本の公会堂建築の嚆矢として知られる。一八八四年に農商務省が購入した。

(39) 田邊健雄・杉田謙「三田演説館と明治会堂について」（『研究報告集』計画系六〇、日本建築学会、一九九〇年）二六五～二六八頁。

(40) 前註37『大日本農会成蹟書』、四頁。「二十二年（中略）十一月木挽町二丁目十四番地建物（厚生館）返納の儀達せらる」「同月事務所を芝区葺手町二十六番地に移す」とある。

(41)「農会、水産会、山林会の会堂」（『読売新聞』一八九〇年一一月七日付）。

(42) 前註9「農商務省特許局建築ノ要領」、三七～三八頁、巻末付図。

(43)「農商務省移転之件」一八九一年七月二三日（「農商務省ヲ京橋区木挽町ニ移転ス」所収、国立公文書館所蔵［本館-2A-011-00・類00551100］画像番号：2～4。

(44) 前註11『農商務省沿革略誌』第一編、二一六頁。

(45)「特許局内の農商務省」（『読売新聞』一八九一年九月九日付）。

(46) 前註6「貿易品陳列館の開館」。

(47) 前註33「商業見本陳列所」。

(48)『第三回内国勧業博覧会事務報告』（一八九一年）一二九・一三五頁。

(49)「会商第二四五号」一八九〇年（東京国立博物館編『東京国立博物館百年史』資料編、一九七三年、三一九頁）。

(50)明治二三年一〇月二七日達済文書(前註49『東京国立博物館百年史』資料編、三一九頁)。

(51)「貿易品見本陳列」(『東京朝日新聞』一八八九年七月一七日付)、「貿易見本陳列」(同前、一八九〇年三一六日付)など。

(52)前註49『東京国立博物館百年史』資料編、二四七・二六五〜二六六頁。

(53)「貿易品陳列館」(『読売新聞』一八九七年三月二日付)。同館設立の趣意と目的が次のように報じられている。

同館の趣意並に目的を聞くに白耳義の陳列館が商業社会に勢力を占むるが如く欧米諸国に於ける発明品貿易品を始め本邦に輸入する物品を蒐集して一般人民に縦覧せしめ我国の工業を発達せしめんとなるにあり。

(54)「農商務省告示第二五号(貿易品陳列館規則)」(『官報』一八九六年九月二五日付)二六五頁。

(55)「農商務省告示第二七号(農商務省商品陳列館規則)」(『官報』一八九七年七月二八日付)三八五〜三八六頁。

(56)「貿易品陳列館開館の模様」(『読売新聞』一八九七年三月六日付)。

(57)「陳列品ノ区画」および「陳列品ノ景況」(『農商務省商品陳列館案内』、一八九七年)一〜六頁。

(58)「特許品陳列場設置計画」(『読売新聞』一九〇〇年六月一日付)、「特許局陳列館」(同前一九〇五年五月一三日付)。

(59)「特許局陳列館」(『読売新聞』一九〇七年一月九日付)。

(60)「貿易品陳列館」(『東京朝日新聞』一八九六年六月五日付)。

(61)「商品陳列館の客室と寝室」(『東京朝日新聞』一八九八年七月三〇日付)。

(62)「本館ノ目的」(『農商務省商品陳列館報告』第一号、一九〇五年)八二頁。『農商務省商品陳列館報告』は、農商務省が発行する雑誌『貿易彙報』の号外として創刊された。第七号から独立した雑誌となる。

(63)商品改良会は農商務省商品陳列館の主催で一九一〇年(明治四三)から開催された品評会である。回毎に出品領域を決め、新しい方法や材料で製作され製品を製造者に求め、新製品開発を導き、輸出拡大を目指したものである。前註2『日本〈工芸〉の近代』(一一〇〜一一八頁)参照。

(64)「農商務省告示第二七号(農商務省商品陳列館規則)」(『官報』一八九七年七月二八日付)三八五〜三八六頁。

(65)前註2を参照。

(65) 前註2を参照。
(66) 「巡回陳列」(『農商務省商品陳列館』第二号、一九〇五年)一一六頁。
(67) 「巡回陳列」(『農商務省商品陳列館』第三号、一九〇五年)九七～一〇六頁。
(68) 同右。
(69) 清川雪彦『日本の経済発展と技術普及』(東洋経済新報社、一九九五年)二四一～二八〇頁。
(70) 「標本ノ貸与」(『農商務省商品陳列館』第三号、一九〇五年)一二七頁。
(71) 「標本ノ貸与及譲渡」(『農商務省商品陳列館』第五号、一九〇七年)六〇頁。
(72) 「農商務大臣訓示」(『読売新聞』一九〇六年四月二八日付)。
(73) 「全国陳列所長協議会議事」(『農商務省商品陳列館報告』第一六号、一九〇九年)五三～五四頁。
(74) 同右、五三頁。
(75) 「商品陳列機関 於大阪実業協会総会山口貴雄氏講演」(『大阪毎日新聞』一九一七年一二月一一日付)。
(76) 「第三回全国陳列所長協議会経過概況」(『農商務省商品陳列館報告』第五二号、一九一二年)五七～五九頁。
(77) 同右、五七～五九頁。特別調査委員は議長を務める鶴見左吉雄(農商務省商品陳列館館長)に指名された次の七名である。横瀬農夫也(北海道物産陳列場幹事)、丹羽圭介(京都市商品陳列所所長)、長谷川利之充(新潟県物産館館長)、詫摩清秀(群馬県物産陳列館館長)、山口貴雄(愛知県商品陳列館館長)、伊藤金吾(石川県物産陳列館館長)、青木杖三(熊本県物産陳列館館長)。
(78) 「全国陳列所長協議会」(『貿易時報』第二巻六号、農商務省商品陳列館、一九一五年)一一一～一一三頁。
(79) 「農商務省令第四号(道府県市立商品陳列所規程)」(『官報』第二三二五号、一九二〇年四月二三日付)五八九頁。
(80) 「道府県立陳列所長協議概況」(『内外商工時報』第七巻一一号、農商務省商品陳列館、一九二〇年)一一一～一一三頁。
(81) 前註79「農商務省令第四号」。
(82) 「商品陳列所に関する商工省改正問題」(『通商彙報』第一九五巻、大阪府立商品陳列所、一九二七年)一頁。

（83）「商工省令第三号（道府県市立ノ商品陳列所、工業試験場及工業講習所規程）」（『官報』第七六二号、一九二九年七二五日付）三八一頁。同規程は一九四二年に若干の改正が行われているが、戦中まで続いた。
（84）下元連・村松貞次郎「対談・官庁営繕草創のころ」（『建築家 下元連 九十六年の軌跡』、営繕協会、一九八五年）一三五頁。
（85）「商業博物館問題」（『博物館研究』第二巻二号、日本博物館協会、一九二九年）七頁。

第五章　多様化する〈陳列所〉——内地・外地の〈陳列所〉

はじめに

近代日本における〈陳列所〉は地域産業の構造とその勧業政策に深く関与し、第四章で確認したように、農商務省による統一化の試みも十分な成果を上げることができないほど、強い個性を地方それぞれが有していた。地方都市においては、第二章でみた石川県の例のように博覧会・共進会と関連するものも多く、〈陳列所〉の設置・運営は都市整備とも無関係ではない。産業振興を目的として地元有力者によって開かれた博覧会に起因する石川県と、欧州のコマーシャル・ミュージアムの流れを汲む大阪府の〈陳列所〉の事例に見られる相違は、〈陳列所〉の都市による個性を議論する必要性を物語っている。

こうした〈陳列所〉の多様性を検証し、一九二一年（大正一〇）制定の「道府県市立商品陳列所規程」（本書第四章参照）によって統一が図られるに至った背景を考察するため、本章では日本各地に設立されていた〈陳列所〉の実態を探っていくことにしたい。ここでは、特に都市との空間的な関わりを把握することを目指し、〈陳列所〉の置かれた環境やその建築を、その活動との関連に注意しながら考察を進める。対象とする〈陳列所〉は、日本列島内のものに加えて、この時期に勢力圏を拡大した外地に設置された〈陳列所〉も含む。外地の〈陳列所〉は、内地とは設立者や運営の事情が異なり、政府の庇護を受けた民間団体が運営するものもあった。これら外地の〈陳列所〉は『農商務省商品陳列館報告』においてその活動が紹介されるなど、内地と同様に農商務省商品陳列館と連絡をとりながら活動しており、近代日本の〈陳列所〉を考えるにあたって、外地のそれは切り離すことのできない存在である。

これまで取り上げてきたいくつかの地方〈陳列所〉や農商務省の例にみたように、〈陳列所〉が置かれる環境や建築そのものの様態から、設置主体者の勧業政策における〈陳列所〉の意義や位置付けをうかがい知ることできる。〈陳列所〉に共通して存在する「陳列」という機能が、物を一堂に集めて陳列する空間というある種の普遍的なものであるがゆえに、陳列空間のあり方や、陳列に付随して展開するその他の活動のための施設の差異が、〈陳列所〉の活動を特徴づけるのである。陳列施設による勧業といっても方法は様々である。その多様性を、〈陳列所〉が計画された場所や、その建築に求められた役割に表出する個性のなかに見出し、そこから〈陳列所〉と地域社会との関わりを考えてみたい。

ここで、地方〈陳列所〉に関する主な史料を紹介しておこう。道府県の〈陳列所〉の情報がまとめられたものとしては、『農商務省商品陳列館報告』に一九〇九年（明治四二）以後掲載された「全国陳列所彙報」や「全国陳列所一覧」の記事、そして全国商品陳列所連合会が昭和期に発行した『商品陳列所総覧』がある。『農商務省商品陳列館報告』の巻末に掲載された「全国陳列所彙報」には、全国から寄せられた〈陳列所〉の活動状況（陳列品数や販売数、観覧者数、調査事務件数など）が紹介されるほか、特記事項が記事としてまとめられている。ただし、全国の〈陳列所〉が必ず毎回報告を出していたようではない。不定期に掲載された「全国陳列所一覧」は、所在地や設立年、管理者名と事業概要が簡単にまとめられている。道府県市郡立に加えて私立の〈陳列所〉についても掲載されているが、その掲載根拠は不明である。いずれも、一九〇九年の第二回全国陳列所長会議での議論を受けて、〈陳列所〉の連絡強化を図る一貫で開始されたものであろう。

『商品陳列所総覧』を発行した全国商品陳列所連合会は、内外の〈陳列所〉の連絡強化を図るために一九二七年四月（昭和二）に創立されたもので、内外の〈陳列所〉の多くがこれに加盟していた（ただし、当時存在したすべての〈陳列所〉が同会に加盟していたわけではない）。この設立には、農商務省商品陳列館が関東大震災に罹災して活動を停止したことが背景にあると思われる。『商品陳列所総覧』は〈陳列所〉の執務参考資料とする目的で、連合会に加盟する〈陳列所〉の沿革や業務内容をまとめたもので、一九三一年発行の第一回版と、三三年発行の第二回版がある[1]（表1）。各版では掲載件数が異なり、いくつかは名称も変更されているほか、掲載年度や一部の図版も異なる。掲載内容は県によって大きく精粗があるが、基本的な情報の把握に役立つ史料である。煩雑を避けるため個別の註記からは省いたが、表1に掲載されている府県については、本史料も合わせて参照した。第一回版は北海道大学附属図書館に所蔵があるのみだが、第二回版は『博物館基本文献集』第七巻として復刻されているため手にしやすい。なお第二回版には付録として「商品陳列所一覧」が掲載されており、商品陳列所連合会に加盟していない所を含めて九〇件が記載されている。加えて、各〈陳列所〉の支所・出張所・販売所の一覧も収録されている。

このような集約的な史料に加えて、各事例については、それぞれの〈陳列所〉が発行した年報・周年史などの刊行物や、府県市の勧業・商工業に関する報告、観光案内書に加え、県史・市史などを参照した。〈陳列所〉は活動を紹介するために年度報告を「報告」や「年報」という冊子の形で発行したほか、商工業に関する調査などをまとめた報告書を発行している。図案の普及を業務に含んだ〈陳列所〉では、「年報」などの刊行物に意匠を凝らしているものが多く、それ自体が興味深い存在である。これらの刊行物は、国立国会図書館や地方の公立図書館の

表1　『商品陳列所総覧』に掲載されている陳列所

第1回版(1931年6月発行：36件)	第2回版(1933年8月発行：40件)
府立東京商工奨励館	府立東京商工奨励館
大阪府立貿易館	大阪府立貿易館
長崎市商工奨励館	横浜市商工奨励館○
新潟県物産紹介所	神戸商工会議所重要輸出品陳列所○
長岡市商品陳列所◎	長崎市商工奨励館
埼玉県商品陳列所	新潟県物産紹介所
栃木県商品陳列所	埼玉県物産紹介所＊
奈良県商品陳列所	群馬県商品陳列所○
三重県商品陳列所	栃木県商工奨励館＊
愛知県商品陳列所	奈良県商品陳列所
静岡市商工奨励館	三重県商品陳列所
滋賀県商品陳列所	愛知県商品陳列所
岐阜県物産販売斡旋所	静岡市商工奨励館
山形県商品陳列所	滋賀県物産販売斡旋所＊
福井県商品陳列所	岐阜県物産販売斡旋所
石川県商品陳列所	山形県商品陳列所
富山市商品陳列所	秋田県物産館○
高岡市商品陳列所	福井県商品陳列所
島根県商品陳列所	石川県商品陳列所
岡山県商品陳列所	富山市商品陳列所
広島県立商品陳列所	高岡市商品陳列所
和歌山県商品陳列所	島根県商品陳列所
徳島県商品陳列所	岡山県立商工奨励館＊
香川県商品陳列所	広島県立商品陳列所
愛媛県商品陳列所	和歌山県商品陳列所
高知県商品陳列所	徳島県商品陳列所
福岡県商品陳列所	香川県商品陳列所
大分県商品陳列所	愛媛県商品陳列所
佐賀県商工奨励館	高知県商品陳列所
熊本県商工奨励館◎	福岡県産業奨励館＊
鹿児島県商品陳列所	大分県殖産館＊
日露協会哈爾濱商品陳列館	佐賀県商工奨励館
南洋協会海外商品陳列所(新嘉坡およびスラバヤ)	鹿児島県商工奨励館＊
日印協会カルカタ商品館	朝鮮総督府商工奨励館○
日本産業協会カイロ商品館	台湾総督府商品陳列館○
日土貿易協会コンスタンチノーブル商品館◎	日露協会哈爾濱商品陳列館
	南洋協会海外商品陳列所(新嘉坡およびスラバヤ)
	日印協会カルカタ商品館
	日本産業協会カイロ商品館
	近東貿易協会イスタンブル日本商品館○

※第1回版：商品陳列所連合会編・刊『商品陳列所総覧』昭和6年度(1931年)、北海道大学附属図書館所蔵。第2回版：商品陳列所連合会編・刊『商品陳列所総覧』第2回版(1933年)、伊藤寿郎監修『博物館基本文献集』第7巻(大空社、1990年)として復刻。

※記載順は史料の掲載順に倣った。

※◎は第1回版のみの掲載、○は第2回版のみの掲載、＊は第2回版において第1回版掲載時から名称変更したものを示す。

ほか、戦前から続く経済系の学部を持つ大学の図書館に比較的多く残されている。なかでも、本書では京都大学経済学部図書室、滋賀大学附属図書館および経済経営研究所、大分大学経済学部教育研究支援室、大阪市立大学学術総合情報センターの所蔵史料を多く参照した。

一　内地の〈陳列所〉

明治政府は、工部省や農商務省を中心に近代国家として政府自ら殖産興業を推進したが、その一方で輸入超過を防遏するため輸入代替を、あるいは外貨獲得の手段として製品の市場を国外へと求めて輸出振興を政策として打ち出していった。

しかしながら、こうした勧業政策のなかで全国の府県が足並みを揃えて近代化の道を歩き出したわけではない。当然のことながら、それぞれの府県つまり〝地方〟にはそれぞれの産業のあり方があり、その目指すところも異にしている。それにもかかわらず、国家の殖産興業政策の対象となったのは主に養蚕・製糸、製茶、畜産という特定の産業であった(2)。それらがすべての府県において主産業であるわけはなく、中央と地方においてずれが生じることは想像に難くない。

このずれを埋めるものが、〝地方〟がそれぞれに展開した勧業政策であった。実際に、明治前半期においては政府が国家として必要と認めたもの（多くは官営企業が行った）以外については、地方に一任されていた(3)。地方行政府が勧業政策のイニシアティブをとり、政府はそれに人的・金銭的補助を行ったのである(4)。政府は地域産業における勧業政策を『興業意見』(5)などから指針として示して監督はするものの、実際の指揮は地方に任され、地方がその実情に合わせて設定した目標に向かってそれぞれの道を歩いたのである。

〈陳列所〉は勧業政策の一端として地方行政府により設置されたものであるため、先に示した枠組みにも例外無く当てはまる。つまり、〈陳列所〉での活動内容は府県の勧業政策と同様に、中央の示す目的を遠く捉えてはいるが、その具体的内容は地方の実情に合わせてそれぞれに異なるのである。その結果、地方都市における〈陳列所〉は、殖産興業の推進機関として期待され、また地方産業の助長機関として、その産業と密接に関わった。各都市の産業の位置、そして目標とする産業の発展のあり方に対する解釈の違いが、多彩な地方性をもった〈陳列所〉を生みだした。

こうした地方性は〈陳列所〉の建築にも同様に表出する。市街地の中に設置され積極的に都市民との関わりを持とうと意図されたもの、あるいは旧時代の遺産を近代的な公園施設へと作り上げていくための基幹施設となることが期待されたものなど、その建築における立地の選択も様々である。また、各種の美術展覧会を開催するなど地域の文化拠点としての活動を支えたもの、観光地において地域産業の広告塔としての役割に活路を見出したものなど、地域社会における〈陳列所〉のあり方も実に多岐にわたる。

以下では、各地に誕生した〈陳列所〉の実態を、特にその立地や建築に注目して紹介する。限られた情報に留まるものもあるが、可能な限り多くの事例を紹介することを目指した。事例は県別にまとめ、基本的には初代〈陳列所〉(計画を含む)の設置年代順に掲載した。巻末の付録も合わせて参照されたい。

1 石川県 (図1①②)

一八七二年(明治五)の展覧会に始まる石川県の〈陳列所〉については、明治期の展開を第二章で取り上げているため、ここではその概略を示すに留める。一八七六年(明治九)にそれまでの博覧会事業を常設化する目的で、勧業博物館を兼六公園内の成巽閣などに設立して事業拡大を続け、一八九四年(明治二七)の第五回関西府県聯合共進会の開催をきっかけとして本館を新築、兼六公園の中心的な施設として勧業事業を牽引する。その後、一九〇九年（明治四二）の東宮行啓の際に、成巽閣を前田家に引き渡すこととなり、勧業博物館の移転を余儀なくされるも、園内に本館を移築した後に、「石川県物産陳列館」として同年五月二一日に開館する。

石川県物産陳列館は、基本的にはそれまでの勧業博物館を引き継ぐものであるが、陳列品の選定や商工業補助事業などの点で、より専門的な施設となった(6)。陳列品についてみれば、従来の数万点に及ぶ収集品を整理し、同時代の産業の状況に鑑みて陳腐化した資料は除かれている。とはいえ古いものがすべて排除されたわけではなく、

図１①　石川県物産陳列館として再開した移転後の本館
同館には「兼六園」の扁額（丸枠内）をはじめ多くの資料が引き継がれた。

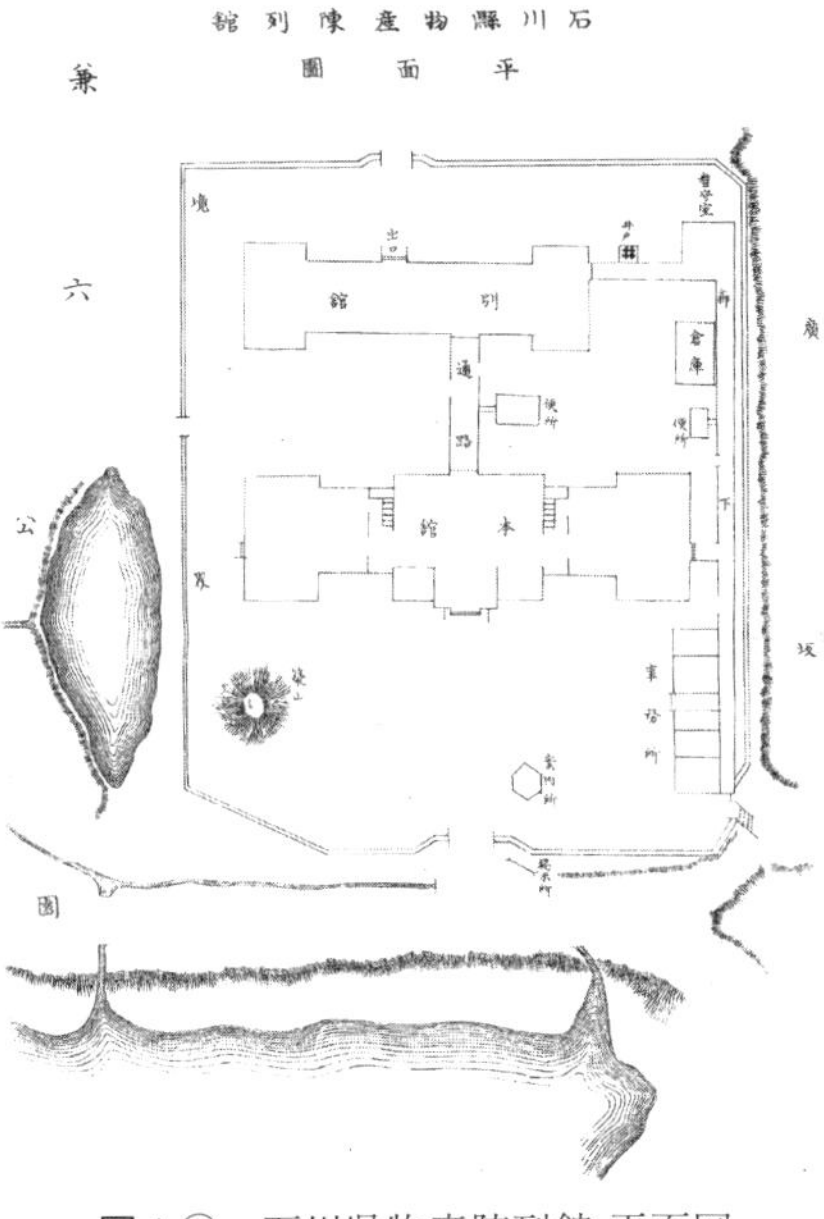

図１②　石川県物産陳列館 平面図

「兼六園」の扁額（図1①）をはじめとする書画を含めて、工芸品から農具・漁具・機械類・動物剝製・植物標本・書籍雑誌など二六六二点が引き継がれている。(7)

一九一二年（明治四五）六月に組織を改めて、出品・調査・試験の三部体制とすると、商工業の支援機関として陳列以外の側面を強めた。この時、集会室を設けて各種の用に供している。翌年には施設を増築して図案部を設置するとともに図案調整事業を開始、一九一八年にはさらに陳列室を増築して陳列機能を強化した。その後、図案部と工業試験部で行っていた事業はさらなる専門化を必要としたため、一九二〇年四月に石川県立工業試験所の設立と同時に分離した。その後は調査部の中に図案課を置き、意匠図案の調査や商品陳列・装飾の研究を行った。

同館は、一九二〇年一〇月に農商務省の認可を受けて「石川県商品陳列所」と改称する。この年、構内に食堂が建設されているが、これについて当年の年報には「今回多年ノ宿案タリシ本所附属食堂建築セラレ来館者及公園遊覧者ニ多大ノ便宜ヲ与ヘ得ルニ至レリ」と記されている。陳列や集会で多くの人が訪れる〈陳列所〉には、それを支援する食堂が必要とされており、さらにはそれが兼六公園全体に資するものとして機能したのである。

なお、一九一二年に物産陳列館脇に県立図書館が建設されている（本書第二章図18参照）。これによって、兼六公園の西の一角は公共施設区域ともいえる様相を呈していたが、戦後になって、一九四八年にいずれも火災で全焼し、その後この地に再建されることはなかった。

2 大阪府(8)（図2①～④）

第二章に見たように、大阪府は欧米のコマーシャル・ミュージアムを参照した商品陳列所の設置を、日本で初めて実現する。とはいえ、大阪に勧業を目的とした常設陳列施設が設置されたのはこれが最初ではなく、明治の初年からその萌芽をみることができる。すなわちそれが、一八七五年（明治八）に本町橋東詰の大阪西町奉行所跡に開設された「府立大阪博物場」である。[9]

大阪博物場の目的は「此ニ設置スル博物場ノ旨タルヤ、独百物ノ奇観ヲ以テスルニ非ス、各地ノ物産品位ノ精粗直価ノ昂低博ク比較ヲ取ルニ便ナラシメン」とするものであり、[10]また、「内外古今ノ物品ヲ陳列シ歴代ノ沿革ト現今経済ノ形状トヲ徴シ広ク衆庶ノ縦覧ニ供シ以テ知識ヲ進メ商業ヲ競ハシムル為」であった。[11]すなわち、古物に限らず物品を収集陳列することで、物産を改良し、あわせて府下物産の売買や流通を拡大することが企図されていた。博物場内は一般からの出品物を陳列販売する商品場と、一般からの出品による内外古今の物品を陳列する（販売も可能とされた）名品場に分けられており、動物や草木を含めてあらゆるものが陳列された。

図2①　府立大阪博物場 俯瞰図

博物場には後にいくつかの陳列施設が合併されている。一八八〇年には江戸堀南通にあった府立勧工場（七九年開場）と合併した。これは両者がともに府の勧業課が所管するもので、目的や性質がほとんど同一であったため、効率化を図ったものである。次いで、翌八一年には府立教育博物館（七八年開館）を併合する。常安町に置かれた教育博物館は移転以前から縦覧人が少なく、これの維持のために博物場に合併された。

早くから常設の陳列施設として活動した博物場は、天王寺公園が誕生する以前の大阪における博覧会・共進会の会場として使用された。その最初は一八八〇年の綿糖共進会で、その後も関西府県聯合共進会など、大規模な共進会が催されている。八二年には、上野で開催された内国絵画共進会の影響を受けて絵画品評会が開催され、この流れを汲むように八七年には常設の美術館が建設されている。なお、絵画品評会が開催された八二年には、大阪府書籍館を併合し、場内に図書室を設けた。

このように、当初、博物場では各地の物産が天産・人工を問わず陳列・販売され、博覧会や共進会が開催される勧業の中心地であったが、美術館や図書館あるいは動物舎の設置にみられるように、勧業施設としての役割を次第に薄めて娯楽や教育の性格を強めた。このことは、日本で初めて欧州のコマーシャル・ミュージアムに倣った「商品陳列所」を誕生させたこととも無関係ではない。貿易を念頭に地元商工業を奨励・指導する戦略的な勧業施設の設置を新たに目指し、既存施設とは異なる制度としてコマーシャル・ミュージアムを受容した。大阪では、博物場と商品陳列所で棲み分けがなされ、農商務省の支援を受けて設置されたこの「商品陳列所」が、その後の〈陳列所〉界を牽引するものとなる。

一八九〇年（明治二三）、コマーシャル・ミュージアムとしての大阪の〈陳列所〉が、最大の受益者として想定される地元の商工業者の利用を意識し、商法会議所や商業学校などの建設が計画される堂島の田蓑橋北詰に建設された（本書第三章参照）。そこでは参考品の陳列に加え、庭園内に築造した「世界商業地図」で商業知識の啓発を図り、商業取引に不可欠となる電話の普及を目指して試用電話機を設置するなど、商工業者に対する啓蒙的活動が目につく。[12]こうした方針に基づき、大阪の〈陳列所〉では委託品の販売を恒常的に行っていなかった。

しかし、一八九五年（明治二八）に京都で開催される第四回内国勧業博覧会に合わせて、敷地内に内国製品陳列館を設け、出品者の自由販売を認める。[13]その意図のひとつは「縦覧者の利便を謀り、公衆の出入りを頻繁ならしめ」ることで、地元の商工業者に〈陳列所〉の意義を認識させ、利用を促進させることにあった。ゆえに、一八九七年に所長を中心に商工業者との親睦を図る倶楽部組織が結成されるなどして、〈陳列所〉が大阪の商工業界に浸透していった結果、「当初の目的も略々成就」したとして、「純然たる参考品陳列館となさん」ために一九〇〇年に内国製品陳列館は廃止された。

堂島にあった〈陳列所〉は一九〇九年（明治四二）七月の北区大火に被災し、建物を焼失する。これは、市街地に立地した弊害でもあった。焼失後しばらくは通信事務などに縮小して活動を続け、一九一六年（大正五）の再建決議を経て、本町橋東詰の博物場の地に新築・移転した。[14] 移転場所の選定は「陳列所ノ位置其ノ宜シキヲ得ルト云フコトハ最モ此ノ成績ヲ挙ゲル上ニ於テ関係ガ多イ」という認識の下で進められ、商業中心地の船場に近く、「市ノ中心ニ於キマシテ当業者ニハ最モ便利ノ好イ処」である博物場の地が選ばれた。[15] これは同時に〈陳列所〉を中心に博物場の事業を統合することが意図されている。

一九一七年に再開所した〈陳列所〉（この頃から「大阪府立商品陳列所」と改称）には、「陳列所界の権威」と呼ばれた山口貴雄が新しく所長に就き、その指導の下で活動を再開する。山口の〈陳列所〉運営については、第六章で詳述するためここではその概略を記しておきたい。その活動は引き続き商工業指導機関として府下の商工業者に向き合うものであったが、時代に合わせて独自の施設が整備された。最も注目される活動が、〈陳列所〉の裏手、松屋町筋に沿って約四〇ｍのショーウィンドウを備えた広告館の運営であった。広告館のショーウィンドウは、陳列に用いられるだけではなく店頭装飾の実技研究のための装置として機能した。大阪はそもそも他府県からの訪問者が多い都市ではあったが、〈陳列所〉における施設整備は、常に府下の商工業者を意識し、彼らに活用されることを第一に進められた。なお、移転後においても陳列品の販売は通常業務として実施されないが、海外試売として大阪商品の展示即売会を海外では実施している。

大阪の〈陳列所〉でも、商工業に関わるものに加え美術展覧会が催された。大分で開催された仏蘭西《フランス》現代絵画展覧会も、先に大阪で開催されたものであった可能性がある。このような外部企画による展覧会は大分では来場者を増す催しとして歓迎されたが、大阪では必ずしもそうではなかった。当時、大阪で展覧会を開こうとした場合に、会場となるのは「天王寺の勧業館でなければ本町橋の商品陳列所」だったために、外部企画の展示を頻繁に受け入れざるを得ないことは「商品陳列所は本所としての使命があり任務がある」ために「時として迷惑千万」だというのである。[16]こうした事態を避けるために、展覧会を受け入れることのできる独立した施設の建設を課題として挙げている。

大阪府立商品陳列所は、昭和に入ると次第に貿易振興機関として通信事務などに力を入れていき、府の勧業行政の整備計画に従って一九三〇年（昭和五）一月一日から「大阪府立貿易館」と改組する（この時、産業能率研究所や繊維工業指導所を合併して設立するとした「工業館」と対になる施設として計画されたが、工業館は実現にいたっていない）。[17]これにともなって、貿易館は海外で積極的に分館・出張所の設置を進め、ニューヨーク・済南・廈門・天津・北京・大連・上海・青島・奉天・広東・新京にそれを設け、専任の職員を置いた。

「本町橋」の愛称で町の代名詞的存在にもなっていた〈陳列所〉であったが、皇紀二六〇〇年記念事業として「国際見本市会館」への建替えが決まる。国際見本市会館とは、主に国際市場を視野に入れた製品展示会や見本市のための貸会場である。〈陳列所〉における陳列の役割は、その設立から半世紀を経て、自ら貴重な参考品を収集して提示することから、利用者である産業団体や企業が自らの企画で物品を陳列紹介する場所の担保へと、変化したのである。

国際見本市会館の計画は、一九三四年（昭和九）八月に大阪実業組合などが大阪商業会議所に宛てた大阪産業博物館の建設に係る建議に始まる。[18]これを大阪商業会議所は府に改めて建議し、この過程で名称が大阪産業会館となり、さらに大阪国際見本市会館となった。翌年四月には国際見本市会館建設期成同盟会および準備委員会（のち建設委員会）が発足し、府・市・商業会議所の合同で計画が進められた。さらに政府の補助と民間からの

図２②　国際見本市会館 模型

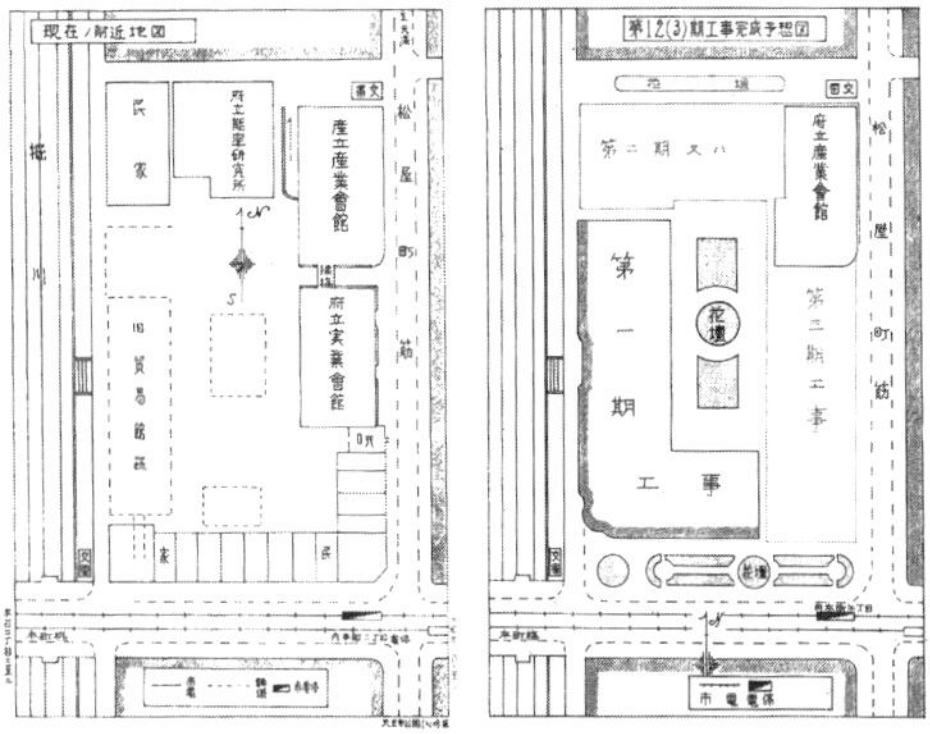

図２③　国際見本市会館 配置図
左：着工時、右：第３期工事後（予定）

寄付を募集し、運営は府・市・会議所で組織する国際見本市協会が行うとした（後に寄付金受領や敷地の関係で府立となる）。一九四〇年までの完成を目指し、同年に皇紀二六〇〇年を記念する第一回国際見本市を開催することを目指した[19]。計画地となったのは貿易館の敷地であり、既存施設を取り壊して国際見本市会館を新築するとし、拠点を失う貿易館は国際見本市会館の中に取り込むとされた。これは、国際見本市会館の事業が、貿易館の延長線上にあるためである。敷地選択においては江之子島の工業奨励館の地も検討されたが、〈陳列所〉としての事業の継続性と立地の利便性から、本町橋の貿易館跡地が選ばれたのである。

建築計画に際しては世界各国の見本市会場が参照され、「商工都市大阪の貿易殿堂」にふさわしい建築を目指した[20]。当初案は鉄筋コンクリート造地上六階・地下一階の大規模なもので、設計は建設委員会に名を連ねる大林組が担当した。当初案の施設内容を記すと次の通りである。

地階　大食堂厨房、ギャレージ事務室など
一階　玄関、チケット室、陳列室
二～五階　陳列室、ホール
六階　会議室、大ホール、ステージ、貴賓室

屋階　　アーケードホールなど

この国際見本市会館の計画は、東京オリンピックの招致決定に連動して急進したものであるが[21]、それに乗じて東京でも国際見本市会館の建設計画が立ち上がり、東西で対立を見せた。大阪側は欧米の事例を引き合いに出して「一国一館」を強く主張し[22]、商都として大阪の優位を宣伝した[23]。こうした競争を意識したためか建築の規模も拡大し、地上七階・地下二階となり、建坪一四〇八坪、延べ一万二四〇八坪の巨大なものとなった。この設計は前述の大林組による設計案を基に、大阪府営繕課が担当した。各階の概要を記すと次の通りである。

地下二階　　機械室、石炭庫

地下一階　　食堂、配膳室、厨房、ベーカリー、喫茶室、理髪室、売店、印刷室、倉庫、ガレージなど

一階　　玄関、広間、銀行、切符売場、郵便局、ツーリスト・ビューロー、事務室、資料室、展示室など

二～六階　　展示室など

七階　　大講堂兼大宴会場、大・中・小会議室、貴賓室、配膳室、休憩室、展示室など

屋階　　倶楽部室、広間、携提品置場、配膳室、ロビー、記念ギャラリー、映写室など

棟屋　　展望室兼放送室

このように、「国際的見地から成るべく最新なる最近式」の意匠でまとめられたこの国際見本市会館は、従来の〈陳列所〉を単に施設更新したものではなく、国際市場を見据えた多様な機能を集約した巨大な複合施設へと発展させたものであった。そのことは、ツーリスト・ビューローが館内に置かれた事実に明らかであろう。

巨大な国際見本市会館の建設は、本町橋東詰の景観を大きく変えようとするものだった。第一期工事こそ貿易館の本館・事務所跡への建設であったが、第三期計画まで実現した場合、東横堀川から松屋町筋に至る街区全体に広がる巨大建築が誕生するはずであった（重建懐徳堂や実業会館などは取り壊す計画であったようだ）。本町

図２④　大阪府立産業会館
大阪府立貿易館が仮入居した。

通り沿いの民家は取り壊して広場化し、さらに屋上には植栽された庭園も広がった。これがすべて完成していたら、間違いなく大阪で最大の建築となっていたはずであり、本町橋の周辺の様子も大きく変わっていただろう。なお現在の国際見本市会館の計画地には、大阪商工会議所・マイドームおおさか・シティプラザ大阪などの貸展覧会場・会議室などを提供する商工業関連の公的機関があり、明治から続く場所の記憶が残されている。

さて、国際見本市会館の竣工後に同館に内包される予定となった貿易館は、建設工事期間中の暫定措置として一九三七年（昭和一二）三月に敷地内に建てられていた大阪府立産業会館内へと移転する。[24] 国際見本市会館の建設に先立って貿易館の取壊しが開始され、同年八月頃には更地となった。その後、第一期工事が基礎工事から開始され、一九三九年八月竣工の予定で工事計画が立てられていたが、やがて戦況が悪化すると工事は中断され、結局、実現には至らなかった。貿易館の組織は、戦中に南方院と改組するが、終戦後に再び大阪府立貿易館となって、大阪商品の陳列紹介や販路拡張の活動を再開した。

以上にみてきたように、大阪では常に新しい〈陳列所〉のあり方が模索され、実行されていった。その背後には、大阪の実業界との深い関わりがあったことも忘れてはならない。東京で政府が断念した〈陳列所〉を実現し、独創的かつ先進的な運営で〈陳列所〉界全体を牽引し、さらなる展開として国際見本市会館を東京に先んじて実現の一歩手前までこぎ着ける。この〈陳列所〉の転変には、商都・大阪の都市の気運が、そのままに反映されているように思えるのである。

3 埼玉県[25]（図3①〜③）

埼玉県は、一八七六年（明治九）に同県庁内（浦和）に「物産陳列所」を設置し、七八年には同じく浦和に「勧業仮博物館」を、「民業督励」を目的として設置する。[26]後に同館は「集産所」と改称されるが、経営は振るわなかったようである。やがて県庁内に移されるが、実質的には活動を停止したとみられる。

一九〇〇年代に入り〈陳列所〉の意義が民間にも認識され始めたようで、一九〇二年（明治三五）に地元商業者から〈陳列所〉の設立願いが提出された。これを受けて、県議会は一九一一年（明治四四）に〈陳列所〉の設置予算を可決して建設に着手、一三年に竣工し、翌一四年（大正三）一二月に「埼玉県物産陳列館」として開館した。さらに一九二一年三月一八日に農商務省令の認可を受けて「埼玉県商品陳列所」となる。なお、二二年五月七日には当時皇太子であった昭和天皇が訪れ、県下の産業製品を視察している。

場所は浦和町調宮公園に隣接する地が選ばれた。〈陳列所〉の建物は木造二階建ての洋風建築であるが、平面構成などの具体的な様態については明らかにし得ていない。写真（図3②）によれば建物前面に二つの塔、その間に正面玄関と車寄せが配され、車寄せの上にはベランダが設けられている。

昭和に入ると、産業の進展にその組織形態が合わず、それに順応する形で一九三二年（昭和七）三月一一日に試売業務を廃す。そして県下産業の紹介や取引に関する調査研究などに重点を置いた活動をするために「埼玉県物産紹介所」と改称し、埼玉会館内に移転した。この背景には、緊縮財政が敷かれるなか、常設の施設を廃止することと、県外消費地において地元物産の紹介を活発化しようとする当局の意図があったとされる。[27]一九三六年（昭和一一）に大阪市に同所が設置した大阪物産斡旋所は、まさに埼玉物産の紹介所として機能するものであった。

物産紹介所が入居した埼玉会館は、昭和天皇の成婚記念事業として一九二六年一一月に竣工した集会施設である。[28]設計は岡田信一郎。本館と別館からなり、本館の大集会室のほか、貴賓室・休憩室・食堂・娯楽場などを備

図3①　埼玉県商品陳列所の案内広告とその位置

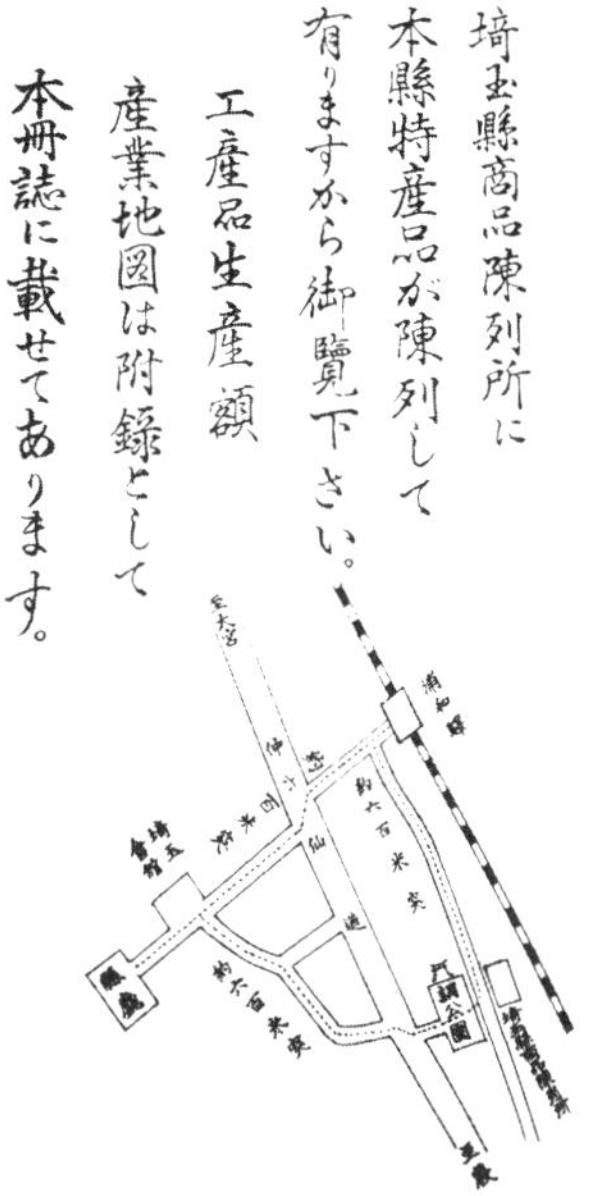

図3②　埼玉県商品陳列所

図3③　埼玉会館

え、屋上に設けられた日本間の前面には庭園が整備され、眺望を楽しむことができた。

なお、埼玉会館は戦後になって老朽化を理由に建替えを望む声が上がり始め、一九六六年（昭和四一）に前川國男の設計で現在の建物が竣工し、従来の貸し館業務に留まらない事業を展開している。

4　岩手県(29)（図4①～③）

明治初期の岩手県では、一八七四年（明治七）に県営の試験所が設けられ、養蚕や製糸、あるいは内外の果樹栽培や農機具が試された(30)。これが七六年の県庁機構の改変にともなって試験所は「勧業場」と改称、事業を拡大した。構内には、蚕室・製糸場・陶器場・醸造場・機業場・製筆場・物産陳列所・造船所・染彩場・紙漉所・鉄工場などが七九年までに設置されている。すなわち、岩手県の〈陳列所〉は、勧業場内に設けられた一施設として始まった。

勧業場への〈陳列所〉の設置は、一八七六年（明治九）七月の明治天皇行幸が契機となっている[31]。行幸を受けるに際して、天覧に供するために県は管内各地の物産を収集した。これを勧業場の一棟に陳列して天皇を迎えた。当初、陳列施設は一般に公開されていなかったが、これらの天覧資料はその後も勧業所内に残されたようである。翌年の第一回内国勧業博覧会に関する事務は勧業場が担った。

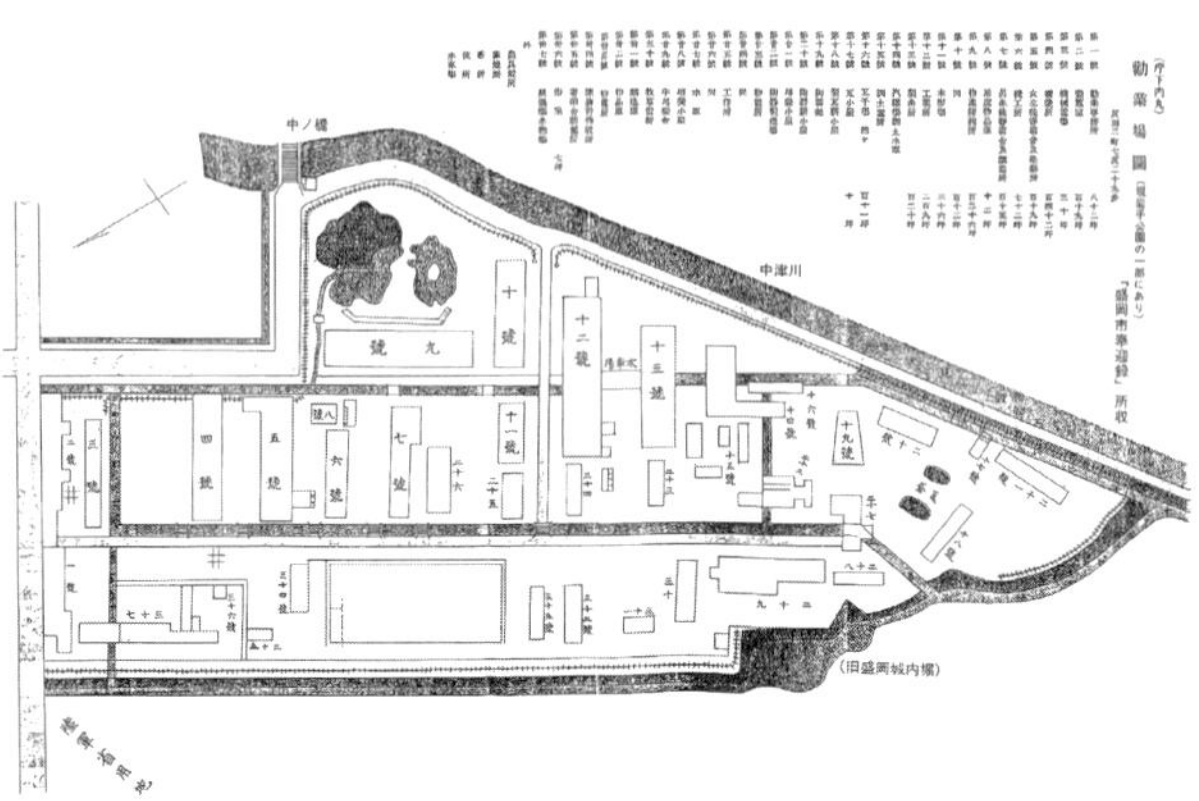

図4① 岩手県勧業場 配置図

中央上部の九号・十号の2棟が物産陳列所として使用された。

その後、岩手県において博覧会的事業が開催されるが、その都度会場となったのは勧業場であった。一八七八年の勧業物産会では、新たに陳列館を新築して会場に充てた。以後、勧業場では物産会が繰り返し開催され、八四年には他府県からの参加も募って岩手県勧業博覧会が開催された。岩手の勧業事業の基盤となった勧業場は、活動の充実とともに拡大を続け、一八八〇年代末頃には、二町七反二九歩の広大な敷地に三七棟の建築物を抱える大規模な施設となっていた。

勧業場での陳列事業は、定期的な物産会の開催に限られていたようで、一八九〇年代に入ると常設陳列施設の必要が叫ばれるようになる。一八九〇年（明治二三）五月の県会で物産陳列場の設置が議決されると、同年一一月には勧業場南館に物産陳列場を設置する案が出されるが、当初はこれに反対する意見もあった。しかしながら、翌九一年二月に農商務省から常設陳列施設に関する

図4②　岩手県物産館（元・岩手県物産陳列場）

図4③　同上（改築後）

諮問があると、県は態度を反転して物産陳列場の設置を計画中であると返答し、実際に間もなく六月一日にこれを開設した（図4②）。開設当初は木造平屋（四〇〇坪）で、組織は天産部・農林部・水産部・工芸部・教育部（史伝部を含む）であった。後者ふたつは〈陳列所〉組織としては珍しい。

「岩手県物産陳列場」は、商品の改良と販路拡張を目的として商工業者の指導に努めていたが、県庁舎の建替えにともなって物産陳列場の建物が仮の県庁舎として使用されることとなり、一九〇一年（明治三四）四月から三年間、物産陳列場としての活動を休止する。一九〇四年五月に再開館すると、〇七年に「岩手県物産館」に改称、〇八年には創立満一六周年紀年式を挙行し、これをきっかけとして活動の規模を拡大した。県内出品の増加や農商務省商品陳列館からの貸下げや他府県からの出品にも力を入れ、一方で委託販売の拡大に努めた。

事業拡大によって従来の施設では手狭となり、一九一二年（大正元）から施設の増築に着手し、翌一三年に竣工すると、これを新しい本館とした（図4③）。新しい本館は、ゼツェッシオン式の意匠を持つ鉄鋼コンクリート造二階建ての建築で、一階を陳列室に、二階を集会所に充て、あたかも「一大公会堂の感あり」というものであった[32]。中津川に架かる中の橋を控えて建つ壮麗な建築には、数寄をこらした庭園が備わっていた。

物産館は一九二一年（大正一〇）に農商務省令に合わせて「岩手県商品陳列所」と改称し、さらに二五年四月には「岩手県商工館」となる。岩手県商工館への改組は、工業試験場との合併によるものである。工業試験場は、かつての勧業場に関係深い機業場から展開しており、染織講習所（一九〇一年設置）・染織試験場（一九一五年設置）を経て、一九二五年に染織・金工・木工・応用化学の四部で発足したものである（応用化学部は同年三月に廃止）。かつて勧業場としてひとつであった商業と工業の指導機関が、再び同一の機関として統合されたことになる。

とはいえ、商工館の組織は商業と工業ではっきりと分類されており、施設も同様に二分された。従来の商品陳列所関係の業務は陳列部（一九二九年一一月に「物産陳列所」と改称）が担当し、かつての〈陳列所〉の建築を使用した。工業試験関係は別に置かれた工業部の担当である。商工館の「本館」が工業部と事務所であり、〈陳列所〉関係の事業は「物産陳列所」と呼ばれていた。[33]

5 愛知県[34]（図5①～⑥）

愛知県における〈陳列所〉のはじまりは一八七八年（明治一一）に設立された「工芸博物館」である。[35] この博物館は、県下の勧業を目的とした県が伊東次郎左衛門ら県下の有力商人ら有志者の協力を得て設立したもので、一八七八年四月に内務省に設立を上申している。設立に係る費用は民間有志からの寄付に県費が加えられた。設立経費一万六六一九円余（敷地代を含む建設費：一万四五二七円余、備付品買上代：二〇九二円余）のうち、県費が一万四六六円余、寄付金が六一五三円余であったという。

博物館の建設が決まった直後に、明治天皇の東海行幸の知らせが入ったため、行幸に合わせて博覧会の開催をすることとし、その会場に新設する博物館を充てることとした。博物館の建設は急遽に進められ、一八七八年七月に着工、同年九月に竣工という短期間で工事を完遂し行幸に間に合わせた。同月一五日に博覧会を開会（同年

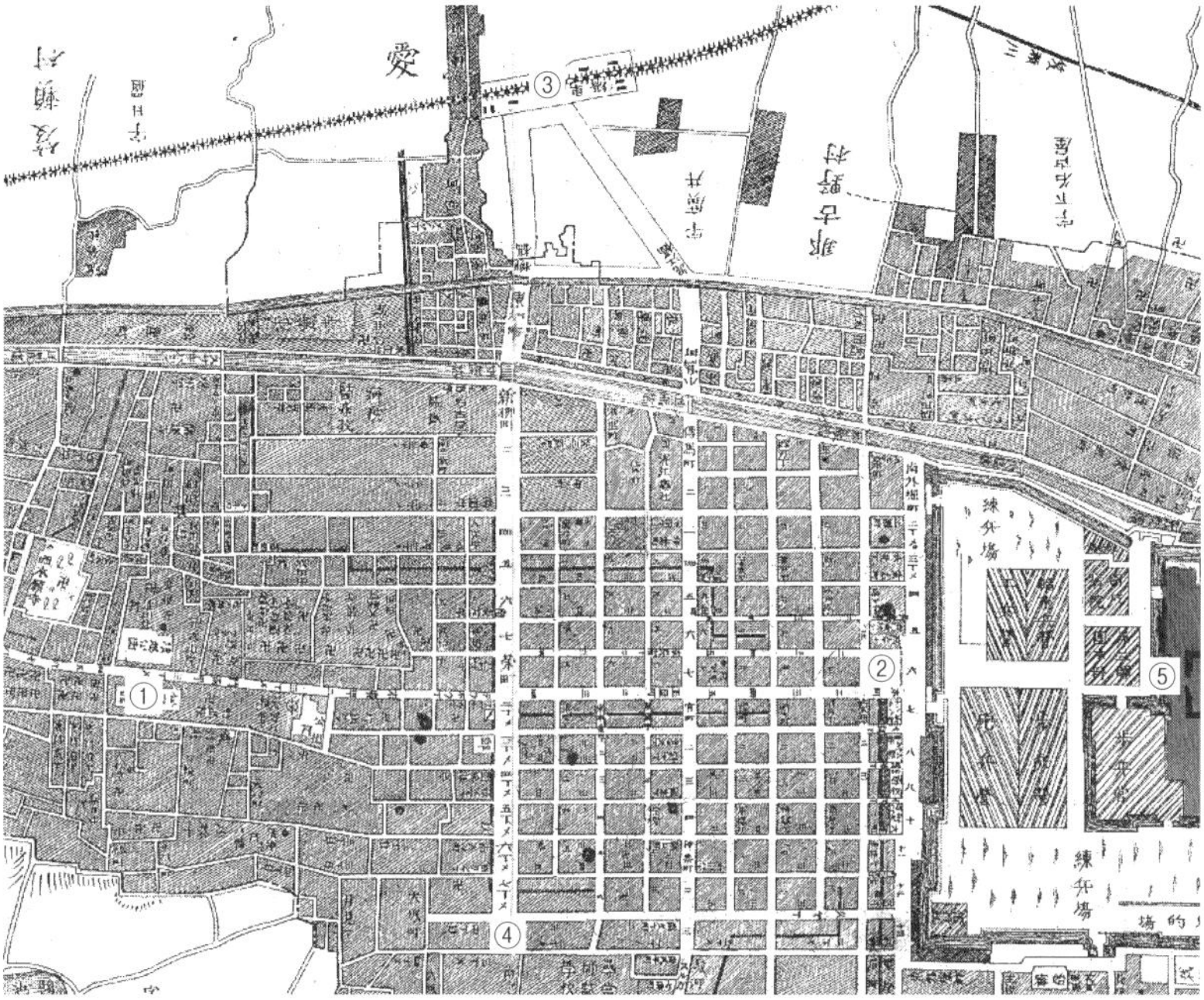

図5①　公立名古屋博物館の位置

①公立名古屋博物館（のち愛知県商品陳列館）、②後に愛知商工館として移転新築される場所、③名古屋駅、④愛知県庁、⑤名古屋城

一一月三日閉会）し、開会中の一〇月二六日には明治天皇を迎えている。

工芸博物館（のち公立名古屋博物館）は名古屋城下の寺町に位置し、大須観音に近い中区門前町を敷地とした（図5の地図①）。正門を除いて開館当初の施設の様子を伝える絵図資料は発見できていないが、博覧会の開催当初は四つの陳列館と品評所のほか事務所・番所・巡査詰所が設けられていたようである(36)。品評所は行幸時の便殿として使用されたこともあり、現在は熱田神宮境内に移築・保存されている(37)。

工芸博物館は、明治天皇を迎えた博覧会の後、官民の合同で運営される。有志者は株主という形で経費を支出し、それに県の補助を合わせて館の運営にあたった。一八八〇年（明治一三）一月には、有志者から茶室・松月斎と猿面茶席の寄付を受けて構内に移築し、[38]二月には公立名古屋博物館と改称する。さらに翌八一年七月には売品場とするために第五号館を新築して、博物館は徐々にその施設を充実させていった。古田織部の好みにしてわが国における三名席のひとつに数えられる猿面茶席や、尾州藩主徳川斎荘好みの数寄屋建築である松月斎など、文化的・歴史的に重要な建築物によって庭園が整備されたことは興味深い。

しかしながら、第五号館の竣工から間もない一八八一年（明治一四）九月に暴風雨で博物館は大きな被害を受ける（建物一棟倒壊、品評所他の隔壁を破損）。その修繕費の支出を県議会が否決したことにより、株主らとの間に摩擦が生じたが、県議会は八二年九月になって博物館の地所・建物に関する費用の県費支出を認め、運営に係る費用のみ株主らが負担することで決着した。その後、八三年七月に組織を変更して民間の関与を退けて純粋な県立機関となり、同年九月一五日に「愛知県博物館」として再開館した。

愛知県博物館の目的は「一ハ臨時の博覧会ニ当テ一ハ定期の開館ヲ為スニアル」ため、常設施設としての活動に加えて、博覧会の会場として機能することが念頭に置かれていた。行幸時の博覧会や日露戦争後の凱旋記念博覧会の開催などはその最たるものであるが、大小様々な品評会の会場としても重宝された。開館の初期には菓子や農産物・団扇などの家内手工業の品評会が多く、やがて五二会品評会などによる新商品の陳列へと性格を変えて行ったという。

愛知県博物館として開館した頃の構内の様子は次のように伝えられている。第一号館から第三号館までは常備品、第四号館には各郡区の物産、第五館が即売品に充てられた。構内には仮厩も設けられて北設楽郡産の馬が出品されていた。品評会場では漆器・陶器・銅器などの古器物が陳列され、合わせて同好社員（後の東海美術協会の原形）の新作が七〇枚余掲げられていた。一八九五年（明治二八）発行の「名古屋明細全図」[39]には、門前町通りから見た愛知県博物館の正門の様子を伝える図版が掲載されている（図5②）。正門には「愛知県博物館」と

図5②　愛知県博物館 正門

図5③　愛知県商品陳列館

いう門標に並んで「商標縦覧所」という門標が架けられており、勧業に関わる関連機関を構内に置いていたことがわかる。

明治一〇年代から産業奨励機関として活動を展開し「所謂我国産業革命期とも言へる西洋工業組織の輸入時代」を支えた愛知県博物館であったが、「日清日露の戦捷に依る飛躍が遂に狭小を訴え改築の義に及」ぶ。愛知県は新たな〈陳列所〉建設の案を立て、臨時県会により一九〇七年（明治四〇）からの三ヶ年継続事業として陳列所改築費三〇万二三四六円余を可決し、博物館を休館して新築工事に移った[40]。こうして一九一〇年（明治四三）三月一日に竣工し、「愛知県商品陳列館」と名称を改めて翌一一年一月一五日に開館する。

愛知県商品陳列館は他の〈陳列所〉と比較してもかなり力が注ぎ込まれたものであり、その規模もさることながら、建築の立派さにおいても「東洋第一の商品陳列館[41]」として自らその美麗を誇った（図5③）。この設計は、鈴木禎次の下で星野則保が担当したとされる[42]。東洋一を自負するだけあって、愛知県商品陳列館の規模や施設の充実は、当時の他府県のそれに抜きん出るものであった。事業展開をみても、館長として赴任した山口貴雄の尽力によって、貿易振興を最終的な目的として精力的に活動を展開し、明治末から大正初期にかけて〈陳列所〉界を牽引するひとつとなった。山口の〈陳列所〉運営については第六章で詳述する。

〈陳列所〉を新築するにあたって県は隣地を買収し、当初は街区の中央部のみであったが門前町から裏門前町の二路に接する六二三八坪を敷地とした（図5④）。敷地西

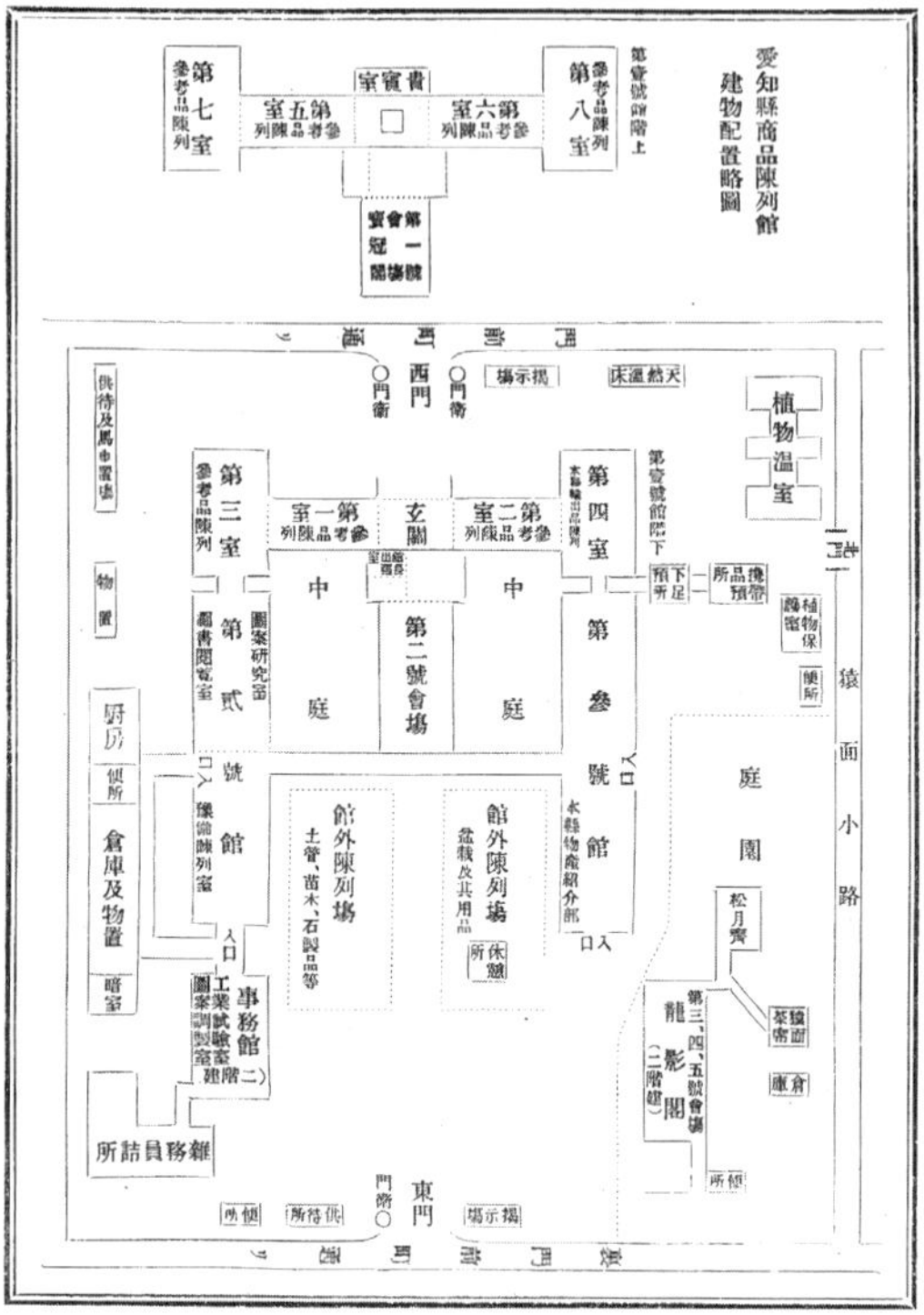

図5④　愛知県商品陳列館 配置図

側の門前町通に正面を向けてルネサンス風意匠の第一号館（本館）が建ち、その背面に第二号館（機械館）と第三号館（即売所）が置かれる。県内外の物産や参考品を陳列する第一号館には三〇〇人規模の食事会にも対応できる講堂が備えられ、様々な集会に利用された。機械館には一〇馬力の電動機が備えられており、機械類を動態展示した。敷地周辺に位置する植物温室（愛知県農事試験場が経営）・図案調整室などは新築されたものと考えられる。愛知県博物館時代からの龍影閣（旧品評所）・猿面茶席・松月斎は曳き家された上で和風庭園の中に残された。整えられた広い庭園（屋外陳列も兼ねた）を有する点では、従来の〈陳列所〉の雰囲気を残すものである。公園的な要素を持ちながら、壮麗な本館を中心として各種の活動を支える充実した施設を備える愛知県商品陳列館は、この種の陳列所の施設のひとつの到達点といえるだろう。

　前述したように愛知県商品陳列館は沿道の敷地を取り込んで建設されたわけだが、このことは周辺住民にとって必ずしも良い環境を与えたわけではなかったようである。一九一四年（大正三）末、同館の周辺住民から施設改良の請願が愛知県知事宛に出されている(43)。その理由は、かつて賑やかだった通りが同館の建設で沿道に店舗がなくなったために人通りが減り、営業に差し支えているからだという。その打開策として、住民らは同館の周囲に「各種商工品ノ販売ニ適スベキ売店組織ニ関スル設備ヲナス」ことを求めた。すなわち、かつてのように沿道に売店施設を実現したいというものである。これが実現すると「直接ニハ所在住民今日ノ窮状ヲ挽回スル手段トナリ間接ニハ同館ノ目的ヲ遂行スルノ便宜ニモ供スル」という。この上申は聞き届けられなかったが、市街地における〈陳列所〉の施設が周辺地域に与える影響の大きさをうかがい知ることができる重要な事案である。

一九二一年（大正一〇）四月に農商務省の認可を受けて、愛知県商品陳列館は「愛知県商品陳列所」と改称する。愛知県商品陳列館時代から貿易に主眼を置いた多様な活動を展開しているが、大きな変化は見られない。次に大きな変化を迎えるのは一九三〇年（昭和五）三月のことで、明治初年から〈陳列所〉の場であり続けた門前町を後にして市街地の陸田ビル内に仮移転する。[44] 移転の理由は同所の取壊しであるというが、詳細は不明である。この間に、愛知県は西区御幸本町および南外堀町に敷地を取得する。この場所は、旧商品陳列所の正面の門前町通りを北上して名古屋城に突き当たる手前の角地で、市電名古屋城駅の目の前である。一九三六年（昭和一一）四月の竣工を待って移転し、同年五月二八日に再開館した（図5⑤）。なお、竣工間近の三月に、時勢を反映して「愛知県商工館」と改称している。そもそも、〈陳列所〉の改築は二六年の時点で議会を通過し従来の敷地の西北隅に建設する予定であったが、事情があって実現できずにいたところ、三三年七月になって別の敷地を取得する算段が付き、二ヶ年の継続事業として、ようやく実現したのであった。

図5⑤　愛知県商工館

愛知県商工館は、昭和期の〈陳列所〉の特徴をよく示している。市街地にデパートのような高層建築を建て、陳列施設・販売施設・集会施設・食堂やそれを支える事務室などの裏方を機能的に配置する（図5⑥）。とりわけ、かつて問題となった沿道には

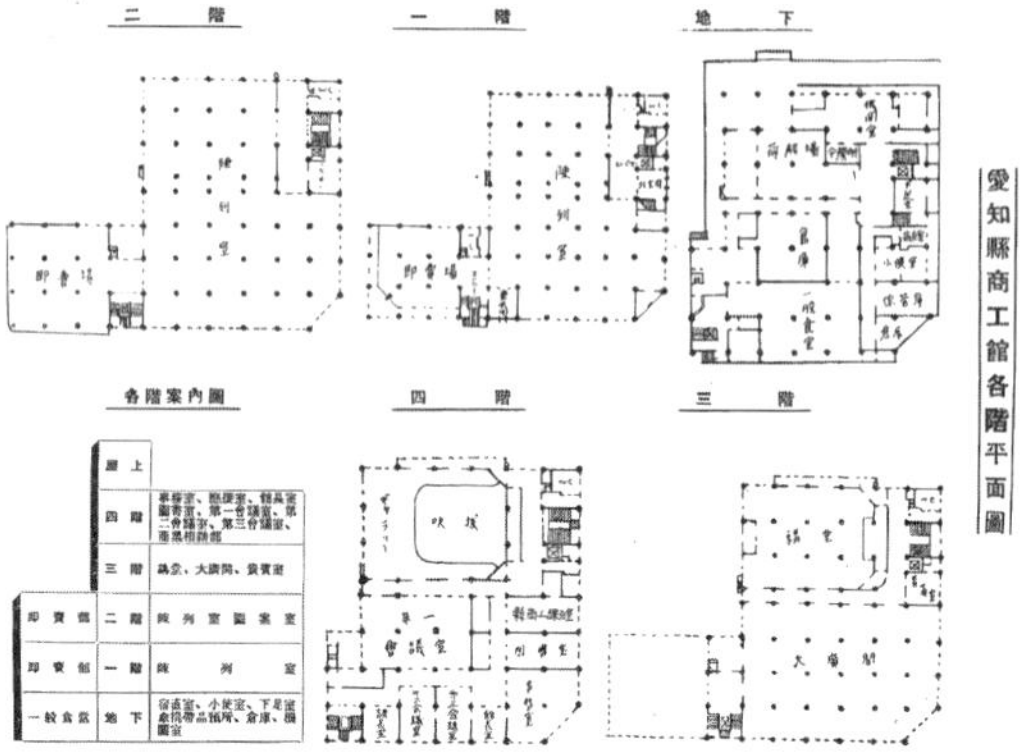

図5⑥　愛知県商工館 平面図

ショーウィンドウが備えられており、周辺との関係の持ち方に変化がみられる。〈陳列所〉におけるショーウィンドウの設置は一九一七年に大阪で初めて実現したが（本書第六章参照）、これは博物館などには見られないこの時期の〈陳列所〉に特徴的な設備である。こうした充実した施設の様態からは、陳列だけに限らない多様な〈陳列所〉の活動を知ることができよう。なお、愛知県商工館の地には、戦後になって愛知県産業貿易館西館が建設され、明治初年以来続く〈陳列所〉の精神を受け継ぐ活動を展開していたが、二〇〇九年に設立された愛知県産業労働センターに組織は統合されている。

なお、愛知県内のもうひとつの〈陳列所〉として額田郡（現・岡崎市）のそれに触れておきたい[45]。「額田郡物産陳列所」は一九一三年（大正二）一一月に竣工、翌年四月に一般公開を開始した郡立の〈陳列所〉である。同時に構内に建設された公会堂と合わせて重要文化財に指定されている。同所の活動は「地方産出の商品を陳列し、或は参考として地方産出の工芸品を陳列し、常に商工業者の為に努力して居る」というものであったが、それは愛知県商品陳列館とも関連するものであった。愛知県商品陳列館は、額田郡物産陳列所の設立時に陳列整理の指導にあたる館員を派遣し[46]、開館後においても同館の収集品を額田郡物産陳列所に貸し出すなどして[47]、同所の活動を支えた。愛知県商品陳列館は地域の〈陳列所〉活動の核として、重要な役割を担っていた。なお同所の建築は現存しており、岡崎市郷土館の収蔵庫として使用されている（本書序章図3参照）。

6 広島県[48]〈図6①～⑤〉

広島県は一八七八年〈明治一一〉に「博物館」を設置する。この博物館は下中町の広島県中学校教師館敷地内に置かれ、「本館ハ凡ソ教育及勧業上ノ必要ナル諸般ノ書籍及物品ヲ蒐集シ教育又ハ勧業ニ従事スル者ノ捜索ニ便シ且講習ノ求覧ニ供シ又兼テ之ヲ悠久ニ保存セシメンカタメ設立スルナリ」という目的をもった[49]。この博物館も勧業を意図するものであり、陳列品に関する販売斡旋・紹介も行った。他府県の例では前面に明文化して記されない物品の保護・保存がうたわれている点は特筆される。

しかしながら、開館から一年足らずで「博物館ハ稍高尚ニ過キ県下人民ノ進度ニ適セストシ且ツ物産ノ販路ヲ広開スルヲ以テ時勢ニ適ストセシ」ため、博物館の名称を「集産場」に変えた。これにともなって規則が改められ、一八七九年七月二〇日に改めて開館する。集産場は、設立の趣旨を「夫レ物ノ優劣ヲ比シ品ノ良否ヲ比較スル即チ工芸ヲ進捗シ商路ヲ拡張スルノ捷逕ニシテ而シテ之カ便法ヲ施ス」こととし、天造・人工を問わず蒐集・陳列して展覧に供し、物産流通を開くために他府県にも出品を呼びかけている[50]。集産場への改称前後の内容を比較すれば、教育の名目と物品保存が省かれ、より販路拡張に資する色を強めたことがうかがえる。この集産場も長くは続かず、一八八〇年三月三〇日付布達により廃止され、その後は民営に移されて広島区播磨屋町に移転し、商業施設として運営された。

その後、しばらく〈陳列所〉の設置は見られないが、一九〇二年〈明治三五〉になって商業会議所からその設立を求める声があがる。同年六月二五日付の「商品所設置ニ関スル建議」がそれで、「実業経営ニ資スルノ一方法トシテ県下ニ物産陳列所ノ建設ヲ必要トスルノ一事ハ既ニ一般県民ノ認知シテ而カモ之カ実施ヲ希望スル所ナル」と県民の声を代表して〈陳列所〉の必要を説いた。商業会議所がこの時期に〈陳列所〉の設置を建議した背景には、同年春に香川県高松市の玉藻城趾で開催された第八回関西府県聯合共進会があり、調査員がこれを実見した結果として「実業ノ改善発達ト物産陳列所若クハ見本館トノ関係ハ益々密接ナルモノアルヲ感シ」て建議に至ったのであった(51)。この翌年、商業会議所は広島市と広島県会議長宛に物産陳列所設置に関する建議を続けて提出している。

〈陳列所〉の設置が具体的に実現に向けて動き出すのは、日露戦争後のことである。日露戦争を契機に広島市は軍都として盛況を極め、伝統産業に加えて軍需に結びついた近代産業が急激に発展した。こうした気運から、広島市で市立での物産陳列所設置を模索するが、広島県に〈陳列所〉の設置計画があることを知って県立施設の計画に一本化する方向に動いた。広島県は一九一〇年（明治四三）の県会で翌年度から四ヶ年事業として「広島県物産陳列館」の建設を決議、しばらくは一部の反対もあって難航するも、一九一三年二月の寺田祐之知事の着任によって建設が具体化し、相生橋の袂に位置する敷地を市が用意し、建築を県が受け持つことで計画が進められた。

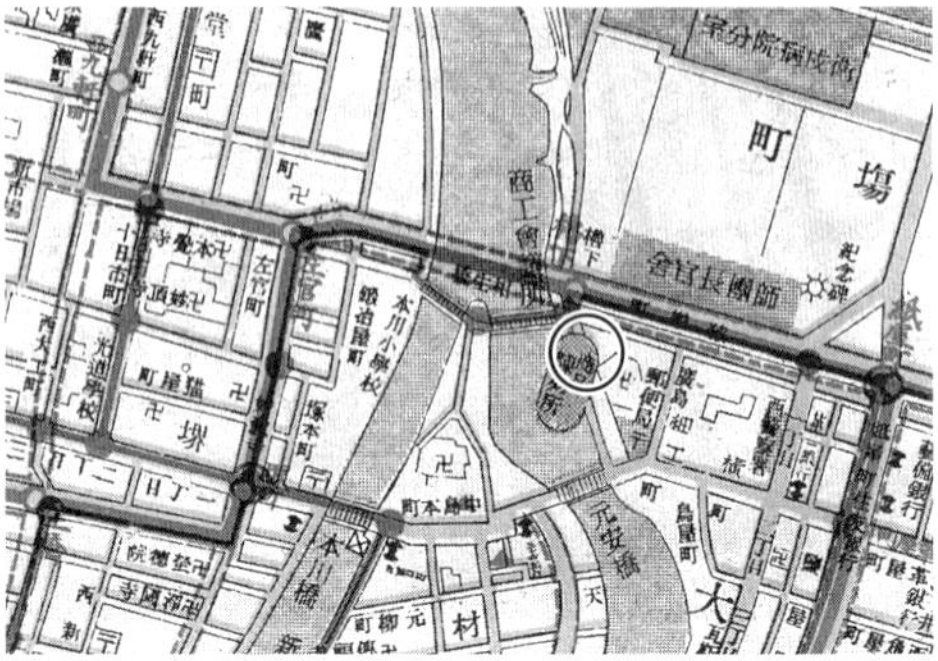

図６①　広島県物産陳列館の位置（丸囲み部）

なお、この物産陳列館の竣工当時、相生橋は中州北端の慈仙寺鼻を経由して元安川と本川をまたぐふたつの橋で構成されており、同館は元安川に架かる橋の東詰に位置していた（図６①）。これは、元安川の船運と、路面電車の走る幹線道路の利便性を期待しての選択と推測される。同館が竣工する三年前の一九一二年一一月に広島駅から相生橋までを結ぶ路面電車（広島電気軌道）が開通し、従来の相生橋の北側に電車軌道専用橋が架けられた。路面電車の走る相生通を中心に繁華街が発展を見せるわけだが、物産陳列館はその重要な位置に計画されたことになる。

図6②　広島県物産陳列館 遠景

広島県物産陳列館の建築は一九一四年（大正三）一月に着工し、翌一五年三月に竣工、四月五日に北向いにある西練兵場で落成式を迎える。落成式会場が西練兵場となったのは、同日から五月一四日まで同館を第一会場に、北向いの西練兵場を第二会場として広島県物産共進会が開催されたからである。物産共進会の期間中、同館の建築は夜間照明で演出されていた。この共進会閉会後、同館は開館準備のための公開中止を挟んで、同年八月一五日に改めて開館した。

　開館後は時代と共に名称や組織を変え、一九一八年（大正七）に調査部を置き通信事務を強化して機関誌『内外商工彙報』の発行を開始、二一年（大正一〇）に農商務省令に則して「広島県商品陳列所」（しばしば「広島県立」とも表記）と改称、さらに三三年（昭和八）一一月一日に「広島県産業奨励館」となった。この頃から外地への出張所設置を進め、翌三四年に大連・新京・哈爾濱に出張所を設置、三八年には先の出張所に加えて奉天・天津・上海・神戸を加えた七都市に事務所を設置した。[52]他の〈陳列所〉同様に多様な展覧会を開催し、勧業に係る以外では、三四年の広島県史跡名勝写真展覧会などが注目される。その後、戦況の悪化につれて〈陳列所〉としての業務は次第に縮小していき、一九四四年三月三一日をもって〈陳列所〉としての業務を廃止し、内務省中国四国土木出張所・広島県地方木材株式会社などの官公庁や、統制会社の事務所として使用された。そして翌四五年八月六日に被爆して大部分を損壊したため建築物としての機能を失ったが、現在は「原爆ドーム」として保存され、戦争の惨禍を現在に伝える存在となっている。[53]

　同館の建築を設計したのは、チェコ共和国（当時はオーストリア・ハンガリー帝国の一部）ナホト出身の建築家、ヤン・レツル（Jan Letzel）である。プラハの建築アカデミーでヤン・コチュラに師事したレツルは、一九

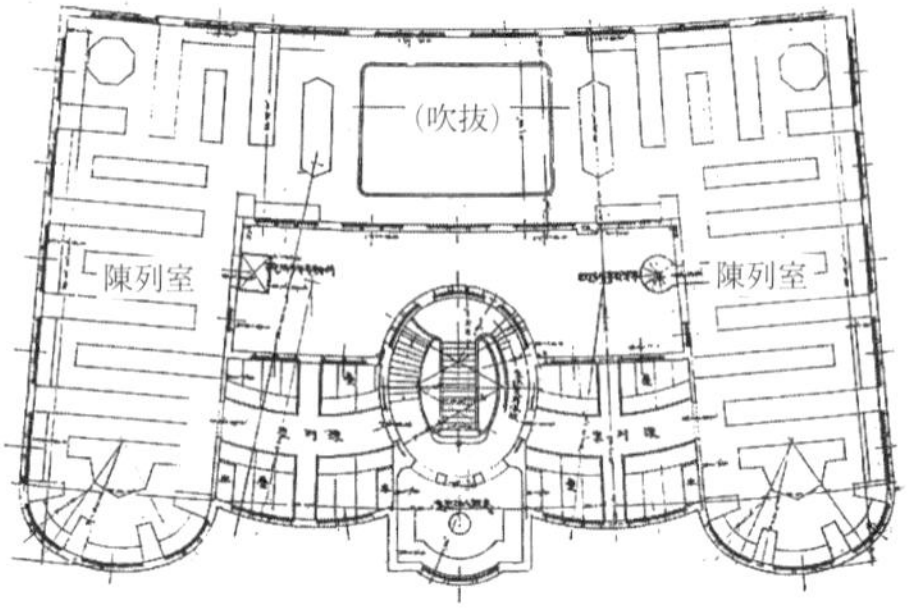

三階平面圖

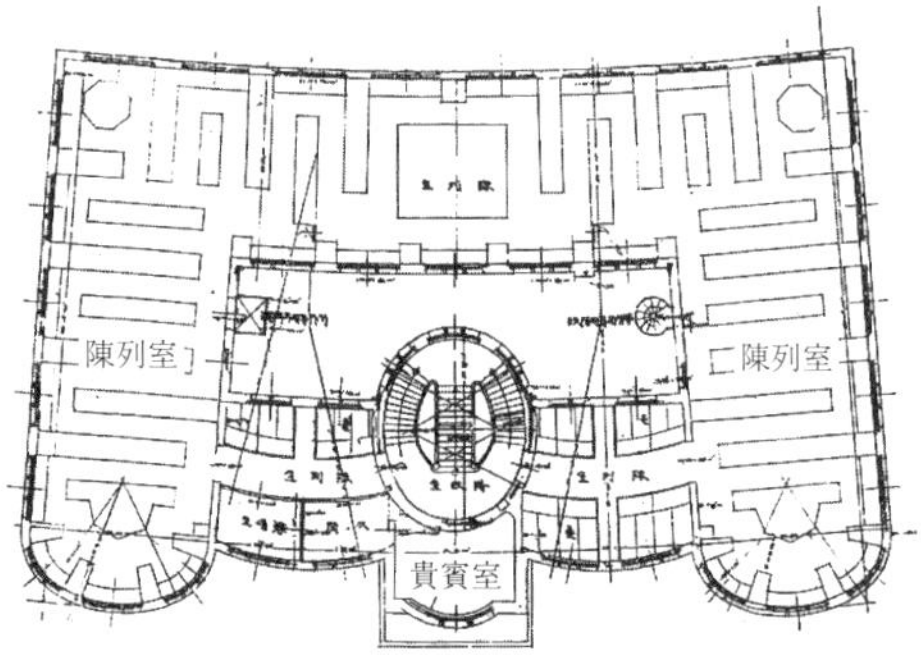

二階平面圖

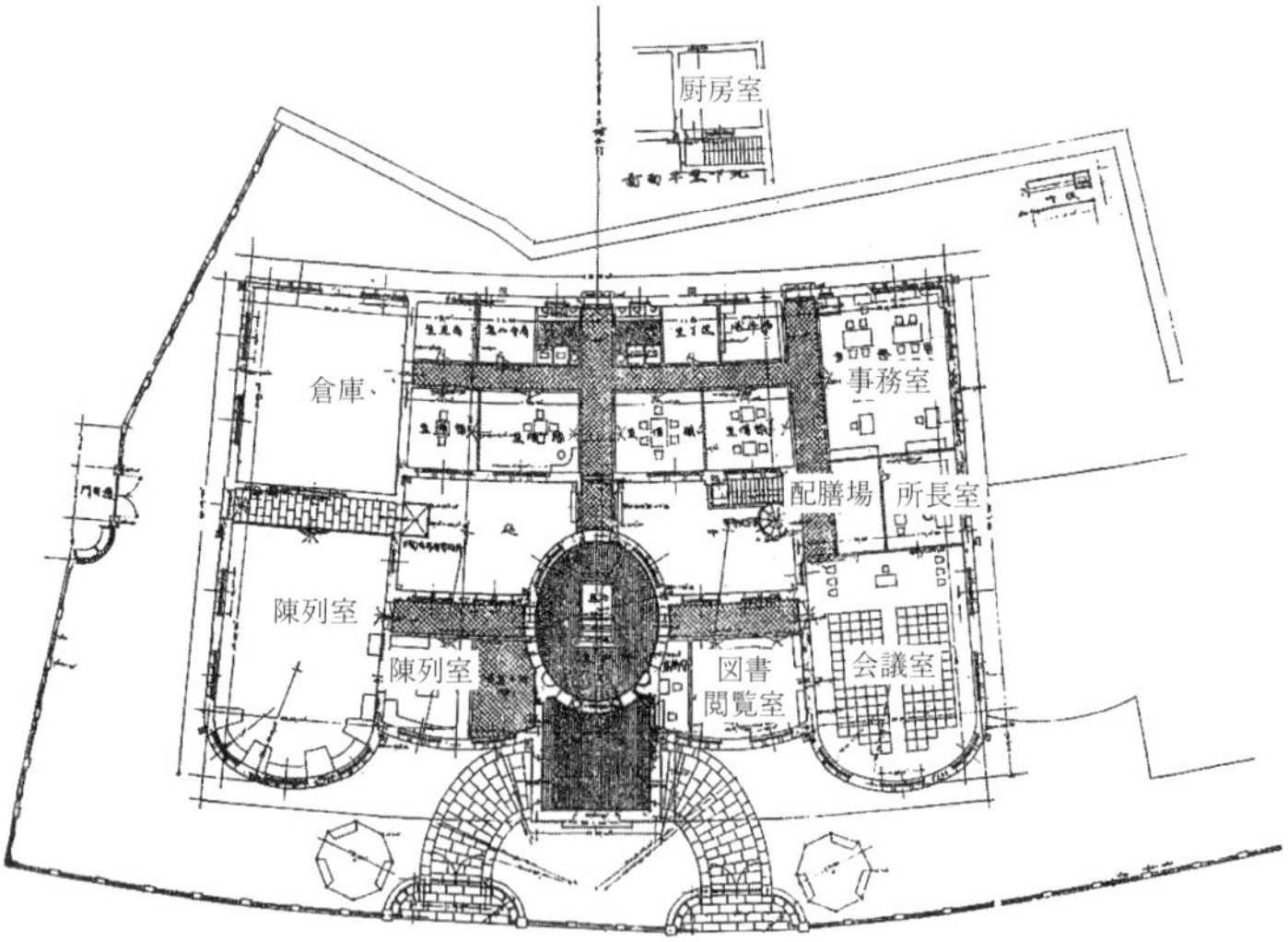

一階平面圖

図6③　広島県物産陳列館 平面図

〇七年に来日して横浜のデ・ラランデ事務所に務めた後、〇九年一〇月に同郷のヤン・ホラとレッツルエンドホラ合資会社を設立した。この会社は一三年四月に解散しているため、同館の設計は「ヤン・レッツル建築事務所」の名で発表されている[54]。レッツルは宮城県知事時代の寺田祐之から松島パークホテルの設計を請けた経験があり、その仕事を評価した寺田に招かれて同館と宮島ホテルを設計したのであった[55]。

外国人建築家の手によるこの広島県物産陳列館は、バロック的形態構成とゼツェッシオン的装飾を見せる欧州仕込みの建築であり、〈陳列所〉の建築の中でも、当時の建築専門誌で紹介された数少ない例である。それゆえに、これまでもその意匠を中心に分析がなされてきた[56]。しかしながら、同館の建築は、他の〈陳列所〉と比較したときに見えてくる相違において、注目すべき建築である。そこで、ここでは〈陳列所〉の建築としての特質を指摘することにしたい。

①敷地と本館との関係について。広島県物産陳列館は敷地の周囲を柵で囲い、構内は本館の建築と庭園で構成される。本館を道路からわずかに後退させて敷地中央に置き、正面には門を二ヶ所設けて半円分の車回しを配した。庭園の詳細な様子はわからないが、洋式・和式の二つの庭園が築かれている。本館南側の洋式庭園には池が配され、ドーム屋根を冠した東屋とレッツルによる設計の噴水[57]が備えられていた（この噴水は損傷しているものの現存している）。和式庭園には方形屋根の東屋が設けられている。これらの庭園は夜間開放されることもあった。一九一七年（大正六）には厳島神社管絃祭に合わせて庭園を色電灯で装飾して夜間開放し（自動管絃楽の演奏も行われた）、多くの入園者を集めた[58]。敷地周辺を柵で囲って門を構え、本館の周囲に庭園を設ける点は、明治期の〈陳列所〉に多くみられる公園的なあり方をうかがわせる。

②本館の構成について。本館の建築は一部鉄骨を含む煉瓦造で、部分的に地階を設けた三階建てである。元安川に正面を向けたロ字型平面（元安川に対してわずかに扇形に開く）の正面中央に五層吹抜けで楕円形平面の階

段室を設けて楕円形ドームを載せ、その前面部分を突出させて車寄せや貴賓室などを置いた。それ以外の部分はほとんどを陳列室とし、一階北西部に陳列室、北東側に倉庫を置き、一階南側には事務室や集会室などの陳列以外の諸室を集め、二・三階のほとんどすべてを陳列室とした。諸機能を一棟に集約して高層化させる点は、大正後期以後に市街地に建てられる〈陳列所〉に見られる特徴である。

壁面には大きな窓が全周に配されて、三階陳列室の屋根にはトップライトも備えられた。平面図にみられる陳列棚の配置計画は、かなり密度の高いものではあるが、これらの採光設備はそれを補うよう計画されたものであったのだろう。倉庫に近い北側の陳列室には貨物用の昇降機が設けられており、設備的な充実がみられる。

部分的に設けられた地下は厨房室であり、そこへ降りる階段の向いには配膳場が置かれる。これは会議室に隣接して配されていることから、会議室への給仕のための設備と考えてよいだろう。図面上では「会議室」と表記されるが、座席は配置から考えて講演や集会に用いられたと思われる。食事をともなった集会を開催できる設備を備えた〈陳列所〉も、明治末頃から見られる新しい傾向である。公園的な敷地計画と、多様化した機能を集約して高層化した本館は、〈陳列所〉の建築としての展開過程の様相を如実に示している。

以上は〈陳列所〉建築にみられる大きな流れに位置づけられる特徴だが、広島県物産陳列館には、そこには位置づけられない特異な点を指摘することができる。すなわち、空間演出と畳敷の陳列室である。

空間演出について最も顕著な部分は、中央の楕円形ドームの空間である。前述したように楕円形ドームの下は階段室であり、陳列室や貴賓室などの上層階の諸室へ入るために必ず通る空間である。象徴的に配された階段室の最上部には、窓がぐるりと設けられた壁に沿って一周できる廊下を巡らせており、展望室のように使用されたようだ（図6④）。光差す天井のドームに向かって、中心軸に沿う直線部分と楕円の壁面に沿う曲線階段が伸びる五層吹抜けの空間は、来館者に美しい体験をもたらしただろう。階段室の前面に突出させた正面中央の車寄せ部分は、

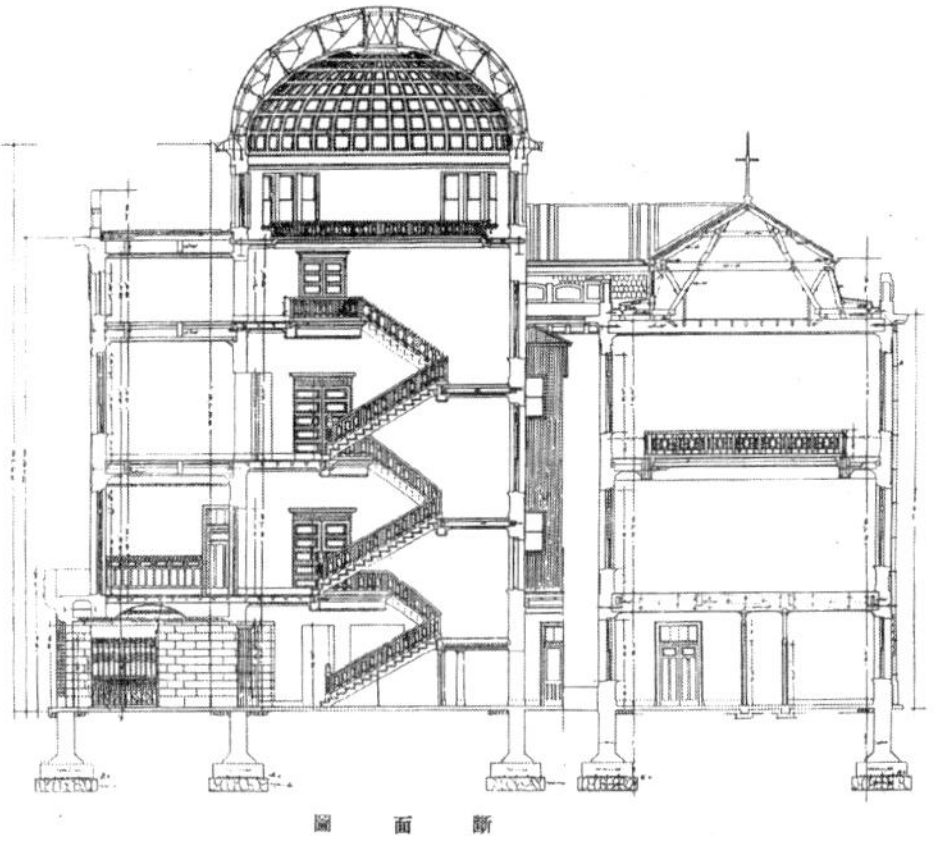

図6④　広島県物産陳列館 断面図
左側（正面側）には階段室に面した貴賓室などが置かれる。階段室上部には窓に沿って廊下が巡らされる。右側（裏側）の陳列室は、２～３階が吹抜けで一体化されている。

二階部分を貴賓室、三階部分を休憩室とした。同じく休憩室として使用されたであろう四階部分からは、楕円形階段室の最上部の展望廊へと続く階段があり、さらにその周回廊からは車寄せ屋上のベランダに出られたようだ。当時は、物産陳列館の周囲の家並みを遠くまで見渡せたはずである。

〈陳列所〉の建築にはドーム屋根を持つものがいくつかあるが、それはいずれも外観上の意匠に資するもので、その内部は陳列や貴賓室などの諸機能が置かれている。表慶館を模してドームを冠しながらも二階部分に床を設けて会議室に充当した福島県の例に顕著なように、〈陳列所〉では空間演出よりも具体的な設備が重視されてきた。ここでは機能上の要求を満たしながら、象徴的な空間を建築の核に据えることに成功している。

吹抜けによる空間の演出は陳列室にも見られる。建物の裏側に位置する東辺の陳列室は、三階中央部の床を抜いて吹抜けとし、二～三階を上下に繋いだ。これはトップライトの光を二階の陳列室まで落とす採光上の工夫であったとも考えられるが、二層が一体となった陳列空間として認識させる役割も果たしただろう。福島県の例では、陳列空間の確保のために本来吹抜けであるべき空間に床を張って陳列面積を確保したが、ここでは陳列面積を削ってまで、陳列空間の演出に工夫が凝らされているのである。こうした空間構成の妙は、レッツルの技量のなせる技であったと言えるだろう。

ダイナミックな空間演出とは性格を異にするが、陳列室の内装にも演出といえる工夫が読みとれる箇所がある。

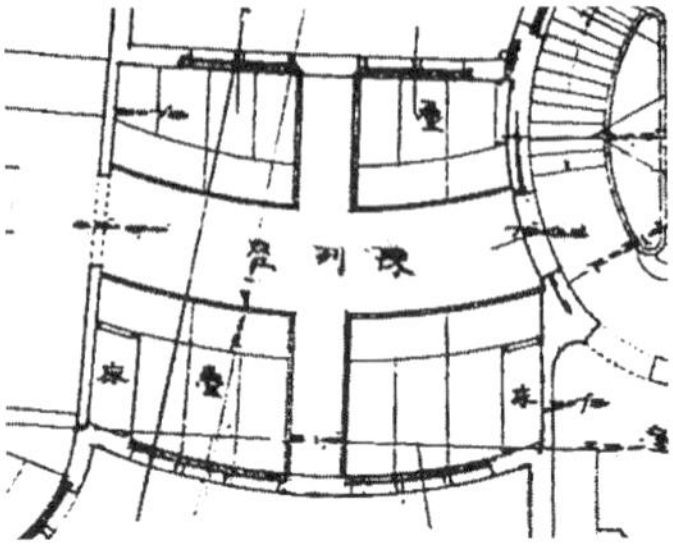

図6⑤　広島県物産陳列館 畳敷の陳列室

図は3階階段室北側の陳列室。畳敷の陳列室は、2・3階の階段室両側に合計4室計画されている。3階については、西側部分に床の間も設けられた。

それは、壁面の曲線に沿って設けられた畳敷の陳列室である〈図6⑤〉。楕円形の階段室の左右には二・三階ともに畳敷部分を備える陳列室が設けられている。特に三階の畳敷陳列室に至っては床の間まで備えられている。本館の建築はそのバロック的な構成のために南北方向の壁が円弧を描く。これによって畳敷を備える陳列室は、壁面はもちろん通路も円弧となり、それに縁取られた畳敷部分も円弧をなす。数多く建設された〈陳列所〉において、和室を備えた例はいくつか見られるが、陳列棚の並ぶ陳列室の一部に畳敷の陳列室を配するものは他に例を見ない。

この畳敷陳列室は和装品や和風意匠の物産陳列にあてる目的で計画されたものと思われるが、どのような経緯で計画されたのか、さらには実現したのかどうか明らかではない（実現していたとしても、おそらく円弧の畳は直線に還元されたであろう）。県当局がレツルに要望したのか、あるいはレツルが自ら企画したのか。いずれにせよ、畳敷の陳列設備が図面に描き込まれた事実は、演出的な方法で陳列が企画されていたことを物語る。そして、建築に合わせて畳や床がいびつな形で取り込まれた点は、外国人建築家の設計という広島の特殊な事情を強調するのである。

以上述べてきたように、広島県物産陳列館の建築にみられる、機能的・設備的過渡期の様態を示す立地を含めた施設構成と機能を備えつつ陳列室を彩る空間演出、そして陳列設備の計画の特殊性は、〈陳列所〉の歴史を通じて希有なものである。それゆえに、同館はヤン・レツルの優れた作品であるとともに、〈陳列所〉の過渡期の様態を示す事例として位置づけることができ、それらの結果として、他には例を見ない豊かな空間を有する〈陳列所〉

の建築として評価できるのである。

7　和歌山県[59]（図7①〜④）

和歌山県は、一八七九年（明治一二）に和歌山県植物栽培所内に「集産所」を建設し、〈陳列所〉の活動を開始する[60]。しかしながら、その運用が難航し、施設の設置自体が時期尚早とされるに至り、八二年に県会が経費削減を決定すると、同年六月に閉場した。

その後、日清戦争後の時勢により、地方産業の発展に向けて〈陳列所〉の必要が改めて叫ばれるようになる。すると、一八九九年（明治三二）に県会の協賛を得て着手された建築工事が一九〇一年八月に竣工し、同年一二月二二日に和歌山県物産陳列場が開場した。これらの施設は物産共進会の会場としても整備されたといい、陳列品も同会から引き継がれている[61]。

「和歌山県物産陳列場」は和歌山公園の一角（和歌山城二ノ丸跡）に位置し（図7①）、「建造物ノ結構稍壮麗ニシテ庭園ノ風致亦佳ナルヲ以テ来館者ヲ娯マ」せた[62]。構内には三つの陳列館が建ち、正面中央に第一号館（一〇八坪、参考品・県産物標本を陳列）、その手前の左右に第二・第三号館（いずれも六〇坪、委託販売品を陳列。正面向いて右が第二号館）が配された（図7②）。産業関連図書や公報を閲覧するための公報縦覧所（二八坪）は、陳列館や事務所から独立して設けられている。構内には飼鳥舎もあり、動物園的な要素も持ち合わせていた。一九〇八年には隣地に県立図書館が建設される。

和歌山城趾にある〈陳列所〉は、その庭園から天守閣を望める。こうした関係から、やがて天守閣が〈陳列所〉に取り込まれるという事態が生じた。一九一〇年（明治四三）には既存施設のみでは手狭になったため、物産陳列場は陳列室を増やすことを検討する。その結果、和歌山城天守閣二層楼を物産陳列場の第二陳列所として使用す

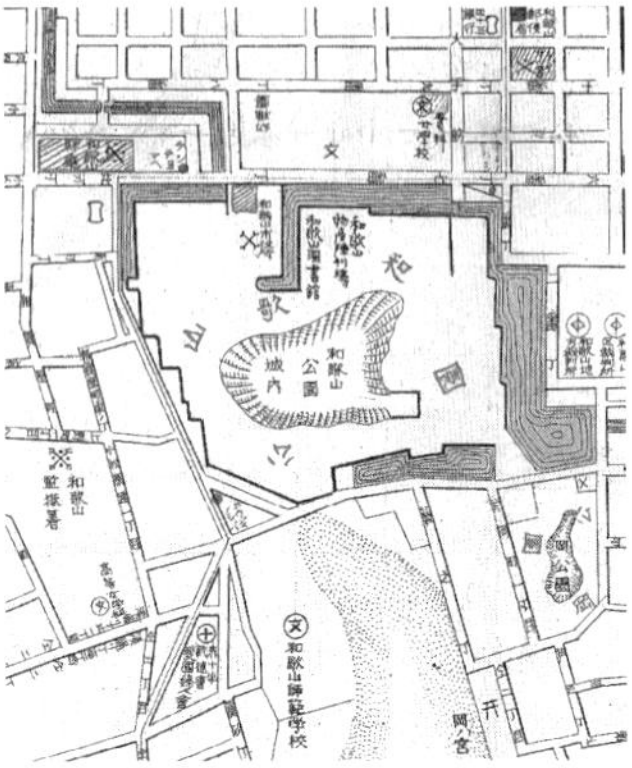

図7① 和歌山県物産陳列場の位置

ることに決定するのである。一九〇九年の『農商務省商品陳列館報告』第三六号に掲載された和歌山県物産陳列場の記事は、実際にこの計画が進められたことを伝える。記事は陳列戸棚の整備の完了と、目下当業者に出品を促して陳列の準備中であることを報告し、「一般公衆の縦覧に供し以て県下の物産を遺憾なく紹介するは近きにあるべし」と息巻いた(63)。歴史遺産である天守閣を〈陳列所〉として使用するという、非常に興味深い事例である。

大正期に入っても事業は拡大の一途をたどり、和歌山県物産陳列場は業務に対して従来の規模では対応しきれないため、本館の建替えを行う。これは藩祖入国三百年祭奉賛会記念事業として計画されたもので、有志者の寄付によって〈陳列所〉の建替えが決定した。一九一五年（大正四）七月に着工し、二〇年（大正九）四月に竣工する。新しい本館（参考館）は従来の第一号館の位置に建設され、それにともなって第一号館は庭園の東部に移築されて販売館となった（図7③④）。同年四月一〇日に開館式が挙行されると同時に、藩祖入国三百年祭奉賛会記念第三回物産共進会（四月一〇日～五月九日）が同場で開会した。

なお、建設中の一九一九年四月に同場の規則改正を行ったため、開館時の名称は「産業博物館」となった。名称変更に合わせて事務組織も改変された。従来の主管者は県の勧業課長が兼ねていたが、ここに至って選任の場長を置き、さらに翌年四月には技術員などの人員を増加し、図案部も設置している。その後、二一年一月一七日に農商務省令の認可を受けると、同年二月一日付で「和歌山県商品陳列所」と改称する。産業博物館の名称は他にみられないものであり、〈陳列所〉と「博物館」の名称を考える上でも貴重な事例であるが、その名称での活動は二年間（工事中のため実質は一〇ヶ月）であった。

図７③　和歌山県商品陳列所

図７②　和歌山県物産陳列場

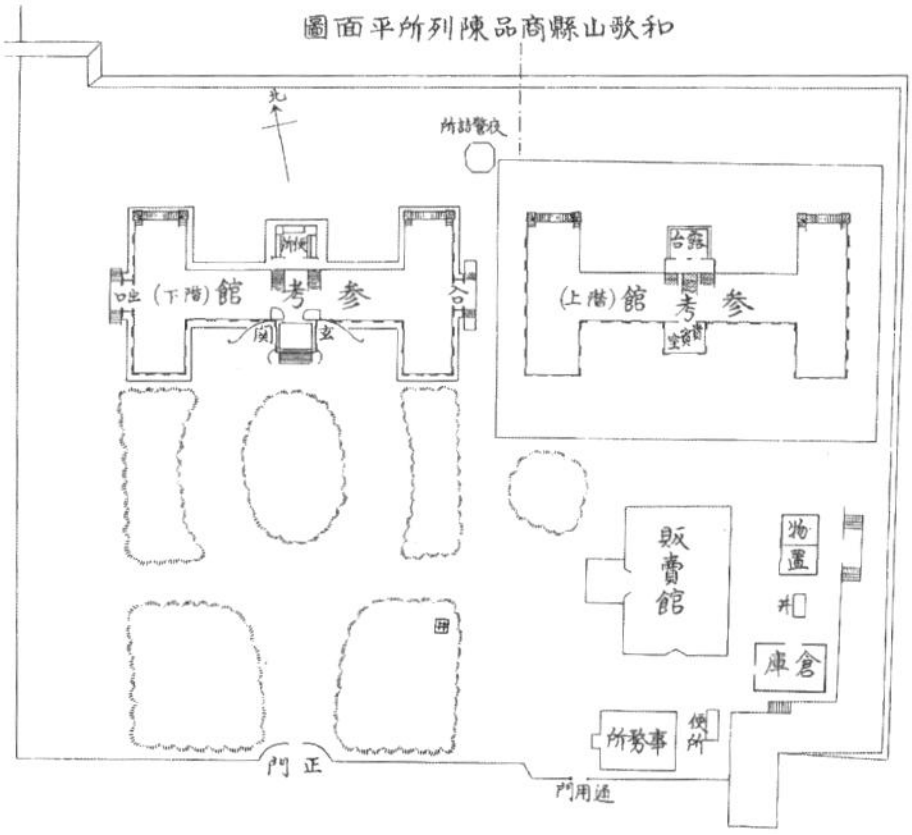

図７④　和歌山県商品陳列所 平面図

新しい本館は平滑な様式意匠ながらもドームや小塔を掲げた華やかな屋根をもつ建築で、Ｈ型平面の陳列館である。ペディメントを載せた前面中央部を突出させて車寄せとし、その上階を貴賓室として和歌山城を望む。背面中央にも同様の突出があるが、その二階部分は露台である。建替え前に事務棟から独立していた公報縦覧所は、図書室として事務棟に統合されている。

〈陳列所〉の敷地周囲には柵が設けられ門も構えられているが、柵の高さは抑えられ庭園は常時開放されていた。この庭園で時を過ごす市民の姿を伝える写真が絵はがきにもなっており、〈陳列所〉が和歌山公園内と一体的に利用された様子が想像される。

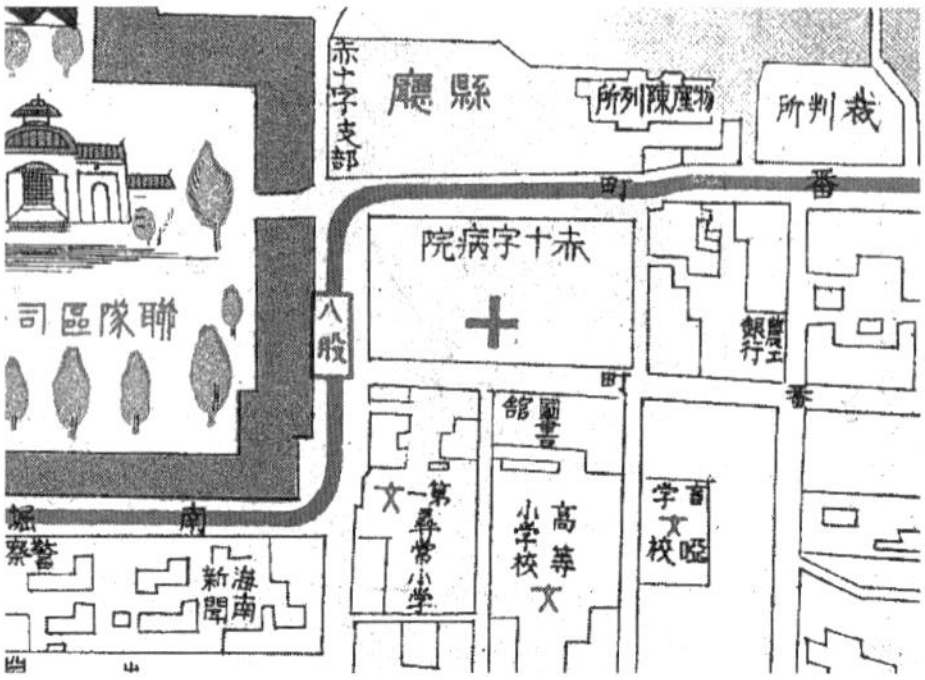

図8① 愛媛県物産陳列場の位置

図8② 愛媛県物産陳列場

8 愛媛県（図8①②）

愛媛県は一八七九年（明治一二）に松山市一番町に「物産陳列場」を設置し小規模ながら運営を行っていたが、県の経済的事情により八七年にこれを廃止する。以後、県は再建を試みるものの財政に余裕がなく、二十余年の時間が過ぎるが、ようやく一九一一年（明治四四）に予算が組まれ、二ヶ年継続事業として建設されることが決議された。

新しい〈陳列所〉は県庁の東隣を敷地とし、一九一二年（大正元）一一月に起工、一四年三月に竣工した。「愛媛県物産陳列場」として五月に開場、その後二〇年一〇月に農商務省令に沿って「愛媛県商品陳列所」と改称した。

小塔を載せた二階建ての愛媛県物産陳列所は、奥行きのない敷地に対し横長の平面形で対応し、前庭を確保している。また正面中央以外にも両端部の出入口を確保している。一九一八年（大正七）に発行された『松山案内』によると、陳列所として使用されたのは一階部分のみで、二階は県の公会堂として各種の催事に充てられた(64)。

前述の『松山案内』における同所の紹介文には、「松山市の生産物は勿論、県下の重要物産を陳列して公衆の縦覧に供し、且つ即売をなす」とある。陳列品として紹介されたのも県産品であった。この書籍の都市案内という性格を考慮する必要はあるが、少なくとも県外に対しては、県産品の紹介・販売施設であることが強調されていた。

こうした性格は、時代が下るとより強くみられるようになる。一九三六年（昭和一一）に発行された『松山市街図』では名所のひとつとして「県下重要物産の縦覧場であるから土産物購求には便利である」[65]と紹介された。当初は県内産業の振興を目的として設置された〈陳列所〉であるが、昭和に入ると県内品を扱う〝物産店〟としての役割も大きくなっていったようである。

9　長野県[66]（図9①～③）

長野県は一八七九年（明治一二）に県庁南側に「勧業場」を設置する。ここでは果樹と普通作物の試作が行われ、農業技術開発の先駆となった。さらに八四年（明治一七）に「勧業博物館」という名称の施設が設置された[67]。同館は、松本に移転し空家となった師範学校跡地を利用して設置された[68]。やがて時代が進むにつれて従来の建物では狭隘となり、八八年（明治二一）に新しい建物を増築した。この増築を機に、「長野県物産陳列場」と改称したという。ただし、この施設に関する詳細は不明であり、明治二〇年代には何らかの理由で廃止されている。

その後、長野県に〈陳列所〉を設置しようとする動きは、県および県下商工業者のなかで度々試みられた。県内の商工業団体をはじめ、県内に〈陳列所〉を設置しようとする世論が高まり、一九〇三年（明治三六）には長野県会において県立物産陳列所創設の議案が出されたが、日露戦争に突入したため実現には至っていない。次いで、一九〇八年（明治四一）に一府十県聯合共進会が長野市の城山公園で開催されると、共進会のために整備された施設群のうち参考館（本館）を存置して使用した建物を活用して、県立物産館を設立しようとする動きもあったが、これも実らなかった。参考館の建物は、空き家のまま公園内に残されることとなる。

難航する県の〈陳列所〉設置を見かねたのか、これを実現に動かしたのは商業会議所であった。一九一二年（明

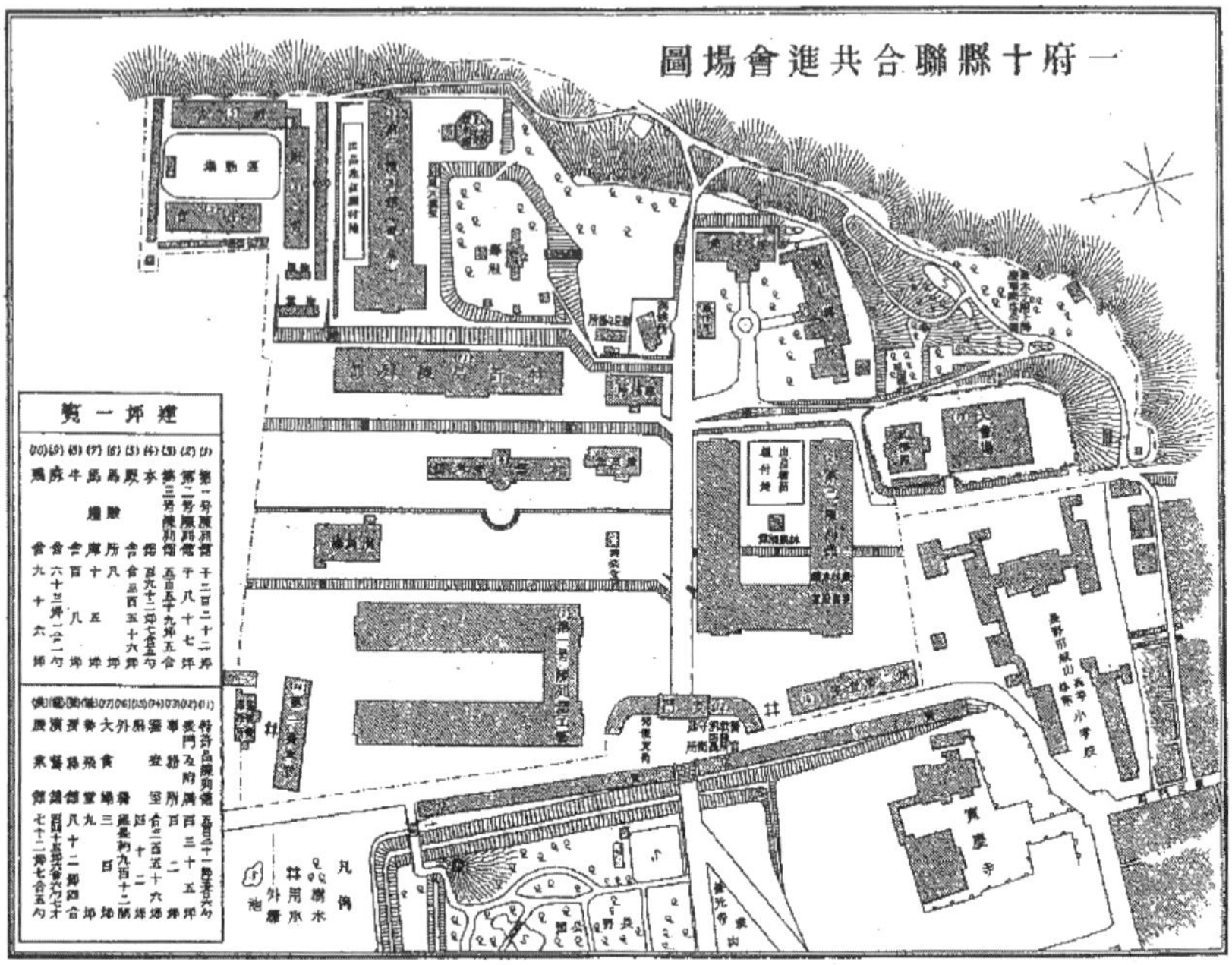

図9① 長野県主催一府十県聯合共進会 会場図

中央左、円弧の中央玄関を持つ建物が、参考館(本館。後の長野県商品陳列館)。会場の西側(図の下方)に善光寺がある。

図9③ 長野県商品陳列館

手前が噴水。

▼本館は善光寺本堂の東方約二丁城山公園内にあり
▼本館は商工業に關する縣の產物を網羅し公衆の縱覽に供す
▼本館は商工業に關する圖書を備付け公衆の縱覽に供す

長野商業會議所附屬
長野縣商品陳列館
（長野市城山、電話三八三番）

▼本館は兼て縣外の產物を陳列し當業者の比較研究に資す
▼本館は當業者の需めに應じ縣內及縣外に對する商品の取引を紹介す
▼本館は縣下縣外の物品を即賣す

図9② 長野県商品陳列館 広告

治四五）四月、善光寺の開帳を契機として長野県商業会議所の主催により、空き家のまま存置されていた参考館を利用して長野県物産展覧会が開催された。その成果を踏まえて、商業会議所はこの建物を商品陳列館として恒常的に活用することを計画する。そして商業会議所は農商務省からの設立認可を受けて、一九一四年（大正三）七月一日付で「長野県商品陳列館」を開館するに至った。すなわち、この〈陳列所〉の運営主体は長野県商業会議所である。

長野県商品陳列館に充てられた元参考館（本館）の建物は、亜鉛板葺の二階建て洋館で、延べ坪二五四坪である。当初は県有財産であり、それを商業会議所が借用して管理運営していた。やがて一九二三年（大正一二）三月に建物の所有が長野市へ移る。商業会議所は、商品陳列館として管理運営を開始する際に建物の修繕を行っており、また市への移管時には本館外壁や事務室などに大規模な修繕を加えている。陳列館内には七二台の陳列ケースが並び、「県下の物産を蒐集網羅して公衆の縦覧に供すると共に、商品の改善発達、販路の開拓等本県産業の中枢機関として」活動した(69)。商業会議所の経営ではあるが、その活動は府県市立のそれと大差があるものではない（図9②）。

商品陳列館の正面には、やがて「其の高きこと日本第一と称す」噴水が築かれ(70)（図9③）、善光寺に隣接する城山公園内の中心的施設として整備されていく。この長野県商品陳列館は、絵はがきなどにもよく登場し、善光寺観光に色を添えるスポットであったことがうかがえる。同館を備え、共進会の会場ともなった城山公園は、長野市内の他の公園とは異なり、「長野市の新しい顔をアピールした」空間であったといえる(71)。

10　神奈川県(72)（図10①～③）

第二章でみたように、神奈川県は一八八〇年（明治一三）に横浜公園内に「神奈川県立物産陳列所」を置き、主に商品販売に供していたが、民間の勧工場の台頭に伴って八二年に閉鎖された。その後、県による〈陳列所〉の設置はみられず、次にその役を担うのは、関東大震災後の復興事業として計画が始まり、昭和天皇の御大典記念事業として横浜市が開設した「横浜商工奨励館」である。その建築は現存し、横浜情報文化センターとして使用されている（本書序章図4参照）。横浜商工奨励館については、改修工事の際に設立経緯などを詳しくまとめた冊子が作成されている。[73] 以下、神奈川県の〈陳列所〉に代わる存在として、横浜商工奨励館を取り上げる。

一八八〇年代以降、〈陳列所〉を失っていた横浜では、一九一二年（明治四五）頃に、横浜商業会議所を中心として横浜商品陳列館設立の必要が提唱されるようになる。[74] ここで求められていたのは、外国貿易を見据えた市場調査と商品研究を併せ持つ機能である。設立に向け海外の商業博物館等の制度の研究が行われたが、なかなか構想が実現しないまま関東大震災を迎える。

震災後、神奈川県は商工業と対外貿易の復興策について横浜商業会議所に諮問し、商業会議所は「横浜市復興方策に関する件」として回答をまとめた。[75] 商業会議所はこの中で「商品陳列所の設置」を説いている。またこの答申に先立って役員会で「商品陳列所設置要項」をまとめ、[76] 農商務大臣・神奈川県知事・横浜市長に補助金を求める申請書を提出した。迅速に要項がまとめられた背景には、明治末の計画に前後して、商業会議所が各国の事例を調査して蓄積した知見があった。商業会議所にとって、〈陳列所〉の設置は懸案としてきた事業実現の機会であり、震災復興策における最重要課題であった。この後、神奈川県での〈陳列所〉設置の動きは表に出てこないが、一方で商業会議所と共に横浜市がその実現に動いた。

横浜市の復興計画は、政府の帝都復興よりも国防を優先するという復興審議会の影響で予算額が削減され、その結果、横浜市の復興計画も土地区画整理事業・街路事業・公園事業に絞られ、そこに商品陳列所の設置が含まれる余地はなかった。一時期、商品陳列所を内包する市民博物館を構想した渡辺勝三郎市長のもとで計画が進められ、これが商業会議所との意見調整を経て陳列所と集会所を併設する施設として具体化するが、市長交替によって白紙に戻る。その後も商業会議所は予算規模を縮小するなどして働きかけを続けたことで、やがて市長の協力も得るところとなる。商業会議所は一九二五年（大正一四）一一月一〇日付で商品陳列所設置委員会を組織し、市長宛に陳情書を提出した。

商業会議所の動きを受けて、横浜市は商品陳列所の設置に乗り出し、一九二七年七月に予算額四〇万円、三階建ての計画をとりまとめ、横浜市の中心部ともいえる中区の日本大通りと本町通りの交差点の一角、かつてアメリカ領事館が置かれていた場所を建設地に決めた。この頃、商工会議所法の施行に関連して、計画する施設名称が商工奨励館となる。その後、即位して間もない昭和天皇が復興状況視察のために横浜に行幸することが決まると、御大典奉祝のための記念事業予算案に「商工奨励館」の名で建設予算五五万円が計上され、いよいよ実現が具体化する。ここにおいて、商工奨励館の設置は関東大震災からの復興事業であるとともに、昭和天皇の御大典記念事業となった。そして市政においては、明治後半期から展開してきた工業招致策の成果を示し、貿易都市から商工都市への変化を象徴する存在として位置づけられていた。

こうして実現することとなった商工奨励館の建築は、横浜市建築課によって進められた。建築課長であった山田七五郎を中心に、技師の木村達雄が設計を行い、意匠を技手の北川満多雄と徳永熊雄らが、構造を技手の佐藤芝夫がそれぞれ担当し、施工は横浜で数多くの実績を持つ岩崎金太郎が請け負った。一九二八年（昭和三）七月六日に地鎮祭を行い、翌年四月二〇日に竣工した。わずか約九ヶ月間という速さで工事が行われたのは、同年四月二三日に予定された昭和天皇の行幸に間に合わせるためである。無事に天皇を迎えた商工奨励館は、これを記念して一九二九年四月二三日を開館日としている。

計画時点では様々な規模の案が出された商工奨励館であったが、最終的には地下一階・地上四階建てとなり、

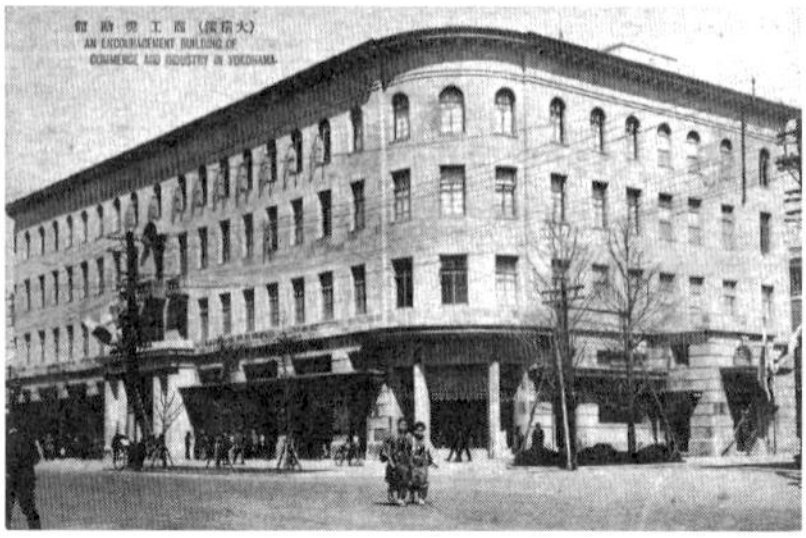

図10②　横浜商工奨励館

図10①　震災復興後の日本大通り

右奥に横浜商工奨励館が見える。左に見える塔は神奈川県庁舎。

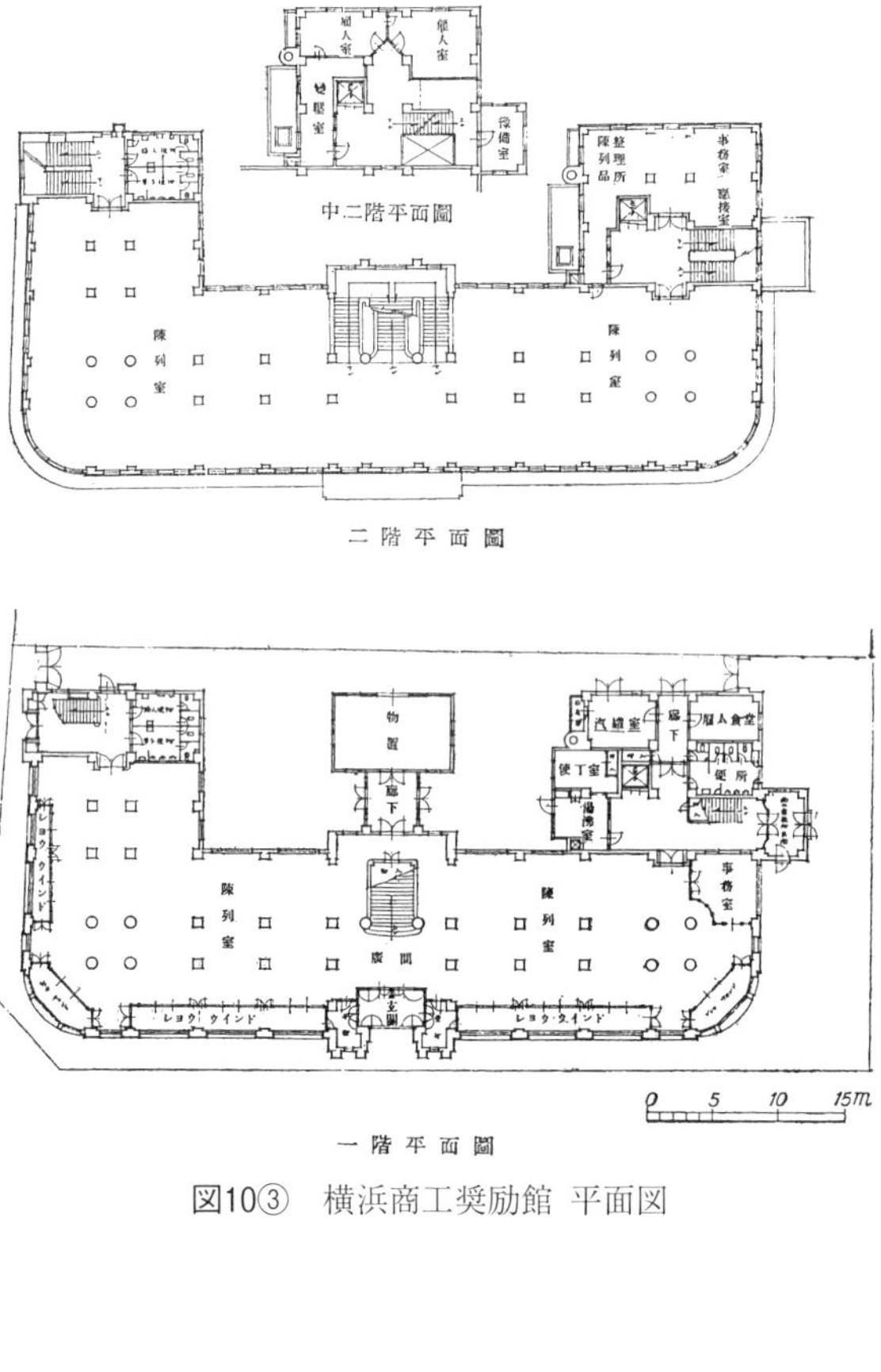

図10③　横浜商工奨励館 平面図

鉄筋コンクリート造の堅牢なビルとして建設された。街区の二つの角をつなぐ凹字型の平面型で、一・二階を主に陳列室に充て、三階は中央部の貴賓室の他は小部屋を並べて各種商工団体事務室として貸与し、四階に横浜商工会議所の事務所と会議室、そして接待所を置いた。建物中央に広間と大階段を設けるが、一・二階の陳列室とは間仕切りなしに接続する一室空間である。陳列室には、主な輸出品各種を陳列したほか、各船会社、神奈川県工業試験場、各植民地総督府、国際観光局関係の飾窓が置かれた(77)。三・四階の中廊下の両側には、機能に合わせた部屋が配された。陳列室に直結する正面中央の玄関と階段の他に、右翼側面に商工会議所などの上階事務所用の玄関と階段が置かれた。

陳列室で特徴的な部分は、階段室と一体化されていることに加えて、街路に面してショーウィンドウが設置されている点である。ショーウィンドウは日本大通りに面して設けられ、現在は出入口がある建物の角部も当初はショーウィンドウだった。ビルの街路に沿ってショーウィンドウを並べた〈陳列所〉は、一九二六年に竣工した三重県に次ぐものである。行幸を受けた際（すなわち開館時）、商工奨励館では関東各府県優良見本品展覧会が開催されており、このショーウィンドウには、地元商店会の出品物が飾られた。同館は復興のシンボルとして都市に誇らしく聳えると同時に、復興した産業の様態をショーウィンドウの陳列で都市に示して見せたのである。この意味において、商工奨励館の建築そのものが、復興した都市の姿を見せるショールームであった。

開館後の商工奨励館は、商工会議所の運営とはいえ公的機関として幅広い活動を展開し、貿易を視野に入れた陳列を行い、展覧会や見本市も定期的に開催された。語学を含む各種の講習会が開催され、また継続的に調査報告を発行するなど、陳列以外の業務も充実していた。一九三五年（昭和一〇）には地元横浜で誕生したダットサン自動車の運転講習会が開かれるなど、内外最新の製品や情報が集まる同館は、文化の発信基地でもあった。また同年には、山下公園で復興記念横浜大博覧会も開催され、その余剰金で同館の中庭に鉄筋コンクリート造三階建ての別館が増築されている。

間もなく日中戦争の開始などによって、商工奨励館の活動にも徐々に戦争の影響が出始め、運営を任されていた商工会議所も神奈川県商工経済会に統合される。横浜は一九四五年五月の横浜大空襲に遭い、商工奨励館自体は焼失を免れたものの、横浜の町は四割近くを焼失する被害を受けた。終戦後の四六年に、再設置された横浜商工会議所の復活創立総会が商工奨励館で開催され、再び横浜復興の象徴として活動を再開、その後は横浜貿易館の陳列場や横浜商工会議所の事務所などが置かれ、引き続き横浜の商工業界を牽引する場となった。七五年に商工会議所が新しい所屋に移った後は、レストランや喫茶店が入居していた。九九年二月には横浜市の歴史的建造物に認定され、二〇〇〇年には改修に合わせて背後に高層棟を増設し、横浜情報文化センターとして活用されている。旧館部分は、階段や貴賓室などが建設当初の姿に戻され、往時の姿を今に伝えている。

11 島根県(78)（図11①～③）

本県の〈陳列所〉は、一八八〇年（明治一三）五月に「島根県勧業展覧場」が設置されたことに始まる。同場は松江市殿町一番地、県立高等師範学校附属小学校の隣に設立された（図11①）(79)。ここでは他府県の生産品や古器旧物を収集して、県下の実業者の参考に供した。当初は陳列施設だけではなく、染織場・織物・製靴工場を構内に併置していたという。同場は一八八二年（明治一五）に陳列室を拡大し、八七年には分析室を設けて化学分析試験を開始し、依頼に応じて製品の分析を行った。

一八九八年（明治三一）四月に同場は規則を改正すると、国内外の製品を参考品として陳列し、また委託販売の制度を設けた。陳列業務以外にも、陳列品の調査、取引上の紹介、図案の研究および依頼調整、図書新聞の縦覧、産業に関する各種刊行物の発行等の業務を積極的に行うようになった。そして翌九九年四月に「島根県物産

図11②　島根県物産陳列所（旧・島根県庁舎）

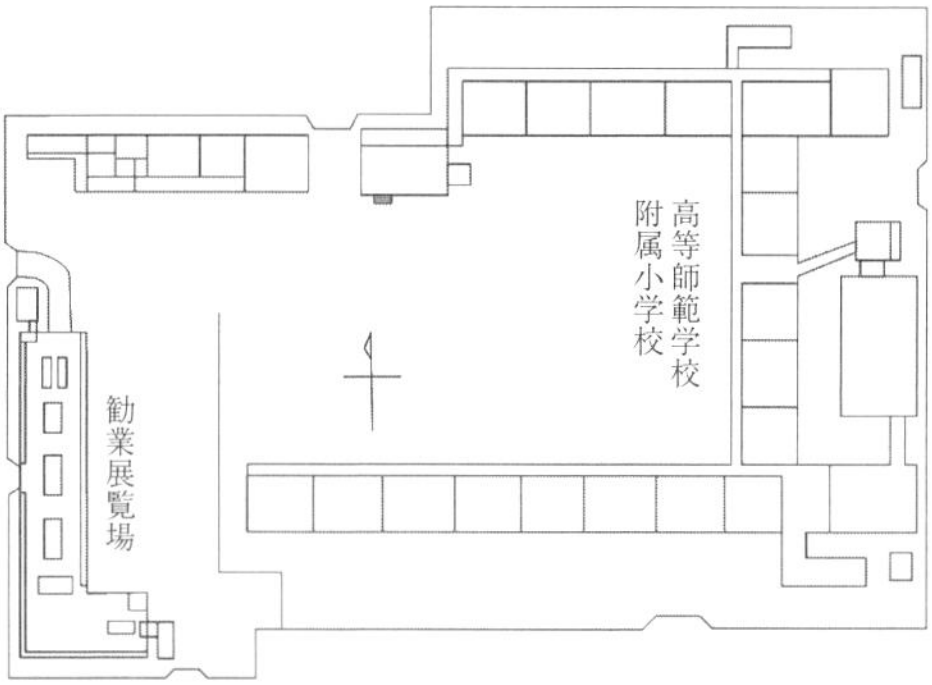

図11①　島根県勧業展覧場 平面図

陳列所」と改称する。一九〇七年（明治四〇）からは農商務省商品陳列館からの参考品貸与を受けて、一般に公開した。

一九一〇年（明治四三）七月、物産陳列所は別の建物に移転する[80]。これは、前年三月に四代目となる県庁舎が新築落成したことによるもので、新庁舎への県庁機能の移転にともなって空き家となった三代目島根県庁舎を同所が引き継いだ（図11②）。移転後は、庭園を整備して動物を飼育し、夏期には夜間開館を行う等、充実した活動を展開していった。夏期の夜間開館時は建物内外を電灯・ガス灯で照らし、庭園には仮小屋を設け、生け花会や盆栽会・八雲抱腹会など様々な催しが賑やかに開かれた。一九一三年（大正二）八月の来場者を見ると、東京二六新報社主催の観光団が四〇〇名で来所しており[81]、出雲観光に一興を添えている。

大正期に入るとその活動はさらに拡大し、一九一九年（大正八）八月には県の工業試験所（一一年に商工課に工業試験室として設置）の設備と人員を同所に移管している。そこでは、醸造・窯業・染色・製紙に関する試験鑑定、分析・講習・講話・実地指導などが行われるまでになった。翌二〇年七月には構内にあった旧県会議事堂を修繕して、図書閲覧室および即売品陳列場として利用した。

一九二一年（大正一〇）三月に農商務省令に基づきその名称を「島根県商品陳列所」と改めると、同所は同年五月には工業試験室（木造平屋建て、八五坪）を西隣に新築して醸造・製紙の分析室を移した。従来の工業試験所（県庁構内）では、窯業・染色に関する試験を行った[82]。やがて工業試験が専門化していく時勢に合わせて、一九二七年（昭和二）四月一日に工業試験所を分離して独立機関となると、同所は県下物産の斡旋紹介などの業務に注力していった。以上に見て来たように、島根県の〈陳列所〉は明治初年の設立から昭和初期に工業試験所を分離するまで、工業試験場的性格を常に持ち合わせていた。

なお、明治三〇年代後半に、松江市が明治天皇行幸時の宿泊施設を兼ねた「松江市工芸品陳列所」を整備しており、現在も「興雲閣」（松江市郷土館）として現存する（図11③）。この工芸品陳列所は当初から御旅館としての使途を含んで計画され、市費に寄付を加えて建設された。同所は一九〇三年（明治三六）九月に竣工、翌一〇月一三日から一五日まで一般公開され盛況を極めたが、その後の閲覧は許可制となった。結局、天皇の行幸は日露戦争の勃発で中止され、一九〇七年に東宮の行啓で御旅館となるまで、ほとんど使用されなかったという[83]。その後、一九一二年に山陰鉄道連絡記念物産共進会を契機に興雲閣と呼ばれるようになり、展示会場・式典会場として利用された。

図11③　興雲閣

一九二四年に刊行された『松江市案内』には、興雲閣については行啓地としての由緒を紹介するに留まり、県の商品陳列所については「県の産業一般を窺ふことが出来る即売館もあり正札を付してあるから土産物なぞを買ふには便利」と紹介する[84]。工業試験所や商業情報に関する専門的な事業を内包し、物産販売も行う商工業補助機関として展開した〈陳列所〉に対して、興雲閣はハレの場としての役割を担ったといえる。

12 兵庫県[85]（図12①～⑦）

兵庫県における〈陳列所〉のはじまりは、一八八〇年（明治一三）七月に神戸下山手通りの植物試験場側（のち神戸尋常小学校地）に設置された「共進館」に遡る。共進館の設立は他府県での〈陳列所〉の興隆に沿うものであり、「今ヤ諸府県ニ於テ集産場勧工場ノ如キ或ハ勧業博物館物産展覧所ノ如キモノ相続テ起リ物産ノ繁殖ヲ謀リ工業ノ興隆ヲ励ス蓋シ大ナリ」という認識から、東西に通じ海陸通運の要所である神戸にこれを設けることで内外国からの観覧者を獲得しようとしたのである。[86]また共進館の目的は「教育器具ヲ始メ内国諸物産ヲ蒐集シ衆人ヲシテ精粗ヲ比較参観シ又ハ広ク品評ヲ求メ改良スルノ方向ヲ知ラシメ且売買ノ方法ヲ設ケテ販路ノ広狭線ノ伸縮ヲ実試スルノ便益ヲ得ル」ことである。その名称にあるように、共進会の機能を常置したものといえるが、開港都市として外国人への商品紹介と販路拡張を視野に入れていた点は特筆に価する。木造二階建ての館内を六区

図12①　神戸商業講習所（元・共進館）
後に神戸商業講習所として使用された時の写真。

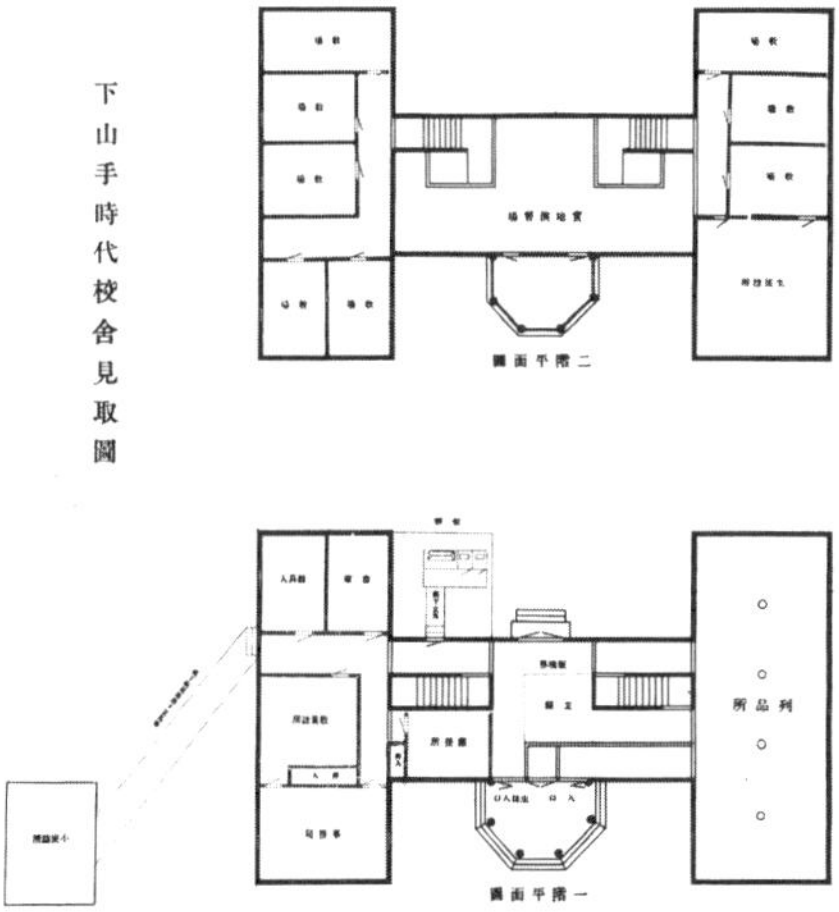

図12②　同上 平面図
室名は商業講習所時代のもの。この頃にも１階右翼に列品所があり商品陳列が行われていた。

（教育器具・鉱物・農産物・製造品・工芸美術・書籍）に分割し、観覧に供した。教育器具の区では、器具の陳列に加えてその試用をさせて作用を示すことで一般の知識を深めることが意図されており、教育博物館的な性格も有していた。

大志を持って開設された共進館であったが、期待通りの結果とはならなかったようで、一八八三年頃には「其の存在も認められず、効用を充分に発揮する事も不可能で、当局者に於ても相当苦慮せられてゐた」という。(87)

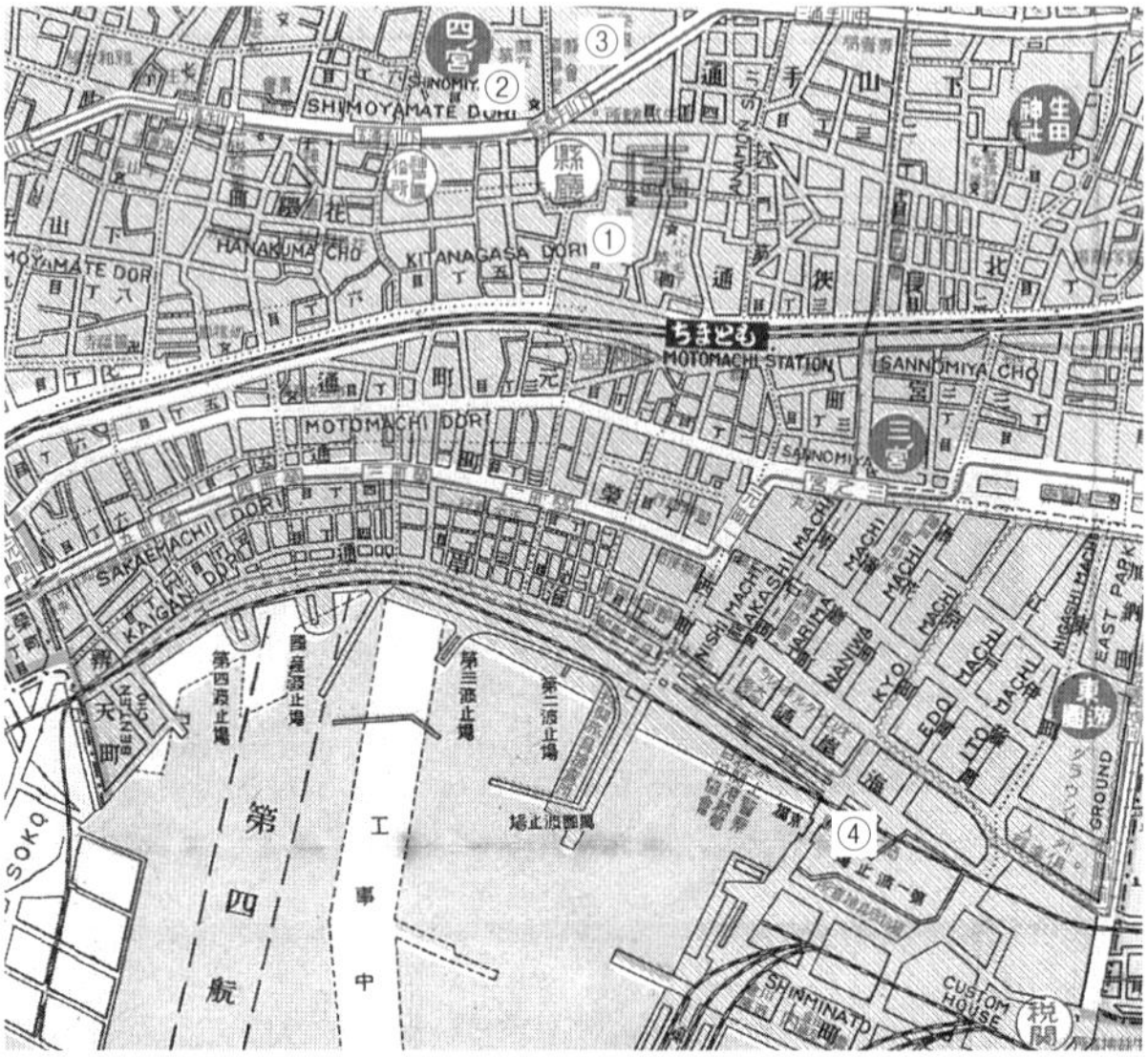

図12③　共進館・産業会館・神戸商工会議所の位置
①共進館跡地、②第一高等女学校、③産業会館、④神戸商工会議所

こうした事情もあって、当時新校舎建設を計画していた神戸商業講習所に共進館の建物が売却されることとなった。内部の改装を経て、同所は一八八三年九月に開所する。これと同時に、共進館は廃止されたと思われるが、商業講習所となった後も、館内の一室に列品所が設けられている（図12②）。その後、山手通りに商品陳列所が設置されていたようだが詳しくはわからない。一九一〇年（明治四三）にはすでに廃止されていたようで、同年三月に「元商品陳列所跡の敷地」が兵庫県立高等女学校の運動場と換地されている。(88) 以上に見たように、明治期の兵庫県においては、〈陳列所〉が大々的に運営されたわけではないようである。

その後、しばらくは兵庫県において〈陳列所〉の設置はみられず、再びその必要が叫ばれるのは大正末期のことである。一九一七年（大正六）に神戸市で絹業博覧会が開催されたのを契機として、官民の間で〈陳列所〉の設置が取沙汰されるようになり、一八年八月には市部県会議員らから商品陳列館設立のための私案が示されるまでとなる。[89] 以後、〈陳列所〉設置に関する市部県部協議会が行われて具体的な計画が協議され、一時は県がこれを設立することが決定したと報じられるが、[90] すぐには実現しなかった。

この時の計画は、新築されて間もない神戸第一高等女学校の建物を〈陳列所〉に充当し、これにともなって高等女学校を移転させようというものである。[91] この計画は、学校移転の問題や、県と市の間での経費分担の点で当初から一部で反対の声があった。[92] こうした状況を受けてか、一九一八年一二月二一日付で物産陳列館（意見書の説明陳述では商品陳列館と呼ばれる）の設立を求める意見書が知事宛に提出されている。[93]〈陳列所〉の設置を求めた理由には、とりわけ販路拡張・紹介に資する機関の設置の必要があった。

〈陳列所〉の計画は、一九二八年（昭和三）の通常県会において、「産業館」の名称で具体化され、建設経費が議決される。[94] この建築は、下山手通四丁目の農会跡地を敷地とし、兵庫県営繕課の設計、中島組の施工により翌年七月に着工、一九三〇年四月に竣工した[95]（図12④）。竣工までの間に、名称が「兵庫県産業奨励館」となっている。設立主趣旨にならい竣工直後の同年五月一六日から、鉄筋コンクリート造四階建ての全館を使用して産業合理化展覧会を開催している。[96] この建築の館内は小部屋に分割されており、後の平面図に記載された室名からは、陳列室の他に各種公益団体の事務室が置かれたことがわかる[97]（図12⑤）。念願の〈陳列所〉開設が実現したわけであるが、後述する「産業貿易館」の建設計画の際には「貿易館の運用が現在の産業奨励館の様になってもいかぬから充分運用を考慮されたい」と釘を刺されており、満足な活動が実施されていなかったようである。[98] 前述の意見書にも見られるように、兵庫県とりわけ神戸市の実業関係者は、貿易を含めた販路拡張機関を求めていたため

図12④　兵庫県産業奨励館

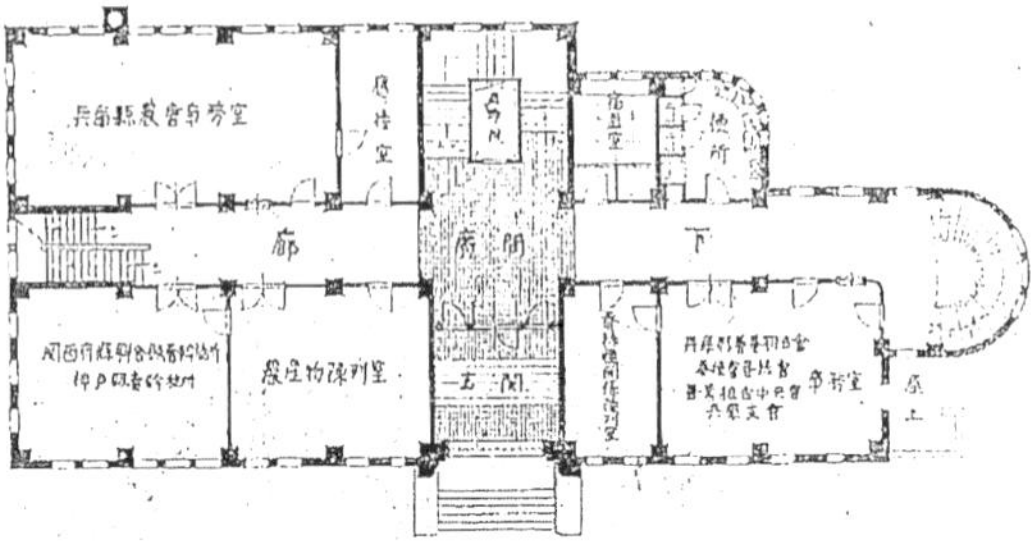

図12⑤　兵庫県産業奨励館 平面図

である。

ここに浮上するのが、貿易に特化した〈陳列所〉である。早くも竣工翌年の一九三一年の通常県会では「産業奨励館・工業試験場を利用して、県下産出の貿易品陳列館を設ける考へはないか」と県議から質問が出されている[99]。これに対して、知事は「神戸市では商工会議所で比較的広く行って居り、県に於いても近く工業試験場の三階を利用して、必要な陳列を行ひたい考えである」と暫定的な対応を答申した。一九三五年にはこれがいよいよ本格的に動き始め、貿易館の建設が検討されていくこととなる[100]。

「産業貿易館」の計画は、三部制移行にともなう諸問題への対応としても位置づけられたものであり、一九三七年（昭和一二）二月には兵庫県財政調査会の中に兵庫県産業貿易館建設取調調査委員会が設置され、諸事の検討が始められた[101]。知事を委員長とするこの調査委員会には、神戸税関長・神戸商業大学長（田崎慎治）・神戸高等工業学校長（古宇田實）などの官学関係者、県会議長・神戸市長などの地元行政関係者、神戸商業会議所会頭や兵庫県農会長などの公益団体関係者が名を連ねている。なお、建築家である古宇田は、〈陳列所〉機能を内包した神戸商業会議所の建設に意匠設計者として関与し、一九二九年一月に竣工させている（図12⑥⑦）。

調査委員会での立案に並行して、『神戸新聞』では「産業貿易館注文帖」と題した連載記事が掲載され、各方面を代表する調査委員がそれぞれに寄せる産

図12⑥　神戸商業会議所

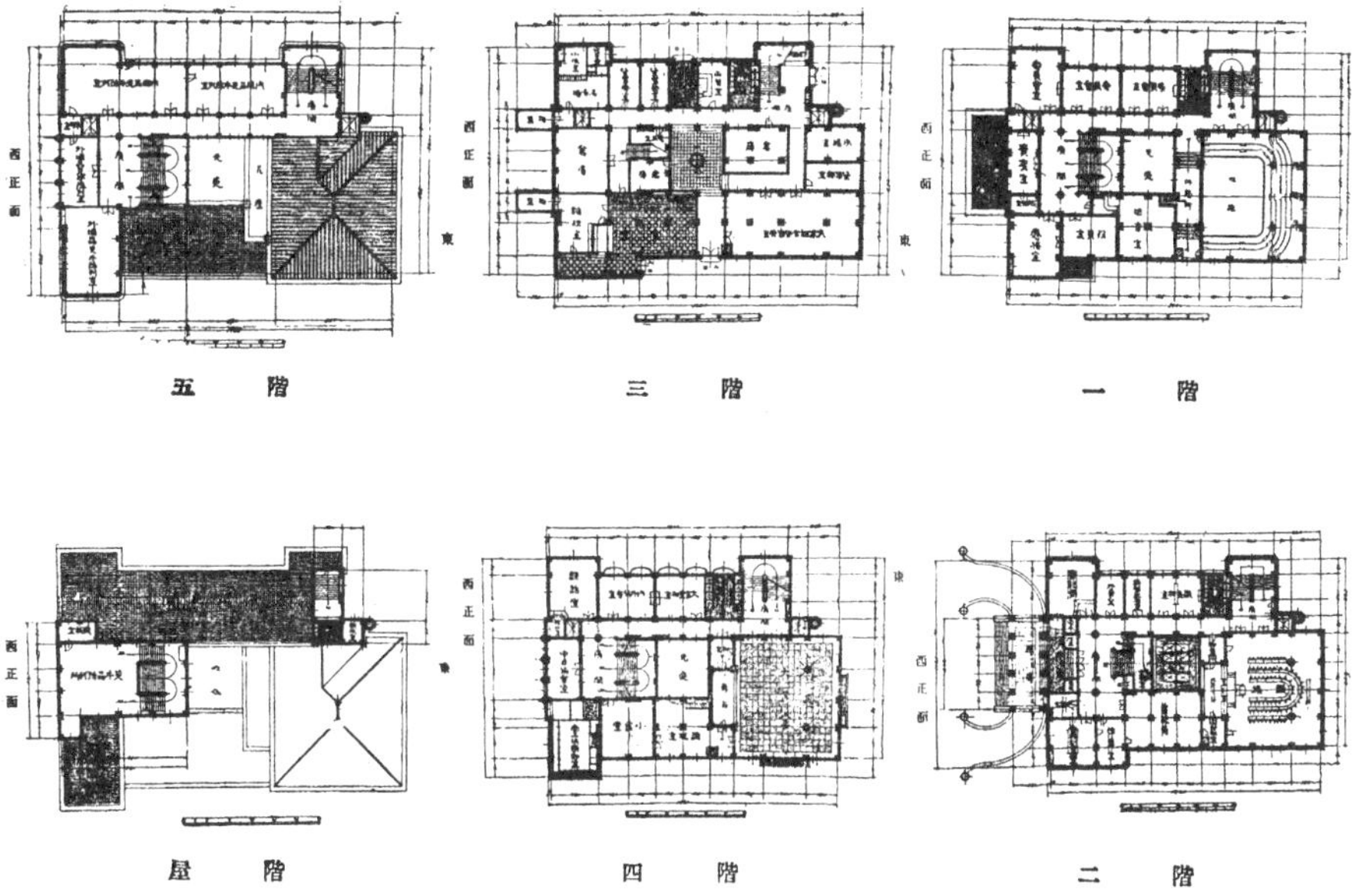

図12⑦　同上 各階平面図

5階・屋階の部屋は機械室を除きすべて陳列室であり、ここに重要輸出品陳列所が置かれた。

業貿易館への期待が紹介された。新聞紙上では産業貿易館の計画動向が度々報じられており、市井の関心の高さをうかがい知ることができよう。同館の建設計画には、大阪府で進められていた国際見本市会館をはじめ、東京や愛知など他府県の〈陳列所〉が参照され、民心を喚起するためか、これらの施設についても新聞紙上で紹介された(102)。

産業貿易館の計画地は、県当局は山手方面を当初は希望していたが、施設の性質を踏まえて貿易街との連絡に留意して検討され、神戸市東遊園地北部が選択された。建築の規模・構造は鉄骨コンクリート造の地上六階・地下一階で、建坪は約九〇〇坪である。各階の概要は次の通りである。

地下一階　食堂、倉庫、荷造室など
一・二階　陳列室、商談室、応接室、即売室など
三階　館長室、商談室、応接室、会議室など
四階　事務室、会議室など
五階　講堂、会議室、食堂、集会室
六階　放送室、倶楽部室、図書室、書庫、ギャラリー

以上を見ると、この内容が同時期に大阪で計画されていた国際見本市会館の初期案とほとんど同じ内容であり、大きく影響を受けていたことがわかる。異なる点を挙げれば、産業貿易館ではその他の検討事項として各国領事館や輸出組合等の収容を検討するとされた点で、開港都市である神戸の特色が反映されたものといえよう。

官民揃って盛り上がりをみせた産業貿易館の建設計画であったが、折しも戦況の悪化、具体的には資材統制の影響を受けて、一九三七年九月末になって計画継続が困難となり、時局を鑑みて議会への予算請求を差し控えることとなり、産業貿易館の建設計画は頓挫するのである。

兵庫では交易都市・神戸を舞台として、明治の初年から外国を意識した事業が計画された点が特筆される（必ずしもうまく機能したわけではないが）。そして、施設計画の際に、他府県の活動を意識していたことが確認できる点も注目される。とりわけ昭和期における産業貿易館の計画では、施設計画の時点から大阪への対抗意識が見られる。計画中断を余儀なくされた後、関係者は次のように述べる。「神戸港は依然として全国第一の貿易港として、一九億の貿易額を誇ってはゐるけれ共、実質的には漸次大阪の著しき伸長力に抑へられ、特に貿易行政に関する発言権等に於ては可成大阪にリードし去られてゐる事実は、誠に遺憾と思ふ」、そして「今般大阪府に建設せらるゝ、大規模なる国際見本市会館竣功の暁には、愈々大阪の風下に立つを余儀なくせらるゝべく、又其の将来性に想を馳せる時は洵に暗然たるを得たるを得ないのである」と嘆き、それゆえに産業貿易館の建設のために県民の一致団結を説いた(103)。〈陳列所〉は地域産業と密接につながるがゆえに、他府県との競争の場となったのである。

13　徳島県(104)（図13①〜③）

徳島県における〈陳列所〉設立のはじまりといえるのは、一八八一年（明治一四）一二月一五日に開場した「物産蒐集場」である。設置の目的は「広ク各地ノ物産ヲ陳列シ其精粗工拙ヲ比較シテ諸衆ノ知ヲ広メンカ為メ」とされるが、物品を陳列するのみでは出品者の販路拡張や、観覧者が持ち帰って試すことができずに善し悪しを判断することができないとして、物品販売も実施された(105)。物産蒐集場では勧業諮問会が開かれ、また登録商標見本観覧所が場内に置かれた(106)。木造二階建ての物産蒐集場は当時数少ない規模の建築であったようで、一八八九年（明治二二）一二月一六日には徳島市役所が開庁している（翌年五月には市役所は新築した庁舎に移る）。その後、物産蒐集所は九一年三月に廃止され、建物は県立の徳島測候所として使用された(107)（図13②）。

次に〈陳列所〉が置かれるのは、日清・日露の両戦争の後である。一九〇五年（明治三八）頃、徳島県では有志者の間で日露戦争戦勝記念事業が計画され、議論の結果、記念館を建設することとした。徳島市では、同じく戦勝記念事業として徳島城趾に徳島公園を建設していたが、記念館はその徳島公園内に県下官民有志の出資により建設された。一九〇七年一〇月に記念館が竣工すると、建築主らはその建物を県に寄付し、記念館の維持管理の一切を県に託すこととした。県はこれを受け入れ、受贈の条件を果たすために戦役の記念品を収集して記念館に陳列したが、その用に充てられたのは本館の二階のみであった。一階には県産品を収集して陳列し、これを「徳島県物産陳列場」として開場したのである（図13③）。このことは、〇八年一月に同場規則として制定されており、「従軍者の写真戦利品及公園事業等に関する戦時記念品の外県内外各種物産を収集陳列」するとした[108]。同年四月一五日には皇太子の行啓があり、これをもって物産陳列場は正式に開場する。

開場当初の施設は和風木造二階建ての本館と事務室のみであったが、開館翌年の一九〇九年には、本館の両側と背後に陳列館を新築し、これらを会場として徳島県重要物産共進会を開催した。翌一〇年から陳列品の即売を開始し、さらに通常の陳列に加えて各種の共進会や品評会の会場として使用された。一五年には専任場長を置いている。その後、農商務省令を受けて一九二〇年（大正九）一二月に「徳島県商品陳列所」と改称した。

再開した徳島県の〈陳列所〉は、その成り立ちゆえに、勧業機関としてのみならず、戦勝記念館としての役割を担った。その態度は、「本場の目的は民心の修養と物産の改善を図り併て之を他に紹介し、販路の拡張に資せんとする」としたことにも表れている（規則項目においても「民心の修養に資益ある物品」が最初に置かれている）[109]。やがて「民心の修養」を目的とする活動は戦役の記念館としての枠組みを越えて、地域の歴史・文化にも意識的に拡張された。

この具体的な成果が、一九一三年（大正二）七月に開催された「民政資料展覧会」である。徳島県物産陳列場

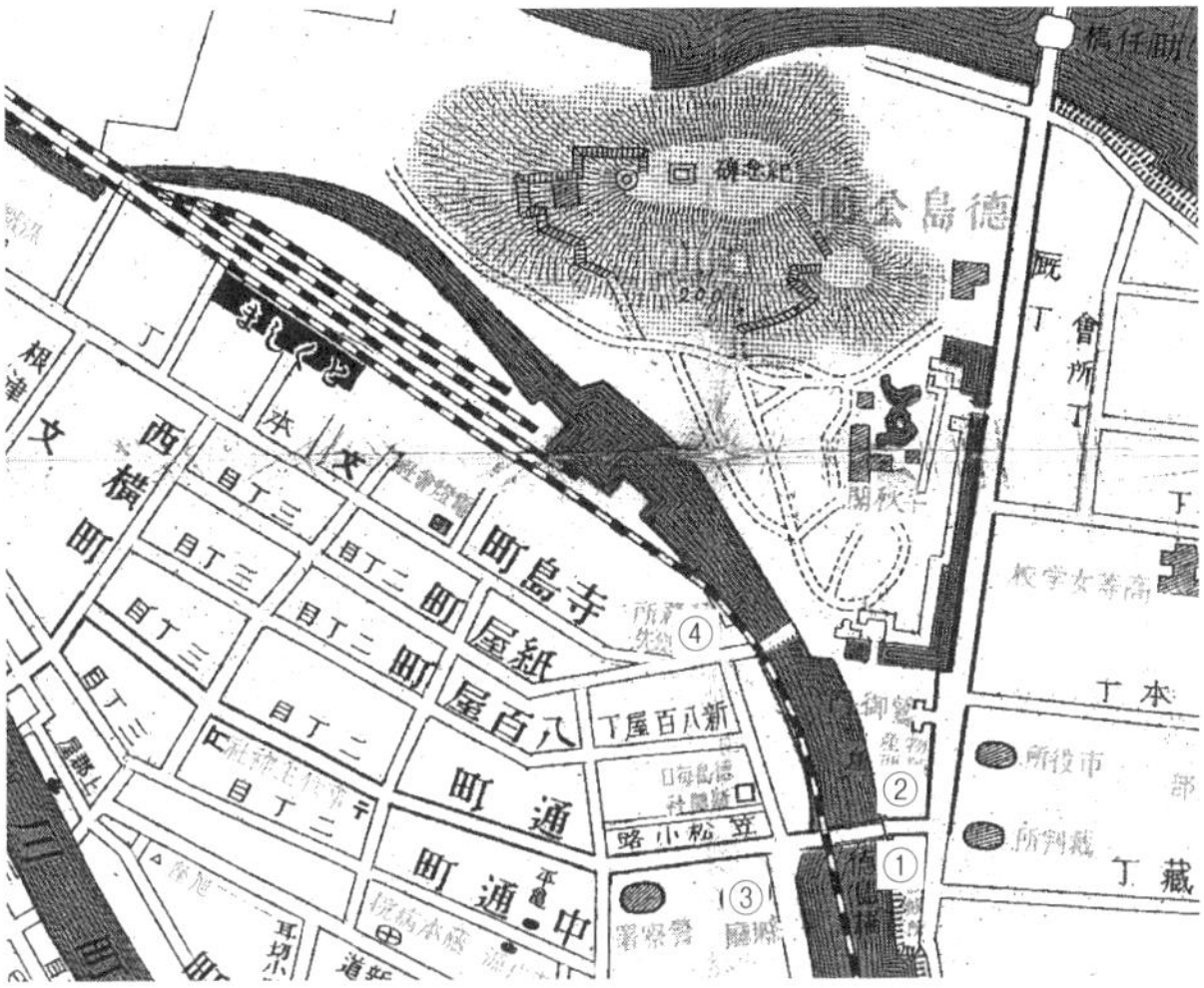

図13①　徳島県物産蒐集場・物産陳列場の位置
①測候所（元・物産蒐集場）、②物産陳列場、③徳島県庁、④徳島市役所

図13③　徳島県物産陳列場

図13②　徳島県測候所（元・物産蒐集場）

は、維新後四〇年の県の発達を評価しながらも「温故知新の業蓋し無益の事にあらず、況や事績の湮滅日に太甚を加ふるに於てをや」とし、「本場深く茲に鑑み其の目的の一部たる民心修養の資料と、兼て民政各般の遺跡を収拾せむ為め」に、阿波藩政三〇〇年の資料一五〇〇点余を収集して、一般に公開した。この時の成果は『阿波藩民政資料』（徳島県物産陳列場編・刊、一九一四年）として刊行され、貴重な史料となっている。戦勝記念としての県民からの寄付で再開する徳島の〈陳列所〉は、その出自ゆえに他府県には見られない「民心の修養」を目的の筆頭に掲げ、郷土資料館ともいえる活動を展開したのである。

勧業に関する事業は、他府県と同様に昭和期から、各地に県産品紹介のための施設を大都市に設けている。徳島県は一九三二年（昭和七）に徳島県物産大阪販売斡旋所を大阪市中央卸売場内に設置していたが、これと〈陳列所〉の業務が三四年四月一日に合併され、徳島県物産販売斡旋所が設立された。その後は、奉天・大連に販売斡旋所あるいは駐在員を置いた。合併後も徳島公園内の施設で陳列業務は継続されたが、太平洋戦争末期の空襲で焼失している。

14 山口県(110)（図14①②）

山口県の〈陳列所〉は一八八二年（明治一五）四月に、既設の栽培試験場内に「物産陳列場」を新たに建設したことに始まる。(111)栽培試験場は一八七七年に吉敷郡上宇野令村字白石に開設された県立施設で、県内外の植物種子や苗木を試植し調査していた。二反を超える広大な敷地に物産陳列場として建てられたのは建坪一五八坪の建築で、二六一一円の建設費は県費で賄った。物産陳列場の目的は、製品を一場に陳列して優劣を比較することで濫製粗造の改善を図り、また地方物産の紹介施設として販路拡大を仲介することであった。それゆえ、県内物産を見本品として勧業費で購入し購求者に紹介するほか、商工業者による直接売買も行われた。

当初の陳列品を挙げれば、砿石、鉱物、建築石材、利器、金属工物および鋳造品、漆器、木製品およびその他雑工品、焼窯製品、動植物ならびに砿物の雑工品、医術および教育用具、諸製造織物ならびに製糸類衣服および装飾美術品、穀類および貯蔵食品、動植織緯ならびに諸産物製品、農具および肥諸器具、参考品織物および陶器となり、多種多様なものが集められていたことがわかる。

しかしながら、この物産陳列場は長く続かず、一八八七年（明治二〇）に至って廃止されてしまう。その後は、大正期に入ってもなお、県が〈陳列所〉を設置することはなかった。

明治後半期には〈陳列所〉を設置する府県が急増するが、こうした周囲の状況を目の当たりにした商工業者から、やがてその設置が要請される。声を挙げたのは下関の商工業者であり、一九〇二年（明治三五）九月に赤間関商業会議所（のち下関商業会議所）から県知事宛に県立物産陳列場を下関に設置するよう求める建議が提出された[112]。建議は冒頭で次のように述べる。「現今商工業の発展を企画せられつゝある各府県を視るに、孰れも物産陳列場の設置なきはなく、然も是が直接或は間接に斯業の発達を助くるに与かりて力あるべきは人の是認する所たり。而して本県に置いても亦之が設置の必要を認められて嘗て山口町に該場の設置ありたるも今や既に閉場廃止せられたるは本所の深く遺憾とする所なり」。ここからは、勧業機関としての〈陳列所〉に寄せる期待の大きさがうかがえよう。この建議は、続けてかつての県立物産陳列場廃止の原因が、当初の立地が〈陳列所〉にとって不適当な場所であったと指摘し、国内有数の商業地である下関にこれを設置するように訴えかけたのである。

下関における〈陳列所〉の計画は、やがて下関商業会議所の新築に合わせて実現する。一九一九年（大正八）、商業会議所は組織拡張にともなう会議所の新築のため建築補助を県に求めたところ、県は新築家屋内の二階部分すべてを「山口県商品陳列所」として無償で提供することを条件に、翌年度からの二ヶ年事業として四万円の補助を決めた[113]。商業会議所は、明治期から下関への県立陳列所の設置を要望していたため、スムーズに事が進んだのであろう。

その後、組織の準備が進められていたと思われる一九二一年には、産業経済調査書の中で改めて〈陳列所〉の方針に言及がなされた[114]。この要望では博覧会・共進会の活用や販路拡張などに尽力し、農商務省商品陳列館や外地および他府県市の〈陳列所〉と連絡をとって活動する〈陳列所〉が求められている。この時期に改めて言及された背景には、同年に農商務省令として制定された「道府県市立商品陳列所規程」の存在があるように思われる。

山口県は、商業会議所建設中の一九二一年一一月に山口県商品陳列所規則を定め、竣工までの間は県庁内でその業務を行った。翌二二年二月に竣工した新しい商業会議所の建築は鉄筋コンクリート造三階建てで、一階に置かれた陳列室には正面玄関とは別に入口を設けて直接出入りできる構造となっている（図14②）。同年四月に商業会議所の落成式が新会議所で執り行われると、陳列所もそこに移転して本格的に業務を開始した。主な業務は、県産品の陳列公開、商品試買、商品・商事に関する資料蒐集、広告・意匠・流行等に関する研究・指導、商取引の紹介・調査、各種集会の開催・助成、図書等の蒐集公開・刊行等である。県産品の国内外への販路拡張のため、調査委員に依頼してその紹介にも努めた。

山口県商品陳列所の活動は、しかしながら不況の煽りも受け、十分な成績を挙げられなかったという。ついに販路拡張は当業者の奮起を待つほかはないとして、一九二七年（昭和二）三月限りで同所は廃止された。その後、〈陳列所〉の業務は県から下関商業会議所に移り、県はこれを資金面で補助する形で継続する。商業会議所への移管にともなって、施設名称も「下関商業会議所経営山口県商品陳列所」となる。再開後は下関を中心に県下の商工業の発展を図ることを目的に掲げて陳列や調査などの業務を継続したが、当初、県が掲げた活動からは限定的なものとなった（あるいは実態に即した規則制定がなされた）。

県の補助に大きく依存していた山口県商品陳列所は、県財政の逼迫により一九二九年度から県費補助が廃止さ

図14①　新築された下関商業会議所

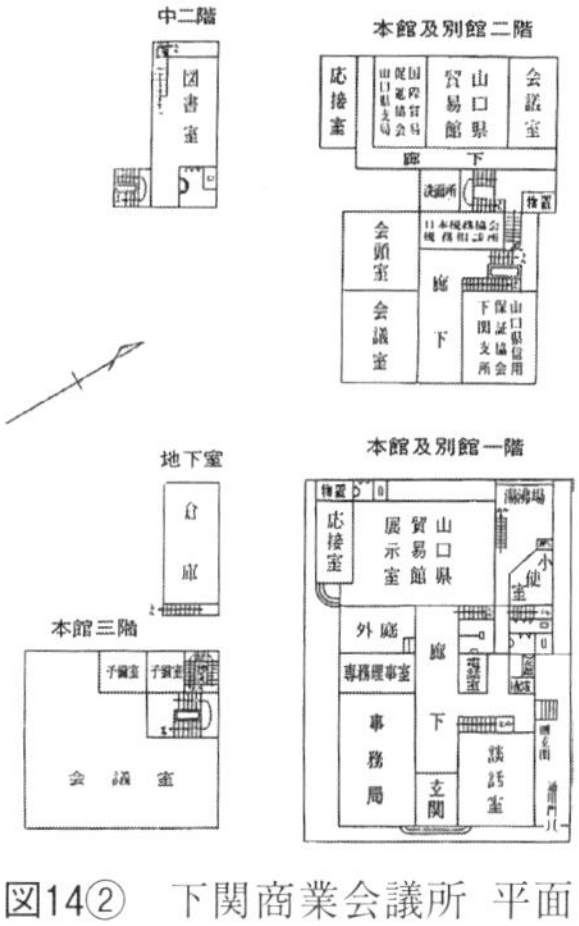

図14②　下関商業会議所 平面図（1956年頃）
1階の奥に位置する山口県貿易館の位置に商品陳列所が置かれていたと思われる。

れたことで休止を余儀なくされる。同年九月には再開館を果たしたが、業務はさらに縮小し、県特産品の陳列のみに縮小されたという。戦後、一九四七年（昭和二二）に戦前の〈陳列所〉の事業を継ぐように、山口県貿易館が設置されている。

なお、一九〇九年（明治四二）の『農商務省商品陳列館報告』第二四号に掲載された「商品陳列所一覧」には、山口県玖珂郡物産陳列場（郡立／岩国町）と、山口県物産陳列場（私立／山口町）が掲載されている。山口県玖珂郡物産陳列場は、一九〇八年に竣工した建築で、第四回玖珂郡物産共進会の開催と共に開場しており、郡産品を収集・陳列した(115)。

15　鹿児島県(116)（図15①〜⑥）

鹿児島県には〈陳列所〉の本館として利用された建築が現存する。戦災による損傷を改修して鹿児島県立博物館考古資料館として利用されてきたが、現在は老朽化を理由に閉鎖されている（本書序章図1参照）。

その設立は一八八三年（明治一六）に遡る。当時の県令・渡辺千秋は県下工業の不振を遺憾として、産業の改善・発達を図るため、「物産参考館」の設立を企画していた。これに賛成した本願寺法主・大谷光尊から建設費として一万五千円の申し出があり、これによって建設が進められたのが、のちの「興業館」である。同館は鶴嶺神社前を敷地として、同年四月に着工、九月に竣工した（図15①②）。なお、興業館というのは機関名称であり、開設時の構内には現存する本館に加えて事務所が置かれていた。

本館は石造二階建てで、外国人技師による設計とされている。[117] ルネサンス様式を基調としながらインド風の装飾を持つ特徴的な意匠や石工技術の高さから、鹿児島の石造建築文化を伝える重要な遺構として評価されており、一九九八年（平成一〇）に国の登録文化財となった。

興業館の竣工後、一八八三年一〇月から第二回九州沖縄八県聯合共進会が同館で開催されており単なる共進会場の整備とみなせなくもないが、本館が強固な石造で建てられていることから、他府県でも設置が進んでいた勧業系の常設陳列施設として、永続的に使用することを前提に建設されたものといえる。他府県の多くと同様に、聯合共進会の開催をきっかけとして常設陳列施設を整備した形である。興業館では、県下産業の参考に資する内外の物産を収集・陳列していたが、一八九四年（明治二七）に同館規則を改正して「鹿児島県物産陳列場」と改称し、委託販売などの業務も行うようになった。

鹿児島県物産陳列場への改称後も当初の施設が継続して使用されていたが、一八九九年（明治三

図15①　鹿児島県物産陳列場（興業館）本館

図15②　鹿児島県物産陳列場 正門
門柱には「鹿児島県物産陳列場 興業館」とある。

二）に第一〇回九州沖縄八県聯合共進会の鹿児島での開催に合わせて、同場は構内に新たに陳列施設を増設し、充実を図った。この時建設されたのが、第二（号）館・開成館（二階建て）・第三（号）館・物置であり、隣接地（現・中央公園）に建てられた施設を含めて聯合共進会の会場とした（図15③）。なお、一九一一年に暴風雨で損傷した第三号館も建て替えている（わずかに規模を縮小）。この頃の各棟の用途を挙げれば、本館は工芸品・参考品・図書写真および畜産・水産の一部を陳列、第三号館は農産・林産・水産・工業品の一部を陳列（図15④）、第二号館は品評会場として使用（貸与も含む）、開成館は二階を集会、一階を農会・産馬組合連合会・水産組合の事務所に充てた[118]。

聯合共進会後、同館は活動の幅を拡大して、商業に関する照会や信用調査などの陳列以外の業務を開始し、一九二〇年（大正九）には大阪に物産販売調査所を設置して県産品の宣伝に努めた。翌二一年四月に農商務省令に従って「鹿児島県商品陳列所」と改称、三二年（昭和七）四月に再び改称し「鹿児島県商工奨励館」となる。前述の物産販売調査所は二五年には分離独立し、各地での見本市などの業務を担った。鹿児島県立博物館背後の広場の隅に残る本館のみからでは、往時の様子を想像しづらいが、かつては県立博物館を含む広大な敷地を持ち、噴水池を備えた中央の庭園を囲むようにして各陳列館が建っていた。各館には参考品や商品が所狭しと並べられ、品評会や講演会が開催される時には、とりわけ多くの人が出入りする賑やかな場所であった。

昭和期に入った頃にその賑わいの中心にいたのは、とりわけ商業関係者であった。鹿児島県の〈陳列所〉は、二度の聯合共進会開催をはじめ、産業界と深く関わりを持った。その後の調査業務や販売斡旋などの活動で、とりわけ商業者との関わりを強めたのだろう。それゆえに、一九三五年（昭和一〇）頃の利用者は、「近年当館利用の傾向は益々濃厚となりつゝ、あるけれどもそれは営利目的の商人が大部を占め、之れから真に本県を背負つて立たねばならぬ小学校児童の参観は殆どない」という状況であった[119]。

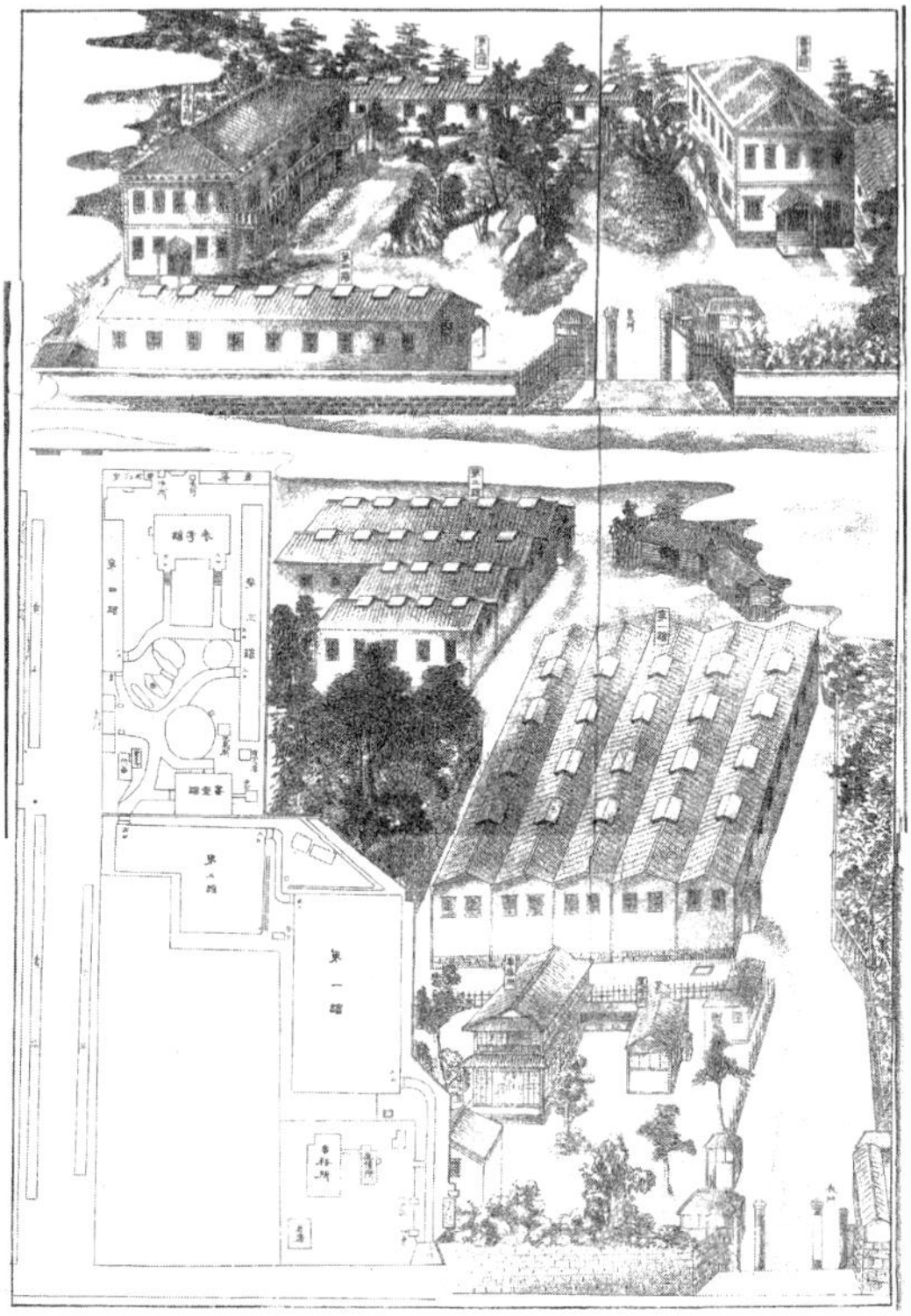

図15③　第10回九州沖縄八県聯合共進会 会場図

上部に描かれているのが鹿児島県物産陳列場。左下に会場全体の配置図がある（同場構内は、配置図の位置から左へ90度回転して描かれている）。

図15⑤　鹿児島県物産陳列場 庭園

図15④　鹿児島県物産陳列場 第三号館（建替え後）

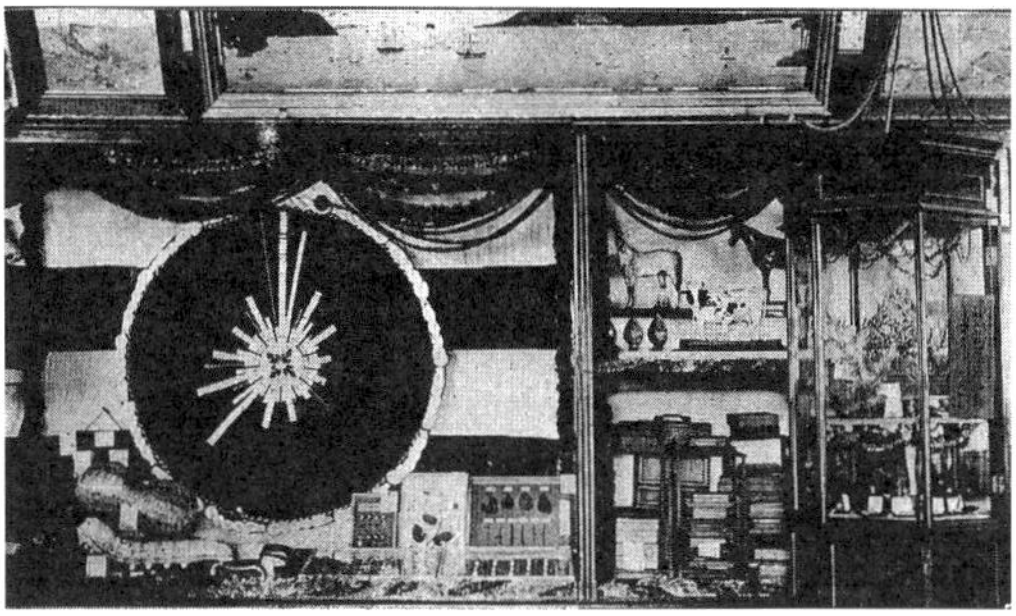

図15⑥　鹿児島県物産陳列場 陳列の様子
正面の棚には蚕や牛の模型が見える。棚の上部に架けられた絵図は鹿児島湾と桜島であろうか。

この記述は『鹿児島地誌』に掲載されたものであるが、小学校児童への言及があったのは、産業を中心に鹿児島の様態を正しく紹介する場として、商工奨励館に郷土博物館としての役割が見出されていたからである。同書はこの前段において、同館が鹿児島県内の産業を、食品を含めて農商工各種の製品を幅広く陳列し、産業分布などの情報を網羅する点を評価し、「あらゆる点から鹿児島郷土館の体裁を備へてゐる」と述べる。そして、前述の利用実態に対して「郷土教育の叫ばれる今日」においては、「深く考えねばならぬこと、思う」と指摘した。昭和に入ったこの頃は、博物館事業促進会の結成にみられるように、郷土博物館の設置運動が全国的な盛り上がりを見せており、地域の常設陳列施設としての存在価値が認められ始めたのである。

16　沖縄県

沖縄県の〈陳列所〉と呼べる施設を確認できるのは、一八八四年（明治一七）に作成された翌八五年度の沖縄県地方予算案の文中においてである。当時の沖縄県知事は、後に大阪で〈陳列所〉を事業化する西村捨三で、この予算案の勧業費三四九五円中に既設の農事試験場の整備費用に合わせて、博覧会・共進会のための「物産取扱事務所」、砂糖や反物などの県産品を陳列するための「博物陳列所」、砂糖製造に必要な樽の検品など物産改良にあたる「物産所」の設置費用を計上している[120]。これら三つの施設の設置については、いずれも予算案作成以前に関連する内務省・大蔵省に届け出済であった。これが実現したか否かはわからないのだが、同年の国費予算を見ると沖縄県の勧業費は予算案の通り記載されていることから、予算的には実現可能であった[121]。

沖縄県は一八九四年（明治二七）二月一〇日から那覇で第八回九州沖縄八県聯合共進会を開催する[122]。これは那覇久茂地二五九番地を会場とし、既存施設に新たに四棟を建設して陳列館に充てた。すなわち第一館（砂糖・茶・藺）、第二館（生糸・麻・鰑）、第三館（織物）、第四館（参考室）で、既設の南陽館を審査室および集談会場に、農事試験場内官舎を事務室として使用した。またこの会場内には「沖縄県物産陳列場一棟、家畜舎一棟アリ又飲食店一棟漆器古物盆栽販売店各一棟」が置かれていた。会場に充てるために新築した建物は四棟であるというから、恐らく「沖縄県物産陳列場」と「家畜舎」は既存の施設を利用したものだろう。これらが共進会のためだけに設けられた可能性もあるが、この物産陳列場は、前述の「博物陳列所」がここで物産陳列場として実現していたという可能性も残る。なお、南陽館（図16）は一八九五年には公会堂として使用されていた[123]。

とはいえ、以上に示した事項は後に設置される〈陳列所〉の沿革の中で位置づけられるものではない。農商務省商品陳列館の記録に示される沖縄の〈陳列所〉の最初は、一九〇九年（明治四二）に設立された「沖縄県物産陳列所」である。沖縄県は明治末期になって〈陳列所〉の設置を企画し、農商務省や各府県の〈陳列所〉と連携をとって準備を進めた。同年に開催された第二回全国陳列所長協議会には、計画中でありながら、事務官を含む二名を出席させている[124]。間もなく計画は現実のものとなり、同年一二月一日に沖縄県物産陳列所が開所した[125]。同所の建築は新たに建設されたもので、建坪九四坪であった。橋本一二所長の下に幹事の国生行正と浅山鋪三郎、書記の安里成璉が業務にあたった。

同所は『沖縄県産業要覧』に産業補助機関として紹介されている[126]。活動については「物産及其ノ改良ヲ図ル為公衆ノ観覧ニ供スル参考品ノ陳列、陳列品ノ委託販売、陳列品ノ貸付、生産品ノ試買又ハ紹介、公衆ノ閲覧ニ供スル為産業ニ関スル図書類ノ蒐集、其ノ他産業上有益ト認ムル事項ヲ行フ」とされ、同時期の他府県の〈陳列所〉

図16　南陽館

と同様な活動方針を持った。開所からしばらくは活発に活動しており、『農商務省商品陳列館報告』に政府高官や外国公使などの来訪が報告されている。一九一〇年末には県内の重要あるいは特有な工産品制作の技術改良を目的として第一回工産品競技会を開催(127)、翌一一年一月には水産品評会を開催しており(128)、開所後の順調な活動がうかがえる。

　しかしながら、この陳列所は長くは続かなかったようである。というのも、「(沖縄県水産組合が)大正四年一月三十日那覇区西本町元物産陳列所に於て議員会開会」という記述を確認できるためである(129)。「元」とあるように、一九一五年一月には同所は閉鎖されていたようである(あるいは移転の可能性もあるが、確認できていない)。沖縄県水産組合は、この会議において「元沖縄県物産陳列所建設物無償払下の件」などを議論しており、調査を経た同年三月に「本組合事務所及検査場、倉庫に充つる為　一、県有建物払下の件　二、右敷地として土地無償貸付の件　三、漁獲物共同販売所新設の件」を知事に申請した。この申請を県は受け入れなかったようで、水産組合は一九一六年度予算に組合事務所の建築費用を計上し、一六年五月には、物産陳列所の所在地とは異なる那覇区東町に組合事務所を移している。

17　三重県(130)(図17①～⑦)

　三重県は一八七八年(明治一一)九月一日から一〇月一五日にかけて、三重県内物産博覧会を津公園(現・偕楽公園)で開催する(131)。物産博覧会の陳列内容は、前年の第一回内国勧業博覧会への三重県出品物と重なるものが多く、全国に示した三重県の特徴を改めて県下に知らしめる意味も果たしたようだ。

会場となった偕楽公園は、津藩主藤堂氏の別荘があった地であり、一八七八年に三重県最初の公園として指定された場所である。敷地内には済々館という高館があり、さらに本館（第一館）・農業館（第二館）・機械館（第三館）を新築して各館を回廊で繋いで陳列の用に供した。本館は四〇坪の平屋建てで、「其屋頂ノ左右及壁間ニ硝窓ヲ設ケ日光ヲ引ク」とあるように採光への配慮がなされ、さらに床には防湿処理のために灰漆を塗る仕上げとしており、陳列環境に細やかな配慮がみられる。内部にはガラス戸の陳列棚を並べ、中央には飾り台を置いて前後に通路を通した。順路としては、本館の前にあたる第三館は細長い七二坪の平屋建て、本館の後に続く機械館は大きさを六〇坪とする他は、本館とほぼ同じ構造である（図17①）。

三重県は物産博覧会の閉会後、この時の施設を利用して一八八五年（明治一八）一二月に「物産陳列場」を開設する[132]。開場時には二棟の陳列館を有した。ここでは天工人造の区別なく勧業場に裨益ある物品を収集して陳列公開した。県内各地に出品を奨励し、出品物の運送費は半額を県が補助し、県外からの出品には全額を補助した。一八八七年には、園内の利便な地に位置を移し、建物も増築して本館二棟と附属建物二棟という施設構成となる[133]。公園内での移転前後の位置や建築の具体的な様態についてはよくわからない。この頃には県内外の物品を収集し、一部の出品物は販売されていた。

ところで、三重県の常設陳列施設としては、神苑会が宇治山田市の神苑内に設置した農業館（一八九一年開館）と徴古館（一九〇九年開館）の存在を忘れてはならない。神苑会とは、伊勢神宮周辺環境の保護と整備を目的として組織された団体で、有栖川宮熾仁親王を総裁とした。同会は設立当初から歴史博物館の設置を提唱しており、それが農業館および徴古館として結実した。神苑会の事業は宇治山田に展開したものであるが、津に置かれた三重県物産陳列場と無関係ではなかった。具体的には、三重県物産陳列場は農業館の設立を遠因に廃止され、その建築と陳列品は農業館に引き継がれて同化したのである[134]。

神苑会は、一八九一年（明治二四）に農業関連資料を収集・陳列する農業館を外宮神苑前に建設して順次拡張を進め、同時に徴古館の設立に動いていた。翌年、三重県が県会で物産陳列場の建築と陳列品数百点を神苑会に寄付することを決議すると、神苑会は九三年七月三日に、農業館の左手に渡り廊下で接続する形で附属館として移築工事を開始、同年一二月に工事が完了した（図17②）。附属館には三重県が寄付した工芸品が陳列されており、工芸館と呼ばれた。歴史資料を扱う徴古館が未設置であったため古代の絵図・模写図・古器物も陳列していた（九四年一〇月にこれを宝日館に移して仮徴古館とした）。詳細な経緯については明らかにし得ていないが、神苑

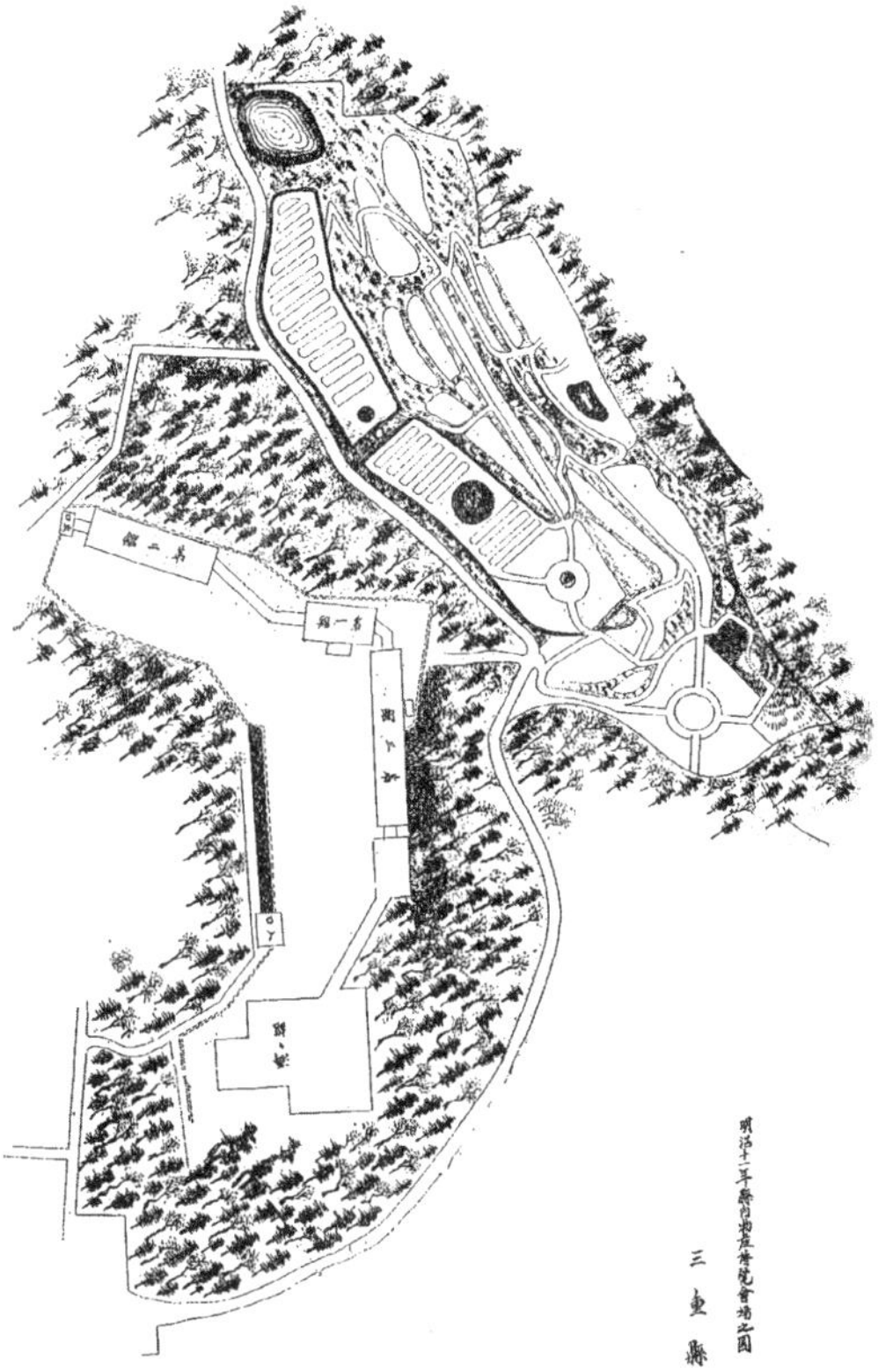

図17①　三重県内物産博覧会 会場図
会場施設は閉会後に三重県物産陳列場として使用された。

図17②　仮徴古館
三重県物産陳列場を移築修繕して使用された。

会の事業拡大に三重県が協力したことで、県の〈陳列所〉は神苑のそれへと同化されたのである。

この後、徴古館の建設に関連して一九〇五年（明治三八）に農業館が外宮前から倉田山に移築・増築され（片山東熊が設計に関与）、附属工芸館も農業館向いに移築されて仮徴古館として使用される。一九〇九年には仮徴古館に隣接して片山東熊設計の徴古館が竣工すると、仮徴古館は倉庫として使用された。なお、一一年には神苑会が解散することになるが、両館は伊勢神宮に寄付されて「神宮」の名を冠すようになり、現在まで続いている。

さて、三重県物産陳列場の閉鎖後、県庁所在地である津には〈陳列所〉がしばらく置かれなかったが、一九〇七年（明治四〇）に津公園で開催された第九回関西府県聯合共進会を契機として、再び設置される。共進会の会場整備は閉会後の〈陳列所〉設置を前提に計画され、共進会の参考館を将来的に「物産陳列館」として使用するために「永久的建築」として建設された[135]。共進会施設の建築は全体的に、当時三重県技師であった佐藤功一が関わっているため、この設計にも佐藤が関係している可能性が高い。

参考館の建築は一九〇六年五月に起工、翌年三月に竣工している。構造は陸屋根を持つ木造二階建てで、全体を漆喰塗とし腰周りは伊勢産の花崗岩で化粧している（図17③④）。複数の陳列室を含む本館に加え、事務室や宿直室などが付属した。常設施設となった後も周辺の庭園や奏楽堂、公園内へと続く園路が残され、背後の公園と一体となるものであった（図17⑤）。

聯合共進会は一九〇七年四月に開会し、閉会後の同年九月に「三重県勧業陳列館」の規則を制定して開館準備にあたり、翌一〇月一日に同館が一般に公開された（図17③〜⑤）。陳列品は館の備品と委託出品、さらに委託販売品である。翌年には特許・実用新案などの公報や意匠図案・実業関係の図書の収集・公開を開始した。その後、時勢に合わせて組織改善を進め、一九二一年（大正一〇）に農商務省の認可を受けて「三重県商品陳列所」となった。改称後の大きな変化は、委託販売業務を民間委託したことで、一三年八月七日に規定を改変して当該業

図17③　三重県勧業陳列館 外観

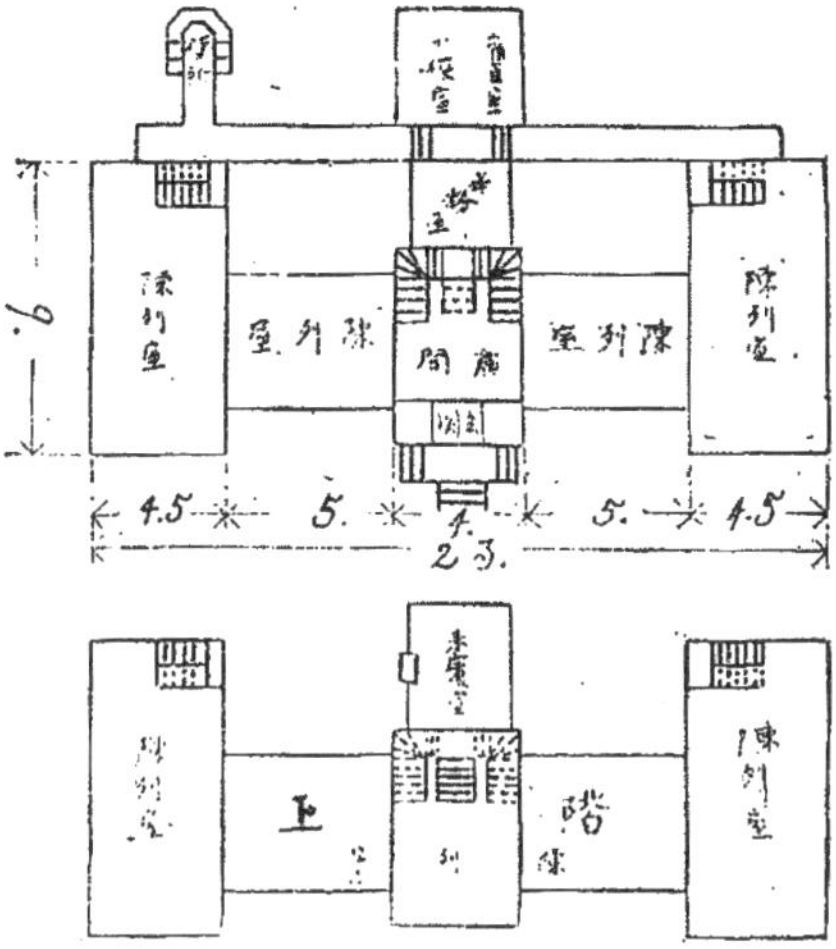

図17④　三重県勧業陳列館 平面図

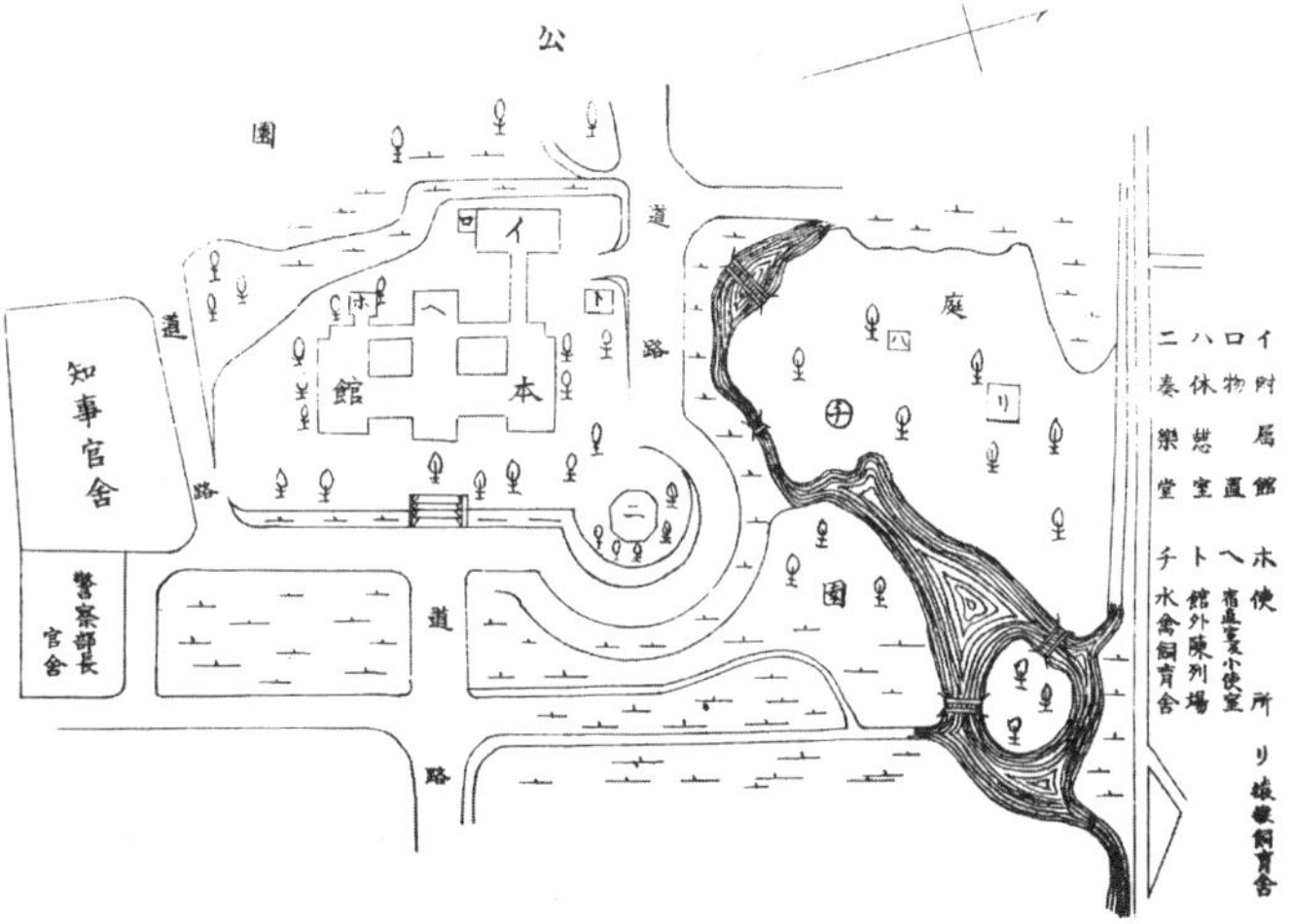

図17⑤　三重県勧業陳列館 配置図

務の一切を三重県勧業協会に移した。なお戦後になって、勧業陳列館が置かれたこの場所に三重県博物館が開館する（一九五三年）。

さて、こうして県庁所在地である津において、共進会の繁華が去った公園に拠点を置いた〈陳列所〉であったが、やがて移転を求める声があがり、宇治山田市への移転が決まる。その経緯を見るに、「商品陳列所業務遂行ニ当リ之ガ成績ノ如何ハ一ニ地ノ利ニ俟ツ所亦至大ナルハ敢テ言ヲ要セズ、茲ニ於テ毎年参百数拾万ノ雲集スル宇治山田市ニ移転ノ建議起ルヤ地元並ニ当事者ニ於テハ、熱誠ヲ以テ其ノ挙ヲ賛シ、地元ヨリ敷地ノ寄付ヲ申出ツルニ及ビ」、県が建設費の支出を決定したことで、新築・移転が実現するのである。(136)

宇治山田市に建てられた三重県商品陳列所は、伊勢参りの玄関口である山田駅（現・伊勢市駅）から伊勢神宮外宮へと繋がる参詣路に位置した。宇治山田で最も繁華な場所のひとつである。外観意匠にはゼツェッシオンの影響が見られる。鉄筋コンクリート造三階建ての本館は、参詣路に面してショーウィンドウが設けられ参拝客を誘った（図17⑥）。なお、この建築は一九二三年度からの継続事業として建設され、二六年六月三〇日に竣工すると、商工省からの移転認可を得て同年七月一日に開所する。市街地への進出や、建築の高層化・不燃化、〈陳列所〉としては大阪で初めて試みられたショーウィンドウを本館に一体的に取り込んだ点において、同所は当時の先端を行く〈陳列所〉建築であった。

本館の内部は大部分が陳列室であり、一階に事務関係の諸室、二階に図書室と来賓室が置かれた。陳列の内容は、ショーウィンドウを備える一階が試売品、二階が見本品・工芸品、三階が参考品である。決して狭くはない陳列室であるが、陳列面積が不足しているとして一九二八年（昭和三）に木造二階建ての別館が建てられ、陳列に供された。施設として特徴的なのは、屋上に眺望台を設けていることである。屋上階には喫煙室も設けられ、そこから外に出た先に、一段上がった眺望台が置かれていた。ここからは、眼下に広がる伊勢の町と、それを包み込む神苑の風景を一望できたことだろう。屋上へと続く階段は正面中央に置かれ、階段に沿って大きさを変える窓が外観にも表れている点がおもしろい。

図17⑥　三重県商工奨励館（元・三重県商品陳列所）

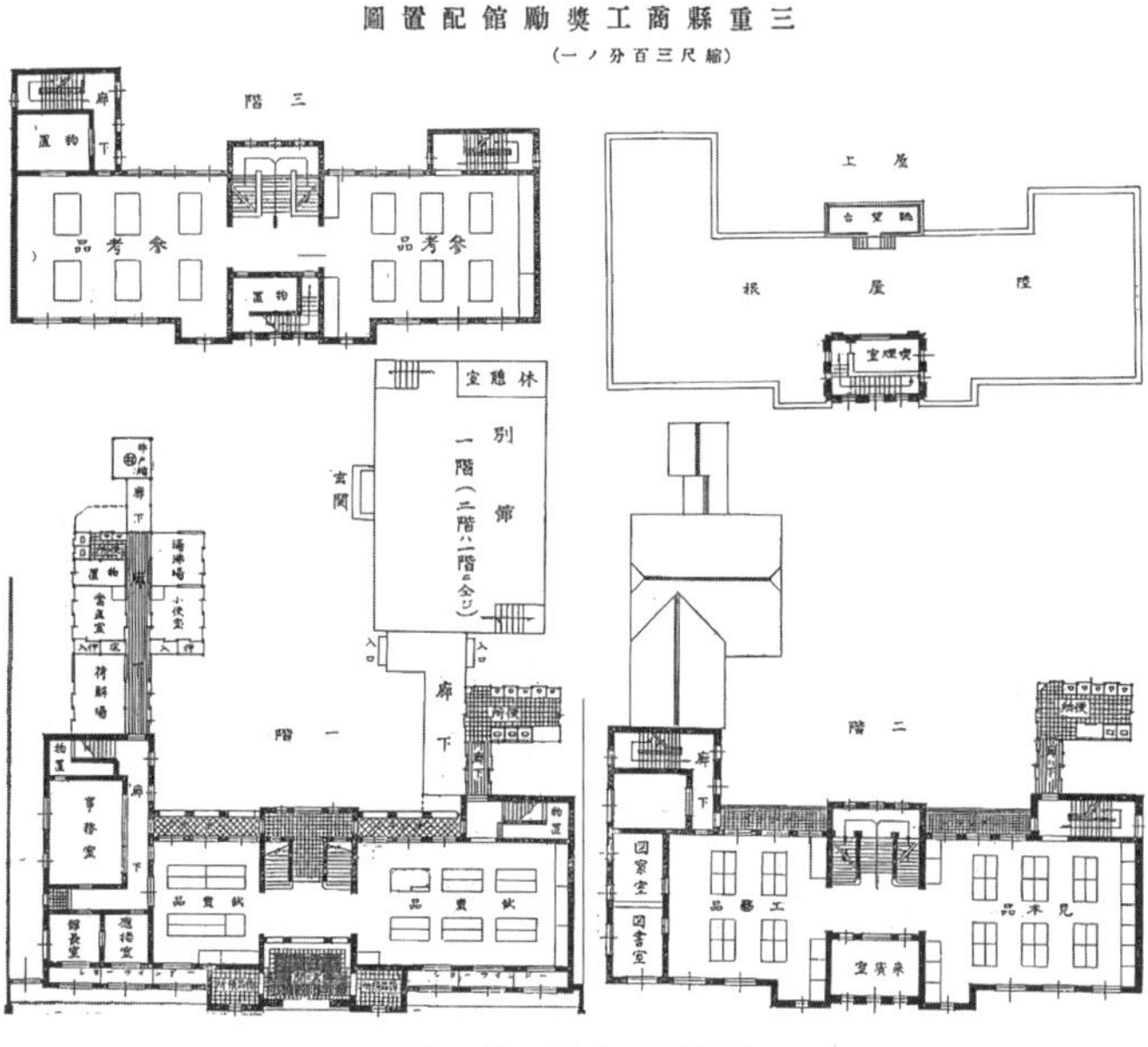

図17⑦　同上 平面図

三重県商品陳列所は、時勢に対応しながら組織と事業を遂行し、一九三五年（昭和一〇）四月一日に「三重県商工奨励館」に改称し、大阪に販売斡旋所を、奉天と哈爾濱に貿易部の出張所を設け、県産品の販路拡張と取引斡旋に努めた。

多くの〈陳列所〉は県庁所在地に置かれ、時代が移り変わるなかで集客を求めて都心に移転する例が多いが、県下に日本有数の集客地を抱える県においては、それが都市を超えて実施された（同様な例に、大分から別府へ移転した大分県の例がある）。こうした移転は、〈陳列所〉の機能として、県内業者に対して参考品等を陳列しその啓蒙にあたることよりも、県内商品を陳列してより多くの人に紹介するという広告的機能が重視された結果だともいえる。

18 宮崎県[137]（図18①～④）

一八八五年（明治一八）、宮崎県は宮崎郡宮崎町大字上別府に「宮崎県勧業物品陳列場」を設立する。施設の準備を整えた後、翌八六年三月一日に開場した。当初の陳列区分は農業、林業、水産、染織工業化学、製作工業、採鉱および冶金、機械および器具、図書写真および統計の八区である。当時は宮崎県が再置されて間もなく、周辺もまだ市街化していない不便な場所でありながらも、開場初年には九八〇〇人余の来場があり、翌年にはさらに増えて一万五〇〇〇人余に達したという。

こうした状況に対応するため、一八八八年（明治二一）に周囲の溜池を埋め立て、さらに隣地を購入して敷地を広げ、事業規模も拡大した。本館の建築（図18①）は、この頃に建設されたものである。一八九二年（明治二五）には規則改正を行い、本館一階を陳列業務に充て、二階は集会場として一般に提供した。さらに一九〇六年には二階も陳列に充てることとし、即売品の陳列を開始した。従来は内務部の管轄下にあったが、これ以後は場長を置いて独立組織となる。

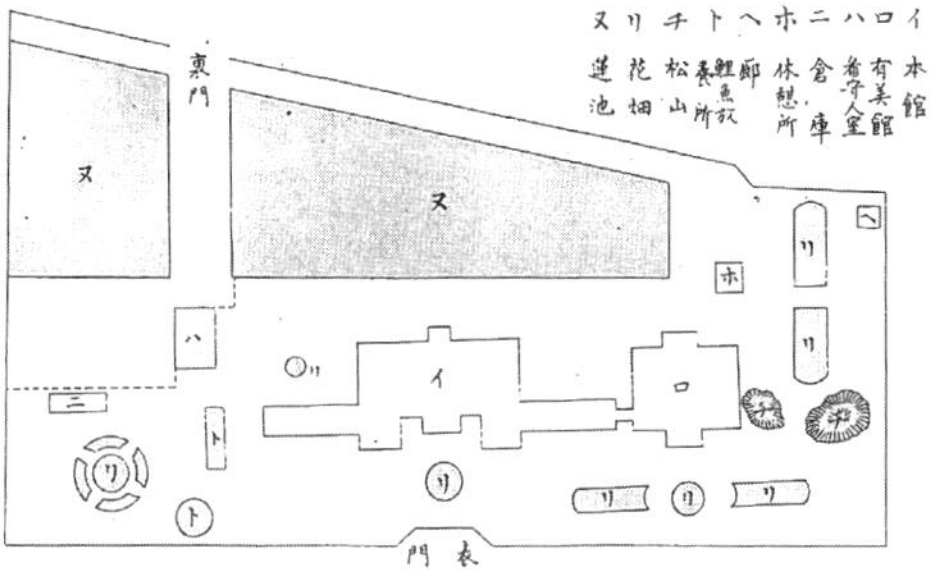

図18②　宮崎県勧業物品陳列場 配置図

図18①　宮崎県勧業物品陳列場

1907年の重要物産共進会時に、本館(1888年竣工)の両側に陳列館を増築。右側の陳列館の先に有美館(1907年竣工、丸枠内)がつらなる。

大きく施設の様子が変わるのは、一九〇七年(明治四〇)に開催された宮崎県重要物産共進会の時である。この時に、本館の両側に陳列室を拡張し、さらに二階建ての有美館(林産物陳列場)を建設し、看守室などを整備している。[138] これによって、翌年以後、本館は参考品などを陳列場および即売品陳列場として使用される。翌年の構内図からは、本館を囲むようにいくつも設けられた花畑や養鯉場と、本館裏側の蓮池によって整えられた園内の様子をうかがい知ることができる(図18②)。

宮崎県勧業物品陳列場は、一九一一年(明治四四)七月に「宮崎県物産陳列場」と改称する。この頃には、農商務省商品陳列館などとの連携が明確に打ち出され、それに倣った活動が展開されるようになる。県の技師などからなる評議員が置かれ、陳列の区分は農産部・林業部・鉱業部・水産部・工業部・図書部に整理された。

それまで物産陳列場は一貫して敷地の拡大を続けたが、大正末期になって敷地が縮小される。一九二二年(大正一一)、県は物産陳列場の敷地内に公会堂を建設することを決める。陳列場は敷地一杯に広がっているため、その建築は構内の一角に集約して、公会堂建設地を確保したのである。蓮池の傍にあった有美館は敷地隅部に移され、方向を九〇度回転して正面の向きを変える(図18③④)。本館は両側に増築されていた陳列館を取り除いて、もともと有美館があった位置付近に移された。これによって、一文字型に接続していた両館がL字型に接続する関係となる。本館に接続していた陳列館は、分離されて本館の右後方に並んで配された。このように、敷地の西方に陳列館の諸施設が集約され、空けられた東側に公会堂が建設された。

一見すると、物産陳列場が肩身を狭くしたようにも見える。しかしながら、そこにはそもそも集会場としての性格が備わっており、公会堂の建設はその集会機能の分離独立ともいえる。それゆえに敷地内全体でみれば、この一連の施設変容は、陳列場各機能の専門分化と拡大の結果と捉えることができる。

移築工事のため物産陳列場は一年間休場し、整備を終えた一九二三年四月に再開場する。その後は、時勢に合わせて規則を変更しながら活動を継続し、一九二八年（昭和三）になって、商工省令にならい「宮崎県商品陳列

図18③　宮崎県商品陳列所（移築再編後）

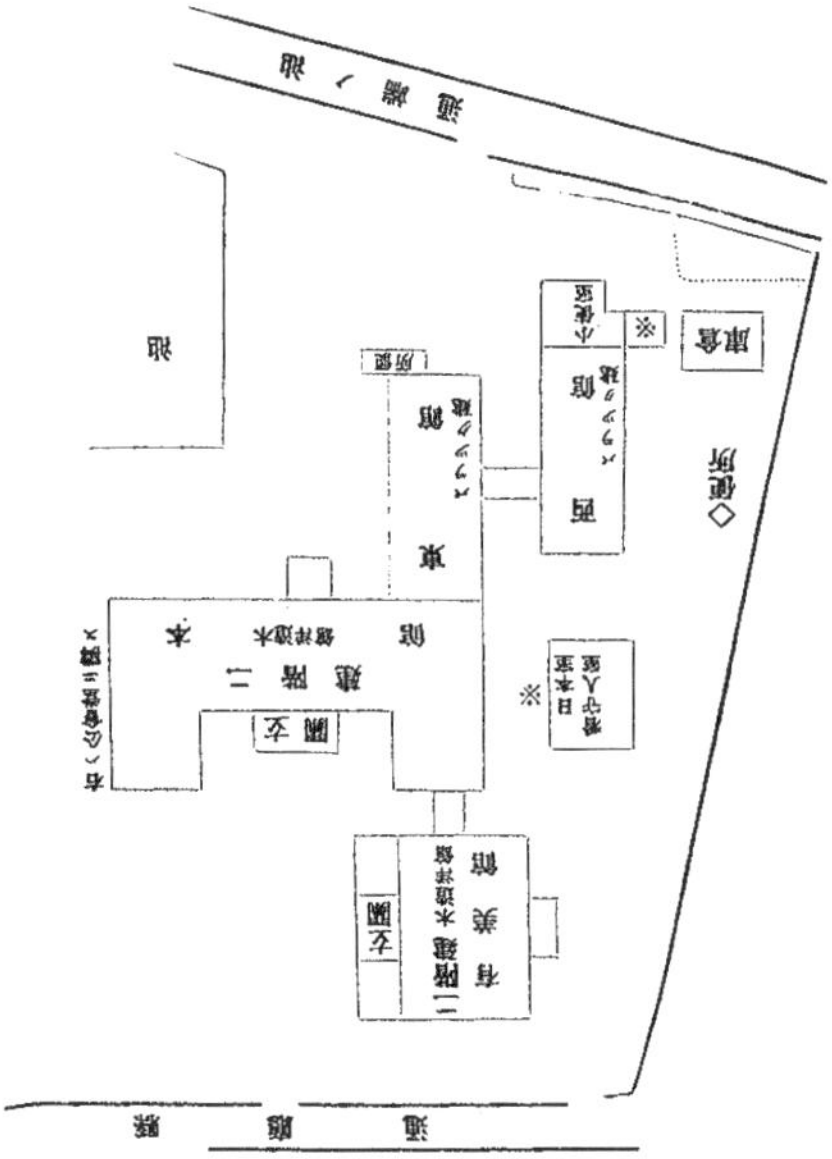

図18④　同上 配置図

図18②に見える諸施設が、敷地右隅に集約されている様子がわかる。

所」と改称した。同じ敷地において、敷地の拡大や共進会の開催、あるいは別施設の建設などによる敷地整理など施設規模の変容を迫られながらも、既存建築を活用しながら同じ敷地内で活動を継続した点に、同所の特徴を見出すことができる。

19 北海道[139]（図19①〜④）

北海道では、県下産業の奨励と改良を目的として、一八七八年（明治一一）以来、繰り返し博覧会・共進会が開催された[140]。開設当初は開拓使農業仮博覧会として札幌・函館でそれぞれ開催、開拓使廃止後の一八八二年からは札幌・函館・根室の三県合同での開催とされ、翌八三年からは北海道物産共進会と名称を変えて持ち回りで実施された。明治前半期においては毎回開催地を変更して実施されており、八七年以後は札幌に固定されることになるのだが、その背景には常設陳列施設としての物産陳列場の設置があった。

一八八七年の物産共進会の開催は、前年の北海道庁の設置を受けてのもので、懸案であった札幌の中島遊園地（のち中島公園）の整備と合わせて進められた。物産共進会についての記録には、「置庁ノ後場地ヲ一定シ札幌区ノ南鄙字豊平中島ノ榛無ヲ披キ道路ヲ築キ古池ヲ浚ヒ橋梁ヲ架シ観覧ノ人衆以テ逍遥遊息スヘシ会館及事務所ヲ其中ニ建テ二十年七月開会シ爾来永久保存セシム」と記されており、公園の整備と物産共進会の関連性がうかがえる[141]。会場として建てられた会館（陳列場）は、園内の大きな二つの池の境界に通る中心軸の終着点に建設されており、これが中島遊園地の中心に据えられていたことがわかる[142]。なお、自然豊かな公園内には競馬場も設けられ、市民の憩いの場となっていた。

先の引用にあるように、この時建設された施設が存置され、継続的な物産共進会の陳列場として使用された。一八八七年の建設以後、毎年のように物産共進会が開催されている[143]。一八九二年（明治二五）の北海道物産共進会においては、さらに三棟を増築して施設の充実が図られた。同年の『北海道物産共進会報告』によると、物産共進会の第一館として使用された会館と、事務室・倉庫が既設建築の転用とされ、陳列の用途にあてられたこの第一館こそ、八七年以来使用されてきた「会館」である。[144]なお、会館は長方形平面、延べ床面積二四〇坪の木造平屋の建築で、越屋根を設けて上部から採光する博覧会・共進会に典型的な陳列場である。

一八九二年の物産共進会閉会後、会場として使用した建築物と陳列品の一部を存置して「北海道物産陳列場」が開場する（図19②）。当初は国費で経営され、北海道物産の収集陳列を通して内外に北海道の実態を紹介し、開発を促した。その後、北海道地方費法の実施にともなって、一九〇一年から北海道地方費での経営に移った。

北海道物産陳列場の本館として使用されたのは、当初から使用されてきた会館（以下、本館とする）の建築である。これは、物産陳列場の開館後も共進会などで繰り返し使用されたが、一八九七年（明治三〇）一〇月には風害を受けて損傷するなど老朽化が目立つようになっていた。[145]一九〇六年（明治三九）の物産共進会開催時には、計画当初から本館に加えて仮設建築を建てて会場に充てる予定であったが、最終的には既存の本館（以下、旧本館とする）の前面に新しい本館（以下、新本館とする）が新築された[146]（図19③）。建設の計画は物産共進会事務所が進めたが、一時的な共進会の施設整備として永久的施設としての建物を建設することは、内部で大きな議論を呼んだ。決め手となったのは、一時的な外観を装うに過ぎないものを整備するよりも、内外人の嘲笑を買わないようにするため道内一一州の産業を代表する永久的建築を建設するべきだという見解であった。建設費用には寄付を募ることとしたが、予定額に達しない場合は、閉会後に売却するという前提で、計画は進められた。

新本館と旧本館は渡り廊下によって接続し、新本館を第一館、旧本館を第二館とした。第一館は、中央部を二階建てとし両側に平屋の翼部が接続する。中央部は梁行七間・桁行九間五分、中央部の屋上は陸屋根として露台を設け、さらに避雷針を冠する小塔を載せた。その高さは七九尺に届く。この露台は、公園を一望できる展望台

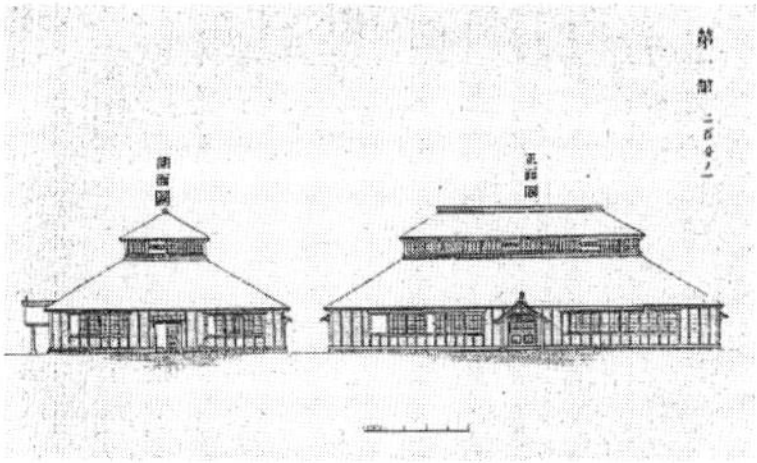

図19②　北海道物産陳列場 本館立面図

北海道物産共進会(1887年)で「会館」として建設されて以後、共進会の基幹施設として使用された。

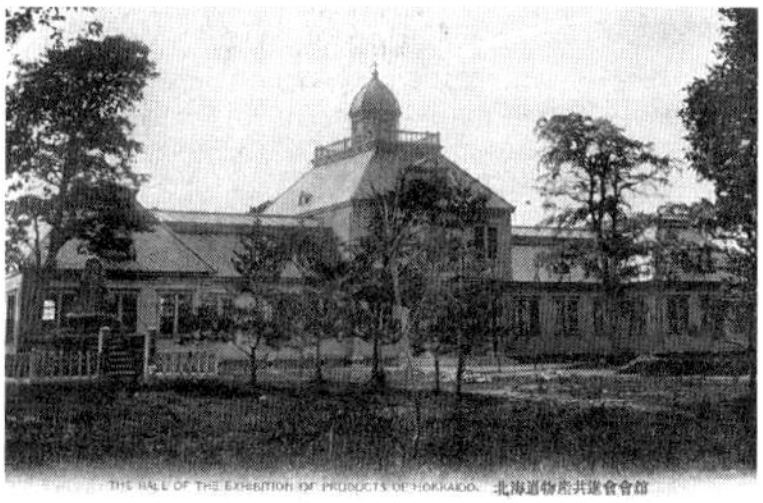

図19③　同上 新本館(第一館)

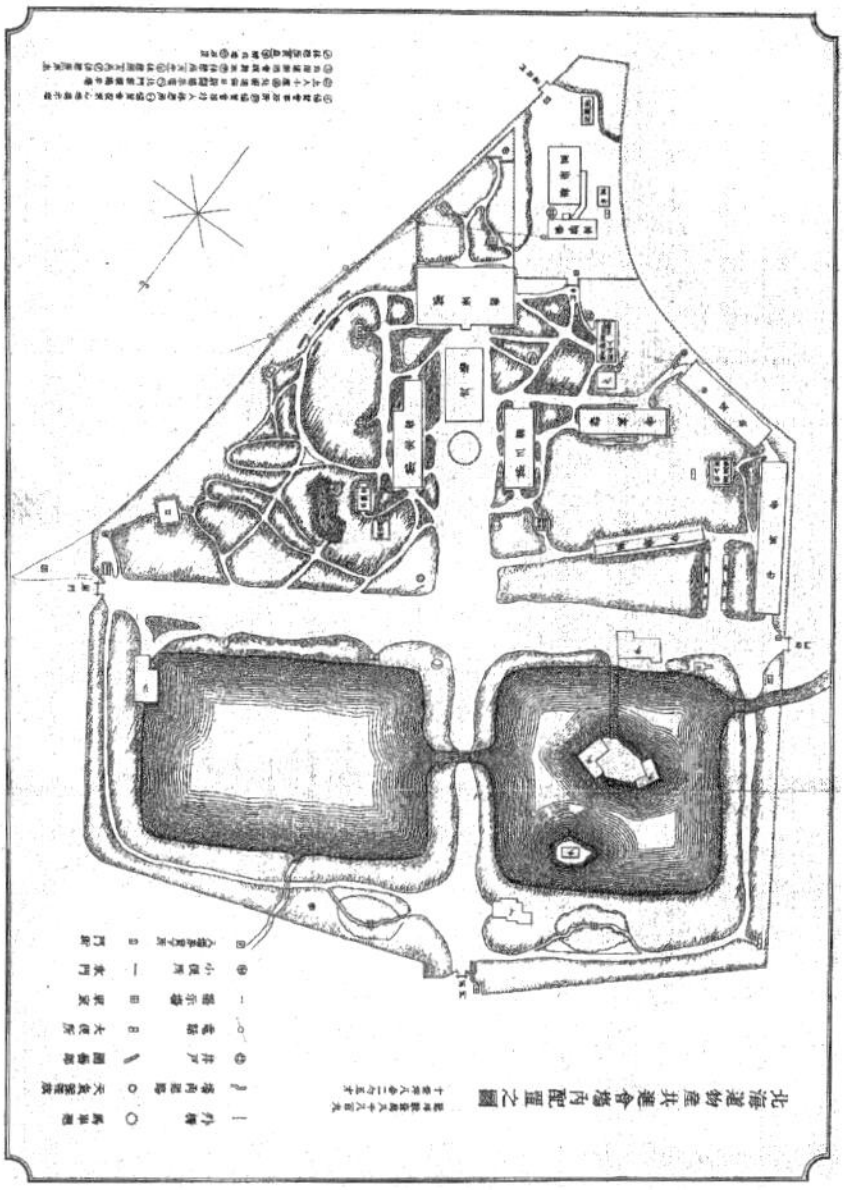

図19①　北海道物産共進会(1892年) 会場図

池の中央から伸びる園路の突き当りにある建物が、北海道物産陳列場として使用された。

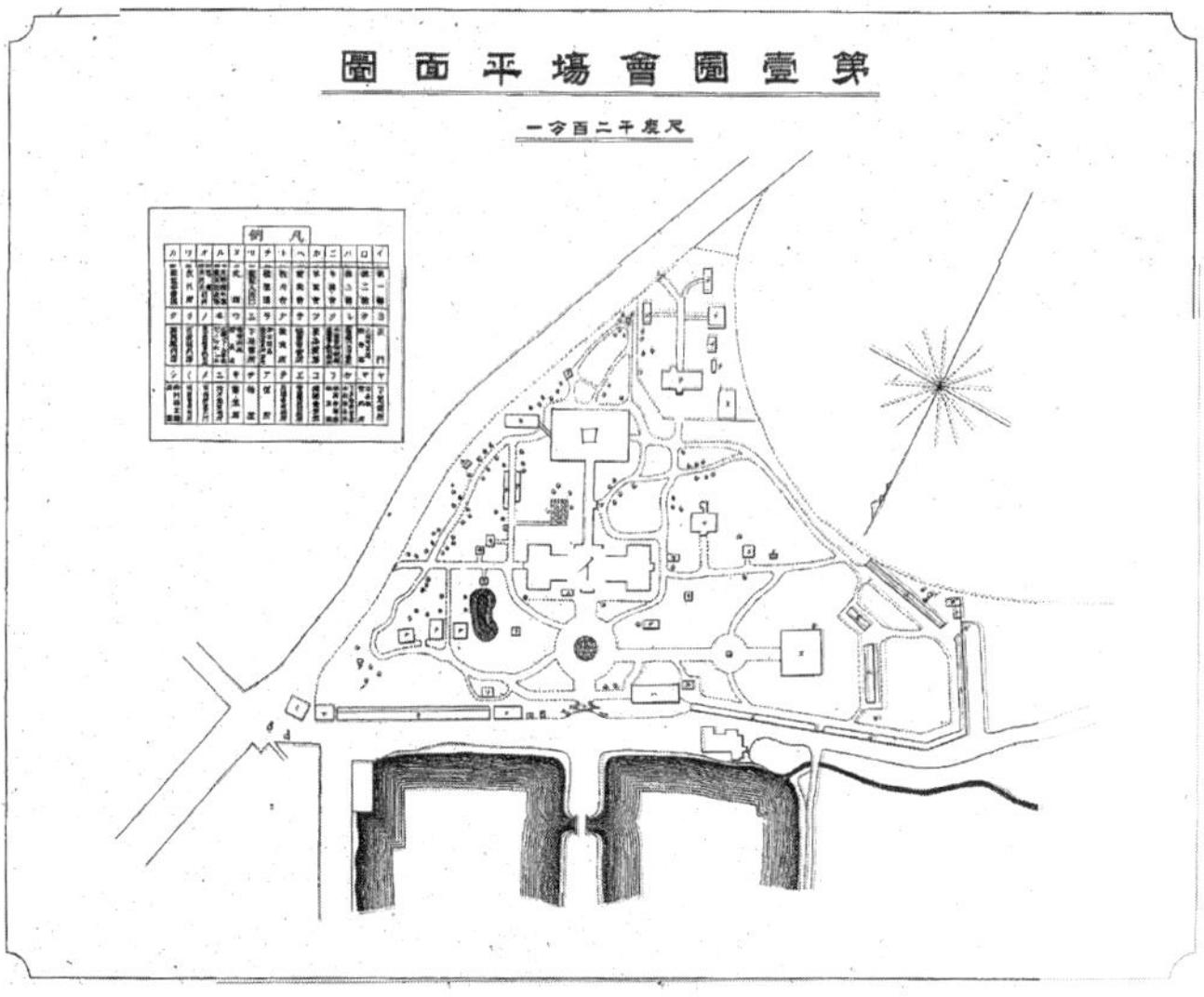

図19④　北海道物産共進会(1906年) 会場図

(イ)が新しい物産陳列場の建物(第一館)。(ロ)が以前から使用されていた建物(第二館＝図19①の第一館)

として活用されたであろう。小塔には露台への階段を納めたと思われる。

翼部は梁行六間・桁行六間、その先端に梁行六間・桁行一一間の角屋に接続している。中央部全面には露台を設け、その奥の開口部は上下階共に半円アーチを冠している。翼部と角屋には全面に腰窓が設けられているが、南面する建物裏側の窓上部にはさらに採光のために欄間が備えられた。これは採光面積が床面積の約四分の一となるよう設計されたものであり、陳列環境が考慮して建てられた点は特筆に価する。

一九〇六年の物産共進会の施設と陳列品は、そのほとんどが存置され、物産陳列場の充実に寄与した。第一館の他に存置された施設で注目されるのは林業館である。林業館と呼ばれた建築は一九〇六年の物産共進会の陳列施設として北海道林業会が建設し、閉会後にこれを物産陳列場が買い入れたものである。北海道産の各種の建築木材を用いて建設されており、木材の利用法を実物で示す標本家屋として活用された[147]。

施設拡充と合わせて、この頃から業務の幅も広げられていった。陳列に関しては外国製品や各府県の物産が参考品として収集され始め、農商務省商品陳列館などから参考品の貸与を積極的に受けるようになる。一方で道内各地で開かれる共進会・品評会に対しては同場が参考品を貸与し、地方当業者の啓発にあたった。なお、出品や個人からの寄贈・寄託の陳列は、およそ一年毎に交換させることとし、陳列品の新陳代謝に努めている。さらに、委託販売も開始した。

一八八七年以来、中島公園に設置されていた北海道物産陳列場は、一九一八年に市街地へと移転する。これは、開道五十年記念北海道博覧会の第二館を転用して設置したものであった。一九二一年に「北海道商品陳列所」に改称、二九年にはその運営を札幌商工会議所に委託し、「北海道物産館」となった。その後さらに拡大を図り、札幌グランドホテルに「北海道庁商工奨励館」を併設した[148]。

なお、北海道には明治初年に開拓使が設置した「博物館」の建築がいくつか現存している[149]。開拓使は、一八七七年（明治一〇）に札幌の偕楽園に仮博物場を設置し、北海道の物産や自然資料を収集・陳列していた。増える資料に対応するために八二年には新しい建物を植物園内に建設するが、ちょうど開拓使が廃止されたため農商務省の管理下に移り、やがて八四年に札幌農学校に敷地と合わせて移管され、札幌農学校付属の博物場（九五年に博物館に改称）および植物園となった。これらは現在も北海道大学に引き継がれており、その建築も現存している。

開拓使は函館にも仮博物場を置き、管内の物産や国内の天産人工の物品を収集・陳列した[150]。開拓使函館支庁は、札幌に続いて一八七九年（明治一二）に仮博物場を設置し、八三年には第二館が、さらに八九年には水産陳列場を開く。この間に施設の所管が道庁に移っていたが、次いで九〇年に庁立函館商業学校の「商品陳列所」として使用されることとなった。その後、一八九五年（明治二八）に函館区の所有に移り、三棟すべてが「水産陳列場」と改称された。函館公園に現在残るのは、このうちの二棟である。

20　福井県[151]（図20①〜③）

福井県では、一八八七年（明治二〇）に、有志者からの土地・建物・経費の寄付を受け、福井市内に「物産陳列場」を開設している。その開設を報じる官報には「県下農工商ノ物産ヲ収集シ去ル十四日（一〇月一四日―引用者註）之ヲ開場シ翌十五日ヨリ三日間公衆ノ縦覧ヲ許シ又爾来毎土曜日ヲ以テ縦覧日ト定メタリ」とある[152]。その後の活動については詳しくはわからない。

その後、福井県は一八九七年（明治三〇）に福井市足羽山に物産陳列場を建設する。これ以前にも「福井市物産陳列場」が記録上に見られるが、詳細はよくわからない。足羽山の物産陳列場は揚々と活動を開始するが、間もなく一九〇〇年（明治三三）に橋南大火で焼失してしまう[153]。活動の拠点を失ったこの〈陳列所〉は、福井市佐久良下町に仮館を設置して運営を行ったが、これも日露戦争に伴い廃止された。それでも日露戦争後の産業発展の

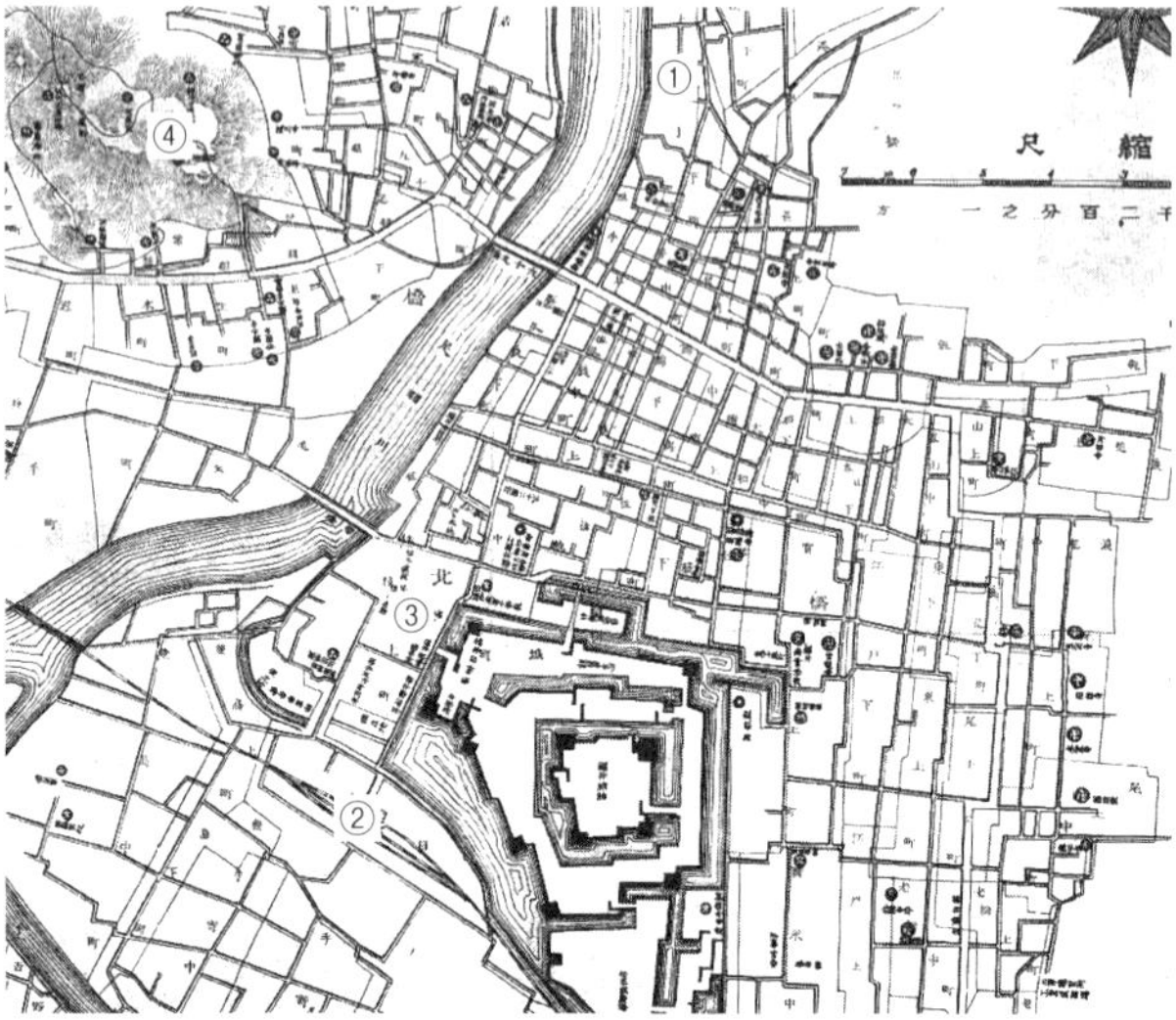

図20①　福井県物産館の位置

①福井県物産館・三秀園、②福井駅、③福井県庁、④足羽山(図の右が北)

図20③　福井県物産館

正面の２階建てが本館。右手前に見えるのが事務室を含む北館。

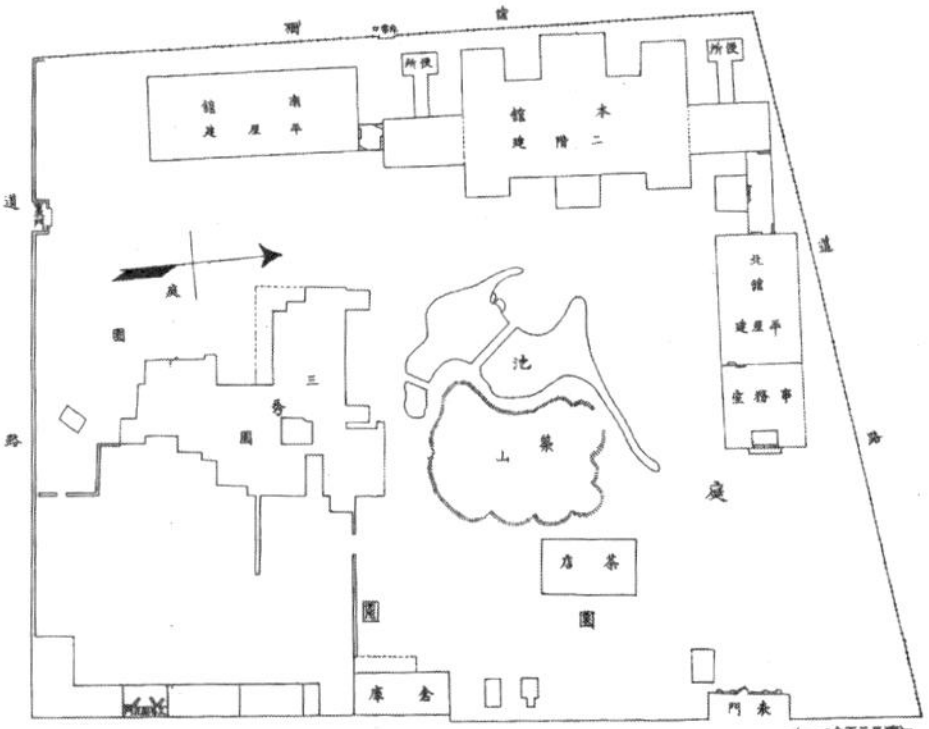

図20②　福井県物産館 配置図

池の南側(図の左)に三秀園が位置する。

波は、福井産業の改善・発達に寄与する〈陳列所〉を必要とし、一九〇九年（明治四二）に皇太子の北陸行啓記念事業として、ついに再建が決議された。

新しい〈陳列所〉は三秀園内を敷地とした。これは三秀園を所有する福井市が敷地内の一七九〇余坪を県に寄付したことによる。[154]こうして一九一一年（明治四四）三月に建築工事が完了し、「福井県物産館」として開館した。開館に合わせて、同館を会場として第二回福井県重要物産共進会が開催されている。

三秀園内に建設された物産館の建物は、木造二階建ての本館とその附属建物からなり、附属建物とは、恐らく三秀園の屋敷を指す（図20②）。一九二八年（昭和三）時点の施設概要をみると、敷地面積は二一三三坪で、そこに本館（一一五）・左右附属建物（三〇坪）・南北館（一三〇坪）に加えて、附属建物（一〇七坪）・長屋（六二坪）・土蔵（一五坪）となっている。この附属建物以下は、三秀園の母屋などを指すと考えられる。敷地内には表門から本館までを園路が縦断するが、邸宅と園路の間には池と築山のある庭園が残されていた。三秀園の母屋などが同館の活動に使用されたのかは不明だが、少なくとも庭園は両者に共有される空間であったようだ。

福井県物産館は、一九二一年（大正一〇）五月一日に「福井県商品陳列所」と改称、さらに一九三八年（昭和一三）四月には「福井県商工館」と改称して業務を続けたが、建物は戦災で失われた。

21　滋賀県[155]（図21①〜⑦）

滋賀県の〈陳列所〉のはじまりは一八八八年（明治二一）六月に大津市東浦の県庁向いに設けられた「物産蒐集所」である。物産蒐集所が設立されたのは、円満院に置かれていた滋賀県庁の現在地への新築移転と時を同じくする。これらが位置する東浦は、当時は都市域の周縁に位置し、県庁舎の竣工以後、徐々に官庁街として賑わいを見せることになるのだが、物産蒐集所はまさにその先駆けとなるものであった。

物産蒐集所は内外の製品を陳列して一般の縦覧に供し、県内産業の改良・発達を目的とした。同所が使用した建物は滋賀県勧業協会の所有であったが、一八九八年一〇月に寄付を受け県有物となり、それを機に滋賀県物産陳列場と改称した。ここを会場として一九〇〇年（明治三三）に滋賀県物産共進会が開催されている。この時に仮設の陳列館一棟を増築して対応したというから、本館と二階建ての陳列館の二棟が常設施設であったと思われる[156]。

しかし、充当されていた建物は規模が小さく、到底求める陳列面積に及ばなかったため、一九〇一年に県会の協賛を得て移転することが決定した。移転先の地は、県庁が円満院に置かれていた時期に、県会が開かれていた場所であり、「勧業場」なる施設が置かれていた（県会は勧業場を借用していた）[157]。新しい〈陳列所〉は大津市三井寺下（現・大津市立長等小学校）を敷地とし、眼前に琵琶湖疏水が流れる。一九〇二年五月に起工、翌〇三年三月に竣工し、同年四月二四日を以て開場した。その後、二一年四月一日に「滋賀県商品陳列所」と改称する。

敷地は約四六〇〇坪と広い。構内に梅林を抱え、泉池を築造し庭園とするなど風光明媚な環境である。本県の〈陳列所〉はその正門から本館までのアプローチに特徴がある。多くの〈陳列所〉が庁舎建築のように正門を中心軸として直線上に建物玄関を配置するのだが、本県では正門を入ると正面および右手に梅林、左手に泉池を眺めながら緩やかに左に歩を進めて本館へと至る。各施設は廊下などで接続はされず、各々独立して配された。敷地内には倶楽部なる施設も置かれ、一九一四年（大正三）にはさらに、構内に滋賀県公会堂が建設された[158]。建坪五〇坪弱の事務所に対して倶楽部は七七・五坪と大きく、施設内での重要度がうかがえよう。滋賀県物産陳列場の地は、敷地全体が市民が集う場として整備が進められたといえる（図21④）。

こうした〈陳列所〉の様子を記した当時の記事を以下に紹介しておきたい。「大津に足を容るゝものは商品陳列所に至りて県下は勿論内外商品の販売と参考品を見るべく、又大津市に於て貴顕紳士の歓迎会を始め大小の集会は悉く県公会堂に於て開催せらるゝのである。四時共に人の出入絶へざる此境内は桜楓樹亦多く疏水の桜、長等

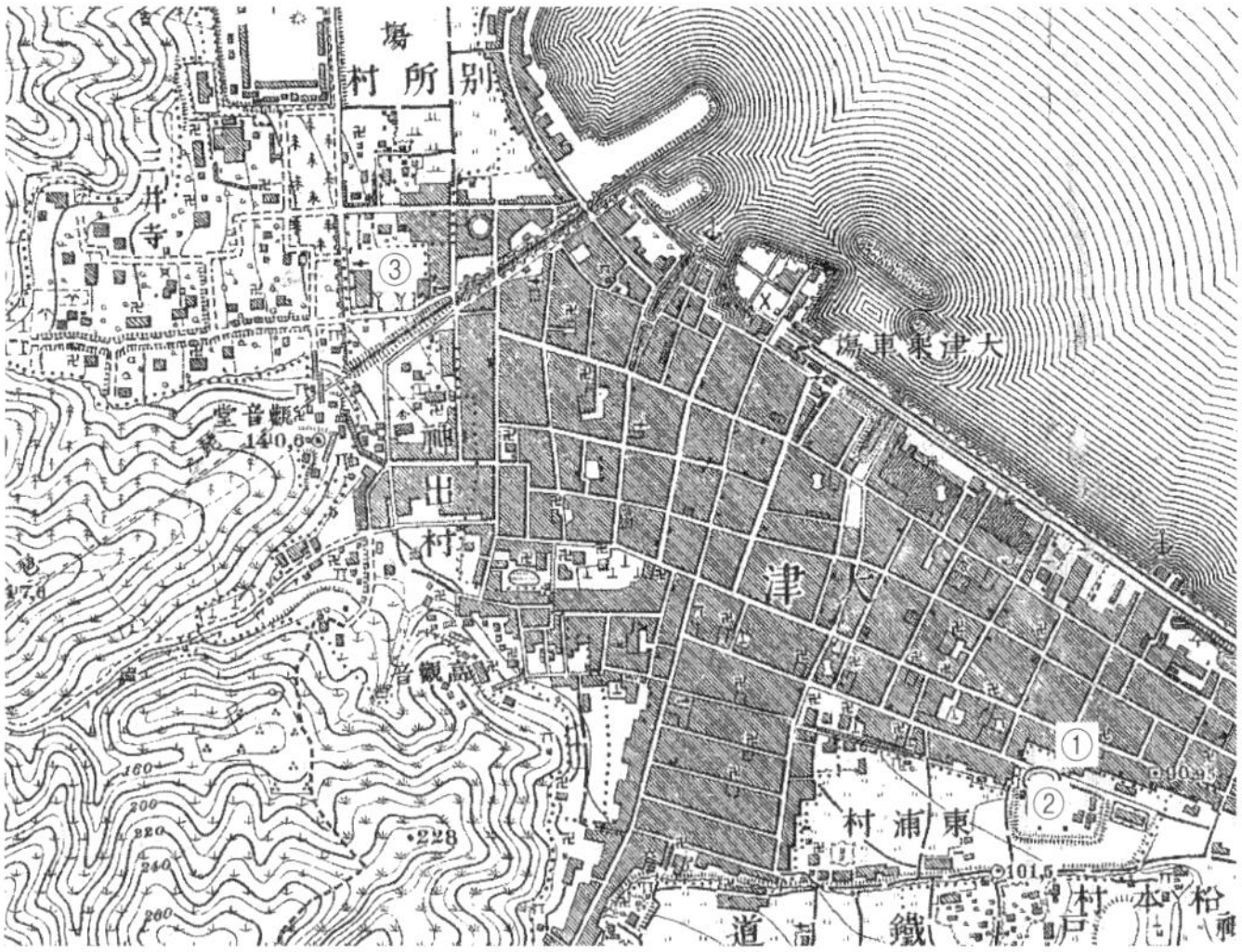

図21①　滋賀県物産蒐集所の位置

①滋賀県物産蒐集所、②滋賀県庁、③大正期の移転新築先（滋賀県物産陳列場）。移転先敷地の南側に北東から南西に通る斜めの水路は琵琶湖疏水。

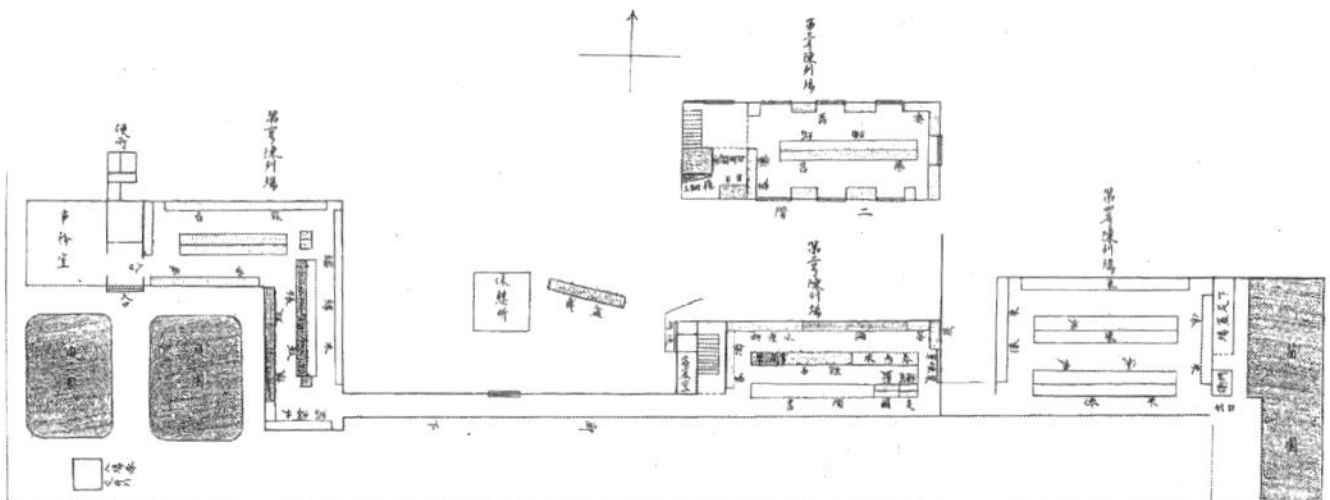

図21②　滋賀県物産共進会 会場図（滋賀県物産蒐集所）

正面

側面

図21③　滋賀県物産蒐集所

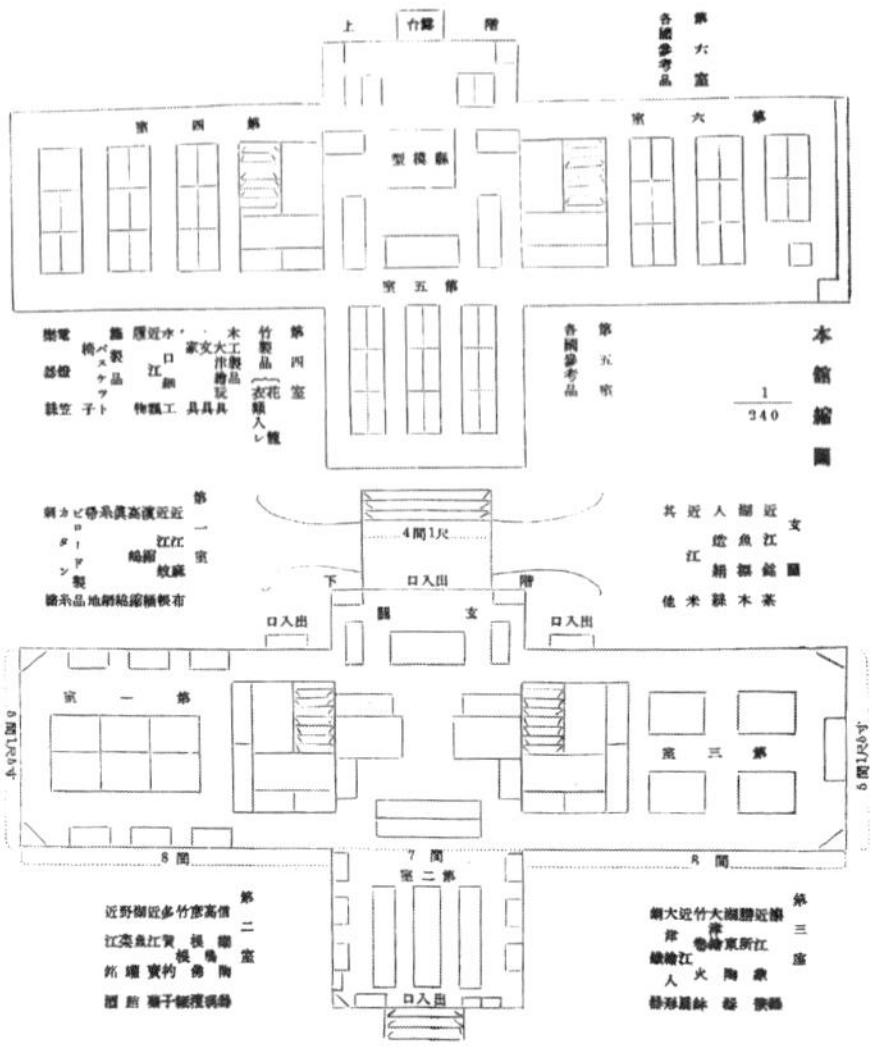

図21⑤　滋賀県商品陳列所 陳列配置図

図21④　滋賀県物産陳列場(移転後) 配置図

図21⑦　滋賀県物産陳列場 陳列の様子

左側の陳列台には織物が飾られている。右側に琵琶湖の模型、その上に浮御堂の写真が掛けられている。

図21⑥　滋賀県物産陳列場(移転後)

公園と相連絡して生気常に溌溂たるものがある。蓋し大津市に於ける一名区とすべきである」。[159]ここに示されるように、同所は市内外からの来訪者が多く立ち寄る場所であった。外から訪れる人々への意識は施設整備にも現れており、同所は一九〇七年には構内に写真掲示場として六角堂を建て、さらに琵琶湖の模型や名所旧跡の写真を陳列して、郷土資料館あるいは名所案内所ともいえる事業を展開した[160]（図21⑦）。

滋賀県物産陳列場の施設は、後に構内に建てられる公会堂を含めて、そのどれもが和風意匠である（図21⑥⑧）。これは奈良県の例と同様に、三井寺の歴史的背景を尊重した上で採用されたものであろうと考えられる。長等山を背景に揃って入母屋の屋根を並べる〈陳列所〉と公会堂は、「本県に於ける二大重要な建設物である」と評された。[161]これらの和風庁舎の設計を行ったのは滋賀県技師の清水保吉である。[162]先の引用にもあるような、周辺の良好な環境と調和をとりながら継続的に進められた公共施設の整備として、評価されるものであろう。

図21⑧　滋賀県公会堂

さて、一九二一年（大正一〇）に「滋賀県商品陳列所」と改称したこの施設は、商取引の補助を求める時勢を反映して三二年（昭和七）一〇月一日が組織は滋賀県物産販売斡旋所となり、大津市東浦にその事務所を置いた。これに合わせて、三井寺下の陳列施設は、「滋賀県物産販売斡旋所附属物産陳列場」となる。組織構成において重要業務の位置付けが大きく変更されたわけであるが、それでも物の陳列は内外の人々が集まる場所に残されたことになる。陳列場は販売斡旋の事業をさらに拡大し、同年一二月一六日には大阪市の長堀橋北詰に支所を設置して、生産出荷の改善と内外販路の進展拡張に努めた。物産販売斡旋所は太平洋戦争中に閉鎖されるが、戦後、その機能の一部は滋賀産業文化館に引き継がれている。[163]

22　茨城県[164]（図22①〜⑥）

茨城県は、一八八八年（明治二一）四月から五月にかけて、水戸市三ノ丸にて一府六県聯合共進会を開催する。閉会後、この会場を用いて同年七月二五日に開所した「茨城県勧業見本品陳列場」が〈陳列所〉のはじまりである。[165]その建築は、当初から閉会後の〈陳列所〉としての利用が想定されていた。勧業見本品陳列場の設置主旨は「天産人工ニ属スル内外ノ物品若クハ模型類ヲ蒐集陳列シ掲クルニ性質効用其他参考トナルヘキ諸件ノ説明ヲ附シ縦覧者ヲシテ彼我物品ノ精粗巧拙及需要供給ノ如何ヲ見聞シテ知見ヲ啓発セシメ以テ農業ノ改良、工芸ノ進歩、商業ノ振起、又ハ鉱山水産ノ事業ニ対シ便益ヲ与フルノ機関トナス」ことであり、各種の参考品の陳列と、委託陳列品の販売が行われた。[166]しかしながら、勧業見本品陳列場の活動を記した『茨城県勧業年報』には一八九四年（明治二七）以後の掲載はなく、明治二〇年代後半には活動を止めていた可能性が高い。

その後しばらく〈陳列所〉らしき施設は置かれずにいたが、一九一〇年（明治四三）になって、「物産陳列館」を建設することが議決される。[167]議会での予算審議の段階で、県当局は物産陳列館は二階建てとして一階部分を陳列に充て、二階は公会堂とすることを予定し、それが承認される。県がこう主張した背景には、「物産陳列館ヲ造リマシテモ、之ニ付テ講話等ノコトヲ致シマセヌケレバ、陳列館ノ効用モナサヌト思ヒマス、従来各府県ノ不評判デアルノハ此設ケガナイカラデアリマス」という他府県の事情を踏まえた考えがあり、それゆえに、〈陳列所〉の活動が陳列のみで完結するものではなく、講演や集会などと共存させ得る施設を求めたのである。[168]〈陳列所〉に対するこうした認識は時代的なものであり、明治末期以後の〈陳列所〉には、同様に一階を陳列に充て、二階に公会堂（あるいは集会室）を置く構成をとるものが多く現れる。この建設は一九一一年度に実施される予定であったが、計画規模が大きく入念な講究が必要として、見送られた。[169]

先送りされた物産陳列館の建設は一九一二年（大正元）の通常県会で改めて決議された。敷地は県会議事堂の隣、水戸市北三ノ丸に定められた。当初の計画通り、陳列の機能に加えて、集会や演説会に供する公会堂を備えたものとして設計された。建築工事は一九一三年一〇月に着工し、一五年一月に竣工、同年七月七日に開館式が挙行され、茨城県物産陳列館として一般公開が開始された。開所式の当日は、朝から花火と楽隊の演奏で賑わいを添え、夜にはイルミネーションで演出された。周囲の町も、昼間に掲げた国旗を提灯に掛け替えて、その開館を祝ったという。

建築設計は佐藤功一で、施工を青木組、室内装飾を京都高島屋と東京梅沢組が担った。佐藤功一は、三重県技師時代に第九回関西府県聯合共進会の建築に携わっており、その時に物産陳列所として使用する前提で参考館が建築されている。なお、茨城県物産陳列館は佐藤が独立して事務所を構えた後の最初期の作品で、この仕事の後、佐藤は一九一八年には茨城県知事官舎の設計も手掛けている(170)。

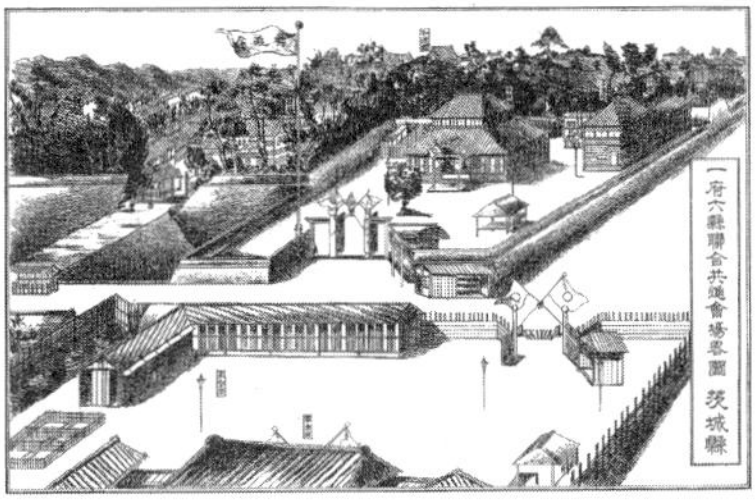

図22①　一府六県聯合共進会 会場図（茨城県勧業見本品陳列場）

高窓のある中央の建物が勧業見本品陳列場の本館。その左手に県庁、背後に弘道館が見える。

物産陳列館の施設は、小使室を別棟で置く他は基本的には本館のみで完結する。県庁通りに正面を向けて配置され、前面に前庭を置いた。本館は木骨煉瓦造二階建てで、流行のゼツェッシオン式の意匠を纏った。様々な諸機能が詰め込まれたが平面構成は明快である。すなわち、中心に大きな空間を置き、前後に小部屋の並ぶ棟がそれを挟み込む。

建物内の役割は階毎に分割され、一階が陳列と事務関連、二階が集会と来客対応となる。正面一階の中央は大きな陳列室で、正面側の棟には玄関の左右に看守室・休憩室・図案室等を並べる。左右の端部はわずかに突出させて室の大きさを変え、それぞれ事務室・保管室とした。背面側の棟は、廊下を挟んで手前側にも陳列室を並べる。二階は中央に八〇

図22④　茨城県物産陳列館(のち茨城県商品陳列所)

図22⑤　同上 陳列室

図22⑥　同上 貴賓室

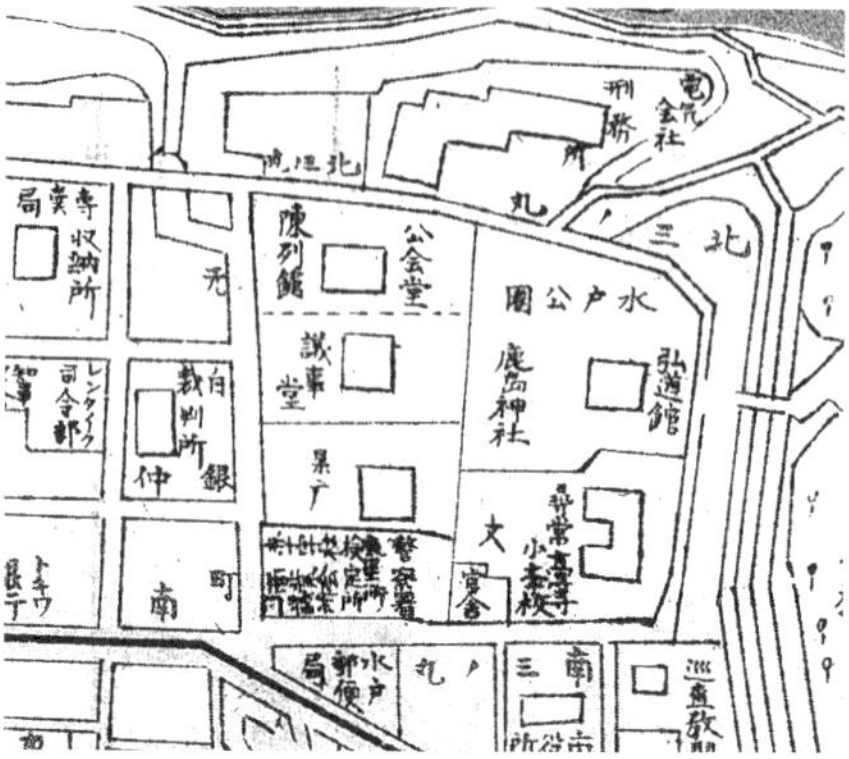

図22②　茨城県物産陳列館の位置

前身にあたる勧業見本品陳列場は県庁の南側(警察署などが建つ一角)に位置したと考えられる。

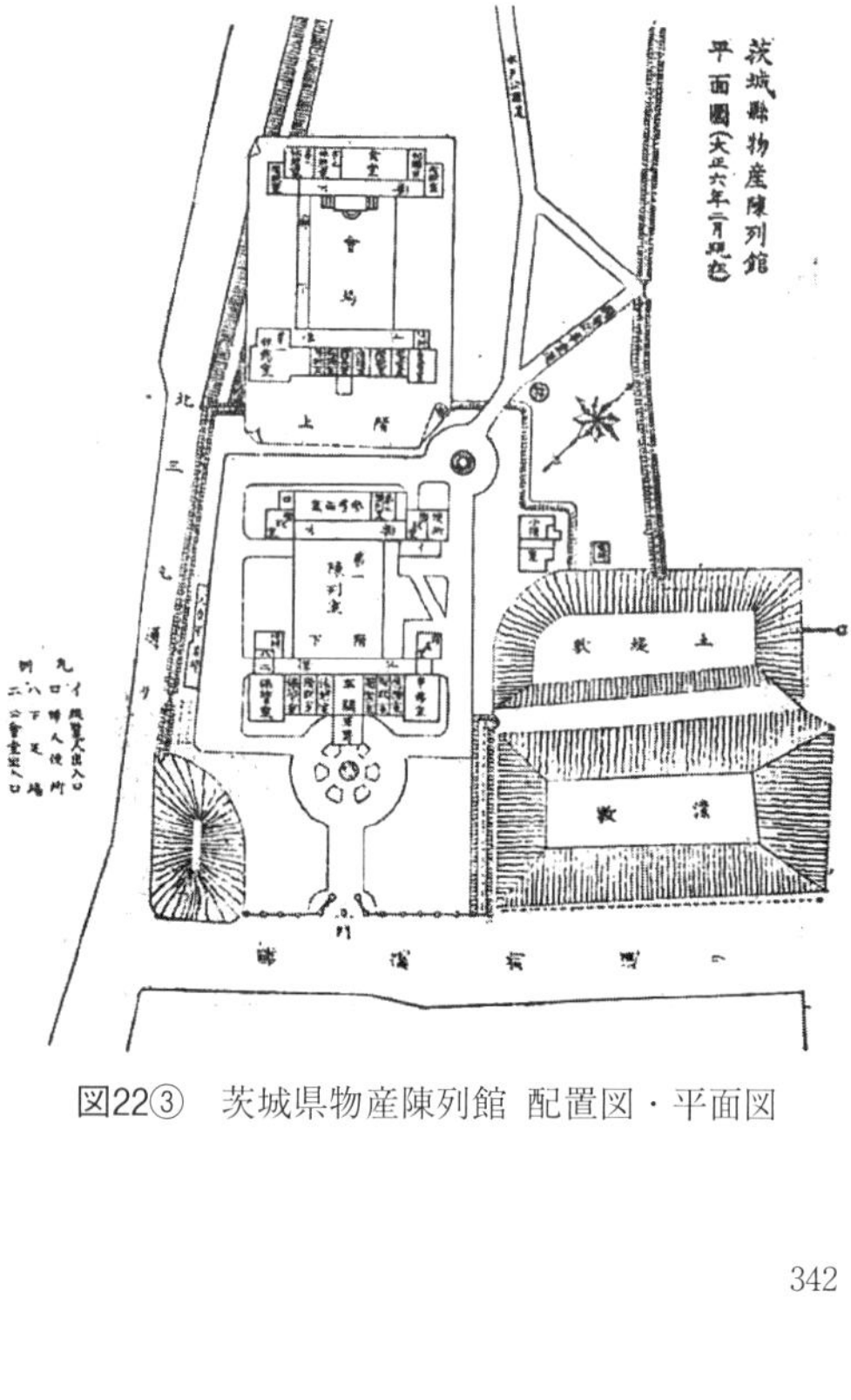

図22③　茨城県物産陳列館 配置図・平面図

○人を収容する集会場（「会場」と表記される）を置き、正面側の棟に館長室・応接室・貴賓室と第一休憩室を、背面側に第二・第三休憩室と食堂を置いた（日本間も設けられていたようで、恐らくいずれかの休憩室がそれにあたると考えられる）。集会場の脇には前後の棟を繋ぐ長い廊下が設けられているが、ここには収容人数と同じ八〇〇人分の帽子掛けが並ぶ。来客対応に用いる二階の諸室のうち、貴賓室は「最も装飾を凝らし」たもので、戸棚・卓子・椅子・絨毯・卓子掛・窓掛など、すべてが京都高島屋の意匠設計によって設えられていた。

多様化する〈陳列所〉の機能がコンパクトにまとめられた茨城県物産陳列館の建築は、〈陳列所〉と公会堂を上下で使い分けるこの種の〈陳列所〉建築の、〝お手本〟の姿といえるだろう。なお、同館は農商務省令に則り認可を得て、一九二一年四月二五日に「茨城県商品陳列所」と改称している。

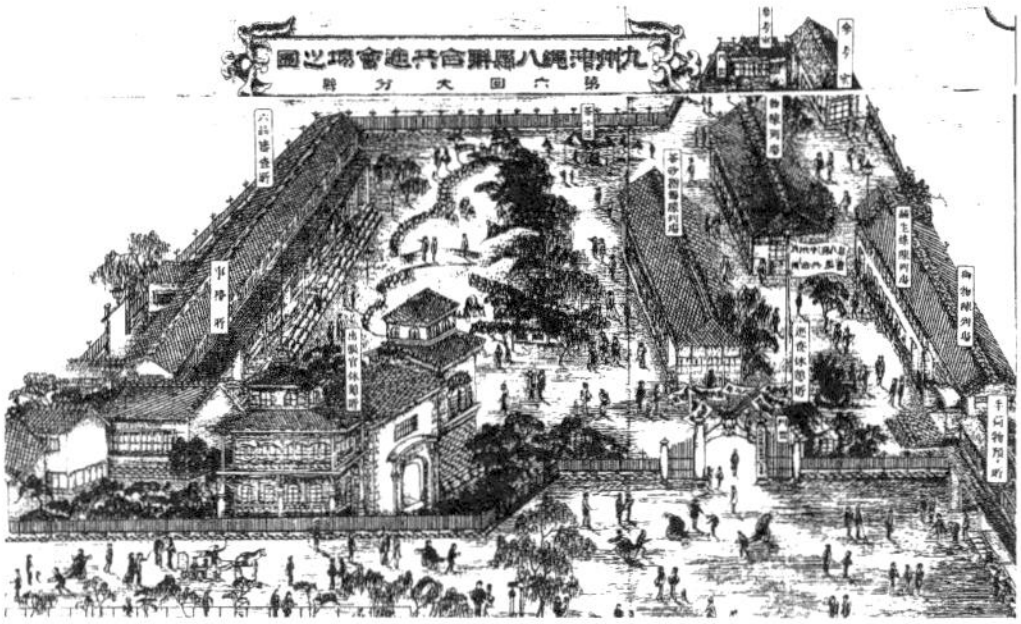

図23①　第６回九州沖縄八県聯合共進会 会場図

23　大分県[171]（23①～⑧）

大分県における〈陳列所〉の設置は、一八八八年（明治二一）の第六回九州沖縄八県聯合共進会をきっかけとする。大分県は、大分市南新地の共進会場として建設された施設の一部を閉会後も存置して、「大分県物産陳列場」を設立した。この〈陳列所〉は運営面でも満足した効果を上げられなかったといい、県費の都合により一八九二年（明治二五）に廃止された。

その後、大分県に〈陳列所〉はしばらく置かれなかったが、廃止一〇年後にようやく再開に向けて動き出す。社会情勢の変化と共に再び商工業の助長機関の設置が求められ、それに応えた形での再設立であった。これを推進したのは一九〇二年（明治三五）に知事となった大久保利武で、その尽力により大分市勢家町に〈陳列所〉を新築・設置することが決まる。その経費は一九〇三年からの二ヶ年事業で確保し、敷地の買収を経て一九〇七年（明治四〇）三月に木造二階建ての本館が竣工、同年五月に開場した。開場当初は本館ひとつでの陳列であったが、一九一三年（大正二）になって新たに木造二階建ての第二館を設けるなど施設を拡充させた。この施設は、佐賀関町にあった大分県水産試験場の建物を構内に移築させたものであり、第二館に充てた建物のほか、実験室・物置・宿直室・便所二棟が合わせて移された。これは県内の勧業施設が、〈陳列所〉に集約されたことを意味する。

設立以来、県庁所在地である大分市に置かれた大分県物産陳列場であったが、一九一六年（大正五）に別府市へと移転する。移転の理由は、「県下速見郡別府及其付近一帯ハ豊富ノ温泉ヲ有シ内外人士常ニ群衆スルヲ以テ本場ヲ此地ニ移転セバ其ノ効果一層多大ナル」という考えにあった[172]。観光客の集まる場所に〈陳列所〉を置くことで、県外人の利用増加を期待したのである。別府への〈陳列所〉設置は、浜脇町に設置されていた工業徒弟学校の大分市移転と引き換えに行われた[173]。これは別府町長が〈陳列所〉を誘致し、別府・大分双方の将来発展のために工業徒弟学校との交換を知事に上申したことによるとされる[174]。

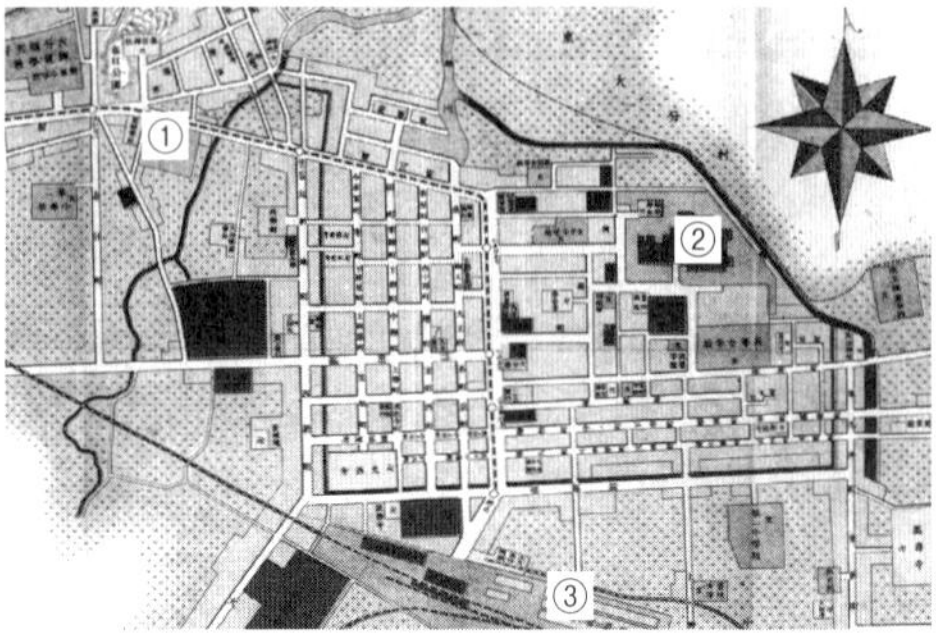

図23②　大分県物産陳列場（２代目）の位置（大分市時代）
①徒弟学校（元・大分県物産陳列場）、②大分県庁、③大分駅

図23③　大分県物産陳列場（２代目）

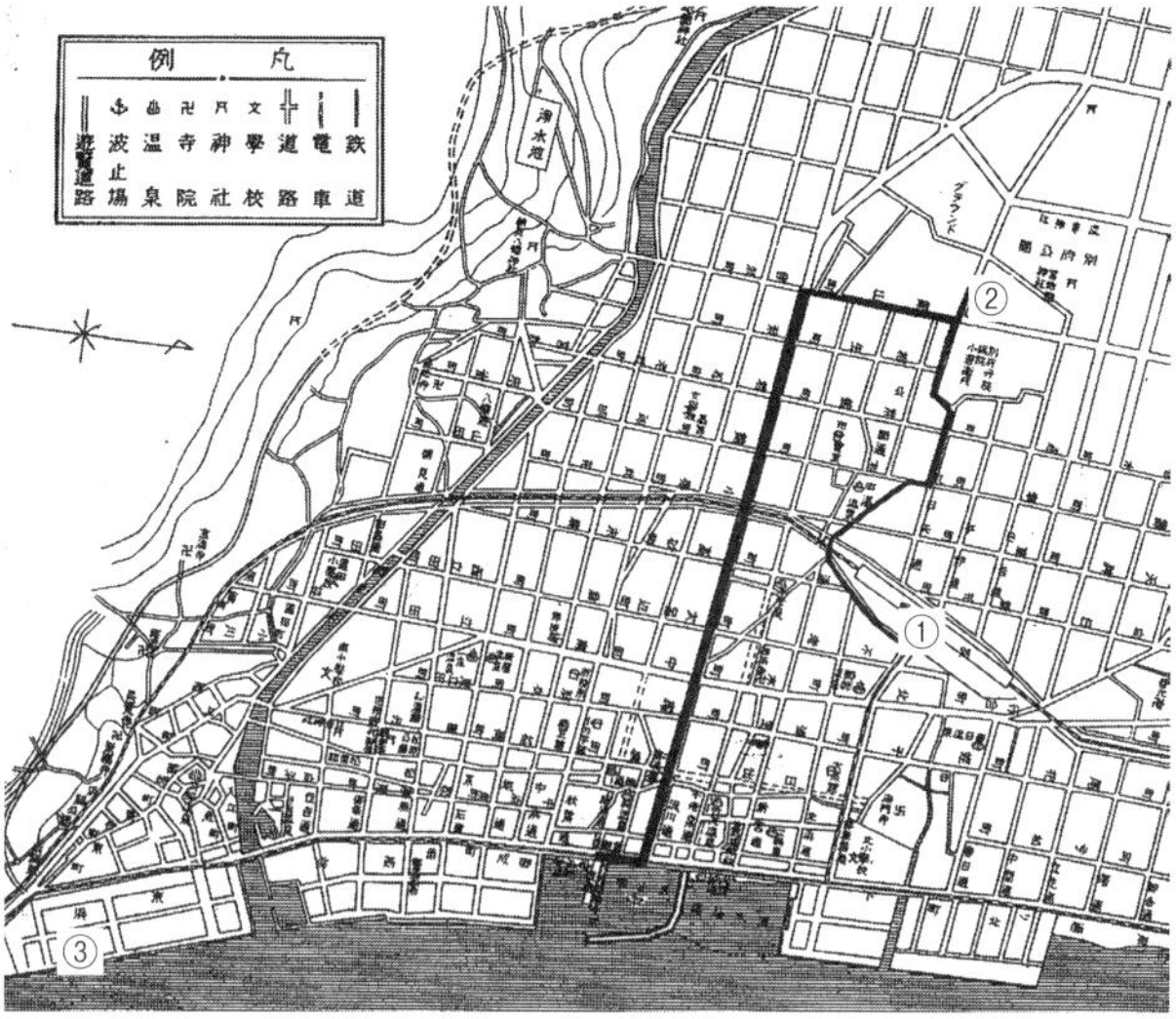

図23④　大分県物産陳列場（別府公園内）の位置

①別府駅、②大分県物産陳列場（図は殖産館に改称後のもの）、③後に大分県殖産館が新築移転する浜脇。鉄道駅からの道のりに比べて、港からの道のりが強調して描かれている。

この頃の別府では、一九一一年（明治四四）に油谷熊八が亀の井旅館を開き、一九一二年に大阪商船の大阪・別府航路が就航し、一層の観光都市化が進められていた。〈陳列所〉と工業徒弟学校の交換は、県内産業の工業化を進める県庁所在地たる大分との、双方の意向が合致したことで、実現したものだといえるだろう。竹細工や漆器をはじめとした伝統工芸技術者の養成を目指していた別府の徒弟学校は、大分に残る旧〈陳列所〉の建物を利用して開校する。移転後の同校は、一九一八年（大正七）に改組されて工業学校となり、近代的工業の教育機関となる。

新しく別府に整えられた大分県物産陳列場の建物は、一九一六年六月に竣工、同年八月に大分市から組織を移転し、内部を整えた後、一二月一日に「温泉回遊道路の衢」[175]に位置する別府公園の松林内に開場した。陳列に充てられたのは、木造二階建て「外部ハ和式、内部ハ洋式」[176]の第一号館（見本品陳列館）と、木造平屋建ての第二号館（即売館）である。一九三三年の構内図には商談館なる施設も確認できる。なお、二一年四月一日に、農商務省の認可を受けて「大分県商品陳列所」と改称している。

県下一の観光地に移った〈陳列所〉では、観光客が同所で県産品を眺め購入して持ち帰ることが、県外からの恒

図23⑤　大分県商品陳列所 本館

常的な取引につながることを目指して物産の販売に力を入れた。観光客の多い年末年始をはじめ頻繁に特売会・即売会を実施したほか、「一層来場者ヲ歓待シ慰安ヲ与フル」目的で「仏蘭西《フランス》現代絵画展覧会」の巡回を受けている(177)。一九二五年（大正一四）八月には「県外遊覧者ノ利便ニ供セン為」に「市内最モ殷賑ヲ極ムル松原公園付近」に出張所を設け、夜間納涼即売会を開くなど県産品のさらなる紹介・宣伝に努めた。なお一九二八年五月には大阪市平野町に出張所を設け、さらに下関の門司に駐在所を置いて、関西や北九州方面への販路拡張に努めた。

　こうした活動から、〈陳列所〉は地方物産の販売所（土産販売所）としても理解されていた。たとえば民間出版のガイドブック『別府温泉案内』は、「大別府名産（おみやげいろいろ）」として湯の花や竹細工を紹介した後に、「以上記した他に沢山の土産品は数限りなく多種ありまして、販売店は別府公園内物産陳列場及松原陳列館其他大別府町至る処の商店に買い求められます(178)」と書き添えている。

〈陳列所〉での販売以外においても、観光客の存在が意識された。同所における委託販売物品は、「出品ノ選択ニハ充分ノ監査ヲ励行」されるため品質が保たれていた。しかし街中においては、観光客が不案内であることに乗じて不当な品質・価格で販売が行われることもあったため、同所はこうした粗悪品の撲滅に尽力する。それは、「殊ニ別府市ハ本県ノ門戸ニシテ此地当業者ノ商行為ハ県外来遊者ノ本県ニ対スル第一印象タルベキヲ以テ、県当局ガ本所ヲシテ此ノ地ニ所在セシメタル趣旨ニ鑑ミ(179)」てのことである。陳列に限らないこうした販路拡大や品質保持の活動では、当時の「商品陳列所」という名称では体現しきれず「余リニ消極的ニシテ真ノ業務ヲ表現スルニ足ラズ」として、一九三二年（昭和七）一月一一日に「大分県殖産館」と改称した。

別府公園で事業を展開してきたこの〈陳列所〉は、やがて温泉町である浜脇に移転する。別府公園に移転した当時、その場所は交通上の要所であったが、その後の道路改修などの影響で次第に不便となり、事業に不都合を生じ始めていた。これを打開するために当時の知事がその移転を計画すると、一九三三年の県会にて浜脇にある市有地との交換が決議され、翌三四年に新築移転することが決まった。そして一九三六年（昭和一一）二月に起工、同年一二月に竣工した。その本館は鉄筋コンクリート造三階建て（中央部・翼部は木造）の近代的なビルであった。新しい施設においても引き続き陳列を中心に活動している。

大分県では、県内の地域特性を反映して〈陳列所〉の移転が繰り返された。すなわち、いかに広く、いかに良く、

図23⑥　大分県商品陳列所

右の２階建ての建物が第一号館（本館）、左が第二号館（即売館）。その間に商談館の屋根が見える。

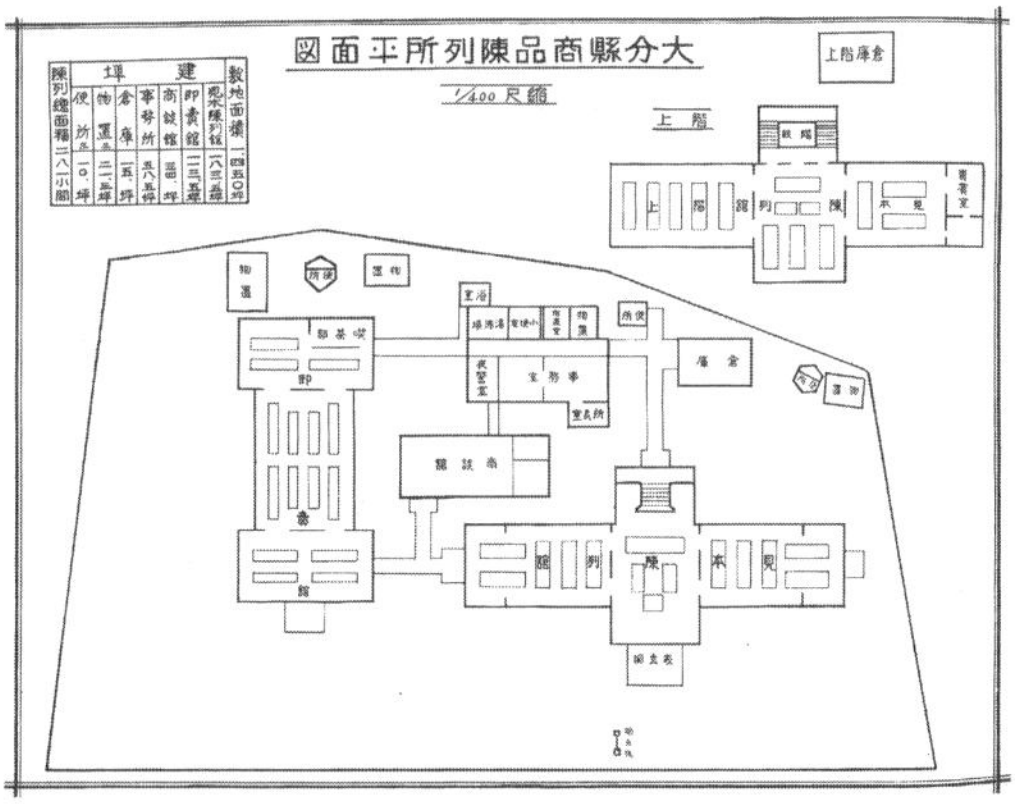

図23⑦　同上 平面図

図23⑧　大分県殖産館

県の産業を示すかという点が、施設整備にとりわけ反映された事例といえるだろう。

24 青森県（図24①～④）

青森県の〈陳列所〉は、一八八九年（明治二二）に農事試験場の付属として物産陳列場を青森に設置したのが最初である。[180] ここでは、県内外を問わず広く農産・水産・その他工芸品等を陳列し、日・水曜日には一般にも公開され、「当事者ガ彼我ノ長短得失ヲ研究スルノ便ニ供」した。施設の様態をはじめ、詳細はよくわかっていない。この後、一八九四年（明治二七）六月に「青森県物産陳列場」が開設される。[181] 当初、物産陳列場が置かれたのは青森市字長島であった。[182] 一八九九年に第三回奥羽六県聯合物産共進会が開催されているが、その会場として使用されたのがこの物産陳列場であり、連合共進会の報告書に掲載の所在地が前述の地である。既存の物産陳列場の建築を参考館に充て、共進会本館・動物館・事務所・審査室などを新築し、さらに庭園を築造して会場が整えられた（図24①）。おそらく、共進会を契機に整備された施設群は、閉会後も〈陳列所〉施設として存置されたと思われる。

青森県物産陳列場は、後に青森市大字大野に所在地を移している。移転の時期は『農商務省商品陳列館報告』に記載のある一九〇九年以前であるが、詳しい内容は確認ができていない。ここでも継続して県内の各種製産品を収集し一般の観覧に供し、合わせて委託販売が行われた。

青森市は一九一〇年五月三日に大火に見舞われ、市内の大部を焼失する。幸いにも物産陳列場は罹災を免れ、陳列品も被害を受けなかった。[183] しかしながら、大火からの復興が優先されたためか、この陳列場は同年七月一五日限りで廃止された。[184] その後、大正に入って再開の計画が進められ、一九二〇年（大正九）の県会で翌年度からの三ヶ年事業として、青森市内に建設することが議決される。[185] しかしながら、この計画のその後については、よ

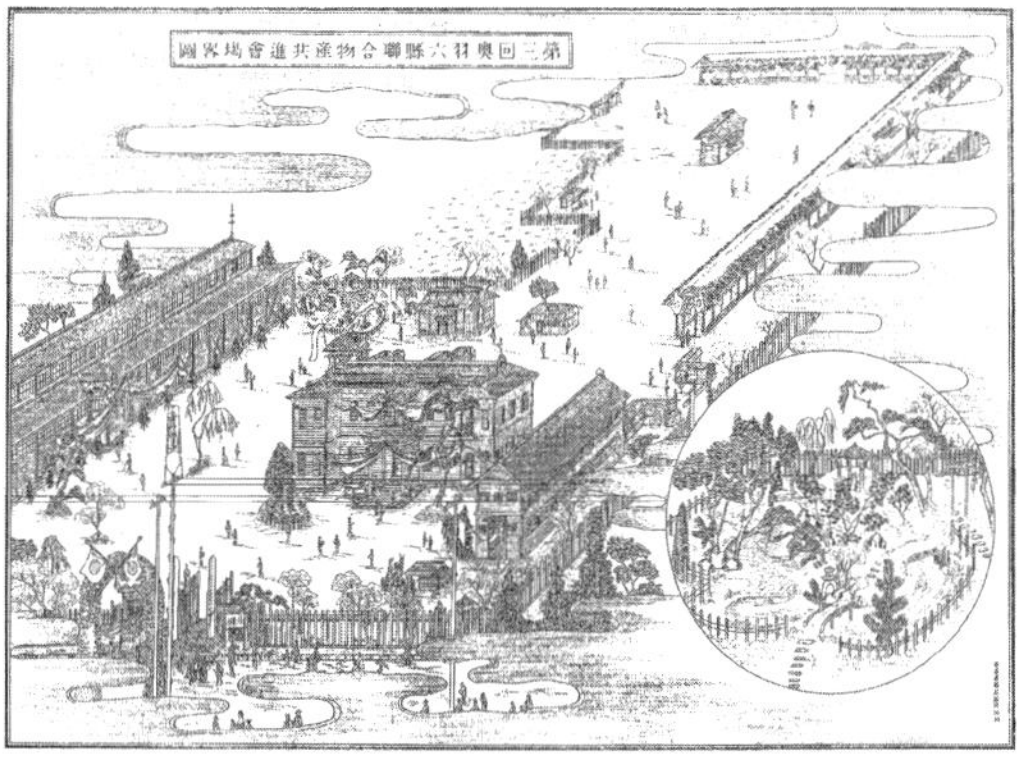

図24①　第３回奥羽六県聯合物産共進会 会場俯瞰図（青森県物産陳列場）

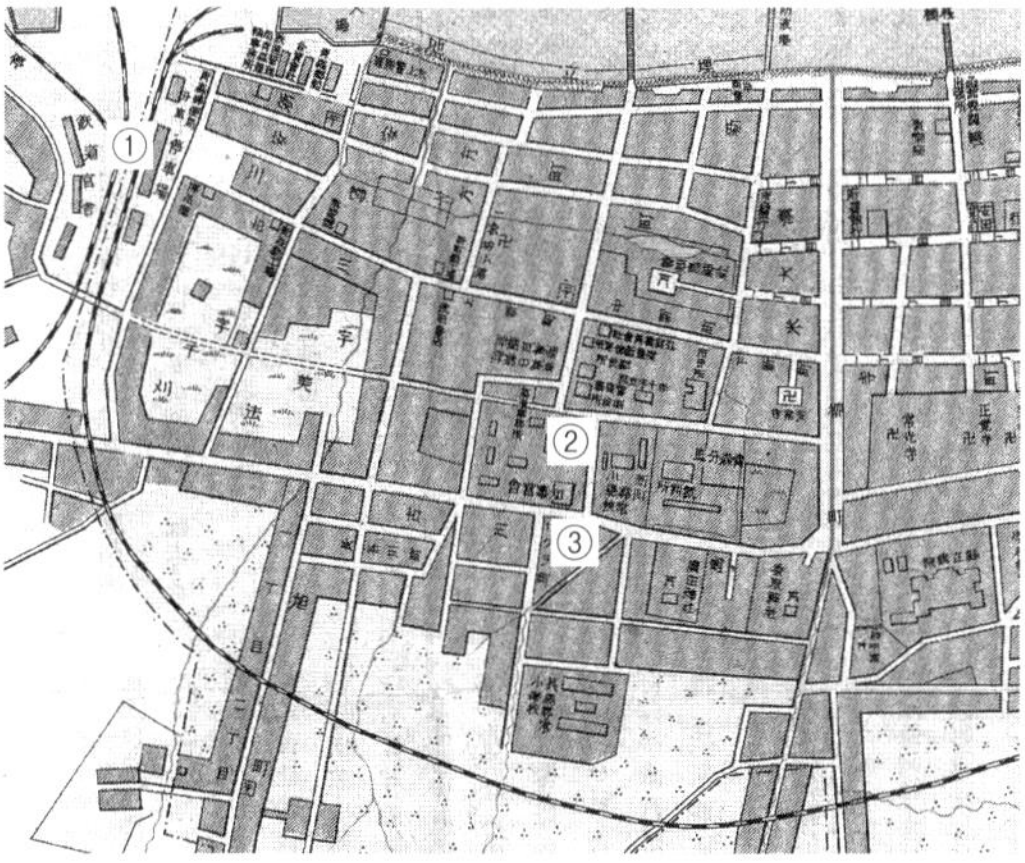

図24②　青森市街の様子（大正期）
①青森停車場、②青森県庁、③長島地区

くわかっていない。

大火で青森市内に〈陳列所〉を失ったことで、県産品の宣伝や販路拡張のための施設を失った青森県は、その再開を企画する一方で、より積極的な県産品宣伝機関として物産館を設置する。ふたつの施設が同時期に計画されたのは、〈陳列所〉が青森での計画であったのに対して、物産館は北海道・札幌での計画であったためである。物産館は一九一八年に札幌で開催された北海道五十年記念博覧会を機に開設されたもので、物産の販路拡張に努め、売上でも成果を上げた（一九二二年には小樽にも設置されたようである）[186]。なお、二六年の議会で物産館を県営に移すための予算が計上されたが、成果を上げている施設を改正する理由があるのかと反対されている。

図24③　弘前物産陳列館

図24④　同上 陳列の様子（１階）

県の〈陳列所〉再開の動向は表に出ないものの、この頃には県下第二の都市である弘前市に、商業会議所が県の補助を受けて設置した「弘前物産陳列館」が積極的に活動を展開した[187]。弘前商業会議所は設立当初から物産館の設置を提唱していたが、同所の施設が狭小で実現できずにいた。一九一四年になって県費三千円の補助を受ける見通しが立ち、同年四月の総会で商業会議所と附属物産館の新築を正式に決議した。その後の展開も素早く、翌五月には敷地の買収を終えて七月に着工、一一月末には当時最新のゼツェッシオン式の意匠に包まれた二階建ての〈陳列所〉が竣工した。一階の一部に商業会議所事務室と議場を置く他は、ほとんどすべてが陳列室とされた。ここでは弘前市の製産品のほか、県外の参考品も陳列されたという。

ここで、弘前の案内本に掲載された弘前物産陳列館の陳列の紹介を引用してみよう。「階上階下の麗しき陳列棚には、地方物産の粋を蒐めて居る。何れも市内各商店の出品で、入り口の左右には、県立工業学校生徒の作品たる木工品が列べられてある、各品と正札付にて即売してゐる。最も責任を重んじて居るから何品にても安心して買へる。望みの品は監視の婦人に談せばい丶。弘前商業会議所は此の陳列館の内に設けられてゐる。一度此館に入る時は、地方産物の凡てを知る事が出来やう」[188]。案内本という性格からか、県産品の販売が前面に出されたものとなっているが、これが物産陳列館の役割の大部を占めていたことは想像に難くない。その中にあって、工業学校生徒の作品を陳列し、さらには販売する実践の場として機能していたのは、注目すべき点である。

25　宮城県[189]（図25①～⑤）

一八九二年（明治二五）一一月に、宮城県は仙台市内一の繁華街に建つ芭蕉辻商館の一角に、「宮城県物産陳列場」を設立する[190]。芭蕉辻商館とは、当時仙台で最も大きな「勧工場」であった（図25①）。県の物産陳列場はその三階に置かれ、工芸品・農産品・林産品・鉱物類の四区画で陳列を行った（ただし、芭蕉辻商館における〈陳列所〉の活動は、後に刊行される同所の沿革には明記されていない）。なお、宮城県は一八七九年に博覧会を開催し、その残品の整理と払下げを目的として「第一勧工場」という施設を設置したが、後に民間に継承されている。

芭蕉辻商館内の物産陳列場は、一八九八年（明治三一）三月末に閉鎖されるが、宮城県は新しい〈陳列所〉を計画する。一八九八年一〇月に県庁南隣の敷地に〈陳列所〉のための施設群が建設され、一九〇一年に東北大学演習の統監のために明治天皇が仙台を訪れた一一月七日に開場した。おそらくこの〈陳列所〉の整備は天皇行幸に合わせたものであったと推察される。

『仙台市史』によると、新しい宮城県物産陳列場の構内には陳列館四棟と事務室および付属舎があった。写真に残る洋風の建物が本館であろう（図25③）。すなわち、この洋館を除いて三棟の陳列館が建っていたことになる。敷地は二六四五坪と広大で「四季鑑賞の花木に富み風致佳し[191]」とされた。

ここでは従来通り県内物産や参考品の陳列や委託販売も実施していたが、時勢の進運に合わせてより多くの機能が求められるようになる。一九二一年（大正一〇）一一月に農商務省の認可を受けて「宮城県商品陳列所」と改称すると、業務内容にも変更が加わり発明部と図案部が設けられた。次いで、翌二二年七月には工業試験所を

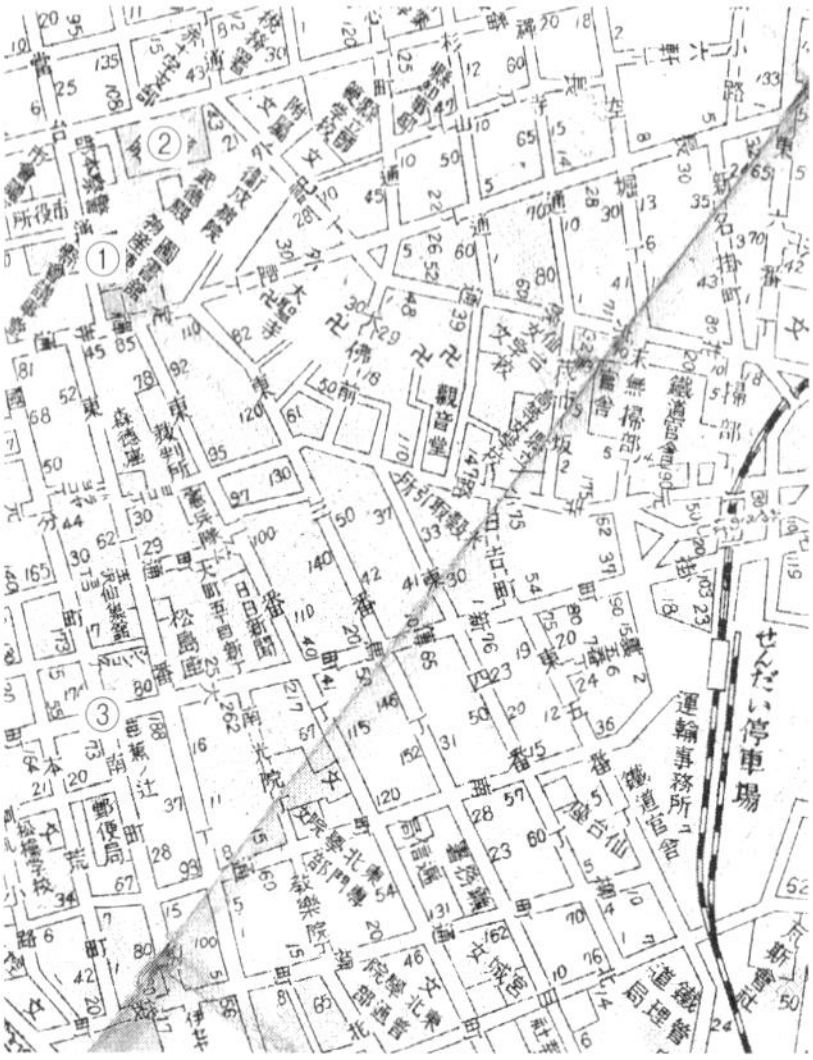

図25② 宮城県物産陳列場の位置
①物産陳列場、②県庁、③芭蕉辻

図25① 芭蕉辻商館

図25③ 宮城県物産陳列場

内包する新しい〈陳列所〉の建築が着手され、二四年四月に落成した。

この新しい〈陳列所〉は、二階建ての本館と、別館・小使室・倉庫などからなる。本館は木造であるが、その外壁は化粧煉瓦と人造石洗出で仕上げられている。また本館は凹字型の平面型を持ち、〈陳列所〉と工業試験所の機能が配された。すなわち、正面および左翼部と中央部一階を陳列室に充て、右翼部に事務室をまとめ二階を主に陳列所が、一階を主に工業試験所が使用した。中央部の二階は会堂に充てられた。

宮城県商品陳列所では、図案室や工業試験所が置かれたように、工業方面にも積極的な活動を展開したが、展覧会場として様々な種別の展覧会を開催していたことも記録に残っている。それは商工業に限らず、たとえば一九二五年(大正一四)には、仙台藩時代の歴史資料を蒐集した「宮城県史料展覧会」[192]や、河北新報社が主催する「東北美術展覧会」[193]などである。

26　富山県[194]（図26①〜③）

富山県の〈陳列所〉は、当初は「博物場」という名称で設立が進められた。一八九二年（明治二五）一〇月一二日に富山市長より博物場設立の建議が出されたことがそのはじまりである。その建議書では、米を除いて県産品は見るべきものがなく、銅器や製糸など新しい産業も興り始めているが経済を左右するほどではないという状況を嘆き、それを打開するためには様々な製品を見比べて見分を広めることが必要であり、「当局者ニ於テ当業者ヲシテ見分ヲ広潤ナラシムルニ便ナル彼ノ博物場或ハ博覧会又ハ共進会等ヲ設立シ実業ノ振興ヲ計ルハ県下目下ノ急トスル所ナラン乎」[195]として、産業振興の場としての博物場あるいは博覧会・共進会の設置が求められた。富山市長からの建議を後押しするかのように、富山市議会は「勧業博物館設立ノ建議」を提出し、博物館の設立費

図25④　宮城県物産陳列所

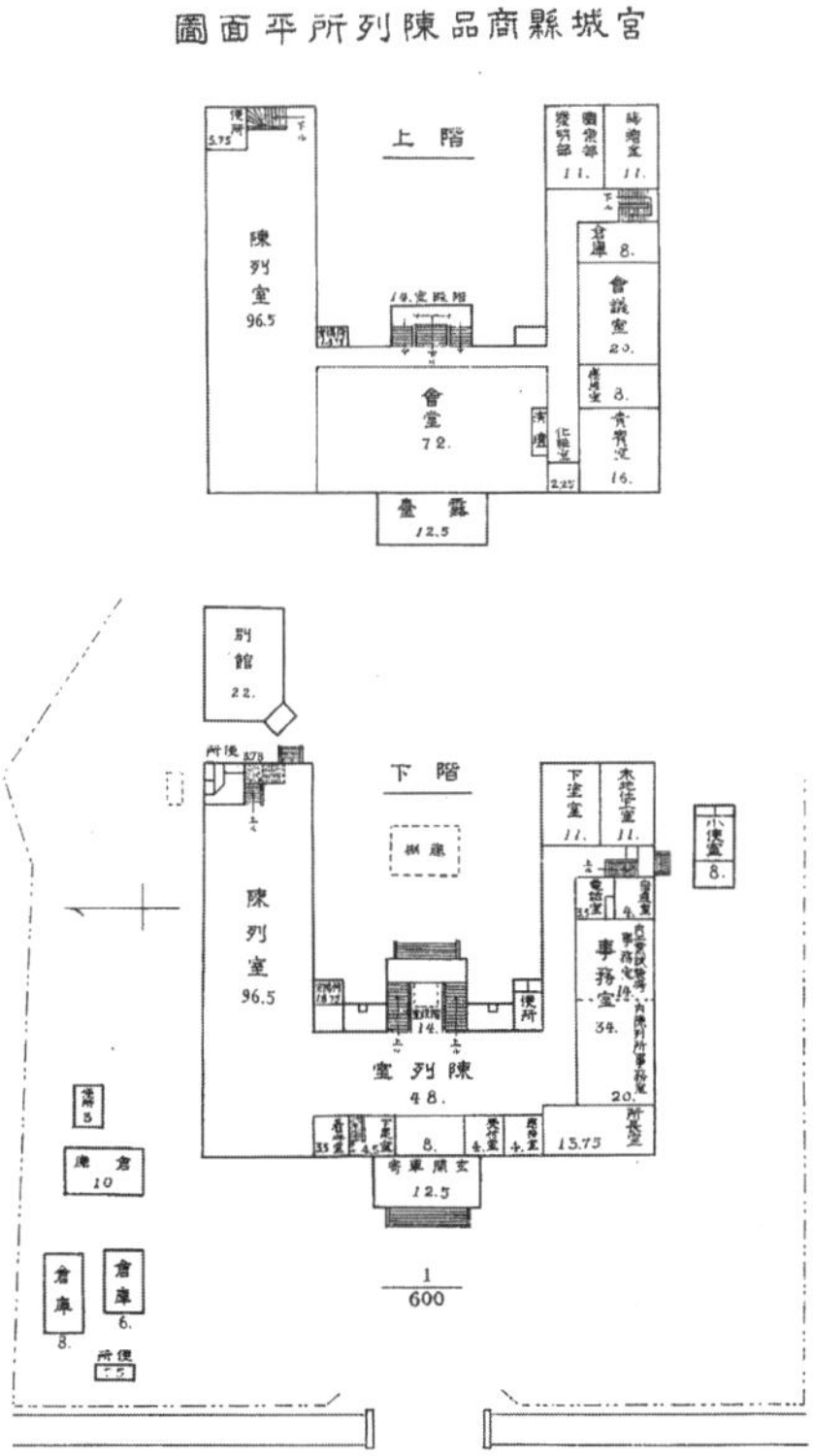

図25⑤ 宮城県商品陳列所 平面図

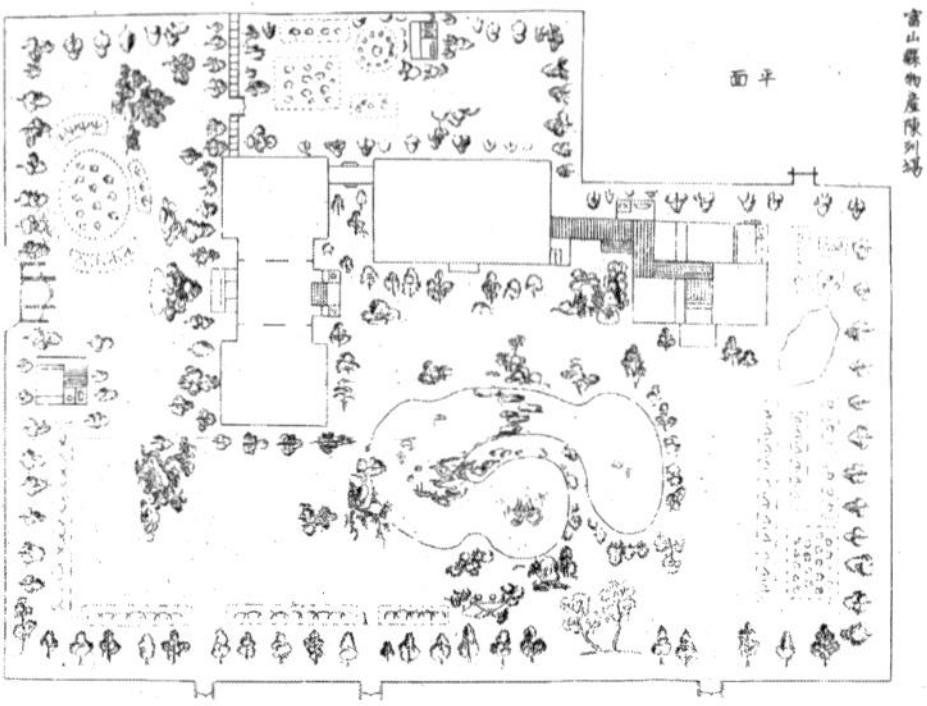

図26① 富山県物産陳列場 配置図

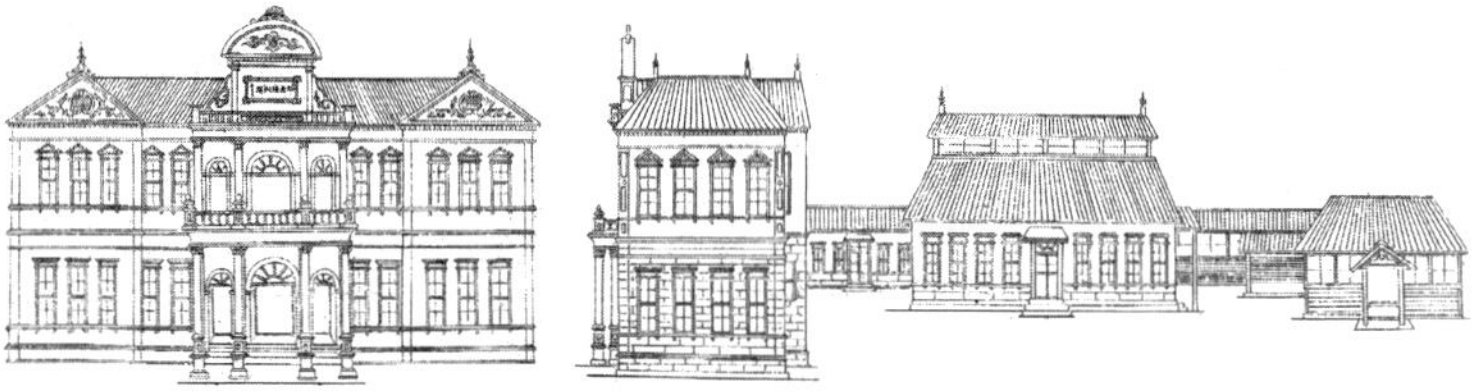

図26② 同上 立面図
左：本館正面 右：本館側面、付属館・事務所正面

として二千円と、地所一千坪の寄付を申し出ている。

この建議を受けて、富山県は同年中に施設名称を「富山県物産陳列場」に改めて、計画を県会に提出する。県会はこれを受けて、さらに設立費一千円と地所八〇〇坪の寄付を請求し、最終的に富山市会は合計三千円の寄付を決めた。ただし地所は寄付ではなく、一八〇〇坪の市有地を無代貸与とした。このように、富山県における〈陳列所〉の整備には、富山市が積極的に関与している。

富山市の協力を得た富山県は、すぐに建設のための委員会（商議員）を任命して準備にあたり、建築工事に取りかかった。一八九四年一月二五日に上棟式を挙行、同年四月一五日に竣工した。建築設計と工事掛は富山県技手である柳下友太郎が担当している。建物総坪数は二六七坪四夕二才であった。建物はすべて木造で、本館・付属館・事務所・門番所から構成される。

この陳列場の広大な敷地には泉池が設けられ、庭園が整えられていた。諸施設はその池に沿うように配置されている。正門の正面には車回しを設け、その奥に本館の玄関が置かれる。本館は洋風意匠の木造二階建てで、三室からなる。中央部前面に車寄せを突出させて二階部分をベランダとし、中央背面には階段室を張り出して室を確保している。本館の左後方には付属館と接続する渡り廊下が設けられており、高低差のある敷地を繋いだ。付属館から伸びた廊下は本館一階と二階の間にぶつかっていることから、本館左端部に中二階が存在していたのか、あるいは廊下が掘り込まれて階段となっていたのかは判然としない。付属館は単純な長方形平面の建物であるが、その立面を見る限り、頂部にはトップライトが設けられた典型的な陳列館である。付属館の奥に和風の事務所が接続している。庭園に設けられた泉池は和風庭園として整備がされているが、噴水も描かれており、洋風庭園の要素を取り入れている。また池の脇には東屋も見え、地域住民の憩いの場にもなっただろう。庭園の周囲には花壇が整備され、農作物・草花が栽培されていたようである。

富山県物産陳列場は一八九九年（明治三二）八月の大火で全焼してしまう[196]。〈陳列所〉を重視していた富山県工業会がそれを引き継ぎ運営したが、やがてそれも困難となり、さらに一九〇三年からは富山県工業部会が引き継いで運営を行った。しかしながら、こうした体制では満足した事業を展開することが叶わず、また施設も狭小であった（この頃の施設の様態は不明）。

こうした状況を打開したのは、やはり富山市であった。富山市は、一九一四年（大正三）に「富山市立物産陳列館」を設立することを決議し、これを新築することを決めた。この新しい〈陳列所〉は翌一五年五月に竣工した[197]。同館では、市内重要製産品の陳列と委託販売を通して特産品の宣伝紹介に努め、一九二〇年からは図案部を設置して意匠の改善を図った。翌二一年四月に農商務省令に従って「富山市商品陳列所」と改称、二七年には「富山市商工奨励館」となり、新たに指導部を設けて商工業の奨励指導方針を強化した。
なお、富山県では、高岡市にも〈陳列所〉が設置されていた。富山県は、一八九三年(明治二六)六月三日に工業の改良進歩を図るため、県立の「工芸品陳列所」なる施設を設置している[198]。これは一年半足らずで閉鎖されたというが、富山県立工芸学校(現・富山県立高岡工芸学校)の基礎となった。次いで一九〇九年に高岡市によって皇太子の北陸行啓記念事業として「高岡物産陳列場」が桜馬場に設立され、市内の美術工芸品を収集・陳列して観覧に供すとともに委託販売を行い、県産品の試売紹介と販路拡張の機関とした[199]。この市立の〈陳列所〉は、後に農商務省令に則って一九二一年五月に「高岡市商品陳列所」と改称、さらに一九三七年(昭和一二)に「高岡市商工奨励館」となる。戦後、組織は現在の高岡市デザイン・工芸センターにつながり、収集品は高岡市立博物館に引き継がれている。

図26③　富山県物産陳列場(新築再開後)

27 鳥取県[200](図27①~③)

鳥取県の〈陳列所〉は、一八九二年(明治二五)に「鳥取県物品陳列場」を新築し、一一月二日に開場した[201]。当初の位置は鳥取市東町水道谷、後に県立高等女学校となる地である。しかしながら、市内の中心ではなく不便であったため、一九〇四年(明治三七)に鳥取市西町に移転した。この地は鳥取駅から東北に一〇丁ほどの距離に位置する。

移転を前にして、陳列館をはじめとして各種の施設が建設された。各棟の竣工時期から、移転開館時には、正門正面に位置する本館のほか、その左右に西館・東館が並び、加えて本館前の庭を囲むように事務所(以上、一

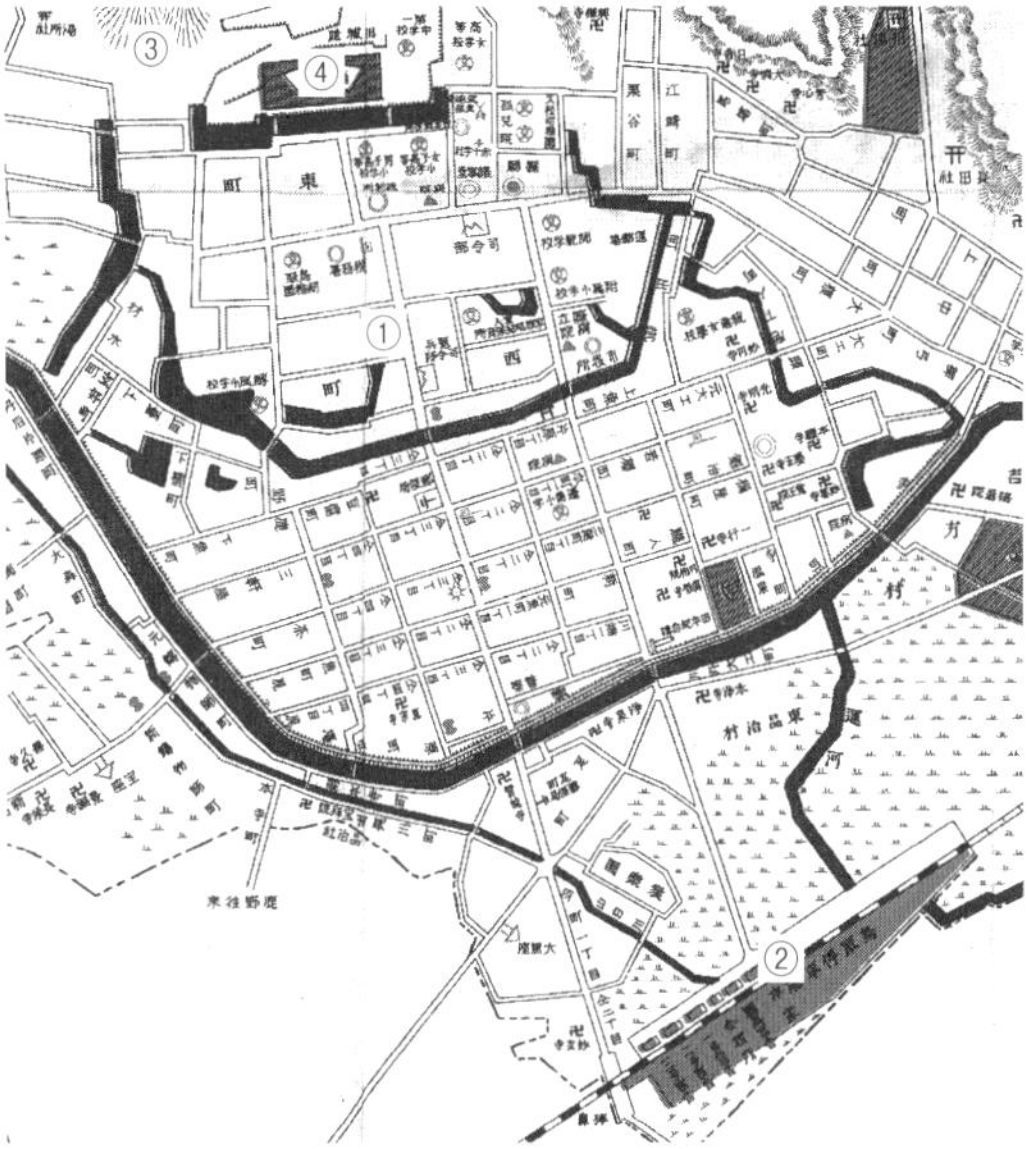

図27①　鳥取県物産陳列場の位置
①物産陳列場、②鳥取停車場、③鳥取城趾、④県庁

図27②　鳥取県物産陳列場

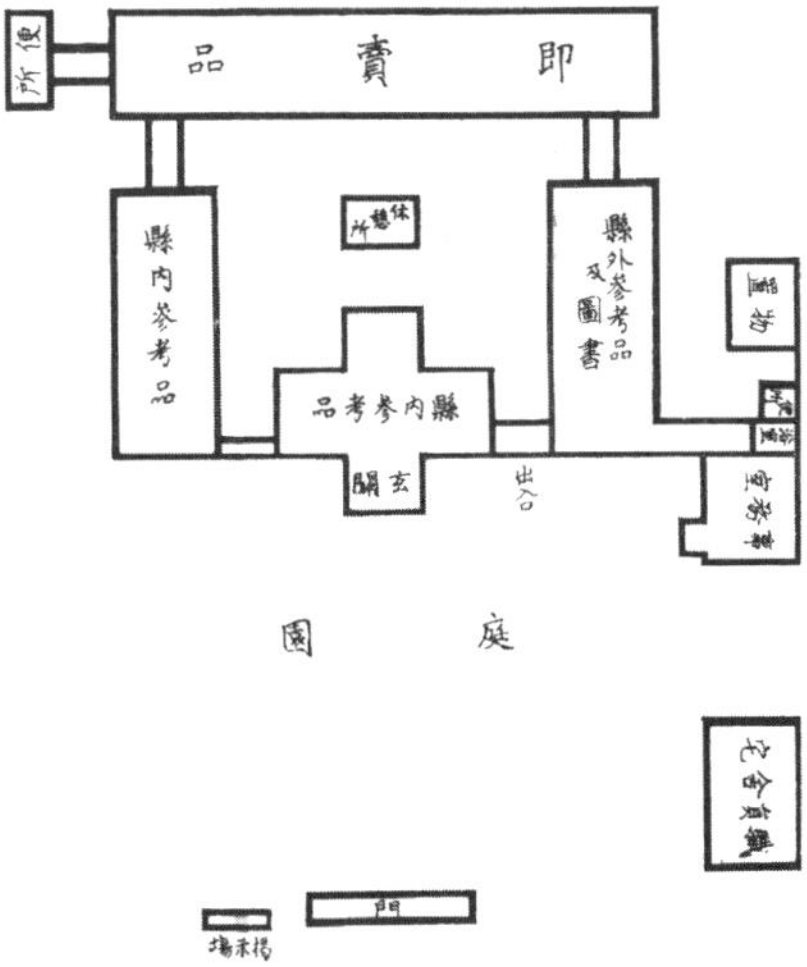

図27③　鳥取県物産陳列場 配置図

九〇二〜〇三年竣工）と職員宿舎（一八九二年竣工）が置かれた。その後、一九〇八年に炊事場ができ、一二年には本館裏手で東西両館を繋ぐ北館と、休憩所が揃って建設されている。陳列に充てられた各館の用途は、本館・西館が県内参考品、東館が県内参考品陳列および図書、北館が即売品陳列であり、それらが休憩所が建つ中庭を囲んだ。施設整備の過程から、明治末頃から即売品の陳列に注力し、外からの来館者を迎えるための施設整備が進められたことがうかがえる。

本館のみ二階建てで、前庭を見下ろすことのできるベランダが設けられている。正面中央には小塔を載せ、小振りながらも可憐な洋館である。東西両館も「洋造」とされ、壁には縦長の窓と下見板がその装いを見せるが、和風の屋根が載る。構内は陳列館に囲まれた中庭の他に正面にも庭園を有し、多くの樹木や四季の草花が植えられていた。

28 岡山県[202]（図28①〜④）

岡山県の〈陳列所〉は、一八九五年（明治二八）に「岡山県物産陳列場」として開場した。その目的は永続的に県下産業の振興に寄与することにあったが、設置の直接的な契機となったのは、同年に京都で開催された第四回内国勧業博覧会である。岡山県は同博覧会に足を運ぶ観覧者を、その道中で岡山に立ち寄らせることで、県の産業を効果的に紹介しようという狙いがあった。〈陳列所〉はこれを実現するための施設として計画されたのである。

こうした背景を持つがゆえに、岡山県の〈陳列所〉の敷地として選ばれたのは県下で最も有名な観光地のひとつである後楽園だった。この頃すでに山陽線と宇野線・中国線の鉄道が通っており、また岡山停車場からは十余町の距離があるものの、市電が繋がっていたため観覧の便があった。実際に遠方の旅客から焼物などの購入希望が多かったといい[203]、一八九七年四月に委託販売の制度を設けて、県は直接的に県産品の紹介と販路拡大に努めた。

図28②　岡山県物産陳列場

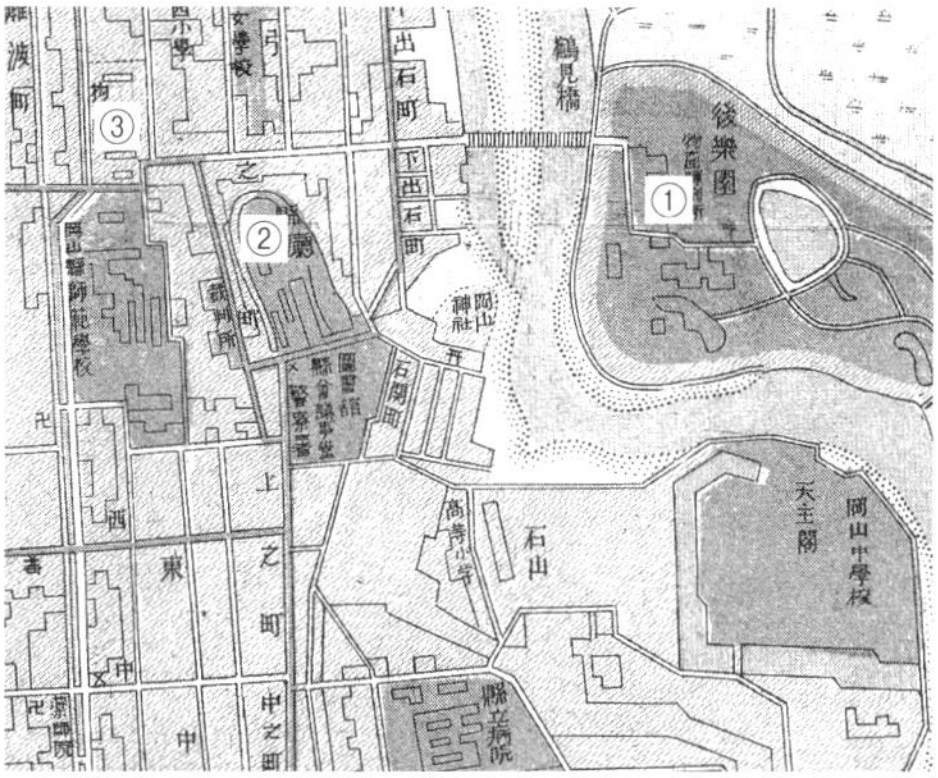

図28①　岡山県物産陳列場の位置

①岡山県物産陳列場、②岡山県庁、③後に岡山県物産館が建設される場所

図28③　同上 陳列室（２階）

岡山県物産陳列場は、後楽園という場所柄、独自に庭を持たず、公園への接続路に面して建てられた。建物は木造二階建ての和風意匠による建築である。意匠が和風ではあるが、その造りは独特なもので、博覧会の陳列施設に見られる採光用の仕組みを備えた陳列館を、ふたつ積み重ねたような構造となっている。すなわち、一階はハイサイドライトで採光し、二階は腰屋根のトップライトで採光をとる。それゆえに、庇と屋根が幾重にも連なる独特の外観を持った。機能性の重視からくる高さのある特徴的な外観は、後楽園内からも確認できるものであり、時に後楽園内を撮影した写真の年代判定に用いられるという[204]。一方で、このことは園内からの眺めに干渉するということを意味し、やがて後楽園の保勝問題に発展していくこととなる。

　さて、主には県外からの観光地来訪者に対する県産品紹介の役を担った物産陳列場であったが、次第にその事業内容の改善を叫ぶ声が上がり、地元商工業者の利用に便のよい市街地への新築移転が決まる。またもうひとつの背景として、景観上の問題もあった。一八九八年頃から、県議会において物産陳列場や付近の官舎の外観が悪いため撤去してはどうかという意見が出されていた。移転が現実化し始めた一八一六年（大正五）頃には、官舎跡地が移転先とされたようであるが、紆余曲折の末、機能上と景観上の要請から、物産陳列場は後楽園から市街地へと移転するのである。[205]

後楽園を後にしたこの〈陳列所〉は、官庁街にも近い岡山市弓之町へ移転する。移転に際して新築された建物は、産業の進運とともにその規模の拡張が叫ばれていたため、これまでのものから規模を大きくし、「岡山県物産館」として新しい〈陳列所〉を建設することとなった。

岡山県物産館は一九一七年（大正六）六月に着工し、二年の歳月をかけて一九一九年四月八日に竣工する。[206] 同館は陳列室などを備える本館と、東別館（二六年一〇月一五日に焼失）・西別館で構成される。本館前面は接道しているが、背面には庭園を備えており、式典などに供された。[207] 木造二階建て、総坪数二九三坪の建築で、開館式の工事報告では「ルネーサンス式にセセッション式を加味した木骨化粧煉瓦貼」と紹介された。同館の建設に合わせて附属工業試験場も一緒に建てられたという。

図28④　岡山県物産館

この本館の一階には陳列室のほかに喫煙室や厨房などがあった。厨房は一室であるが、共進会や各種展覧会などで食事会を催す際には、上階の配膳室と連携して多くの食事の準備に対応できるようになっていた。二階には一七一坪の公会堂（公衆集会場）を中央に設け、その脇に貴賓室を備えた。公開室には消火栓が整備されていたが、この消火栓設備は最新のものが取り付けられ、岡山県で最初の試みとして評判を呼んだ。物品の陳列には、本館一階と東西別館が充てられた。なお、一九二八年に旧藩主池田家から岡山市に公会堂の新築寄付があったため、この〈陳列所〉に設けられた公衆集会場はその用を終えて閉鎖され、陳列室に転用された。

移転後の組織変遷を辿れば、一九二一年（大正一〇）二月一八日に農商務省の認可を受けて同年三月一日に「岡山県商品陳列所」と改称する。一方で、岡山県は県産品の関西方面への進出を目論んで、一九三二年（昭和七）四月に、県庁内に販売斡旋本部を設け大阪と神戸に販売斡旋所を置いたが、その事業が物産館のそれと重なるため両者を合併することとし、翌三三年四月一日にそれを実現させるとともに、「岡山県立商工奨励館」と改称した。

29 熊本県[208]（図29①～⑤）

熊本県における〈陳列所〉のはじまりは、一八九五年（明治二八）一〇月に設立された「観聚館」である。白川公園の北部に位置する県庁のさらに北側、南千反畑町に位置する。観聚館は、「古美術品及工芸品ヲ蒐集陳列シタル普通ノ博物館ニシテ傍ラ図書室ヲモ県民ノ趣味向上ヲ図ル目的ヲ以テ経営」するものであった[209]。なお、観聚館は施設全体の名称であり、特定の建築を指すものではない。一九〇二年（明治三五）九月には「熊本県物産館」と改称し、内外製品の陳列を始め、委託販売制度を設け産業促進機関としての側面を強めていった。「道府県市立商品陳列所規程」に則って専任の館長や技師を配置し、一九二〇年（大正九）一一月一二日に「熊本県商品陳列所」と改称した。

観聚館の建築は一八九三年度（明治二六）に着工し、翌九四年四月に事務所と集議所が竣工、九五年五月に参考館（本館）が竣工して開館を迎える。開館後に継続的に施設の整備が進められ、図書縦覧室等の工事も開館後に着工している[210]。

参考館は正門の突き当りに位置する二階建て一文字型の平面を持つ洋風建築で、正門から参考館に至る通路の両側に付属施設を配している（図29①）。中央の通路では様々な催し物が行われるなど集会広場として使用され、

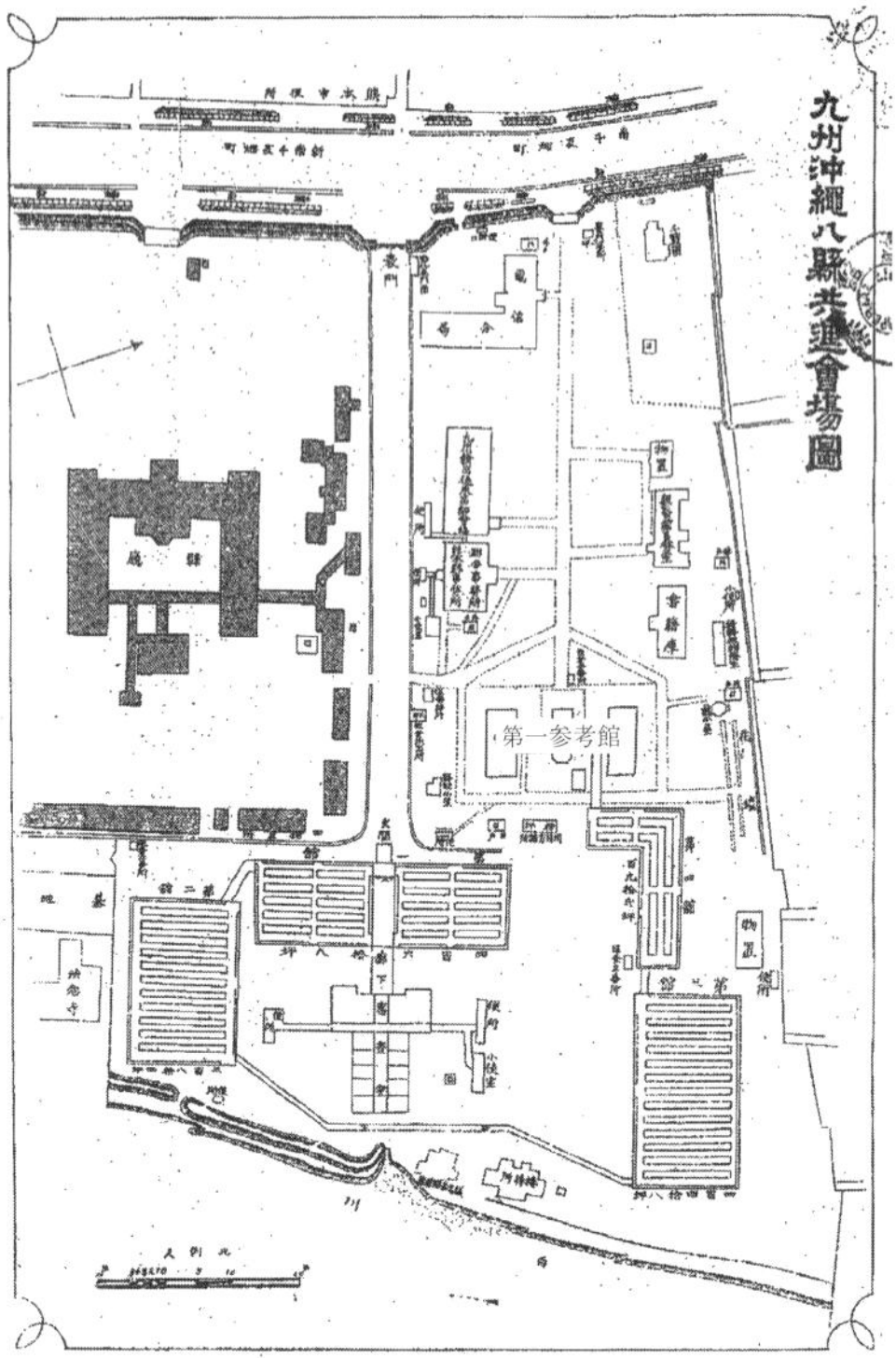

図29① 第11回九州沖縄八県聯合共進会 会場図
中央通路右側の敷地が観聚館。第一参考館とあるのが参考館(本館)、その左上が事務所(ジェーンズ邸)。

図29② 熊本県物産館(元・観聚館)の諸施設
(上)参考館(本館)、(左下)事務所(旧ジェーンズ館)、(右下)即売館(旧国産共進会農業館)

日露戦争時には出征軍人の激励会が執り行われた(211)。

事務所として使用された建物は、熊本市における最初の洋館であるジェーンズ邸を転用したものである。この邸宅は洋学校教師として赴任していたアメリカ人教師ジェーンズの官舎として、一八七一年（明治四）に古城に建設されたものである。明治初年に来日した外国人教師の居館を、当初の役割を終えた後に〈陳列所〉として使用したのは石川県と同様であるが、物産陳列館時代の写真（図29②左下）を見ると、正面部分に和風の玄関が取り付けられていたようである。なお、この邸宅は戦後に熊本市に移管、一九七〇年（明治四五）に水前寺公園へと移築されて現在まで保存されている。

観聚館の建物は熊本市で開催される共進会や展覧会の会場として度々利用されたが、とりわけ一九〇一年（明治三四）の第一一回九州沖縄八県聯合共進会は大きなものであった。県庁と観聚館の間に通る道路を中心軸として会場計画がなされ、同館の陳列館が参考館として使用された(212)。さらに一九一五年（大正四）に熊本市主催で大典記念国産共進会が開催されると、このときの農業館を流用して、翌一六年五月同館敷地内に即売館が建設された。

この熊本の〈陳列所〉に大きな転機をもたらしたのは、一九三〇年（昭和五）に実施された熊本県工業試験場との合併である。これにともなって名称を「熊本県商工奨励館」と変えた。熊本県工業試験場は、一九二二年（大正一一）に設置された独立組織であったが、この合併で商工奨励館染織試験部となった。『熊本県史』によると、一方で、熊本県商品陳列所は一九三〇年四月に「商工奨励係」に改称されたという(213)。商工奨励係（館）となることで、陳列に関する事業から情報に関する事業が主体となり、それにともない、陳列施設も持たなくなったようである。これは、後述する熊本市立の熊本勧業館において、商工奨励館が主催者として展覧会を開催している(214)ことからもうかがえる。

熊本県の〈陳列所〉は、情報機関としての商工奨励係への展開によって陳列施設を持たなくなったようだが、こ

図29③　熊本勧業館

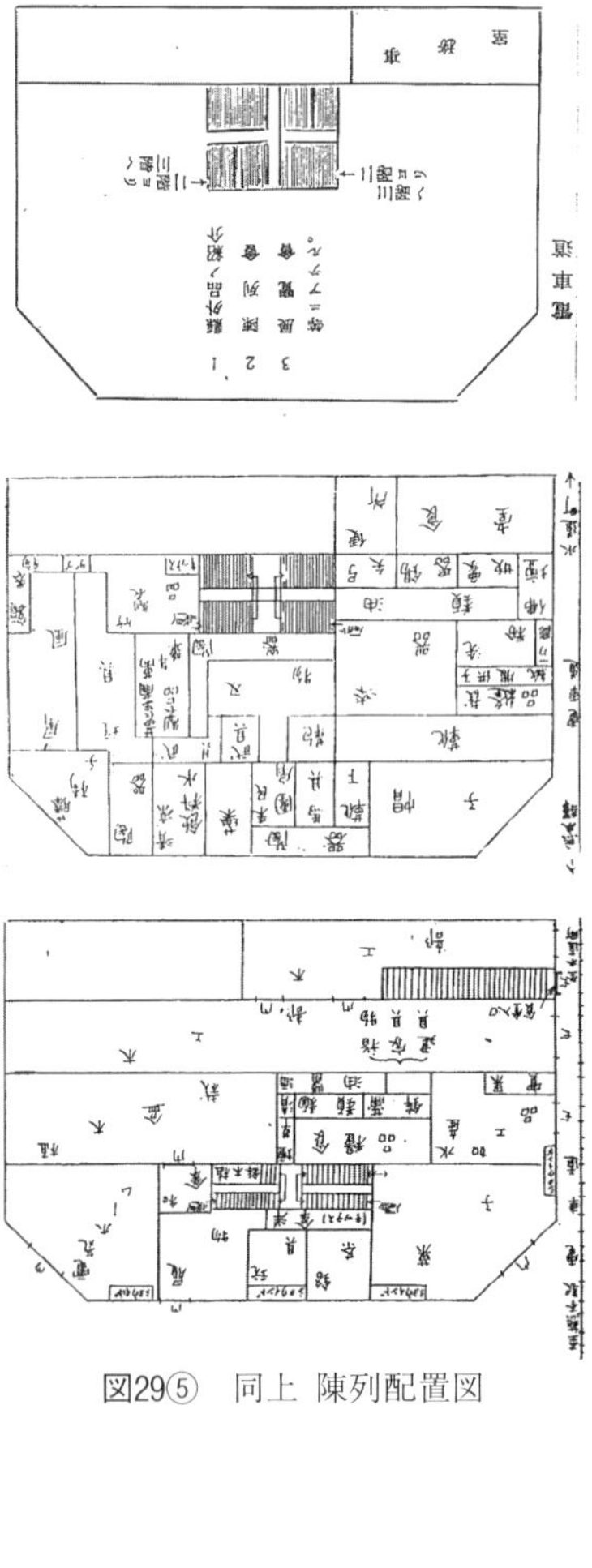

図29⑤　同上 陳列配置図

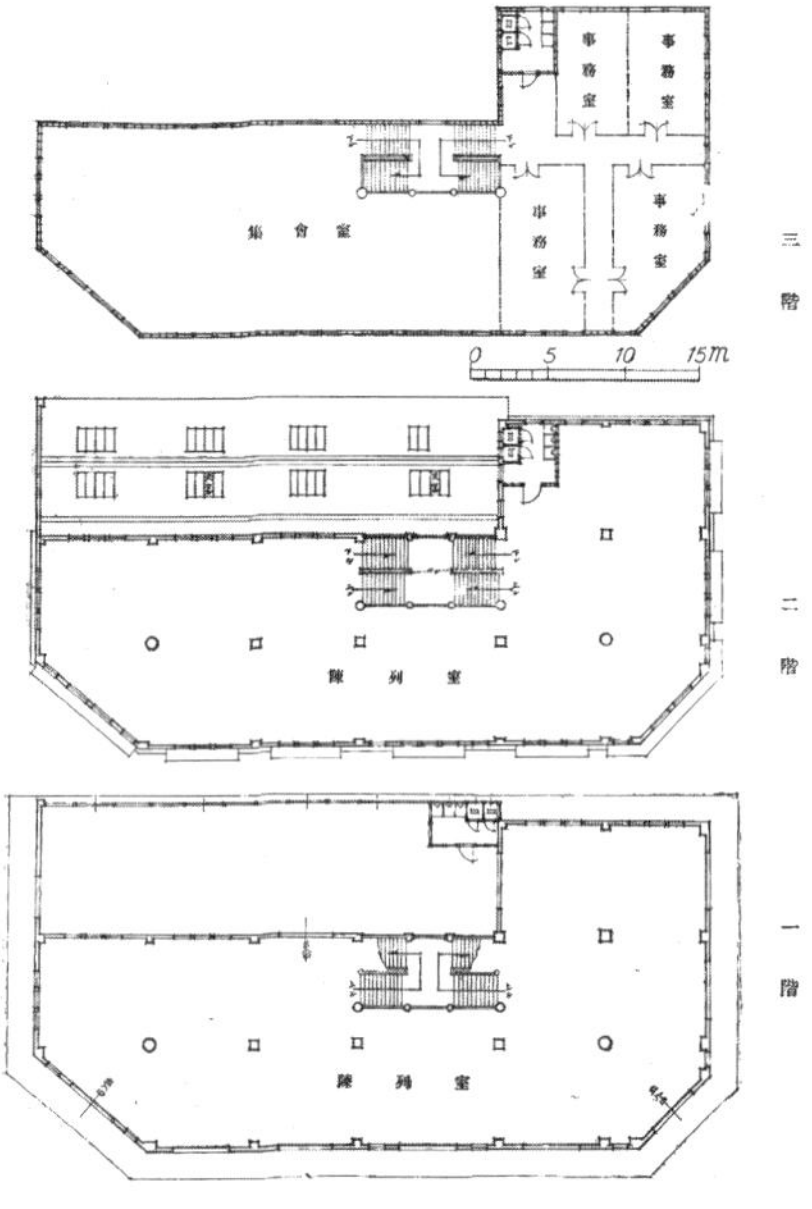

図29④　同上 平面図

れと同時期に、別の陳列施設が熊本市によって設置された。それが一九三〇年に中心市街地の一角に開館した「熊本勧業館」である。熊本市は山崎練兵場が移転した跡地を造成して一九〇〇年（明治三三）から土地の売却を始めたが、大蔵省煙草専売局がその地を購入して工場を設けたことをきっかけに市街化する。[215]やがて、多くの商店や飲食店が建ち並び映画館が出来る等、盛り場へと発展した。熊本勧業館はその新市街の一角にて「製産品の紹介、宣伝、販売等直接実行の衝に当るべく設立」されたのであった。[216]

熊本勧業館は、一九二八年三月二二日の市会決議で、総工費九万円で建設されることとなり、翌二九年四月起工、同年一二月末に竣工し、三〇年五月二一日に開館した。ここでは、参考品の陳列展示・意匠図案の調整委託など業者の技術指導を行うほか、展覧会の開催や出張販売などを行った。

また同館は鉄筋コンクリート造三階建ての近代的ビルである。三層の大部分が陳列室であり、小さな百貨店のような構造をもつ。三方を道路に接し、正面両角部分に出入口を設けて交差点の賑わいを引き込む一階と、その上の二階はすべてが陳列室で、種類毎に区分けして陳列が行われた。一階奥にはトップライトによって採光がなされる特別な陳列室が備えられているが、これが木造の附属建物として扱われている部分と思われる。二階の一角には食堂が設けられていた。三階は半分を集会室とし、残りを事務室とした。

以上に見て来たように、熊本県の〈陳列所〉は昭和のはじめに工業試験場と組織的に統合された後、陳列機能は次第に失われていったが、それを補うかのように熊本市が陳列施設を設けた。物産陳列場時代に市が主催した共進会の建築を県が引き受けたことにも表れているように、県と市が協働して〈陳列所〉の事業を展開していた。

30　佐賀県[217]（図30①〜④）

本県の〈陳列所〉は、一八九六年（明治二九）四月に佐賀市松原町に「佐賀県物産陳列場」として創設されたこ

図30①　佐賀県物産陳列場

とに始まる（図30①）。一八九九年五月には同町内の公会堂跡地に移転して産業助長機関として県内外の物産を収集陳列し、一九一〇年（明治四三）には県下生産者の委託販売を開始している。当初の陳列場の様子は不明だが、公会堂跡地に移転後の様態は発行された写真帖から確認できる。物産陳列場として紹介されるのは入母屋屋根を掲げる和風の建築物であり、構内には陳列に供されたことを推測させる建築が複数棟見える。

やがて時勢の進運に対応しきれなくなり、新たに陳列館を建設することとなった。その費用は一九一二年度からの二ヶ年継続事業費として捻出された。一九一三年（大正二）八月に着工し、翌一四年三月に建物工事が竣工。内部の設備を整え、同年七月七日に「佐賀県物産陳列館」と名称を変更して開館する（図30②）。

同館が建つ敷地は、県庁通りに面しており、県庁とは堀を挟んで対面する。後に、敷地の一部は佐賀市に貸与され佐賀市公会堂が建てられた。開館時の構内施設は本館・第一号館・第二号館・当直室・便所などである。この構成は明治期の多くの〈陳列所〉と同様であるが、街路に沿って下見板張りの洋風建築が建ち並ぶ建物配置が、明治期のそれにはない特徴的な点である（図30③）。従来の〈陳列所〉は、門と塀で囲まれた敷地の中心に本館を置き、前庭や中庭を囲むように附属の陳列館を置いたが、ここでは敷地角を交差点に向けて本館を置き、左右に伸びる道路に沿って陳列館を置いた。本館前には交差点に接する広場のような空間が確保され、そこから左右の陳列館に直接出入りも可能であった。委託販売の開始などを踏まえて、都市との関わり方が建築の上でも直接的なものになったといえるだろう。

物産陳列館は、佐賀県で開催される博覧会・共進会の会場として繰り返し使用された。大規模なものを開催する際には新たに陳列館を建設し、いくつかはその後の恒常的な利用を想定して計画された。たとえば、一九一五年（大正四）に大

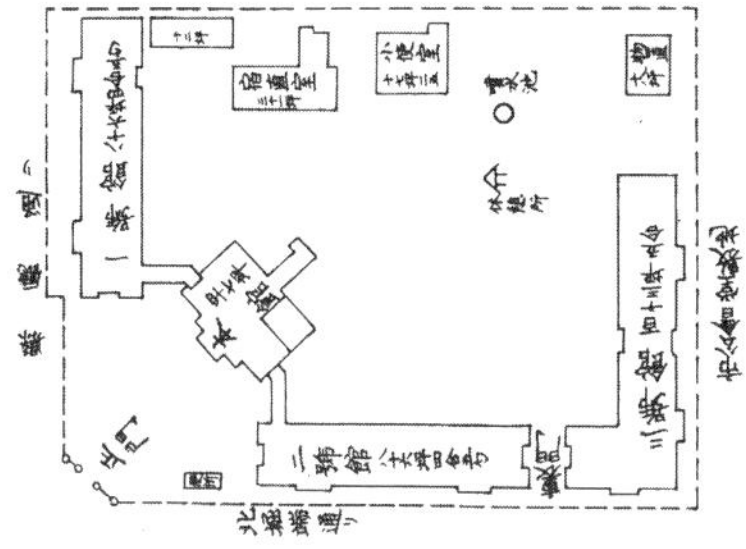

図30③　佐賀県物産陳列館 平面図

図30②　佐賀県物産陳列館

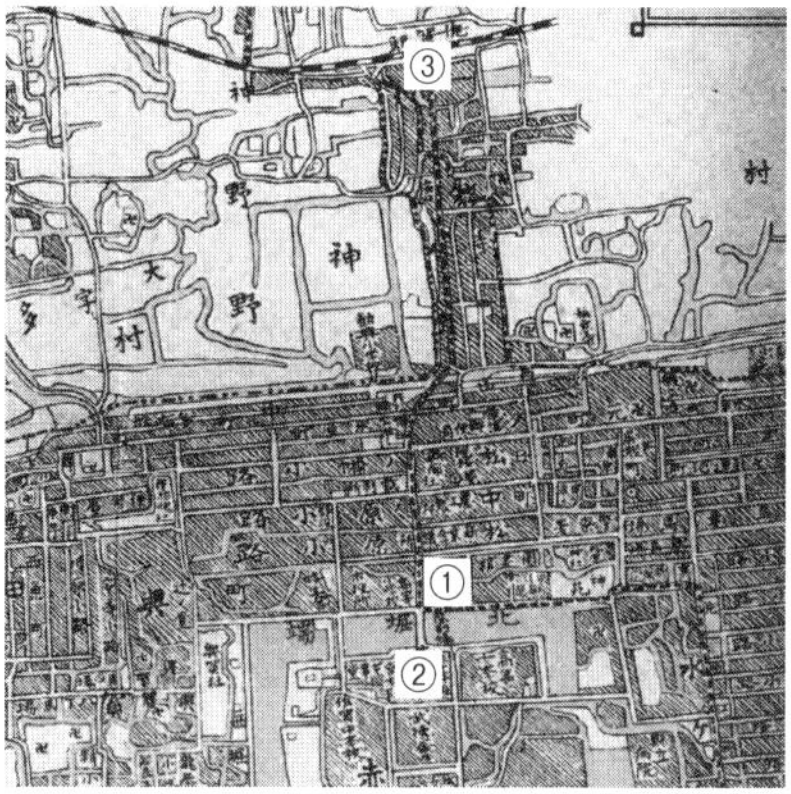

図30④　佐賀県物産陳列場の位置
①物産陳列場、②県庁、③佐賀駅

正大礼記念事業として開催された県内物産共進会では、工業館を常設施設として二号館の横に中庭を囲むように建設し、閉会後に三号館とした。この時、合わせて噴水池や東屋が、民間から寄付されている。さらに一九二八年（昭和三）一一月の昭和大礼記念事業として開催された全国物産共進会では、御大典記念館を建設して閉会後も存置した[218]。

なお、同館はこの間に組織の改変を行っており、一九二一年（大正一〇）七月に農商務省令に則って「佐賀県商品陳列所」と改称し、さらに一九三一年（昭和六）四月二四日に「佐賀県商工奨励館」となった。

31 秋田県[219]（図31①〜③）

秋田県では一八九六年（明治二九）一二月に「秋田県物産陳列所」を県庁構内に設置、翌九七年に開所した。同所は参考品として他府県物産を陳列する一方で、県内物産の委託販売を行っている。一九二一年（大正一〇）には、「秋田県商品陳列所」と改称し、取引紹介や商工業に関する指導を行うなど、活動の幅を拡大した。こうした中、東宮の御成婚記念事業をきっかけとして、新しい〈陳列所〉（物産館）を建設することになる。

「秋田県物産館」の建物は、勧工場などで賑わう通りのT字路の交差点に建てられた（図31②③）。道路を挟んで川が流れる場所である。交差点の角にドームを載せる三層の塔を配して際立たせ、その一階に玄関を設け、二階に貴賓室、三階には休憩室と特別な室が置かれた。塔の奥には広間があり、それと一体となった階段室が置かれた。塔の左右には、道路に沿って二階建ての建物が接続し、一・二階はすべて陳列室とされた。地下には事務系の諸室（事務室・館長室・図案室・宿直室・小使室・湯沸室）と物置が置かれた。

同館の建設経緯等については、角哲らが明らかにしており、以下それによって概略を紹介したい[220]。物産館の建設はもちろん商品陳列所の建替えのためであったが、これは同時に東宮の御成婚記念事業として建てられた公会堂（一九一八年四月に焼失）の再興事業としても位置づけられていたという。〈陳列所〉の移転先は、交通の便などを考慮しながら約一年半を費やして勧工場隣接地に決定、伊東忠太に設計顧問を嘱託して一九二二年一一月に設計を完了した。設計担当は後に技師となる山田長好だという。

建築工事は一九二三年（大正一二）八月に開始され、二五年一〇月四日に竣工する。同年一〇月一五日には皇太子（後の昭和天皇）の訪問を受け、一二月二一日に一般に公開された[221]。工事の完成は、皇太子の行啓に合わせて進められたものと思われる。なお、関東大震災の影響による財政の緊縮により、同時に計画されていた工業試験場の建設は見送られている。

図31②　秋田県物産館

図31①　秋田県物産陳列所

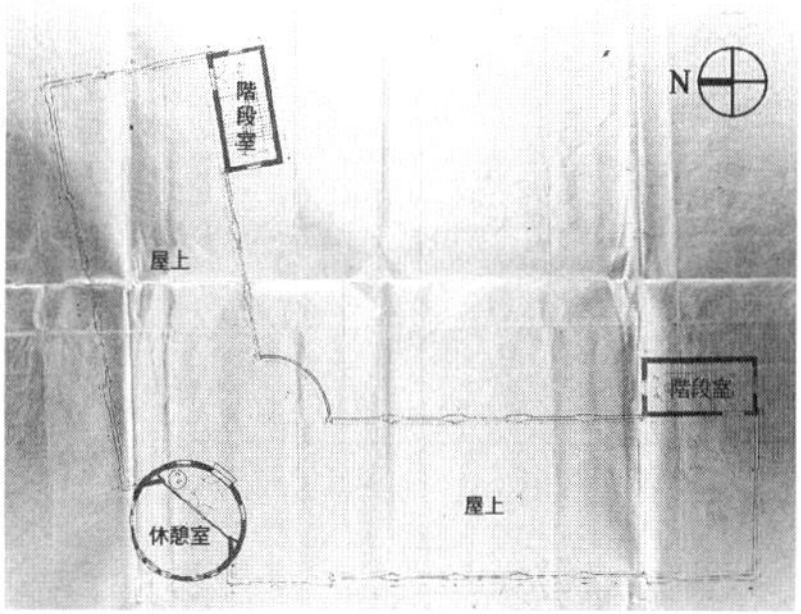

3階

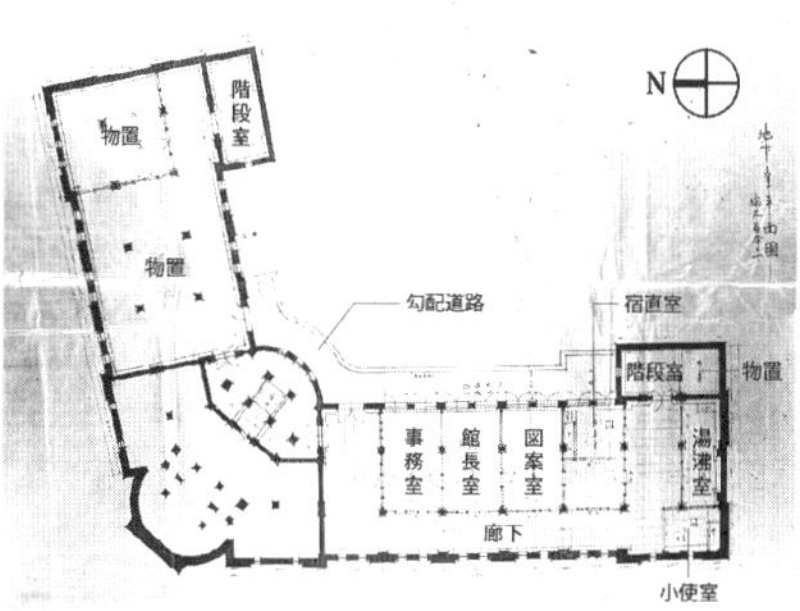

地階

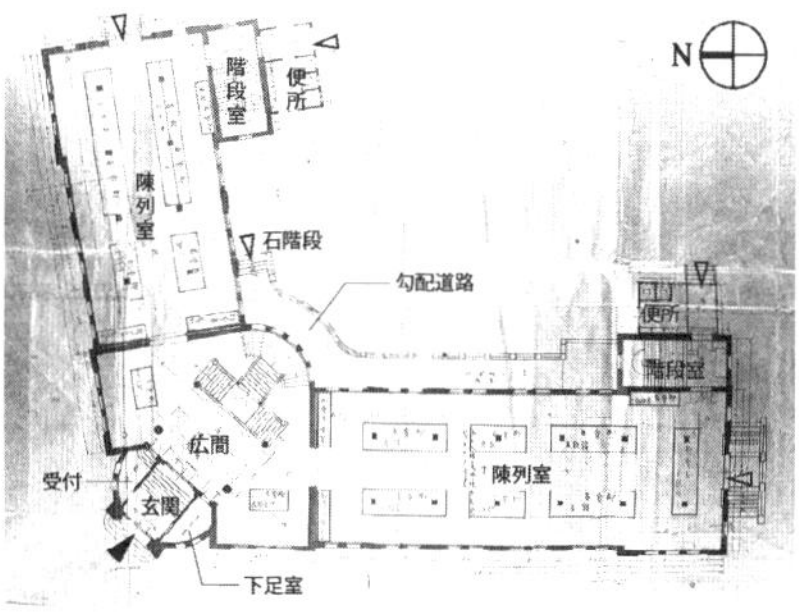

1階

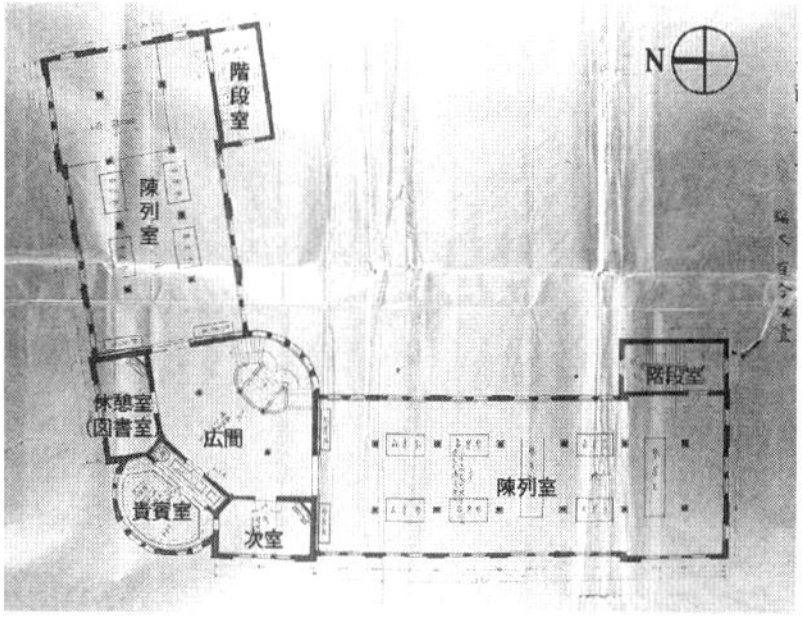

2階

図31③　秋田県物産館(新築移転後) 平面図

なおこの頃、伊東忠太は東京でも東京商工奨励館の設計顧問を務めている。このふたつの建物には共通して、ドームが載せられた。

新館の建設にともない組織にも変更が加えられ、研究部門等が付与されている。これを理由として名称の変更が検討され、商工省の認可を受けて一九二五年一〇月三日に「秋田県物産館」と改称している。

32 長崎県[222]（図32①～④）

長崎県は、一八九七年（明治三〇）二月一〇日から三月二一日の間、第九回九州沖縄八県聯合共進会を諏訪公園にて開催した。長崎市はそれに先立って前年に市内有志者からの協賛を得て一棟をこの会場内に建設し、共進会の開会前後に「長崎商品陳列所」として運営を開始していた。共進会では、共進会事務局が共進会のために建設した三棟の陳列館に、この商品陳列所（第二館として使用）を加えた四棟が主な会場とされた[223]。

共進会の閉会後、同所は国内外の製産品を収集しその紹介に努めた。一九〇三年（明治三六）七月には組織を改良し、委託販売を開始した[224]。長崎県においては県立の〈陳列所〉は見られず、市立機関がその役割を担った。

長崎商品陳列所の建物は諏訪公園内の道路に近い敷地に建てられている。外観の他は詳細が明らかにできないが、構内には庭園を整備し、その庭園の奥に陳列所を構えていたようである。建物は煉瓦造二階建ての洋風建築であり、長方形の平面を持つ。正面中央には車寄せを突出させ、その上部は三方に窓を設ける居室とされた。おそらく応接室等の特別な部屋にされたのだろう。外部意匠は非常に簡素で、平坦な壁面に長方形の両開き窓が並び、庇と窓台がわずかに壁面に凹凸を付ける。屋根は寄せ棟とし桟瓦を葺く。この建物を印象づけるのは、一階を車寄せとする突出部分である。車寄は正面を三連アーチ、側面を扁平アーチとする。この部分のみ屋根をマンサードルーフとし、さらに前面にはペディメントを載せるが、どれも装飾の省かれた簡素な意匠で構成されてい

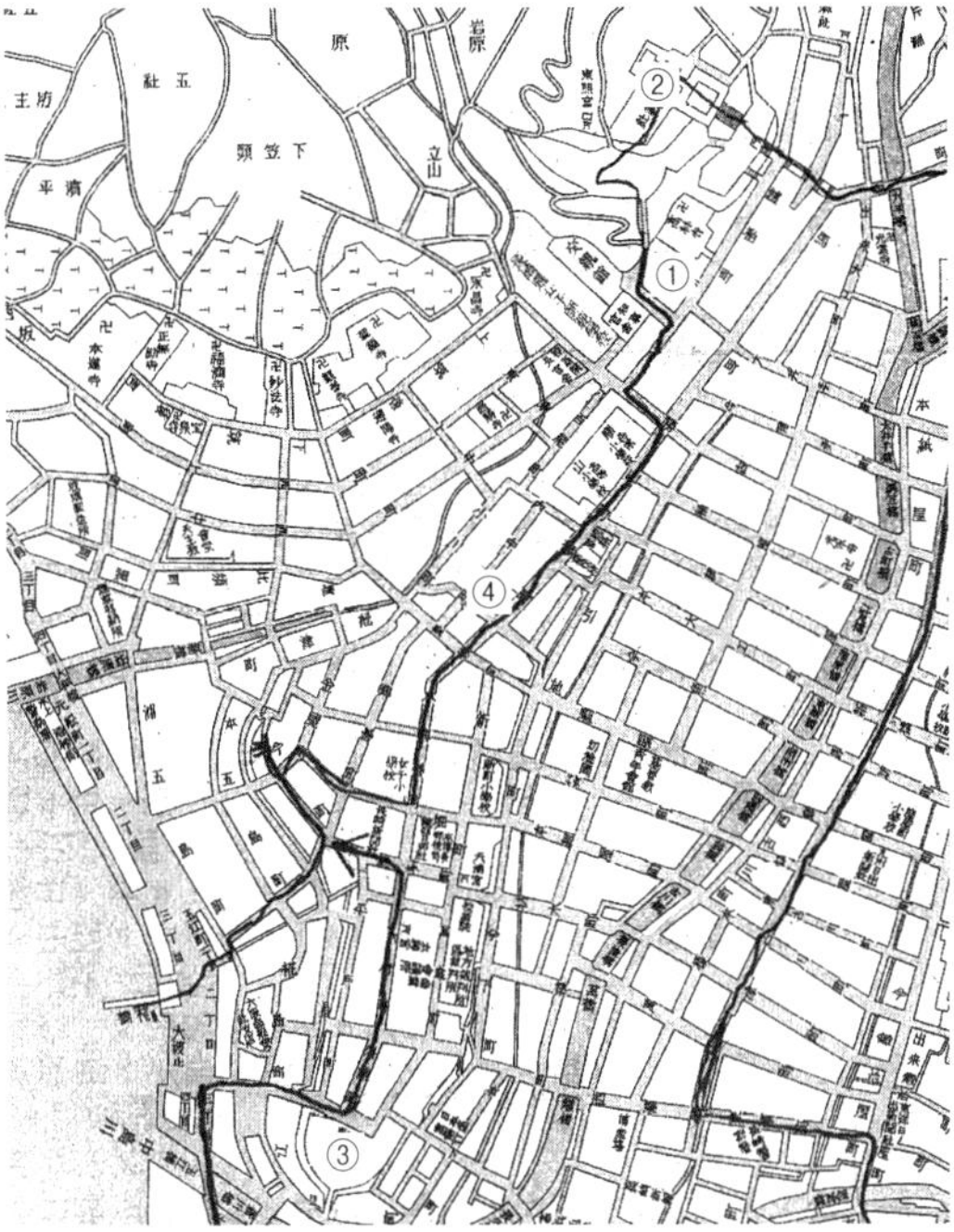

図32①　長崎商品陳列所の位置
①商品陳列所、②諏訪神社、③長崎県庁、④長崎市役所

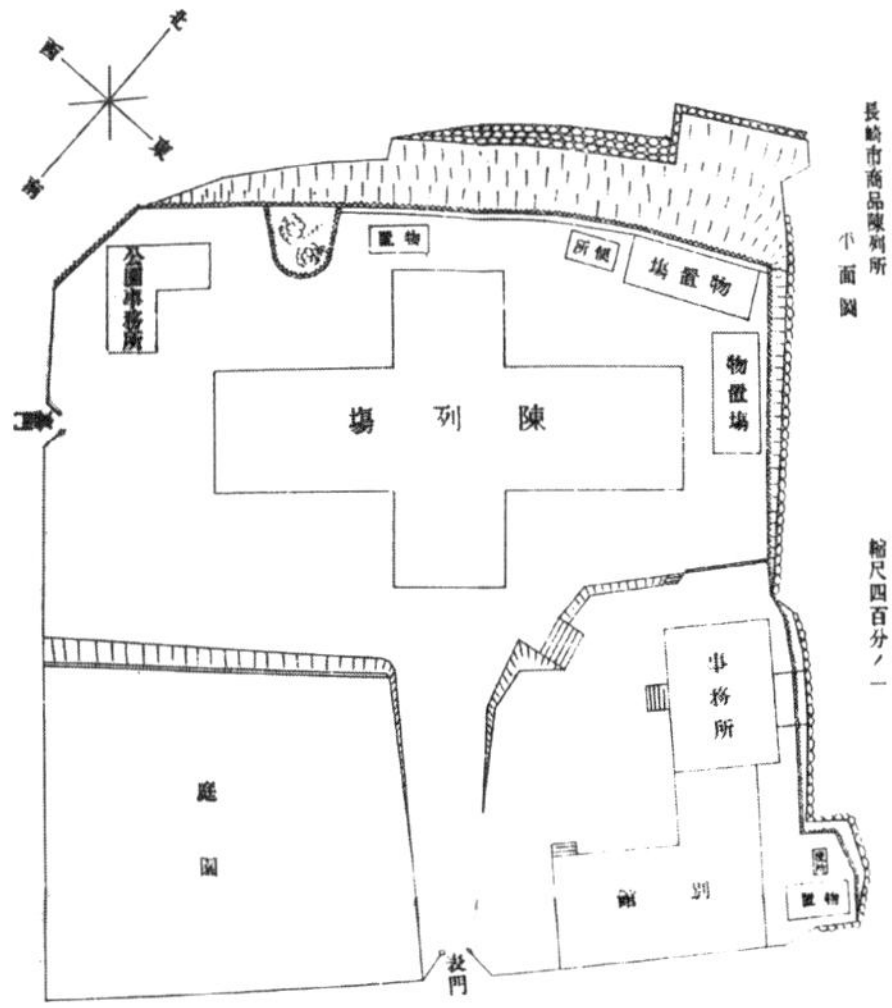

図32③　長崎商品陳列所 配置図

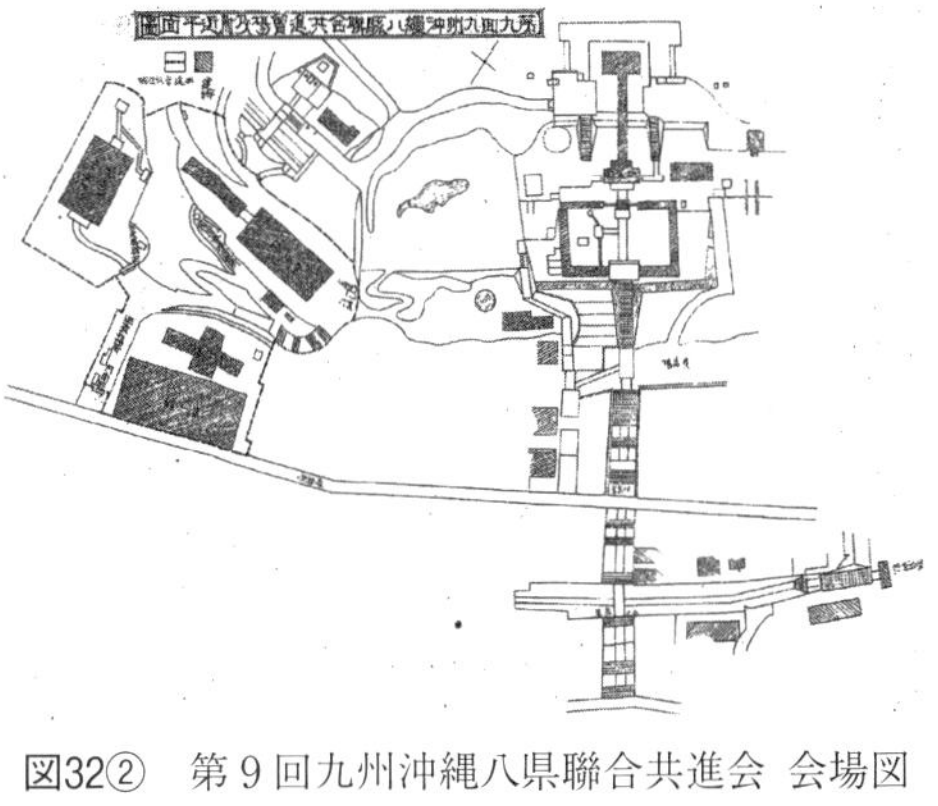

図32②　第9回九州沖縄八県聯合共進会 会場図
中央左、十字形に描かれた建物が長崎商品陳列所に充当された第二館。右半分は諏訪神社境内。

る。

長崎商品陳列所は、一九二一年（大正一〇）に「長崎市商品陳列所」と改称、三〇年（昭和五）には「長崎市商工奨励館」となった。やがて、民間商工業やデパートの発達により同館はその役目を終えたが、四一年には同館を改組して市立の「長崎博物館」（当初は史料博物館と称した）を開館した。博物館の職員には、大正期の商品陳列所時代から務める林源吉が主事を務め、引き続き美術工芸・郷土史・観光事業などにも取り組んだ。林は後に長崎県文化財専門員として県内の文化財調査に尽力する[225]。〈陳列所〉の活動には、工芸の意匠製作や製品の指導を含むが、こうした活動が地元の商工業・美術工業の基礎を作るとともに、郷土研究者ともいえる林のような人物の輩出したことにも、重要な意義を認めることができよう。

図32④　長崎市商品陳列所

33　高知県[226]（図33①〜⑤）

高知県の〈陳列所〉は、「産業ノ改良発達ヲ図ル目的」で、一八九八年（明治三一）一二月二七日に帯屋町に設立された。当初は「勧工場」と称し、藩政時代の兵舎を転用してその用に充てられた。一九〇一年四月一日から〇六年三月三一日まで、その管理運営は県からの委託を受けた高知県商業会議所が行った。勧工場時代の建築についてはよくわかっていない。一九〇六年以後は再び県の直営として運営されたが、時勢の進運にともなって従来の施設では業務上の不便が目立つようになり、一〇年に規模を拡張した〈陳列所〉の新築が決議された。この建設のために同年三月末日から従来の勧工場は閉場した。

新しい〈陳列所〉は、背後に天守閣を望む大高城下の景勝地が選ばれた。この隣地には武徳殿がある。一九一一

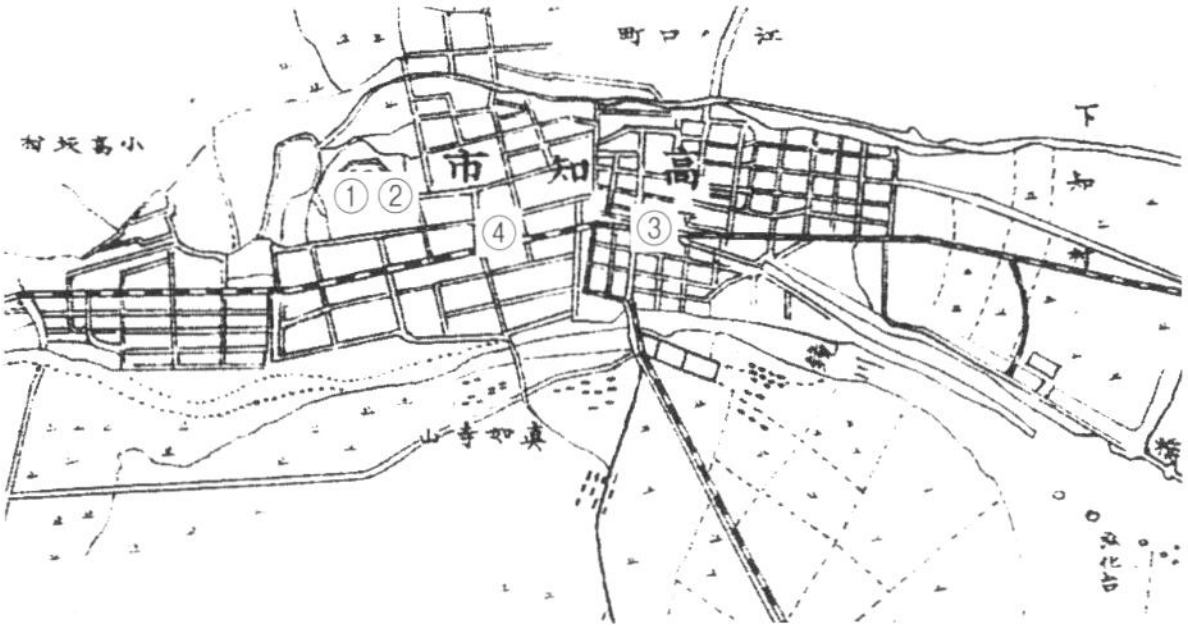

図33①　高知県物産陳列場の位置

①物産陳列場、②高知県庁、③土佐電鉄はりまや橋停車場、④帯屋町

図33③　高知県物産陳列場

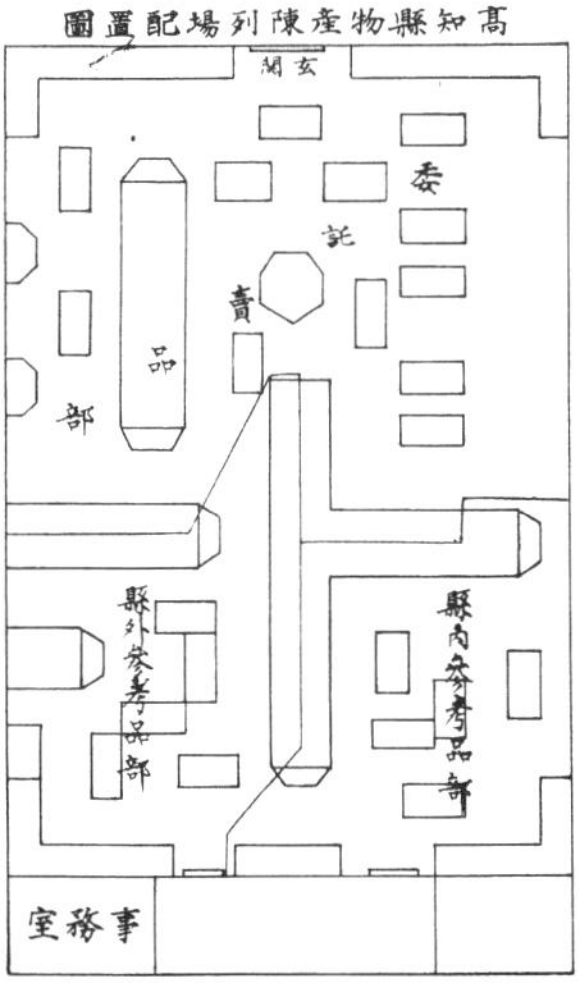

図33⑤　同上 陳列配置図

上部に正面玄関が位置する。

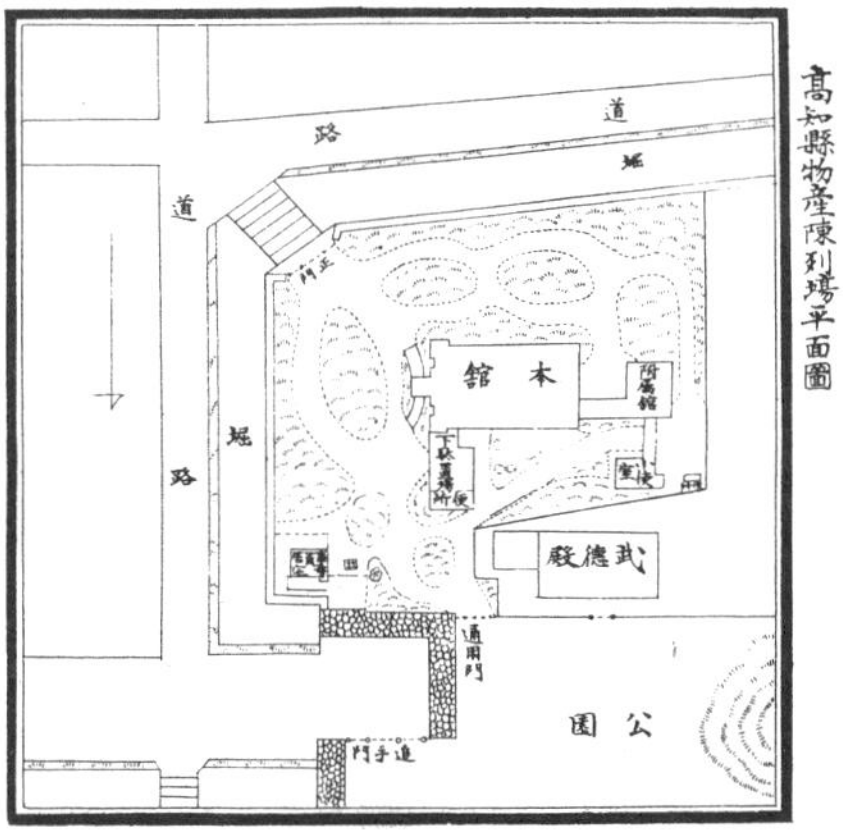

図33②　高知県物産陳列場 配置図

図33④　同上 陳列の様子

年（明治四四）二月に着工、翌一二年三月に竣工し、「高知県物産陳列場」として三月三〇日に開場式が行われた。一般への公開は内部の整理が完了した後の六月二〇日である。一八年一〇月に「高知県物産陳列館」に改称、さらに二〇年四月には農商務省の認可を受けて、「高知県商品陳列所」と改称した。

同所は城郭内を敷地としたため前面に堀があり、この建設にあたって架橋し、道路と接続された（図33②）。本館の建築は木造二階建てで、一階は物産陳列場、二階は公会堂として利用された。平面は長方形型で、その短辺側を正面としハーフティンバーの構造が壁面を飾る。正面中央には車寄せを突出させ、その上部はベランダとした。ベランダ上部には屋根を盛り上げ時計を配し、その両脇にドームを戴く塔を配する。側面も中央部に意匠の中心を置き、小屋根の切妻を三つ連ねて見せる。さらに本体部分の大きな寄せ棟の中心に小棟を載せている。

〈陳列所〉に充てられた本館一階は、そのほとんどを陳列室とし、小さな事務室を奥に配置した。この陳列室は一室空間であるが陳列棚によって間仕切られている。一九一六年（大正五）当時の陳列配置（図33⑤）を見ると、陳列室の正面玄関側の半分が「委託売品部」、残りが参考品の陳列で、「県外参考品部」と「県内参考品部」で二分している。[227]景勝地を選び、委託販売を前面に置いた点に、県外者への物品販売を重視するこの〈陳列所〉の性格が感じられよう。また付属施設として職員住居が敷地内に併設されている。

なお、高知県商品陳列所は一九二一年（大正一〇）に神戸市に出張所を設け、県産品の販売斡旋に取り組んでいる。[228]二三年にはそれを大阪市に移した。その後、一九三五年（昭和一〇）に「高知県商工奨励館」に改組される。[229]

34 群馬県[230]（図34①～③）

群馬県は一八九八年（明治三一）一〇月二〇日、[231]前橋市曲輪（県庁前）にある群馬県農会の一部を利用して「群馬県物産陳列場」を設置し、県内外の生産物を陳列するほか、委託販売の制度も設けて運営していた。しかし、次第に場所が狭小となり、新しい施設が求められるようになった。

折しも、一九一〇年（明治四三）に前橋市内で一府十四県聯合共進会が開催されることとなり、群馬県はこの機会を利用して〈陳列所〉を新築した。閉会後に物産陳列館が入居することになる参考館は、清王寺町の第一会場から離れた繁華な連雀町に置かれたが、これは事後利用を想定してのものである。(232)ちなみに、第一会場の建築は閉会後に県立師範学校に充てるために水質調査を行った上で工事を進め、公園内に建てられた貴賓館は後に公会堂として使用する予定で施設計画がなされた。いずれも恒久建築として建設された。参考館は木造二階建て漆喰塗のルネサンス風意匠の洋風建築で、建坪は一三〇坪強、工費は一万九〇四七円である。

共進会は同年九月一七日から一〇月一五日まで開催され、閉会後に参考館は「群馬県物産陳列館」として使用された。その後、一九二〇年（大正九）四月二三日に農商務省の認可を受けて、「群馬県商品陳列所」と改称した。聯合共進会の際に恒久的に設計されたとはいえ、昭和に入る頃には施設が老朽化し、改築の必要が生じた。この頃、県では県民と直接対面する県下の公益団体について、「県内各種団体が同一建物中に事務室を有し相互連絡を図るは極めて有益なる事並県民が集会の為に公会堂を有するは自治公同の上有益にして必要なる」と考えていた。(233)そこに商品陳列所の老朽化問題が生じたため、「商品陳列所も之に併置するは機宜に適したる措置」であるとして計画に取り込まれる。これによって、同所を含む県下の各種公益施設が一体化された複合施設、「群馬会館」として建設が進められることとなる。

群馬会館の建設は昭和天皇の御大典記念事業として一九二八年（昭和三）の県会で議決され、翌二九年三月二五日に起工、三〇年一一月一一日に竣工する。敷地となったのは県庁の向いの敷地であり、かつて群馬県農会（すなわち最初の群馬県物産陳列場）が位置した場所である。設計者は、群馬会館の向いに建つ群馬県庁舎と同じく佐藤功一である。(234)公益機関の複合施設として計画された群馬会館は、大きく三つの部分からなる。中央の一

図34② 群馬会館

図34① 一府十四県聯合共進会 参考館
（群馬県物産陳列館）

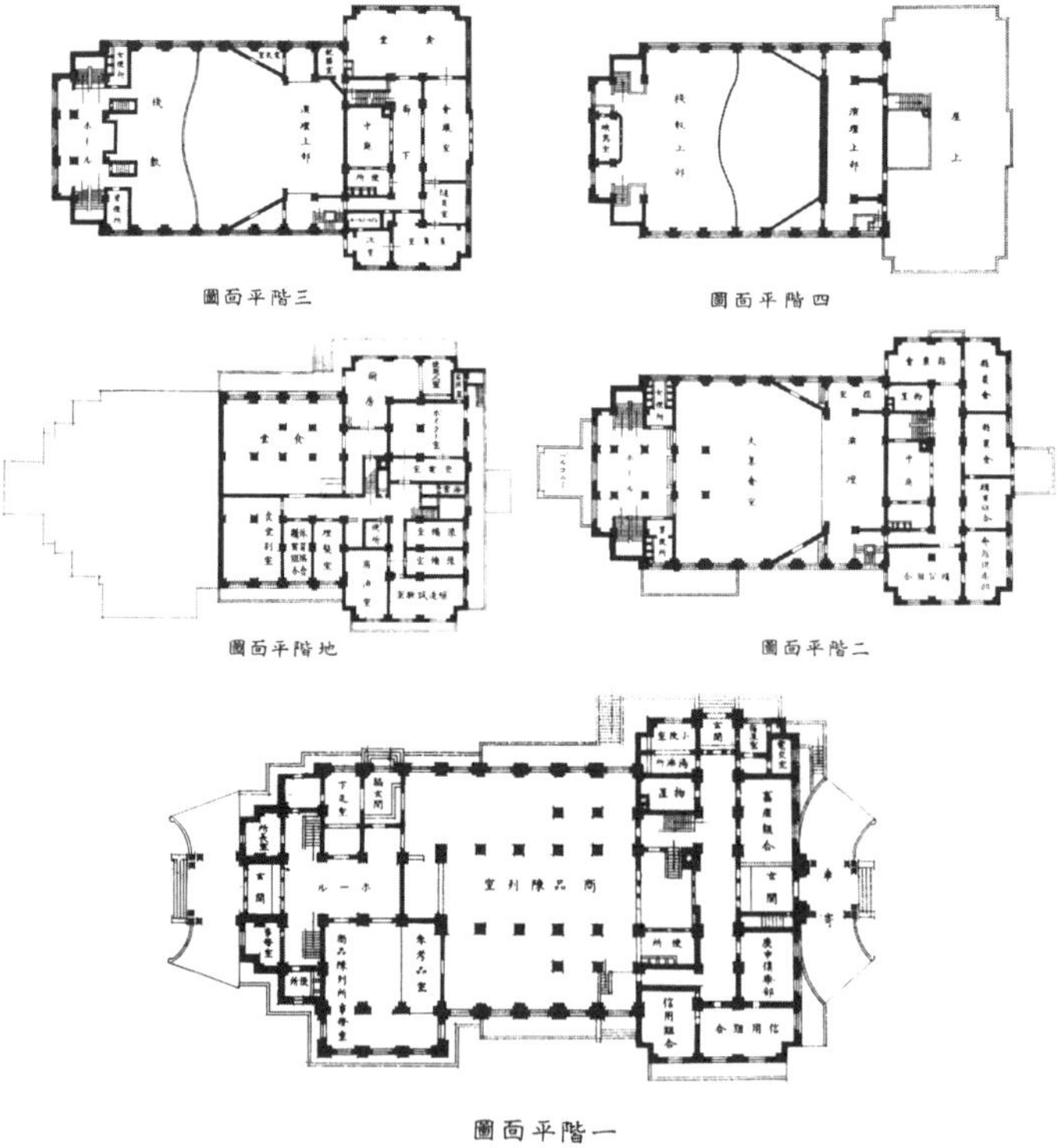

図34③ 群馬会館 平面図
1階部分を群馬県商品陳列所が占める。

階を群馬県商品陳列所の陳列室とし、その二階以上に大集会室を載せる。ふたつある正面のうち、南側入口には商品陳列所と大集会室に繋がるホールが、北側入口には各種団体事務所（県農会・信用組合・畜産組合など）と、食堂や理髪室などがある地階に続く階段が置かれた。同所の事務室は南側入口横に置かれたが、陳列室には南北のどちらからも出入りが可能な構造である。集会室の規模や、地下階の有無など相違点もあるが、基本的な構成は佐藤がかつて設計した茨城県物産陳列館に類似している。

群馬会館に事務所を置いた各種団体や組合は、群馬県農会や群馬県商工連合会をはじめ、〈陳列所〉の活動に関わるものであり、群馬会館は群馬の商工業関係者の集まる場であった。現在の群馬会館は、主に公会堂として使用されているが、当初は会館で恒常的に陳列会や集会を活動を展開する群馬県商品陳列所が、施設の中心的存在であったといえるだろう。

35　香川県[235]（図35①〜④）

香川県の〈陳列所〉が建つ栗林公園は、江戸時代に藩主が城下町に築いた別荘である栗林荘の庭園が、明治維新を経て公園とされたものである。九代伊藤平左衛門の設計によるこの建築は、周辺環境と調和する和風意匠もあって、現在まで栗林公園の中核施設として使用され続けている。

香川県は一八九八年（明治三一）に博物館規則を制定し、翌九九年三月に「香川県博物館」を開館する。栗林公園に置かれたこの博物館では古今の美術と県下の産物が陳列公開された。また、当初から寄贈や購入で収集された参考品のほかに委託販売品が陳列されていた[236]。一八九〇年には図書閲覧規則を設けて図書館としての活動を開始、一九〇五年（明治三八）に委託販売手続きに関する規則も定められている。こうした変化に対応するため組織の見直しがなされ、翌年に「香川県物産陳列所」と改称し、県産品とそれに関する参考品の陳列に焦点を

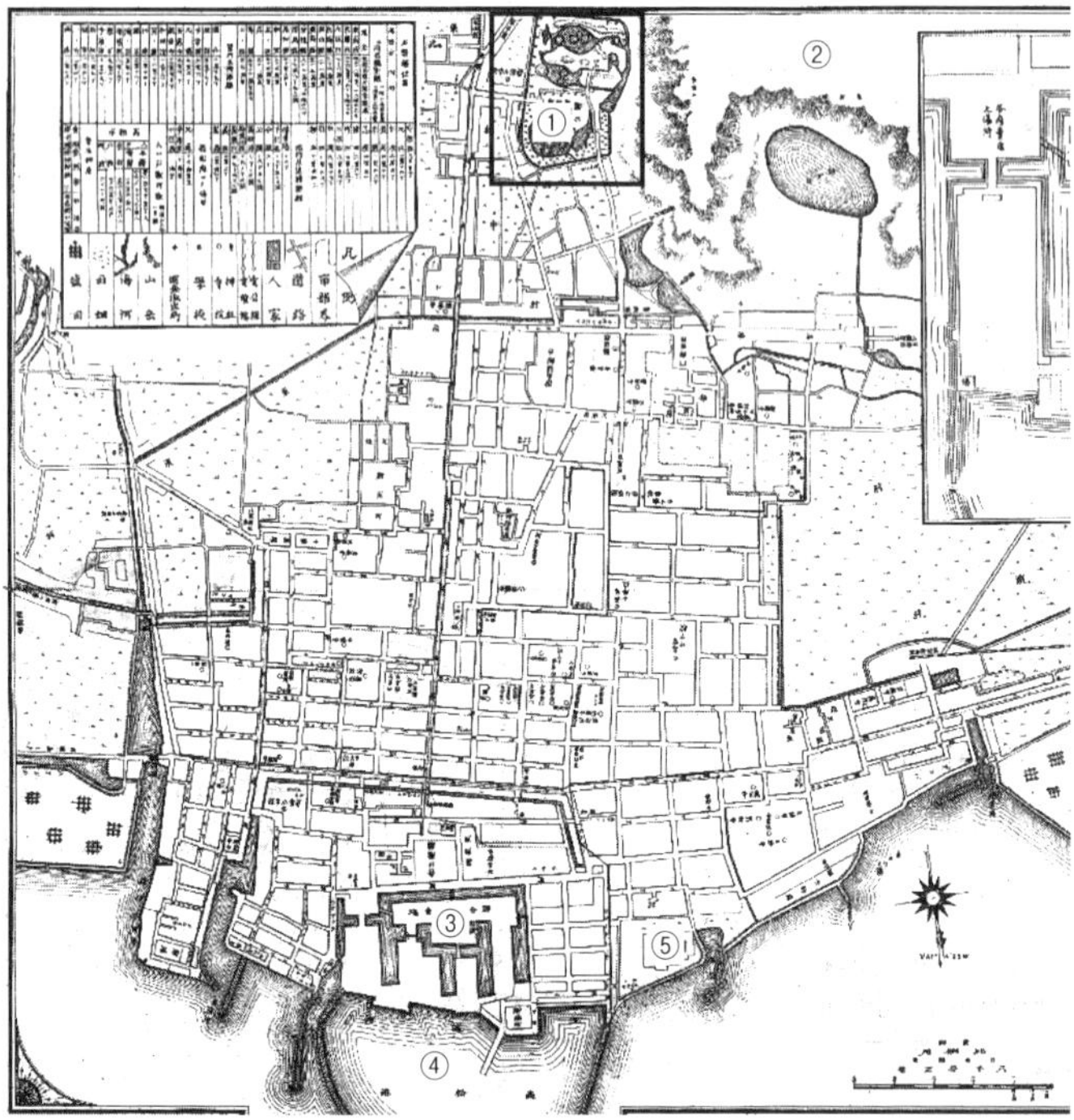

図35①　香川県博物館の位置

①香川県博物館(栗林公園内)、②紫雲山、③玉藻公園、④高松港、⑤香川県庁

図35③　香川県物産陳列所

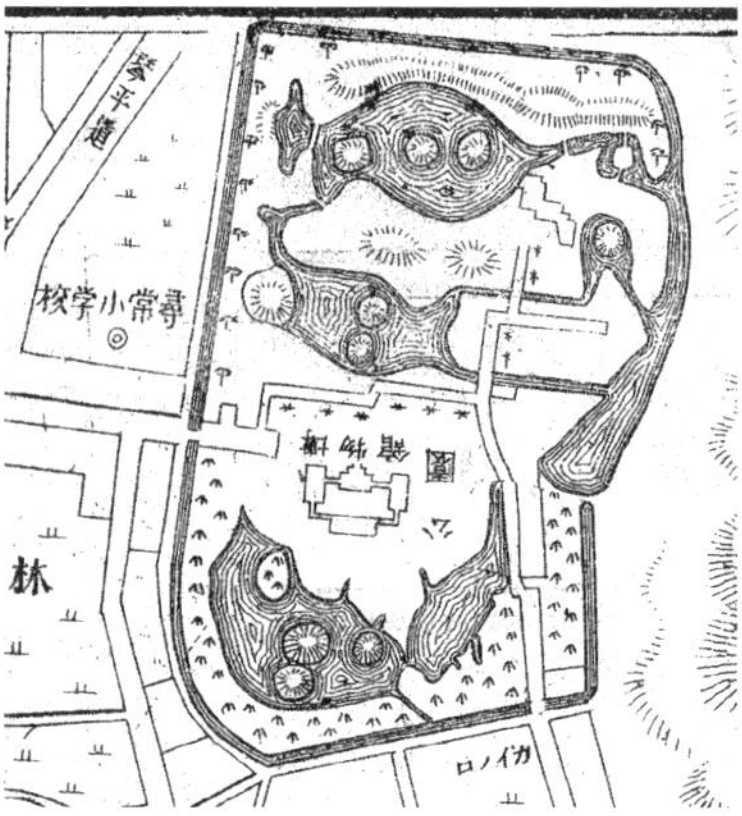

図35②　栗林公園と博物館

(図35①の一部拡大)

絞った。以後は主に販路拡張を目的とした商工業情報に関する通信事務も執り行われたが、図案調整や工業試験などの業務は含まれていない。その後、農商務省令に則って一九二一年（大正一〇）四月一日に「香川県商品陳列所」に改称、さらに一九三八年（昭和一三）四月一日に「香川県商工奨励館」となった。

香川県における〈陳列所〉の原点である香川県博物館の設立は、一八九六年（明治二九）四月に香川県知事となった徳久恒範によって計画され、その建築も徳久の意向を反映して栗林公園の整備と一体に実現されたものである。[237] 徳久の知事着任以前から、香川県では物品の陳列を主体とする勧業施設の設置を求める動きがあり、一八九五年、高松市内の商業者の中から博物館設置の計画も持ち上がっている。翌年八月には、知事就任直後の徳久が会長に就いた香川県勧業会において、「物産陳列場」の設立者（ここでは主に民間での設置を想定していたようである）に対する経済的補助が議決される。その動きは具体的な制度をつくる段階に至り、さらに一二月三日の香川県議会において栗林公園内に博物館を設置することが議決される。この建議は地元の有力議員から出されたが、その背景には未使用のまま残されていた勧業資金で博物館を設置したいという徳久の主張があった。さらにこの翌日、保留されていた新公園の設置と栗林公園の拡張が県議会を通過している。

こうして動き出した博物館の建設に、徳久は積極的に関わりを持った。博物館の建設と栗林公園の改修のために、徳久は旧知の塩田真（農商務省の貿易品陳列館初代館長、当時は農商務省書記官）と造園家の小沢圭次郎を招聘して指導を仰いだ。香川県博物館の建築に関する塩田の提案は、博物館を北庭の桑園地（園路と鴨付場の間）に南向きに配置する、公園の風致を楽しめるように博物館の周囲には樹林（桜や紅葉）・花園を造る、できれば二階建てとして公園内の風景（松林）が眺められる構造とする、日本風とする、というものである。[238] また小沢は「栗林公園改修意見書」を徳久に提出している。[239]

徳久は塩田の助言を参照し、土木課で進んでいた計画案を採用せずに、自ら数少ない建築分野の帝室技芸員で

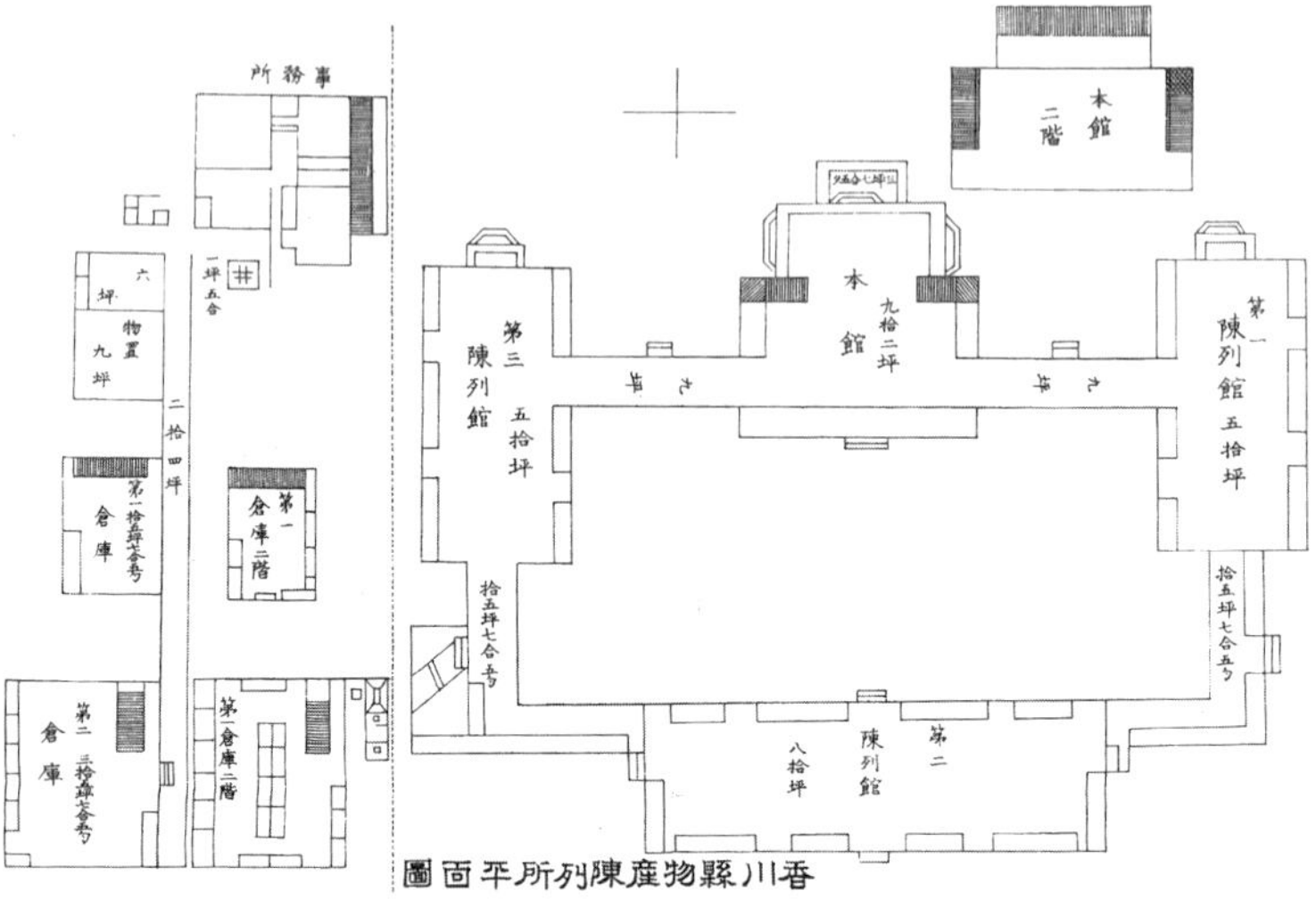

図35④　香川県物産陳列所 平面図

ある伊藤平左衛門を訪ねて博物館の設計を依頼し、設計図を持ち帰っている。塩田の提案は、結果的に伊藤の設計にすべて盛り込まれている。なお、塩田の来県前には岡倉覚三も現地を訪れており、栗林公園の環境と調和する建築とするよう言及されていた。

かくして、徳久の監督のもと作成された図面が一応完成すると、伊藤平左衛門が工事を請け、地元大工が施工した。工事監督を務めたのは、土木係技手の柳下友太郎である。柳下は、博物館の建設が決定する前後に香川県に赴任した建築技術者で、一八九四年には当時富山県知事であった徳久のもとで、富山県物産陳列場を設計している。

徳久は建築工事に関わり、建築に用いる材料の手配も自ら指揮した。工事現場にも度々足を運び、「臨監毎に種々思付を以て設計を変更」したという。木材供給の遅れや、度重なる設計変更、さらには伊藤と大工との賃金問題などによって工事は大幅に遅れたが、一八九九年（明治三二）二月下旬にようやく竣工する。陳列棚の備え付けなどで内部を整えた後、博物館は同年三月三一日に開館する。

香川県博物館の建設は、計画から工事に至るまで、知事である徳久の強い主導によって進められた。徳久は塩田に助言を求め、その建築案を実現するべく伊藤に設計を依頼する。徳久は伊藤を支援し、自身も現場に足を運んだ。勧業政策の象徴ともいえる施設を、旧藩主の庭園跡に建設するという特殊な事情が、こうした状況を生み出したといえるだろう。「勧業知事」の異名で呼ばれる徳久は、複数県で知事を歴任するが、多くの赴任先で同郷の納富介次郎と工芸学校を設立している。富山や香川の〈陳列所〉設立も、こうした勧業知事としての政策の特質として位置づけることもできよう。歴史遺産の活用という地域的な事情と、時代的あるいは個人的な勧業政策の延長に位置づけられる香川県博物館の建築は、同時代の〈陳列所〉においても特筆すべき存在だといえる。

36　新潟県(240)（図36①〜⑤）

新潟県における〈陳列所〉の設立は、一八九九年（明治三二）一二月の物産陳列館を建設するとした県会の決議に始まる。新潟県は、同館の竣工を待って聯合共進会を主催する希望を周辺府県に通知し、他府県との調整の結果、一九〇〇年（明治三三）四月に新潟市での開催が決定した。

かくして、「新潟県物産陳列館」の建設が開始された。建設費には県費六万五五三八円（このうち新潟市寄付一万五千円）が充てられ、白山公園に隣接する風光明媚な地（現・新潟市役所）が選ばれた。工事は一九〇一年（明治三四）に竣成し、同年八月一〇日から九月三〇日まで一府十一県聯合共進会が同館構内で開催された。閉会後、共進会のために建設した施設の一部を存置して、物産陳列館に加えるなどして開館準備が進められ、一九〇二年（明治三五）六月二五日に開館した。

共進会場となった建物のうち、取り壊されたのは本館背後にあるL字型の陳列館と表門付近の巡査詰所などわずかであり、敷地の手前の主要部は物産陳列館として利用され続けた。建物を取り壊した敷地奥には噴水を備え

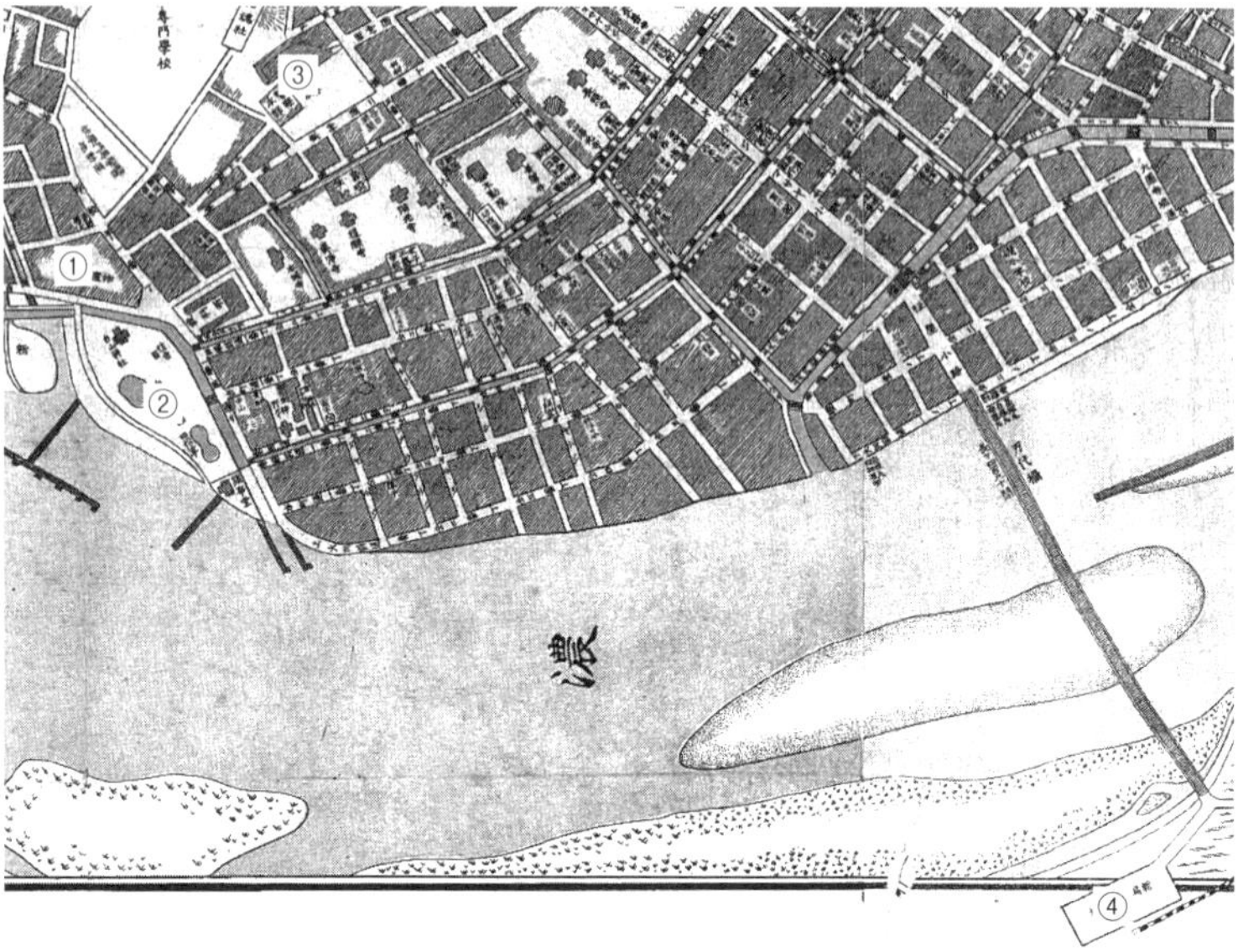

図36①　新潟県物産陳列館の位置

①物産陳列館、②白山公園、③新潟県庁、④新潟停車場

図36③　新潟県物産陳列館

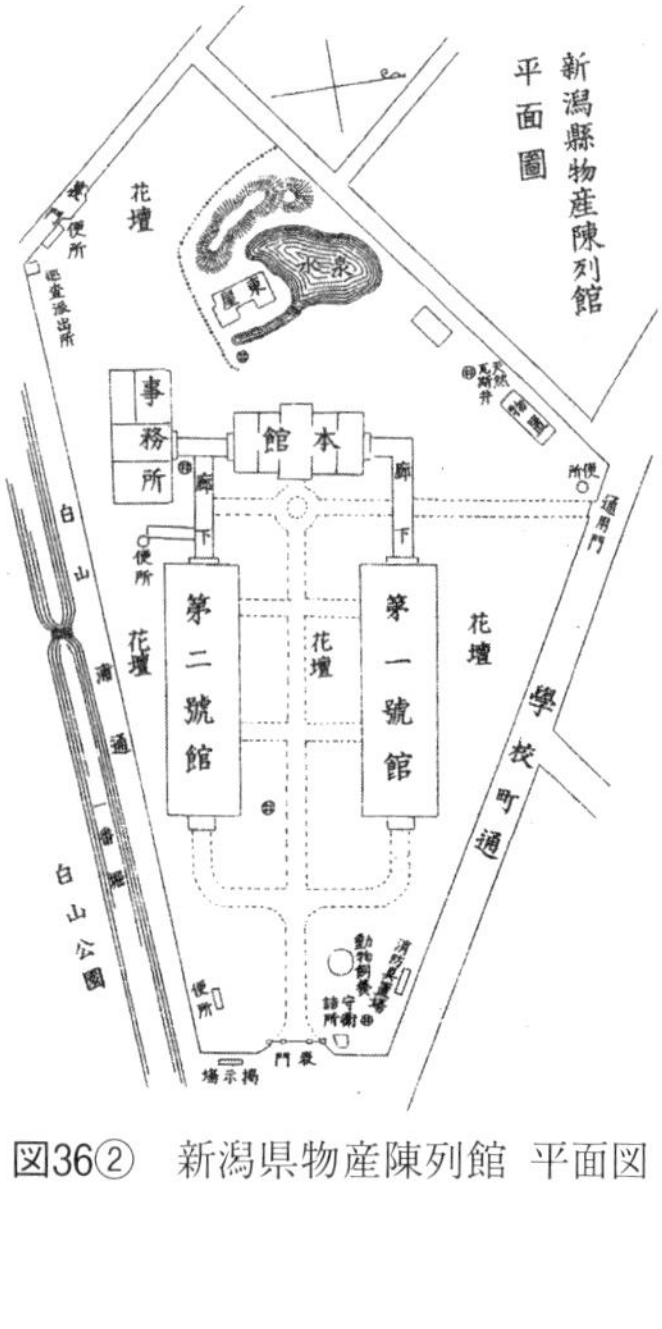

図36②　新潟県物産陳列館 平面図

図36④　新潟県物産陳列館 陳列の様子

図36⑤　同上 庭園

る泉池が築かれ、一帯は庭園として開放された。陳列に充てられた建物は敷地中央に建つ本館と、その手前に並ぶ第一・二号館で、かつての審査事務所が物産陳列館の事務所に転用された。一九〇二年の陳列整備で、本館一階と第一号館を参考品、第二号館を委託販売品の陳列に充て、本館二階は各種集会に供するとした(241)。他に特異な施設として注目されるのは構内の天然ガス井で、ここで採取されるガスは陳列館業務の中で燃料や夜間照明として用いられたという。なお、一九一二年に陳列館の前に越後鉄道の白山停車場が設けられたことで、交通の便が向上した。

本館は石盤葺洋造二階建ての長方形平面を持ち、建物内は各階五室に分割され、中央をホールとしてその両側に二室ずつを設ける。本館の両側手前に並ぶ第一・二号館は一室空間の巨大な陳列館である。屋根には大きな越屋根を載せてトップライトを設け、上部から広大な陳列空間を照らしている。図36④は、第一・二号館いずれかの内部を写したものであるが、そこには明るく広大な陳列室にずらりと並ぶ陳列棚と、その前に並ぶ看守の女性達の姿が写されている。当初、看守の役は男性が務めていたが、一九〇五年に「男子看守人は参観者或は購求者に対して温順親切を欠くやの嫌あるを以て悉く之を女子に改め」たという(242)。こうした傾向は他府県の〈陳列所〉にも見られ、陳列室内を撮影した写真には、女性看守の姿が多く見られる。

大正中期頃になると、新潟県物産陳列館は他の多くの〈陳列所〉と同様に、販路拡張のための出張機関を外部に設置する。新潟の場合は、従来から重要視していた北海道への販路拡大により強化が図られ、一九一八年（大正七）六月に小樽出張所が設置された（後に大阪にも支所を置いた）。その後、農商務省の認可を得て二一年五月六日に「新潟県商品陳列所」と改称した。

改称後も、引き続き県物産や参考品の陳列、県産品の試売、各種調査・紹介を行い、県産品の改良や販路拡張に努めたが、時代の変化に対応し一九二九年三月限りで商品陳列所を廃止し、同年四月一日に新潟県物産紹介所を設置する。新潟県物産紹介所は、〈陳列所〉の業務から陳列（参考品紹介や県産品試売）を除いたものであり、もっぱら県産品の宣伝・紹介と販路拡張に主眼を置いた。ゆえに、改組後は陳列施設を必要とせず、その活動の拠点を県庁内に移す。広大な陳列施設と、来館者を楽しませる庭園で来館者と物をつないだ〈陳列所〉は、情報機関への特化によって実体としての場所の持つ意味を変える。物産紹介所に移行してからは、国内外の大集散消費地に拠点を配置し始め、既設の大阪に加えて東京や満州国の新京に置いた出張所とのネットワークで、その役割を果たしていくこととなる。

37 静岡県[243]（図37①〜③）

静岡県では、明治中期頃に県立の物産陳列場を県庁構内に設けていたようだが、この具体的な様態についてはよくわからない。史料に見えるのも、一八八九年（明治二二）に静岡市が設立された際に、市庁舎として同場の建物を借用したいという申請の記録があるのみである[244]。九三年には市民から県立〈陳列所〉の設置の請願が知事宛に出されるも実現はしなかった[245]。

しかしながら、その後、静岡県は〈陳列所〉を県立施設として設置するのではなく、郡市町村および公共団体が〈陳列所〉を建設する際に県費補助を出して設立を促進するという形で〈陳列所〉に関与した[246]。それゆえに、静岡では静岡市や浜松市等にいくつかの市立の〈陳列所〉が設置されることとなった。県が市の〈陳列所〉設立を支援することで、分散的に地域密着型の〈陳列所〉を置く構図は、他府県にはみられない特徴である。この結果、一九〇六年（明治三九）の『農商務省商品陳列館報告』第二四号に掲載されている「全国陳列所一覧」（府県郡市私立を含む）には、静岡県内の〈陳列所〉が最も多く、静岡市（一九〇六年）、浜松町（一九〇〇年）、富士町（一九〇一年）、小笠郡（一九〇二年、共立）、中遠（一九〇二年）の五つが掲載されている。ここでは、「静岡市物産陳列館」を例に挙げて、静岡の〈陳列所〉の一端を紹介することとしたい。

静岡市物産陳列館の設立は、一九〇〇年（明治三三）に静岡市が物産陳列館の設立を企画したことに始まる。同館は県市庁舎が建ち並ぶ静岡市追手町の官有地に一九〇五年に建設されたが、当初は静岡駅に隣接した場所への設置が検討されていた。静岡市は一九〇〇年に同館建設の計画を建てた際に、その建設地として「衆人観覧の便を図りて静岡駅構内西隅の官有地三百坪」を向こう二〇年間借り受けたいと願い出たが、駅施設が狭小であることを理由に許可されなかった[247]。その後、商業会議所や五二会などの商業団体から委員が選定され、〈陳列所〉設立についてさらなる準備が進められた。

この頃、静岡県農会をはじめ、生糸同業組合・山林協会などの県下の実業団体の多くがそれぞれに会館の建設を計画していたため、市は各団体に合同での施設建設を勧誘し、竣工後の〈陳列所〉内に各会館事務所を併設することを条件に各団体から出資を得ており、敷地選定もその関係で茶業組合連合会議所の跡地を利用することが決定した。最終的な敷地の選択も「本館ノ位置ヲ停車場ヨリ約五丁商業地ニ最モ接近セル追手町旧場内南隅ノ地」と後に紹介されたように、利用者の便を考慮してのものであった。結局、〈陳列所〉の建設にかかった工事費総額は二万三六〇〇円余を要し、一万一八〇〇円余が県費補助、その残額を市税と民間からの補助で賄っている。敷地は県有地であったため、五ヶ年間有料で貸し下げられた。静岡市が実業団体の協力を要請してまで〈陳列所〉の設置に積極的に動いた背景には、「この種の事業は既に県下浜松町其他に設立されてゐるのに、独り本市にのみ此の設備なき事を大に遺憾とし」た県内他市町への対抗意識があった[248]。

建設工事は一九〇三年六月に着工したが、途中で日露戦争の影響により中断し、竣工したのは一九〇五年八月であった。竣工後、市は開館と同時に静岡県重要物産共進会を開催し、同年一一月一六日に共進会開会式と同時に開館式を挙行した。実際に〈陳列所〉としての事業が開始されるのは共進会閉会後の一九〇六年三月一日で、出品物の委託販売や参考品の陳列が一般に向けて公開された。

静岡市物産陳列館は市立の〈陳列所〉ではあるが、府県立のそれと変わらない活動を展開している。物品の陳列

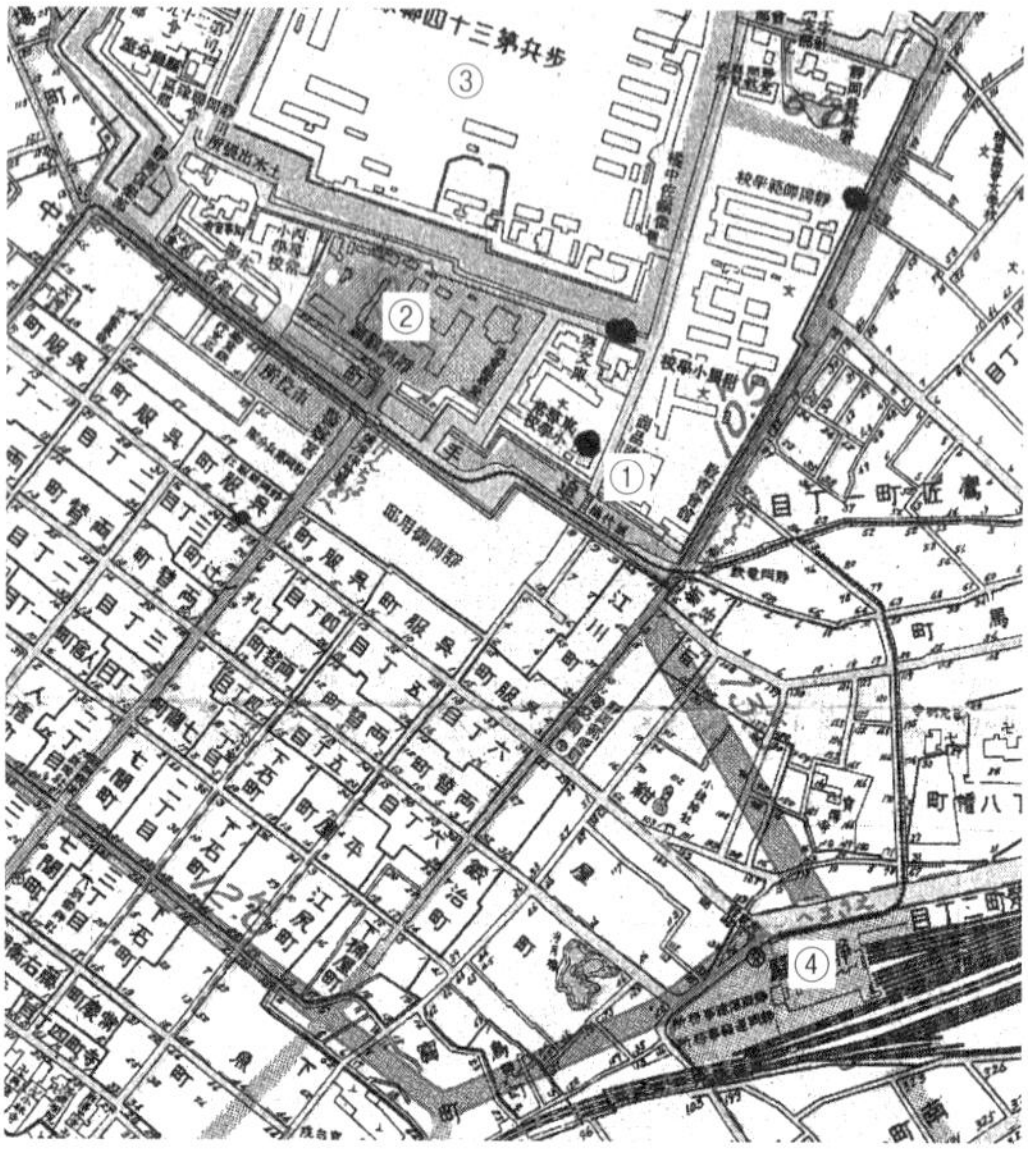

図37①　静岡市物産陳列館の位置
①物産陳列館、②静岡県庁、③静岡城趾、④静岡駅

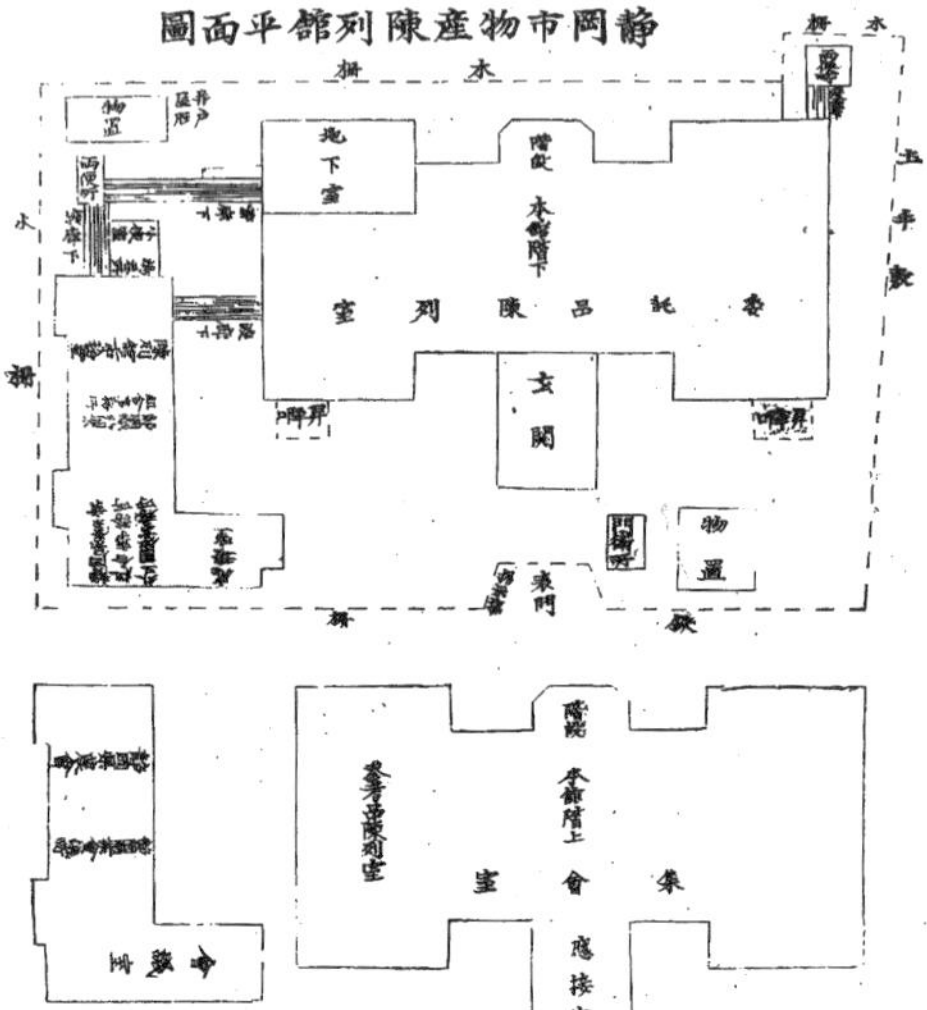

図37②　静岡市物産陳列館 平面図

図37③　静岡市物産陳列館

のほか、各種の調査や事業支援（取引斡旋や貿易書類の翻訳など）、特許新案等の手続き、図案の考案、図書室の運営、展覧会・講演会の開催など幅広く展開した。〈陳列所〉時代の記録に同館が開催した特殊な展覧会として挙げられるものには、新流行品連鎖展覧会や全国五拾銭商品展覧会などの趣向を凝らした商品陳列に加えて、内外広告資料展覧会や肉筆ポスター展覧会・商品陳列照明展覧会など図案や広告に関連するものも挙げられており、その幅の広さがうかがえる。

物産陳列館の敷地は七四五坪で、本館と付属館（公益団体の合同事務所棟）のほかに倉庫や小使室などの諸施設が加わる。本館は貴賓接待室を除いて全体を陳列室とし、左側に付属館が渡り廊下で接続する。陳列館の事務室は付属館の一階に置かれている。付属館には静岡商業会議所や静岡県農会をはじめ、地域の産業団体の事務所が入居していた。付属館内に応接室や会議室をもつことから、この建物では産業団体による寄り合いや会合が度々開催され、まさに市内商工業機関の中枢となっていたと考えられる。

本館の建築は木造二階建てで、上下に潰れたH字型の平面を持つ。建物中央部は前面に車寄を（二階部分は貴賓接待室）、背面には階段を突出させて中央部に陳列室を確保する点は、他の多くの〈陳列所〉の本館と同じである。本館一階を委託品陳列室とし、二階に参考品陳列室を置いた。事務機能の収まる事務棟に近い側の翼部に地下室が設けられており、倉庫として使用されたのではないかと考えられる。

公共施設とはいえ商工業の現場に近い〈陳列所〉は、いずれの府県においても地元の商工業団体と深く関わりをもった。とりわけ静岡市の例においては、それが建設地の選択を含む計画の段階から深く関わりを持ち、そしてその関係は、〈陳列所〉構内への合同事務所設置という形で、空間的にも可視化されたのである。

38 岐阜県〈249〉（図38①〜⑤）

岐阜県の〈陳列所〉は、一九〇一年（明治三四）八月に、県下唯一の販路拡張機関として設立された「岐阜県物産館」を創始とする。岐阜市司町（県庁前）の四一七九坪の敷地に、建築費三万六〇五〇円をかけて建設された。本館と附属建物を合わせて建坪四〇四坪の大規模なものである。この本館は県庁舎の建替えに際して、一九二三年（大正一二）五月から臨時庁舎として使用されたため、物産館は一時休館を余儀なくされる。一九二六年度（大正一五）になって、農商務省令に則って「岐阜県商品陳列所」と改称し再開された。仮県庁舎として使用された期間はおよそ三年間に及ぶ。

当初の物産館では、内外の物産五千点程と、委託品一万点程を陳列し、物産の調査と取引紹介に応じた。別に販売部を設けて、特産品の即売も行っていたという。陳列は随時更新され、店頭陳列法の参考に資することも目的とされた。また構内の庭園には果樹をはじめ特殊な草花を栽培し、四季を通じて「心目を慰すると共に研究資料尠からず」とされた。物産館時代の庭園の様子を伝える写真（図38③）には、整えられた花壇に「海外輸出百合」と書かれた立て札が見え、植栽もまた参考資料としての意味をもっていたことが確認できる。

構内の配置は、当初の写真と再開後の図面からおおよそ把握できる。正門の正面に前庭を挟んで洋風二階建ての本館を置く。本館はT字型で、再開後は九室に区分けされていた（仮県庁舎時代に区分されたのかもしれない）。再開前後で坪数に変化は見られないため、本館の規模にも変更はなかったようである。正面玄関の二階部分にはベランダを設け、その屋根には時計塔を載せた。大正期に前面道路の拡張があったようで、正門や塀・掲示板などが撤去され、境界が敷地内側に変更されている。

再開後も引き続き各種陳列会の開催や取引斡旋を業務のひとつとし、加えて、図案調整や店頭装飾の実地指導も行っている。陳列で注目されるのは、岐阜県の郷土文化をジオラマで紹介していたことである。岐阜県商品陳

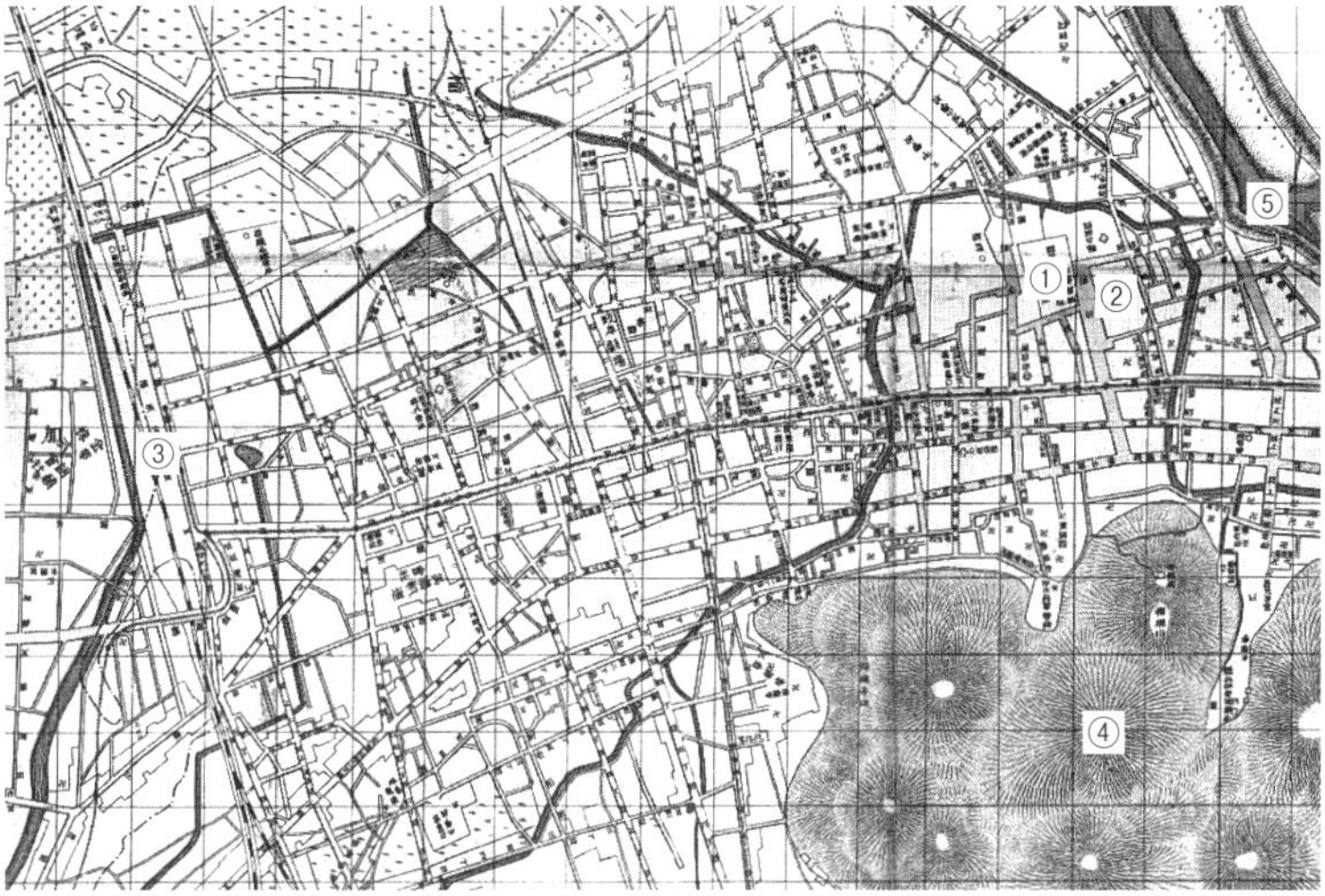

図38①　岐阜県物産館の位置

①岐阜県物産館、②岐阜県庁、③岐阜停車場、④金華山、⑤長良川

図38②　岐阜県物産館

図38③　同上 庭園

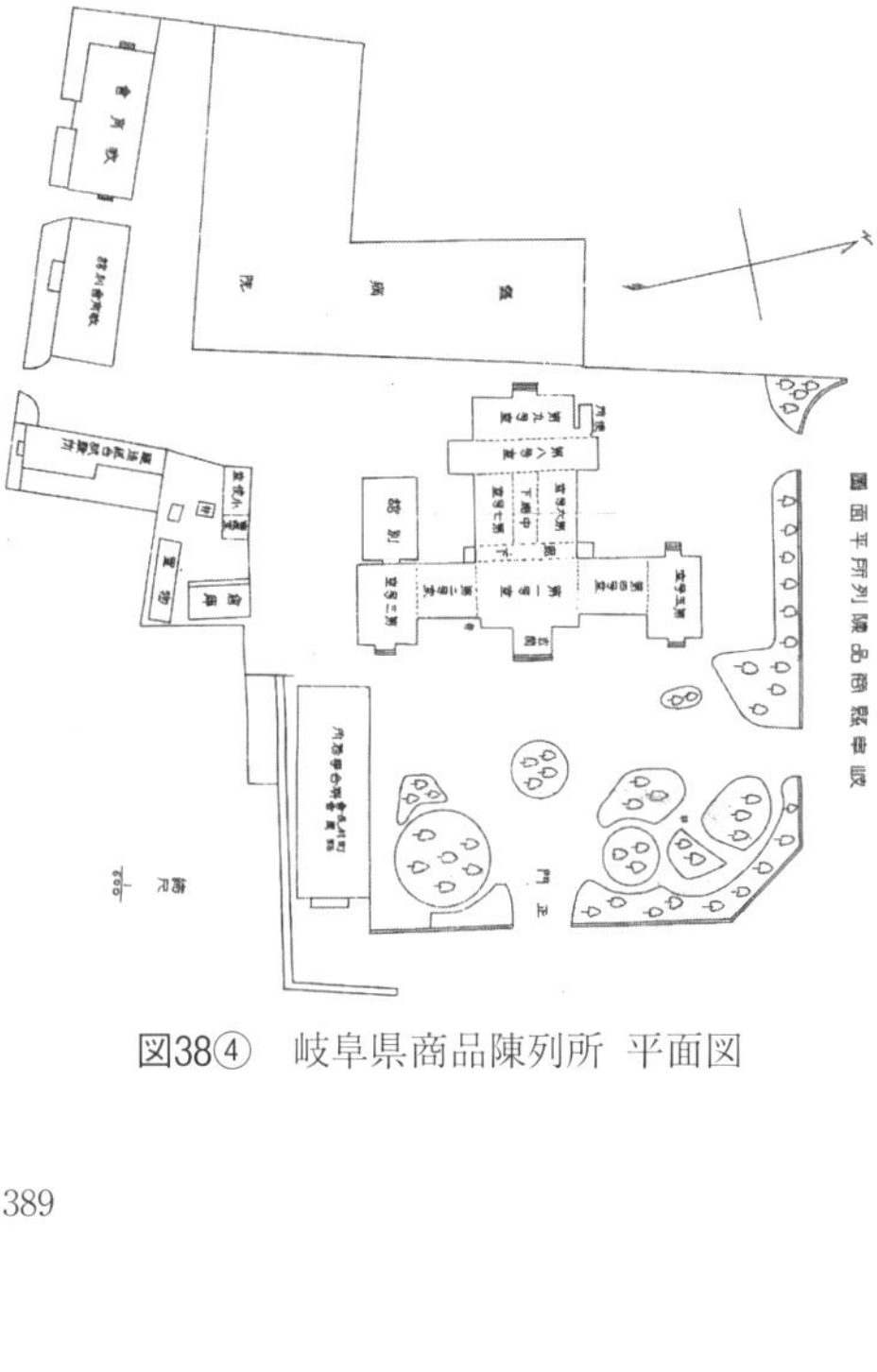

図38④　岐阜県商品陳列所 平面図

図38⑤　岐阜県商品陳列所が出張陳列会で実施した鵜飼のジオラマ展示

列所は一九二九年（昭和四）七月九日から一〇日間、東京上野の松坂屋で物産所陳列大会を主催したが、そこでは各種物産の紹介と試売に加えて、養老瀑布の伝説や、鵜飼の光景がジオラマで再現された（図38⑤）。このように郷土文化を紹介する方法は、現在でもしばしば見られるものである。

岐阜県商品陳列所は、一九三一年度（昭和六）に「岐阜県物産販売斡旋所」と改称する。物産紹介を前面に押し出した名称への変更は、同時期に物産紹介所へと改組した新潟と類似している。新潟では名称変更とともに陳列施設が廃されたが、ここでは陳列業務は継続され、施設も継続して使用された。一方で、新潟と同様に、販売斡旋の事業展開に資するため大阪市に出張所が設けられた。

こうした販売斡旋事業の強化がきっかけとなったのか、岐阜県商工会議所と共同で岐阜駅前に移転する計画が立ち上がる。岐阜県と商工会議所は一九三三年からの二ヶ年事業として共同で神田町の土地を購入し、一六万円の予算（県が四万円、会議所が一二万円）で四階建ての〈陳列所〉を建設し、「岐阜県商工奨励館」と名付けた。一九三六年五月一日に開館した同館は、一階を即売所、二階を岐阜県物産販売斡旋所、三階を会議場用貸室、四階を食堂とした。なお、この建設は岐阜県商工会議所事務所移転一〇周年記念として位置づけられており、商工奨励館自体の運営は会議所が行った。

39　山形県[250]（図39①〜④）

山形県における〈陳列所〉は、第四回奥羽六県聯合物産共進会を契機として、一九〇一年（明治三四）一二月下旬に「山形県物産陳列場」を設立したのがはじまりである。山形県では、同年四月一五日から五月一四日まで山形県庁前の敷地（山形県師範学校跡地）で第四回奥羽六県聯合物産共進会を開催しているが[251]、その主会場である第一号館として使用された建物が、物産陳列場とされた。共進会の開催に際して、第一号館・第二号館・第三号館・動物館・事務所・売店を新築し、会場構内の庭園を改修（噴水の設置や植栽など）して体裁を整えた。既存の校舎は、参考館・荷解場・審査室・山形県事務室などに充てた。他府県の事例に見られるように、物産陳列場の整備を前提として聯合共進会の会場整備が実施されたものと考えられる。物産陳列場としての開場後は三棟の陳列館が存置されていたが、開場後しばらく経つと、陳列には二棟のみしか使用されていなかったようである。

開場以後は参考品（農商務省商品陳列館からの貸下げ品や寄付品などを含む）のほか、開場当初から委託品の販売を行った。生産技術の向上のため、品評会や競技会を開催するなどの活動を展開した。さらに、商工業者のほか一般公衆の観覧を誘引するため、「陳列品ノ巡覧ト共ニ幾分娯楽的趣味ヲ加ヘ」た[252]。

しかしながら、山形県物産陳列場は、不幸にも一九一一年（明治四四）五月の山形北部大火に罹災し建物を焼失してしまう。それでも再建は早く、山形県はすぐに新しい〈陳列所〉の建設に取りかかると、翌一九一二年（大正元）一一月に竣工させた。この新しい〈陳列所〉の本館は敷地形状に合わせるように細長い建物で、中央部のみ二階建てとし、両翼を大きく広げる。長方形の窓が整然と並んで立面を構成している。

とはいえ新しい建物で〈陳列所〉の業務をすぐに再開することはできなかった。県は同じく大火で焼失した県庁舎を再建する必要があり、その間の仮庁舎として新しい物産陳列場の建物が充当されたのである。仮県庁舎としての使用は四年半近くに及び、一九一六年（大正五）六月になってようやく県庁は新庁舎へと戻った。これで〈陳列所〉が再開されるはずであったが、同年九月から奥羽六県聯合共進会が山形市で開催されることとなり、物産陳列場の建物はその第二会場として利用されることになる（第一会場は県庁舎[253]）。〈陳列所〉の建物が本来の役

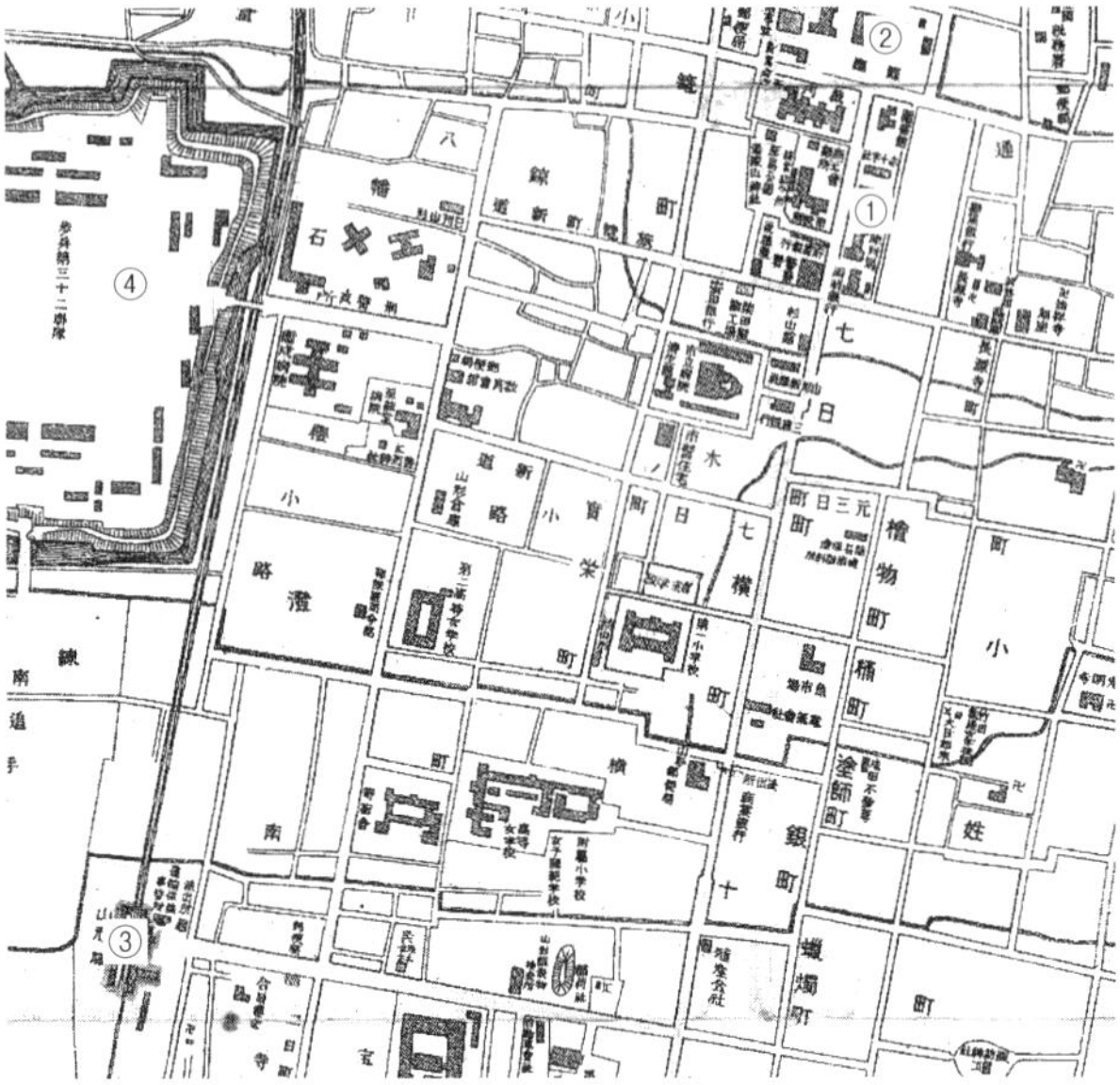

図39①　山形県商品陳列所（元・山形県物産陳列場）の位置

①商品陳列所、②山形県庁、③山形駅、④山形城趾

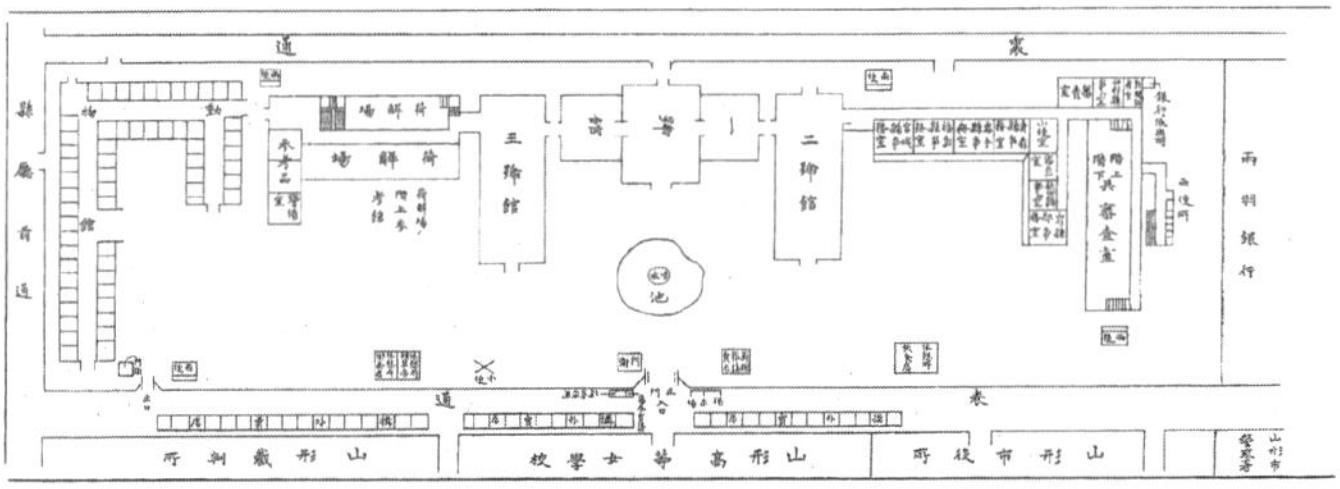

図39②　第４回奥羽六県聯合物産共進会 会場図

図39④　山形県商品陳列所

図39③　山形県物産陳列場

割に戻って恒常的な再開を果たすのは、共進会閉会後の一九一七年三月一〇日のことである。この再開に際して、名称を「山形県立物産陳列場」と改めている。さらにその後、一九二〇年（大正九）一〇月に「山形県商品陳列所」へと改称した。

一九二六年（昭和元）四月からは、〈陳列所〉業務のうち出品物の即売と販路拡張に関する業務は同所の出品人団体である共琢会に委任されたが、経営不振であったため一九三一年度（昭和六）から再びすべての業務を県が行うこととなった。

なお、山形県鶴岡市には物産陳列場を内包する施設として建設された「大宝館」が現存している[254]。大宝館は大正大礼記念事業として一九一五年（大正四）一〇月に竣工し、同年一一月一〇に開館した。一階は物産陳列場・図書館として、二階は会議室・食堂として使用されていた。

40　奈良県[255]（図40①〜③）

「奈良県物産陳列所」は一九〇二年（明治三五）の竣工以来、数度の使用者の変更を経て、現在は奈良国立博物館の仏教美術資料研究センターとして使用されている[256]（本書序章図2参照）。

同所は、県産業の発達改善のため県下製産品と内外の参考品を収集・陳列することを目的として設置されたものである。一九〇〇年度の通常県会で県費によって建築することを決議し、奈良公園内春日野を敷地として同年五月一七日に起工、一九〇二年二月一〇日に竣工し、同月一五日に落成式を行った。設計は当時、奈良県古社寺修理技師であった関野貞である。入札の結果、河本辰三が施工を請け負った。関野の日記には、一八九七年頃から「商品陳列所」あるいは「陳列所」の設計に関わる記事が散見でき、九九年六月二八日には「陳列所正面及側面廊図成ル」とあり、県会での決議以前から計画が進められていた様子がうかがえる[257]。

建物は木造・桟瓦葺きであるが木製アーチを用いるなどその構造には西洋建築の技術が用いられている。中央部の二層の中央楼の左右に平屋の胴屋を伸ばし、両端に二層の翼楼を配する左右対称の構成を持つ。その構成は平等院鳳凰堂を準えたとも言われ[258]、和風意匠を基調として東西の古建築様式を取り入れた〈陳列所〉建築である。本館中央楼は二層吹抜けの広間で、そこから左右に陳列室が伸びる一文字型の平面で、胴屋部と翼楼には壁面一杯に腰窓を設け、さらに越屋根を架けて上からも採光した。博覧会の仮設建築などにおいては、陳列館に越屋根でトップライトを設けることは常套的に行われていたが、〈陳列所〉として意匠的に破綻なく実現し得ている点は、関野の技量によるところが大きい。関野は〈陳列所〉という機能的要望からくる造形を絶妙に操作し、奈良公園という場所に建つ建築物として鳳凰堂のような優雅さを、そして内外の参考品を陳列する場として異国の雰囲気を漂わせるような意匠構成によってこの建築を作り上げていったのであろう。後に〈陳列所〉自身が、「其ノ構造ハ周囲ノ調和ノ関係上和洋折衷トシ、山城宇治鳳凰堂式ニ形造セリ」と建築について紹介している[259]。

当初は本館・事務所で構成されていたようだが、一九一四年（大正三）に事務所を本館東裏手に移転し、跡地には猿猴飼育場を設置した。一九一七年には同館に接続する奈良帝室博物館の敷地三三〇坪余が奈良公園に編入されたことを受けて、その地を同館が管理することとなる。その後、二一年五月に農商務大臣の認可を受けて「奈良県商品陳列所」と改称し、内容についても充実が図られた。

奈良県物産陳列所における陳列は、参考品・委託品・寄贈品・委託販売品の四種に分類されていた。一九二九年（昭和四）からは、県産品の通信販売を実施し、大きな成果を挙げたという。同所は大阪府立商品陳列所をはじめ、大正中期頃から各地の〈陳列所〉が取り組んだ陳列装飾の普及にも努め、一九三〇年には奈良県実業協会と共同して商店照明講演会を県内六ヶ所で実施している。講演会の会場には模型ウィンドウが設置されて照明の実演が行われた[260]。

図40②　奈良県物産陳列所

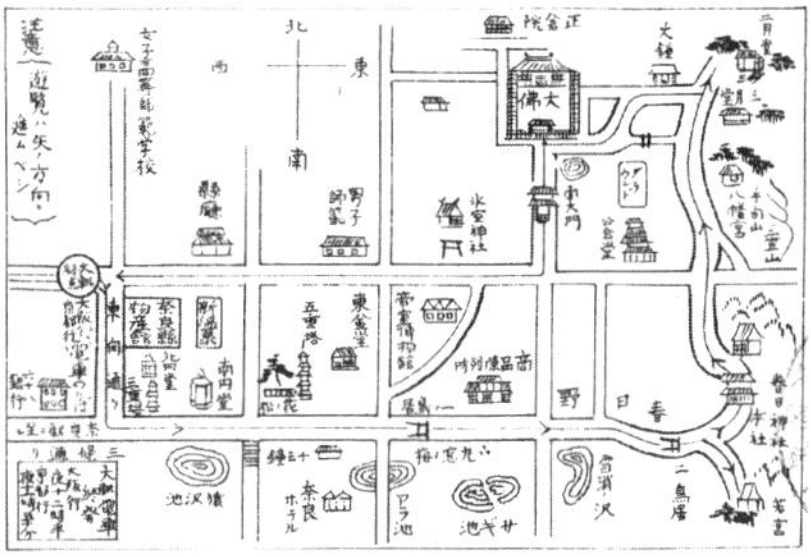

図40①　奈良県商品陳列所（元・物産陳列所）の位置

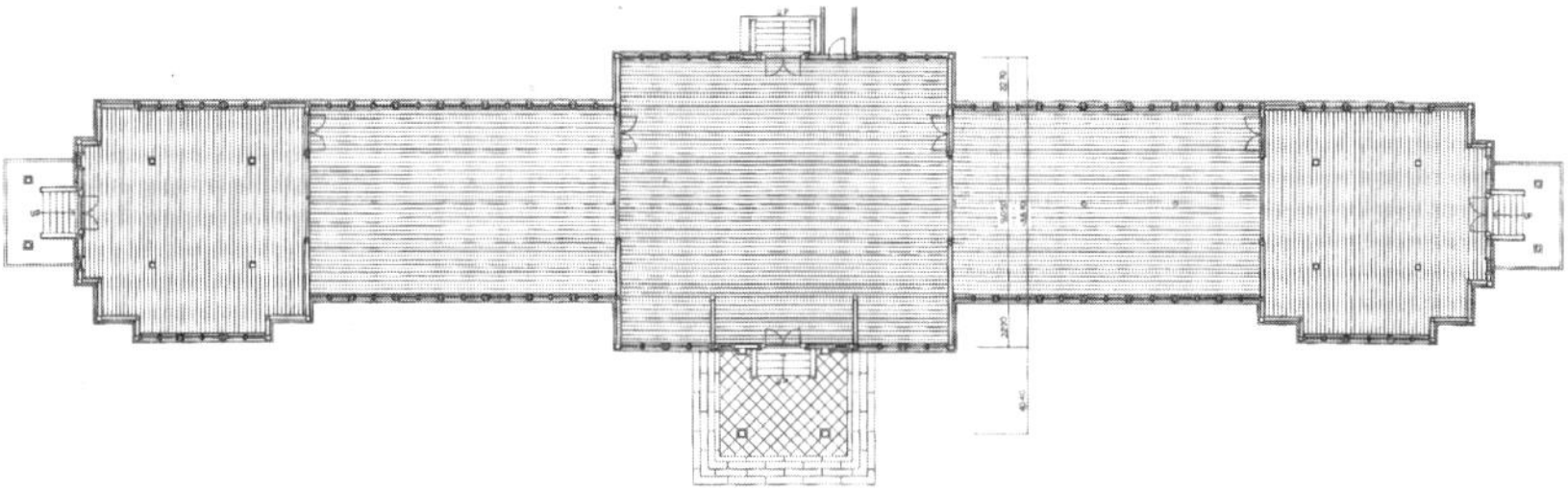

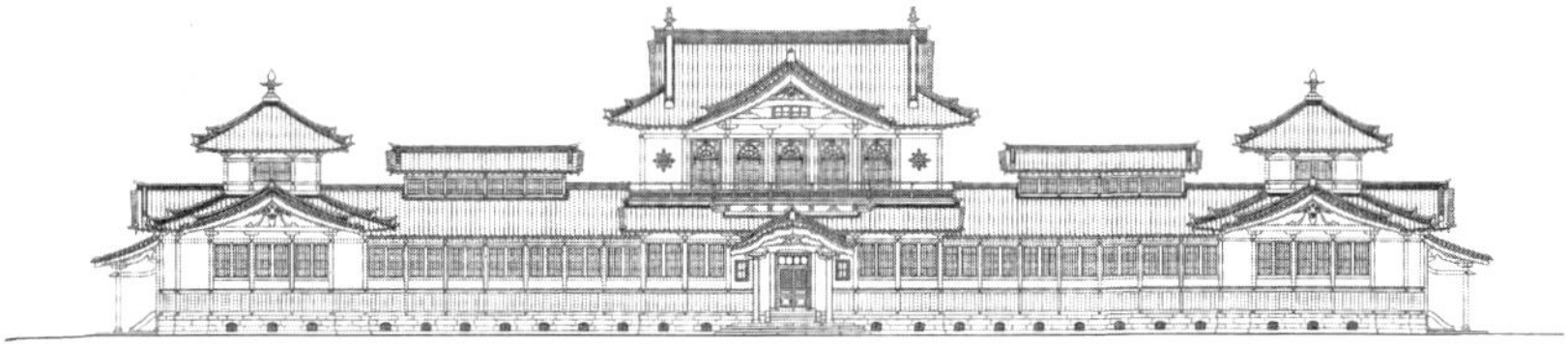

図40③　同上 平面図（上）・立面図（下）

業務の拡張にともなって従来の施設では手狭となり、同所は一九三三年（昭和八）三月には倉庫と荷解場に充てるために旧倉庫を増築拡張している。また翌三四年には、奈良市から美術工芸研究所の業務と職員を引き継ぐこととなり、同年六月にそのための作業場を事務室北側に増設し、三六年には事務室と作業の間に会議室を建てた。こうした変化を受けて、奈良県は三三年度末に奈良県商品陳列所を廃止し、翌三四年四月一日付で「奈良県立商工館」を発足させる。商工館は商務部と工芸部からなり、従来の商品陳列所の業務を商務部が、各種工芸品の試作・研究・改善指導・図案調整やその関連業務を工芸部が担った。

奈良県の〈陳列所〉は、関野が設計した建築を使用し、設立当初から一貫して奈良公園内に置かれた。全国的に見て、〈陳列所〉を、歴史的背景を持つ場所に置く例が見られるが、たとえば後楽園の門前に置いた岡山は風致問題を原因のひとつとして市街地へ移転させたように、〈陳列所〉は時に環境との不調和から排除される対象となった。奈良においてそれがなされなかった理由のひとつには、周辺環境に調和する意匠と採光などの機能性を兼ね備えていたこと、不足する施設を本館の裏手に増築することで補えたことが挙げられよう。市街地にも、観光地としての寺院群にも近い立地ゆえに、地元商工業者や観光客の来館を見込むことができ、〈陳列所〉の活動に不便が生じなかったのも影響しているように思われる。奈良市が戦災で大きな被害を受けていないことも大きい。

戦後を迎えたこの建築は、一九五一年に国に移管され、翌五二年から奈良国立文化財研究所春日野庁舎として利用された。その後、八三年に重要文化財の指定を受け、奈良国立博物館の管理に移り、現在は同館の仏教美術資料研究センターとして活用されている。現在までに数度の改修が行われ、二〇一一年には耐震補強と同時に陳列室の一部を竣工時の姿に戻す改修工事も行われた。

41 千葉県(261)（図41①～⑤）

千葉県の〈陳列所〉は、一九〇三年（明治三六）に千葉町に設置された「千葉県物産陳列館」に始まる。この〈陳列所〉の目的は「県下産業ノ改良発達ヲ企図センカ為メ主トシテ本県産出ノ物品ヲ陳列シ併テ有益ナル内外ノ物産及之ニ関スル参考品ヲ蒐集シテ当業者ノ参考ニ供ス」[262]ることであり、県内の物産は県外人に、県外の物品は県内人に見せることが意図されて、それぞれに役割が与えられていた。〈陳列所〉に対するこのような理解から、その建築にも内外に県の体面を示すことが意識され、設立費を請求する議会において、担当の技師は「物産陳列場ノ如キモノハ其家屋其物ガ一ツ模範ニナラナケレバナラヌヤウナ有様デアリマスカラ、従テ建築モ大ニ研究ヲシマシテ立派ナ建物ヲ建テナケレバナラヌ」[263]と宣言し、意欲的に準備を進めた。こうして、洋風二階建ての〈陳列所〉が県庁の隣地に建設された（本館のほか平屋建ての附属建物があった）。

千葉県物産陳列館の開館については新聞でも取り上げられ、「千葉県にては県下物産陳列所を新築し落成に付農商務省より百三四十点の美術工芸品を貸与し尚同県に於て全国物産を購入し県下製造の織物、漁具、漁船の雛形を初め三百余点を陳列する筈」と、開館に向けての大々的な準備の様子が報じられている[264]。

大々的に事業を開始した物産陳列館であったが、その後の運営は順調ではなく、開設直後から議会で批判されるほどであった[265]。当局は「物ヲ陳列シテ人ヲシテ目ヲ惹クヤウニ」工夫して陳列したが、それによって生じる空間の余白が批判され、内物産を空間の許す限り多く陳列するよう求める声があがった。県は批判を避けるため、他府県の〈陳列所〉で効果をあげていた委託販売を計画するも、それは「民業発達ヲ阻碍スル一ノ弊害ガ起ル」と批判されている。こうした批判は、議会における特定の議員によるものであったが、この批判は他府県の〈陳列所〉の活動内容を把握しそれらの事業を取り込もうとした〈陳列所〉推進派が目指すものと、市井の人々の間に見える認識の乖離を示すものである。

物産陳列館の不調はいっこうに改善されず、ついに一九〇七年（明治四〇）には、「当初ノ目的ヲ達スルコト

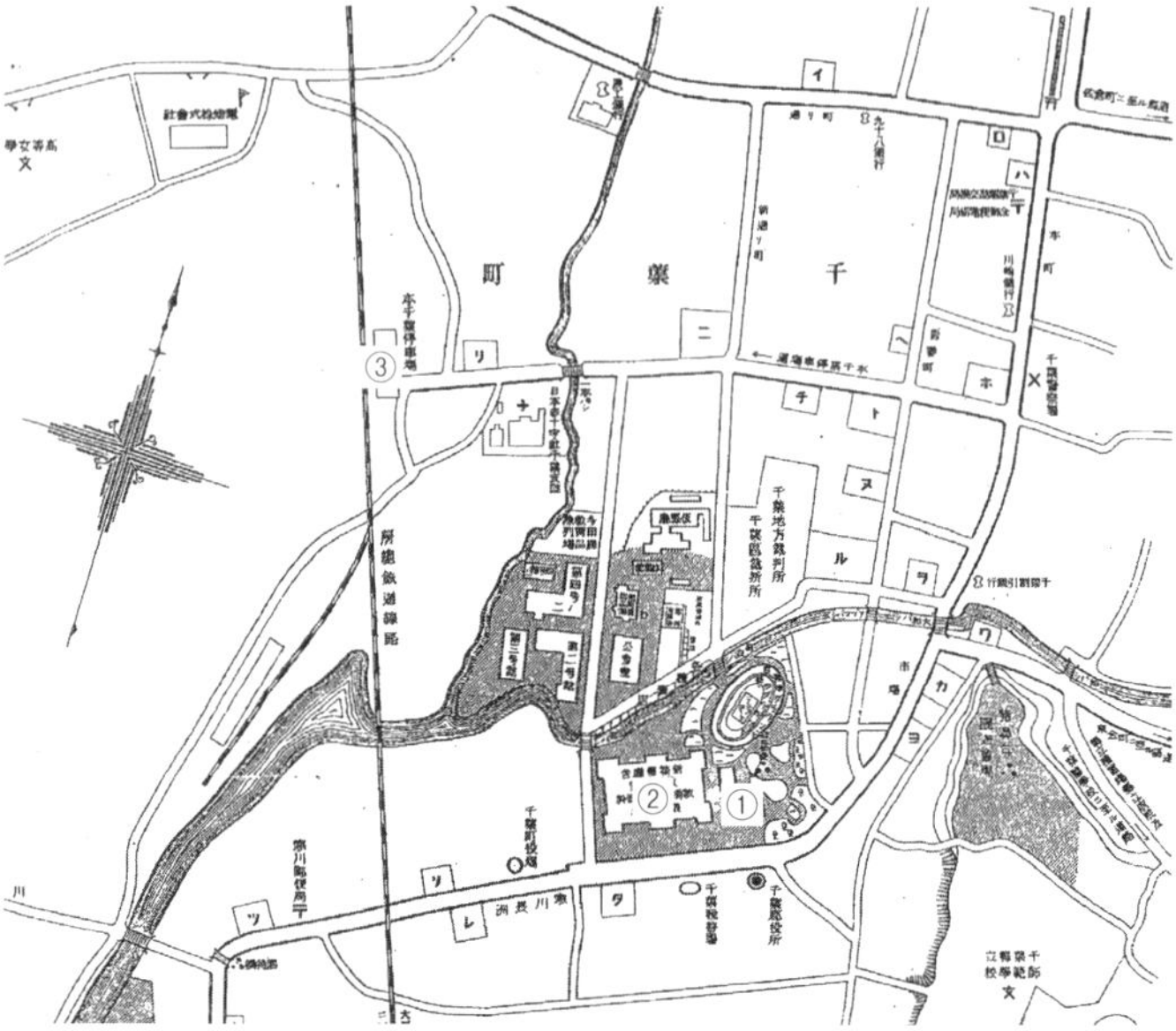

図41①　千葉県物産陳列館の位置

①物産陳列館、②千葉県庁、③千葉停車場

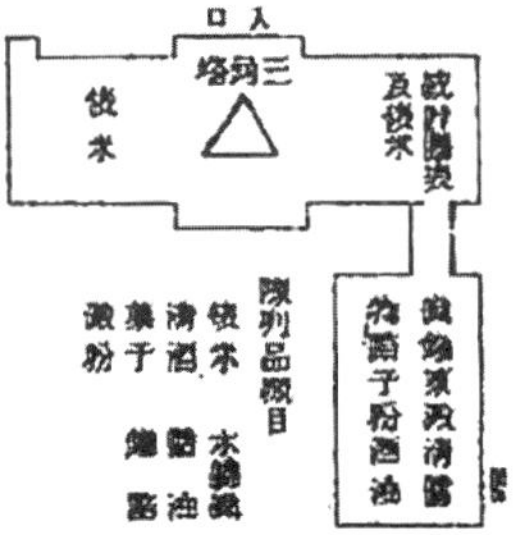

図41③　千葉県物産陳列館 陳列配置図

物産陳列館廃止後に開催された千葉県共進会第一号館として使用されたときの陳列配置。

図41②　千葉県物産陳列館

ガ出来ナイ」ため、同館を廃止するという結論に至る[266]。県は、県外・国外の物産を蒐集・陳列し、県内産業の模範として示すことを目指したが、そうした視点で〈陳列所〉を訪れる者は非常に少なく、職員に陳列品に関する質問を寄せる者もほとんどいなかったという。そして、その利用者も多くが千葉町内の住民であり、県内物産を対外的に紹介するという〈陳列所〉のもうひとつの目的も果たせていなかったのである。

ちょうど千葉県物産陳列館の廃止が議論されている頃、新勝寺のある成田町に、〈陳列所〉を設置する話が持ち上がっていた。県営の物産陳列館が不振だったこともあり、「県下デ他府県人ノ多ク集ル所ハ成田町デスカラ其成田町ニ物産館ヲ作ルト云フコトデ其補助ノ出願ガアリマシタカラ其補助スル」と知事が述べ[267]、それと引き換えに千葉県物産陳列館の廃止が決議される。こうして、同館は一九〇九年（明治四二）三月一日をもって廃止された。廃止後、本館の建物は千葉県教育会図書館として使用されたが、一九一一年の千葉県共進会の第一会場としても利用された[268]。

なお、〈陳列所〉を千葉から成田へ移すことについては批判もあった。成田移転を議論した議会において、ある議員は「本県下ノ物産ノミナラズ世界各国ノ最モ新奇ナルモノヲ陳列シ或ハ是ガ委託販売ヲ引キ受ケルト言フヤウニ常ニ新陳代謝シテ成ルベク新イ物ヲ陳列シ又ハ千葉県下ニ於ケル物産ヲ陳列シテ他府県ノ人ニ示スベキ所ノ実ニ文明的事業ト云ワナケレバナラヌ」という認識から、観光地でもある成田は「紳士ヤ金持チナドノ遊ブベキ場所ニ過ギナイノデアッテ唯金ヲ使」う場所であることを理由に、反対したのであった[269]。

これに対して知事は、千葉町における県の運営事情においては「県ノ体面ヲ維持スルダケノ設備ヲ整フルニハ一万ヤ二万ノ金ヲ投ジタ位デハ到底其設備ヲナシ得ルコトハ絶対ニ本官ハ出来ナイコトト信ズル」と述べ、〈陳列所〉の必要性を認めつつも、その活用には多くの人が集まる場所に設置することが利益を生むとして、移転の正当性を主張した[270]。こうした議論は、〈陳列所〉が持つどの特質に重きを置くのかという、選択の議論であったと

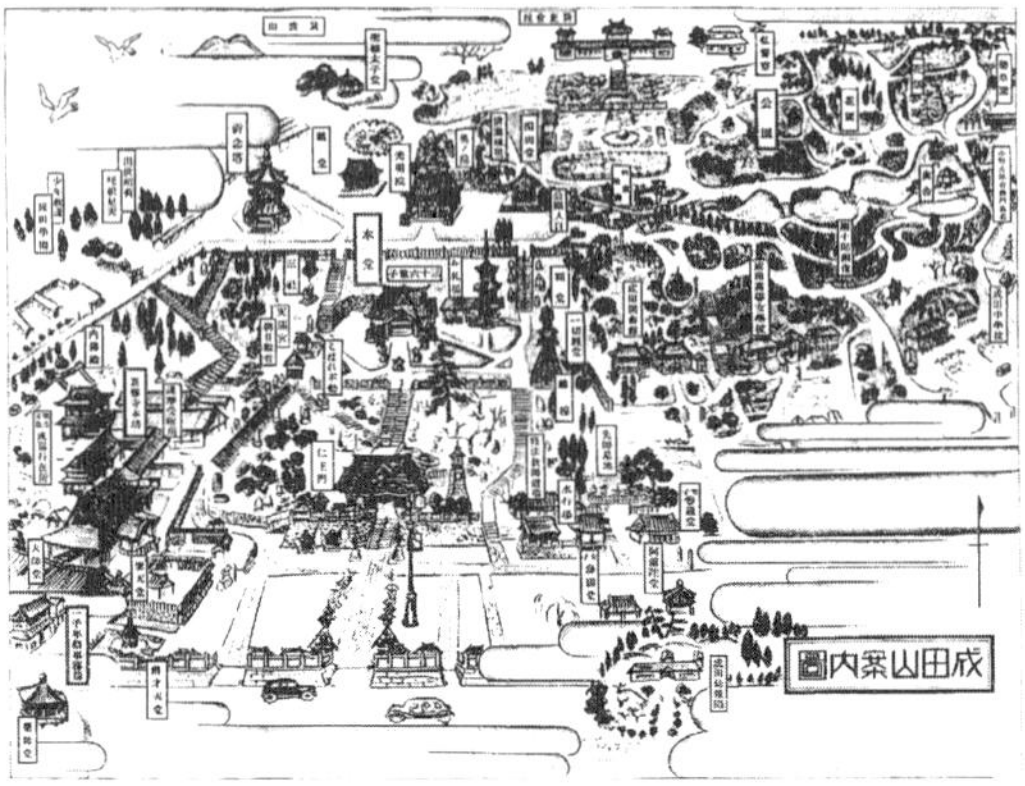

図41⑤　成田山案内図

中央上部に描かれた鳳凰堂のような建物が成田町立千葉県物産陳列館（描かれた時点ではすでに新更会館となっている）。

図41④　成田町立千葉県物産陳列館

もいえる。この選択によって〈陳列所〉の性格付けがなされ、それにふさわしい場所が選ばれるのである。

県からの援助を受けた成田町では、「成田町立千葉県物産陳列館」を一九一一年（明治四四）一一月に開館する。その設立に際しては、県から一万円、郡から五〇〇円の寄付を受けたほか、成田鉄道から五〇〇円、新勝寺からは敷地と五千円の寄付を受けている。[271]また、県は廃止した千葉町の物産陳列館で使用していた陳列器具一切を交付している。このように、成田町への〈陳列所〉設置は、県と地域が協力することによって実現したものであった。

地域からの協力のうち、敷地まで提供した新勝寺の協力は注目すべき点である。新勝寺の石川照勤は、私立中学校や女学校、感化院や図書館などの社会教育施設を設立し、地域の教育文化のために広く社会的に事業を展開していた。物産館の設立への多大なる協力も「此の程に至り成田物産陳列館を設け産業の発達に意を注ぎ同町の為めに蓋す所偉大なるは実に筆舌の克く蓋さる処にあらず。同山主の高徳亦偉なる哉」とされ、一連の社会事業の貢献が賞賛されている。[272]一八八八年（明治二一）には千葉県と協力して成田山博物館を設置しようと試み、千葉県農産水産共進会の会場を兼ねてそれを実現した実績も、〈陳列所〉の成田への移転に影響していると思われる[273]。なお、その博物館の建物は、後に図書館として使用された。

かくして成田町の千葉県物産陳列館は、新勝寺から提供を受けた成田山内の敷地に、専用施設として建設された[274]（図41④⑤）。一九一〇年（明治四三）一月に着工し、翌一一年五月に仮開館、同年一一月一九日に開館式を迎えている。新勝寺の裏手に位置するため周辺環境を考慮した「平安朝式建築法」で建築され、鳳凰堂を模したような和風意匠が採用されている。建築の監督技師は森田新吉、大工は行方音次郎らが務めている。全体の構成は、同じ木造和風意匠を持つ奈良県や香川県の〈陳列所〉とよく似ている。中央を二階建てとし、そこから越屋根のトップライトを持つ胴屋を伸ばして端部に翼楼を置く。奈良県物産陳列所と同様に、翼楼は外見上は二階建てにつくり内部を吹き抜けとするが、中央楼には二階が設けられた点が異なる。

成田町の物産陳列館もその運営は好調とはいかなかったようで、やがて町での維持が困難となり、施設が一九二八年に新勝寺に寄付された。その後は、新勝寺の新更会館として郷土資料の展示や集会施設として活用された。戦後には成田山霊光館として引き続き陳列施設として使用されたが、施設の老朽化によって七九年に解体された。

42　福岡県[275]（図42①～⑤）

福岡県の〈陳列所〉は一九〇六年（明治三九）六月に開設された「福岡県物産陳列場」に始まる。位置は博多停車場から一〇丁、県庁から四丁の距離、市の南西部海辺に位置する内務省第七土木監督署の建物を転用して設立された。敷地は一八〇〇坪余を有する広大なもので、東隣は聯隊区司令部や日本赤十字社支部があり、裏手には福岡監獄があった。

物産陳列場として使用された建物は木造二階建ての事務所建築である。建物中央の奥には平屋建ての一室が接

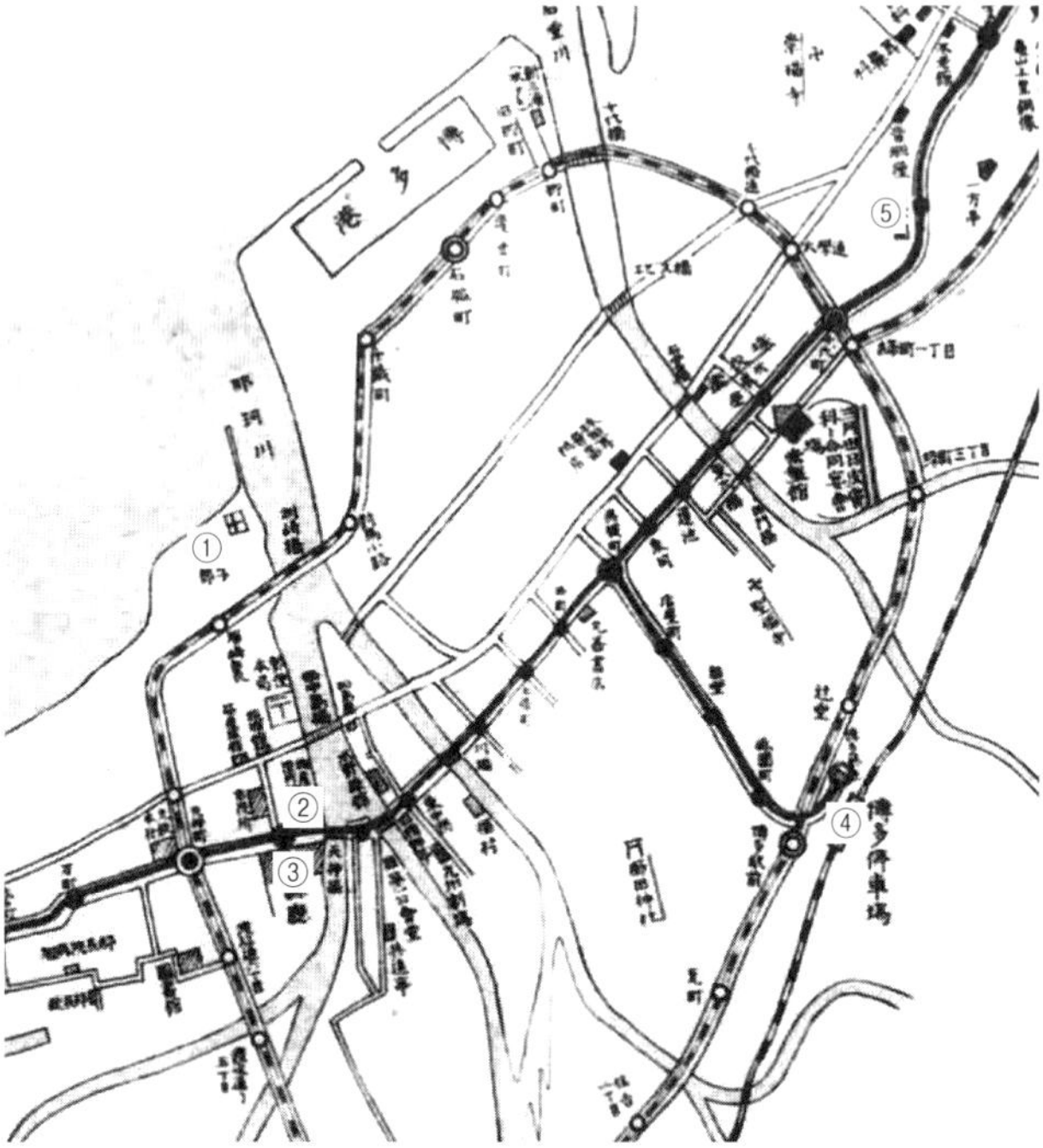

図42①　福岡県物産陳列場の位置

①物産陳列場（推定）、②後に新築移転する位置、③福岡県庁、④博多停車場、⑤東公園

続している。上下階合わせて陳列面積は二〇〇坪余を有したが、そもそも事務所として建設されたものであるため、館内は小部屋に細かく区分されている。一階の一室が事務室として使用された。事務所として建てられた名残で館内には廊下が通っており、小部屋を巡る形で陳列が行われた。

しかしながら、事務所建築を転用しての〈陳列所〉運営は、機能的に不十分な点が多かった。そもそも小部屋に分割しての陳列が非効率であり、間仕切り壁が多く存在するため陳列室内に有効に採光を行うことができない不満があった。また、〈陳列所〉としての立地の不便さも問題とされた。

こうした点を改善するために物産陳列場の新築移転が計画され、一九一四年度（大正三）から二ヶ年事業として

図42④　福岡県物産陳列所（新築移転後）

図42②　福岡県物産陳列場

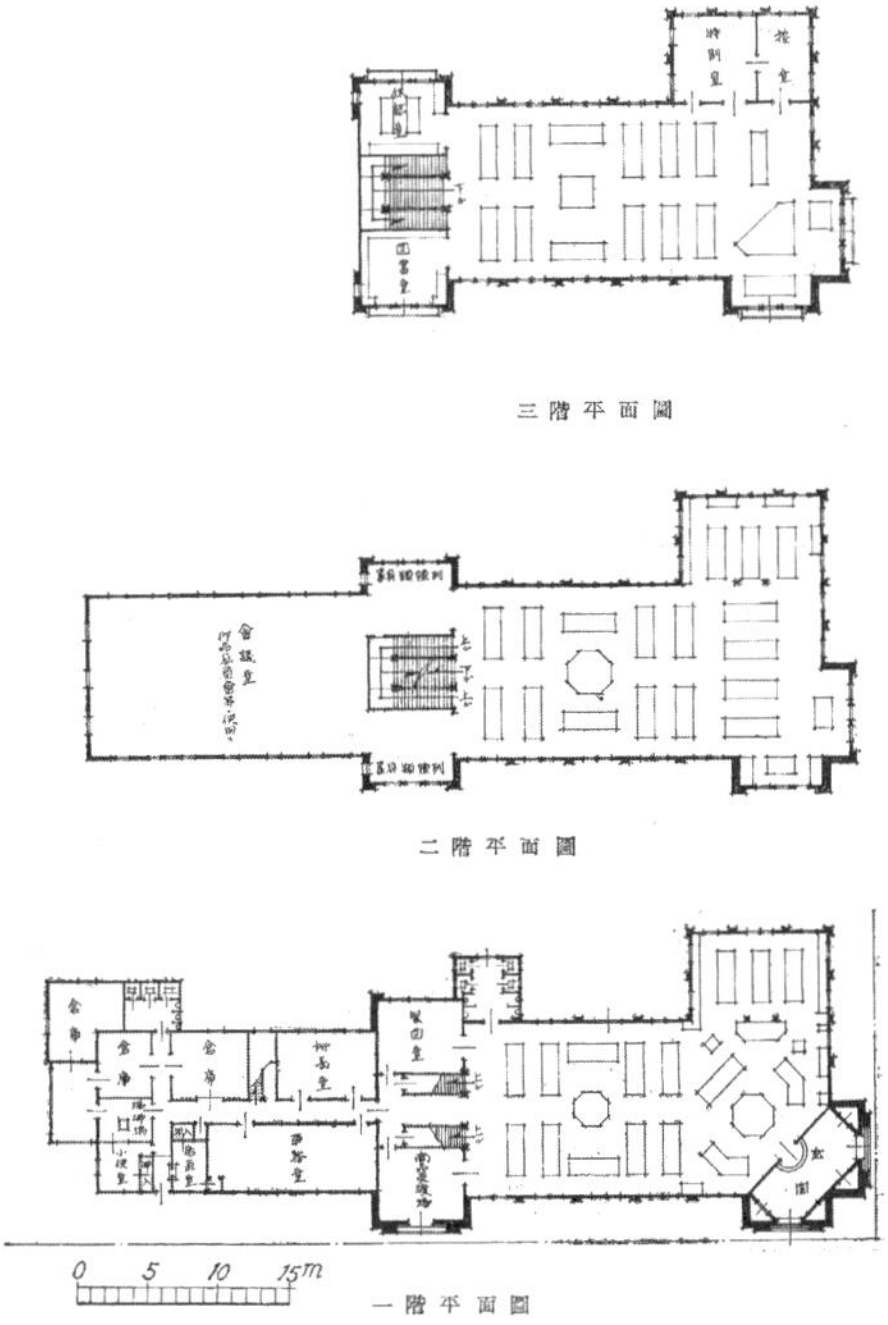

図42⑤　同上 平面図
図の右側が電車通り。

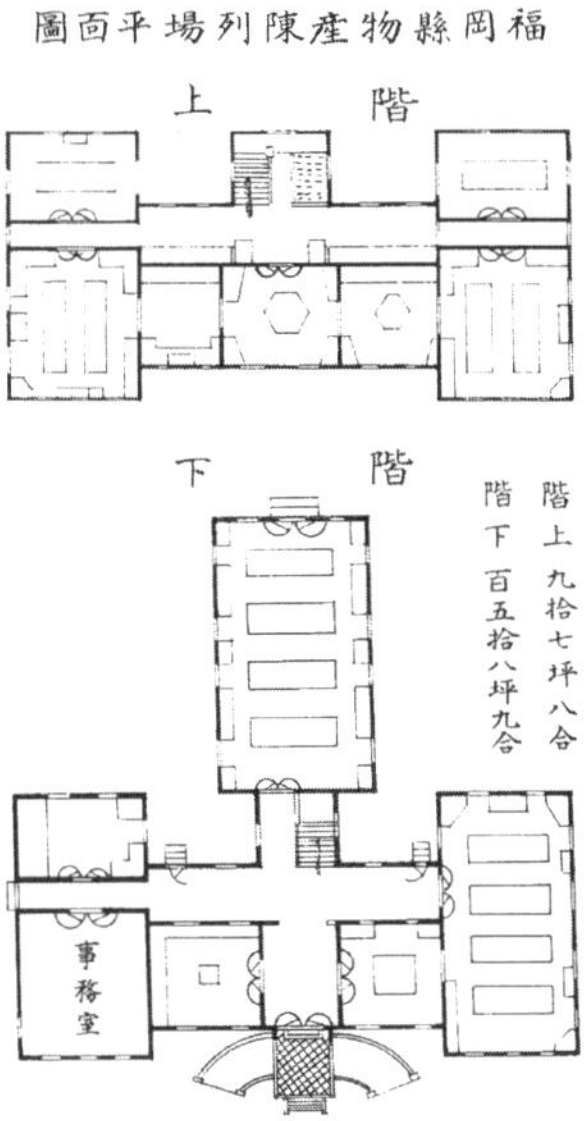

図42③　同上 平面図

議決された。新築移転に際しては数年間の調査がなされたといい、その結果、福岡市外の中心地、福岡県庁前の那珂川河岸に敷地を確保していた。建築工事は一九一五年一〇月二〇日に着工、翌年一〇月に竣工した。折しも福岡で特別大演習が挙行されたため、竣工したばかりの「福岡県物産陳列所」(一七年六月三日に改称)が統監部に充てられた。なお、大本営は福岡県庁に置かれる。福岡県は一一月一六日に統監部が去った後に附属工事を実施し、一九一七年五月五日に落成式を挙行した。

敷地の南側には那珂川が流れ、北と西の二方向を道路に面している。新しい〈陳列所〉の建築は木材と鉄材の混構造で、大通りに面する西半分を三階建てとし、川に沿って二階建てを連ねる。[276] 外装はモルタル塗り・擬石張で三階建て部分は一階から三階までの大部分を陳列室とし、二階には図書室・休憩室・特別室などの補助機能が設けられる。後方の二階建て部分は一階を事務関連の諸室、二階を会議室・企画展示室とする。一階の事務所室には、陳列室に近い側に来館者と応対する諸室が配され、陳列所側より製図室(図案調整)・商品受渡室・所長室・事務室と並び、その奥に小使室や倉庫、食事および湯沸などの管理所室が並ぶ。当時流行したゼツェッシオン風の外観を備え、敷地に合わせて機能を分配することで、交差点あるいは橋に建つ建築物として象徴的な造形をみせる。様々な物と人々が集う〈陳列所〉は賑わいをもたらすとともに、対岸に建つ日本生命保険相互会社福岡支店(辰野金吾片野安事務所設計、現・福岡市赤煉瓦文化館)と合わせて、那珂川の河岸の風景をつくり出していた。

同館は一九三二年(昭和七)に「福岡県産業奨励館」と改称し、外地に分館や出張所を設けるなど、県産品の紹介・斡旋にいっそう取り組んだ。しかしながら、戦時体制が強まる中で次第に規模を縮小していき、四一年には日本銀行福岡支店の開設にともなって建物が同行に移譲され、同館は県庁内に移転した。戦後になって、再び貿易補助機関の設置を求める声が上がり、空き家となっていた東公園の武徳殿を転用して四七年六月に「福岡県商工奨励館」として開館した。同館には、貿易庁日本貿易館九州分館が併設されていた。後にザビエル記念館内に移り「福岡県産業貿易館」と改称、五八年には県庁向いに新館を建設して活動を続けた。

43 山梨県（図43①〜③）

山梨県では一八七三年（明治六）に知事に着任した藤村紫朗によって、積極的な勧業政策が実施された[277]。藤村は着任翌月に「物産富殖ノ告諭」を発し、蚕糸業の振興による県の繁栄を提唱した。翌七四年一〇月には甲府錦町に大規模な山梨県勧業試験場が竣工し、官営の富岡製糸場にも比類する生糸を生産した。

一方で、一八七六年に県は勧業試験場を開設して各種農作物の試植で農業改良にあたり、翌七七年には試験場に付属して葡萄酒製造場を設立した。県が主導したこれらの事業は民間工場の誕生を促すが、やがて民業の成長を阻害する存在とも見なされるようになり、いずれも八五年に廃止された。

このように、山梨県における勧業政策は製造部分への直接的な関与による勧業が主であったようで、常設の陳列施設を県が設けることはなかった。とはいえ、山梨県が〈陳列所〉の設置を計画しなかったわけではない。山梨県は一九〇五年（明治三八）に一府九県聯合共進会を開催するが、これを機会に物産陳列館の設置を計画していた。そもそも聯合共進会は一九〇三年六月の鉄道中央線甲府延伸をきっかけとして、一九〇四年に開催される予定であったが、日露開戦によって延期され、戦後に改めて一九〇五年の聯合共進会が計画された[278]。聯合共進会は甲府市の舞鶴公園内に模造天守閣を建設するなどして開催された。会場には陸軍予備病院広尾分院の建物を移すなどしながら、すべて仮設建築として整備されたが、当初、一部は閉会後も使用する永続的な建築として計画されていた。仮設建築に変更となったのは、戦争による疲弊と冷害の影響で経費が削減されたためで、閉会後も存置して物産陳列館と図書館に充てる予定であった建築が、これによって仮設建築とされたのである。聯合共進会を契機とした〈陳列所〉の整備はよくみられる方法であるが、山梨県では施設整備が予算削減によって実現できなかったため、〈陳列所〉自体も置かれなかったようである。

結局、山梨県においてはこれ以後も県立の〈陳列所〉が設置されることはなかった。しかしながら、聯合共進会開催に併せて〈陳列所〉の設置が計画されたように、その設置を求める地元の声は大きく、大正期に入って民間商工業者の手による陳列施設が設立される。これを主導したのは、第一次世界大戦後の国産奨励運動をきっかけとして、地方産業の発達を促す目的で一九一五年（大正四）一〇月に設立された甲府産業奨励会と、同会を補助し後に事業を引き継いだ甲府商業会議所である。

甲府産業奨励会は、県知事の支持を受けて全県組織として組織された団体であるが、その第一に掲げられた事業が、市民多年の要望であった物産陳列館の設置であったという。[279] この事業は、商業会議所にとっても懸案であったため三〇〇〇円を支出し、産業奨励会はこれを基に三千円の資金を集めた。産業奨励会は具体的な建設事業の一切を商業会議所に任せ、これを受けて商業会議所に接続する形で木造二階建て一二坪五合の本館と、木造平屋建て四四坪の「甲府物産陳列館」を建設した。同館は一九一六年七月三一日に竣工し、同年八月五日から開館した。しかし間もなく、甲府産業奨励会は物産陳列館の運営が困難となり、同館のすべての寄付を受けた甲府商業会議所がこれを引き継いだ。移管当時、物産陳列館の建物は三棟五九坪であった。

甲府物産陳列館が甲府商業会議所に隣接して建設されたこの頃、商業会議所の建物は錦町一八番地にある木造三階建て四二坪の洋館で、これは当初借用していた事務所の狭小を理由に、一九一二年に既存建物を購入して使用されていたものである。地の利もよく商工業関係の集会や貸事務所としても使用されたが、大正末年頃には拡大した事業への対応が困難となり、建替えの計画が起こる。商業会議所は間もなく建築資金の寄付募集を開始するが、関東大震災に遭って事業の中断を余儀なくされた。その後一九二四年に入って、落ち着きを取り戻したことで寄付募集を再開し、集まった寄付金一三万円に積立金などを上乗せして二〇万円の資金を確保し、これを

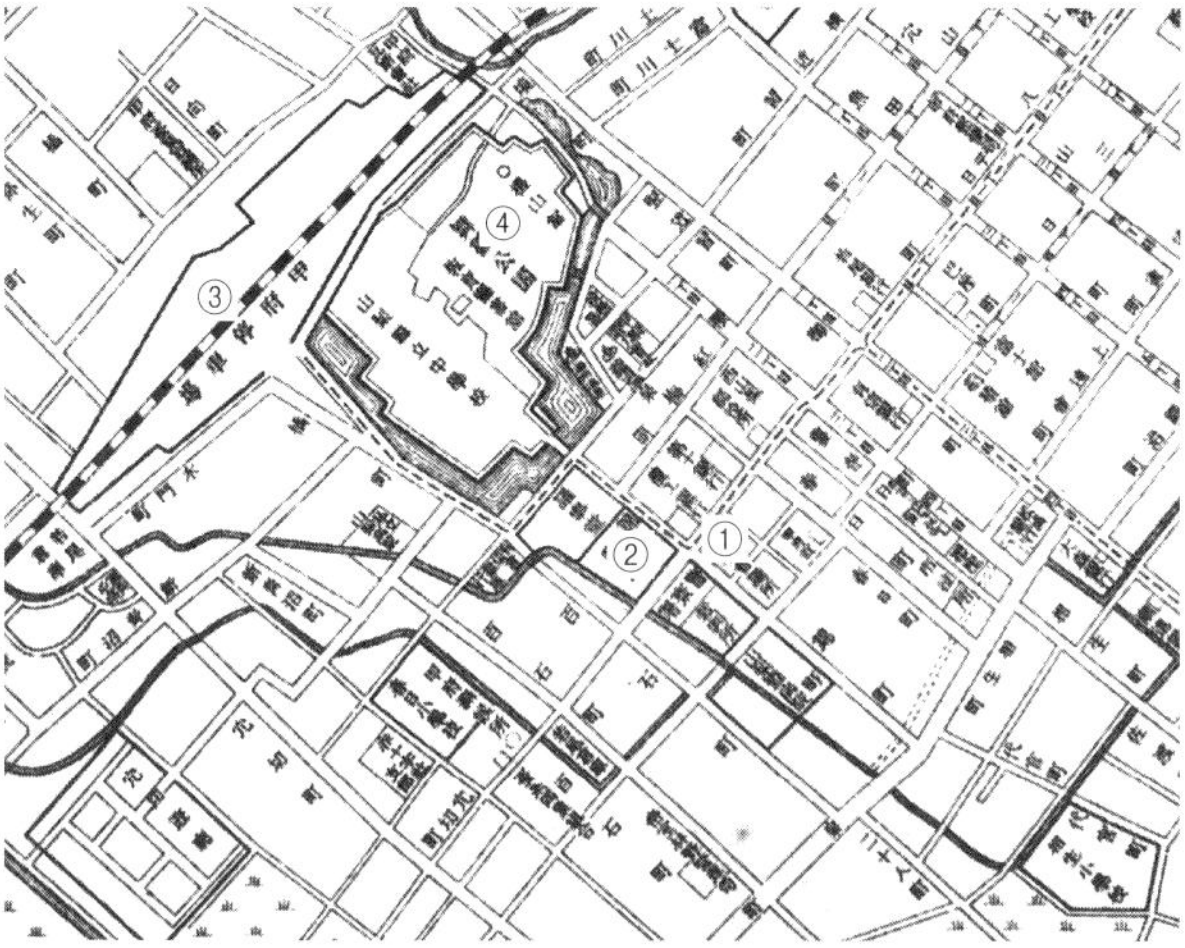

図43①　甲府物産陳列館の位置
①物産陳列館（商業会議所）、②山梨県庁、③甲府停車場、④舞鶴公園

図43③　甲府物産陳列館（２代目、商業会議所）

図43②　甲府物産陳列館（商業会議所）

もって新しい商業会議所の建設を総会で決議した。

一九三〇年四月に竣工した新しい商業会議所は鉄筋コンクリート造三階建て、総延べ坪四七七坪を超える規模の建築で、商業会議所の諸機能に加えて、物産陳列館と各実業組合の事務所を内包した。物産陳列館は一階に置かれ、一階には他に貸会堂や酒場があり、二階を商業会議所の諸室、三階にステージを備えた大会議室がある。屋上には庭園が備えられており、竣工式は甲府の街を見下ろすこの庭園で執り行われている。

山梨県においては県立の〈陳列所〉が設置されることはなかったが、それを補う存在として、甲府物産陳列館が設置され、商工業者自らの手で事業が展開されたのである。なお、この甲府商業会議所の建築は甲府法人会館として現存、使用されており、国の登録有形文化財に登録されている。この建築は山梨県に残る現存最古の鉄筋コンクリート造建築として地方都市における建築技術の伝搬を示すだけではなく、地元の産業界が主導した〈陳列所〉の実態を伝える点で、貴重な存在であるといえるだろう。

44 京都府[280]（図44①〜⑤）

京都府では府立の〈陳列所〉は設置されなかったが、京都市が一九〇九年（明治四二）に「京都商品陳列所」を設置し、海外への情報発信を含めて京都の看板を背負った活発な活動を行った。

明治維新後に、博覧会が民間の手によっていち早く開催された京都市は、早くから勧業場や舎密局を設け、勧業政策を積極的に展開した。こうした施設は一八八〇年代になって徐々に民間に払い下げられていった[281]。一方で京都博覧会を主催した京都博覧会社は、京都御所内に博覧会館を置き（のちに岡崎公園に移転）、継続的な博覧会運営の基礎となった。

一八九〇年代に入ると、従来の博覧会場とは異なる常設の陳列施設の必要性が説かれるようになり、産業支援

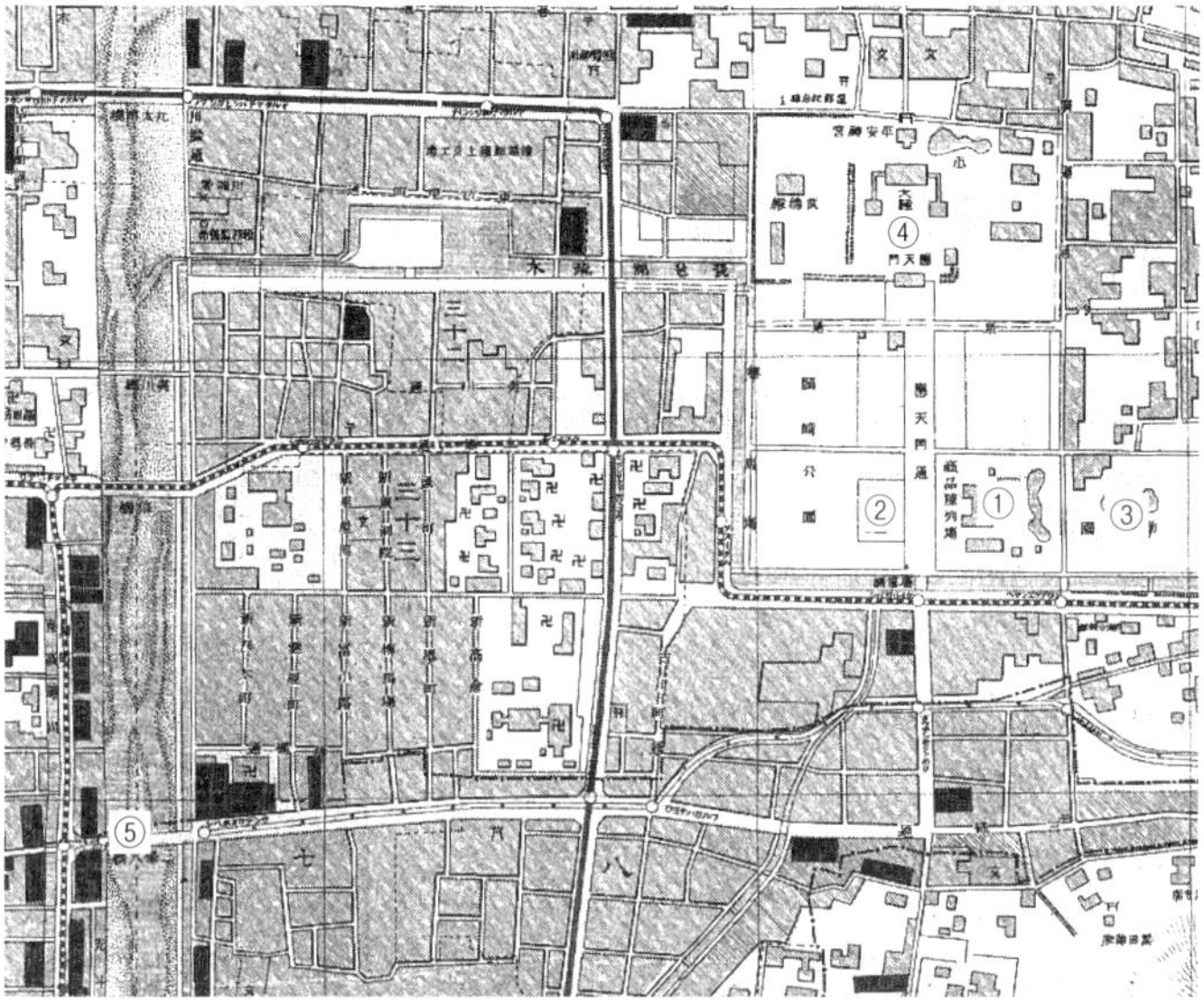

図44①　京都商品陳列所の位置

①商品陳列所、②京都府立図書館、③動物園、④平安神宮、⑤三条大橋

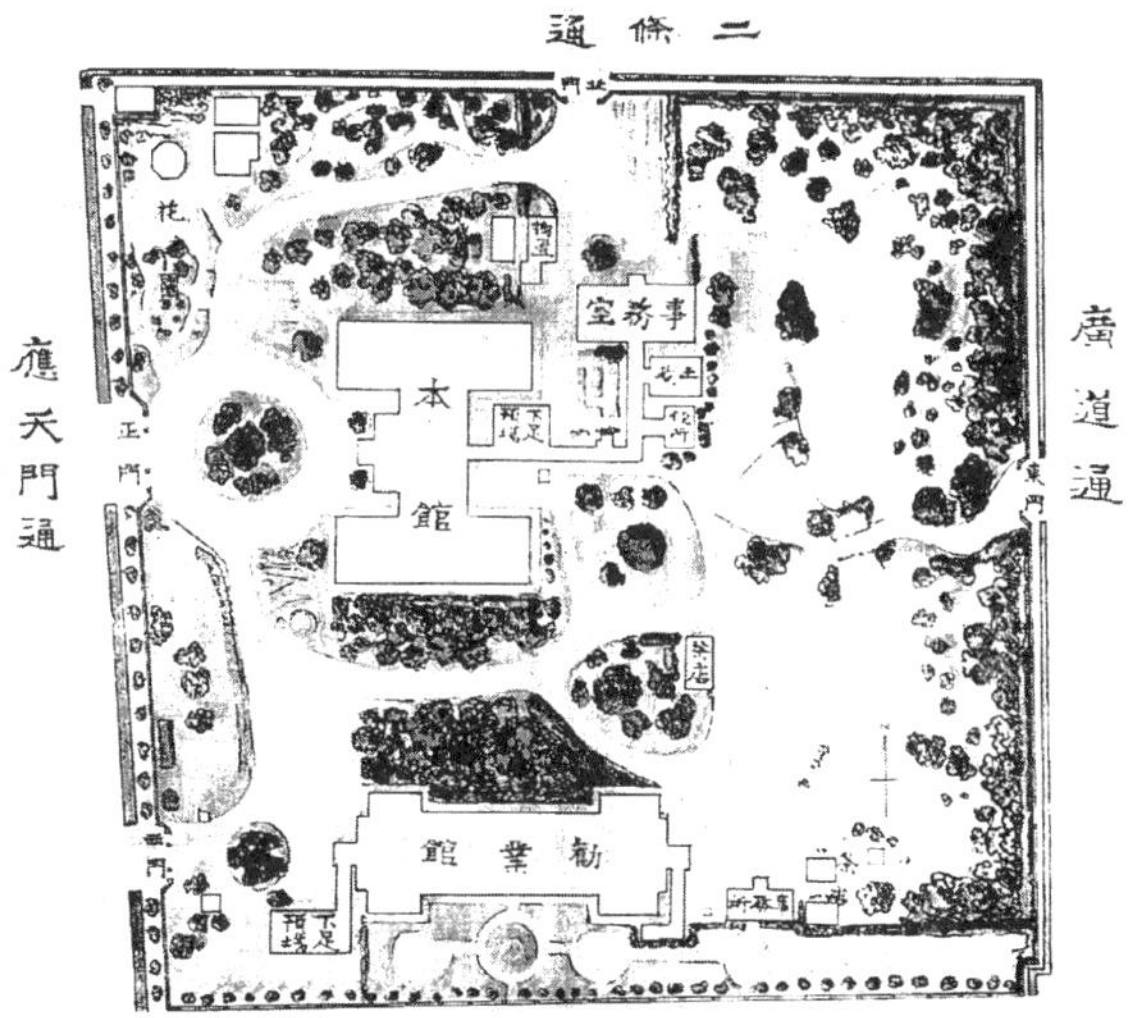

図44②　京都商品陳列所 配置図

図44③　京都商品陳列所 全景

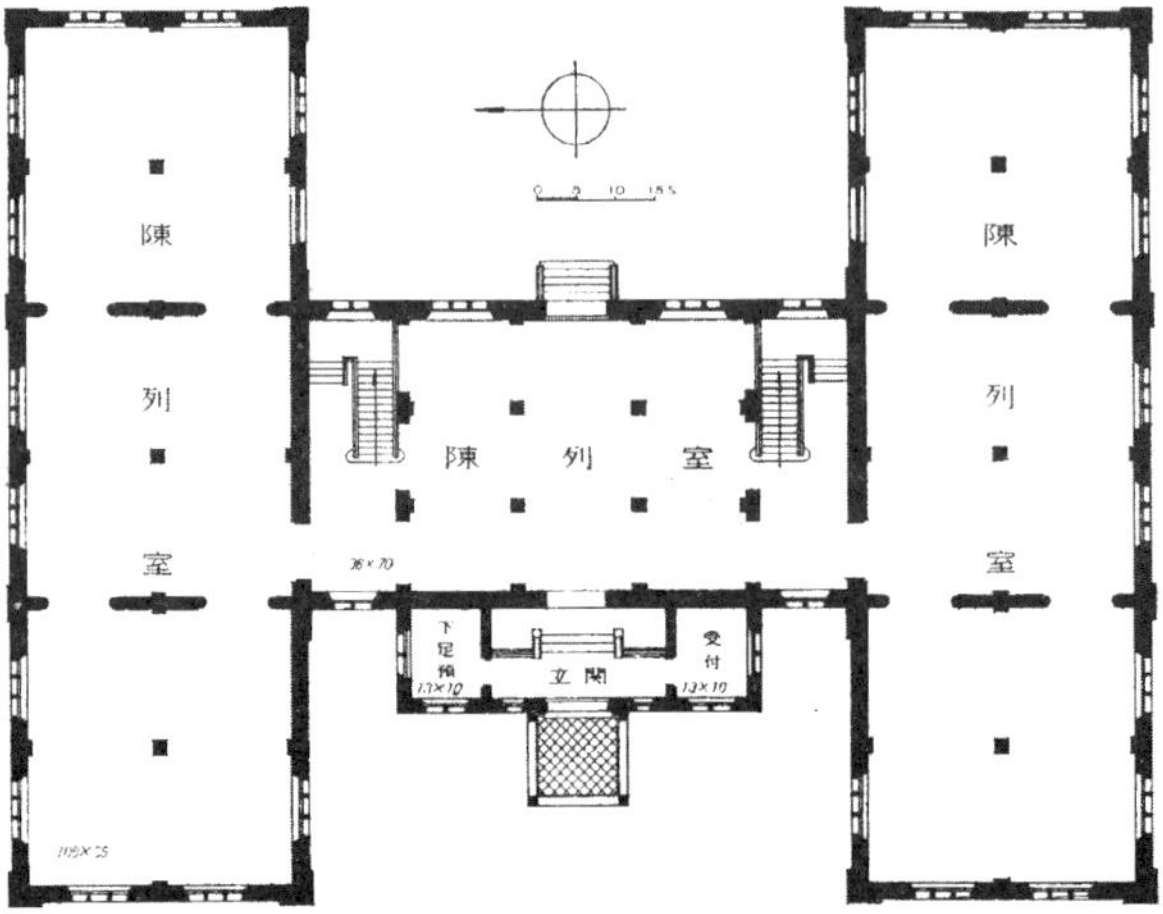

図44④　同上　1階平面図

機関としての〈陳列所〉の設置を求める声が上がる。[282] これには、一九〇〇年に大阪に設立された府立大阪商品陳列所の影響も見受けられる。これに応じるように、内貴甚三郎市長の代に、市と商業会議所は各地の〈陳列所〉を調査したが、具体化するまでには至らなかった。

西郷菊次郎市長の代になって、〈陳列所〉の設置は日露戦争戦勝記念事業として事業化されていく。一九〇五年（明治三八）五月の市勧業委員例会において〈陳列所〉の設立が発案されると、勧業委員会内で協議され岡崎公園内に新築して設立する計画がまとめられた。協議の段階では、「見本陳列所とす可きや勧業場的とす可きや」という議論があり、商業会議所は「勧商場的性質ならば引き受る能はず」と回答し、これによって市営施設として設立する方向が決まる。[283] 勧業委員会は同年一二月六日に市長宛に商品陳列所の設立建議書を提出し、翌年四月二七日にその建設予算が議決され、具体的な整備が開始された。

建築の設計と工事監督は、予算通過の四日後に京都帝国大学の武田五一と日比忠彦に嘱託された。なお、陳列棚の構造と配置計画は高島屋の飯田新七ほか二一名の市内実業家との協議で決定し、庭園築造は小川治兵衛ほか一三名（京都園芸会）に依頼された。まさに京都を挙げての建設事業であったといえるだろう。本館の建築工事は一九〇八年一二月一九日に落成し、出品物の収集期間を経て同年五月一二日から陳列作業を開始、準備を整えて同月一五日に開会式が挙行し、翌一六日に一般公開された。構内には本館の他に、事務室と倉庫が置かれた。

武田五一設計による本館の建築は構成こそ様式的ではあるが、抽象化された形態でまとめられており、欧州遊学での見聞を如実に反映したものといえる。神宮道を挟んで商品陳列所に相対する京都府立図書館も同時期に武田が設計したものであるが、こちらはさらに様式的意匠に寄る。京都商品陳列所に、より前衛的な意匠が用いられたのは、〈陳列所〉という性格ゆえの新しい挑戦だったのかもしれない。

武田の挑戦は意匠だけにとどまるものではない。京都商品陳列所の建築は、主要部の構造に鉄筋コンクリート

図44⑤　京都商品陳列所 庭園

が採用された最初期の建築であった。武田と日比は、同所と図書館の設計を同時期に依頼され、当初は両方に鉄筋コンクリートを採用しようとしたという(284)。しかしながら「新しい方法を採用するには可成りの勇気を必要とした」といい、結局「此二つの建物の内商品陳列館に鉄筋コンクリート工法を採用することとした」のである。意匠の相違も、こうした「勇気」の結果であった。

同所の構造は具体的には次のように部材毎に異なる。すなわち、柱：鉄骨を鉄筋コンクリートで被覆、梁・床スラブ・階段：鉄筋コンクリート、壁：煉瓦積、屋根：鉄骨トラス、である。建設工事に際しては、その珍しさから、多くの建築土木関係者が見学に訪れたという。なお、積載荷重実験に使用された試験用スラブは、後に陳列所裏手の庭園に架かる橋として使用された。

京都商品陳列所においては、この庭園も極めて重要な意味をもつ。本館の裏手、つまり敷地内の東側には東山を背景とした広大な庭園が築造されている（図44⑤）。これは一般に開放され、本館三階のベランダからはこの庭園が一望できた。この庭園は七代目小川治兵衛を筆頭に京都園芸会が請け負って造ったものである[285]。これは、もちろん来館者を楽しませるためのものであったが、それ以上に、京都の造園産業を示す「模範的庭園」であり、造園材料のショーケースであり、生きた植物図鑑であった。同所の建築工事関係書類の中に残された庭園築造の理由書には次のように説明されている。

山水庭園ハ本邦京都ヲ以テ主トス。故ニ平常内外国人ノ本市ニ来リテ庭園ノ雅致ヲ賞賛スルモノ多シ。然ルニ今般商品陳列所構内ニ模範的庭園ヲ築造シ又本館南部ノ地ニハ庭園材料ノ樹木等ヲ意匠的ニ出品陳列セシメ尚北部ニハ本邦ノ草花ヲ収集栽培シ四時ノ観ヲ備ヘ或ハ温室ヲ設ケ各季ニ於テ陽春ノ花弁ヲ開カシメテ観光ノ外人ニ日本ノ草花ヲ知ラシメ又百工ノ意匠図案ノ材料ニ供シ以テ園芸業ノ奨励ヲナサント欲ス[286]。

こうした目的を小川治兵衛ら園芸協会の造園家に諮り、大いなる協賛を得て実現したのであった。理由の後半で述べられる植物園的性格は、他府県の〈陳列所〉の庭園でもしばしば意識されていたように思われるが、前半部分は造園がひとつの産業として成立する京都ならではのものであったといえる。時に私邸内に秘められる造園の技を広く一般に示し、自由に造園技術や材料に実地で触れることのできる場所となることが、この庭園において期待されたのである。

以上に示した建築と庭園の特徴は、〈陳列所〉の機関誌でも広報されたものである[287]。たとえば建築については「本邦在来の建築と著しく趣きを異にせる所」として鉄筋コンクリート造であることを示し、その耐久強度の強さを説明しつつ「主要部分に多く使用したるは本邦に於ける嚆矢なり」と誇る。庭園についても、「東山一帯の嶺巒を恰も境域中に誘ひたるが如く、目睫の間に幽邃閑雅のおもむきを髣髴たらしめ、以つて京都特有の造園術の一端を示せり」とその魅力を紹介し、京都独自の造園技術を前面におし出した。京都商品陳列所では、こうした独自の建築と庭園を〝売り〟として、内外に来館を誘ったのであった。

さて、京都商品陳列所は所長を務めた丹羽圭介の尽力で精力的な活動を展開し、徐々にその規模を拡大させる。

当初は本館の他は事務室のみであったが、一九一〇年には本館の南側に勧業館を建設した（第四回内国勧業博覧会開催時に美術館として平安神宮東側に建てられたものを移築して大規模改修）[288]。当初、本館内は各種参考品とともに即売品も陳列されていたが、一九一九年（大正八）八月に至って組織を改変し、即売品陳列はすべて勧業館に移して常設即売館とし、本館は参考品陳列からなる「所謂ミュゼアム式」とした[289]。本館には、開所以来収集されてきた内外の参考品と、選抜された市内生産品見本だけが陳列された。この前後から、同所では特別陳列会を契機として、『古陶器集』（一九一六年）、『支那工芸資料』（一九二二年）、『第一回図案工芸品図録』（一九二三年）などの図集を多く出版する。こうした活動を展開したこの頃の同所は、〝工芸ミュージアム〟としての性格を強く持つものであったといえる。

なお、岡崎公園内には一九一二年に「勧業館」が設立され、同館が博覧会・共進会・品評会などへの貸会場としての役割を受け持っていた[290]。他府県の事例では常設陳列施設と貸会場の機能はひとつの〈陳列所〉で受け持つことが多いが、京都市においては、常設施設として参考品の陳列や物産の即売を行う商品陳列所と、貸会場として機能する勧業館で役割を分担し、岡崎公園全体として勧業の空間を造り出していた。

設立当初から「商品陳列所」を名乗った京都商品陳列所は、農商務省令への対応で一九二一年（大正一〇）四月に京都市商品陳列所と改称、その後一九二五年三月五日に組織を縮小するも、翌一六年四月一日に京都市工芸館と改められ、さらに二九年七月に「京都市商品陳列館」となった。しかしながら、一九三〇年（昭和五）三月に商品陳列所を取り壊して大礼記念京都美術館を建設することが決まると、〈陳列所〉は創立の地である岡崎公園からの立ち退きを余儀なくされ、三一年四月一日に京都駅前の京都会館一階に移転して事業を継続した。この京都会館とは、京都商工会議所が御大典記念事業のひとつとして京都駅前に計画し、一九二八年一〇月一五日に竣工した鉄筋コンクリート造地上五階建てのビルである。当初から二階以上をホテルとし京都ホテルが経営していたが、間もなく京都ステーションホテルとして独立する。この時期の詳細な活動内容は不明だが、大正期に展開したような工芸ミュージアムとしての活動の継続は困難であったように思われる。

その後、室戸台風で罹災した岡崎公園の勧業館を再建する際に、商品陳列所を組み込んで建設されることとなる。商品陳列所は勧業館に連結する形で府立図書館の南側に鉄筋コンクリート造二階建てで建設され、一九三九年（昭和一四）三月二一日に再開館した。その後、一九五二年一二月一一日に商品陳列館は勧業館別館となり、勧業館の事業に取り込まれた[291]。なお、戦後はこの建物に国立近代美術館京都分室が置かれ、のちに京都国立近代美術館となる。

45　福島県[292]（図45①〜⑦）

福島県は一九一一年（明治四四）に「福島県物産陳列館」を開館する。これに先立って、一八八七年に福島県物産陳列所と名のつく施設が存在したようだがその詳細は明らかではない[293]。なお、福島県物産陳列館の沿革においては「従来本県ニ於テハ物産陳列ノ機関ナカリシヲ以テ産業奨励ノ施設上不便尠カラザリシ」ために、同館を設立したとある。

福島県物産陳列館の設立は、一九〇九年（明治四二）に県会で議決され、福島城二の丸御外庭跡地に置かれた紅葉山公園内に〈陳列所〉の建築が新築された。物産陳列館の敷地は広く、紅葉山公園の二反三畝一五歩と県庁敷地六畝一四歩を合わせたものである。同館は県会議事堂と道路を隔てて相対し、周囲は庭園とした。敷地南側には池を望み、東側に阿武隈川が流れる。建築工事は一九一〇年三月七日着工、翌年六月に竣工した。工費は約三万円である。農商務省商品陳列館や同工業試験場などから参考品を運び込むなどして内部の調整をした後、一九一一年一〇月一一日に県会議事堂で開館式を挙行した。開館後は、参考品や見本品の陳列に加えて当初から委託

図45①　福島県物産陳列館の位置
①物産陳列館、②県庁、③県会議事堂、④阿武隈川、⑤福島停車場

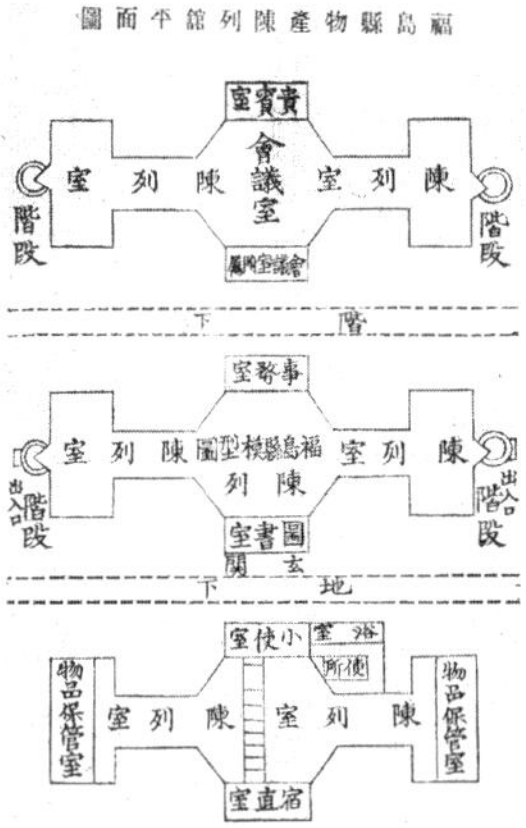

図45③　福島県物産陳列館
平面図

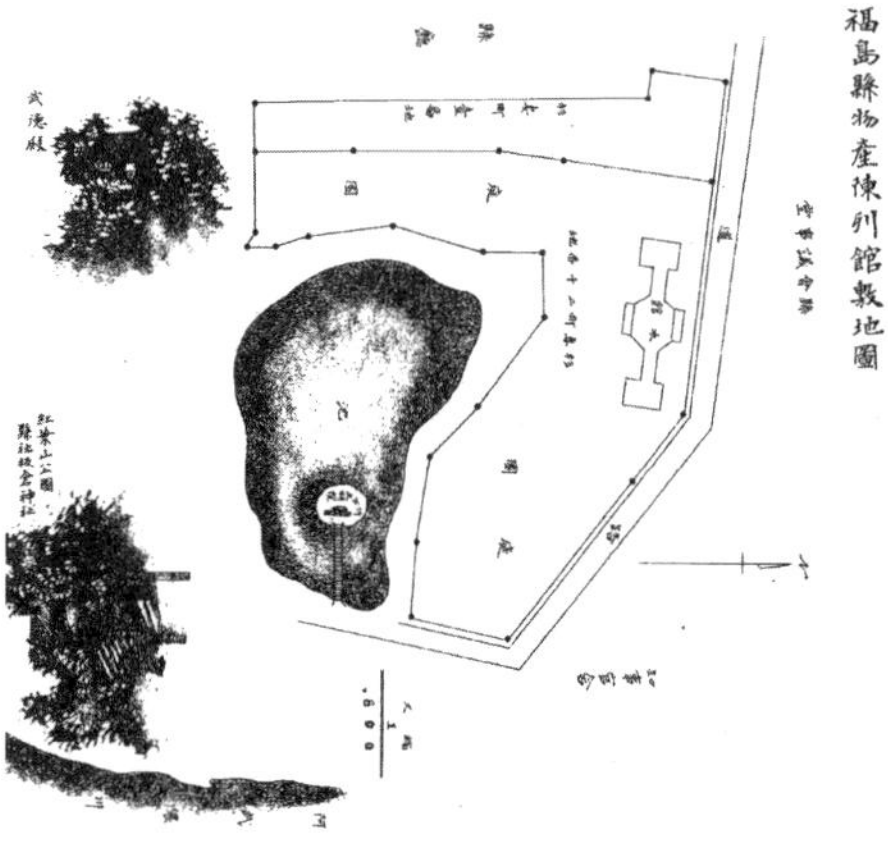

図45②　福島県物産陳列館 配置図

販売を行った。

県会議事堂に正面を向けて配置された物産陳列館は、木造モルタル塗の地上二階・地下一階の三層の建築である。傾斜地に建設されたため、地下といっても建物裏側は露出している。施設は建坪一〇八坪の本館のみで、この中に陳列室・事務関係諸室・会議室・物品保管室を置いた。陳列室が各階のほとんどを占め、三階中央部に会議室や貴賓室を置いた。二階の中央部も陳列に充てられたが、ここには福島県模型図が置かれた。ひとつの建物に諸機能を集約する点は、時代的な傾向であり、内容だけみれば、規模こそ小さめであるが標準的な〈陳列所〉の建築である。

しかしながら福島県物産陳列館の建築は、他の〈陳列所〉にはない特徴を持つ。それは同館による建築についての説明に明らかであり、すなわち「構造ハ東京上野ノ表慶館ニ則リ西洋造リ三層ノ建築物」(294)とした点である。東京上野の帝国博物館内に建つ「表慶館」は、皇太子（後の大正天皇）の御成功記念事業として計画され、福島県物産陳列館が着工する前年の一九〇九年に開館した美術館建築である（一九〇一年八月着工、〇八年九月竣工）。設計は宮内省技師の片山東熊で、記念建築としての華やかな意匠と、中央ドームの吹抜けにみられるような象徴的な空間を持ち合わせたネオ・バロック式の建築で、明治を代表する建築のひとつである。図45④と⑤を見比べれば明らかなように、福島県物産陳列館の外観は、表慶館のそれに酷似している。

とはいえ、当然ながら完全な模倣とはいえない。基本的な構成は面白い程に一致しているが、細部は簡略化されている。顕著なのは中央のドームで、福島県物産陳列館のドームは真円ではなく正方形の隅切りをした八角形ドームである。設備についても相違があり、表慶館は二階の陳列室に最新のトップライトによる採光を用いたが、福島県物産陳列館では二階も壁面窓からの採光とした。なお、福島県物産陳列館では階段室の出入口上部のレリーフにはライオンらしき動物の彫刻が見え、表慶館の代名詞的存在であるライオン象をも取り込んだようだ。

図45④　福島県物産陳列館

図45⑤　表慶館

図45⑥　同上 陳列の様子
中央部分から翼部を見て撮影したものと推測される。

図45⑦　福島ビルヂング

全体的にバランスの悪さが目につくが、かたや宮廷建築家が数年かけて実現させた記念碑的建築であり、これと比較するのは酷であろう。

それよりも注目すべきは、福島県物産陳列館にみられる〈陳列所〉の建築としての読み替えである。記念碑的性格を持つ表慶館では、正面玄関から入ると二層吹抜けの円形ドームがあり、この空間が建築全体の象徴性を担保している。この空間体験こそ片山が表慶館で示そうとしたものであろう。一方で、福島県物産陳列館では平面型こそ表慶館とほぼ同一であるが、二階の中央部にも床が貼られて陳列室とされ、陳列や集会に用いられた。正面玄関から入って最初に置かれるのは福島県模型図であり、その左右には県産品が並ぶ。すなわち福島県物産陳列館が最も示すべきとしたのは、空間の象徴性ではなく、福島県の実態であり、その産業であった。表慶館は純粋な陳列施設であったため内部のすべてを陳列室としたが、福島県物産陳列館では陳列以外の業務も重要であり、平面型を維持しながら館内に事務室や集会室などの諸機能を配した。こうした機能的な要請が、前述した空間の使い方にも影響を及ぼし、記念建築としての表慶館の特質を〈陳列所〉のそれに読み替え、作られているのである。

福島県物産陳列館の建築は、単に最新の建築意匠が地方都市で模倣されたというだけではなく、〈陳列所〉の建築が同じ陳列施設として美術館建築に範を求め、ある部分ではその威光を借りながらも、〈陳列所〉に求められる複合的な機能を果たすべく考えられた、特筆すべき〈陳列所〉建築なのである。

同館はその後、農商務省令を受けて一九二一年六月二七日に「福島県商品陳列所」に改称し、引き続き紅葉山公園で活動を続けたが、一九二七年（昭和二）にその建物を県立図書館に充当し、移転することとなる。移転先は福島市街に竣工した「福島ビルヂング」である（図45⑦）。福島ビルヂングは鉄筋コンクリート三階建てのビルで、県下初のエレベータが設置されるなど近代福島のシンボルとなる建築であった。このビルの建設は当初福島市によって計画されたもので、市立図書館なども入居し公共的役割を果たしていた。商品陳列所の入居後は正面入り口に同所名を掲げており、このビルにとっても同所の存在は大きなものだった。

竣工当初の福島ビルヂングには、二階と三階の一部に市立図書館が置かれ、残りは一般の商店が入居していた。交通の便もよく、図書館の利用者も多かったという。やがて市立図書館建設の計画が浮上すると、同図書館の蔵書と什器が県立図書館に引き継がれることとなる。この時、周辺環境の適正から、県立図書館と商品陳列所の場所を入れ替えることになったようだ。こうして、一九二七年に福島ビルヂングの二階に福島県商品陳列所が開所し（三階には商業会議所が入居した）[295]、県立図書館は施設改修を経て二九年に紅葉山公園の旧福島県商品陳列所の建物に開館した。商工業者が集ったこのビルの周辺は、年月が経つにしたがって周辺の道路も整備され、付近の商店街等も活気をみせ、福島の中心市街地を形成していった。

なお県内においては、若松市が物産陳列館を設置し、付設公会堂を合わせて一九二二年から運営していた。

46 東京府[296]（図46①〜⑥）

東京府は明治初期に勧業のための施設として第一勧工場を置いていたが、第二章に見たように実質的にそれは物品の陳列販売施設が主となるもので、やがて民間の小売販売施設へと展開した。明治年間を通じて東京府は、他に〈陳列所〉と呼べる施設を置くことはなかったが、渋沢栄一が会頭を務めた東京商工会などは、一八八〇年代に計画された政府の「通商博物館」設置計画を継ぐ形で、〈陳列所〉の設置を実現しようとしていた。これは叶わなかったものの、一八九六年（明治二九）に農商務省の「貿易品陳列館」（のち商品陳列館）が東京・木挽町に開設されており、同館が東京府立の〈陳列所〉に代わる役割を果たした。

しかしながら、第一次世界大戦後の列強各国による世界的な経済競争に応じるため、商工業に関する相談・指導を行う府立の産業振興機関を設置するよう求める声があがる。一九一七年（大正六）六月、東京の実業各団体は東京府に対して粗製濫造を改善・指導する機関として、「実用的機械工具陳列館」の建設を東京府に建議した[297]。この頃、東京府内でも産業振興に関する協議会を設置し、戦後の府下産業の振興策について研究していた。東京府は民間からの建議を受けて計画を進め、東京府・東京実業組合連合会・東京商業会議所の三者が協力して計画を拡大して商工指導機関の設置を決定し、同年一〇月に「東京商工奨励館」設立期成会が組織され、〈陳列所〉の実現に向けて動き出した。

東京商工奨励館設立期成会（以下、設立期成会と略す）の会長には渋沢栄一が就き、副会長には商業会議所会頭・藤山雷太と実業組合連合会長・星野錫が就いた。さらに東京府知事・府会議長・市長・有力実業家等六〇余

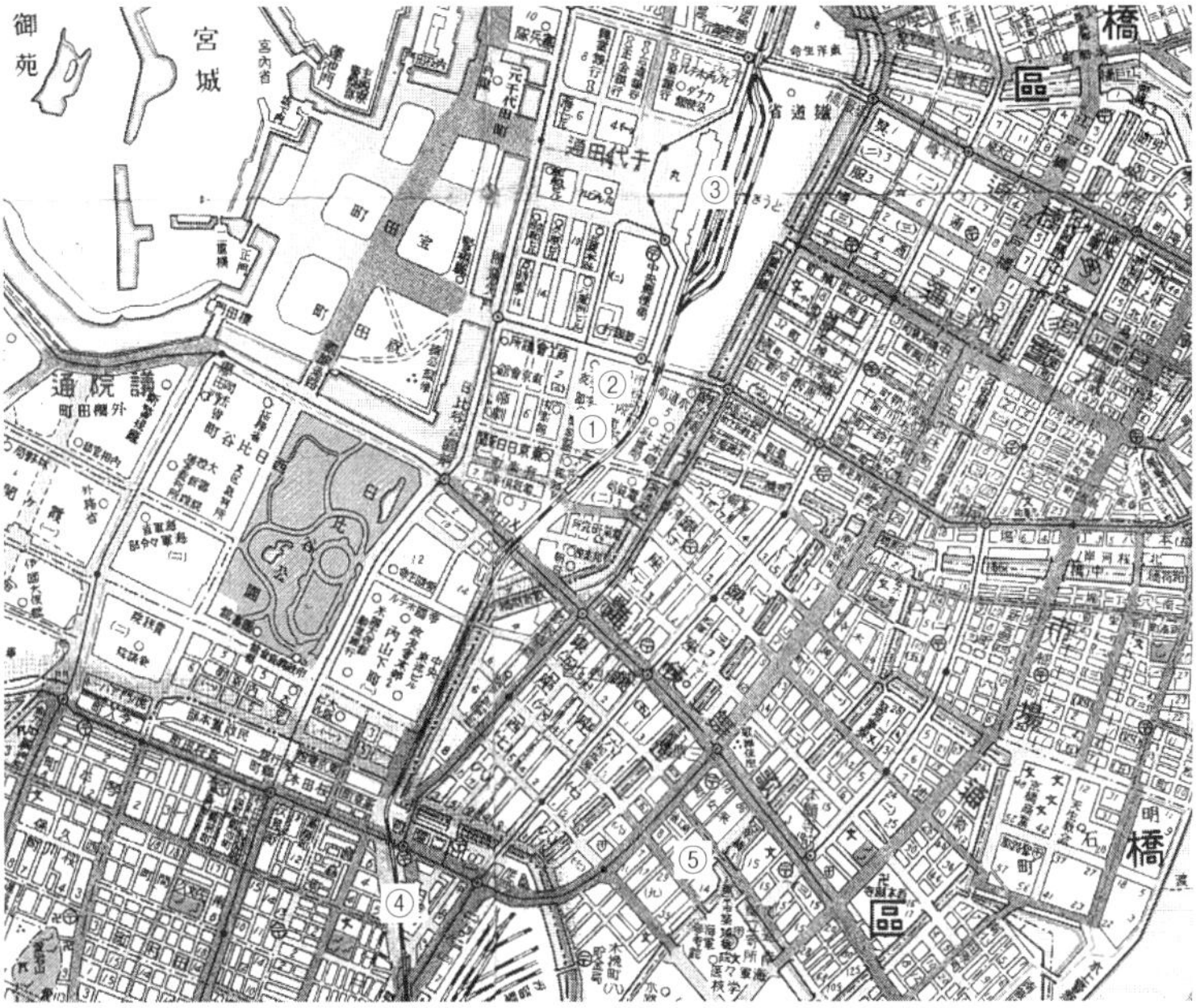

図46①　東京商工奨励館の位置

①東京商工奨励館、②東京府庁、③東京駅、④新橋駅、⑤農商務省商品陳列館の旧地

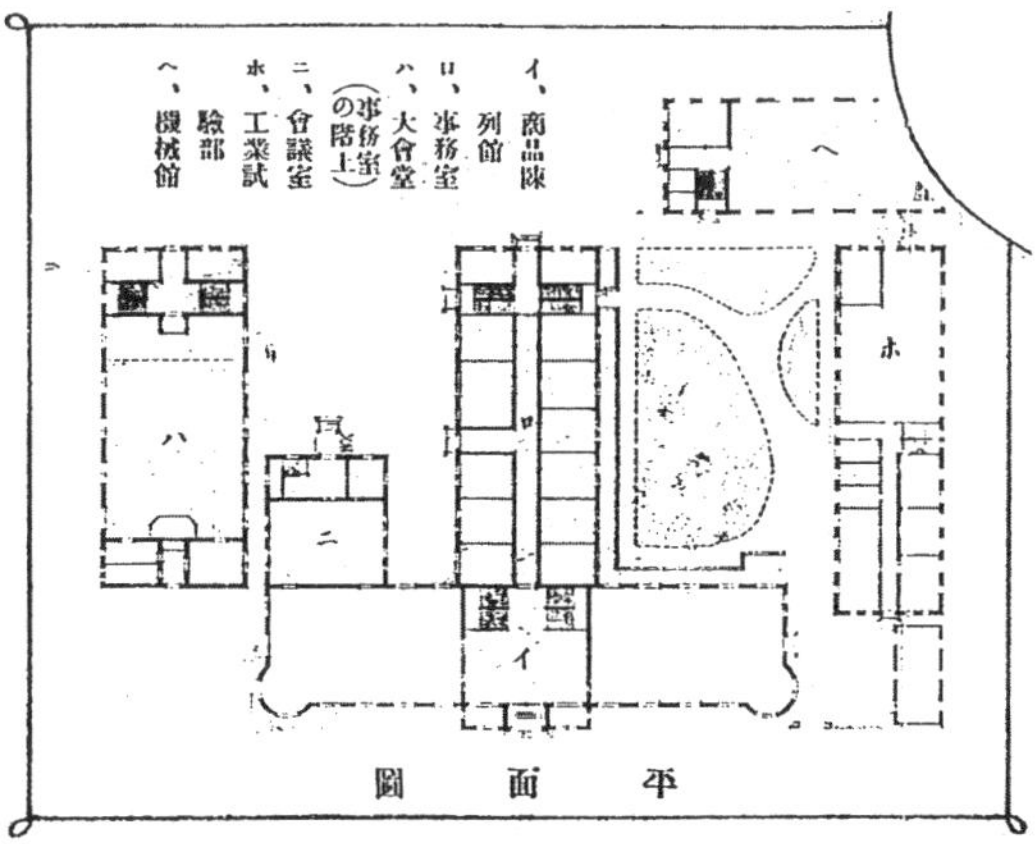

図46②　東京商工奨励館 構内配置図

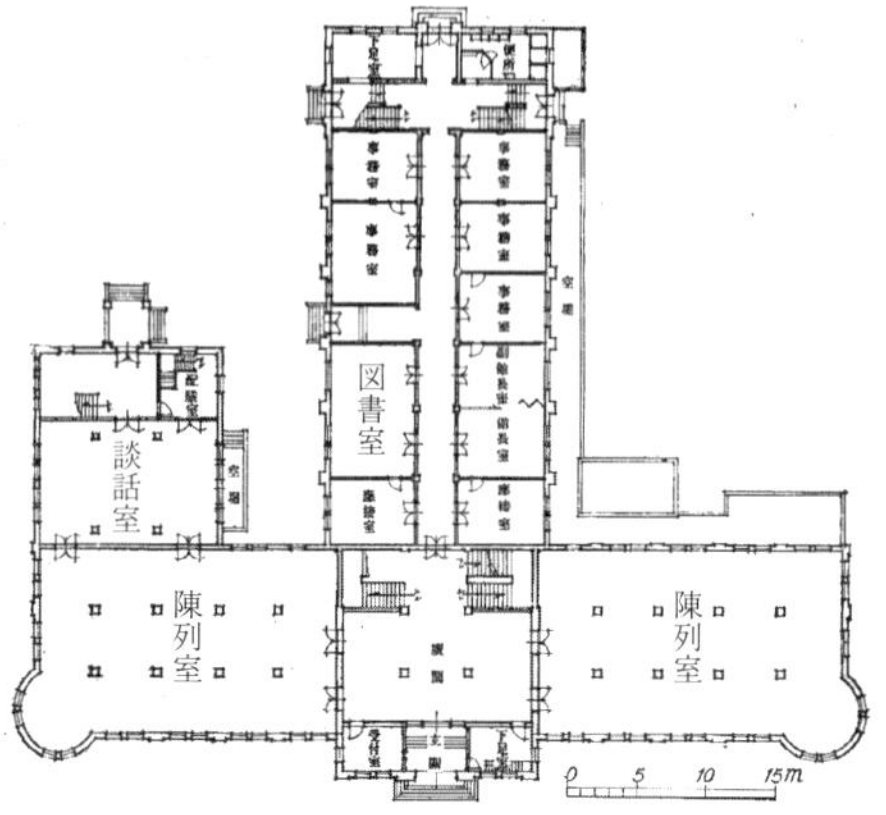

1階

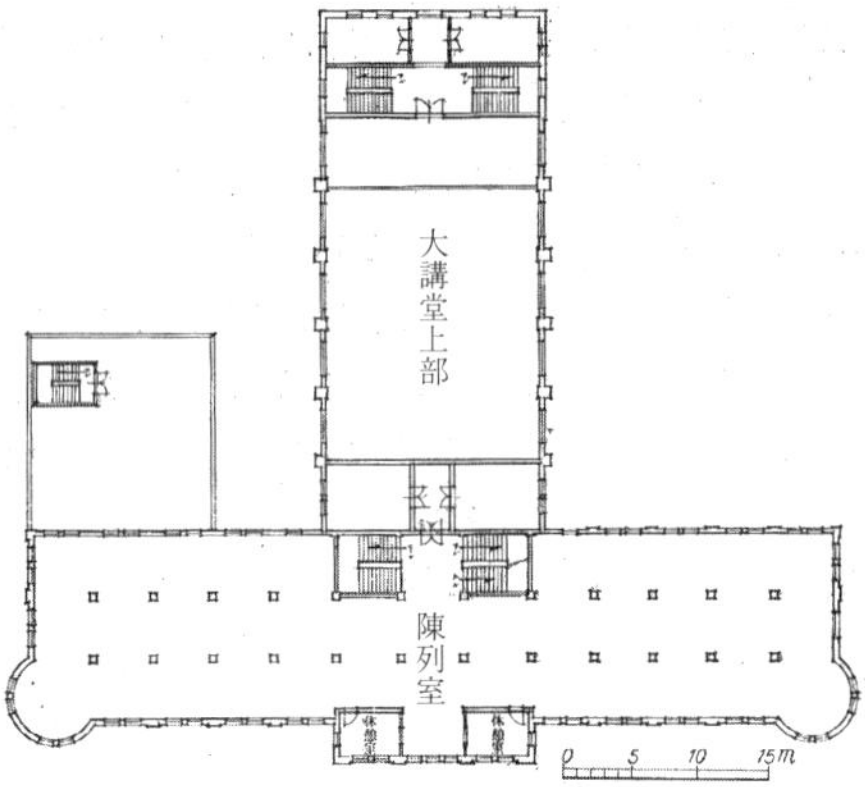

3階

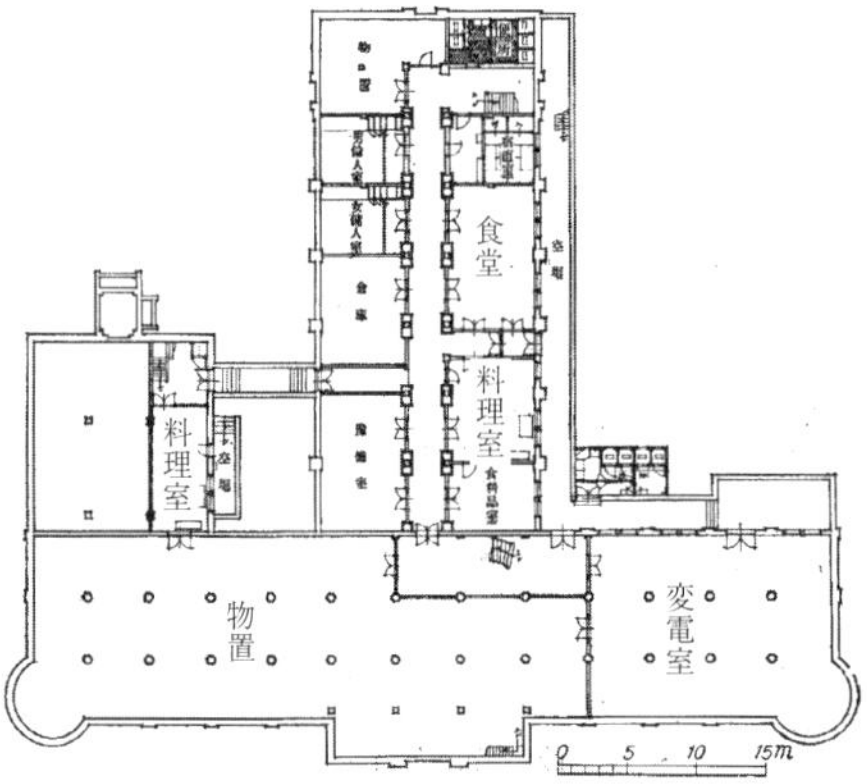

地階

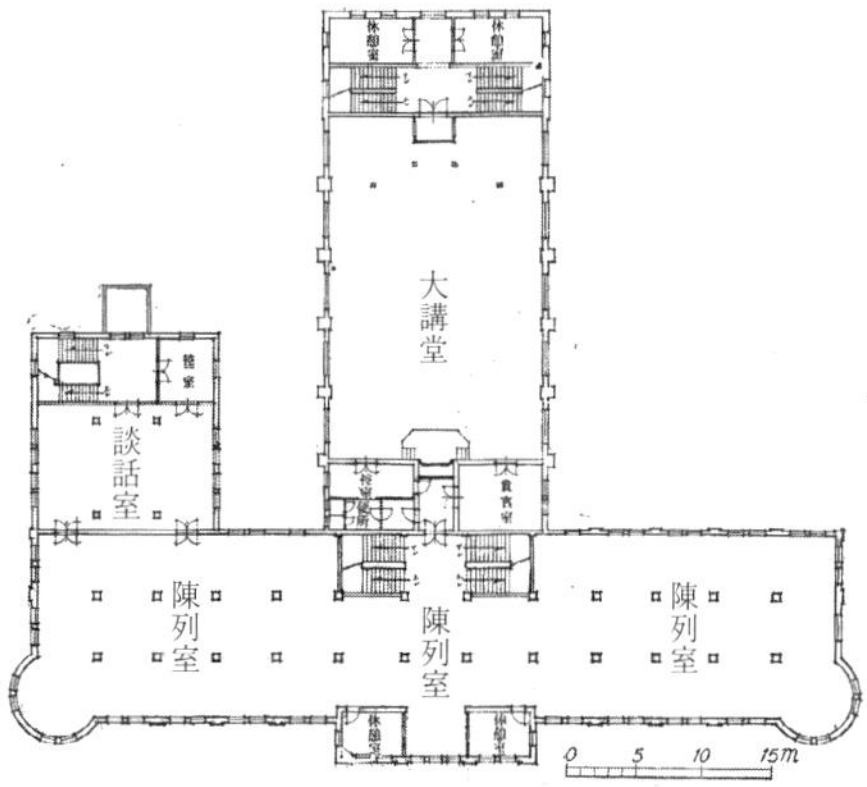

2階

図46③　東京商工奨励館 平面図

名を顧問とし、府下の各同業組合を会員とした。すなわち、東京商工奨励館の実現には東京府下のほとんどの商工業関係者が関与したことになる。設立期成会は商工奨励館の設置経費をすべて一般からの寄付で賄う方針を決めて一九一八年四月から寄付の募集を開始、同年一〇月には予定金額一〇〇万円に達する見込みが立ったという。最終的な寄付者は二八〇〇名を超える。設立期成会に集まった資金を、分納で東京府に商工奨励館設備費として寄付することを出願し、東京府議会は満場一致でこの受領を可決した。東京府は、この資金を基に一九一九年度から事業化し、府庁構内の二〇〇〇坪を建設敷地として建設を進めた。一八八〇年代に東京商工会・貿易協会が関与した〈陳列所〉の計画は、民間の事業に行政が資金援助あるいは物品提供をするという形であったが、商工奨励館ではそれが逆転し、民間の資金援助で行政が事業を実施する形となった。ふたつの計画は二〇年の時間差があるが、このいずれにも渋沢栄一が大きく関与したことも改めて記しておきたい。

さて、資金面での目処を立てた東京府はすぐ準備に取りかかり、一九一九年（大正八）三月に東京商工奨励館の職制を定めて府庁舎内に事務所を開設した。組織は工業試験部・商品陳列部・調査部・庶務部の四部とし、同年四月から調査部・庶務部の活動を開始させている。工業試験部と商品陳列部の開始が遅れたのは、そのための設備がまだ整っていなかったからである。建築工事は事務系業務を進める傍らで同年九月に着工し、一九二一年一〇月に全館竣工、翌一一月から工業試験部と商品陳列部の業務が開始された(298)。なお、職制の制定と時を同じくして、東京府は理事官をアメリカに三ヶ月間派遣し、商品陳列所や工業試験所、さらには公設市場制度などについて調査させている(299)。一九世紀末の計画時には欧州に範を求めたのが、ここでは世界経済の主導権を握りはじめたアメリカに新しい範を求めたの

図46④　東京商工奨励館

である。

こうして誕生した府立東京商工奨励館は各方面において充実した活動を展開した。特筆される例を挙げると、ひとつは陳列部の事業として積極的に海外で見本市を主催したことである。開催地はアジアを中心とするが、カイロ（エジプト）、モントリオール（カナダ）、ヒューストンとダラス（アメリカ）、シドニーとメルボルン（オーストラリア）などにも展開した。国内向けにも多くの見本市を開催した。商工奨励館では一九二二年四月に学用品と文房具の見本市を開催したが、これが日本における見本市の嚆矢であるという。(300)それ以来、定期的に開催する東京商品見本市と東京織物見本市を主催する一方で、出張見本市を各地で展開した。

次に注目すべきは工業試験部の活動である。ここでは原料・製品・製造工程・技術・経営についての相談に応じ、試験・調査・研究が実施された（設備の貸出しも行われている）。この頃、東京には農商務省の東京工業試験所が置かれていたが、たとえばコンクリートに用いる火山灰を販売しようとしたある組合は、成分分析を東京商工奨励館に、使用時の強度試験を東京工業試験所に試験依頼しており、ふたつの試験機関が適宜使い分けられていたようである。(301)東京商工奨励館の工業試験部は当初は化学試験のみであったが、一九二二年には機械実験場を設けて木材や金属の物理試験を開始、さらに二三年にはセメント試験を行うようになった。同年九月の関東大震災後は、復興事業に関連して建築材料の試験が急増したという。こうした背景からか建築関連の事業にも積極的であり、開設当初から建築資料展覧会を定期的に開催し、関東大震災後は復興建築資料展とともに商店建築の設計競技を主催するなどして、業界の指導にあたった。(302)

このように充実した工業試験部の活動の最も重要な成果のひとつに、金性検定制度の確立がある。従来、日本には金の検定制度がなく、貴金属製品中の金性は不確実なものであった。それゆえに、貴金属を売買する双方が品質を確実に試すことができずに不当な利を被っていた。こうした状況を打開すべく商工奨励館は貴金属検定制

図46⑤　東京商工奨励館の金性検定マーク

図46⑥　国産トヨダ大衆車完成展覧会（1936年）

度の調査をなし、東京貴金属製造同業組合を監督・指導して工業試験部内に貴金属検定所を設け、一九二五年（大正一四）四月一日から検定事業を開始した[303]。東京商工奨励館で検定を受けた金製装飾品には検定マークが刻印され、その品質を保証したという[304]（図46⑤）。金性検定事業の重要性は、やがて政府も認めるところとなり、一九二九年（昭和四）七月以後は政府自らが造幣局で検定を実施することとなり、商工奨励館における事業は廃止された。商工業の現場と密接な関わりにある〈陳列所〉から、品質を保証する事業が展開したことは、〈陳列所〉の社会的な影響を考える上で無視できない事実である。

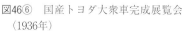

これまで、東京府商工奨励館の事業について見てきたが、最後にその建築に目を向けたい[305]。この建物は東京府庁構内の西側、有楽館の向いを敷地とした。有楽町駅から至近の場所である。一九二一年（大正一〇）一〇月に竣工した同館は、本館・工業試験場・機械実験場からなる。設計は東京府営繕課で、伊東忠太と佐野利器が設計顧問を務めた。いずれも鉄筋コンクリート造で、道路沿いに配した本館の背後に中庭を囲むように、残る二棟を配した。本館は前面道路からわずかに後退して配置されているが、これは自動車の横付けに備えるためであり、また植樹によって景観面にも配慮した。一九三六年（昭和一一）に豊田自動車が「国産トヨダ大衆車完成展覧会」を開催した際には、本館が後退して生まれた空地も利用して最新の国産乗用車やトラックがズラリと展示された（図46⑥）。

近世式の意匠でまとめられた地下一階・地上三階建ての本館は、三つの部分で構成される。前面道路沿いに立ち上がる三層の陳列室（陳列館）、その中央部分後ろに突出する大会堂と事務室（大会堂事務室）、そして陳列室の左翼端後方に突き出す談話室である。陳列室部分は一階中央部を階段室前の広間とする他はほとんどを陳列室とし、一・二階には談話室が接続されている。談話室の地下部分には専用の料理室が設けられ、食器用リフトで各階に給仕することで、食事会をともなう陳列会や催事に対応した。こうした設備は、商談をともなう陳列――すなわち見本市の開催にも適するものであった。

大会堂事務室部分は二階以上を大会堂とし、一階を事務関係の諸室、地下に食堂や倉庫・宿直室などを置いた。大講堂は陳列室側および事務室側の両方から入室できるようになっており、様々な講演等にも利用された。また食堂は外部からも出入りでき、催事場としても想定された中庭への給仕も可能な構造となっている。

工業試験部関係の機能は本館から分離され、中庭を挟んで別棟で建てられている。いずれも鉄筋コンクリート造で、工業試験場は地上三階、機械実験場は地下一階・地上二階建てである。これは、他の〈陳列所〉にみられるような工業試験室に比して格段に規模が大きい。試験室や実験室には陳列室とは異なる内装仕上げや瓦斯電気設備などが備えられており、建築材料の耐圧試験などの大規模な試験を実施するための機械が備えられたことから、騒音などについての配慮もあっただろう。明治中頃からみられる〈陳列所〉における工業試験場は、陳列室を備える本館に取り込んで事務室の一室を充てる例が見られるが、東京商工奨励館において工業試験関係の施設が独立して置かれたのは、試験所としての活動の充実や専門化が進むに従って設備を対応させた結果といえる。

東京商工奨励館の建築は、見本市に代表される商談をともなう陳列や、専門的な工業試験といった充実した活動を支えるために、それぞれに最適化された施設が準備された。食事会を開催できる談話室が陳列室に連続して設置されていることや、工業試験関連諸室の分離は、陳列や工業試験の新しいあり方に応えるものであったといえる。

47　栃木県[306]（図47①②）

栃木県に〈陳列所〉が設置されたのは遅く、昭和期に入ってからである。明治期においても両毛地域に〈陳列所〉の設置を願う要望が出ていたが、実現はしなかったようである[307]。やがてその設置の必要が認められるようになり、

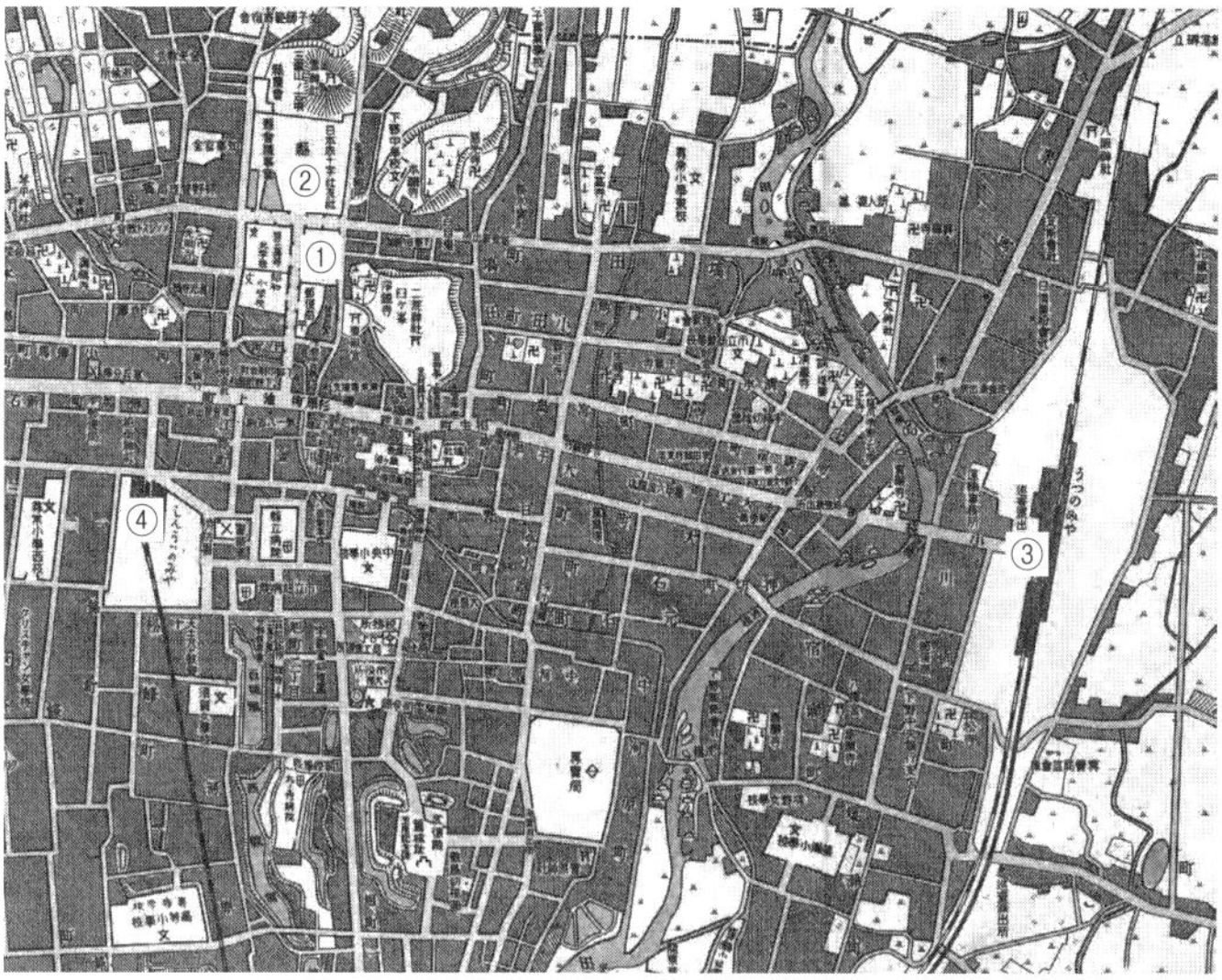

図47①　栃木県商品陳列所の位置
①商品陳列所、②栃木県庁、③宇都宮駅、④新宇都宮駅（東武鉄道）

図47②　栃木県商品陳列所

一九二一年（大正一〇）の通常県会で翌年度からの三ヶ年継続事業として予算化された。しかしながら敷地の都合などですぐに着工するには至らない。一九二六年（昭和元）一二月になって、〈陳列所〉内に公会堂を組み込むことが決議されて事業が具体化し、翌年五月に県庁前の地（女子師範学校寄宿分舎跡地）に着工した。工事は順調に進んで一九二八年三月に竣工し、同年四月一日から「栃木県商品陳列所」の名で開所した。開設された時期が遅く、設立当初から商品陳列所として主務大臣（当時は商工大臣）の認可を受けた珍しい例である。後に、時代の情勢に対応して一九三二年（昭和七）一〇月一一日に「栃木県商工奨励館」と改称した。

中央のドームと曲線の破風が印象的な本館は鉄筋コンクリート造二階建てである。一階を商品陳列室と図書室、二階を応接室・会議室・食堂とする。構内には別に公会堂と事務所が置かれた。内部の詳細は不明であるが、当時の小学生向けの書籍に陳列室の様子が描写されているので、紹介しておきたい。「正面入口の大玄関からはいると、大理石や化粧煉瓦ではりつめた精楚な陳列室がある。大きな硝子張りの陳列箱や便来な陳列台が、右に左に幾つも幾つも立並んで、程よく配置されてある。その中には種々の商品が整然と飾り立てられ、おのづと購買心を起こさせるやうに出来てゐる」(308)。

栃木県商品陳列所は、商品の販売や販路拡張、製産品の改良や商取引の調査などの各種事業を実施した。商工奨励館となってからは、『栃木県の物産と観光』といった観光案内パンフレットを発行して日光や各地の温泉、登山やスキーなどの情報を紹介しており、観光産業にも力を入れた様子がうかがえる(309)。

48　丸ビル地方物産陳列所（図48①②）

内地の〈陳列所〉紹介の最後に、東京駅前の丸ノ内ビルディング（以下、丸ビルと略す）内に設置された「丸ビル地方物産陳列所」（以下、地方物産陳列所と略す）について補記しておきたい。本書が対象とする〈陳列所〉の範疇に

図48②　丸ビル地方物産陳列所の様子

図48①　丸ビル地方物産陳列所の広告

入るものではないが、地方〈陳列所〉の活動に深く関わりを持つ陳列販売施設である。

「各府県の特産品百貨店[310]」とも呼ばれた地方物産陳列所は、丸ビルを経営する三菱の地所部（後に三菱地所として独立）が管理運営した民間施設である[311]（図48①）。同所は空室対策に悩む三菱地所課に対して、東京に置かれた各府県の県産品斡旋機関が共同して掛け合ったことで実現した[312]。

地方物産陳列所は、一九三三年（昭和八）四月一日に第一陳列所が、同年七月二八日に第二陳列所がいずれも丸ビル一階に開設され、やがて高まる需要に応える形で両陳列所を併合して二階の北側広間に移転拡張した。地方物産陳列所には、区分けされた陳列棚が並べられ、府県や市に貸し出された。陳列棚は高さ一〇尺（このうち下部の二尺は戸棚）、奥行き二尺五寸、間口六尺合計を一区画とし、合計七六区画を備えた（図48②）。なお、同所開設当初から、一角にジャパン・ツーリスト・ビューロー案内所が置かれ、外国人観光客の利用も想定されていた。

地方物産陳列所の利用を希望する地方行政当局がこれを借り受けて地元物産の販売斡旋に務めたが、府県において実質的な借り受け者となり、地元からの出品・陳列を取り扱ったのが、多くの場合〈陳列所〉であった。たとえば徳島県では業務の一端として丸ビル地方物産陳列所出品規程を定め、その申し込み先として徳島県物産販売斡旋所が指定されている[313]。また、奈良県では〈陳列所〉の業務報告において、「本県特産ノ関東進出ヲ企図シ、昭和八年東京丸ビル内地方物産陳列所開設以来、常置出品ヲナシ来リシガ、其ノ販売額モ逐次増加シ、宣伝効果モ亦二シテ好成績ヲ収メツ、アリ」と報告しており、〈陳列所〉の業務として継続的に取り組んでいたことがうかがえるのである。(314)

〈陳列所〉が府県を超えて流通の要所に事務所や販売施設を置く例は、昭和期には複数の府県で見られる。それは、たとえば大阪が東アジア地域の交易都市に、青森県が札幌に拠点を構えたように、各府県の特徴に合わせて展開した。いくつかは、東京に独自の事務所を構えて事業展開する府県も存在するが、すべての府県が他都市に拠点を構えられたわけではない。それゆえに、首都・東京の玄関口に位置したこの地方物産陳列所は、東京に独自拠点を持たない府県の〈陳列所〉にとっての重要な拠点として機能したのである。現在も、東京や大阪などには、地方の県市が設置するアンテナ・ショップがみられるが、その源流は〈陳列所〉の独自拠点や地方物産陳列所の陳列棚にあるといえるだろう。

二　外地の〈陳列所〉

一九世紀末の対外戦争によって日本は台湾や朝鮮を植民地化したが、そこでも内地同様に現地の統治機関が〈陳列所〉やそれに類する施設を設置した。第一次世界大戦の勃発とほとんど同時に、内地の〈陳列所〉を管轄する農商務省は海外販路の調査を開始し、やがて貿易を拡大する意図をもって改めて外地への〈陳列所〉の設置を進めていった。(315) 日本は、植民地化した台湾・朝鮮において、統治機関が商工業政策の一貫として〈陳列所〉を設置していく一方で、販路拡張の拠点として積極的に海外諸国への設置も図ったのである。

繰り返しになるが、これらの施設はどれも「陳列所」と呼ばれたものである。東アジア地域における〈陳列所〉は、農商務省（のち商工省）の規程の対象ではなかったが、国内の〈陳列所〉と緊密な関係を築いていた。一九二七年（昭和二）に結成された商品陳列所連合会には、東アジア地域の〈陳列所〉も積極的に参加し、相互にネットワークを広げていたことが確認できる。

とはいえ、設置された都市と日本との関係をはじめとして、〈陳列所〉をめぐる状況は一様ではない。以下では、台北・京城・哈爾濱・シンガポールの四都市を取り上げ、日本の関係当局が東アジア地域に設置した〈陳列所〉の組織とその建築の実態について、主に日本語資料に基づいて明らかにしていきたい。なお、台湾では各州に、朝鮮では各道に〈陳列所〉が置かれるが、ここでは両総督府が設置したものを取り上げるに留めた。また、図版の関係から、内地の事例に続けて通し番号を付している。

49　台北：台湾総督府商品陳列館[316]（図49①〜⑥）

一八九五年（明治二八）、日清戦争後に結ばれた下関条約に基づき、台湾は日本が統治することとなる。日本はその統治機関として、台北に台湾総督府を置いた。

台湾に〈陳列所〉が設置されるのはそれから五年後の一九〇〇年（明治三三）のことで、台北南門街測候所の北隣、後に第一高等女学校となる地の一角に台湾総督府が開設した「商品陳列館」がはじまりである。台湾総督府殖産局によって設置されたこの商品陳列館は「内容は博物館が相半ば」しているものであり、後に分離独立する台湾総督府博物館の前身でもある。これは台湾および中国南部・南洋の生産品や貿易品を収集・調査・陳列して一般に紹介することを目的として、殖産局商工課の主管で設置された。脈略なく蒐集された島内の物品や資料が雑多に陳列された倉庫のようなものであったという[317]。

一九〇八年（明治四一）の台湾縦貫鉄道の全通式をきっかけとして、台湾の産物を一般の人々にさらに広く紹介するために「博物館」の整備が図られた。同年五月の訓令によって台北に博物館を設置することが宣言され、

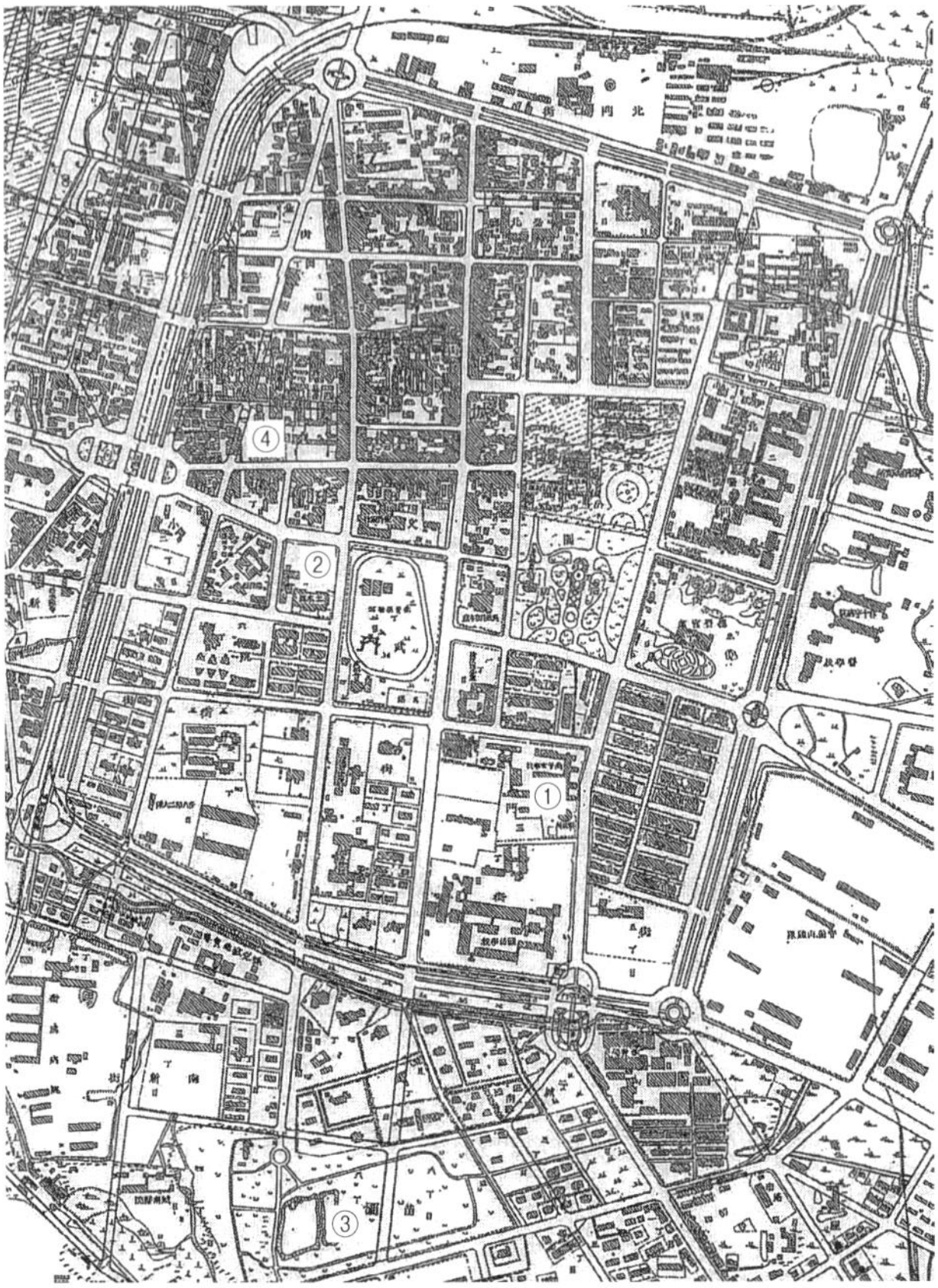

図49①　台北市街図(1909年)

①博物館があったとされる位置(測候所隣地)、②博物館(旧採標局)、③台湾勧業博覧会第二会場となる苗園、④台北電話交換局のある栄町

図49②　台湾総督府博物館(旧･採標局庁舎)

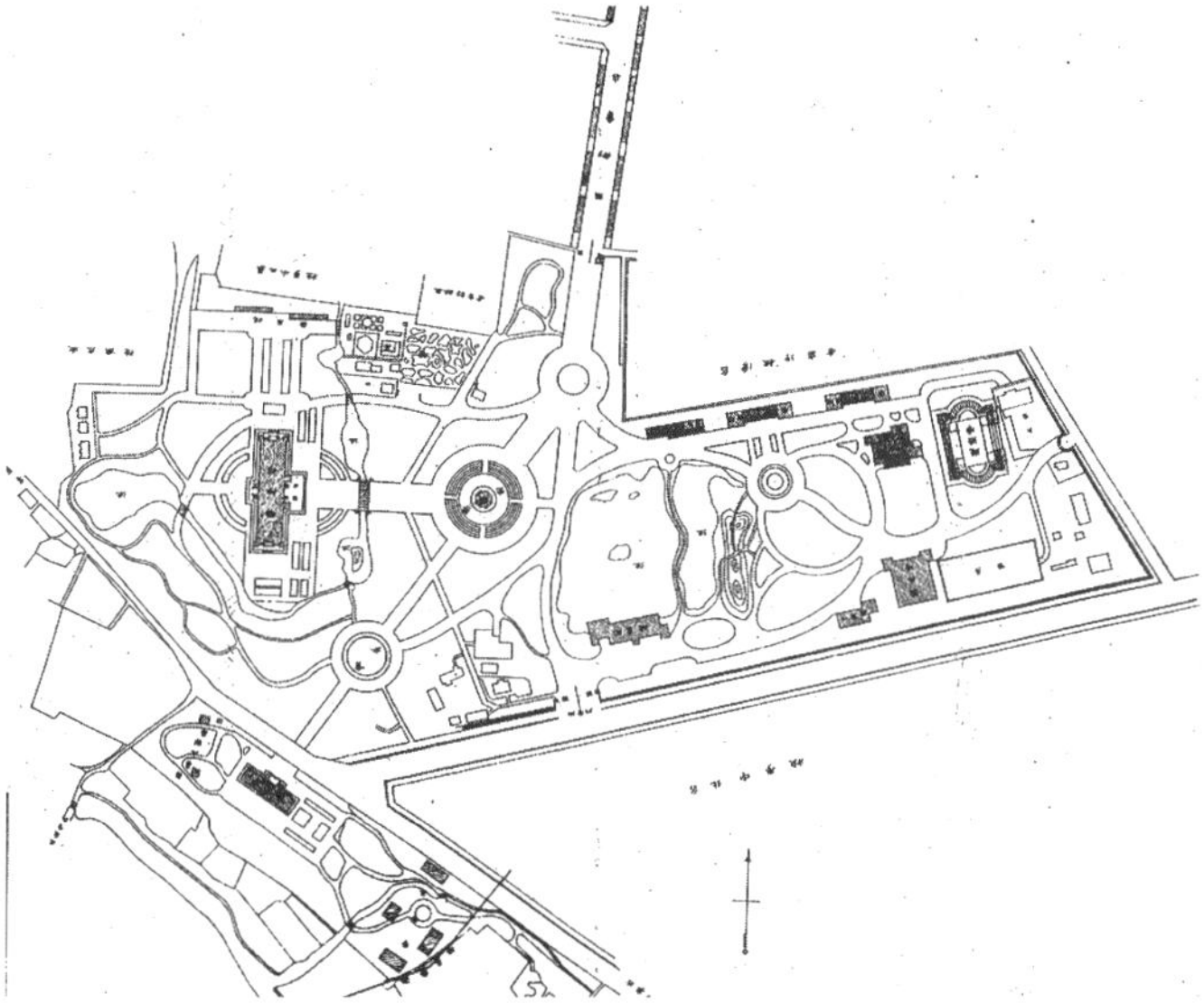

図49③　台湾勧業博覧会 第二会場図
中央付近、湖畔に建つ建物が迎賓館(のち台湾総督府商品陳列館)

図49⑤　台湾勧業共進会迎賓館(台湾総督府商品陳列館) 背面

図49④　台湾勧業共進会迎賓館(台湾総督府商品陳列館) 正面

図49⑥　台湾総督府商品陳列館として使用された旧・台北電話交換局

八月に台湾総督府殖産局の附属施設として博物館が設置されている。[318] 博物館は殖産局がこれまで蒐集してきた資料を基礎とし、当初は採票局として建設された建物（のち図書館）を使用した。総督府は採票局のための新庁舎建設を進めていたが、建物工事中に採票局が廃止となったために、その庁舎の有効活用を図る意味もあった。しかしながら、この博物館は先述の商品陳列館と運営組織も大きく変わるものではなく、学術的な機能を果たす博物館と、産業・貿易振興に寄与する〈陳列所〉とが同居するもので、どちらの用においても完全なものではなかった。[319] それゆえに、博物館関係者と商工業関係者の双方から、改善の要望が強く出されていた。

こうした事情も手伝ってか、台湾統治の功績者である児玉源太郎と後藤新平の記念館が計画されると、竣工と同時に博物館の用に充てる条件で建物が殖産局に寄付され、博物館が移転することとなった。[320] 記念館に移った博物館は、一九一五年（大正四）八月に改めて開館した。この新館への博物館機能の移転をきっかけとして、学術資料を扱う博物館と、産業に関する資料を扱う商品陳列館との分離が進められていく。残された産業関係の資料は一九一七年（大正六）五月に産業関係資料が植物園内の建物に移される。この資料を基にして同年六月一七日、第二三回台湾総督府始政記念日に商品陳列館が開館する。[321] こうして、殖産局によって一括に扱われていた従来の博物館は、明確な目的のもとふたつに分離し、それぞれの道を歩むこととなった。なお、この博物館は後に内務部、文教部と管轄部局が移り、戦後は台湾の国立台湾博物館となっている。

博物館と分離した商品陳列館が使用したのは、一九一六年（大正五）に開催された台湾勧業共進会において迎賓館として建設された建物である。苗園（のち植物園）は共進会の時に第二会場として使用されたが、園内の池畔に来賓接待のために和風意匠の迎賓館が建設された。台湾建物株式会社の施工によるこの建築は、スレート葺の二階建て、延べ坪は一八六坪、材料にはすべて阿里山檜を用いたもので、[322]「白木の香高き荘重な純日本式建築」と評された。[323] 建物の総坪数は三〇五坪で、そのうち上下階にそれぞれ一〇二坪の陳列室を備え、残りを貴賓室や事務室とした。[324]

迎賓館として建設されたこの建物は周辺環境や建物からの眺望に優れ、二階の貴賓室をはじめ内装も閑華な雰囲気を持っていたが、商品陳列館としては機能的に不十分であった。[325] 建物の規模が小さいため陳列面積が乏しく、陳列棚や図の配置も困難で、特に一階の部屋には採光が充分ではなかったのである。それゆえ、調査研究の発表や講演の会場や休憩所としては利用できるが〈陳列所〉の建物としては全く不適格であり、商品陳列館がうまく機能しないのは、その建物が原因だとする指摘まであった。

当初から改善の要望が叫ばれた商品陳列館だったが、その後しばらく植物園内で運営を続け、ようやく一九三八年（昭和一三）八月に栄町の旧・台北電話交換局に移転する。この移転の背景には、同年に台湾電話局の竣工があり、空き家となった台北電話交換局舎を活用したわけである。交通の便の良い場所を求めての移転であったともいえるだろう。

台湾において、博物館と〈陳列所〉は全く同じ起原をもつ。しかしながら、博物館には台湾を代表する記念碑的建造物が充当された一方で、〈陳列所〉は使用者のいなくなった建物がその都度割り当てられた。台湾製品を紹介するという意味おいて、阿里山の木材がふんだんに用いられた当初の建物は、それ自体が建材としての広告効果を発揮したかもしれないが、〈陳列所〉としての利用が予め想定されていたのかは現時点では不明である。

50　京城：朝鮮総督府商品陳列館[326]（図50①〜⑨）

一九〇五年（明治三八）、日本は漢城府（のち京城府。現・ソウル特別市）に統監府を置いて大韓帝国への影響力を強めていった。一九一〇年（明治四三）、日韓併合条約の締結により大韓帝国が日本の統治下に置かれると、朝鮮半島の統治機関として朝鮮総督府が置かれた。これらの機関は、朝鮮半島における殖産興業や貿易振興の施策を展開していったが、〈陳列所〉もそのひとつであった。それは、日本商品の販路拡張ではなく、朝鮮半島内における産業振興こそがその最大の目的であったことからもうかがい知ることができる。[327]

朝鮮半島に〈陳列所〉を設置する動きは、統監府時代にまで遡る[328]。一九〇八年（明治四一）一一月、統監府農商工部は産業奨励政策の一端として、漢城府および各観察道に小規模の物産陳列場を設置するための経費を計上した。これによって、一九〇九年六月までに、全羅北道・慶尚北道・平安南道・平安北道・江原道の五ヶ所に「物

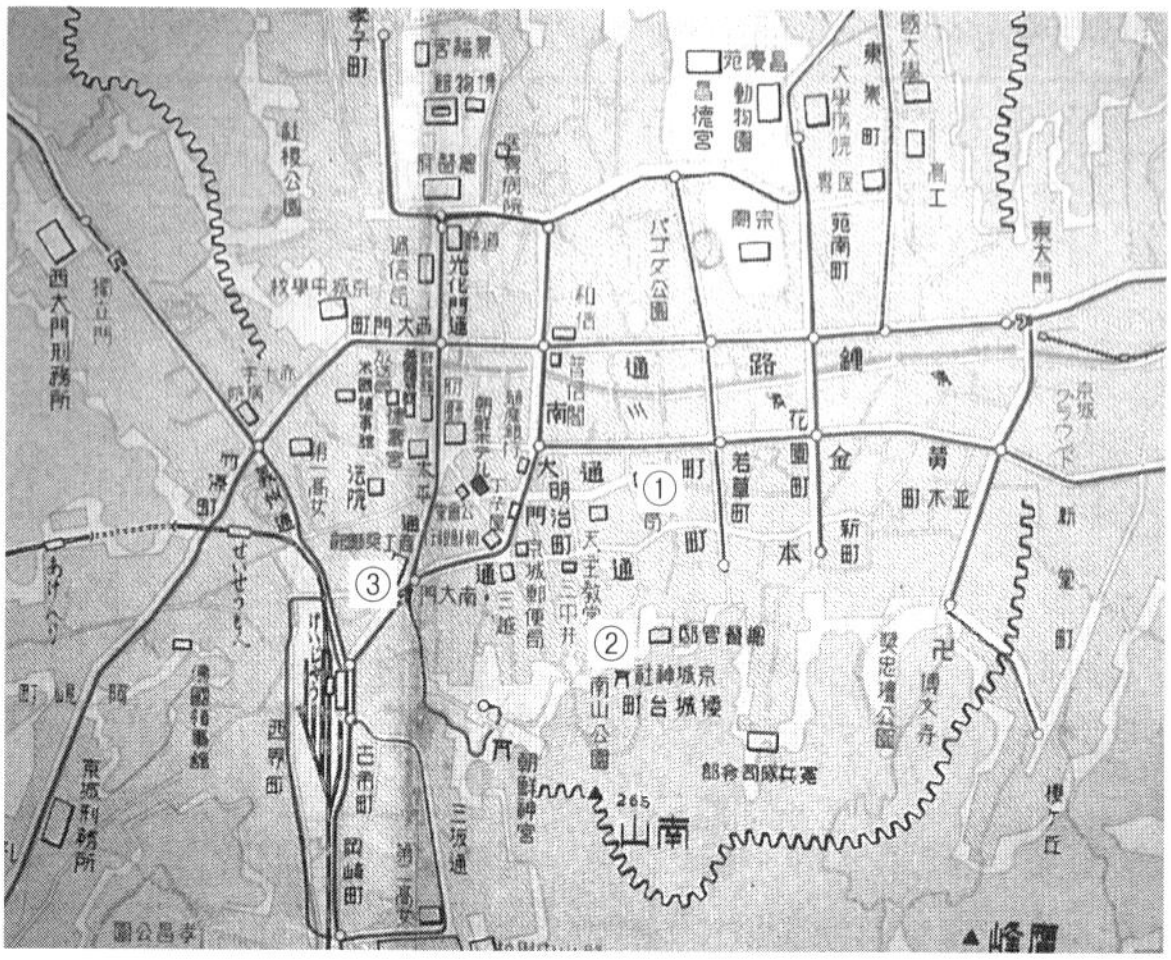

図50①　京城市街図

①旧農工商部庁舎（永楽町）、②初代の朝鮮総督府（倭城台）、③南大門小学校の位置

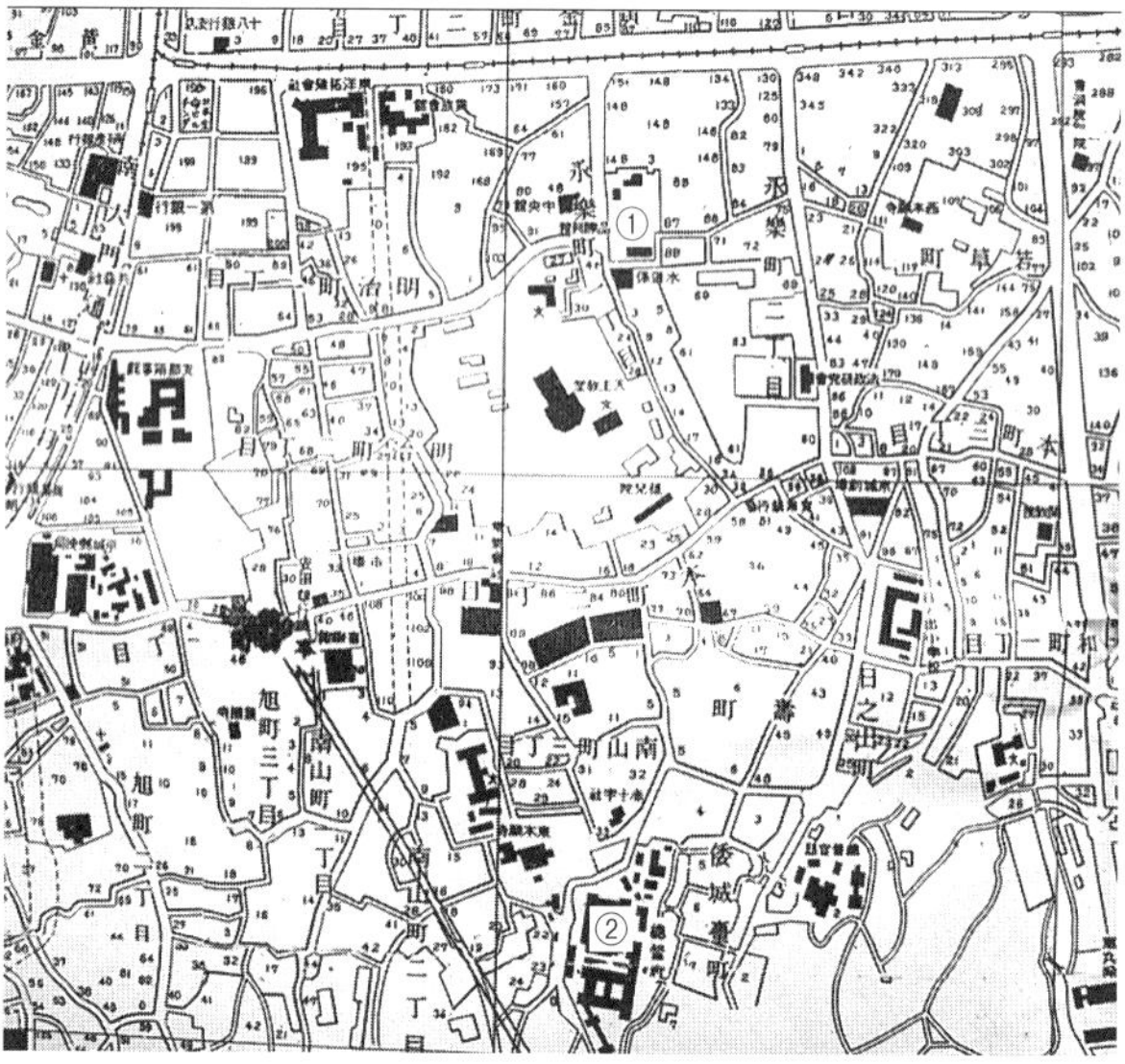

図50②　永楽町・倭城台時代の朝鮮総督府商品陳列館の位置

①旧農商工部を利用した朝鮮総督府商品陳列館、②朝鮮総督府庁舎

図50③　朝鮮総督府商品陳列館（永楽町時代）

図50④　倭城台の統監府庁舎（1917年竣工）
朝鮮総督府商品陳列館として使用された。

産陳列場」が開設された。一方、一九〇九年（明治四二）五月には、貿易の助長機関として農商工部庁舎の構内に「商品陳列館」が開設される。これらの〈陳列所〉の建物や業務実態の詳細はよくわからないのだが、統監府は、朝鮮産業の近代化を図るために、勧業施設として内地で流行しつつあった〈陳列所〉を応用しようとしたと考えられる。

〈陳列所〉を設置して勧業を図ろうとする姿勢は朝鮮総督府にも引き継がれた。朝鮮総督府は、設置二年後の一九一二年（大正元）一一月三日に、総督府として最初の〈陳列所〉となる「朝鮮総督府商品陳列館」を永楽町に設置した。この商品陳列館は、統監府農商工部庁舎として永楽町に竣工したばかりの建物（図50③）を改修して開館した[329]。建設工事中に政治体制が変わったために当初の予定が変更され、独立した施設を持ち合わせていなかった商品陳列館に充てられたのではないかと推測される。朝鮮総督府商品陳列館は、先述した統監府の商品陳列館の組織を引き継いだものだと考えられるが、総督府商品陳列館の沿革を記した文献は、朝鮮総督府が設置された以後に開館したこの時をはじまりとする[330]。

朝鮮総督府商品陳列館は、約一三〇〇坪の敷地の中に、本館（煉瓦造二階建て、延べ約四〇〇坪）、別館（木造平屋建て、延べ四〇坪）、温室を配した。周囲には三〇〇余坪の庭園を有し、本館正面には花壇に囲まれた噴水があった。総督府の〈陳列所〉とはいえ、内地の道府県立のそれと平均的な規模のものである。商品陳列館では朝鮮美術展覧会が開催されるなど、勧業以外の催しにも利用されている。しかしながら、「交通の不便な低地に位置してをつた為に、一向一目に触れず、宣伝期間として遺憾の点が多かった」という。[331] 利便性の悪さゆえに早くから移転の話が持ち上がり、毎年予算を計上していたようだが、財政上の都合によって実現にまでは至らなかった。

商品陳列館が置かれた当時の永楽町は建物の密集地域であり、同館の前面道路も狭小なものだった。間もなく、京城市市区改正事業において同館の位置する永楽町一丁目を経由する第二七号線が計画され、一九二二年（大正一一）に先行して北側の大通りから同館前までの路線決定と拡幅が決議されている。[332] これは間もなく実現するが、こうした道路整備は、同館への交通の便を確保するために先行して実施されたものと考えられる。

商品陳列館は一九二五年（大正一四）に移転が実現するが、それは同館の意図しないものだった。総督府は同年一二月に竣工すると新庁舎へと移るが、この後を受けて、空き家となった倭城台の旧総督府庁舎（図50④）に商品陳列館が移転された。[333] この移転はかねてから問題とされてきた利便性を改善するためのものではなく、総督府省庁の改編で外局となった専売局の建物に充てるために、建物の明け渡しを余儀なくされ実施されたものである。[334] この結果として誕生した倭城台の商品陳列館はいっそう不便な場所への移転となったため、同館の関係者にとっては不本意だっただろう。

旧総督府の建物は、一九〇七年（明治四〇）の春に竣工した木造二階建ての建築である。この本館の周囲には庭園が整えられ、本館の正面には噴水があった。この他に構内には別館と温室がある。しかし、商品陳列館が移転した頃にはすでに建物の損傷が激しく、団体での観覧や多人数での集会などで使用することが危険視される程であったという。勧業施設としての立地の悪さと老朽化した建物ゆえに、再び移転を求める声が起こったことは言うまでもない。

朝鮮総督府商品陳列館の活動は、京城府商業会議所をはじめ地元の商工業者と深く関わりを持つものであった。一九二六年一〇月に開催された京城生産品展覧会は、それを物語っている。同会は、朝鮮産業の振興を期するために京城商業会議所の企画により総督府商品陳列館を会場として実施されたもので、京城における各種生産品を一堂に集めて需要を喚起するとともに、一般の批判を問うことで生産者相互の研鑽に資することを目的とした。開会期間中には京城府内で「京城秋の大市」を開催し、日本人が経営する商店、朝鮮人が経営する商店の別なく、市域の商店で一斉に廉売を行って会を盛り上げた（参加する商店は、店頭に「京城秋の大市」と書いた提灯を下げたという）[335]。この頃には〈陳列所〉の必要性が商工業者の間にも認識され、移転新築のために民間から寄付金の申し出があるほど大きな動きとなった[336]。

こうした世論に応えるために、総督府は商品陳列館の新築移転計画を立ち上げる。建物は火災や盗難に備えて鉄筋コンクリート造にすることとし、その位置は市内で最も重要な、交通の便がよい場所とすることが決められた。すぐに敷地探しが開始され、京城府庁舎跡地、鍾路の裁判所跡地、京城商業会議所および朝鮮ホテル前の土地（京城府所有地と民有地を想定）と、続けて敷地獲得の交渉が行われるも、どれも実現には至らなかった。最終的に、南大門そばにある南大門小学校の校庭が大通りに面していることに目を付け、京城府と学校組合に交渉した結果、南大門通りに面する校庭の一部を商品陳列館用地とすることが承認された（図50⑤）。学校関係者からは校庭が狭くなることに対する懸念が示され

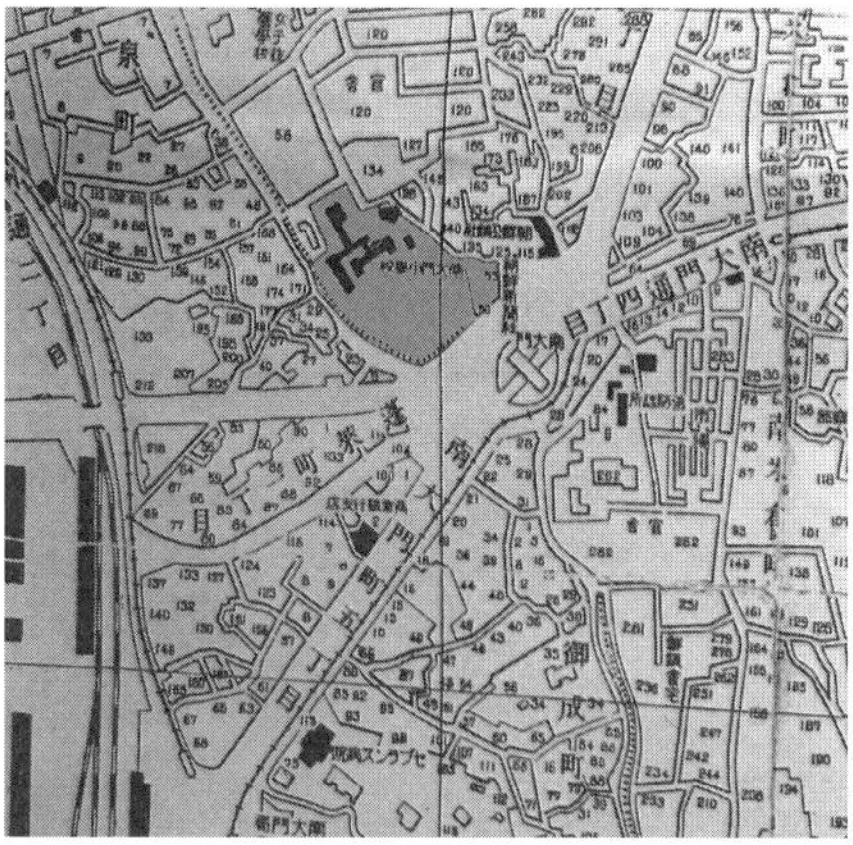

図50⑤　南大門小学校の位置
中央付近にある南大門の北西に、広い校庭を有する南大門小学校がある。

図50⑦　朝鮮総督府商工奨励館

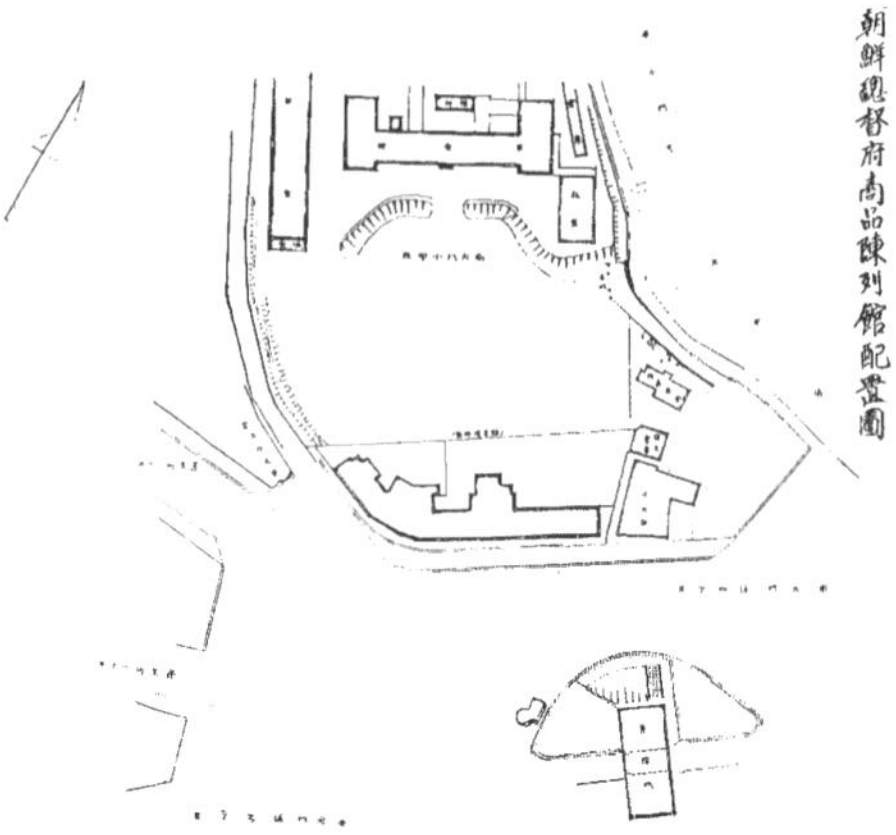

図50⑥　朝鮮総督府商工奨励館 配置図
中央の湾曲した建物が商工奨励館(計画時は商品陳列館)、上に見えるのが南大門小学校、下が南大門。

図50⑨　同上 玄関ステンドグラス
朝鮮の産業と文化が描かれている。

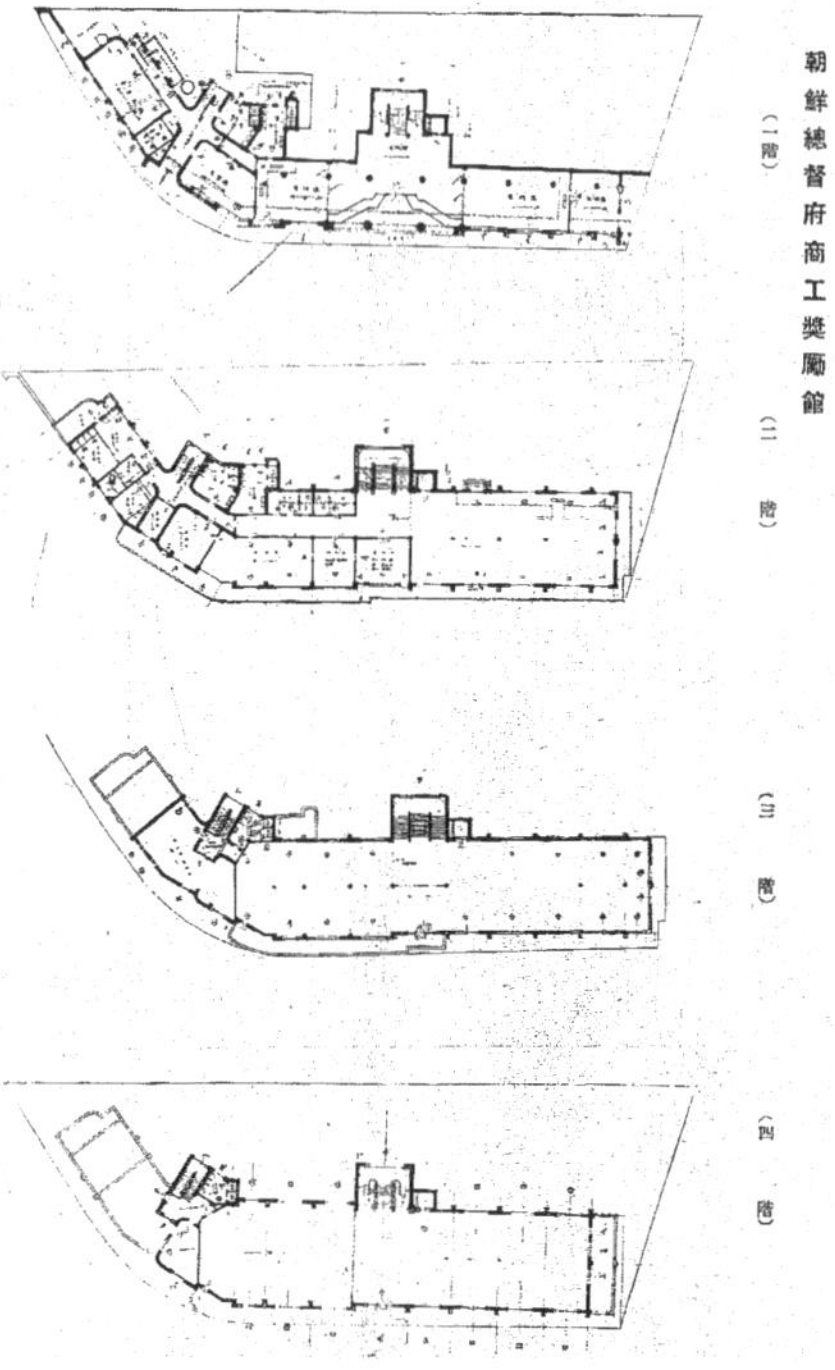

図50⑧　同上 平面図

たが、学校に隣接する別の官有地を代わりの運動場として提供することで解決した。こうして、半ば強引ではあったが、行政の都合に左右されていた商品陳列館が、初めて、戦略的にその建築を獲得する機会を得た。これには「従来大京城の陳列館としては、如何にも貧弱であった旧館が、理想的な場所に乗り出して、充分にその機能を発揮することになる」と大きな期待が寄せられた(337)。

新しい商品陳列館は一九二九年（昭和四）一二月一四日に開館した。新築工事の間、内地の「商品陳列所規程」改正の影響か、同館は朝鮮総督府商工奨励館と改称している。商工奨励館は、地上四階・地下一階建て、建坪約二三二坪、延べ約八四六坪の大規模な建築である(338)。構造は鉄筋コンクリート造であるが、柱間壁はレンガ積みである。設計は総督府建築課であるが、技手の江島清が担当した可能性が高い。外部意匠は、水平線を強調した庇と高い煙突の外観が特徴的な近代主義的な外観を見せるが、「朝鮮唯一の近世オランダ式(339)」や「近世自由形(340)」と説明されたように、全体を敷地に沿わせて湾曲させ、化粧タイル貼りの壁面の角を丸めてボリュームを組み合わせるあたりにアムステルダム派の影響が見られる。当時最新の設備と意匠のこの建築は、京城府の中心部に新たな景観を生みだしたことだろう。内部には、陳列室・即売所・図書室・応接室や事務室などが機能的に配され、最上階には五〇〇名を収容する講堂と見本市用の陳列室が設けられた。四階にこうした機能が配されたのは、催しで観衆を集めた際、ついでに下階の陳列室を覗かせるためである。

こうした敷地獲得や建築は、内地の〈陳列所〉の例を踏まえて計画された(341)。内地の〈陳列所〉の多くが公園や官庁街に設けられていたことに対して、〈陳列所〉をそのような場所に設置しては充分に機能が発揮されず、時代の要求に応えられないという認識からくるものであった。こうした認識から、「商工奨励館は公園地帯などに設けては、時代の要求に副ふべく十分なる機能を発揮し得ない」という理由から、内地の多勢の〈陳列所〉のような公園的な場所ではなく、市街のにぎやかな場所を敷地とした。さらにはその業務を機能的に集約し、「極く民衆化した「デパート式」の〈陳列所〉を目指したのである。この頃、三重県商品陳列館や横浜商工奨励館など、内地にも同様の主旨に基づく〈陳列所〉の建築が現れるが決して多くはない。朝鮮総督府商工奨励館は、〈陳列所〉建築に対する思想的・機能的側面においては、内地の同時代的な動向を踏まえた最新のものであったといえる。

朝鮮総督府商工奨励館の活動で特徴的な点をひとつ紹介すると、それは機関誌の発行を自館だけで完結して行わなかった点である。[342] 朝鮮総督府商工奨励館の館報として位置づけられる『朝鮮総督府商工奨励館報』は、商工奨励館を中心に一九三三年（昭和八）一一月に関係官民が一体となって組織した朝鮮商品調査研究会が発行した。この会は、「本府商工奨励館及各道商品陳列所の別働機関」として設置されたものであり、朝鮮半島内の〈陳列所〉を横断的に管轄する団体である。朝鮮の〈陳列所〉は、この団体および機関誌を通じて、相互に連絡をとって半島全体の活動を支えた。

なお、朝鮮には内地同様に地方行政区である「道」による道立の〈陳列所〉が各地に設置され、朝鮮総督府のある京畿道を除くすべての道に設置されていた。政府機関である朝鮮総督府による〈陳列所〉が首都に位置し、その他の地域においては地方行政区によって〈陳列所〉が設置されるという構図は、内地と同様である。

51　哈爾濱：哈爾濱商品陳列館（日露協会）[343]（図51①～④）

日露戦争の勝利で満州地域における権益を得た日本は、南満州鉄道株式会社やその守衛にあたる関東軍を通じて満州地域に関与する。満州事変をきっかけに一九三二年（昭和七）に満州国が建国されると、いっそう関係を深めた。

満州地域は、日本の関与以前は帝政ロシアの影響下にあり、その頃からの東清鉄道敷設によって交通の要所となった哈爾濱・長春・奉天（現・瀋陽）などの都市が大きく繁栄した。そこに清（のち中華民国）はもちろん各国から人と物が集まり、活発な経済活動が行われたためである。とりわけ哈爾濱は清朝と帝政ロシアの双方の交易拠点となり、後に日本の関与が大きくなった後も発展を続け、一九三四年（昭和九）には人口四八万人を超える大都市となった[344]。この哈爾濱に、日本は日露貿易振興を目的として〈陳列所〉を設置した。それが「哈爾濱商品陳列館」である。

哈爾濱商品陳列館を設置・運営したのは、農商務省から委託を受けた日露協会[345]である。日露協会は、一九〇七年（明治四〇）に創立された団体で、一九一五年（大正四）に日露貿易調査部を設置したことをきっかけに、実質的な活動を開始した。日露協会は日露の事情を双方に紹介し、語学研究や実業に関する調査などの事業を展開した。同年に日露協会は〈陳列所〉の設立に動いたが、その設置に先んじて興った日露実業会社の成立の陰に立ち消えとなった。しかしながら、こうした活動の基盤があったため、一九一七年（大正六）四月末に哈爾濱に商品陳列所を設置するよう農商務省から命令を受け、間もなく同省より経営補助金の交付を受けて動き出した[346]。

一九一八年（大正七）七月にまず東京の日露協会事務所内にて陳列館の事務が開始され、同年九月に現地の哈爾濱埠頭区ベカルナヤ街二三号に仮事務所が構えられた。やがて、日露協会は狭小であったが適当な建物を見つけて翌年一〇月にヂャゴナーリナヤ街二〇号に〈陳列所〉を設置することとした。また新たに借り受けた建物に事務所を移し、当初の仮事務所を職員宿舎として引き続き利用した。建物を探す際、家賃の高騰が問題となり、購入するか新築で建てるかという議論もなされたが、結局は賃貸で都合している。建物を探す一方で陳列品の準備を進め、調査や一般事務など一部の業務を開始した。

開館準備は順調に進んでいたが、間もなく別の建物に移ることが決まる。その原因は、想像した以上に多くの陳列品が集まったことによる建物の面積不足である。集まった出品物をすべて陳列することができずに事業上支障を来す現状では、外国人の集まる哈爾濱に設置する〈陳列所〉としての体面にも影響する。これを理由として、

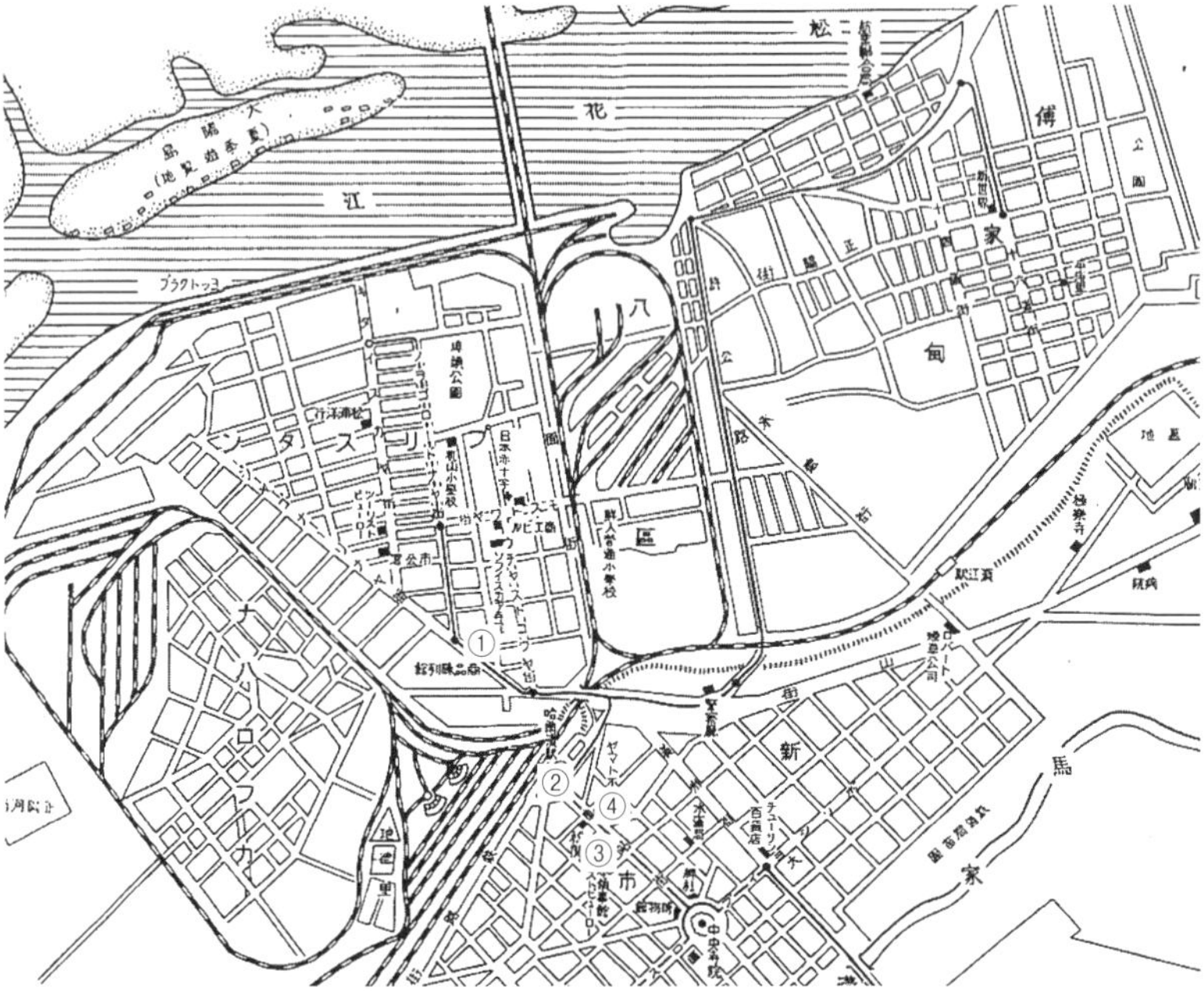

図51①　哈爾濱商品陳列館の位置

①哈爾濱商品陳列館、②哈爾濱駅、③日本領事館、④ヤマトホテル

図51③　哈爾濱商品陳列館

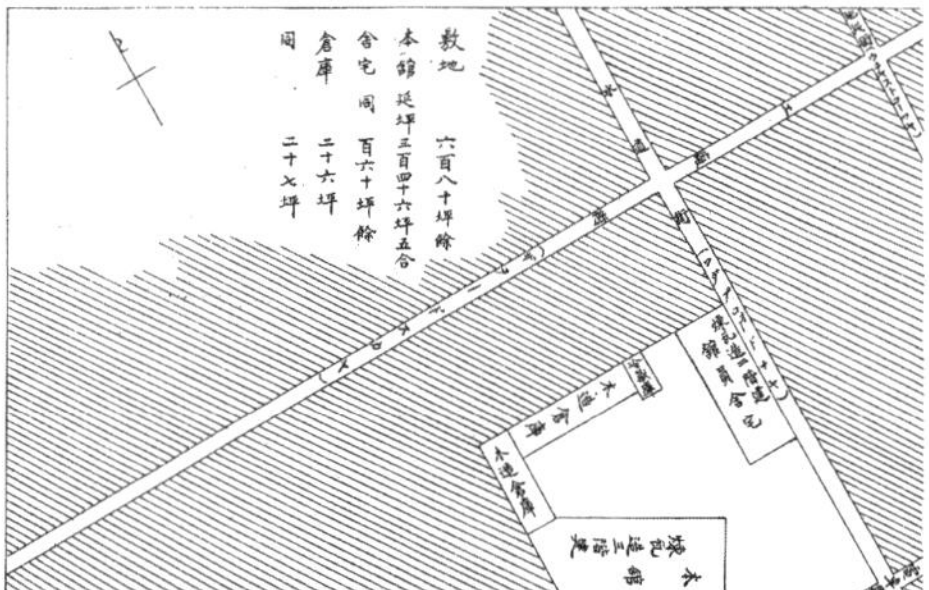

図51②　哈爾濱商品陳列館 配置図

日露協会は規模の大きな建物の確保を希望し、農商務大臣に対して建物購入費の補助を直訴した。この請願が認められ、農商務省の外国貿易拡張費から補助が出ると、日露協会は一九一九年（大正八）六月に、同じ埠頭区ヂャゴナーリナヤ街の二番地（図51①）の建物や敷地の一式を今度は購入し、七月に移転を完了させる。その後、建物の改修などを経て準備を整え、同年一二月に開館した。

哈爾濱商品陳列館となったのは街路沿いに建つ煉瓦造三階建ての建築である。平面図（図51④）からは、一階を事務室、二・三階を陳列室としたことがわかる。三階の一部には会議室や看守人舎宅も配されている。この図は開館から一〇年後のもので当初の状態はわからないが、この頃には〈陳列所〉の施設内に、職員の宿舎があることに注目したい。

前述した本館内三階の看守人舎宅の他に、一階に独身舎・夜警・小使舎宅があり、敷地内に別棟で煉瓦造二階建ての館員舎宅が用意されている。別棟の舎宅は建物購入時にはなく、一九二二年（大正一一）に新築されたものである。この舎宅は、従来は旧・陳列館が充当されていたが、規模の狭小や賃料の節約といった数字の上での理由に加えて「館員の安定を計る」ことや「館員取締に便宜」であり「内外人の信用を増す」ことを理由に新築された[347]。こうした館員の取り締まりは、勤務規則にも表れている[348]。そこには陳列館業務に関する守秘義務が明示され、厳しい情報統制が行われていた。内地の〈陳列所〉においても看守人の舎宅が置かれることがあるが、それも一室（一棟）のみであり、主に収集品の管理の意味が強いと思われる。しかしながら、哈爾濱商品陳列館では館員のすべてが敷地内に住まい、共同体として生活をともにしていたのである。

こうしたあり方は換言すれば、哈爾濱商品陳列館は、日露貿易における貿易政策の最前線基地であり、情報漏れも許さない領事館のような施設であった[349]。満州国の建国を前にして、対露貿易にその活路を見出しつつも、かつての敵国としていつ再び牙をむくかもしれないロシアに対して油断ならぬ態度で相対していたことをうかがい

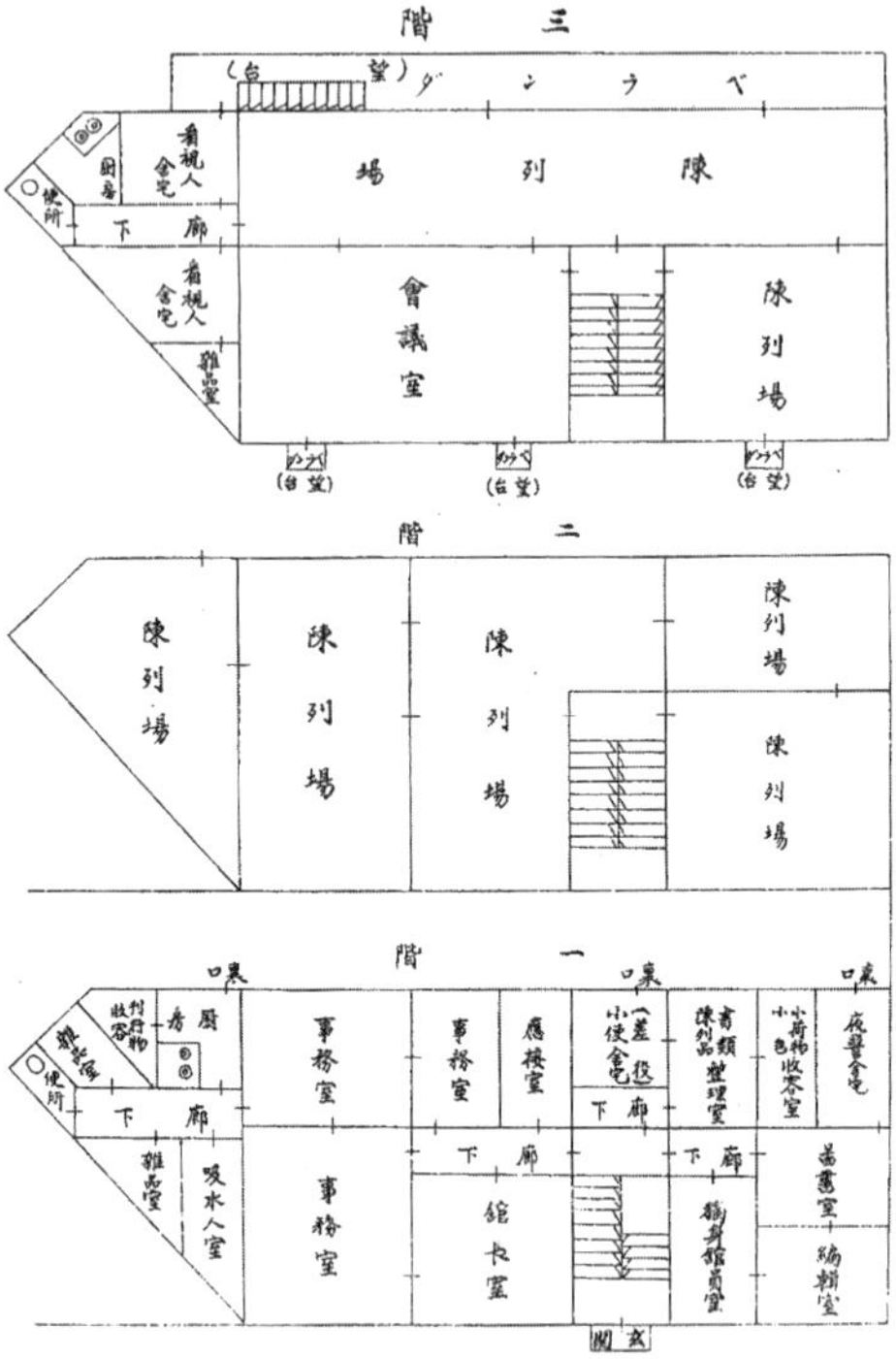

図51④　哈爾濱商品陳列館 平面図

知ることができる。このことを裏付けるかのように、哈爾濱商品陳列館が、ロシアおよび北満州地域における政治経済情報を極秘に通信していた事実が指摘されており、「貿易情報のみならず商権伸長のための組織であり、諜報機関でもあった[350]」と評される。こうした性格は満州地域における他の〈陳列所〉にもうかがえる。たとえば、鉄嶺の商品陳列所は、鉄嶺軍政署の付属施設として、憲兵少尉を館長として設立されたものであった[351]。商権の奪い合いで不安定な満州において、〈陳列所〉は単なる商工業の促進機関以上の存在であり、支配地政策の重要な役割の一端を占めていたといえるだろう。哈爾濱商品陳列館の施設にみられる特質も、それを反映するのである。

52 シンガポール：新嘉坡商品陳列館（南洋協会）[352]（図52①〜⑥）

シンガポールをはじめ、東南アジア地域に設置された日本の〈陳列所〉は、哈爾濱の場合と同様に、民間団体によって設置・運営されたものであった。日露戦争以後、日本政府は東南アジア地域に対する政策をさらに積極的に展開したが、商工業界の現場において貿易拡大を促す役割は、農商務省や台湾総督府から支援を受けた南洋協会[353]が担った。とりわけ活動の中核をなしたのが「新嘉坡商品陳列館」である。そして、同館が活動拠点とした施設の変遷は、南洋協会がシンガポールに拠点を置き、活動を展開する過程を如実に反映している。

一九一五年（大正四）に東京で設立された南洋協会は民間の団体であったが、最初の事務所が台湾総督府東京事務所内に設けられたことにもうかがえるように、政府からの保護を受けた官民一体の機関であった。南洋協会の目的は、南洋に関する諸般を研究し、日本と南洋の相互理解を深め、互いの平和と文明に貢献することである。そのための事業の中核を担うのが、南洋調査と日南貿易に携わる人材育成であることを、南洋協会は創立当初から明言していた。それゆえ、日本の内地ではなく南洋各地での事業実施を基本とし、そのための支部活動を重視した。なかでも最大の拠点となった都市が、一九一五年に支部が設置された台湾に次いで、一八年に支部が設置されたシンガポールである。

南洋協会は創立直後、支部設置の前からシンガポールに〈陳列所〉を設置しようと企画し、その運営に見合う建物を借用すべく動いていた。しかしながら借用できる適当な建物が見つからず、新築の議論も起こったがそれも実現には至らなかった。一九一八年（大正七）五月頃、東南アジア地域への貿易拡大を目論んでいた農商務省から、商品陳列館を設置するよう協会が命令を受けたことにより再び実現へ向けて動き出した。相変わらず、〈陳列所〉の用に充てる建物を用意するのは難航したが、南洋協会支部幹事である瀬川亀が顧問を務めていた「マホメダン・リーグ」の関係者が所有する「大変都合の良い」建物を借りることが可能となり、開館の目処がたったのであった[354]。その建物とは、かつてオリエンタル・ホテルとして使用されていたもの（図52②）である[355]。なお、施設の確保に尽力した瀬川亀は、日本にイスラム教を紹介した最初のひとりで、イスラム教に関して体系的に記した『回教』（一九一八年、南洋協会）や『南洋の回教』（一九二一年、同前）を著した人物である。

建物探しが難航した背景には高騰する建物賃料の問題があったが、もうひとつ、シンガポールの商品陳列館に

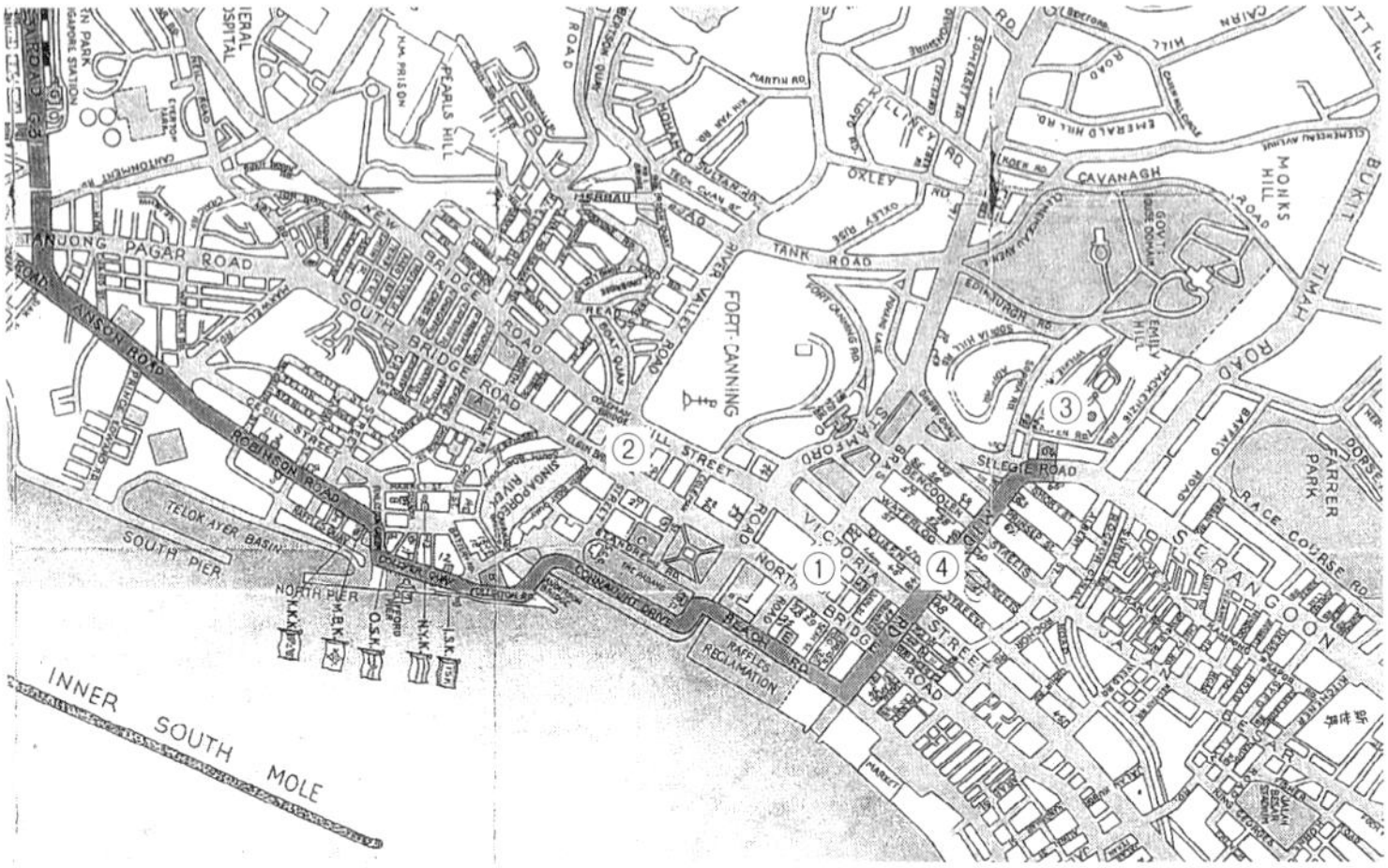

図52① 新嘉坡商品陳列館の位置

①当初の商品陳列館の位置、②移転後の商品陳列館の位置、③日本領事館、④日本人街の中心地ミドル・ロード

求められた独自機能による制約があった。農商務省から〈陳列所〉を設置するよう通達を受ける以前から、南洋協会は貿易を含めた商工業に関する仕事に就く若い人材を養成する施設を、南洋の要所に設けるよう台湾総督府から要請を受けていた。創立当初に掲げた協会のふたつの指針でもあるこの事業を両立させるには、商品陳列館に必要な空間に加えて、学校と学生宿舎の空間を機能的に確保し得る建物が求められたのである。

こうした意味において、地上階にホールが広がり、上階に小部屋を備えるホテルの建物は、まさにこの問題を解決する存在であった。加えて、関係者を介したことで、建坪三七〇坪弱のこの二階建てのホテルを月四五〇ドルで借用可能となったため、資金を補助する農商務省からの許可を問題なく取り付けることができたのであった。当時、シンガポールのビジネス中心街では、道路に面する一階の部屋は六〇坪で月四〇〇〜五〇〇ドルしたというから、ビジネス中心街からは少し離れていたとはいえ、かなり格安で借りられたようである。[356]

こうして、抱えていた特殊な事情を解決して設置され

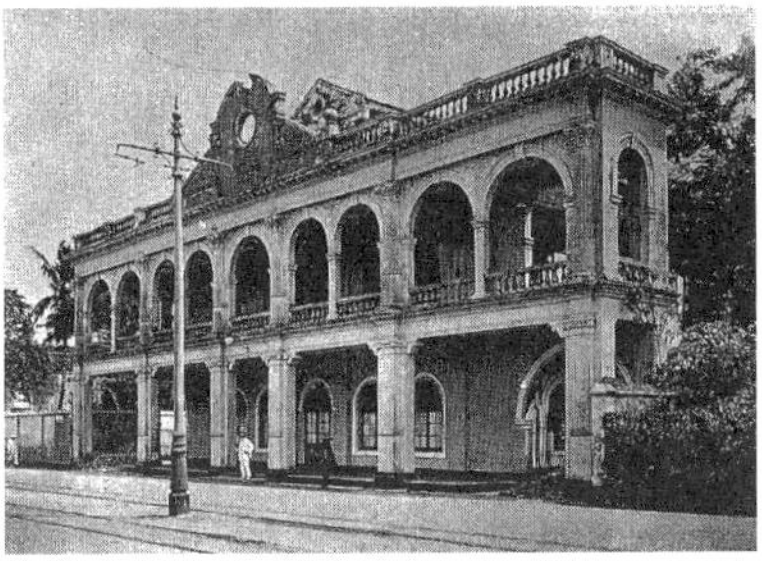

図52②　新嘉坡商品陳列館

図52③　同上 陳列室

図52④　新嘉坡商品陳列館に併設された学生会館

た新嘉坡商品陳列館は、日本人街の一角でもあるブラス・バザー通り七七番地（No.77, Bras Basah Road）に位置し、前述したように、かつてオリエンタル・ホテルとして使用されていた建物を改修して一九一九年（大正八）一一月二〇日に開館した。建物は煉瓦造二階建てで、間口一〇〇ヤード、奥行二四〇ヤード、建坪は三六七坪四合であった。[357] 南洋協会に求められたふたつの機能を階で分け、一階を商品陳列館に、二階を学生会館とし、それぞれの用途に合わせて、間取の変更や電気工事などの改修が行われた。商品陳列館が入る一階には、陳列室・事務室・倉庫・食堂・図書館などが整備された。ホールには、陳列棚が整然と並べられた（図52③）。学生会館となった二階は、当初四〇室近くの客室があったが、そのうち八室程を繋げて自習室と教室を造り、病室も設置された（図52④）。二階の各部屋にはベランダに水浴び用の設備も用意された。常駐職員五名程、学生一八名程が生活できる環境が整えられたこの建物は、いわば日本からやってきたばかりの南洋協会というコミュニティの拠点として、造り上げられたといえる。

当初は、シンガポールにおける〈陳列所〉に最適な建物として評価されていたが、学生会館や商業実習生の制度が終了したことをはじめ、業務方針の変化と共に建物に対する要求も変わり、賃貸契約が切れる時期を迎えると別の建物へあっさりと移転した。[358] 最初の建物の契約は一九二一年（大正一〇）六月まで結んでいたが、その後については取り決めがなかったようで、立ち退きを迫られる心配や、そうでなくとも賃料が急騰跳する可能性があったため、そうしたリスクを回避するために別の建物に移されることとなったのである。新しい建物は、前回の反省を活かして賃貸ではなく建物を購入するか新築することとされ、結局、別の建物（図52⑤）を購入した。

図52⑤　新嘉坡商品陳列館（移転後）

新しい〈陳列所〉の所在地はハイ・ストリート四四―一番地（No.44-1, High Sreet）で、ハイ・ストリートとノース・ブリッジ通り（どちらも路面電車が走る）の交差点に位置した。建坪は三四五坪と以前より小さくなったが、階数は三階建てとなった。移転の際、社会の要請に合わせて南洋協会は〈陳列所〉の方針を転換した。今後は、新しい商品だけを精選した上で限られた場所に陳列することとし、陳列に関する業務を縮小した代わりに貿易に関する調査業務に重点を置くこととした。つまり、陳列機関から情報機関へと方向転換を図ったのである。それゆえ、建坪が小さくなり陳列室の広さが狭くなることは想定内であり、情報機関としての職務に適した立地を計画的に選択したものといえる。それはコミュニティの拠点としての存在が最大の目的であった当初から、拡大へとシフトしたことが、建物にも如実に表れている。なお、新嘉坡商品陳列館は後に「新嘉坡産業館」へと改称したようである。

図52⑥　南洋協会スラバヤ商品陳列館

商品陳列館に対する運営方針の展開に伴う計画的・戦略的な施設展開は、南洋協会の東南アジア地域へ拡大を見せる過程においてもうかがい知ることができる。南洋協会は、シンガポールに続いて、ジャワ（一九二一年）、南洋群島（二三年）、マニラ（二四年）、ダバオおよびスマトラ（二九年）、バンコク（三七年）など、次々と支部を設けていった。こうした支部の展開に合わせるように、一九二四年（大正一三）にジャワのスラバヤに「スラバヤ商品陳列館」（図52⑥）を（三〇年には工業試験室を設置）[359]、二九年（昭和四）にスマトラのメダン、三〇年にジャワのバタビヤに新嘉坡商品陳列館の出張所を設置した。現地への日本商品の紹介と情報蒐集に努める役割を果たした東南アジア地域への商品陳列館（あるいは出張所）の施設展開は、南洋協会そのものの展開を可視化するものだといえるだろう。

おわりに

本章では、その建築の様態を中心に、内地・外地の〈陳列所〉の実態を見てきた。章を結ぶにあたって、最後にそこから見えてくる〈陳列所〉の多様なあり方についてまとめておきたい。

内地の〈陳列所〉の建築は、明治期においては機能上の同質性から共通した特徴を有する。簡単に示すと以下のようになる。施設の本館としての陳列施設を中心に、その周囲に陳列専用の付属館が配される。本館は洋風建築で建てられる場合が多いが、庭園や寺社の周辺などを敷地とする場合は風致を考慮して和風意匠が採用される。本館の他に、事務所・図書室・集会室などが業務の内容に合わせて整備される。新潟県や富山県の例は、その典型ということができるだろう。また、こうした〈陳列所〉のひとつの完成した姿を、施設の充実という点において愛知県商品陳列館にみることができる。

明治末から大正初期にかけては、二階建ての〈陳列所〉を建設し、その一階を陳列室、二階を公会堂とするものがいくつか登場する（茨城・高知・愛媛など）。この頃、すでに公会堂として独立して建設される例も多いため、公会堂はある種の完結した施設として見ることもできよう。しかしながら、集会所を内包してきた〈陳列所〉の歴史を鑑みると、その集会機能が徐々に拡大し、公会堂へと分離独立する過程を示すものだといえよう。陳列施設としての専門性を強めた施設を備え始めるのもこの頃で、大阪に初めて見られるショーウィンドウは、その最たるものである。

昭和期に入ると、情報機関としての性格を強めるものが現れ、道府県の〈陳列所〉がそれぞれに分館や出張所を置き、独自のネットワークを構築する。こうした展開を見せた道府県においては、陳列施設の重要性が薄れ始める傾向があり、新潟のようにかつては大規模な陳列施設を有したものの事務機能のみに特化して県庁内に事務所を構えるものも登場する。

しかし、こうした要素の共通性にもかかわらず、〈陳列所〉建築は一様ではなく、そこには〝地方〟性が表れる。ある〈陳列所〉は店頭装飾を重要視してショーウィンドウを設置したし、見本市を通した社交場を目指したものはそれを支援する設備を整えている。さらに、各地域が〈陳列所〉に期待した都市施設としての特性の違いも、強く反映される。〈陳列所〉のありようは、それが所在する都市の整備という観点において重要な位置を占め、その後の都市形成にも大きな影響を残したのである。ある〈陳列所〉は近代的な都市性を重視して、近代化を象徴する場所に象徴的な建築として整備された。また、あるものは近世都市の遺産ともいえる大名庭園や城郭を名所として継承していくためのひとつの要素として、環境に合わせた建築として整備されている。

本章で取り上げた事例だけ見ても、〈陳列所〉の立地や構成が多様なだけではなく、その建築の構造や意匠までも多様であることがわかる。同じ〈陳列所〉という施設であっても地域毎に異なる空間イメージを持つのである。〝中央〟が示した枠組みの中、産業の近代化という共通の目的を掲げ、同じ名称を持った施設であるにもかかわらず、〈陳列所〉の建築は地域産業と都市の性格による〝地方〟の影響を受け、個性に富んだあり方を示す。その多様性こそが〈陳列所〉建築の特質だといえるだろう。都市が違えばその目指す姿も違い、それを導く方策もそれぞれである。そしてその結果として、多彩な〈陳列所〉建築が各地に誕生することになるのである。〈陳列所〉建築には、地方が抱いた近代への様々な思惑が込められた。勧業政策に起因する業務内容の相違に加え、各地域が描く都市施設としての〈陳列所〉の位置付けが反映されたのである。少し誇張して言うならば、〈陳列所〉は地方都市における勧業政策が、あるいは思い描いた近代化のあり方が空間化された場所、といえるだろう。

こうした土地の産業や行政の方向性に基づく違いは、外地の〈陳列所〉にも同様に指摘できる。本章で取り上げた台北・京城・哈爾濱・シンガポールと東アジア地域の四都市における〈陳列所〉は、設置の主体や目的がそれぞれ異なり、ひとくちに〈陳列所〉といってもその実態は多様である。共通して言えることは、〈陳列所〉が設置された場所が日本ではないということである。よって、それぞれに抱える土地の事情（多くの場合、国益拡大を目標とする政策を背景とした貿易戦略）によって微妙にその立ち位置を変える。

それでも、その実態から判断して、植民地における統治機関が運営した台北と京城、政府から委託を受けた民間団体が運営した哈爾濱とシンガポールのふたつに分けることができる。前者は、内地の〈陳列所〉に近い存在で、現地の商工業の底上げを最大の目的としていた。後者は、現地への日本製品の売り込みが最大の目的であった。こうした違いが、施設整備に対する意気込みや、施策の早さに表れているといえよう。この違いは設置主体者と設置都市の統治者との関係の相違に起因するにすぎないと言ってしまえばそれまでなのだが、第一節で示したような〈陳列所〉の二面性、つまり近代日本が欧州から混同して受容した、商業博物館と輸出品見本陳列所というふたつの側面が、それぞれに露呈したものだともいえる。特に後者は、内地にはほとんどみられなかった性格のものである。この違いは、内地の〈陳列所〉では大きくは表れなかったが、日本列島外の都市においては、ことさらはっきりと表出した。

こうした違いは、たとえば朝鮮と満州における〈陳列所〉施設の移転の状況によりはっきりと浮かび上がる。朝鮮総督府商品陳列館の移転は、朝鮮商工業界の進展のため、その利便性や機能改善を目的としたものである。一方、哈爾濱商品陳列館の移転は、もちろん〈陳列所〉の機能・規模の改善もその理由のひとつだが、館内に職員の舎宅まで内包し、より高度な情報機関としての機能改善が意図されていたともみることができる。これは、朝鮮が植民地として日本の一部であり、満州が対露関係において予断を許さない要地であったことと無関係ではないだろう。これらの〈陳列所〉建築の様相をみる限り、それは貿易政策を反映して設置された在外の〈陳列所〉が担った経営戦略を如実に体現していた。東アジア地域における〈陳列所〉は、それぞれの貿易政策に基づいて、それぞれの建築が必要とされ、実現されたのである。

前述した日本の〈陳列所〉における二面性は、従来意識的に言及されることはなかった。しかしながら、〈陳列所〉の活動を改めて検討するとともに、その建築の様態を解明することによって、日本国内、ひいては東アジア地域における〈陳列所〉の実態の多様性もまた明らかとなってくる。そして、こうした作業を通して見てきた近代日本の〈陳列所〉からは、日本が西洋の近代を咀嚼して受容した〝近代〟が、外地に目を向けたことで改めて本来の性格を取り戻すという、ひとつの展開のあり方をもうかがい知ることができるのである。

（1）第一回版：商品陳列所連合会編・刊『商品陳列所総覧』昭和六年度（一九三一年）、北海道大学附属図書館所蔵。第二回版：商品陳列所連合会編・刊『商品陳列所総覧』第二回版（一九三三年）、伊藤寿郎監修『博物館基本文献集』第七巻（大空社、一九九〇年）として復刻。以下、『商品陳列所総覧』第一回版などと記す。

（2）関順也「殖産勧業の展開過程」（河野健二・飯沼二郎編『世界資本主義の形成』、岩波書店、一九六七年）。

（3）由井常彦『中小企業政策の史的研究』（東洋経済新報社、一九六四年）九〇頁。

（4）齋藤修「地方レベルの殖産興業政策：山梨県の事例を中心として」（『松方財政と殖産興業政策』、国際連合大学、一九八三年）二六五～二九四頁。

（5）農商務省『興業意見書』上・中・下（『明治前期財政経済史資料集成』第一八～二〇巻所収、明治文献資料刊行会、一九六四年）。

（6）『石川県物産陳列館　第一年報』（一九一〇年）、『石川県商品陳列館　第十一年報』（一九二一年）。以下、特に注記なき場合同史料による。

（7）「石川県物産陳列館」（一九〇九年）成巽閣所蔵。

（8）『東区史』（一九四二年）六五六～六五八頁。移転前の府立大阪商品陳列所については本書第三章を、移転後の同所については第六章を参照。
（9） 大阪博物場の活動と施設変遷については、後々田寿徳「大阪博物場：「楽園」の盛衰」（『東北芸術工科大学紀要』第一六号、二〇〇九年、一〇一〜七七頁）が詳しい。大阪博物場については、他に次のような研究がある。李上衛「府立大阪博物場の考察（1）」（『近畿大学短大論集』第一一巻二号、一九七九年、一〇九〜一五〇頁）、同前「府立大阪博物場の考察（2）」（『近畿大学短大論集』第一二巻一号、一九七九年、一五一〜一八八頁）、角山栄「大阪に於ける商業博物館」（『研究叢書』、関西大学経済・政治研究所、一九九七年、六五〜八八頁）。
（10） 「大阪博物場開設ノ件」（『明治大正大阪市史』第六巻、大阪市、一九三四年）四五四頁。
（11） 「大阪博物場概則」第一条（『文部省年報』第三号、一八七五年）二八六頁（大阪府年報）。
（12） 大阪府立商品陳列所三十周年記念協賛会『回顧三十年』（一九二〇年）一六頁。
（13） 『府立大阪商品陳列所十年紀要』（一九〇一年）八〜九・一五頁。
（14） 岡崎松次郎『大阪市政の将来』（同志協会、一九〇九年）七〜八頁。一九〇九年の北区大火前に商品陳列所と博物場を大阪市に移譲すべきだという議論があった。移譲に際しては、商品陳列所を日本銀行前あるいは博物場の地に移転し、博物場は天王寺公園に移転すべきだとされた。
（15） 前註12『回顧三十年』、一一八頁。大久保利武知事が府会にて陳列所新築案を説明した中での発言である。
（16） 大阪府立商品陳列所『最近十年間の大阪府立商品陳列所』（一九二六年）五五頁。
（17） 『八十年の歩み』（大阪府立貿易館、一九七〇年）一〇一〜一〇五頁。
（18） 長澤恭一・吉田節夫・近藤良直「兵庫県立産業貿易館と大阪国際見本市会館」（兵庫県立第一神戸商業学校産業調査部編・刊『貿易及び海外事情』第三輯、一九三七年）三三四〜四一一頁。以下、国際見本市会館については同書参照。
（19） 「国際見本市会館具体案を決定」（『大阪時事新報』一九三五年七月四日付）。
（20） 同右。
（21） 「国際見本市会館」（『大阪時事新報』一九三六年九月六日付）。
（22） 「対立した国際見本市会館」（『大阪時事新報』一九三七年三月一六日付）。

(23)「経済都に相応しき産業大殿堂建設」（『大阪時事新報』一九三七年五月二七日付）。
(24)「大阪貿易館概要」（『通商彙報』第四〇〇号、一九四〇年）三六頁。
(25)「物産陳列館」（対間吉之助『浦和案内』、やまと新聞浦和支局、一九一五年）三五頁、京北振興会編・刊『浦和総覧』（一九二七年）一二九～一三三頁、『埼玉県商品陳列所要覧：昭和三年事業概況』（一九二九年）、『創立十五年誌』（埼玉県商品陳列所、一九二九年）。埼玉県の〈陳列所〉の活動については、須永徳武による詳しい研究がある（須永徳武「地域産業と商品陳列所の活動」、中村隆英・藤井信幸編『都市化と在来産業』、日本経済評論社、二〇〇二年、二四三～二七六頁）。
(26)前註25「地域産業と商品陳列所の活動」、二四三頁。
(27)同右、二五五頁。
(28)前註25『浦和総覧』、二〇七～二〇八頁。
(29)「岩手県物産館」（『最新案内モリオカ』、新東北社、一九一八年）三四～三五頁、『岩手県商工館事務報告』昭和五年度（一九三一年）。
(30)三浦黎明「岩手県の勧業場経営の意義と限界」（同『岩手県の勧業政策と農会』、刀水書房、一九九八年）三三～六三頁。
(31)熊谷常正「岩手県の博物館発達史（その一）」（『國學院大學博物館学紀要』第九輯、一九八五年）一～七頁。以下、勧業場における陳列事業については同論文による。
(32)前註29「岩手県物産館」、三四頁。
(33)前註29『岩手県商工館事務報告』昭和五年度、一～二頁。
(34)「本館の今昔」（『愛知県商品陳列館報告』第四八号、一九一四年）七～一〇頁、萬代敏夫「愛知県商工館史話：附、本館刊行史」（『愛知商工』第二〇一号、一九三六年）一～二四頁。
(35)前註34「愛知県商工館史話」、一～二四頁。
(36)前註34「本館の今昔」、七～一〇頁。

(37) 愛知県教育委員会『愛知県の近代化遺産』(二〇〇五年)二八五頁。龍影閣はその後、庄内公園に移築され、現在は熱田神宮に移築・保存されている。二〇〇一年に国の有形文化財として登録された。

(38) 木村幸一郎ほか「猿面茶室及び松月斎に就て」(『建築雑誌』第四〇巻四八六号、日本建築学会、一九二六年)七四三~七七一頁。

(39) 「名古屋明細全図」(一盛堂・各書林、一八九五年)国際日本文化研究センター所蔵。

(40) 『愛知県商品陳列館要覧』明治四五年用(一九一二年)一頁。

(41) 『商品陳列所総覧』第二回版、五四頁。また、愛知県商品陳列館『愛知県商品陳列館内雑観』(一九一七年)にも「建築の美なる規模の大なる此種機関中稀れに見るところとす」と説明される。

(42) 瀬口哲夫『名古屋をつくった建築家・鈴木禎次』(C&D出版、二〇〇四年)一五五頁。

(43) 「回覧」一九一四年一二月一七日、愛知県公文書館所蔵[575-4(73)]。

(44) 酒井勝「知事式辞」(『愛知商工』第二〇二号、愛知県商品陳列館、一九三六年)五頁。

(45) 額田郡物産陳列所については、以下の論考に詳しい。渡辺則雄「旧額田郡物産陳列所と旧額田郡公会堂の使命と役割:第一次世界大戦から第二次世界大戦まで」(『研究紀要』第二九号、岡崎地方史研究会、二〇〇一年)一~八四頁、畔柳武司「旧額田郡公会堂・同物産陳列所の遺構について」(『名城大学理工学研究報告』第四一号、二〇〇一年)六三~六八頁。

(46) 「額田郡物産陳列所と重要物産」(『愛知県商品陳列所報告』第一七号、一九一四年)一五頁。

(47) 前註45「旧額田郡公会堂・同物産陳列所の遺構について」、八〇頁。

(48) 『広島県物産陳列館報告』大正五年七月(一九二六年)、『広島県商工案内』大正一四年版(広島県商業会議所、一九二五年)、倉橋清方「広島県博物館簡史」(『國學院大學博物館学紀要』第一五輯、一九九一年)一〇~三一頁、広島市『物産陳列館から原爆ドームへ』(広島市公文書館、一九九〇年)。

(49) 「県甲第一八七号」一八七七年一二月二一日付(『県報』広島県、一八七七年)。

(50) 広島集産場「広島集産場設立/注意」(『兵庫県勧業報告』第三号、勧業課、一八八九年)一七~一九頁。

(51)「商品陳列所設置ニ関スル建議」一九〇二年六月二四日（『広島商工会議所五十年史』、一九三一年）四二〇〜四二一頁。
(52) 教育広報社編・刊『広島県史跡名所写真帖』（一九三五年）。展覧会を記念して企画・出版された写真帖である。
(53) 原爆ドームは一九九五年に史跡指定、同九八年一二月五日にユネスコ世界遺産（文化遺産）に登録された。
(54)『建築世界』（第八巻七・八・一〇号、建築世界社、一九一四年）、および同第九巻五・六号（一九一五年）。後者は庭園内の噴水である。
(55) 菊楽忍「ヤン・レッル再考：書簡集から建築活動をたどる」（『広島市公文書館紀要』第二五号、二〇一三年）一九〜二五頁。日本滞在期を含むレッルの書簡集が現地でも刊行されている。*JAN LETZEL: JAPONSKO - ZEMĚ, KTEROU JSEM HLEDAL*, GATE, Náchod, 2000.
(56) 広島県物産陳列館の建築に関する近年の研究には次のものがある。杉本俊多「広島県物産陳列館（原爆ドーム）の建築様式について」（『日本建築学会中国支部研究報告集』第三六巻、二〇一三年）八八七〜八九〇頁、雨野忍「空間の重層：広島県物産陳列館のデザイン構想」（『広島市公文書館紀要』第一六号、一九九三年）六五〜八二頁、市石英三郎「原爆ドームとヤンレツル」（『建築雑誌』第八三巻一〇〇二号、日本建築学会、一九六八年）一四〜一五頁、佐藤重夫「広島物産陳列館とヤンレツル」（『日本建築学会大会学術講演梗概集』計画系四三、一九六八年）八一九〜八二〇頁、および前註55。
(57)『建築世界』第九巻四・五号（建築世界社、一九一四年）巻頭付図。
(58)『内外商工彙報』大正七年七月号（広島県物産陳列館、一九一八年）七二頁。
(59) 本項については、主に以下を参照した。『和歌山県物産陳列場　第三回報告』（一九一〇年）、『和歌山県商品陳列所事業報告』大正一三年度（一九二五年）、『和歌山県勧業要覧』（一九一三年）。
(60)『商品陳列所総覧』第二回版および註59『和歌山県物産陳列場　第三回報告』には、一八七四年（明治七）に設立、一八七八年に廃止とある。県会議事堂として使用された記録などから、ここでは本文表記の年代を採用した。
(61)『商品陳列所総覧』第二回版、一一三頁。『和歌山県商品陳列所事業報告』では第二回物産共進会からの引継ぎとされるが、第二回は一八九八年に県会議事堂で開催されている。開館時に近い『和歌山県物産陳列場　第三回報告』には共進会に関する記述はない。

(62) 前註59『和歌山県物産陳列場　第三回報告』、一頁。
(63) 「全国陳列所彙報（十一月）」（『農商務省商品陳列館報告』第三六号、一九一〇年）六二頁。
(64) 松山商工会編・刊『松山案内』（一九一八年）二二頁。
(65) 『松山市街図　附道後湯之町』（一九三六年）国際日本文化研究センター所蔵。
(66) 長野県商品陳列館『要覧』（一九三八年）著者所蔵。
(67) 窪田雅之「長野県博物館概史」（『國學院大学博物館学紀要』第一二号、一九八八年）七二〜九二頁。
(68) 椎名仙卓「所謂〝物産陳列所〟に就いて」（日本博物館協会編『博物館研究』第一四巻六号、一九七九年）八頁。
(69) 前註66『要覧』、一頁。
(70) 倉島鬼成編『善光寺案内記』（仏都新報社、一九一八年）七八頁。
(71) 佐々木邦博「明治・大正期における公園設立の展開」（『信州大学農学部紀要』第三三巻一・二号、一九九六年）四一〜四九頁。
(72) 「神奈川県物産陳列場と横浜商工奨励館　附勧業共進会」（『横浜市史稿』、一九三二年）三八一〜三九八頁。
(73) 横浜産業振興公社『横濱市商工奨励館』（一九九八年）。以下、特に注記なき場合は同書に基づく。
(74) 「横浜商品陳列所設立の必要」（『横浜商業会議所機関月報』明治四五年三月号、一九一二年）。
(75) 「横浜市復興策に関する件」（『横浜商業会議所月報』大正一三年八月号、一九二四年）。商業に関する六件の復興方策において、その三件目として商品陳列所の設置が挙げられている。当該部分を以下に転載する。

三、商品陳列所の設置

本邦随一の国港たる本市に、一の商品陳列所を有せざることは頗る遺憾とする所なり。依て本市復興策の一として、一、輸出品見本の陳列。二、輸出品の改良を目的とする研究。三、商品の即売を主なる目的とする商品陳列所を設置せんとす。経営者は国・県又は市を希望するも、或は其の援助の下に商業会議所に於て其の任に当るも差支えなからむ。

(76)「商品陳列所設置費補助に関する件」（『横浜商業会議所月報』大正一三年八月号、一九二四年）。
(77) 下元連『博物館・商品陳列館』（小林政一・下元連『高等建築学』第二一巻所収、常盤書房、一九三三年）二三〇頁。
(78)『大正二年島根県物産陳列所報告』（一九一四年）。
(79) 中野茂夫先生（島根大学）のご教示による。一九〇七年の山陰行啓において、東宮一行は県の物産陳列所にも訪れている。山根大知・中野茂夫・小林久高「明治四十年山陰行啓における東宮一行の滞在施設に関する建築史的考察：島根県内の滞在先を中心に」（『日本建築学会計画系論文集』第七九巻七〇一号、二〇一四年）一六八三〜一六九二頁。
(80) 石田潤一郎『都道府県庁舎：その建築史的考察』（思文閣出版、一九九三年）三〇六・四二一頁。
(81) 前註78『大正二年島根県物産陳列所報告』、四二頁。
(82)『商品陳列所総覧』第二回版、一〇〇頁。
(83) 松江市教育委員会編・刊『松江市の近代化遺産（興雲閣特集Ⅰ）』（二〇一〇年）。
(84)『松江市案内』（島根県、一九二四年）一二一〜一二三頁。
(85)「共進館設置」（『兵庫県勧業報告』第一三号、一八八〇年六月）一五〜一八頁、「兵庫県共進館概則」（同前）三八〜四三頁、「共進館」（『兵庫県勧業報告』第一五号、一八八〇年九月）四〜七頁。
(86) 前註85「共進館設置」、一七頁。
(87)『六〇年史』（兵庫県立第一神戸商業学校、一九三八年）二七九〜二八〇頁。
(88)『創立三十周年記念誌』（兵庫県立第一神戸高等女学校・校友会・欽松会、一九三一年）三二頁。
(89)「再び擡頭した商品陳列館新設問題」（『神戸又新日報』一九二六年八月一〇日付）。
(90)「県立商品陳列館愈建設に決定」（『大阪朝日新聞』一九二六年一一月一五日付）。
(91) 同右。これを裏付ける史料が兵庫県公館県政資料館に残されている（「商品陳列館比較」兵庫県公館県政資料館所蔵［000-486-0-10］）。
(92)「立消になりそうな物産陳列所問題」（『神戸又新日報』一九二六年一一月一二日付）。

(93)『兵庫県会速記録』大正一五年、復刻版（兵庫県議会、二〇〇〇年）県二二一〜県二二五。
(94) 兵庫県会事務局県会史編纂室編『兵庫県会史』第三輯第一巻下（兵庫県会事務局、一九五三年）一二四八・一二七六頁。
(95)『近代建築画譜』（一九三六年）三一〇頁。
(96) 中野竹四郎編『兵庫県主催産業合理化展覧会総覧』（兵庫県、一九三〇年）。
(97) 前註95『近代建築画譜』、三一〇頁。
(98)「産業貿易館実現準備へ第一歩を踏む」（『神戸新聞』一九三七年二月一九日付）。
(99) 兵庫県会事務局県会史編纂室編『兵庫県会史』第三輯第三巻（兵庫県会事務局、一九五六年）二四一頁。
(100) 同右、九八四頁。
(101)『財政調査会関係綴』兵庫県公館県政資料館所蔵［000-639-0-48〜52］および、前註18「兵庫県立産業貿易館と大阪国際見本市会館」、三〇九〜三三四頁。以下、産業貿易館については同書による。
(102)「待望の産業貿易館建設調査」（『神戸又新日報』一九三七年二月一三日付）。
(103) 前註18「兵庫県立産業貿易館と大阪国際見本市会館」、三三三一頁。
(104)『徳島県物産陳列場案内』（徳島県内務部、一九一三年）、「物産陳列場」（『徳島県農業基本調査』、一九一八年）一五三〜一五七頁、『徳島県物産販売斡旋所年報』昭和一三年度（一九三九年）。
(105)「物産蒐集場仮規則付録」（『徳島彙報』一八八一年、甲二一二号）徳島県立文書館所蔵。
(106)『徳島県史』第五巻（一九六六年）四〇〇頁
(107)『徳島県写真帖』（徳島県、一九〇八年）一二頁。
(108) 前註104「物産陳列場」、一五三〜一五四頁。
(109)「本場の目的及業務」（前註104『徳島県物産陳列場案内』）。
(110)「物産陳列場」（『山口県会史』下巻、山口県、一九一二年）一一七七頁。
(111)「山口県勧業事務沿革」一八七二年一二月編纂（『山口県史』資料編・近代四、二〇〇三年）六五〜七一頁。

(112)「下関市に県下物産陳列場設置の儀に付建議（明治三五年）」（『下関商工会議所七十五年史』、一九五六年）三四頁。
(113)「山口県商品陳列所」（山口県文書館編『山口県政史』下巻、山口県、一九七一年）一七六〜一七七頁。
(114)前註113『山口県政史』下巻、一七五頁。
(115)吉田泉『周防岩国案内記』（一九〇九年）五四〜五六頁。
(116)『鹿児島県物産陳列場要覧』（一九一四年）、「鹿児島県商工奨励館とその付近」（『鹿児島地誌：郷土教育資料』、鹿児島市、一九三五年）一八七〜一九七頁。
(117)四元行叶「興業館設立の背景と構造、意匠について」（『都城興業高等専門学校研究報告』第二一号、一九八七年）六三〜七二頁、上四元隆ほか「旧興業館の変遷過程と設計方針」（『日本建築学会中国・九州支部研究報告』第九巻、一九九三年）四五七〜四六〇頁、水田丞「鹿児島県立博物館考古資料館」（『鹿児島県の近代化遺産』、鹿児島県教育委員会、二〇〇四年）一四七頁、など。
(118)一九三五年の施設構成は、本館・第二号館（旧第三号館）・倉庫・小使および宿直室となっており、いくつかの建物は取り壊されたか、別施設として使用されたようである（前註116「鹿児島県商工奨励館とその付近」、一八六頁）。
(119)前註116「鹿児島県商工奨励館とその付近」、一八六頁。
(120)「明治十八年度沖縄県地方費予算帳」（琉球政府編『沖縄県史』第一三巻・資料編三、佐藤今朝夫、一九六六年）四三八頁。
(121)『歳入歳出予算書』自明治一八年至明治一九年度（大蔵省、一八八六年）九六四頁。
(122)『九州沖縄八県聯合共進会報告』第一号（沖縄県、一八九四年）。
(123)奥島憲順『袖珍沖縄旅行案内』（根路銘恵伝、一九〇五年）一二三頁。
(124)「全国陳列所協議会録事」（『農商務省商品陳列館報告』第一七号、一九〇九年）五八〜六〇頁。
(125)「全国陳列所彙報（十一月）」（『農商務省商品陳列館報告』第二四号、一九〇九年）六二頁。
(126)『沖沖縄県産業要覧』、一九一三年（沖縄県農林水産行政史編纂委員会編『沖縄県農林水産行政史』第一七巻所収、農林統計協会、一九八三年、七七頁）。

(127) 「全国陳列所彙報(九・十月分)」(『農商務省商品陳列館報告』第三五号、一九一〇年)六二頁。
(128) 『沖縄県水産一般』、一九一二年(前註126『沖縄県農林水産行政史』第一七巻所収、一五頁)。
(129) 『沖縄県水産組合沿革』、一九二一年(同右所収、二三五頁)。
(130) 『三重県勧業陳列館年報』第一二回(一九二〇年)、『事業要覧』昭和一一年度(三重県商工奨励館、一九三二年)著者所蔵。なお、矢野憲一「三重県博物館史」(『國學院大學博物館学紀要』第一二輯、一九八七年)七~一七頁は、勧業陳列所や徴古館なども含めて三重県の博物館史を考察している。
(131) 『三重県史』資料編・近代三(一九八八年)一〇二~一〇九頁。以下、三重県内物産博覧会に関する記述は同書に基づく。
(132) 「物産陳列場ノ景況」(『官報』第一三五三号、一八八八年一月六日付)二五頁。
(133) 「三重県物産陳列場景況」(『官報』第一五五三号、一八八八年八月三一日付)三四三~三四四頁。
(134) 藤井清司編『神苑会史料』全(神苑会清算人事務所、一九一一年)。農業館および附属工芸館、徴古館の施設変遷については同史料による。なお、両館の設計への片山東熊の関与については、磯俣裕介・原正彦・渡辺洋子「神宮徴古館・農業館に関する一考察」(『日本建築学会計画系論文集』第七八巻六九一号、二〇一三年)二〇三一~二〇三七頁が詳しい。
(135) 佐藤功一「第九回関西府県連合共進会報告」(『建築雑誌』第二一巻二四九号、日本建築学会、一九〇七年)四六~六三頁。
(136) 前註130『事業要覧』昭和一一年度、一~二頁。
(137) 『宮崎県勧業物品陳列場一覧』(一九〇八年)著者所蔵、『宮崎県物産陳列場報告』(一九一六年)、『宮崎県商品陳列所業務報告』第一七回(一九三八年)。
(138) 前註137『宮崎県勧業物品陳列場一覧』の付図と『宮崎県商品陳列所業務報告』に掲載されている建物来歴を示す表から判断した。
(139) 『北海道物産陳列場要覧』(一九一一年)、山崎長吉『中島公園百年』(北海タイムス社、一九八八年)。

(140)「物産共進会」(『拓地殖民要録』、北海道、一八九二年)一九九～二〇三頁。
(141)同右「物産共進会」、一九九頁。
(142)「北海道共進会場内配置之図」(『北海道物産共進会報告』、北海道、一八九二年)。
(143)前註139『中島公園百年』、一一〇頁。
(144)前註142『北海道物産共進会報告』。前註139『北海道物産陳列場要覧』は、この建物を一八九二年の物産共進会時に建てられたとしているが、この報告の時点で既存施設の転用と記載されている。
(145)前註139『中島公園百年』、一〇三頁。
(146)「土地及建築」(『北海道物産共進会事務及審査』、一九〇七年)三三～四二頁。以下、新本館の様態については同資料による。
(147)前註139『北海道物産陳列場要覧』、一七頁。
(148)「北海道庁商工奨励館」(北海道庁経済部商工課編・刊『北海道の商工要覧』昭和一一年版、一九三六年)一一四～一一五頁。
(149)『北大百二十五年史』通説編(北海道大学、二〇〇三年)二五三～二六二頁など。
(150)函館市史編さん室編『函館市史』通説編・第二巻第四編(二〇〇二年)一四七四～一四七八頁。
(151)『第十七年報』(福井県商品陳列所、一九二八年)。
(152)『官報』第一二九八号(一八八七年一〇月二五日付)二三六頁。
(153)福井市編・刊『福井案内』(一九二四年)一九～二〇頁。
(154)福井県内務部編『福井県産業提要』(一九一六年)七八頁。
(155)『滋賀県物産陳列場報告』明治四一～四三年度(一九〇九～一一年)、『滋賀県物産陳列場要覧』(一九一七年)。
(156)『滋賀県物産共進会報告書』(一九〇〇年)。
(157)『滋賀県庁舎改築記念誌』(滋賀県、一九四一年)六頁。
(158)滋賀県『滋賀県写真帖』(一九一五年)八頁。

(159)「商品陳列所と公会堂」(西川太治郎編・刊『長等の桜』、一九二七年)三九頁。
(160)「全国陳列所彙報(一月分)」(『農商務省商品陳列館報告』第二六号、一九〇七年)八二頁。
(161)前註159「商品陳列所と公会堂」、三九頁。
(162)同右、三九~四〇頁。〈陳列所〉の建築については「清水技師の尽力尤も多とすべきである」とされ、公会堂は「此の設計も亦清水技師で非常に尽力した」と記されている。
(163)井上ひろみ「滋賀県における地域博物館史の一事例」(『紀要』第二三号、滋賀県立琵琶湖文化館、二〇〇七年)二三~四〇頁。
(164)「一府六県聯合共進会報告書」(茨城県、一八八八年)、「勧業見本陳列場」(『茨城県史料』近代産業編二、一九七三年)一〇二~一〇三頁、『茨城県物産陳列館 第一年報』(一九一七年)、『茨城県商品陳列所報』(一九二四年)。
(165)『官報』第一五四〇号(一八八八年八月一六日付)一六六~一六七頁。
(166)『官報』第一五一七号(一八八八年七月二〇日付)一九八頁
(167)『茨城県議会史』第二巻(茨城県、一九六三年)一五五一頁。
(168)同右、一五五一頁。
(169)同右、一五七三頁。
(170)「故正員工学博士佐藤功一君の略歴及作品」(『日本建築士』第二九巻二号、日本建築士会、一九四一年)三三~七四頁。
(171)『大分県物産陳列場報告』第六回(一九一四年)、『大分県商品陳列所要覧』大正一〇年度(一九二二年)、『大分県殖産館事業報告』昭和一〇年度(一九三六年)。
(172)前註171『大分県商品陳列所要覧』大正一〇年度、一頁。
(173)山岸治男「別府学校組合立工業徒弟学校」(『わが国離陸期の実業教育』、東京大学出版会、一九八二年)一七〇~二一四頁。
(174)渡辺克己『大分今昔』(大分合同新聞社、一九六四年)。
(175)『別府市誌』(一九三三年)五七七頁。

(176) 前註171『大分県商品陳列所要覧』大正一〇年度、二頁。
(177)『事業報告』大正一四年度（大分県商品陳列所、一九二五年）一五頁。
(178) 坂井助松編『別府温泉案内』（杉田文次郎商店、一九二〇年）四七頁。
(179)『大分商工案内』（大分県、一九二一年）六〇頁。
(180)「農業ニ関スル諸般ノ施設」『青森県農事調査書』、一八八七年（『青森県史』資料編・近現代一所収、二〇〇二年、三九八〜四〇一頁）。
(181)「全国陳列所一覧」（『農商務省商品陳列館報告』第二四号、一九〇六年）六五頁。
(182)『第三回奥羽六県物産共進会報告』（青森県、一九〇〇年）。
(183)「全国陳列所彙報（六月分）」（『農商務省商品陳列館報告』第三一号、一九一〇年）七八頁。
(184)「全国陳列所彙報（四月分）」（『農商務省商品陳列館報告』第二九号、一九一〇年）六〇頁。
(185)『青森県産業要覧』（一九二一年）一二三〜一二四頁。
(186)『青森県政治史』第三巻（東奥日報社事業局出版部、一九八〇年）二三一頁。
(187)『弘前商業会議所五十年史』（一九五八年）二五〜二六頁。
(188)『ヒロサキ』（棟方徳衛、一九一六年）八五頁。
(189)『昭和四年度年報』（宮城県商品陳列所、一九三〇年）。
(190)『仙台市史』第二巻（一九五五年）四六二〜四六三頁。
(191) 熊谷恒一編『仙台及松島案内』（東北印刷、一九二一年）一九頁。
(192)『宮城県史料展覧会誌』（宮城県教育会、一九二五年）。
(193) 宮城県教育委員会『宮城県教育百年史』第二巻（帝国地方行政学会、一九七五年）三六頁。
(194)『富山県物産陳列所報告』（一八九六年）、『とやま』昭和一五年版（富山商業会議所、一九三〇年）二四頁。
(195)「博物場設立之建議書」（前註194『富山県物産陳列所報告』、三頁）。
(196)『商品陳列所総覧』第二回版、九二頁。

(197)『富山市立商品陳列所　第八年報』（一九二三年）一～二頁、滋賀大学経済経営研究所所蔵。
(198)『官報』第二九八六号（一八九三年六月一四日付）一七八頁、同第三〇〇八号（一八九三年七月一〇日）九六頁。
(199)『富山県写真帖』（富山県、一九〇九年）七二頁、および『商品陳列所総覧』第二回版、九六～九七頁。
(200)『鳥取県物産陳列場案内』（一九一二年）、『業務報告』（鳥取県物産陳列場、一九一七年）。
(201)『官報』第二八一四号（一八九二年一一月一二日付）一二八頁。
(202)『岡山県物産陳列場事業報告』大正二年（一九一四年）、「岡山県物産陳列場」（『岡山後楽園史』通史編、岡山県郷土文化財団、二〇〇一年）五一六～五二一頁。
(203)前註200『岡山後楽園史』、五一七頁。
(204)同右、五一六頁。
(205)以上に記した移転問題については、前註202「岡山県物産陳列場」を参照した。なお、後楽園からの移転に際しては、商工業者からの反対も一部ではあったようである。陳列所機能の移転後、残された建物は一九二〇年頃に撤去された。
(206)「物産館引渡しは明日」（『大阪朝日新聞』岡山版、一九一九年四月七日付）。以下、建築の概要については同史料による。
(207)「開館式と閉会式」（『大阪朝日新聞』一九一九年四月一一日付）。共進会閉会と物産館開館の式場で、同館の工事報告がなされた。
(208)『熊本県商品陳列所年報』大正一五・昭和元年度（一九二七年）、笹浪健一『勧業館の研究』（一九三七年）大分大学経済学部教育研究支援室所蔵。
(209)前註208『熊本県商品陳列所年報』大正一五・昭和元年度、一頁。
(210)「観聚館建築工事経過報告」（『新熊本市史』通史編・第六巻、二〇〇一年）。
(211)前註210『新熊本市史』通史編・第六巻、四七六頁。
(212)『第十一回九州沖縄八県聯合共進会報告書』（熊本県、一九〇一年）二頁。
(213)『熊本県史』近代編・第三巻（一九六五年）三〇九頁。
(214)『新熊本市史』通史編・第七巻（二〇〇一年）三七八頁。一九三〇年一二月四日から一〇日まで、県庁・商工奨励

館・商業会議所の共同主催による「熊本木工製品展覧会」が開催された。
(215) 前註214『新熊本市史』通史編・第七巻、二三二～二三四頁。
(216) 前註208『勧業館の研究』、二頁。
(217) 『佐賀県商品陳列所概覧 大正十一年度』（一九二三年）、『佐賀県写真帖』（佐賀県、一九一一年）。
(218) 『商品陳列所総覧』第二回版、一三八～一三九頁。
(219) 『年報』大正一二年度（秋田県商品陳列所、一九二四年）滋賀大学経済経営研究所所蔵。角哲・永井康雄「秋田県記念物産館（大正一四年）の建設経緯と建築的特徴について：秋田の近代建築に関する基礎的研究 その三」（『日本建築学会東北支部研究報告集』計画系七四、二〇一一年）一四一～一四四頁。
(220) 前註219「秋田県記念物産館（大正一四年）の建設経緯と建築的特徴について」、一四一～一四四頁。
(221) 『商品陳列所総覧』第二回版、七八～七九頁。
(222) 『年報』大正一一年度（長崎市商品陳列所、一九二三年）滋賀大学経済経営研究所所蔵。
(223) 『第九回九州沖縄八県聯合共進会事務報告』（長崎県、一八九七年）二～三頁。
(224) 『長崎実業案内』（第十四回西南区実業大会事務所、一九〇九年）八九頁。
(225) 「林源吉」（長崎県立長崎図書館編『郷土の先覚者たち：長崎県人物伝』長崎県教育委員会、一九六八年）二七〇～二七三頁。
(226) 『高知県物産陳列場 第壱年報』（一九一三年）。
(227) 『高知県物産陳列場 第三年報』（一九一五年）付図。
(228) 『高知県商品陳列所 第拾三年報』（一九二三年）一頁。
(229) 山本大・福地惇『高知県の百年』（山川出版社、一九八七年）年表16。
(230) 『要覧』昭和一二年度（群馬県商品陳列所、一九三七年）。
(231) 「物産陳列場」（鎗居亀太郎ほか編・刊『現行群馬県令達大全』、一九〇一年）一〇三五頁。
(232) 「永久的共進会の建物」（樫村南窓編『共進会遊覧』、興進社、一九一〇年）三〇～三二頁。

(233) 前註230『要覧』昭和一二年度、一頁。

(234) 前註170「故正員工学博士佐藤功一君の略歴及作品」、三三〜七四頁。

(235)『香川県物産陳列所報告』大正三年度(一九一五年)、『香川県商品陳列所報告』大正一三年度(一九二四年)、三宅拓也「明治三〇年代の栗林公園における香川県博物館(現・香川県商工奨励館)の建設経緯」(『日本建築学会近畿支部研究報告集』計画系五〇、二〇一〇年)八六一〜八六四頁。

(236)『香川県史』第五巻・通史編、近代一(一八八七年)八六七頁。

(237) 以下に示す香川県博物館の建設経緯の詳細については、前註235拙稿を参照されたい。

(238)「塩田書記官談話大意(続)」(『香川新報』一八九七年四月二八日付)および「博物場の設計」(『香川新報』一八九七年七月一八日付)。

(239) 小沢圭次郎「栗林公園改修意見書」一九〇七年四月二八日、同『明治庭園記』(神田喜四郎編『明治園芸史』所収、日本園芸研究会、一九一五年)二二六〜二二七頁。

(240)『一府十一県聯合共進会報告』(新潟県、一九〇二年)、『新潟県物産陳列館 第十二年報』(一九一四年)、新潟県商品陳列所出品協会編・刊『本所創立二十周年 記念と回顧』(一九二四年)。

(241) 前註240『本所創立二十周年 記念と回顧』、一六〇頁。一九〇八年(明治四一)の新潟市大火で新潟師範学校附属小学校が類焼したため、第一号館を小学校に提供し、その陳列品は本館二階に移された。

(242) 前註240『本所創立二十周年 記念と回顧』、一五九頁。

(243)『静岡市物産陳列館 第七年報』(一九二三年)、「物産陳列館及勧工場」(『静岡市史編纂資料』第六巻、一九二九年)一四六〜一五一頁、『静岡県史』通史編(一九九六年)五七八〜五七九頁。

(244)『静岡市史』近代(一九六九年)六〇頁。

(245)「静岡県物産陳列場設立ノ義ニ付請願」(請願人から静岡県知事宛、一八九三年)著者所蔵。煉瓦造二階建ての洋風建築を、旧・有渡安倍郡役所敷地内に新築して物産陳列場を設置することが請願された。

(246)「物産陳列場補助規定」(『静岡県公報』第九三巻、一九〇一年)。物産陳列所の設置は一郡市内に一ヶ所とし、三三円以上の建設費に対して、三分の一以内の金額を補助するとした。
(247) 前註243「物産陳列館及勧工場」、一四六頁。
(248) 同右、一四六頁。
(249)『第七回岐阜県物産館報』（一九一四年）、『岐阜県商品陳列所要覧』第四年報（一九三〇年）、『岐阜商工五十年史』（岐阜商工会議所、一九四〇年）五九～六〇頁。
(250)「山形県物産陳列場ノ概況」（『山形県工業ノ概況』、一九〇四年）三一～三四頁。
(251)『奥羽六県聯合共進会事務報告』（山形県、一九〇二年）三八頁。
(252) 前註250「山形県物産陳列場ノ概況」、三三頁。
(253)『奥羽聯合共進会山形県協賛会事務報告』（一九一八年）。
(254) 日本建築学会編『総覧　日本の建築』第一巻（新建築社、一九八六年）三七三頁。
(255)「奈良県物産陳列所」（奈良県編『奈良県産業案内』、一九一四年）二一〇～二一五頁、『業務成績』昭和一六年度（奈良県立商工館、一九四二年）、『奈良国立博物館仏教美術資料研究センター』（奈良国立博物館、二〇一一年）。
(256) 文化庁編・刊『重要文化財　旧奈良県物産陳列所修理報告書』（二〇〇〇年）のほか、上野邦一「旧奈良県物産陳列所について」（『学術講演梗概集（北陸）』、日本建築学会、一九八三年）などによりその建設過程と意匠が考察されている。
(257) 関野貞研究会編『関野貞日記』（中央公論美術出版、二〇〇九年）。
(258) 前註255「奈良県物産陳列所」、二一〇頁。当時から「其構造は和洋折衷とし宇治平等院式に形造せり」と、鳳凰堂との連関が言及されている。
(259) 前註255『業務成績』昭和一六年度、一頁。
(260)『商品陳列所総覧』第二回版、二九頁。
(261) 大野政治「成田山霊光館の建物について：その歴史的経過」（『なりた』第二〇号、成田山霊光館（史料館）、一九七九年）二～四頁、前川公秀「物産陳列館の一事例：千葉県における場合」（『國學院大學博物館学紀要』第五輯、一九八〇年）二六～三七頁。

(262)「千葉県物産陳列館規則」一九〇二年三月一四日、千葉県告示第四七号。規則では「物産陳列館」だが、議会における予算費目では「物産陳列場」が多用されている。
(263)『千葉県議会史』第二巻（一九六九年）一一五八頁。
(264)「千葉県物産陳列所の開始」（『読売新聞』一九〇二年一〇月二〇日付）。
(265)前註263『千葉県議会史』第二巻、一一六九～一一七一頁。
(266)同右、一二〇一頁。
(267)同右。
(268)福島庄右衛門編『千葉県共進会 香取鹿島成田宗吾案内』（さはらタイムス社、一九一一年）一二頁。
(269)前註263『千葉県議会史』第二巻、一二〇三頁。
(270)同右、一二〇一頁。
(271)前註261「成田山霊光館の建物について」、二～四頁。
(272)前註268『千葉県共進会 香取鹿島成田宗吾案内』、一三〇～一三一頁。
(273)小倉博「明治二一年の成田山博物館構想」（『なりた』第三六号、成田山霊光館(史料館)、一九八六年）二～三頁。
(274)前註261「成田山霊光館の建物について」。
(275)『福岡県物産陳列場 第七年報』（一九一四年）。「福岡県産業貿易館」（『福岡市史』第七巻、一九七四年）二五一～二五五頁。
(276)前註77『博物館・商品陳列館』、三三三～三三八頁。
(277)前註4「地方レベルの殖産興業政策」、二六五～二九四頁および『山梨県史』通史編五・近現代一（二〇〇五年）三四～五四頁。
(278)小林彦太郎編『山梨県案内』（山梨日々新聞又新社、一九〇八年）六五～七五頁、前註277『山梨県史』通史編五・近現代一（二〇〇五年）三二八～三三三頁。
(279)「物産陳列館の設置」（『山梨県商業会議所五十年史』、甲府会議所、一八六〇年）一七〇～一七一頁。以下、本項は同史料に基づく。

(280)『京都商品陳列所 第一回報告』（一九一一年）、「京都市商品陳列館」（『京都市産業要覧』昭和一四年版、一九二九年）。

(281)倉知典弘「京都における勧業政策の展開」（『京都大学生涯教育学・図書館情報学研究』第七号、二〇〇八年）九三〜一〇六頁。

(282)稲垣満次郎『東方策結論艸案』上（哲学書院、一八九二年）一四八〜一七〇頁。稲垣は商品陳列所の意義を認めながらも府立大阪商品陳列所は欧米諸国のそれに比して市場開拓の目的が弱いと評した。さらに、京都に工業参考館の設立を説いた。

(283)前註280『京都商品陳列所 第一回報告』、六六〜六七頁。

(284)武田五一「鉄筋コンクリート構造の発達を顧みて」（『セメント界彙報』第三三一号、日本ポルトランドセメント同業会、一九三四年）四八〜五三頁。武田自身は、京都商品陳列所を「日本最初の鉄筋コンクリート建築」としている。

(285)京都府造園協同組合編・刊『組合百年史』（一九八七年）一四九頁。「明治四二年五月一五日日露戦争戦勝記念「京都市商品陳列館」庭園工事、当組合受注、小川治兵衛氏を主任に（施工者氏名略）一一氏で施工」とある。

(286)「商品陳列所庭園築造ニ付理由書」（『建物建設工事一件 商品陳列所』、京都市公文書）総合企画局情報化推進室所蔵。

(287)前註280『京都商品陳列所 第一回報告』、七二〜七三頁。他にも『京都商品陳列所案内』（一九一六年）など、多くの刊行物で紹介されている。なお、京都商品陳列所は海外向けにもカタログや広報誌を作成しており、そこでは日本らしさを伝える風俗画が挿絵に採用された

(288)『岡崎公園沿革史』（京都市、一九九七年）は勧業館の移築時期を一九一一年三月二五日とする。勧業館は、第四回内国勧業博覧会美術館を市が払下げを受けて利用してきたもので、内国博閉会後も美術工芸品の貸展覧会場として利用されていた。

(289)『京都市商品陳列所要覧』（一九二三年）二頁。

(290)「京都市勧業館」（『産業の京都』、京都市庶務部産業課、一九三五年）一七九〜一八〇頁。

(291)前註288『岡崎公園沿革史』、三七九頁。

(292)『福島県物産陳列館 第壱年報』(一九一二年)。
(293)高力英夫「福島県の博物館活動史」(『國學院大學博物館学紀要』第一二輯、一九八九年)。
(294)前註292『福島県物産陳列館 第壱年報』、三頁。
(295)『福島県案内』(古今堂書店、一九三一年)八頁。
(296)「府立東京商工奨励館一覧」(一九一九年頃)東京都公文書館所蔵、「府立東京商工奨励館」(『東京府史』行政編・第三巻、一九三五年)第六章。
(297)『東京商工奨励館設立期成会報告書』(一九二二年頃)著者所蔵。以下、期成会については同史料による。
(298)前註296『東京府史』行政編・第三巻、三九〜四〇頁。
(299)「高等官海外出張ノ義上申(案)」東京都公文書館蔵所蔵。派遣される者として、「東京府理事官 木村惇」の名が記されている。
(300)『事業報告』昭和一三年度(府立東京商工奨励館、一九二五年、二一頁)東京都公文書館所蔵。
(301)内田漆郎ほか『浅間軽量混凝土材料:試験報告』第一報告(浅間軽量混凝土販売利用組合、一九一六年)。
(302)東京商工奨励館編『商店建築及店頭計画図案』(建築書院、一九二四年)。
(303)前註296『東京府史』行政編・第三巻、四九頁。
(304)「検定合格の金製品には保証の刻印を打つ」(『中外商業新報』一九二七年一月二九日付)。
(305)「東京商工奨励館工事概要」(『建築雑誌』第三五巻四二三号、日本建築学会、一九二一年)七三九〜七四一頁および付図。『建築世界』第一二巻一〇号(建築世界社、一九一八年)。
(306)「商品陳列所」(『栃木県商工要覧』、栃木県商工課、一九三〇年)二七〜二九頁、「商工奨励館」(『宇都宮読本』後編、宇都宮市小学校聯合研究会、一九三七年)六〇〜六三頁。
(307)江守泰吉編『丸山渡南』(丸山和四朗、一九〇七年)七〜一〇頁。
(308)前註306「商工奨励館」、六〇〜六一頁。
(309)『栃木県の物産と観光』(栃木県商工奨励館、一九一二年以後)著者所蔵。

(310)「丸ビルの地方物産陳列所（一）」（『中外商業新報』一九三四年二月九日付）。
(311)三菱地所株式会社社史編纂室編・刊『丸の内百年のあゆみ』（一九九三年）三六二～三六四頁。
(312)前註310「丸ビルの地方物産陳列所（一）」。
(313)「丸ビル地方物産陳列所出品規程」（徳島県物産販売斡旋所、一九三六年）二五～二八頁。
(314)「常置出品」（『業務成績』昭和一六年度、奈良県立商工館、一九四二年）九頁。
(315)高嶋雅明「輸出貿易政策と海外商品見本陳列所」（『経済理論』第二一八号、和歌山大学経済学部、一九七八年）二四～四七頁。
(316)南城子「商品陳列館の完整に就て」（『新台湾』大正九年九月一〇日号、一九一七年）一四～一六頁、崎秀眞「総督府博物館の思出」（台湾総督府博物館編『創立三十年記念文集』、台湾博物館協会、一九三九年）三七七～三七九頁、『台湾写真帖』（台湾総督府総督官房文書課、一九〇八年）八頁。
(317)前註316「総督府博物館の思出」、三七三頁および「商品陳列館」（『台湾事情』昭和一三年版、台湾総統府、一九三八年）五三八～五三九頁。
(318)前註316『創立三十年記念文集』、三頁。
(319)前註316「商品陳列館の完整に就て」。
(320)前註316『創立三十年記念文集』、七頁。
(321)前註317「商品陳列館」、五三八頁。
(322)『台湾勧業共進会協賛会報告書』（一九一六年）一四七頁。
(323)「成功せる台湾共進会(下)」（『時事新報』一九一六年五月四日付）。
(324)『台湾事情』（台湾総督府、一九二〇年）四一一頁。
(325)前註316「商品陳列館の完整に就て」、一五頁。
(326)『朝鮮総督府商品陳列館案内』（一九二五年）、小ケ倉喜平「民衆化を実現せる商工奨励館」（『朝鮮と建築』第八輯一一号、朝鮮建築会、一九二九年、二～四頁）、『朝鮮の物産』（朝鮮総督府商品陳列館、一九二八年）韓国国立中央図書館所蔵、『朝鮮総督府商工奨励館報』創刊号（朝鮮商品調査研究会、一九三四年）同前所蔵、『要覧』昭和一三年度（朝鮮総督府商工奨励館、一九四〇年）。

（327）朝鮮半島における陳列所の事業目的は、「一、広ク朝鮮物産ヲ網羅シテ朝鮮ノ産業状況ヲ紹介スルコト 二、朝鮮ノ産業振興上参考トナルヘキ内地又ハ外国商品ヲ募集陳列スルコト（後略）」（前註326『朝鮮総督府商品陳列館案内』、一頁）や、「道産品の宣伝、販路拡張に努とめ、（中略）一般当業者の自覚、発奮、消費者の常識涵養に資」すること（達捨蔵『慶北大鑑』（一九三六年）一四二頁参照。これは慶尚北道商品陳列館の事業目的である）であった。

（328）『韓国施政年報』第二次（統監府、一九一〇年）一一四頁。

（329）朝鮮総督府『施政三十年史』（一九四〇年）五一頁。

（330）前註326『朝鮮総督府商品陳列館案内』。

（331）前註326「民衆化を実現せる商工奨励館」、二～四頁。

（332）「京城市区改正永楽町自黄金町至商品陳列館前路線選定」（一九二一年）大韓民国国家記録院所蔵［CJA0012926-6］。

（333）『京城府史』第二巻（一九三六年）二八六頁。

（334）前註326「民衆化を実現せる商工奨励館」、二～三頁。

（335）「京城商業会議所施設事項認可ニ関スル件」（一九二六年一〇月一九日起案）大韓民国国家記録院所蔵［CJA0011580-20-1］。

（336）「京城商品陳列館の設計」（『朝鮮と建築』第七輯一一号、朝鮮建築会、一九二八年）八二頁。

（337）同右。

（338）江島清「京城商工奨励館新築工事概要」（『朝鮮と建築』第八輯一一号、朝鮮建築会、一九二九年）七～九頁。

（339）「南大門商品陳列館地鎮祭」（『朝鮮と建築』第八輯一号、朝鮮建築会、一九二九年）四二頁。

（340）「朝鮮総統府商品陳列館工事概要」（『朝鮮と建築』第八輯二号、朝鮮建築会、一九二九年）巻末。

（341）前註326「民衆化を実現せる商工奨励館」、二～四頁。商工奨励館の移転経緯ならびに建築の様態については、同史料による。

(342) 前註326『朝鮮商工奨励館報』創刊号、二頁。

(343) 『哈爾濱商品陳列館十年誌』（一九二七年）。

(344) 満洲事情案内所編・刊『まんしう事情』（一九二六年）一二頁。一九三四年末の国勢調査における哈爾濱特別市の人口。この時、新京特別市は人口約一四万六千人。

(345) 日露協会については、以下が詳しい。富田武「後藤新平と日露協会」（『戦間期の日ソ関係：一九一七―一九三七』（岩波書店、二〇一〇年）二〇三～二五二頁。

(346) 「農商務省指令商第七八三〇号」（前註343『哈爾濱商品陳列館十年誌』、六～七頁）。

(347) 前註343『哈爾濱商品陳列館十年誌』、三三～三四頁。館員宿舎の新築工事費内訳に「畳公館及新畳費」が計上されており、日本式の生活を送ることができるよう整えられたことがわかる。

(348) 「職員服務規則」（前註343『哈爾濱商品陳列館十年誌』、三一～三三頁）。

(349) 田中重光『大日本帝国の領事館建築』（相模書房、二〇〇七年）。

(350) 前註315「輸出貿易政策と海外商品見本陳列所」。

(351) 同右。また、奈良県立図書情報館には「物産陳列所一件」（一九〇六年）として鉄嶺商品陳列所が開所するにあたって陳列品募集を求める文書が残っている。そこには「鉄嶺軍政所付属商品陳列館」と表記されている。同所は細かく仕切られた陳列室を区画ごとに賃料（区画の大きさにより異なる）をとって貸し出すものであった。

(352) 『南洋協会々報』第四巻三号～第五巻四号（一九一九～二〇年）、『南洋協会二十年史』（一九三五年）。設立当初の様態については、『南洋協会二十年史』（四六～五〇頁）に掲載される井上雅二会長の報告による。

(353) 南洋協会についての記述は前註348『南洋協会々報』各号および『南洋協会二十年史』による。

(354) 前註352『南洋協会二十年史』、四六頁。

(355) 商品陳列所として使用される前後の写真が、以下の本に並べて掲載されている。Gretchen Liu Ed. *Singapore Historical Postcards: From the National Archives Collection*, Times Edition, 1986 (Reprinted 1988), Singapore, p.12.

(356) 前註352『南洋協会二十年史』、四六頁。

(357)『南洋協会々報』第四巻六号（一九一九年）七八頁、および同前、第四巻一二号（一九一九年）三三頁。

(358)『南洋協会々報』第七巻一号（一九二一年）八〇～八八頁。

(359)『南洋協会々報』第一六巻六号（一九三〇年）巻頭。

第六章　社会教育施設としての〈陳列所〉——山口貴雄による運営とその建築

はじめに

今日まで日本の博物館の中心的存在であり続ける日本博物館協会は、一九二八年（昭和三）に博物館事業促進会として設立された。その設立の翌年、一九二九年発行の同会機関誌『博物館研究』に「商業博物館問題」と題する記事が掲載された。記事は海外における商業博物館を紹介したあと、その概要を記す。さらに、同記事は国内各地に設置されていた〈陳列所〉について次のように続ける。

本邦には商品陳列所、物産館等の名称の下に、全国に亘って四十有余の商業博物館類似のものを有して居るが、其の多くは地方に産出する商品見本を陳列即売する勧工場のやうな観を呈して居て、教育機関としての博物館又は真の意味に於ける商業博物館の働きをして居るものは甚だ少ないやうである。(1)

一方で、これに続けて掲載された記事「大阪貿易奨励館計画」は次のように伝える。

本邦の商業博物館には、大阪府立商品陳列所を初め、其の他にも商業博物館として立派に其の職能を行い、盛に活動して居るものがないではないが。(2)

国内各地に存在する商業博物館に類似するものとして紹介された〈陳列所〉だが、「商品見本を陳列即売する勧工場のやう」なものから「教育機関としての博物館又は真の意味に於ける商業博物館の働きをして居るもの」まで、その評価は大きな幅を持つものであった。そして、前者がほとんどであり、後者はわずかだという。ふたつめの記事によると、後者のひとつは大阪府立商品陳列所である。

遡ると、この記事の前年、創刊間もない『博物館研究』に、各種博物館の概況報告と並んでふたつの商品陳列機関の活動が紹介されていることを確認できる。(3)そのひとつは、前述の大阪府立商品陳列所で、もうひとつは愛知県商品陳列館である。『博物館研究』は「内外国に於ける博物館最新の施設を紹介」することを目的としており(4)、この扱いからして、上記二件は、立派に職能を果たしている僅少の商業博物館として、博物館(5)界で認知されていたと判断してもよいだろう。

大阪と愛知のふたつの〈陳列所〉を特別なものとして評価したのは博物館界だけではない。少し時代を遡るが、一九一七年（大正六）に大阪府立商品陳列所の所長が、当時の〈陳列所〉をめぐる状況について次のように述べている。

　而して全国四十余箇所の陳列機関中その規模組織において勝れたる商品陳列所は、農商務省商品陳列所（ママ）及び愛知県並に大阪府立の三陳列所に過ぎず。就中大阪商品陳列所は上記三陳列所中最も雄たるものなり。(6)

ここでも大阪と愛知の〈陳列所〉は名指しで取り上げられ、〈陳列所〉行政の中央機関ともいえる農商務省商品陳列館と並んで優れた所として評価されている。大阪を特別に評価した点には話し手による多少の誇張が含まれているかもしれないが、先の博物館界における評価を鑑みると、これらの〈陳列所〉は、明らかにその他とは異なる存在であったといえる。大阪と愛知、奇しくもこのふたつの〈陳列所〉は同一人物によってその基礎が築かれた所である。その人物こそ、先の発言主であり本章が取り上げる山口貴雄（一八六五〜一九三八）である（図1）。

図1　山口貴雄

山口貴雄は農商務省商品陳列館に関与した後、愛知県商品陳列館と大阪府立商品陳列所のそれぞれで館長・所長として組織計画に携わり、運営した。つまり先の引用における評価は、自画自賛の評価でもあったわけである。しかし、それは冒頭で紹介した『博物館研究』の記事にみたように、決して独りよがりな評価ではなかった。

それではなぜ山口貴雄の関与した〈陳列所〉だけが博物館界で高く評価されたのか。それは山口の〈陳列所〉運営に、博物館界が評価する独自の特徴があったからにほかならない。山口が関与した〈陳列所〉には、単に地域的な理由にとどまらない明らかな個性を有している。それは博物館界において「商業博物館」として評価されたものであり、〈陳列所〉が到達したひとつのあり方を示すものだといえるだろう。本章では、この山口の〈陳列所〉運営の特質を明らかにすることを課題とする。

ここまでに概説したように、山口貴雄は〈陳列所〉はもちろん博物館に深く関わる人物であるが、その来歴や事蹟は、これまでほとんど取り上げられてこなかった。先行研究において山口について触れるものがあるが、それらは山口の事績を主題とするものではなく、その活動の全体像は明らかにされていない[7]。そこで本章では、まず山口貴雄の経歴と人物像を明らかにすることから始めたい。これは、山口が〈陳列所〉において貿易振興を掲げつつも、自覚的に社会教育[8]機関としての性格を強調した背景に、山口の経歴が大きく影響しているためでもある。以下では、これまで用いられてこなかった一次史料に基づいて、山口の言説と関係する〈陳列所〉の刊行物などを通して、山口の生涯とその〈陳列所〉運営の特質を考察する。

一　近代工業教育の成果としての山口貴雄

(1) 山口貴雄の経歴

はじめに山口貴雄の経歴を概観する。「貴雄」という名は家督を継いだ一九〇六年（明治三九）頃に改められたもので、幼名は「直三郎」、後に「務」と名乗った[9]。雅号は「翠羽」。山口は改名した時点で年齢が四〇代に達しており、すでに農商務省の技師として広く活動を行っていたため「山口務」の名で記録に残る業績も多い。ただし、山口が〈陳列所〉に本格的に関与するのは改名後のことであり、〈陳列所〉に関する業績のほとんどは「山口貴雄」の名で記録に残っている。したがって、本書では統一して「貴雄」の名を用いることとしたい。

山口は、一八六五年（慶応元）三月五日、仙台藩士山口貴眞の長男として生まれた[10]。幼少期を仙台で過ごし、宮城中学校で学ぶ[11]。在学中の記録から、山口は一八七八年（明治一一）九月に入学し、途中で課程の変更を経験したものの四年間で終え、一八八二年（明治一五）七月に卒業したと考えられる[12]（以下、表1参照）。

宮城中学校は、官立の宮城外国語学校の流れを汲む県立学校で、その設立以来、英語に重点を置いた教育がなされていた。特に山口が学んだ英語中学科では普通学科のほとんどの授業が英語で行われた[13]。宮城中学校はその教育環境ゆえ、英語教育者を中心に指導者的立場で活躍する人材を各方面に輩出している。明治・大正期を代表する英語学者として著名な齋藤秀三郎（一八七四年入学）がその好例である[14]。このような中にあって、山口は定期試験において首席として表彰されたこともあり[15]、山口は中学校を卒業する時点でそれなりの英語能力を修得していたと想像できる。この素養は、後の国際的な活動に活かされる。

なお、山口が幼い頃、山口家邸内には当時宮城外国語学校校長であった下斗米精三が仮寓していた[16]。下斗米精三は相馬大作事件で知られる下斗米秀之進と共通の祖先を持つ南部藩士下斗米家の当主で、原敬とも遠縁の関係にあたる人物である。横浜で英学を修め、南部藩の貢進生として大学南校に通い、さらに慶應義塾などで学んだ。東京で研鑽を積んだ後、明治政府が設置した外国語学校のひとつである宮城外国語学校の校長として、下斗米は一八七四年（明治七）一一月に仙台へ赴任する。山口が宮城中学校へ入学した背景には、同居する下斗米の影響があったと想像できる。山口と下斗米との師弟関係は晩年まで続き、山口を兄のように慕っていた相馬半治（明治製糖・明治製菓の創業者）と下斗米家の婚姻を山口が取り持つなど、極めて親しい関係にあった(17)。

宮城中学校を卒業した後、山口は設立されたばかりの東京職工学校（東京工業大学の前身）へ入学する(18)。東京職工学校は、手島精一らが育んできた工業教育論を実現する場として、文部省によって一八八一年（明治一四）五月に設立された。近世的な徒弟制度を改めて、近代的な工業教育を目指し、各地に設置する予定であった職工学校の師範や製造所長となる人材を養成することを目的とした(19)。

表1　山口貴雄年譜

年	月日	年齢	事項
一八六五（慶元）	三月五日	1	仙台藩士山口貴眞の長男に生まれる。幼名は直三郎。のち務に改名。
一八七八（明一一）	九月頃	14	この頃から宮城英語学校（のち宮城中学校に改組）で学ぶ。
一八八二（明一五）	一一月	18	東京職工学校に第一期生最年少として入学。平賀義美の下で染織を学ぶ。
一八八五（明一八）		21	平賀義美と共に染色改良指導のため山梨・都留を訪問。
一八八六（明一九）	七月	22	東京職工学校化学工芸科を第一期生として卒業。
	八月三〇日		農商務省に入省。技手（八等）。平賀義美のいる工務局に所属し、全国各地の染織指導に従事する。

一八九二（明二五）	一二月	28	農商務省工務局にて、シカゴ万国博覧会への出品資料である『日本商工業要覧』（英文）の編纂を担当（和文原本は一八九三年に文栄堂より出版）。
一八九三（明二六）		29	シカゴ万国博覧会の後処理のため渡米。フィラデルフィア・コマーシャル・ミュージアム館長に面会し、ミュージアムに関心を抱く。
一八九五（明二八）	四月 一二月三日	31	第四回内国勧業博覧会にて審査官を務める。 農商務省技師となる。 大日本織物協会の一〇周年に際し紀功賞を受ける。
一八九六（明二九）	六月八日 六月一五日	32	農商務省商工局工務課長を命じられる。 東京工業学校教授を兼務する（一八九八年頃まで）。
一八九七（明三〇）		33	大日本織物協会の評議員を務める。
一八九八（明三一）	一月二一日 六月二九日	34	農商務省非職を命じられる。日本織物会社桐生工場の指導に従事。 農商務省工務局に復職（一一月一日官制変更により商工局勤務となる）。
一九〇〇（明三三）	三月二四日 六月一八日	36	欧州出張を命じられる。染織学研究のため渡欧、機業地を中心に八ヶ国を巡る（五月出国～翌年一月帰国）。 工業試験所技師の兼務を命じられる。
一九〇一（明三四）	八月	37	欧州巡回中に蒐集した資料を基に『欧米染織鑑』（登阪秀興と共著、実用出版）を著す。
一九〇二（明三五）	七月二五日	38	染織機械購入のため欧米出張を命じられる。
一九〇三（明三六）	一月一二日 一二月一四日	39	第五回内国勧業博覧会審査官を命じられる（第六部：染織工業・第一〇部：美術及美術工芸）。第六部では部長代理を務め、報告書をまとめる。 第五回内国勧業博覧会での功績により、藍授褒章を受ける。
一九〇四（明三七）	一一月一八日 一二月二七日	40	英領インド出張を命じられる。 勲六等瑞宝章を受ける。

一九〇五（明三八）	九月二四日	41	関東州民政署兼務を命じられる（一九〇六年一月三一日まで）。この頃より農商務省商品陳列館技師を兼務。
一九〇六（明三九）	一月頃 三月	42	家督を相続する。この頃、名を貴雄に改める。 蔵前工業会の初代幹事長のひとりとなる。
一九〇八（明四一）		44	大日本織物協会の理事となる。
一九〇九（明四二）	七月三一日	45	農商務省を辞す。
一九一〇（明四三）	五月	46	愛知県商品陳列館館長に就任。同年、同館が開館。
一九一四（大三）		50	名古屋貿易協会常務幹事、名古屋商工倶楽部の発起人となる。
一九一六（大五）	一一月三〇日 一二月二日	52	愛知県商品陳列館長を辞任。 大阪府立商品陳列所所長に就任。同所は翌年開所。
一九一七（大六）		53	財団法人平賀義美実業奨励会の理事となる。
一九二〇（大九）	三月	56	商工中心会が設立され、初代会長となる。
一九二一（大一〇）		57	商工中心会の顧問となる。
一九二五（大一四）		61	社団法人大日本織物協会の評議員となる。商工中心会が中等工業学校用教科書の発行を決定。
一九二六（大一五）（昭元）	三月 九月	62	商工中心会が最初の教科書（七種八冊）を発行。 外務省主催の第一回貿易会議に召喚され帝国貿易院の設置を提案。この頃、「大阪貿易奨励館」計画を考案。
一九二七（昭二）	八月	63	病気を理由に大阪府立商品陳列所所長を辞任。 工業教育研究会代表として商工中心会教科書部との事業統合を行い、工業教育研究会商工中心会共同編纂所（工業教育振興会の前身）の所長となる。事務所を東京の転居先へ移す。

一九二八（昭三）	三月 八月	64	博物館事業促進会が設立され、評議員となる。 新居へ移る。共同編纂所事務所も新居構内へ移転。
一九二九（昭四）	二月	65	「大阪貿易奨励館計画」が『博物館研究』で紹介される。
一九三〇（昭五）	三月	66	工業教育振興会（全国工業高等学校長協会の前身）が設立され、初代会長となる。
一九三五（昭一〇）		71	白洋舎の洗濯資料館館長となる。 『織物』（斉藤俊吉・大山清一郎と共著、日本評論社）を著す。
一九三八（昭一三）	一二月二日	74	東京の自宅にて永眠。

※註10他、本章で使用した諸史料を基に作成。年齢は数え年とした。

一八八二年（明治一五）一一月に東京職工学校第一期生として六〇名が入学する。山口はそのなかの最年少だった[20]。職工学校の目的や意義を正しく理解していた者が多くないなか、山口は実業界への志を強く抱いて入学を決意したという。ここの化学工芸科で山口は染色を学び、同科を管掌する平賀義美から実習を重んじた教育を受ける。山口は一八八六年七月に卒業し、東京職工学校の第一期卒業生二四名のひとりとなった[21]。

農商務省入省後の山口の活動については次項以下で詳述するが、簡単にその後半生を記しておきたい。国内の染織改良に従事する傍ら、臨時博覧会事務局の一員として海外の万国博覧会にも度々参加したため、山口は世界の染織事情にも精通していく。一九〇〇年（明治三三）五月にはパリ万国博覧会の開催を機に欧州へ渡り、染織学研究のため各国を巡って最先端の技術との流行を調査している[22]。

一八九六年（明治二九）からの数年間は母校の後身である東京工業学校教授も兼任し、一時期は民間企業で染織の指導に当たったこともある[23]。一八九六年には、ドライクリーニングの導入に試行錯誤していた五十嵐健治（白洋舎創業者）に、かつて自らが欧米で調査した内容を教授し、その実現を支援した[24]。このように工業化学の分野も活動の場としており、一八九八年（明治三一）には工業化学会（現・日本化学会の前身のひとつ）の発起人に名を連ねている[25]。

こうして培われた染織に対する広い見識によって、山口は多くの博覧会・共進会において審査官を務めた。山口が審査官を務めた博覧会・共進会は、国家事業である内国勧業博覧会から地方実業団体の品評会まで、大小官民を問わずあらゆる場に及ぶ。その最たるものは一九〇三年（明治三六）の第五回内国勧業博覧会で、同会においては第六部（染織工業）と第一〇部（美術及美術工芸）の審査官を務めた[26]。特に専門に関わる第六部では、部長であった平賀義美に次ぐ部長代理の役を務め、実務の中心的役割を担った[27]。山口は農商務省の産業政策の最前線で、市井の技術者や実業家と直に接していた。時には審査官という立場であったが、同じ技術者のひとりとして、常に新しい技術や知識を実業界の現場で指導したのである。

その後、一九〇五年（明治三八）頃より、農商務省内に設置された農商務省商品陳列館に兼任の技師として関与するようになる。農商務省を辞すと愛知県商品陳列館の館長となり、続いて大阪府立商品陳列所の所長を務めた。一九二七年（昭和二）に大阪府立商品陳列所を退職した後は東京に居を移した。この間も、農商務省が主催する各種の共進界会や展覧会などで審査員を務めており、一九二六年（大正一五）の第一三回工芸展覧会では、美術・工芸・建築などの重鎮に並んで審査員を務めた（図2）。

大阪府立商品陳列所を辞した後は工業教育の振興に傾注して工業教育振興会（現・全国工業高等学校長協会）を設立し、中等工業学校用の教科書出版事業を進めた。一九二八年（昭和三）には、設立されたばかりの博物館事業促進会の評議員を務めた[28]。その後山口は、白洋舎の洗濯資料館館長への就任[29]や、明治以降の織物産業を概観した著書[30]の執筆などを通して染織に関わり続け、一九三八年（昭和一三）一二月に東京の自宅で永眠した[31]。

ちなみに、劇評家・推理小説家・随筆家などとして知られる戸板康二は、山口の孫にあたる（山口の三男・三郎の二男）。戸板は祖父・山口を思い出して詠んだという俳句とともに、山口が晩年に東京で仮寓した家での想い出を綴っている。(32)戸板によると、山口は原石鼎の主催する『鹿火屋』を愛読し、自身も俳句を嗜んでいたそうである。

図２　第13回工芸展覧会審査員
後列右から４人目が山口貴雄。松岡壽・塚本靖・武田五一・畑正則・正木直彦・植田豊橘・霜鳥正三郎など、当時の美術・工芸・建築界の権威が顔を揃えている。

（2）農商務省技手・技師としての染織改良活動

東京職工学校を卒業した山口は、同校で教鞭を振るう傍ら農商務省嘱託として全国の染色改良に奔走していた平賀義美に誘われ農商務省に入る。農商務省時代を通して、山口は主に工務局（のち組織改編により商工局）の技手・技師として、地方産業の振興、特に染色の技術改良に尽力する。甲斐絹をはじめ、鶴岡や福井の羽二重などの染色改良を指導する一方、藍など染料の調査研究も行った。

①地方染織業の改良指導

山口の農商務省での最初の仕事は、染織改良とその技術指導であった。入省してすぐ、山口は山梨県の北都留郡に設置された北都留郡立色染所の教頭として赴任し、甲斐絹糸染法の指導にあたった。(33)色染所では植物染料や化学染料の使用法から、染法や精錬法の改良までを山口が指導した。(34)講習生のうち数名が色染速成生徒として養成され、さらに東京職工学校内染業場に派遣されてより専門的な伝習を受け、帰郷後は色染所で染色改良に従事したという。山口のこうした仕事ぶりは、工業学校や製造所の指導者となる人材育成を目指した東京職工学校の期待通りの活躍であったといえるだろう。

その後も、農商務省時代を通じて山口は全国各地に出向き、染織の技術はもちろん、それぞれの土地の現状を視察した上でその目指すべき方向を提示し、市場動向を踏まえた生産を指導した。とりわけ、輸出の主力製品となりつつあった絹織物（特に羽二重）の指導には力を入れており、北陸・甲信越・東北の主要産地を巡回して実地で指導にあたっている(35)。たとえば新潟県の栃尾町では機業改良に努める。山口の指導が当地の染織界に与えた影響は大きく、栃尾の人々は山口の再訪を数十発の花火で迎え、謝意を表した銀杯を山口に贈る計画を立てたほどである(36)。

染織の技術指導を行う一方で、山口は製造試験を伴う原料調査にも携わっている。その詳細が判明するひとつに、一八九三年（明治二六）に行われた沖縄・鹿児島の両県における青藍製造についての調査報告がある(37)。これは両県に派遣された山口が、現地の山藍が青藺の製造に適しているかどうかを製造法ごとに試験し、分析・報告したものである。分析は原料としての適性はもちろん、その経済性にまで及び、地域に対して山藍の栽培を通して染料の増産を呼びかけ、輸入原料への対策まで講じている。こうした実績から、山口はやがて農商務省工業試験所の技師を務めるようになる。

②博覧会・共進会における出品審査

材料、技術、そして市場動向に至るまで、広範にわたる山口の知識は、多くの物品が集まる博覧会・共進会の場でも必要とされた。万国博覧会や内国勧業博覧会などの大イベントはもちろん、農商務省から派遣される形で地方の連合共進会や業界団体の展覧会にも山口は出品の審査官として名を連ねている(38)。もちろん、最初は多くの審査員のなかのひとりに過ぎなかったが、やがて審査長を務めるようになり、一九〇三年（明治三六）の第五回内国勧業博覧会では、染織部門長である平賀義美の下で部門を総括するまでになった(39)。

山口の審査官としての姿勢をうかがい知ることのできるものとして、第四回内国勧業博覧会（一八九五年）の審査官選任についての提言がある。(40) その主張を要約すると、審査官は主に実業者の中からも選ぶこと（ここでいう実業者とは実務者のこと）、全国各地の生産地から審査官を選出して地域間の偏りをなくすこと、の二点である。この提言は過去の審査官選任を踏まえたものである。山口は第一・二回内国勧業博覧会（一九〇三年）における染織部門の審査官が種々なる思惑により官吏のみで構成されていたことを非難し、実業者も選任された第三回の方法を山口は支持する。さらに全国の実態を考慮するため、審査官を選出すべき地域と人数のリストを作成して世に問いかけた。これには特定の地域だけではなく、全国から審査官を集めることで平等性を一層高め、全国に勧奨の主旨を理解させようという意図が込められていた。この主張は、自らの足で全国を回り、染織業界の実態を目の当たりにしてきた若い技術官だからこそのものといえるだろう。この他にも、博覧会における織物展示場の設備向上を提言するなど、(41) 博覧会・共進会を通して染織界全体の発展を目指して声をあげた。

③業界団体での活動：大日本織物協会

農商務省の技術官として行政側から染織業の指導にあたる傍ら、山口は業界団体である大日本織物協会においても指導的立場から献身的に染織業界の進展に尽力した。

大日本織物協会（以下、織物協会と記す）は、「織物及び之に関する諸般の実業者、学士并に篤志者協同一致して互に見聞を広め知識を磨き以て本業の改良進歩を図る」(42) ことを主旨とする実業団体で、一八八五年（明治一八）四月に東京で開かれた繭糸織物陶漆器共進会を機に設立された。織物協会設立時の重役には、同共進会の役員がそのまま就いたが、実務の中心は織物部門で審査官を務めた山岡次郎や平賀義美などの染織技術者達が担った。山岡と平賀は東京職工学校の黎明期を支えた人物であり、当時は両者共に農商務省御用係を務めていた。

山口が農商務省に入るのは協会設立の翌年である。山岡と平賀に近しい関係にある山口は、この頃から織物協会とも関係を持つようになったと考えられる。それを物語るように、一八八六年に発行された機関誌『大日本織物協会会報』の創刊号には、学生時代の山口が平賀と視察し、入省後最初の仕事として携わることになる、山梨県の都留に染織模範工場を設置する計画が報じられている。

協会は業界の進展を図り、品評会や集談会の開催など様々な事業を行った。その事業のうち、最重要に位置づけられたのが、通信教育ともいえる質疑応答体制の構築であった。それは次に記すようなものである。織物協会は会員の中から染織各分野の有識者を予め選出して調査員とし、各地の会員から染織に関する質問が寄せられると、その内容に応じて調査員が精密に調査をした上でそれに応答する。会員であれば誰でも質問する権利があり、製糸・組織・染晒・意匠・整理・器械の六部門に分けて受け付けられた。織物協会は、専門知識を持つ技術者・実業者が未だ十分にいない時期を、通信という手段で補おうとしたのである。

織物協会は機関誌『大日本織物協会会報』（以下『会報』と記す。図3）を通じて、染織知識の普及にも努めた。『会報』には染織業界のニュース（東京職工学校染工科の卒業式の様子や試験問題まで掲載された）や会員の論考が掲載される。その最大の特徴は、実物の染織標本が添付され、その解説が毎号掲載されたことだろう。この『会報』は当時の染織業界における唯一の報道機関であったという。なお、織物協会の創立一〇周年にあたる一八九五年に『会報』は一〇〇号に達した。図3の右は巻頭に添付された染織物の実物標本である。第一〇〇号には山口による川俣の絹業視察報告も掲載されている。

明治染織界の添削指導員ともいえる調査員を務めたのは、平賀や山岡といった農商務省の技術者、東京職工学校の卒業生で山口の後輩である秋山廣太など、当時の染色界を牽引する者たちであった。その中にあって、協会黎明期から調査員として貢献したのが山口であった。織物協会はその功を労い、協会一〇周年に際しては「本会調査員トシテ力ヲ本会ニ尽サレ、数々有益ノ論説ヲ寄セラレ其会員ヲ稗益スル尠少ナラズ」(43)として山口に紀功賞

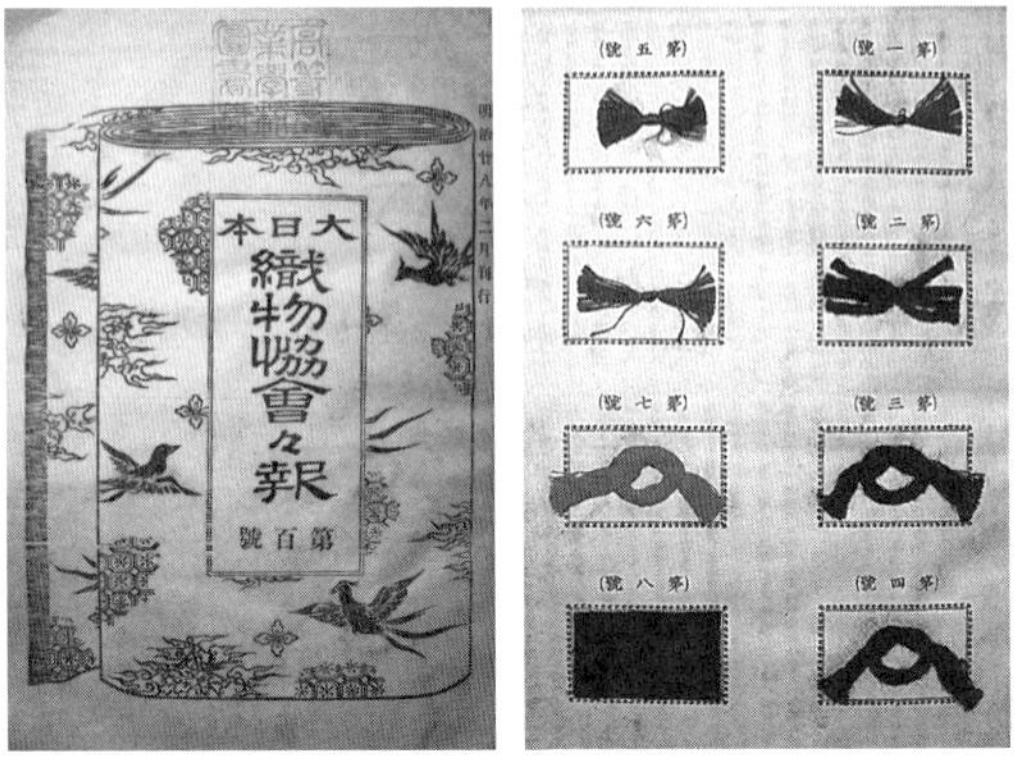

図3　『大日本織物協会会報』第100号
右は染糸の実物見本が貼り付けられた頁。

を贈っている。この時褒賞を受けた一三名のうち、調査員としては山口を含め二名のみである。調査員としての山口の貢献の度合いがうかがえよう。

その後、山口は運営面においても織物協会での存在感を増していく。一八八九年には評議員となり、やがて理事となった。理事として庶務係長や協会機関誌の編集係長も務めている。山口が農商務省を辞し東京を離れた後はしばらく役員も辞したが、晩年には再び評議員として協会を支えた。

④海外染織業の視察と『欧米染織鑑』の編纂

明治も半ばになると、政府は世界との貿易競争をより切実な課題とした。農商務省も例に漏れず海外情報の蒐集を強化し、山口も諸外国へ度々出張するようになる。その行き先は、ヨーロッパ諸国（一九〇〇年）、アメリカ（〇二年）、インド（〇四年）、満州（〇五年）、など様々であった。一九〇二年のアメリカ渡航の目的は模範工場に貸し下げる機械の購入であり、その他は現地の染織業視察である。それらは公務としての渡航であったが、山口は視察先から協会へも報告を送り[44]、帰国後は視察内容について講演した。

パリ万国博覧会の視察を主務とした一九〇〇年（明治三三）の欧州諸国巡回は、山口の生涯を振り返る上で重要な意味を持つものである。五月から翌年一月までの約八ヶ月間の外遊であったが、このうちの約四ヶ月を移動に消費したというから、実質は約四ヶ月間の欧州滞在である[45]。横浜を解纜した山口は、六月中旬にマルセイユへ到着し、すぐにリヨンへ向かった。リヨンでは、農商務省海外実習生としてすでに渡仏していた登坂秀興と会い、しばらく行動を共にしている。山口は欧州滞在中にフランス、スイス、イタリア、ドイツ、オーストリア、ベルギー、オランダ、イギリスを歴訪し、染織業の盛んな都市を中心に精力的に視察して回った。その正確な任務内容は明らかではないが、万国博覧会を含めた欧州における最新の染織業の視察とその研究にあったといえるだろう。この頃、欧米で急速に進んだ絹織物の低価格化は、絹の大衆化による新需要を生み、日本の羽二重などの輸出市場としてその状況を見極めることは、日本の織物界の最重要課題のひとつであった。なお、その前年に山口はパリ万国博覧会の審査官として出品審査に従事している。

一九〇〇年の欧州周遊から戻ると、山口は織物標本帳の編纂に取り組んだ。公務としての視察の傍ら、山口は旅費を節約して、後学のために様々な布片を収集し、日本に持ち帰っていた。それは欧米に流通する最新の織物生地であり、貴重な資料であった。それを標本帖として編纂して出版することを勧められ、さっそく山口は取りかかる。この著書の編纂こそが、先の欧州巡回を重要視するひとつの所以である。

山口ともうひとりの著者である登阪が収集した布片から制作されたこの本は、『欧米染織鑑』（図4）と題された。同書は山口の帰国から七ヶ月後の一九〇一年（明治三四）八月に実用社から出版されているが、山口らの自序は三月に記されており、帰国後二ヶ月の間に編集作業が行われたと考えられる。流行の影響を受けやすい織物の標本帖だからこその素早い対応であろう。

発行元である実用社は、一九〇〇年に創業した東京の出版社で、当初より月刊誌『染工之友』（のち『染織之友』に改題）を発行するなど染織業界に親しい存在であった。『染織之友』は後に大日本織物協会の『会報』と合併し『織物時報』となる。『染工之友』には、『会報』と同様に染糸の実物が標本として貼り付けられ、さらには広告にも同様に標本が付く「標本広告」も掲載された。実用社の賛助員には、山口や登阪はもちろん、多くの協会員が名を連ねており、実用社と協会は極めて親密な関係にあった。

山口は『染工之友』の編集にも深く関与していた。第一号（一九〇〇年四月三日発行）の表紙意匠は山口の考案を基に、図案家の井出馬太郎・島田佳矣・河辺正夫が調整したものである（図5）。同号では間近に迫った山口の欧州出張が記事中や特別社告として繰り返し報じられ、「公暇アレバ本社ノ為メニ仏国大博覧会ノ模様ハ勿論欧州各国染織工業ノ情況等一々通信セラルルコトヲ欣諾セヲレタレバ、本誌ニ一段ノ活気ヲ与ラルベキハ予メ読者ニ報告スルヲ躊躇セザル所ナリトス。読者諸君請フ刮目シテ待テヨ」と、山口からの報告に大きな期待が寄せられた(46)。なお、実用社は山口が当時住んだ家と同じ町内（東京府芝区神谷町）にあり、ここからも両者に頻繁な連絡があったことが想像される。こうした背景から誕生したのが『欧米染織鑑』であり、これは実用社が出版

図4 『欧米染織鑑』
右は標本頁。布片が貼付けられ、1点ずつ解説が付されている。

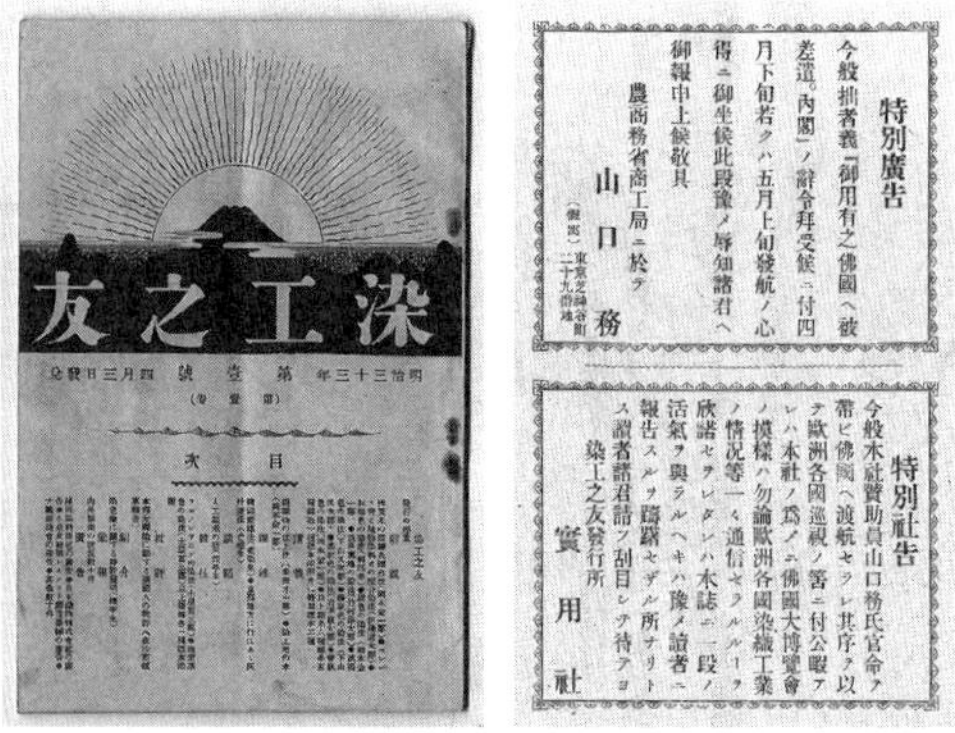

特別廣告

今般拙者義『御用有之佛國へ被差遣。内閣』ノ辭令拜受候ニ付四月下旬若クハ五月上旬發航ノ心得ニ御坐候此段豫メ辱知諸君へ御報申上候敬具

農商務省商工局ニ於テ
山口務
（假寓）東京芝神谷町二十九番地

特別社告

今般本社贊助員山口務氏官命ヲ帶ビ佛國へ渡航セラレ其序ヲ以テ歐洲各國巡視ノ筈ニ付公暇アレハ本社ノ爲メニ佛國大博覧會ノ模様ハ勿論歐洲各國染織工業ノ情況等一々通信セラルルコトヲ欣諾セラレタレハ本誌ニ一段ノ活氣ヲ與ラルヘキハ豫メ讀者ニ報告スルヲ躊躇セザル所ナリトス讀者諸君請フ刮目シテ待テヨ

染工之友發行所
實用社

図5 『染工之友』第1号
右は山口の欧米出張を知らせる特別広告。

した最初期の大型書籍であった。

『欧米染織鑑』には、欧米に流通する最新の織物生地が収録された。リヨンとチューリッヒを中心に、欧米六ヶ国で収集された一〇二種の布片が収録されている[47]。一頁ごとに実物の織物片が一点ずつ貼付され、その品名・産地・収集年月・幅・量目・卸値・小売値の情報に加えて、用途や流行を踏まえた解説が備考として列記された。従来の織物標本は華美艶麗なだけで効用はほとんどないとして、山口らは実用を第一に考えて収録生地の選択を行ったという。序文を記した平賀義美も、この態度を高く評価している。

世の中には、欧米で集めた新聞や雑誌の切り抜きを世間に紹介する「機敏なる洋行帰り」や、古書店で買い集めた各科の講義録に学びそれを著した名門大家らのような議論を繰り広げる「狡獪なるハイカラ」がいる──山口は『欧米染織鑑』の自序に、当時の染色界における教育普及の状況を揶揄してこのように記している[48]。彼らは書物など印刷物から得た情報に拠っている点で共通している。印刷物という二次的情報に頼って染織を語り、ましてや最新ではない情報を披露する彼らを、山口は快く思ってはいなかったのだろう。

それに対して、山口は実物による学習を重んじた。山口は実物教材として布片の価値を高く評価し、それは新聞雑誌類や講義録よりも優れた教材であると認識していた。百聞は一見に如かず、である。その意志の現れが、自序の文末に記された「（新聞類の切抜きや、古い講義録に比べて、布片が優れていないとするのならば──引用者註）余は夫の機敏なる洋行帰りと狡獪なるハイカラとに対して毅然たらんのみ」という態度であろう。だからこそ、山口は旅費を節約してまで布片を収集し、実業者の参考に資するためには喜んでそれを提供したのである。

これまで、農商務省時代における山口の活動を断片的にみてきたが、それらを通じて、山口は現場・現物を通して学ぶこと、そして染織界全体が進展することに重きを置いていたことがわかるだろう。技手・技師としての活動は、決して山口特有のものではなく、それは他の多勢の技術者にも同様に当てはまる。地方産業の近代化の影には、地元業者の努力は当然だが、各地に出向き実地で懸命に対応する彼らの活躍があった。それゆえ、山口の活動の特徴は『欧米染織鑑』の編纂や、協会での活動など、課外活動ともいえるものにこそはっきりと見出すことができるだろう。そこに覗く山口の社会教育的ともいえる教育観、そして実物主義・現場主義ともいえるその態度は、後の活動においても通底するものである。

（3）教育者としての平賀義美の系譜

技手・技師として国内外の染織事情に精通し、各地の染織改良に努めた山口は、その多様な経験と知識から〈陳列所〉に関与するようになる。山口の〈陳列所〉運営の特質は次節で詳述するが、〈陳列所〉での活動を通しても実物主義・現場主義といえる教育観を持ち続けた。こうした山口の教育観に強い影響を与えたのが、山口貴雄の生涯を通じての師といえる平賀義美（一八五七〜一九四三、図6）である。以下では、山口と平賀との関係を中心に、その活動への影響を探る(49)。

先に見たように、山口は一八八二年（明治一五）に東京職工学校に入学してから、一八九三年（明治二六）に平賀が農商務省を辞するまでの一二年間、平賀の活動を身近に見てきたことになる。特に平賀の誘いで入った農商務省では、平賀の職務における実動部隊として、全国を縦横無尽に駆け回った。平賀が省を辞してからも、博覧会などを通じて、染織界においては常に顔を合わせる間柄であった。なお、山口の大阪府立商品陳列所への赴任決意には、大阪に平賀がいたことが後押ししたという(50)。山口は着任の挨拶に平賀を訪ね、大阪で仕事をする上での助言を求めている。山口にとって、平賀はいつの時代も師と呼べる存在であった。

図6　平賀義美

その一方で、平賀も山口の実力を早くから評価していた。それは、数名いる同期生の中から山口を農商務省に迎え入れたことからもうかがえる。時を経てもその評価は変わらず、第五回内国勧業博覧会では平染織部門の審査部長を務めた平賀は、その部長代理として海外視察中であった山口をわざわざ呼び寄せている[51]。平賀は審査事務の実際を山口に任せ、自身は外部との交渉と全体の監督に努めたという。山口は染織部門の部長代理として平賀を支え、公式報告書の事務報告をまとめるなど、その期待に応えて平賀の右腕として活躍した。平賀は山口の著書『欧米染織鑑』に寄せた序文で山口の人柄に付いても触れている。そこでは、「官海にありて吏臭を帯びず」「一身の私を忘れて国家の公に資せんことを勉むる」と山口の人柄を評し、「其志誠に美質と謂ふべし」と讃えた[52]。

山口は学生時代から平賀家の常連であったというほどで、公私にわたって交流をもっていた。平賀を慕う門下の中にあって、仕事で常に近い立場にいたということもあってか、山口はその世話役といえる存在であった。それは、平賀を顕彰する場面での山口の役割からうかがい知れる。平賀の生前に著された伝記（秋山廣太『平賀義美先生』、丁酉倶楽部、一九二八年）の編纂のきっかけを作り草稿を取りまとめたのは、ほかならぬ山口である[53]。さらには、平賀の還暦祝として門下から送られた祝い金を基に設けられた財団法人平賀実業奨励会では、山口は初代理事のひとりとしてその運営に当たっている。ふたりの親密な関係は、互いの退職後も続いた。平賀とごく親しい者だけで開かれた喜寿祝賀会では、山口が会の世話人代表を務め、祝辞を述べていることからも、そのつながりの深さをうかがい知ることができる（図7）。

平賀義美の工業教育に関する事績としては、東京職工学校創設期における染織教育の他に、先見性に富む教育論の執筆、そして工業学校の設立への関与がとりわけ注目される。これらの活動からうかがえる特徴のひとつとして、学問（学理）と実技（実理）を併せた教育を挙げることができよう。それは手島精一らこの黎明期の工業

図7　平賀義美の喜寿祝賀会（1933年）
最前列右から３人目が平賀義美、最後列右から３人目が山口貴雄。

教育推進者たちが示した方針でもあったわけだが、平賀はそれを青年時代の留学中に実体験を通して理解していた。留学から帰国してすぐ、職工学校の実習工場をはじめ数多くの技術伝習所を設置し、その教育方法を実践する。

学理・実理を身に付ける方法として平賀が特に重要視したのは、実物を用いることであった。平賀は著書『日本工業教育論』（金港堂、一八八七年）において、工業は宗教や哲学とは違い「有形」のものであるため、その知識の教育には「必ズヤ実物ニ就キ其性質ヲ詳ニシ、其用法ヲ明ラメ、其効能ヲ知ラザル可カラズ」とし、実物に基づいて工業を学ぶことの意義を強調した(54)。それは工業教育における実物主義とも呼べる態度だといえるだろう。平賀はその実物による教育の場として、「工業品陳列場」という陳列施設の設置を主張する。その主張の背景には、「広ク工業社会一般ノ智識ヲ啓発誘掖」するという目的があった。実物による教育は学校教育だけではなく「一般ノ工業社会」をも対象としたのである。学校教育だけに収まらず、それ以上に社会教育的な姿勢を持ち合わせていた点こそ、平賀のもうひとつの特徴だといえる。

実物による社会教育的活動として思い出されるのは、『日本工業教育論』が刊行される二年前に創立された大日本織物協会の活動である。平賀は協会の創立に関わり、山口もその運営に関与した。そこでは、協会に所属する見識者（つまり平賀や山口などの学者・技術者）が調査員や審査員となり、実物見本の付いた『会報』の発行や展覧会の開催などを通して、染織業界の技術発展に取り組んだ。

このような平賀の染織業界における教育活動は、博覧会・共進会が土台となっている。明治期染織界を代表する学者・技術者であった平賀は、数多くの博覧会・共進会で審査員を務め、染織業界の最先端ともいう立場から、後進の指導にあたった。そして、その博覧会・共進会を含め、近代日本の産業全体を先導したのが、農商務省である。学校教育から実際の製作現場にまで、業界教育ともいえる広範な教育活動は、平賀が農商務省の技師であったことと切り離して考えることはできない。誤解を恐れずに言うならば、平賀の工業教育とは農商務省による工業教育であった。彼らは現在進行形で産業を直接指導する立場から、学校教育にも取り組んだのである。

山口の教育観は平賀の教育観と重なる部分が多い。平賀と同様に、山口も実物から学ぶことを重んじたし、染色業界全体の発展のため、全国を指導して回った。それは、農商務省や大日本織物協会での活動のように、同じ仕事に従事しているからそのように見えるというわけではない。山口が欧州視察を経て著した『欧米染織鑑』には、彼の実物主義の教育観が明確に示されており、平賀の工業教育に対する思想が確実に山口へと受け継がれていることが確認できる。そして何よりも重要なことは、平賀と山口が、農商務省と、その影響下にある〈陳列所〉を活動の場としたことである。学校教育を司る文部省ではなく、産業振興の推進機関である農商務省の立場から工業教育に向き合った点において、彼らの存在は工業教育史の中でも特筆すべきものだろう。そこでの活動を通して生まれた商工業界との密接なつながりは、平賀による関西商工学校の創立や、山口による工業学校用教科書の発行といったそれぞれの晩年の活動の原動力となっていく。このような活動の性格からみても、工業教育家としての山口貴雄は、平賀義美の影響を多分に受けた、その直系にあたる工業教育家に位置づけることができる。

それでは、平賀と山口の違いはいったい何なのか。それは農商務省を離れた後のふたりの活動から明らかとなる。平賀は農商務省を辞したあと大阪へ移り、〈陳列所〉を大阪における商工業者の指導機関へと成長させ、やがて自ら会社を興すも関西商工業界の御意見番としての存在感をますます高めていく。それは、平賀の人格が放つ際立った存在感によって成立していた。

その一方で、山口は〈陳列所〉の運営に、時代の要請に応え得る効果的な方法を次々と取り入れ、独自な〈陳列所〉運営によって社会教育施設としてのその可能性を広げていく。詳しくは次節で述べるが、教育と結びついた〈陳列所〉を目指して事業を展開していくなかで、山口は徐々に商工業学校関係者との直接的なつながりを深めた。やがてそのつながりが商工業学校への奨学金制度を生み、工業学校用教科書の出版事業を経て工業教育振興会の設立に至る。平賀の時代とは異なり、〈陳列所〉自体の可能性を広げることで学校教育を取り込み、商工業教育の現場と共に教育自体の振興に取り組んでいった。この点にこそ山口の工業教育の独自性を見出すことができる。

この違いは、工業教育に携わるに至った経緯の違いに起因しているだろう。国の最高学府を出た平賀は、いわば学術エリートという立場から商工業界を啓蒙した。対して、日本の近代工業教育の推進者のひとりとなった平賀によって、国の近代化を支えるための技術指導者として育てられた山口は、その啓蒙活動の実行者として商工業界の現場に関与していく。このような経験が現場主義ともいえる山口の教育観を形成し、生涯を通じて独自の教育活動を生んだ。このような認識を持つとき、山口貴雄とは、平賀義美の思想を汲む工業教育家であり、限りなく商工業界の現場に近い工業教育家であった。それは、ある意味では日本の近代工業教育のひとつの成果であったといえるだろう。

二　〈陳列所〉における山口貴雄の活動

山口は生涯を通して三つの〈陳列所〉――農商務省商品陳列館、愛知県商品陳列館、大阪府立商品陳列所――に関与し、三〇年間近く〈陳列所〉界の第一線で活躍した。愛知と大阪の〈陳列所〉では最高責任者としてその運営に携わり、それらの先進的な活動の原動力となった。貿易の奨励を目的とする〈陳列所〉の仕事は、染織技術者である山口にとって専門外ともいえるものであったが、農商務省での経験を後ろ盾として、社会の動向に即応した事業を次々と展開し、やがて「商品陳列所の権威」[56]や「本邦同種機関（商品陳列所―引用者註）の先導者」[57]と讃えられるまでになる。本節では、山口貴雄が関与したそれぞれの〈陳列所〉における事業運営を通して、山口の活動の意義を明らかにする。

（1）農商務省商品陳列館への参加

農商務省内に商品陳列館の前身である貿易品陳列館が設置されたのは、一八九六年（明治二九）三月のことである。[58]当初は省内の独立部門であったが、同年六月の官制改編に伴って商務局の管轄となり商品陳列館へと改組された。その翌年七月には官制のさらなる改編によって山口が所属する商工局の管轄となる。同館は「陳列館」という名称ではあったが独立した建物を有していたわけではなく、農商務省庁舎内の一部がその用に充てられた。

農商務省商品陳列館は、対外貿易全般を視野に入れて業務を行った。輸出製品の主力であった工芸品の専門家が当初は館長を務めたが、次第に海外事情全般に明るい行政官が館長を務めるようになる。[59]山口は、山脇春樹の館長就任と前後して、一九〇五年（明治三八）頃より商品陳列館技師を兼務した。[60]山口が〈陳列所〉に正式に関与したことが確認できる最初はこの頃だが、それ以前から、間接的な関わりがあった可能性も十分に考えられる。

同館が陳列する海外の参考品は、海外に出張する農商務省職員に委託されることもあった[61]。そのため、染織の専門知識を有し、海外出張の機会を有していた山口にもその任が与えられている[62]。山口自身が「ミュージヤム」に興味を抱いた時期をシカゴ万国博覧会（一九〇九年）の頃と述べていることも、設立間もない頃からの関与をうかがわせる[63]。

貿易品陳列館が設置された頃、山口は技師として農商務省商工局（あるいは工務局）の工務課長を務める傍ら、母校の後身である東京工業学校の教授を務めている[64]。この頃、工務課長である山口の指導の下、欧米の優良な機械製造所の調査[65]や、全国の重要工産品の調査[66]が工務課によって行われている。また、入省して以来、山口は各地の機業地に頻繁に出向き、染織工場や共進会の場を通して、近代日本の重要な輸出品のひとつである染織製品の近代化を図るために尽力していた。山口は、国内外の工業事情に最も精通していた省内の技術者のひとりであったといえる。こうした山口の知識と経験は、農商務省商品陳列館にとって必要なものであったと考えてよい。ただし、同館の技師は兼任で務めていたため、その業務に専任的に関わっていたとは言いづらい。

農商務省商品陳列館との関わりのなかで、山口は活動の幅を広げていった。同館は調査した内容を定期刊行物である『農商務省商品陳列館報告』や個別の調査報告を通して紹介したが、山口がそれに寄せた調査報告は、必ずしも自らの専門とする染織に関するものではなかった。それはたとえば、満州の流通事情に関する調査報告であり[67]、これは以前の山口とは無縁ともいえる内容である。商品陳列館の主要業務である陳列に関しても、山口が関与していた可能性を指摘しておきたい。前述したように、博覧会における染織物の陳列施設の環境をめぐって論説を発表するなど、山口は以前から物品の陳列にも強い関心を持っていたためである。

山口は農商務省に博覧会や共進会などで審査官を務める機会も多かったが、それはあくまでも染織の専門家としての立場からであった。それゆえ、山口にとって農商務省商品陳列館は、常設の陳列機関である〈陳列所〉を経験し、見識を深める場となったであろう。農商務省の技師として博覧会や〈陳列所〉に関与することを通して、山口自身も貿易に関する造詣を深め、〈陳列所〉の業務や運営方法を体得していったのである。

一九〇六年（明治三九）に第一回陳列所長協議会が農商務省で開催されて以降、農商務省商品陳列館を中心とした全国の〈陳列所〉組織の連携を強化しようとする話し合いが毎年行われるようになる。さらにいえば、農商務省商品陳列館は、陳列所長協議会以前も全国の〈陳列所〉から届く報告を取りまとめ、〈陳列所〉界の実態把握と情報共有に務めていた。〈陳列所〉について情報の集まる農商務省にいたことは、山口の以後の活動に少なからず影響を与えているだろう。

（2）愛知県商品陳列館の運営

愛知県商品陳列館（図8）は、一八七八年（明治一一）に開館した工芸博物館（のち名古屋博物館となり、さらに愛知県博物館と改称）を起原とする(68)。工芸博物館は、美術・工芸・衛生・教育・農産・林産・水産など、様々な分野の物品を収集・陳列し、当地における各産業の発展に資することを目的とした。しかしながら、時代を経るにつれて、他府県の〈陳列所〉などがそうであったように、愛知県博物館は「雑品を陳列して公衆の縦覧に供するに止」(69)まる状態になっていった。それゆえ館の改革を求める声も多く、一九〇七年（明治四〇）の臨時県会において三ヶ年継続事業として館の改築が可決される。一九一〇年（明治四三）三月に建築工事は竣工し、同時に愛知県商品陳列館と改称して再出発する。

山口が愛知県商品陳列館へ招聘されたのは、まさにこの時であった。竣工からしばらくの間は県の水産試験場技師が兼任で館長を務めていたが(70)、一九一〇年五月に山口が愛知県商品陳列館の専任館長として着任する。農商務省での経験を買われての赴任であったことは想像に難くないが、当時、山口の職工学校時代の同級生である柴

図８　愛知県商品陳列館（山口の顔写真入り絵はがき）

田才一郎が愛知県立工業学校の校長を務めており、地元商工業界との縁故も少なからず影響があったかもしれない。

愛知県商品陳列館の開館は、組織などの整備を終えた一九一一年（明治四四）一月一五日であるが、その準備は山口を中心に行われた。着任時の意気込みを山口は次のように振り返っている。

元来愛知県は至って消極的な所であり、私もその頃は年も若かく野心満々であったから、何か変った事をやって見たくて仕方がなかった。一つ半鐘を叩いてやれ、目をさましてやれと云ふ気になって、外国貿易一点張の陳列館をやって見た。(71)

この発言からは、山口が周囲の期待に応えるべく大志を抱いて職務に取り組んでいった様子がうかがえる。そして、「名古屋には殆んど貿易と云ふものはなかった」時代に、「ハイカラくさい、西洋くさい」という批判を受けながらも、貿易振興を館務の中心に据えたのである。(72)

①時代の要求に応える〈陳列所〉

山口の仕事は、愛知県商品陳列館の組織と業務の内容を定めることからであった。(73) 規則に明言されてはいないが、先の言葉にもあるように山口は貿易を念頭に置いて規則を定め、組織を編成する。それは農商務省商品陳列館の方針に近いものであったといえるが、ここでは愛知の商工業界をいかに盛り上げるかという具体的な問題に取り組む必要があり、山口は戦略的に新しい事業を幅広く展開していった。開館直後に愛知県商品陳列館が具体的に取り組んだ事業とその成果を、利用者の目線から述べた一節を通して次に紹介したい。引用するのは、開館一周年の記念祝賀会において、同館出品者の総代が述べた一節である。

惟ふに、商品陳列館の経営たる一見簡単なるが如くにして然も容易の業に非ず。彼の無意無儀に商品を陳列するが如きは未だ以て能事終わりとなすべからず。曩に巨資を投じて宏壮無比の新館を造営せられ、次で開館以来爰に一年有余、当局諸彦の熱誠なる最新の方法に依て商品を陳列せらるるは勿論、或は館報を発行して広く内外の事情を報道せられ、或は商品巡回陳列によりて遠く我商品の紹介と販路の拡張に尽瘁せられ、或は各種展覧会に将た参考品巡回陳列に依て各地の耳目を啓発せられ、或は工業談話会、商品研究会を開きて当業者の指南車となるる等、百般の施設枚挙に遑あるなし。今や外観内容共に相備わるの一大陳列館となれるは不肖等の深く感謝する所なると同時に、又以て大に世人に誇となす所なり。[74]

この演説からは、愛知県商品陳列館が開館直後から、当業者の指南役として事業を展開していたことがわかる。商品の陳列に限らず、実行された様々な事業も高く評価された。出品者総代という〈陳列所〉と関係の深いであろう人間による祝辞であることから多少の誇張を考慮せねばならないが、愛知県商品陳列館が広範囲にわたる活動を実際に行い、それらが効果のあるものとして好意的に受け止められていたことは間違いない。

様々に展開された愛知県商品陳列館の事業は、「商工業発達の必須機関」として「現代の要求に適応」しようとした結果である。[75]同館の定期刊行物である『愛知県商品陳列館報告』の記事は、〈陳列所〉が様々な活動に取り組む理由について次のような見解を述べている。同誌の記事には執筆者の記名がないことが多いが、館の運営や方針に関するこのような見解については、最高責任者である山口のそれと考えてよかろう。

陳列館、陳列場、陳列所いづれも陳列の文字を用ふる以上は商品又は物産等を陳列する機関に相違ない。併しながら陳列機関の仕事は、陳列のみと解釈する訳には往かぬ。換言すれば陳列は、仕事の一部であって全体ではない。少なくとも現代の進歩したる陳列機関に於ては、普通の陳列以外に何ものかを施設せねばならぬ。然り、何れの陳列機関に於ても、規定の上には何等かの施設あるやうに記されて居る。只、土地柄、当局者、経費その他の都合で、思存分実行されて居らぬ傾向のあるのは遺憾千万だ。[76]

記事は続けて同館が取り組む活動の具体例を列記したあと、「敢えてなさんとする志さへあれば、イクラでも為すべき仕事はあるということの一例を示したのである。本邦いづれの陳列場でも陳列館でも陳列所でも、活動の外はあるまい、努力の外はあるまい」と呼びかけて結んでいる。〈陳列所〉にとって、陳列は手段のひとつであって目的ではない。商工業発達の必須機関として時代の要求に応えるために、様々な手段を用いる必要があり、陳列はその他の活動と並列に位置づけられた。とりわけ「陳列は、仕事の一部であって全体ではない」という一節は、まさに〈陳列所〉の本質を表したものだといえよう。山口はこの認識に立ち、愛知県商品陳列館において様々な事業を実行し、時代に即応する〈陳列所〉を目指したのである。

陳列以外の活動で特筆すべきは、機関誌をはじめとする出版活動である。大阪や農商務省の〈陳列所〉と同様に、愛知県商品陳列館は前述『愛知県商品陳列館報告』（のち『愛知商工』に改題。月一回発行）などの定期刊行物を発行し、館務や国内外の商工情報を発信した。[77] 一九一三年（大正二）七月からは、同誌に英文一頁の「コマーシャル・ナゴヤ（Commercial Nagoya）」を掲載し（一八一六～一七年の期間は英文月刊誌として独立発行）、国外に視野を広げた活動を展開した。さらに陳列会や図案調整業務の延長として図案集『愛知県商品陳列館図案資料』や統計などを編纂し、その啓蒙に努めている。

愛知県商品陳列館が設置される前年、地方の〈陳列所〉は「単ニ物品ノ陳列ヲナシタリト云フニ止マリ、之ニ伴フ適切ナル施設ヲ欠キ為メニ十分ナル効果ヲ挙グルコト能ハザルモノ多キ」と、拡張性のない運営を批判された。[78] それは、先の記事においても批判されていることである。愛知県商品陳列館が目指し、実行した広範な活動は、まさに〈陳列所〉界が目指すべきものとされた姿であり、自らの活動を以て他へ見本を示そうとしたのである。[79] それは、一九一四年（大正三）に県内に額田郡物産陳列所が設置された際の指導からもうかがえる。郡長からの依頼に応えて館員を派遣し、陳列方法の指導や事務の指揮を行い、さらには陳列品を貸与するなど、愛知県商品陳列館は地方の〈陳列所〉に対する指導者的存在であった(80)。

②通俗的陳列に込められた意図

幅広い事業を展開したとはいえ、〈陳列所〉という名を掲げる以上、愛知県商品陳列館において最も重視されたのは、やはり陳列であった。開館当初における陳列の内容は、第一部（商品：非売品）・第二部（機械器具類：非売品・即売品）・第三部（商品：即売品）の三部に分けられていた(81)。これらの陳列は、山口が揶揄したような雑品を羅列しただけのものではなく、いずれも明確な意志に基づいた陳列が試みられた。愛知県商品陳列館が行った陳列の意図を知り得る史料として、『愛知県商品陳列館報告』に掲載された「商品陳列館に関する設備の話」と題する記事を取り上げたい(82)。記事は冒頭で〈陳列所〉における最も必要な要素として陳列を挙げ、続けて陳列所が取り組むべき陳列のあり方について述べる。

商品陳列館とか物産陳列場とかいふ処では、生産或は費用の状態などの研究に便利なるやう、売込とか買入とかを試むる手びきになるやう、要するに商工業者の参考資料として成るべく完全に役立つやう、物品の性質を咀嚼し場合を参酌して、それ相応の陳列方を施さねばならぬ。（中略）千変万化種々に目先きを変えて、見心地がよいやうに、見た以上は何等かの印象を残すやうに、大に興味あるやうに、所謂「デパートメント、ストーア」の陳列の手心をも失はず、而かも研究に便利なるやうに、我々は一言を費さずして、口なき陳列品が却て万事を説明するてふことを理想とせねばならぬ。

ここで示されたのは、利用者の研究に資するためのものという陳列の位置付けであり、そのために館自身が方策を研究して取り組むべきだという姿勢である。そして、そこには商工業者に対する教育的意志が多分に含まれ

図9　通俗展示の例（実物統計）
貿易相手に関する統計や現地の風俗を来館者がひと目で理解できるように工夫された。
左：シャム向け重要輸出品の種類と価格を犬の置物で表現。背景画は現地富豪の別荘。
右：シャムからの重要輸入品の種類と価格を達磨で表現。背景画は現地農村の風景。

ていた。その姿勢に基づき、観覧者の参考資料としての価値を持ちながらも、商業施設に見られるような、心地よく、印象に残り、興味を惹く陳列の方法を取り入れることを理想としたのである。

記事は続けてその例として愛知県商品陳列館の取り組み、具体的には背景画によるイメージの伝達、統計図表における図案の工夫、実物を用いた統計の表現などを紹介している（図9）。その中から背景画を例に挙げて、内容を紹介する。南洋諸島からの輸入品であった原料としてのゴム乳液と、製品としての粗製ゴムの陳列の背景画として、原料の輸送に現地で使用される牛車が描かれた。商品としてのゴムの生産状況を紹介するとともに、現地の風俗を伝えようとしたのである。こうした陳列での表現は、「特に、本邦の如き観覧者の知識の程度が低きところにありては、一層痛切に通俗的設備を感ずる」という認識のもとに行われたものであった。未だ商工業に関する知識が十分に広がっていなかった当時において、ひと目見れば商品の背後にある様々な事柄（気候や風俗、風土などを含めて）が理解できるような陳列方法が意図され、実行されたのである。

こうした配慮は、製品そのものの陳列にもみられる。ここで、山口の館長在任中に愛知県商品陳列館が行ったその他の興味深い陳列の具体例を、ふたつ紹介したい。

ひとつは機械の動態展示である。当初、愛知県商品陳列館では陳列館一棟をまるごと機械の陳列に充て、精米機から人力車まで様々な機器が並べていた。開館時には豊田式織機株式会社の自動織機をはじめとして県内外からの出品があった(83)。特筆すべきは機械を並べるだけではなく、備え付けられた十馬力の電動機の動力を利用して、陳列された機器を実際に動かして見せたことである(84)。それまでにも機械を陳列する〈陳列所〉はいくつか存在したが、実際に動かした状態で陳列したのは、愛知県商品陳列館が嚆矢だという(85)。機械館での動態展示は、あくまでも機械の発明者・販売者がデモンストレーションを通してその仕組みを解説し、販売へとつなげることを目的とした。しかしながら、「「カタローグ」や図面を見た位にては機械の真価を了解し切らぬ連中は少なくない。機械思想の発達せざる我邦今日の状況として致方のない次第で如何にも残念至極である」という当時の状況において、動く機械を見せること自体が、機械の存在とその効用を示す重要な役割を果たしたのである(86)。機械が動く様を驚喜して見入る者もいたというから、その効果は充分にあったのだろう(87)。

もうひとつの画期的な陳列は、図案と製品の対照展示である。開所翌年に開催された図案対照陶磁器展覧会〈第一回図案展示会〉では、農商務省商品陳列館に依頼して全国から収集した陶磁器図案を瀬戸陶磁器の製造者に抽選で頒布し、それを基に制作させた陶磁器を図案原図と並べて陳列した(88)。図案がどのようにして製品へと応用されるのかを目の当たりにできるこの陳列は、図案家・製造者双方にとって大いに参考となるものであったのだろう。この展覧会は大きな効果を上げ(89)、以後継続して開催される。こうした陳列と連動するように、山口は商工業の各種講習会を開催するなかで「実物講話会」や「通俗講話会」を一般に向けて開催する。特に通俗講話会では「尋常五、六年級ノ小学児童ヲ集メテ商工業ニ関スル講話ヲナシ且啓蒙上必要ナル参考品ヲ展示」し、児童に対する教育的活動も展開した(90)。

ここで示したふたつの例だけをとっても、愛知県商品陳列館での陳列は、単に物品を並べるだけではなく、商工業の奨励という意図に基づき、鑑賞者や出品者にとって最大限に効果のある方策が考えられ、実行されたことがわかるだろう。その内容と方法は、一般に向けての通俗的意味を持つものから、実際に事業に従事する者に向けての実業的なものまで多彩なものであった。

こうした活動は、フィラデルフィア・コマーシャル・ミュージアムからの影響を受けたものである。[91]『愛知県商品陳列館報告』の発刊辞では、同館の活動に触れて館の展望を述べている。[92]山口は農商務省時代に同ミュージアムの開館準備に奔走する館長から強い感銘を受けたと語っている。自身が同様の立場に立ったとき、まさにその活動を模範として活動を展開したのである。

③愛知県商品陳列館の施設

山口の着任は、愛知県商品陳列館が竣工した直後のことである。工芸博物館の敷地に最新の愛知県博物館を建て替えて設置されたものである（建築の詳細については本書第五章参照）。臨時県会において、一九〇七年（明治四〇）から三ヶ年事業として捻出された予算によって新築が進められ、一九一〇年三月一日に竣工した。先にみたように、山口の赴任は竣工後の一九一〇年五月のことであり、着任後に組織計画をまとめた。着任時期を鑑みると、山口が建築計画を直接的に指揮した可能性は低いだろう。しかしながら、その充実した施設整備は山口の幅広い運営を支え得るものであった。

愛知県商品陳列館は、新築にあたり前身である愛知県博物館の隣地を買収して拡大した中区門前町から裏門前町にわたる敷地に、博物館から引き継いだ龍影閣・猿面茶席・松月斎に加えて、新たに陳列館や事務館などを新築して開館した。このうち第一号館・第二号館・第三号館が中心施設として陳列業務に使用された。これらの開館当初の陳列区分は、順に商品見本部・機械器具部・商品即売部である。

とりわけ本館とも呼ばれる第一号館は、木造二階建てのルネッサンス風の意匠を纏い、規模とともに意匠の美

図10　洋式会堂「クラウン・ホール」
（通常時と食事会時）

麗さからも「東洋第一の商品陳列館として輪奐の美を誇」[93]っていた。この第一号館には上下階に会堂が備えられており（二階の会堂は後に「宝冠閣《クラウンホール》」と名付けられた）、集会や演奏会などに利用された（図10）。食事を伴う会合に対応するため、館内には洋食厨房も設けられており、八〇〇名規模の集会や三〇〇名規模の食事会にも対応したという。また季節や時間帯を問わず利用するため、会堂には電灯やガスストーブも備えられている。なお、和式での集会には龍影閣が用いられたが、そこでの給仕用にはさらに和食厨房も備えられていた。これらの設備は、山口が着任時に構想していた〈陳列所〉が主催する講習会・講話会の会場として機能するとともに、地域の諸団体に利用された（表2）。

陳列に関していえば、前述した機械の動態展示に使用された第二号館は特筆に価する。第二号館と第三号館は、規模や構造そのものは同様であったが、第二号館への原動機の備え付け工事が開館に間に合わず、第二号館のみ遅れての公開となった。建築の竣工は開館の一年以上前であることから、第二号館への原動機設置は、恐らく山口の着任後に考案されたものと考えられる。機械の動態展示を必要とした山口が、通常の陳列館として建てられた第二号館に原動機の設置を進めたのであろう（あるいは計画時に山口の希望が汲み取られていたのかもしれな

表２　愛知県商品陳列館における集会数（1911～16年）

催し内容	1911	1912	1913	1914	1915	1916
各種審査会・役員会・協議会等	26	26	20	27	33	37
品評会・展覧会・協議会	17	23	27	15	13	19
発会式・表彰式等	8	18	8	8	8	6
和洋画会	14	12	21	24	9	18
送迎会・祝賀会・招待会	17	16	12	14	12	17
組合総会・各種大会	15	29	22	39	41	31
講演会・談話会・各種例会	24	12	18	17	22	32
研究会・講習会	5	7	46	16	25	14
図案会	6	8	5	2	9	2
演奏会	―	3	1	5	2	5
その他	―	18	25	4	34	39
合計	132	154	198	192	207	230

※『愛知県商品陳列館要覧』大正４・５年用および大正６・７年用より作成。

い）。こうした施設整備には、理想の〈陳列所〉を実現するために、既存施設に甘んじることなく、施設自体にも手を加えて最適な環境を整えようとする山口の態度がうかがえる。

この他の工夫としては、陳列室ごとに陳列棚の意匠を替えて観客を飽きさせないようにすることや、館内各所に椅子を配置して観覧中に休むことができるようにするなど、鑑賞体験にも気を配った整備がなされている。こうした配慮は現在の展示学にも通じる方法だといえるだろう。

以上に見てきたように、愛知県商品陳列館は再出発を機に貿易振興を目標に据え、その実現のために必要な事業を研究し、時勢の要求に即応して多様な活動を行った。その原動力は言うまでもなく山口であった。実際に、愛知県商品陳列館における山口の献身的な貢献とその運営の先見性は、開館から数年たってからも改めて名指しで評価され、特にその着眼の非凡さは称揚された[94]。同館にみる山口の〈陳列所〉運営は、常に社会の動向に目を向けた分析と、先見の明に富む着眼に基づくものであった。その内容と方法は農商務省時代に培った経験を背景として、愛知県という場所における〈陳列所〉の効果的なあり方を模索するなかで、深化されていったものであったといえる。先の評価がなされた一年後、同館が五周年を迎えた祝賀会の席で、「やりたい事柄はイクラでもある」と前置きをした上で、「当陳列館も（中略）大体の輪郭だけは略完成した積りである」と述べる[95]。その言葉通り、山口が運営の基礎を築いた愛知県商品陳列館は、〈陳列所〉界を代表するひとつとして、数えられる存在となる。

（3）大阪府立商品陳列所の運営

愛知県商品陳列館を土台から作り上げ、運営を軌道に載せた山口は、その輪郭がおおよそ完成したと述べた一九一六年（大正五）の一一月三〇日に同館を辞し[96]、同年一二月一一日に大阪府へと赴任して大阪府立商品陳列所の所長となる（最初の約一ヶ月間は所長事務取扱嘱託）[97]。愛知に赴任した時と同様に、〈陳列所〉のリニューアルに際して指導者として招聘されたのである。

かつて大阪は海外の類似施設を範にとり、日本で初めて「商品陳列所」という名称を用いた〈陳列所〉を設置し、充実した活動を展開していた[98]。しかしながら、一九〇九年（明治四二）八月に北区大火で建物を失ってからは規模を大幅に縮小せざるを得ず、府庁舎内に設けた仮事務所で調査事務のみを行っていた[99]。この時期、大阪府立商品陳列所（当初は大阪商品陳列所）の縮小に取って代わるかのように興隆したのが、前述した愛知県商品陳列館である。

本来の活動ができなくなった大阪府立商品陳列所の状況は時代がよしとせず、農商務省商務局長から転任した大久保利武の知事就任を契機に、同所の復興を本格化させる[100]（建築の詳細については第五章参照）。大久保は同所の利用促進と類似施設の統合を理由として立地を堂島から本町橋の博物場に移し、かつての博物場の敷地に新しい陳列館や事務館などの施設を建築していった（図11）。建築工事が佳境に入った一九一六年（大正五）一二月一一日に、山口が大阪府立商品陳列所に赴任する。山口の愛知での実績を評価した知事自らが口説き落としての招

図11　大阪府立商品陳列所

聘だった[101]。なお、大阪府立商品陳列所長である山口は、同所移転先に残る博物場の場長も兼ねた。

①時運の進展に順応する〈陳列所〉

大阪に着任してすぐ、山口は商工業者に対する講演で当時の陳列所をめぐる状況を次のように述べている。

商品陳列機関を（一）主に地方の物産を陳列し且即売する物産陳列場及び（二）参考品を蒐集陳列して当業者の参考に供するを主眼とする商品陳列所に大別するを得べし。而して此両大別に就て各其特質を見るに、（一）物産陳列場は地方的若くは国内的にして従て小規模なればその経費も一万円内外にて足り興行的の観あり。（二）商品陳列所は規模大にして国際的又は国家的にして其機能も前者の静止的なるに反し活動的なり。且つ漸次調査研究的任務を発揮するの傾向あり[102]。

これによると当時の〈陳列所〉は、国内的・地方的であり地方物産の陳列・販売を主とする物産陳列場と、国際的であり調査・研究的事業も行う商品陳列所という二つに大別できるというのである。この時点において、〈陳列所〉界における施設名称の違いは、少なくとも山口にとっては、機能の違いを意味していたようだ。このような〈陳列所〉の二極化は、後年まで〈陳列所〉界にとっての懸案事項であり続けた。第四章にみたように、一九二〇年（大正九）に農商務省によって「道府県市立商品陳列所規程」[103]（以下、「規程」と略す）が定められ、全国の〈陳列所〉がこの規程の下に商品陳列所として統括されることとなるが、規定後においても具体的な活動の状況に大きな変化はなかった。こうした状況のなかで、山口は愛知時代の経験を基に、大阪でも貿易を主眼とした〈陳列所〉を作り上げていく。

山口は大阪府立商品陳列所においても〈陳列所〉の組織構築から取り掛かる。[104] それは、「名古屋で七八年やったあと大阪へ参り、矢張り同様の主義で十二三年やって来たのである」と自身が述べるように、名古屋で取り組んだ貿易振興を核とするものであった。[105] 出版活動も同様に積極的に取り組み、『通商彙報』（『通商月報』の後継誌、のち『貿易彙報』に改題。当初月三回発行）のほか、英文機関誌『コマーシャル・オオサカ（Commercial Osaka）』（季刊）、『大阪貿易彙纂』（年一回発行）を発行した。このように、山口は「我陳列所は、一点張りの観せもの場にあらざることを忘るるなかれ」[106] という気概のもと、大阪でも陳列に限らない多様な事業を展開していった。

貿易を主眼に置く〈陳列所〉のあり方は、火災で焼失する以前に示された姿勢でもあったが、新しい大阪府立商品陳列所は、興隆を極めた前代の陳列所を単純に復興・再現させたものではなかった。ここで、機関誌『通商彙報』に掲載された記事を取り上げたい。[107] 記事は一八九〇年（明治二三）の創立以来の沿革に続けて往時の盛況を回顧し、さらに火災後の縮小期における商工業者の不注目を指摘する。それに続けて、「然るに社会の進運は駸々乎として底止するところなく、商品陳列機関の如きも仮りに其の目的方針とするところ同じとするも、其の設備に其の施設に今日の陳列法は先年の夫れとは異なれり」と記す。ここに表明されたように、大阪府立商品陳列所は新旧で目的は同一であっても、展開される活動は異なるものであった。新しい商品陳列所は、山口の主導のもと時勢を反映した新しい活動を取り込んでいった。それは愛知時代と同様に、時勢に求められる〈陳列所〉像を追求した結果であったといえる。

新しい大阪府立商品陳列所のこのような姿勢は、開所式における山口の発言にも確認することができる。

惟ふに商工対策にして陳列所の施設に俟つもの決して少なしとせす。（中略）将勤補拙の一語は吾人の日夕服膺するところ、時運の進展に順応して必要なる計画を立て孜々として努め汲々として怠るなくは或は多少の効果を収むるものあらんも亦測り知るべからず。[108]

山口は白居易の言葉を引きながら、必要とされる効果的な事業を勤勉に研究し、社会情勢の進展に順応して活動を展開しようとする姿勢とその効果について、大阪の商工業者に向けて宣言している。さらに、山口は所員に対しても〈陳列所〉の理想を所長訓示として提示する。[109] その訓示は、大阪府立商品陳列所の精神を明文化したものとして、後々まで語り継がれた。[110]

②陳列内容・陳列方法の変化：広告館と特許館

規模を拡大し、組織を再編しての開所という点では愛知着任時と同じ状況であったが、都市と時代が違うことが〈陳列所〉での活動に変化をもたらした（もちろん、根本にある精神は愛知時代から変わらずに引き継がれている）。その具体例として、ここでは図案と機械の陳列を取り上げたい。

《図案の陳列》

愛知における特徴的な陳列施設は動態展示用の電動機が備え付けられた機械館だが、大阪におけるそれはショーウィンドウを持つ広告館である。〈陳列所〉にショーウィンドウが備えられたのは大阪が初めてである。[111] 大阪では製品のための図案にとどまらず、広告図案を含めた活動が展開される。大阪府立商品陳列所が再開館した一九一〇年代は広告への関心が高まった時代であり、各地の〈陳列所〉においても広告を取り扱われ始めた時期であった。[112] 同所におけるショーウィンドウの設置も、こうした時流に対応するものである。

山口は早くから広告の重要さを認識しており、愛知時代にも広告展覧会を開いた実績を持つ。[113] 当時の大阪における広告（ここでは陳列装飾を含む）は、「品種或ハ豊富ナラサルノ誹ナキニアラサルモ、装飾着想ノ見ルヘキモノ少ナカラス」という状況であり、普及しつつもその質は未熟であった。[114] 山口はこれに続けて広告に関する業

図12　広告館のショーウィンドウと発明館（丸枠内）

務の有効性を説き、「況ヤ其ノ技術ニ巧拙アリ精粗アリ、時々対照以テ互ニ趨勢ヲ洞観スルノ要アルニ於テオヤ《ママ》」と、広告を相互対照して研究できる場の必要性を述べる。このような現状を改善させる場として大阪府立商品陳列所が設置したのが、広告館という独立の展示館である。

　広告館に設置されたショーウィンドウは、山口が「東洋一」と自画自賛するものであった[115]（図12）。その概要は、開館を記念して開催された商品広告展覧会と合わせて、以下のように報道されている。

広告館は経費約六万円を投じて建築される木造二階建で階上は約百坪の大広間とし常に小共進会或は展覧会など一般に使用せしむることゝし街路に面する総ては美麗な欧米式の大飾窓《ショーウィンド》として往来の通行人をして不用意無意識に《ママ》間に商業的の智識を啓発せしむると共に広告を真に利用せしむることゝすると共に一面に於て広告主をして常に嶄新にして世人の注目を惹く意匠を凝らさしめて広告術の比較研究をなさしめる筈であるが東洋の商工業地としての小坂に此計画は頗る時期に適応したものであると今から期待されて既に新意匠に就いて頭を悩まして居るものが多いと言へば実現の暁には定めてアッと言はせる様な奇抜な広告なども出ることであらうと言ふ[116]

　広告館ではポスターや包装図案の展覧会が開かれるなど、当地の広告図案の啓蒙の場となったが、記事にあるように、陳列を見た人々に働きかけるだけではなく広告の技術を研究する場ともなった。松屋町通り添いに設けられたショーウィンドウは、その実践の場として活用された。広告館の開館と同時に開催された商品広告展覧会は、陳列技術の向上を目的のひとつとした展覧会であるが[117]、広告館で開催された他の展覧会においてもそれは同様であった。一九一九年（大正八）に広告館において開催された優良品展覧会は、府下の商工業者が扱う優良品を陳列したが、そこでは装飾の技術も要求された。会期中、大阪府立商品陳列所の機関誌に、展覧会における陳列装飾の概評が陳列棚と陳列窓に分けて掲載された。記事は続けて注目すべき陳列を行ったものを取り上げて写真付きで詳解し、さらなる技術の向上が呼びかけられる[118]。このように、広告館のショーウィンドウは実技研究のための装置として機能したのである。大阪府立商品陳列所では、その後も一九一八年の広告資料展覧会、二二年の陳列装飾及広告資料展覧会など、広告（ポスターを含む）や陳列装飾に関する展覧会が開催されていく[119]。

当初愛知で行われた図案と製品の対照陳列で意図されたように、図案をどのように製品に応用するのかを示すだけではなく、山口の行う図案に関する事業は、商品を紹介する手段として広告図案の意義を広く啓蒙するものへと変化していった。広告の展示は愛知でも行われたが、大阪では時代の進展に伴い、扱う広告の範疇が拡大した。ショーウィンドウという新時代の広告装置を自ら取り込み、陳列技術を研究することのできる場を提供したのである。

《機械の陳列》

これも時代の変化に伴ってその様相を変える。再開当初、大阪の〈陳列所〉には愛知のそれと同様に機械館が設置され、機械の動態展示が行われていた。それは開所二年後に開催した発明品展覧会をきっかけとして、発明館へと改められる。山口は発明館の内容について、「農商務省の特許局陳列所のやうなものではない主として発明家の参考になるやうなものを陳列したいと思ふ。「発明する迄」と云ふやうな具合に、総てを陳列して発明しやうとする人達の参考資料に供する筈だ[120]」と述べている。そのために、発明に至るまでを支援する目的で発明館を設置し、新案・特許品・意匠の陳列、図書の公開を行い、発明思想の啓蒙を図った[121]。大阪府立商品陳列所は、これを機に発明に関する講演や関連諸団体への援助を行うなど、発明促進事業を進めていった。同所が解決すべき課題が、機械の認知と普及から、それを応用して新しい機械・製品の発明促進へと展開したのである。

以上、主に陳列に関する活動を具体例として紹介したが、陳列の他にも、図書館の設置、機関誌・調査報告による情報提供、談話会や映画会、海外市場の集団視察など、山口の関与した〈陳列所〉の活動は多様な形で展開されている。特に大阪において「産業常識の普及」という名目で行われた事業では、「我が輸出品が兎角海外市場に於ける需要者の満足を買ふに至らざる憾みあるは、一つには海外諸国の人情、風俗、嗜好、生活其の他一般状態を知悉せざるに原由する」として、貿易に効果を挙げることを最終目的として、世界各国の人情・風俗・嗜好・生活などについて、前述の様々な方法により情報が提供された（図13）。特に映画は重要視され、「民衆的に徹底せしむる為め活動映画の方法により海外各地の地理、風俗、習慣、生活状態、商店、工場、其の他産業常識上諸般の事項に亘りて極めて通俗に極めて平易に之を施設しつつある」[122]と報告されたように、広く一般に受け入れられやすい方法として活用される。実際に、海外事情活動映画会として学校や集会所などで巡回上映が行われた。このように貿易に関する知識として、貿易相手となる各国の風俗・習慣・思考や生活状態を紹介する活動は、大々的に謳われるようになったのである[123]。

以上から、山口が大阪で展開した図案と機械に関する陳列は、愛知時代のそれと比べて方法が変化していることがわかるだろう。

さらに商品そのものの背景にある事象についての啓蒙活動は、大阪府立商品陳列所では主要な目的のひとつとして明示され、取り

図13　世界各国風俗絵はがき

大阪府立商品陳列所が開催した「世界国情展覧会」を記念して、同所の支援団体である商工中心会が作成し、小学校などに配付した。８枚組で、各枚ごとに７～８カ国が紹介された。

組まれた。社会の動向をいち早く感じとり、時代の変化に即応したこれらの変化は、「府下商工業の助長機関として世の期待に背かざらんが為め、孜々営々として最善の努力を払いつつある結果」[124]であった。いうまでもなく、ここに示したのは〈陳列所〉運営の一端に過ぎない。山口が主導する〈陳列所〉は、商工業者を中心として、商工業界の発展のため絶えず変化する努力を続け、一歩ずつ前進していったのである。

③商工業者との関係強化

〈陳列所〉の活動において、地元の商工業者と関係を築くことは不可欠であった。愛知をはじめ多くの〈陳列所〉と同様に、新しい大阪府立商品陳列所にも一般の商工業者が利用できる講堂や食堂が事務館内に整備されていた。講堂は各種集会に貸し出された他、同所主催の懇談会や講演会に使用された。一九二二年（大正一一）四月からは、専門家が海外事情などについて講演する「水曜談話会」が毎週水曜日の夜に開かれ、聴衆を集めた。

この水曜談話会は開催の二ヶ月後から商工中心会との共催となる[125]。商工中心会は大阪府立商品陳列所の提案で結成された支援団体であり、初代会長を山口が務め、大阪の有力な実業家が役員に顔を揃えた。この他にも多くの団体が陳列所内に設立され、同所は商工業団体が集う場となっていった。とりわけ蔵前工業会（東京職工学校の同窓会）の大阪支部や丁酉倶楽部（平賀義美を慕って集まった大阪在住の蔵前卒業生の団体）が置かれたことは、両会に関係の深い山口の存在によると考えられる。

大阪府立商品陳列所はこうした業界団体だけではなく、業界の情報を発信する記者達の組織化も勧奨し、「商品記者倶楽部」を組織させている。こうした記者たちとのつながりもあってか同所では新聞社と連携した事業が多く実施されている（表3）。新聞社主催の展覧会に、公共の展覧会場が会場を提供する構図は、戦後日本の美術展のそれと同様である。とりわけ、東京府美術館の開館展覧会である聖徳太子奉賛美術展覧会が、朝日新聞社の協力で開催されていることは注目すべき点である。ただし、度重なる展覧会を山口は必ずしもよしとは思っていなかったようである。これは〈陳列所〉の本旨とかけ離れた展覧会に施設提供することで、本来開催すべき展覧会が開催できなくなるのを危惧したことによる。それゆえに山口は、専門の展覧会場を別途設置することを主張したのであった。[126]

大阪府立商品陳列所の施設でもうひとつ興味深いのは、陳列所員と商工業者との親睦を深めることを目的とした団体を組織し、そのための施設が整備されたことである（図14）。開所から間もなく構内にテニスコートが設けられると、所員が結成した「桜倶楽部」や商工業者らが、そこで汗を流した。[127] 関西におけるテニスの大衆化は、一九二七年（昭和二）に甲子園球場近くにテニスコートとクラブハウス（いわゆる甲子園庭球苑）を設置したことに始まると言われており、[128] こうした施設整備にも大阪府立商品陳列所の進取性をうかがい知ることができる。庭園を市民の憩いの場として開放する〈陳列所〉は多く存在するが、同所では所員と商工業者がスポーツを通じて親睦を深める場として、積極的な施設整備がなされたのである。なお、所内には同様に卓球を楽しむ「スペード倶楽部」も置かれていた。

図14　大阪府立商品陳列所の交遊施設

④〈陳列所界〉への提言

山口は愛知時代から〈陳列所〉界全体への視線を持って発言を続けたが、時を経て大阪では、それが具体的な形となって現れる。〈陳列所〉運営に直接関係する事項ではないが、山口のその運営の特質を考察する上でも重要であるため、〈陳列所〉界に対する山口の事績のいくつかについて、簡単に

表3　大阪府立商品陳列所で開催された美術・歴史・教育関連展覧会（1917～26年）

開催年月	展覧会名	主催
1918年6月	美術自由展覧会	足立源一郎ほか同人
1919年2月	亜米利加美麗絵展覧会	大阪府立商品陳列所
3月	大阪府自治資料展覧会	大阪府*
1920年3月	児童衛生博覧会	大阪府衛生会*
12月	白耳義現代作家油絵展覧会	大阪府立商品陳列所・元白耳義領事
1921年1月	記念展覧会	国画創作協会*
6月	泰西美術参考品展覧会	織田明家塾
1922年1月	大阪美術協会第一回展覧会	大阪美術協会
6月	仏蘭西現代美術展覧会	大阪朝日新聞社
10月	美術展覧会	二科会（大阪朝日新聞社後援）
11月	美術院展覧会	美術院（大阪朝日新聞社後援）
11月	美術展覧会	芸術院（大阪毎日新聞社後援）
12月	新築府庁舎設計図案展示会	大阪府
1923年2月	第二回美術自由展覧会	足立源一郎ほか同人
2月	童画展覧会	澤井幸助
5月	仏蘭西現代美術展覧会	大阪朝日新聞社
6月	春陽会美術展覧会	大阪毎日新聞社
7月	博物場所蔵古書画展覧会	大阪府立商品陳列所
10月	二科会美術展覧会	大阪朝日新聞社
10月	日本美術院展覧会	大阪朝日新聞社
1924年1月	日本美術展覧会	大阪毎日新聞社
5月	仏蘭西現代美術展覧会	大阪朝日新聞社
1926年5月	こども教育展覧会	大阪朝日新聞社
6月	聖徳太子奉賛美術展覧会	聖徳太子奉賛会

※出典：「本所陳列諸会一覧表」（『最近十年間の大阪府立商品陳列所』、1927年）より美術・書画・建築・歴史・教育などに関する展覧会を抜粋。陳列所業務と直接関係するポスターや陳列装飾などの展覧会は含まない。＊は大阪府立商品陳列所援助。

触れておきたい。

一九二六年（昭和元）九月、山口は外務大臣の主催で開かれた第一回貿易会議に招集される。この会議は、外務・大蔵・商工・農林・内務・逓信・海軍の各省と官民の貿易関係団体が一同に介し、将来の貿易関連事業の振興について執るべき方策を議論したものである。参加者のうち〈陳列所〉関係は、大阪府立商品陳列所の他、国内は愛知県商品陳列所（一九一一年に愛知県商品陳列館から改称）と東京商工奨励館で、それに二つの在外商品陳列所が加わるのみである。[129]山口はその席上で貿易の監督および保護を行う行政機関として帝国貿易院の設置を訴え、詳細な組織計画を作製して提出する。[130]貿易に関する調査・陳列から教育までを網羅的に統括する政府機関を設置し、地方〈陳列所〉が連携をとることで貿易振興に資する〈陳列所〉の拡張を主張したのである。かつてこの地方〈陳列所〉を統括する存在として農商務省商品陳列館がその役割を果たすであろうと思われたが、同館は一九二三年に関東大震災に罹災し、そのまま翌年に廃止されてしまう。[131]こうした〈陳列所〉行政における中央の不在が、山口を帝国貿易院の提唱に動かしたのであろう。

これに続けて、山口は貿易会議の翌月に開かれた全国陳列所長協議会で、「商品陳列所体系統一案」を提出している。[132]その詳細は不明だが、「規程」によって外見上は統一されたものの、実際は様々であった各地の〈陳列所〉を体系的に統一しようとする主張であっただろう。この頃においても、山口は〈陳列所〉の中にはふたつの区別、すなわち「外国貿易の振興を主とするもの」と「内国商業――今少し率直に云へば、各地方物産の紹介、宣伝、改良、並に之に関する斡旋――主とするもの」を見出していた。[133]山口がこのような提言をした背景には、「かくの如く事実截然たる区別あるより見れば、之を同一規定の下に保護し監督し、以てその発達永続を期することは商工政策上合理的であるか否乎、須らく問題とすべき問題のやうに思はれる」という認識があった。つまり、現状に基づけば内容によって区別され得る〈陳列所〉を、同一の規程のまま統一する現状の可否を問うているのである。この問いに対する山口の答えが、「商品陳列所体系統一案」であり、その中央監督機関としての帝国貿易院であったといえるだろう。山口は、愛知県商品陳列館に着任して以来提唱し続け、実践してきた貿易を中心とする〈陳列所〉への統一を提案し、〈陳列所〉界の発達を願って、先進的な監督機関の主導による密な連携を求めたのである。

山口が〈陳列所〉界の改善のために提案を出した翌年の一九二七年（昭和二）四月、大阪府立商品陳列所の主唱によって商品陳列所連合会が組織される。[134]同会は商工省が認可する内外の〈陳列所〉を対象として、同所間の連絡と統一を図り、相互に提携して機能の発揮に努めることを目的とし、共同での陳列会開催や各〈陳列所〉の活動をまとめた『商品陳列所総覧』の発行を行った。[135]商品陳列所連合会の事務所は、大阪府立商品陳列所（一九三〇年に大阪府立貿易館に改称）内に設置される。農商務省商品陳列館廃止後の〈陳列所〉界のこうした動向は、〈陳列所〉界に提言を続けた山口の影響を無視できないのである。

（4）〈陳列所〉運営からの引退

商品陳列所連合会の設立から半年と経たない一九二七年（昭和二）八月、山口は病気を理由に、惜しまれながらも大阪府立商品陳列所の所長職を辞す。[136]

所長在任実に十年九箇月、其の間商品陳列所の権威として、内外の施設誠に適切、時勢を明察達観して之に順応し、内には工芸技術の改良、発明考案の奨励、産業常識の普及、外には通商貿易の振興、優良商品の紹介等に努力して、縦横に其の手腕を発揮し、産業、貿易、教育の進展に寄与したる功績の顕著なることは、世間一般の認めて賛賞止まざる所である。曽て大阪朝日新聞によって、陳列所の神とたゝへられた山口所長は、既往の公生涯を一貫して、陳列所の事業は其の全生命であった。而して陳列所事業に一新生面を開き、本所をして世界的陳列所たるの名誉を馳せしむるに至った。今や病の為め職を去る。身を以て其の職に殉じたとも言ひ得る。此の一事、或は山口所長としては本懐とするところかも知れない。[137]

山口が退職した直後に発行された『通商彙報』の「題言」には、このように賛辞の言葉が並べられた。それは、時勢に順応し、様々な領域に展開した事業を通して、産業・貿易・教育の進展に寄与した大阪府立商品陳列所における山口の〈陳列所〉運営に対するものである。「題言」は大阪府立商品陳列所の事績に関する記述だが、この評価はそのまま愛知時代の事績にも当てはめられるだろう。

時勢の進展に順応するように、山口は時流を読み、内外の適切な事業を研究した上で自らの〈陳列所〉運営に反映させ、実践を通してその意義を止まることなく示し続けた。三〇年間を超える〈陳列所〉との関わりを通して、その運営に対する理想は〈陳列所〉界全体まで拡大した。〈陳列所〉運営だけではなく同所をめぐる制度に対しても具体的な提案を続け、実際に〈陳列所〉界を牽引していく存在となった。退職間際に行った提案の数々は、〈陳列所〉界を自らの実践をもって牽引していった山口の最後の大仕事であったといえる。「陳列所に人生を捧げ、陳列所に殉じた」と言われるほど、山口は〈陳列所〉と同体であった。それは〈陳列所〉界における山口の存在の大きさをもうかがわせる。〈陳列所〉界全体の進展を常に考えて行動し、〝〈陳列所〉の神〟とまで讃えられた山口貴雄は、近代日本の〈陳列所〉界の理論と実践の双方において、最も貢献した人物であったといって過言ではない。

所長を辞してからの山口は、大阪府立商品陳列所時代に同所の支援者や連携関係にあった工業学校関係者らと始めた工業学校用教科書の出版事業に専念し、工業教育の啓蒙に傾注していく。山口の主導で展開された教科書出版事業は、やがて工業教育振興会（現・全国工業高等学校長協会）の設立に至り、山口はその初代会長として工業教育界にも足跡を残すのである。[138]

三　山口貴雄の〈陳列所〉運営

これまで、山口貴雄が実際に行った〈陳列所〉運営の実態を、山口自身の言説を追いながら、いくつかの具体例を挙げて概観してきた。それを踏まえて、山口の〈陳列所〉運営に見られる三つの特質を指摘できる。すなわち、①貿易を主眼に置いた運営、②地域間における産業構造の相違と時代変化に順応した多様な事業展開、③社会教育機関としての〈陳列所〉認識である。

①貿易を主眼に置いた運営

山口は、しばしば〈陳列所〉は「商工業の助長機関[139]」であると語る。この語が言い表しているように、山口の〈陳列所〉運営は商工業の発展に資することを目的とし、商工業にまつわる広範な事業を展開した。なかでも、通商貿易の振興を常に主眼に置いていたことは注目すべきことである。それは、山口が関わった〈陳列所〉において、首尾一貫して表明された信念であった。

しかしながら、山口はその信念をいたずらに商工業者に押し付けるわけではなく、時代や土地の違いを踏まえ、商工業者の現状に合わせた事業を行い、指導していったのである。この態度は、「徒に理想にのみ走るは宜しいことではないが、さりとて一も実際二も実際と、理想を閑却することも亦望ましくない。要するに実際より一歩を先んずる位を標的するが宜い」という山口自身の言葉に表れている[140]。

貿易を視野に入れたその態度は、殖産興業・貿易振興の政策的中心を担った農商務省での経験に端を発している。ただし、〈陳列所〉を含めた貿易関連機関の不振に関して農商務省に対して意見し、貿易を監督する中央行政機関の設置を提言するに至る山口の行動をみると、〈陳列所〉における貿易主義の信念は経験を通じて山口独自に深化されていったものといえる。その信念は愛知県商品陳列館において実践され、大阪府立商品陳列所においてより明確に打ち出されていったのである。

②地域間における産業構造の相違と時代変化に順応した多様な事業展開

貿易を主眼に置きながら、山口は関与したそれぞれの〈陳列所〉において様々な事業を展開した。それは〈陳列所〉が置かれた都市の産業構造や時代変化に順応して考案されたものである。これが偶然ではなく明確な意志に基づいた結果であることは、これまでみてきた山口の活動に明らかであろう。こうした山口の〈陳列所〉運営の態度は、大阪府立商品陳列所の機関誌に記された次の一節に的確に言い表されている。

且つ此精神（〈陳列所〉運営において必要な堅実な精神―引用者註）たる、自己中心の主張のみに根帯せずして、業界の意向を加味したる一部の「地方色」を帯ぶることを必要とする。所謂自他を化合した「微妙なる有機体」たるに至りて始めて活動の基礎が出来上るのである。（中略）年一年に所謂「微妙なる有機体」たるの素質を整備することに向て、邁進しつつあるやに感ぜざるわけには往かぬ。[141]

自ら主張するだけではなく、その立地する都市における産業の様態を鑑みて常に前進していくその理想的姿を「微妙なる有機体」と喩え、その実現を運営の基礎としたのである。このような態度を基礎として考案された事業が、陳列を中心として展開された。ただし、目的を実現するためには多様な手段が用いられる。それは、陳列が手段のひとつであって、それ自体が目的ではないことを意味する。山口は、「微妙なる有機体」を支える調査・研究にも重点を置いていた。山口は大阪府立商品陳列所在職時の所長訓示において、当時〈陳列所〉の役割が正確に理解されていなかったことに触れ、「商品陳列所は商品の調査所又は研究所と称する方或は適当なるやも知れず。又工業試験場に対して商業試験場と言ふべき性質のものである」と述べた。[142]この言葉は、陳列だけではなく、その背景として存在する調査や研究の意義を唱えたものだといえよう。

③社会教育機関としての〈陳列所〉認識

山口の運営する〈陳列所〉で行われた陳列は、その多くが商工業者を中心とする利用者に、必要な知識・技術を教授する意図を持っていた。実行された事業は必ずしも直接的に教育を謳ったものではなかったが、十分に教育的な側面を持っていたといえる。これらの教育的側面を有する活動は決して偶然の産物ではなく、社会教育機関としての〈陳列所〉の意義を認識した上で、意識的に展開されたものであった。山口は次のように述べる。

私の考へでは教育と陳列所の仕事とがどこまでも並立して行きたいと思って居る。名古屋でも大阪でも陳列所を経営しながら社会教育的傾向を私は多分に持って居た。[143]

この言葉に表れているように、山口にとって〈陳列所〉は常に社会教育の場であった。地方〈陳列所〉の例に洩れず、山口が運営する〈陳列所〉においても、商工業者によって出品された商品が販路拡張という名目のもとに陳列販売が行われた。それでも、上記のような思想によって運営された〈陳列所〉は、勧工場とみなされるほど物販に傾倒した地方〈陳列所〉と比較すると、教育的機能が多分に組み込まれた陳列機関であったといえる。その一方、「骨董館」[144]と揶揄されたような、物を収集して保管しているだけの機関でもなかった。山口の運営した〈陳列所〉では、商品を中心とした社会教育機関として有形無形の教育活動が実施されたのである。〈陳列所〉界に様々な提案をした引退間際に、山口は大阪貿易奨励館の計画を作り上げる。そこには、数々の貿易奨励機能と並列して独立した教育部が設定され、教育機関とも連携した通俗教育の実行が考慮されていた。[145]地方都市や海外への出張陳列やそこでの蒐集活動などを「ミュゼアム、エキステンション」と位置づけて積極的に展開したことからも、海外の博物館事情への精通と、社会教育的認識を持って活動した事実がうかがえよう。[146]

社会教育機関としての〈陳列所〉のあり方について、山口は次のように述べている。

地方商品陳列所のやり方を見ると、教育と云ふものについて私と同じ考への方もあるが、概ね見本市的もしくば展覧会的に傾いて居る様だ。とにかく面白くして民衆をひきつけるやうな仕事をやって行かなければならない事は当然の事であるが、教育部と云ふものをおいて小学校中学校と連絡を取り、博物館として仕事をやって行くのが効果的であると思ふ。つまり今の日本では、博物館と商品陳列所が結び付いたものがもっとも適当ではないかと考へる。(147)

博物館という語の定義については論旨とは異なるためここでは議論を避けるが、少なくとも前記の発言から、「博物館」は教育的機能を含むものであると山口が捉えていると考えて問題ないだろう。山口は従来型の見本市的・展覧会的な〈陳列所〉に対して、教育的効果を持つ「博物館」としての機能を〈陳列所〉に組み込むことを提案する。この提案のあり方は、大阪貿易奨励館計画として山口が提示したものと同質のものであった。山口は陳列をはじめとした様々な業務の中に教育的機能を持たせ、それを学校教育と結びつけることを試みた。それは、博物館界が重視した通俗教育や学校教育と深く関係する教育的機能を内包した陳列機関でもあったといえる。

おわりに

山口が運営した〈陳列所〉は、貿易の振興を最大の目的とし、立地する都市の産業構造や時代変化を踏まえた調査研究を基に、商工業者の求めに応じて彼らの活動を補助する機関であった。そこでは、商工業に対してだけではなく、学校施設と接続すべく陳列を中心に様々に展開する教育機能を、従来の〈陳列所〉の中に取り込むことが目指され、商工業者から学生に至るまで、それぞれに最適な知識の普及が図られた。つまりそれは、商品の陳列を通して販路拡張の手助けをするだけではなく、商品に関する調査研究機関としての側面と、貿易に関する知識を啓発する社会教育機関としての側面を持ち合わせた陳列機関であった。それゆえに、山口の運営した〈陳列所〉は博物館界において評価された。このことは、〈陳列所〉を通じた「教育」への視線を通して、文部省関係者による「博物館」が再び接近したことを意味するが、山口の活動があくまで〈陳列所〉の可能性を押し広げようとするものであったことは、特筆すべき点である。

『博物館研究』において大阪府立商品陳列所を評価し、「本邦将来の商業博物館施設上大に参考すべきもの」として山口が構想した大阪貿易奨励館を取り上げた記者は、商業博物館を「必要な参考品を陳列して、当事者の参考に供したり、学校生徒や民衆の教育上に資したりすることも勿論其の事業の一つである」としながら、「寧ろ其他の方面に置いて幾多の重要な職能を有って居る」と記している。[148]「其の他の方面」の職能とは、陳列所のもつ陳列によるもの以外の機能だと考えられる。山口の理想とした〈陳列所〉は、その能力を充分に備えたものであり、博物館界が目指した商業博物館のあり方のひとつでもあったともいえよう。

一方で、貿易を主眼とする〈陳列所〉の推進は、農商務省をはじめとした〈陳列所〉界の有力者が提言し続けたことでもある。しかしながら、本章でも見たように多くの〈陳列所〉界の実情は、その理想とは大きくかけ離れていた。そのような状況にありながら、山口は自ら使命感を抱いて〈陳列所〉界の模範となるような〈陳列所〉を作り上げていく。やがてそれは〈陳列所〉界全体へ向けた提言として具体的に発信されていった。理想的な〈陳列所〉を目指し、所管する〈陳列所〉の運営に留まらず、〈陳列所〉界全体の方向付けにも影響を与えた理論の提唱とその実践こそ、〈陳列所〉界における山口貴雄の存在意義であったといえる。その理想とした〈陳列所〉は、〈陳列所〉界のみならず博物館界においても評価されたものであり、教育機関としての博物館と近代日本の成長過程において独自に発達した〈陳列所〉（つまり山口が改善を訴えた博覧会的な〈陳列所〉）とが結びついたものであったともいえる。ここで注意すべきは、山口が目指したものが博物館ではなく、あくまで〈陳列所〉だということである。山口は技術者として地方の商工業者を指導し、世界市場を見て歩いた現場での経験を通して作り上げた〈陳列所〉の理想像を目指した。それに留まることなく、時代と場所に順応しながら世界に通じる〈陳列所〉を作り上げた点にこそ、山口貴雄による〈陳列所〉運営の特質が見出せるのである。

山口は、自身の〈陳列所〉運営においてアメリカのフィラデルフィア・コマーシャル・ミュージアムを模範とし、参照していた。これは当時の農商務省も同様である。[149]山口の師である平賀もまた、自身が大阪府立商品陳列所長時代に、同ミュージアムを高く評価していた。一方で、フィラデルフィア・コマーシャル・ミュージアムは、学校教育と連携する独創的な教育活動が博物館界から注目を集めていた。[150]同じ機関を目標としたという点で、山口をはじめとする陳列所界の牽引者と、博物館界の牽引者達は同じ方向を向いていた。ただし、両者がフィラデルフィア・コマーシャル・ミュージアムのどのような側面を評価していたのかは、必ずしも完全に一致するものではないように思われる。この点を明らかにすることは、当時の〈陳列所〉界と博物館界の意識を検討することでもあり、今後の課題のひとつである。

農商務省と文部省によってそれぞれ統括された〈陳列所〉界と博物館界だが、前述のように重なりあう部分を持ち合わせていた。また、互いの主導機関には人的交流が確認でき、ある部分において両者は相互貫入する深い関係にあったといえる。[151]しかしながら、本章で示した山口の〈陳列所〉運営に認められる方向の同一性や、主導機関における人的交流は、戦後の博物館史研究においてはほとんど見過ごされてきた。それゆえ、山口貴雄の〈陳列所〉運営と〈陳列所〉界における役割は、当時の博物館界の様相を検討する際にも、重要な視座を提供する。

しかしながら、ここで注意しなければならないのは、山口の運営した〈陳列所〉は、〈陳列所〉界の一部に過ぎないということである。山口による〈陳列所〉が商業博物館として評価されていたからといって、その評価をそのまま他の〈陳列所〉にあてはめることはできない。けれども、他の〈陳列所〉が、どれも山口が求める〈陳列所〉の機能を全く有していなかったわけでもない。それは第五章や本章冒頭で示した当時の〈陳列所〉界の様相から明らかであろう。一九世紀後半以降、博覧会の流行に付随するように、貿易の振興を目的とした陳列機関が貿易都市を中心に世界中に設置されていた。日本独自の発達を遂げたと評価された〈陳列所〉だが、山口が関与した〈陳列所〉は、どれも世界的な潮流に乗ったものであったといえるだろう。逆にいえば、貿易を主眼としなかったもの、つまり山口が改善を訴えた多くの〈陳列所〉にこそ、近代日本独自の特質を見出すことができるともいえる。山口が目指した〈陳列所〉をその代表として扱って、他の大勢について検討しないということでは、近代日本の〈陳列所〉の全体像を語ることはできない。その逆も同様である。個別の〈陳列所〉の実態を詳細に明らかにしていくことで、〈陳列所〉界を牽引した山口の〈陳列所〉運営との関係を含めて、その全体像を個から描きだすことができるだろう。このことは近代日本の博物館を検討するためにも必要不可欠な作業なのである。

（1）「商業博物館問題」（『博物館研究』第二巻二号、博物館事業促進会、一九二九年）七頁。
（2）「大阪貿易奨励館計画」（『博物館研究』第二巻二号、博物館事業促進会、一九二九年）七〜九頁。
（3）「大阪府立商品陳列所の活動」および「愛知県商品陳列所の活動」（『博物館研究』第一巻三号、博物館事業促進会、一九二八年）一〇〜一一頁。
（4）「発刊の辞」（『博物館研究』第一巻一号、博物館事業促進会、一九二八年）一頁。
（5）ここでいう「博物館界」とは、文部省と、文部省によって統括された博物館の集合を指す。具体的には『文部省報告』に掲載されるものなどで、特に博物館事業促進会の設立後は同会の関係者を中心とするものである。
（6）「商品陳列機関 於大阪実業協会総会山口貴雄氏講演」（『大阪毎日新聞』一九一七年一二月一一日付）。
（7）犬塚康博「商品陳列所改造論」（『千葉大学日本文化論叢』第一一号、二〇一〇年）一〇六〜九三頁。
（8）ここでいう社会教育とは、教育が行われる場所の違いに基づく学校教育・家庭教育に対する意味での社会教育であり、前記以外の社会機関で行われる教育的活動を指す。
（9）改名の時期は、政府発行の『職員録』と山口が関与した業界団体の機関誌『大日本織物協会会報』各号に記された姓名の変更から判断した。より正確には、一九〇六年一二月から一九〇七年一月の間と推定される。

(10) 山口の経歴に関する本節の記述は、特に註記のない事項については以下の史料から得られた情報をまとめたものである。「叙位裁可書　明治四十四年　叙位巻二十一」（国立公文書館所蔵）JACAR 提供［A12090080300］画像番号16～18、金港堂編・刊『第五回内国勧業博覧会審査官列伝』前編（一九〇三年）一二二頁、人事興信書編・刊『人事興信録』第八版（一九二八年）ヤ八一～ヤ八二頁、『新撰大人名辞典』第七巻（平凡社、一九三八年）三四三頁。

(11) 山口貴雄「『還暦小記』の後に題す」（相馬半治『還暦小記』増補再版、実業之日本社、一九二九年）あとがき一二～一四頁。なお、山口が入学した当時の名称は「仙台中学校」で、一八七九年（明治一二）に「宮城中学校」へと改組した。

(12) 『宮城中学校 第三年報』（一八七九年）、および『宮城中学校 第四年報』（一八八〇年）における在籍記録より。

(13) 前註12『宮城中学校 第三年報』、一四頁。一八七九年七月の定期試験受験時には、最下級である下等第七級に属している。宮城中学校は四年制で、半期毎の定期試験で進級を決めた。

(14) 大村喜吉『斎藤秀三郎伝』（吾妻書房、一九六〇年）。

(15) 前註12『宮城中学校 第四年報』、二三頁。山口の同級生には、中学卒業後まもなくして北海英語学校（現・北海高等学校）の設立者のひとりとなる岡元輔などがいた。斎藤秀三郎は山口の先輩にあたるが在校時期が重なっている。

(16) 前註11「『還暦小記』の後に題す」あとがき、一二～一四頁。

(17) 前註11『還暦小記』。

(18) 『東京工業大学百年史 通史』（一九八五年）六〇～六一頁（山口の懐旧談）。

(19) 同右、二七～七二頁。

(20) 同右、六〇～六一頁。

(21) 同右、八五頁。

(22) 翠羽生「自序」（山口務・登阪秀興『欧米染織鑑』、実用社、一九〇一年）巻頭。内容から、翠羽は山口の雅号と判断できる。

(23) 「山口氏織物会社に入る」（『東京朝日新聞』一八九八年一月二三日付）。山口は六月末に農商務省に復帰する。

(24)『白洋舎五十年史』(一九五五年)。
(25)「工業化学会」(『大日本織物協会会報』第一三五号、一八九八年)三八〜四一頁。工業化学会は、化学工業を発達させることを目的に東京大学および東京工業学校出身の化学者らの発起によって結成された。
(26)『第五回内国勧業博覧会事務報告』下巻(農商務省、一九〇四年)三八七・三九九頁。
(27)『第五回内国勧業博覧会審査報告』第六部巻之一(長谷川正直、一九〇四年)。山口は第六部門の多くで主任審査官を務める一方で、部長代理・報告員として第六部全体の審査報告を著している。
(28)「博物館事業促進会役員」(『博物館研究』第一巻一号、一九二八年)一六頁。
(29)前註24『白洋舎五十年史』、一三七頁。
(30)大山晴一郎・齋藤俊吉・山口貴雄『織物』(日本評論社、一九三五年)。
(31)「山口貴雄氏」(『東京朝日新聞』一九三八年一二月四日付)。
(32)戸板康二『俳句・私の一句』(主婦の友社、一九九三年)一一九〜一二二頁。
(33)『大日本織物協会業績五十年史』(一九三五年)二一七〜二一八頁(山内英太郎編『創立五十周年記念 染織五十年史協会業績史』所収、大日本織物協会、一九三五年)。
(34)竹内常善「南都留染織学校」(豊田俊雄編『わが国離陸期の実業教育』、国際連合大学、一九八二年)一二三〜一六九頁。
(35)「山口技師の来県」(『北国新聞』一九〇八年八月二八日付)。
(36)「山口農商務技師の栃尾巡視」(『大日本織物協会会報』第一五三号、一八九九年)二〇一頁。
(37)『藍靛製造試験報告』(農商務省商工局、一八九五年)。
(38)「第五回二府十一県聯合共進会」(『大日本織物協会会報』第九二号、一八九四年)一五三〜一五四頁、「宮城、岩手、青森三県聯合共進会出品織物」(『大日本織物協会会報』第九三号、一八九四年)一七六頁など。
(39)前註27『第五回内国勧業博覧会審査報告』第六部巻之一。
(40)山口務「第四回内国勧業博覧会織物審査官の選任に就て」(『大日本織物協会会報』第九七号、一八九五年)二四九〜

二五〇頁。
(41) 翠羽生「博覧会、共進会等に於ける織物染物陳列場所に就いて」(『大日本織物協会会報』第一五六号、一九〇九年)二七九〜二八〇頁。
(42) 前註33『大日本織物協会業績五十年史』、五頁。以下、同協会については同誌の記述による。
(43) 同右、三七頁。
(44) 山口務「山口務氏の書信」(『大日本織物協会会報』第一六五号、一八九九年)二七八頁。
(45) 前註22、翠羽生「自序」。
(46)「山口務氏」(個人消息)(『染工之友』創刊号、実用社、一九〇〇年)二九頁。同誌の広告でも告知されている(山口務「特別広告」および実用社「特別社告」)。
(47)『欧米染織鑑』の資料的価値については、田村均「一九世紀末〜二〇世紀初頭・国際市場における絹織物の低価格化と流行品:『欧米染織鑑』に収録された織物サンプルの分析」(『埼玉大学紀要　教育学部』第五六巻一号、二〇〇七年)二九一〜三〇五頁を参照のこと。
(48) 前註22、翠羽生「自序」。
(49) 本項をまとめるにあたり、以下の研究を参照した。三好信浩『日本工業教育成立史』(風間書房、一九七九年)、同前『日本工業教育発達史の研究』(同前、二〇〇五年)。三好は黎明期の工業教育関係者を系統立てて紹介し、「工芸教育」としてのG・ワグネルの系譜、「工業教育」としてのH・ダイアーの系譜、そして両者を受け継ぎつつも日本独自のあり方を育てた手島精一の系譜を示しており、平賀をダイアーの系譜の末端に位置づけている。
(50) 秋山廣太『平賀義美先生』(丁酉倶楽部、一九三四年)二五五頁。
(51) 同右、一五七〜一五八頁。
(52) 平賀義美「序」(前註22『欧米染織鑑』巻頭)。
(53) 同右、五頁。
(54) 平賀義美『日本工業教育論』、金港堂、一八八七年。

(55) ここでいう「〈陳列所〉界」とは、農商務省と、それに統括される各〈陳列所〉から成る集合を指す。具体的には、農商務省商品陳列館報告などに一覧として掲載されるものである。

(56) 「山口所長を送る」(『通商彙報』第二〇七号、大阪府立商品陳列所、一九二七年)一頁。

(57) 「愛知県商工館史話」(『愛知商工』第二〇一号、一九三六年)六頁。

(58) 「本館ノ沿革」(『農商務省商品陳列館案内』、農商務省商品陳列館、一九〇〇年)一頁。

(59) 貿易品陳列館および後継の農商務省商品陳列館の歴代館長は以下の通りである。鹽田眞―松岡壽―佐藤顕理―山脇春樹―鶴見左吉雄。

(60) 『職員録』明治三八年・甲(印刷局、一九〇五年)四四一頁。

(61) 鶴見左吉雄『日本貿易史綱』(巌松堂書店、一九三九年)四二〇~四二一頁。

(62) 「陳列標本ノ収受」(農商務省商品陳列館記事、『農商務省商品陳列館報告』第二号、一九〇六年)一〇〇・一一三~一一六頁。四月から七月に収集した陳列品として「山口農商務技師ノ蒐集セル印度及緬甸ニ需要セラル、各種商品見本三百六十一点」が記載されている。

(63) 「本会主催博物館類似施設主任者協議会議事録(第一日目)」(『博物館研究』第二巻七号、博物館事業促進会、一九二九年)九頁。

(64) 『職員録』明治二九年・甲(内閣官房局、一九〇五年)四三六・四二七頁。

(65) 商工局工務課編『仏独英米機械製造所名鑑』、農商務省商工局、一八九七年。巻頭例言を工務課長であった山口が著している。

(65) 商工局工務課編『道庁府県重要工産物一覧』、農商務省商工局、一八九七年。巻頭例言を工務課長であった山口が著している。

(67) 「満州ニ於ケル運搬方法(山口技師調査)」(『農商務省商品陳列館報告』第四号、一九〇六年)五七~六〇頁。

(68) 『愛知県商品陳列館要覧』大正二・三年用(一九一三年)。以下、特に註記なき場合、館の設置経緯や施設概要の記述は同史料による。

(69)「第一回記念日祝賀式概況」(『愛知県商品陳列館報告』第二二号、一九一二年)二一〜二三頁(山口の式辞)。
(70)『職員録』明治四三年・乙(印刷局、一九一〇年)二七一頁。愛知県技師・犬塚右八郎が県立水産試験場長と兼任で館長を務めた。
(71)前註63「本会主催博物館類似施設主任者協議会議事録(第一日目)」、九頁(山口の発言)。
(72)同右。
(73)前註68『愛知県商品陳列館要覧』大正二・三年用、一頁。
(74)前註69「第一回記念日祝賀会概況」、三〜四頁(出品者総代答辞)。
(75)同右、二一〜二三頁(山口の式辞)。
(76)「陳列機関に於ける施設のいろいろ」(『愛知県商品陳列館報告』第二八号、一九一三年)六〜七頁。
(77)「本館刊行史」(『愛知商工』第二〇一号、一九三六年)二〇〜二四頁。
(78)「全国陳列所協議会録事」(『農商務省商品陳列館報告』第一六号、一九〇九年)五三〜五四頁(農商務大臣の訓示)。
(79)「第二回紀念日に際して一言す」(『愛知県商品陳列館報告』第二四号、一九一三年)一〜二頁。
(80)「額田郡物産陳列所と重要物産」(『愛知県商品陳列館報告』第三八号、一九一四年)一五頁。額田郡は現在の愛知県岡崎市の一部。その建物は構内に併置された公会堂と共に現存しており、国の重要文化財となっている。
(81)「本館諸規則の改正」(『愛知県商品陳列館特報』第一七号、一九一二年)付録、一〜四頁。
(82)「商品陳列館に関する設備の話」(『愛知県商品陳列館報告』第二七号、一九一三年)八〜一〇頁。
(83)「第二部出品者氏名録」(『愛知県商品陳列館報告』第一号、一九一一年)付録、一〜二頁。
(84)「愛知県商品陳列館規則」(『愛知県商品陳列館特報』第一七号、一九一二年)付録、一頁。
(85)「機械館の試運転」(『愛知県商品陳列館報告』第一号、一九一一年)六頁、および「機械類の販売者並に発明家諸氏に一言す」(『愛知県商品陳列館報告』第二号、一九一一年)一〜二頁。
(86)同右。
(87)「六月初旬の本館」(『愛知県商品陳列館報告』第二七号、一九一三年)二一〜四頁。

(88) 前註68『愛知県商品陳列館要覧』大正二・三年用、三頁。
(89) 「第四回本館記念日祝賀会」(『愛知県商品陳列館報告』第四八号、一九一五年)四〜七頁(手島日本電通支局長の祝辞)。
(90) 「通俗講話会」(『愛知県商品陳列館要覧』大正四・五年用、一九一五年)六二〜六四頁。
(91) 「米国費府商品陳列所長の追憶」(『通商彙報』第二〇五号、一九二七年)一頁。フィラデルフィア・コマーシャル・ミュージアム(Philadelphia Commercial Museum)は、「費府業博物館」「費府商品陳列館」などと、その時々で用いられる和訳語が異なる。この和訳語の選択には訳者の思想が反映されていると考えられるため、ここでは全語をカナ表記とした。山口は、「費府のコンマーシアル、ミュージアム」(「発刊の辞」『愛知県商品陳列館報告』第一号)などカナ表記を用いることが多い。
(92) 「発刊の辞」(『愛知県商品陳列館報告』第一号、一九一一年)一〜二頁。
(93) 『商品陳列所総覧』第二回版(商品陳列所連合会、一九三三年)五四頁。また、『愛知県商品陳列館内雑観』(愛知県商品陳列館、一九一一年)も「建築の美なる規模の大なる此種機関中稀れに見るところとす」と紹介している。
(94) 前註89「第四回本館記念日祝賀会」。
(95) 「第五回本館記念日」(『愛知県商品陳列館報告』第六〇号、一九一五年)五〜一〇頁(山口の挨拶)。
(96) 『愛知県商品陳列館要覧』大正六・七年用(一九一七年)五頁。
(97) 『再築公開五周年記念 最近六ヶ年施設概要』(大阪府立商品陳列所、一九二三年)二頁。
(98) 『府立大阪商品陳列所十年紀要』(一九〇一年)。
(99) 『大阪府立商品陳列所落成記念展覧会報告』(一九一八年)一〜二頁。なお、同史料をはじめ大阪府立商品陳列所の刊行物のいくつかは、北区大火の罹災を一九〇八年(明治四一)としているが、これは一九〇九年の誤りである。
(100) 前註99『大阪府立商品陳列所落成記念展覧会報告』、一〜二頁。
(101) 前註50『平賀義美先生』、二五五頁。山口の大阪招聘に関して次のように記している。「大久保利武氏が大阪府知事になるに及び、氏(山口のこと—引用者註)を府の商品陳列所に聘せんと、切りに先生(平賀のこと—引用者註)との縁故を説いて勧誘し、氏は終に転任を承諾して仕舞った」。
(102) 前註6「商品陳列機関 於大阪実業協会総会山口貴雄氏講演」。
(103) 「農商務省令第四号（道府県市立商品陳列所規程）」（『官報』第二三一五号、一九二〇年二三日付）五八九頁。「規程」については本書第四章を参照のこと。
(104) 「大阪商工界の生きた図書館」（『大阪朝日新聞』一九一七年四月二六日付）。開所に向けて「館長山口貴雄君の熱心な肝煎で種々な計画がされてある」と伝えられている
(105) 前註63「本会主催博物館類似施設主任者協議会議事録（第一日目）」、九頁（山口の発言）。ここで山口が述べた在籍年数は若干誇張されている。正確には、愛知県商品陳列館に約六年半、大阪府立商品陳列所に約一〇年一〇ヶ月在籍した。
(106) 「勿忘十則」（前註97『再築公開五周年記念 最近六ヶ年施設概要』付録「題言集」、四〜五頁。『通商彙報』一九一六年六月二〇日発行号巻頭題言の再録）。
(107) 「本所の業務範囲」（前註97『再築公開五周年記念 最近六ヶ年施設概要』付録「題言集」、三〜四頁。『通商彙報』一九一六年三月二五日発行号巻頭題言の再録）。
(108) 前註99『大阪府立商品陳列所落成記念展覧会報告』、一四〇〜一四一頁。
(109) 『最近十年間の大阪府立商品陳列所』（大阪府立商品陳列所、一九二七年）一四八〜一五八頁。
(110) 田島房太郎「創立五十周年記念に際して」（『通商彙報』第四〇〇号、大阪府立貿易館、一九四〇年）二〜三頁。
(111) ショーウィンドウを備えた〈陳列所〉としては、大阪の他に三重県商品陳列所（一九二六年竣工）、横浜市商工奨励館（一九二九年竣工）、朝鮮総督府商工奨励館（一九一九年竣工）がある。
(112) 田島奈都子「近代日本における広告の啓蒙普及機関としての商品陳列所」（『メディア史研究』第二一号、ゆまに書房、二〇〇六年）一〇五〜一四〇頁。
(113) 前註89「第四回本館記念日祝賀会」。祝辞の中で、山口が行った広告展覧会の先見性が賞賛されている。
(114) 大阪府立商品陳列所創立三〇周年記念協賛会編・刊『回顧三十年』（一九二〇年）三七〜三八頁（商品広告展覧会の

開会式における山口の謝辞）。
（115）同右。
（116）「期待さるる商品陳列所内の新築広告館と広告展覧会」（『大阪新報』一九一八年二月四日付）。
（117）「広告（四）商品広告展覧会の開催」（『通商彙報』第一三号、大阪府立商品陳列所、一九一八年）一二頁。
（118）「陳列装飾上より観たる優良品展覧会」（『通商彙報』第二七号、大阪府立商品陳列所、一九一九年）四～一三頁。
（119）「本所陳列諸会一覧表」（前註109『最近十年間の大阪府立商品陳列所』）四四～五一頁。
（120）「府の商品陳列所内に発明館と商標館」（『大阪新報』一九一九年二月一日付）。
（121）「大阪府立商品陳列所施設一班」（前註114『回顧三十年』）五二～五四頁。
（122）「産業常識の普及に関する施設」（前註109『最近十年間の大阪府立商品陳列所』）三八～三九頁。
（123）「広告（其三）どんな場合に大阪府立商品陳列所に往くべきか」（『通商彙報』第一三号、大阪府立商品陳列所、一九一八年）六頁。〈陳列所〉を利用すべき場合として挙げられた中に、海外市場の情勢を知りたい時と並んで、「海外各国の風俗、習慣、光景の一般が知りたい」時が挙げられている。
（124）「発明館新設の趣旨と其の陳列品」（前註114『回顧三十年』）四八頁。
（125）片桐裕七郎編『商工中心会十年史』（商工中心会、一九三〇年）九頁。
（126）前註109『最近十年間の大阪府立商品陳列所』、五五頁。当時、大阪で大規模な展覧会が実施できる会場は、天王寺の勧業館と大阪府立商品陳列所に限られていた。大阪市立美術館の開館は一九三六年（昭和一一）である。
（127）前註97『再築公開五周年記念 最近六ヶ年施設概要』巻頭図版。
（128）『新修大阪市史』第七巻（一九九四年）八七二頁。
（129）「第一回貿易会議議題「参加者」及討議事項」（関税課長、一九二六年）国立公文書館所蔵、JACAR提供[A09050184600]。
（130）山口貴雄談「第一回貿易会議に関する感想」（『商工中心時報』第一二一号、商工中心会、一九二六年）一頁。貿易院の内容については、前註109『最近十年間の大阪府立商品陳列所』、五六～六二頁。

(131) 鶴見左吉雄『日本貿易史綱』（巌松堂書店、一九三九年）四二八頁。
(132) 前掲註109『最近十年間の大阪府立商品陳列所』、一〇三頁。
(133) 「商品陳列所に関する商工省令改正問題」（『通商彙報』第一九五号、大阪府立商品陳列所、一九二七年）一頁。
(134) 大阪府立商品陳列所「大阪府立商品陳列所の活動」（『博物館研究』第一巻三号、博物館事業促進会、一九二八年）一〇～一一頁。
(135) 前註93『商品陳列所総覧』第二回版、凡例。
(136) 「所長更迭」（『通商彙報』第二〇六号、大阪府立商品陳列所、一九二七年）一一頁。
(137) 前註56「山口所長を送る」、一頁。
(138) 三宅拓也「工業教育振興会の設立と山口貴雄」（『工業教育』第四五巻二六八号、全国工業高等学校長協会、二〇〇九年）五七～六二頁。
(139) 「水面に投げたる石」（前註97『再築公開五周年記念 最近六ヶ年施設概要』付録「題言集」二九～三〇頁。『通商彙報』一九二三年一一月二一日発行号の再録）、「直接と間接」（同前、三〇頁。『通商彙報』一九二二年一二月二一日発行号の再録）など。
(140) 「我斯思二十則 大正七年所長訓示」（前註109『最近十年間の大阪府立商品陳列所』、一四八～一五〇頁）。
(141) 「大正十二年の新年号に題す」（前註97『再築公開五周年記念 最近六ヶ年施設概要』付録「題言集」三〇頁、『通商彙報』一九二三年一月一日発行号の再録）。
(142) 前註140「我斯思二十則 大正七年所長訓示」。
(143) 前註63「本会主催博物館類似施設主任者協議会議事録（第一日目）」（山口の発言）。
(144) 「骨董的商品陳列所」（『愛知県商品陳列館報告』第九八号、一九一九年）一頁。この頃の愛知県商品陳列館長は山口ではなく中村健一郎である。
(145) 前註2「大阪貿易奨励館計画」。
(146) 「ミュゼアム、エキステンション」（前掲註97『再築公開五周年記念 最近六ヶ年施設概要』付録「題言集」二六頁、

『商工彙報』一九二二年八月一日発行号の再録)。

(147) 前註63「本会主催博物館類似施設主任者協議会議事録(第一日目)」九頁(山口の発言)。

(148) 前註1「商業博物館問題」。

(149) 荘司市太郎講述「欧米諸国に於ける商品陳列館の経営に就て」(『農商務省商品陳列館報告』第一七号、一九〇六年)三八〜四二頁。

(150) 「学校教育と博物館」(『博物館研究』第一巻三号、博物館事業促進会、一九二八年)三〜六頁。

(151) 博物館事業促進会設立時の役員には農商務省商品陳列館館長を務めた山脇春樹と鶴見左吉雄が理事に、山口貴雄と大久保利武が評議員に名を連ねている(前註28「博物館事業促進会役員」)。その一方で、農商務省商品陳列館の理事を手島精一や秋保安治などが務めた(前註61『日本貿易史綱』、四二〇頁)。

結　章　近代日本の〈陳列所〉

一　〈陳列所〉の誕生と展開

ここまで、序章で提示したふたつの課題を念頭に置きながら、近代日本の〈陳列所〉について時代を追って考察してきた。以下では、〈陳列所〉の展開の過程を整理する意味も兼ねて各章で検討した事項を整理し、それを踏まえて近代日本の〈陳列所〉について総括することとしたい。

第一章では、日本の〈陳列所〉についての議論に備えて、一九世紀末の欧州に目を向けた。万国博覧会の開催をきっかけとする勧業施設の多様なあり方を明らかにし、一八八〇年代以後に流行した貿易振興のためのミュージアムの嚆矢であるブリュッセル・コマーシャル・ミュージアムの実態に迫った。

世界最初のコマーシャル・ミュージアムであるブリュッセル・コマーシャル・ミュージアムは、美術品等を保存する従来のミュージアムとは異なり、常に物品を新陳代謝し続ける新しいミュージアムであった。これは外国との通商問題を扱う外務省が主務としたこととも大きな関係がある。この新しいミュージアムのあり方は建築的にも体現され、コマーシャル・ミュージアムにとって必要不可欠な情報機関としての活動と陳列とが、相互補完をなす空間として提示された。ここに新しいミュージアムが都市の中に実現したのである。

コマーシャル・ミュージアムは、わが国で語られてきた博物館史に新たな視点をもたらすものだといえる。世界の工場として一九世紀後半の世界を牽引し、初めて万国博覧会を開催したイギリスは、サウス・ケンジントン・ミュージアムの存在により、博物館政策においても他国の模範となる存在とされてきた。しかしながら、一八八〇年代にイギリスが貿易対抗国における脅威と捉えたものがコマーシャル・ミュージアムであり、それを取り込むべく奔走した事実は、たいへん興味深い。世界は自由貿易の時代を迎え、その見取り図を変えつつあった。その重要な役割を果したひとつがコマーシャル・ミュージアムなのである。それゆえに、アメリカのフィラデルフィアをはじめとして、世界各地にコマーシャル・ミュージアムが次々と誕生することとなる。日本の〈陳列所〉も、こうした世界的な動向の中に位置づけられる。

第二章では、明治初期に勧業イベントとしての博覧会・共進会から常設施設が生まれる過程を確認した。それは政府の直接的勧業政策と間接的勧業政策を可視化し、大衆化する装置としての博覧会・共進会が恒常的な施設として都市に根付いていく過程であった。

博覧会・共進会は、万国博覧会で実見された近代技術の導入や、官営模範工場制度の普及をも意識した近代工業部門と在来産業部門の総合的な発展、ないしは相互補完的な発展を目指す勧業政策として推進された。それが波及するように、同時代的に地方都市においても博覧会が開催される。やがて政府の枠組みの中に地方都市の博覧会が意識的に組み込まれ、相互発展していった。

政府による博覧会と連動した常置陳列施設としての博物館の整備は、同様に、地方都市においても進められる。天皇や旧藩主が東京に移り衰退の危機に瀕した地方都市は、経済産業活動の活発化による自立が最優先課題であったこともそれを後押しした。それゆえに、博覧会・共進会の実施や〈陳列所〉の設置には、地方行政当局に加えて民間商業者の積極的な関与があり、政府とのつながりのなかで進められていく。地方都市においては、民間業者との関係がより直接的なものとなり、会場となる場所の空間的な特性も含めて、陳列施設を取り巻く状況は政府のそれに比べて、より複雑なものであったといえる。

事例として取り上げた石川県では、衰退の危機に瀕した金沢の町を盛り立てようと地元産業の活発化が叫ばれ、そのために博覧会が必要とされた。博覧会は、地元の有力商人を中心に官民の協力で実施され、政府関係者が示した見解——すなわち佐野常民が示した博覧会の開催基盤としての博物館——を参照しながら、独自に常設の博物館を組織する。

政府と地方都市のいずれにおいても、文化財保存の意図以上に、勧業に関わる現実的な要請に基づく関係者の行動の早さが（あるいはそれを口実として）、常置陳列施設の整備を推進させたといえるだろう。当初こうした施設には、「勧工場」「勧業場」「共進館」そして「博物館」などの名称が用いられ、やがて「勧業博物館」「勧業見本品陳列所」「物産陳列場」などに名称を変えていく。当初の名称は、政府や他府県の類似施設で様々であるが、勧業施設という点においては、その目的や実態は当初から一貫性のあるものである。この意味で、明治初期の博物館は〈陳列所〉と呼び得るものであった。

第三章では、前章でみた博覧会に起因する〈陳列所〉とは異なるタイプのそれについて取り上げた。欧州のコマーシャル・ミュージアムに学んで一八八〇年代に計画された「通商博物館」と、それを継ぐように誕生した府立大阪商品陳列所である。

農商工業振興のための機関は、政府各省の管轄内においてそれぞれ進められていたが、対外政策を司る外務省が貿易奨励機関としての西洋のコマーシャル・ミュージアムに注目したことにより、農商務省・文部省を巻き込んだ「通商博物館」設置計画は進められた。外務省・農商務省と文部省とで目標とする方向が異なり対立するが、実業教育における文部省と農商務省の対立とは異なり、そこに外務省が加わったことで、日本では商工業者を主な対象とする機関としての計画が推進される。ブリュッセル・コマーシャル・ミュージアムを模範として計画は進められ、民間の協力を仰ぐ過程でショーケース的な陳列施設の要素が含まれていくが、資金難から具体的な設置運営方針が定まらず、東京での計画は頓挫する。

しかしながら、その計画は形を変えて大阪の地で実現する。計画の仕掛人として当初から関与しながらも設置主体を問わない姿勢をみせた外務省や、提案を受けて俊敏に行動に移した大阪の官民の動向をみると、大阪商品陳列所の実現は、国家としての政策と、地方都市の意志が合致した結果であったといえるだろう。それを実現せしめたのは、大阪の持つ人的・財的・文化的な都市の個性であった。

こうした〈陳列所〉の受容のあり方は、西洋の模倣や、中央から地方への指導といった単純なものではない。そこには、利害や背景を異にする多様な集団の意図が複数のレベルにおいて相互に絡み合っていた。このような関係を解きほぐすことでみえてきたこと、つまり世界に遅れることなく、政府主導ではなく地方都市の官民の協力によって、従来の博物館と一見変わらぬ姿で〈陳列所〉を実現した事実が、大阪という都市の特質を浮き彫りにする。言い換えれば、地方都市の産業に直接結びつくことで、官と民、中央と地方、地方と地方などの複雑な関係の中にある〈陳列所〉のうちに、都市の姿を象徴的にみることができるのである。

また、ひとつの近代システムの西洋からの受容という意味でも、府立大阪商品陳列所の誕生に至る一連の経緯は興味深い事例である。それは、組織や活動・立地条件など、文字のみで学びうる範囲においては西洋からの情報を基盤とするものの、空間として立ち現れるその建築は実見できる既存の施設に倣った点に顕著である。このことは、建築の受容には様々な要素が関係し合って初めて可能となることを示すとともに、府立大阪商品陳列所の設計における既存建築からの展開の過程は、建築類型の学習と展開のひとつのあり方を示すものだといえよう。

第四章では、〈陳列所〉を管轄する農商務省の動向を追い、博覧会と強い結びつきのある〈陳列所〉と、コマーシャル・ミュージアムとしての〈陳列所〉のふたつのあり方を得た上で、農商務省によるその設立と組織化・制度化の試みを、中央と地方との関係に注意しながら検証した。具体的には、一八九六年（明治二九）に設置された貿易品陳列館および改組後の農商務省商品陳列館、そして一九二〇年（大正九）に農商務省令として制定された「道府県市立商品陳列所規程」を取り上げた。

農商務省は、府立大阪商品陳列所の設置を支援する一方で、省内各局の施設見直しをきっかけに、省内各局の陳列施設を統合しつつ、陳列施設の実現を着々と進め、農商務省庁舎の建設を契機に農・商・工を網羅する〈陳列所〉として実現する。当初は、「通商博物館」設置計画時代の名残か、貿易品陳列館と称したが、すぐに組織改正が行われ農商務省商品陳列館となる。

そこでは、博覧会・共進会において参考品を紹介してきたように、対外貿易に特化しない、各地の産業振興を視野に入れた活動が展開された。「通商博物館」設置計画において模範とされたブリュッセル・コマーシャル・ミュージアムが、外務省の管轄下で対外政策の一貫としての側面を強く示すのに対し、国内の殖産興業全般を司る日本の農商務省による商品陳列館には、国内産業全体の底上げがその使命の根底にあった。

それゆえに、同館の活動は各地方との深い関わりの上に成り立つものでもあった。商品改良会や農商務省主催図案及応用作品展覧会（農展）など、農商務省が主体となってその方向性を提示する事業が実施されたが、巡回陳列や標本の貸与・贈与などは、地方〈陳列所〉からの意見を反映していった。さらには、陳列所長協議会の場で直接意見交換を行い、農商務省商品陳列館の活動を地方に理解・浸透させると同時に、地方の事情に合わせた活動が模索された。〈陳列所〉の利用者は、施設に足を運ぶ市民がその中心となるが、農商務省商品陳列館にとっては、各地方の〈陳列所〉も利用者と見なせる存在であった。

やがて、中央と地方とのより強固な関係を築くことが双方から課題として叫ばれるようになり、「道府県市立商品陳列所規程」によって〈陳列所〉の制度化が図られる。しかしながら、その効果は名称を「商品陳列所」に統一するという表面上・形式上の統制に留まり、規程施行後もその内容については地方それぞれの色が残った。

こうした状況を招いた理由としては、中央の主導のみによらずに施設運営し得るだけの活動地盤を、地方〈陳列所〉それぞれが築いていたことが考えられる。あるいは、地方〈陳列所〉の活動が、中央が想定する枠を超えた範囲で展開していたのかもしれない。一九世紀後半以降、博覧会の流行に付随するように、貿易を目的とした陳列機関が貿易都市を中心に世界中に設置されていた。日本においては、陳列所長協議会において、貿易を主とするもの・美術工芸を主とするもの・普通物産を主とするもの、と大別されたように地方によって様々であり、その地方性は、規則による統制を超えて表出したといえる。

第五章では、「道府県市立商品陳列所規程」によって統一が図られるに至った〈陳列所〉の多様性を明らかにするため、各地に設置された〈陳列所〉の実態を追った。取り上げた事例は、日本が植民地などに設立した外地の〈陳列所〉も含む。

まず内地の〈陳列所〉をみると、立地や構成が多様なだけではなく、その建築の構造や意匠までも多様であることがわかる。同じ〈陳列所〉という施設であっても、地域によって異なる空間イメージを持つのである。〝中央〟が示した枠組みの中、産業の近代化という共通の目的を掲げ、同じ名称を持った施設であるにもかかわらず、〈陳列所〉の建築は地域産業と都市の性格による〝地方〟の影響を受け個性に富んだあり方を示す。その多様性こそが〈陳列所〉建築の特質だといえるだろう。

こうした土地の産業や行政の方向性に基づく違いは、外地の〈陳列所〉にも同様に指摘できる。本章で取り上げた東アジア地域の四都市における〈陳列所〉は、設置の主体や目的がそれぞれ異なり、ひとくちに〈陳列所〉といってもその実態は多様である。共通していえることは、それが設置された場所が日本ではないということである。よって、それぞれに抱える土地の事情（多くの場合、国益拡大を背景とした貿易戦略）によって微妙にその立ち位置を変える。

都市が違えばその目指す姿も違い、それを導く方策もそれぞれである。そしてその結果として、多彩な〈陳列所〉建築が各地に誕生することになるのである。〈陳列所〉建築には、地方が抱いた近代への様々な思惑が込められた。勧業政策に起因する業務内容の相違に加え、各地域が描く都市施設としての〈陳列所〉の位置付けが反映されたのである。少し誇張して言うならば、〈陳列所〉は地方都市における勧業政策が、あるいは思い描かれた近代化のあり方が、空間として現れた場所といえるだろう。

第六章では、数多く誕生した〈陳列所〉の中でもとりわけ活発に活動した三つの〈陳列所〉に関与していた山口貴雄に注目し、その〈陳列所〉運営の特質を明らかにした。

山口が最高責任者として運営に関わった〈陳列所〉（愛知県商品陳列館・大阪府立商品陳列所）は、いずれも貿易振興を最大の目的とし、立地する都市の産業構造や時代変化を踏まえた調査研究を基に、商工業者の求めに応じて彼らの活動を補助する機関であった。そこでは、商工業に対してだけではなく、学校施設と接続すべく、陳列を中心に様々に展開する教育機能を従来の〈陳列所〉の中に取り込むことが目指され、商工業者から学生に至るまで、それぞれに最適な知識の普及が図られた。山口が運営した〈陳列所〉は、商品の陳列を通して製品改良や販路拡張を補助するだけではなく、商工業や貿易に関する調査研究機関であるとともに社会教育機関としての側面を持ち合わせていた。それゆえに、博物館界において評価されることとなる。このことは、〈陳列所〉における〝教育〟への関心を通して、文部省的な「博物館」に接近したようにも見えるが、山口の活動はあくまで〈陳列所〉の可能性を押し広げようとするものである。

山口が示した〈陳列所〉の方向性は、政府や陳列所長協議会などで提唱され、博物館関係の機関誌でも紹介された。しかしながら、他府県の〈陳列所〉でそのまま適用されたり実現されたりしたわけではないことは、第五章で確認した通りである。山口による〈陳列所〉が商業博物館として評価されていたからといって、その評価をそのまま他の〈陳列所〉にあてはめることはできない。けれども、他のどれも山口が求める〈陳列所〉の機能を全く有していなかったわけでもない。それは本書で示した当時の〈陳列所〉界の様相から明らかであろう。一九世紀後半以降、博覧会の流行に付随するように、貿易の振興を目的とした陳列機関が貿易都市を中心に世界中に設置されていた。日本独自の発達を遂げたと評価された〈陳列所〉だが、山口が関与した〈陳列所〉は、どれも世界的な潮流に乗ったものであったといえるだろう。逆にいえば、貿易を主眼としなかったもの、つまり山口が改善を訴えた多くの〈陳列所〉にこそ、近代日本独自の特質を見出すことができるのである。

以上、本書で考察した〈陳列所〉の展開について大枠を示してきた。〈陳列所〉は、既往研究が言うような一律な存在ではなく、また情報システムの一部としての無機質な存在でもなく、都市それぞれの歴史や産業、あるいは理想とされる未来の姿が、空間として立ち現れた場所であった。これを踏まえて、〈陳列所〉の誕生と展開の過程は、次のようにまとめることができる。

明治初期には、万国博覧会への参加を通じて勧業を目的とした博覧会・共進会が重視され、その常設施設が設置される。その施設は、政府が設置したものをはじめ「博物館」などと称するが、勧業を目的とした陳列施設として、物品の販売や技術伝習など様々な活動を展開した。地方都市においても、博覧会・共進会の開催に付随する形で施設整備が進められる。博覧会・共進会を含めてこれらの施設は、内務省が管轄するものであり、後に農商務省に引き継がれる。

一八九〇年代後半になると、西欧で流行する貿易促進を目的とするコマーシャル・ミュージアムが注目され、従来とは異なる〈陳列所〉が誕生する。そのきっかけは、外交の立場から対外通商を司る外務省が同ミュージアムに注目し、類似施設を国内で展開する農商務・文部両省に設置計画の参加を呼びかけた「通商博物館」設置計画であった。政府の手によってその計画が実現されることはなかったが、近世から商業都市として栄えた大阪において、形を変えて実現される。ただし、大阪で実現された〈陳列所〉は、欧米のコマーシャル・ミュージアムの純粋な移植ではなく、従来の日本の〈陳列所〉や、試験所などの勧業施設の機能が盛り込まれた独自の形式を持つものであった。地方主体の新しい〈陳列所〉として府立大阪商品陳列所が設立されて以後、コマーシャル・ミュージアムに倣った積極的な情報発信の影響もあり、常設施設としての〈陳列所〉は急速に普及していった。

とはいえ、地方の〈陳列所〉が大阪の事例のように、設立時から貿易を大きな目的として掲げることは稀であり、それらの多くは、産業指導と国内交易の発展に力点が置かれた。それらは聯合共進会などを開催する基盤施設として整備・発展し、都市整備の一環として、多様に生みだされたのである。

明治・大正期を通じて、博覧会・共進会をはじめ戦勝や皇族の御成婚記念を契機とするなどして各地で〈陳列所〉の設置が進んだが、昭和に入る頃になって、〈陳列所〉が収集・陳列する対象が物から情報へと変化する傾向が見られる。これは、商工業助成機関としての〈陳列所〉に求められる機能の重点が、産業の成熟にともなって生産の支援から販売の支援へと移っていくためである。〈陳列所〉はこうした時勢に合わせて、業務の中心を担っていた施設での陳列を縮小するものも現れ、新潟のように陳列施設を廃止して事務機能に特化するものもあった。

一方で、〈陳列所〉による県内施設での陳列に代わって、盛り上がりを見せる陳列が登場する。ひとつは、東京や大阪などの流通の中心地に設けられた出張所での陳列であり、ここでは県産品の宣伝を前面に出した陳列が行われた。中には朝鮮や満州などの外地に独自の出張所を置く府県もあり、また、東京駅前の丸ビル地方物産陳列所への出品も、この流れに位置づけられる。

この頃に興隆する陳列のもうひとつは、対外貿易を視野に入れた特定製品の見本市の開催である。東京商工奨励館は同館の主催によって日本で初めてと言われる見本市を開催し、やがて民間の業界団体などが〈陳列所〉を会場として見本市を開催するようになる。〈陳列所〉は、当初から貸展覧会場としての性格も備えていたが、県産品という枠組みを超えて、製品の紹介と商談の場として利用されていった。〈陳列所〉はこうした流れを汲んで、大阪をはじめ東京や神戸で持ち上がった国際見本市会館の計画へと展開するが、この意味において、〈陳列所〉は現在の見本市会場（コンベンション・センター）の源流にも位置付けられるのである。

二　〈陳列所〉の特質

〈陳列所〉におけるこうした多様性は、農商務省による統一化を試みて設定された枠組みに収まろうとしつつも、それを超えて発揮され続けた。コマーシャル・ミュージアムの受容と、地方の〈陳列所〉におけるこうした傾向は、国内産業の近代化や国際社会への進出を同時並行で進めざるを得なかった日本の特殊な事情が反映された結果である。ここで、全体を通じて得た知見を基に〈陳列所〉のいくつかの特質について、改めて整理しておきたい。

（1）活動

序章で示したように、本書では〈陳列所〉の活動を大きく四つに分類した。すなわち、①参考品・地域物産の蒐集・陳列、②展覧会・共進会ほか集会に対する会場の提供、③商工業に関する調査と紹介、④商工業に関する指導・補助である。これらの内容について、以下に整理しておきたい。繰り返しになるが、これはあくまで〈陳列所〉の全体を見渡した上で見出し得る枠組みであり、各〈陳列所〉がこれらの活動を等価に扱い網羅的に実施していたわけではなく、もちろん時代的な変化もある。ここに示すような大きな枠組みの中で、それぞれの〈陳列所〉がどこに力点を置いたのか――その取捨選択こそがむしろ重要である。なお、各〈陳列所〉の予算は基本的に設置主体者の勧業費から捻出される。

①参考品・地域物産の蒐集・陳列（図書室の整備／陳列品の分与／物産即売など）

〈陳列所〉の活動の核となるのが、個別の名称に見られる通り「物産」や「商品」の陳列である。陳列される物品は、その性格においてふたつに類別できる。すなわち、〈陳列所〉が用意する参考品と、地元商工業者などの委託出品を主とする販売品である。そして、物品を陳列するだけではなく、陳列の内容を補完するものとして、図書類の収集・公開も関連して位置づけられる。

参考品として陳列される物品は、〈陳列所〉の所蔵品（地元の優良品や内国勧業博覧会などにおける受賞品など）と、農商務省などからの借用品（主に外国製品や他府県の優良品など）である。所蔵品の収集は、〈陳列所〉が毎年度得る予算からの購入と一般からの寄付による。参考品の陳列には、優れた製品や、競争相手となる製品を見せることで感化しようとする、教育的な意図が少なからず含まれている。参考品として委託されるものの中には、商工業者の製品見本も含まれ、公設のショールームとしての役割を果たすこともあった。地元製造業者が見本として陳列を委託するほか、時に他府県の業者が商機を計る目的で他府県からも出品された。

販売品は主に一般からの委託出品で成り立つもので、「試売」「委託販売」「陳列即売」などと呼ばれる陳列が行われた。施設内に出店を許すこともあった。委託販売は、地元商工業者に直接的に還元されるために歓迎され、また客寄せのための賑わい創出の意味も兼ねられた。この活動は、現代の「道の駅」に通じる部分がある。地方の〈陳列所〉での委託販売において、菓子類や竹細工などの土産物に適した小さな工芸品の販売数が多い傾向にあり、たとえば愛媛県商品陳列所は「県下重要物産の縦覧場であるから土産物購求には便利である」[1]と、地図の観光案内で紹介された。一般的に近代の〈陳列所〉が「土産物販売所」と同様の認識を抱かれる傾向があるのは、このような販売活動の側面が切り取られたためと思われる。

〈陳列所〉の陳列活動において、参考品と販売品に共通して特筆すべき点は、常に出品物の新陳代謝が意識される点である。つまり、文化財や歴史資料などを扱う博物館のように、所蔵品の永久保管を前提としないのである（もちろん、工芸の名品など、時代を超えて参照されるものは、所蔵品として残されている）。それゆえに、陳腐化した参考品は払い下げられるなどして処分されることが多い。委託品も同様であり、一回の出品に対して陳列期間を定めるなどして陳列替えが求められた。

商工業の発展を目指す〈陳列所〉にとって、陳列を常に最善の状態に保つことは自然な行為であった。それは〈陳列所〉最大の関心が、最新の情報や製品にあったからである。たとえば石川県物産陳列場が所蔵品に関して「参考品ハ現今数万点ニ達シ頗ル豊富ナルカ如キモ産業ノ進歩ト共ニ自カラ陳腐ニ属スルニ依リ絶ヘス之レカ淘汰ヲ行ヒ以テ内外ノ需用、嗜好ノ傾向ト産業一般ノ趨勢トヲ示シ当業者ノ研鑽ニ資スル所アリタリ」[2]と述べ、三重県勧業陳列館が「数年ヲ経過シテ既ニ参考品トシテノ価値ヲ失ヒタルモノ約二百点ハ之ヲ処分シ漸時新陳代謝ヲ行ヒ以テ本来ノ目的ニ馳背ナカラムコトヲ期セリ」[3]と述べていることに、こうした態度がうかがえる。これは、科学系博物館が最新の研究成果に基づいて展示内容を更新していくことと同義である[4]。

②展覧会・共進会ほか集会に対する会場の提供（自主開催／会場貸など）

多くの〈陳列所〉が、博覧会・共進会の開催をきっかけとして設置されたものである。あるいは、すでに〈陳列所〉が設置されている都市で博覧会・共進会の計画が立ち上がった場合には、そこが主会場として活用された。博覧会・共進会の開催と〈陳列所〉は互いに深い関係にある。

たとえば北海道物産陳列場は、一八八七年（明治二〇）に開催された北海道物産共進会のために、中島公園に建設された施設と陳列品の一部を存置して設置されたものである[5]。一九〇六年（明治三九）の北海道物産共進会では、物産陳列場に数棟の施設が増築され会場となった。これらは閉会後にその継続使用を見越して計画されたものである。新しく本館となった第一号館の広間や、北海道林業会が道産木材で建設した標本家屋を購入して設置した林業館は、企業や同業組合の陳列会や即売会、講演会や集会のために市民に貸し出され、広く活用された。大正期に入ると、集会機能の充実が進み、いわゆる公会堂としての機能を果たしていく。大規模な講堂を備えた群馬会館として〈陳列所〉が誕生した群馬県の事例は、その最たるものであろう。なかには集会後の宴会などのために食堂施設を併設する〈陳列所〉も登場し（愛知・茨城・東京など）、都市の産業関係者が集う場となった。

陳列室の役割も時代とともに変化する。初期には①に示したような参考品の陳列が多勢を占めたが、業界団体などによる自主的な陳列が行われる昭和期には貸会場の役割に特化した見本市会場へと展開していく〈陳列所〉も現れる（大阪・兵庫など）。一見すると建築的には変わりないものの、その意味づけは大きく変化するのである。

また多くの場合、〈陳列所〉は近代を通じて地方都市における唯一の展覧会場であった。それゆえに〈陳列所〉では、商工業に関する陳列会に限らず、美術展や教育器具展など多彩な展覧会が開催された。同様に地域における数少ない集会施設でもあり、ここでの集会や演奏会の開催が、のちに公会堂を生む足がかりとなる[6]。展覧会場や公会堂的な使われ方も含めて、〈陳列所〉は都市の文化拠点として機能したのである。

③商工業に関する調査と紹介（機関誌・調査報告書の発行／講演／海外情報通信員の配置など）

〈陳列所〉では「陳列」だけではなく、それを支える商工業全般についての情報を調査し、発信・紹介することも重要な活動のひとつである。各〈陳列所〉が個別に調査する一方で、貿易に関する事項などについては農商務省と連絡をとり問題解決にあたった。こうした構造は、在外領事や海外実習生からの最新情報が、農商務省・地方

〈陳列所〉を経由して市民へと伝達される情報回路としても機能した。それゆえに〈陳列所〉は、商業会議所や共進会などと並んで明治末期の日本経済における〝情報のインフラストラクチャー〟を構成するものとして、経済史分野で評価されている。[7]商工業の現場において、情報の重要度は時代を経るに従ってその度合あるいは需要を増した。〈陳列所〉はそれに従って扱う対象を物から情報へと徐々に変化させていった。それゆえに、とりわけ昭和に入ってからは、〈陳列所〉は重要な取引地に積極的に分館や出張所を置き、情報の発信と収集に乗り出すのである。これは産業の成熟によって、道府県が互いにライバルとして対峙していったことも影響しているだろう。

調査の結果や収集された情報は、〈陳列所〉が主催する講演会で披露されるほか、機関誌や報告書として発行される。ことに欧米のコマーシャル・ミュージアムを模範とした〈陳列所〉では機関誌の発行が重要な活動として位置づけられ、定期的に機関誌を発行して内外の最新情報を発信した（大阪・愛知など）。こうした〈陳列所〉は、やがて独自に海外情報通信員を配置して情報を収集するようになる。こうした〈陳列所〉は、貿易を目的として海外向けの機関誌やカタログを発行している。その他の〈陳列所〉においても年度報告をまとめることが常であり、これらの書誌は〈陳列所〉間で相互に交換された上で各〈陳列所〉の図書室に配架された。

④商工業に関する指導・補助（取引斡旋／工業試験の実施／図案の考案など）

販路の拡大ならびに製品の品質改良や戦略的な生産は、地方産業の拡大における重要課題であり、これに対する取り組みも〈陳列所〉の活動のひとつだった。たとえば貿易に関しては、外国語で書かれた契約書類などの翻訳代行・取引先紹介を行った。また〈陳列所〉内に工業試験部を設置する場合も多く、各種試験を通して新製品の開発を補助し、特許に関する知識啓発にも取り組んだ。図案に関しては、売れやすい製品図案の考案・指導に取り組み、消費地の流行を調査し（外国向け商品であれば輸出先の嗜好を、土産物であれば観光客の評判を調査）、製品への反映を試みている。近年、大津歴史博物館に収蔵された「滋賀県物産陳列場土産物関係資料」に含まれる滋賀県物産陳列場の作成による土産物図案は、こうした活動の一端がうかがえる貴重な史料である。〈陳列所〉では図案や商標の啓蒙に努めたが、それは自身の活動を通して展開する。それゆえに、〈陳列所〉で行われる物品の陳列には常に〝陳列装飾〟としての意識が払われていたし、出版物も意匠を凝らして作成された（とりわけ大正期以後）。出版物には〈陳列所〉のロゴマークが付されることがあるが、これは図案を扱う〈陳列所〉が意識的に制作し、使用したものである（図1）。

〈陳列所〉内に図案調整実務を担う人材を配置するものもあり、たとえば石川では、物産陳列場図案課が作成した図案をもとに、地元の縫工が加賀刺繡の額面を制作している。また、図案と実物との比較展示が行われるなど、意匠図案の啓発に注力する〈陳列所〉も多い。とりわけこうした〈陳列所〉においては、図案に関連して広告（ポスターや陳列装飾）についても活動が展開された。〈陳列所〉のいくつかは道路沿いにショーウィンドウを備えた。その嚆矢である大阪府立商品陳列所では、陳列装飾の技術指導の場としても活用されたが、これも啓蒙活動の延長線上に位置づけられる。

こうして〈陳列所〉の活動を俯瞰してみると、名称に見える「陳列」に限らない幅広い活動が行われていたことがわかる。ただし、ここに記した活動をすべての〈陳列所〉が等しく実施していたわけではなく、都市の性格によって濃淡のあるものであった。時代的にも、大局的には①から④にその重点が遷移した。

明治末期に開催された全国の〈陳列所〉責任者が集う会議において「各地物産陳列所の経営は其地方の産業状態に考察し之に適合する施設を計画せざる可からざるは固より論を待たず」(8)と言及されたように、活動内容は第一に都市の産業に由来する。それは「農業地に於ける陳列所が其農作上の技能を進め智見啓くと共に其生産物を世上に紹介するを主要事務となすが如き、工業地に於ける陳列所が販路の開拓商人及一般需要者との連絡、原料品

図１　〈陳列所〉が使用したロゴマーク

各〈陳列所〉が刊行物などに記載したもの。「Fukusima Bussan Tinretujo」や「Aichi Commercial Museum」などのように、施設名のアルファベット略記の図案化（④⑩⑬⑰⑲⑳。このうち④は陳列所の建築を図案化している）、都市（あるいは日本）を象徴する存在を図案化（⑥鳳凰、⑩金鯱、⑬桜）、都市名に使われる漢字の図案化（①②③⑯）、「商」「品」「陳」などの漢字の図案化（②③⑤⑦⑧⑪⑭⑮⑯⑱）。このうち⑦と⑭は酷似しており、〈陳列所〉の横のつながりを暗示する。

の採択、工業図案の改良等を以て重要事務となすが如き、商業地に於ける陳列所が取引上に関する事項例へば貨物の相場、荷造運搬費、関税、内外国の商況等の調査通信を以て主要事務となすが如き、陳列所の局に当るもので宜しく慎重なる考慮を費すべき」[9]とされ、活動内容には相違が許容された。

大正期に入っても活動の傾向や〈陳列所〉運営に対する積極性にばらつきがあったが、一方で、一九一六年（大正五）には、「商品陳列機関を（一）主に地方の物産を陳列し且即売する物産陳列場及び（二）参考品を蒐集陳列して当業者の参考に供するを主眼とする商品陳列所に大別するを得べし。而して此両大別に就て各其特質を見るに、（一）物産陳列場は地方的若くは国内的にして従て小規模なればその経費も一万円内外にて足り興行的の観あり。（二）商品陳列所は規模大にして国際的又は国家的にして其機能も前者の静止的なるに反し活動的なり。且つ漸次調査研究的任務を発揮するの傾向あり」[10]と語られている。ここでの分類は、名称の相違に依拠しているようにもみえるが、同じ頃に京都商品陳列所の現状を「縁日的勧工場」と揶揄し、「勧業政策々源地」へと改善しなければならないとする報道[11]も確認でき、その差異は単純に「物産」「商品」の名称によるものではない。

これには、〈陳列所〉の成り立ちを含め、各都市が〈陳列所〉をどのように受け入れ、理解したのかという点も少なからず影響しているように思われる。たとえば、博覧会・共進会場の拠点施設ないしは存置施設として、あるいは勧業指導施設における付随施設として、または一九世紀後半に欧州で生まれたコマーシャル・ミュージアムという新しい都市施設として、などの差異である。もちろん、こうした理解は時代とともに変化する。そして、こうした〈陳列所〉の活動を支えるために、各地に様態の異なる施設が整備されたことで、様々な〈陳列所〉の空間が誕生することになったのである。

（2）制度とネットワーク

都市が目指す理想像は、それぞれの政治・文化・産業などの歴史的蓄積の上に描かれる。〈陳列所〉の理解のあり方もその事情を色濃く反映し、運営方針や活動などのソフトの部分、立地環境や建築物などのハードの部分の双方にそれぞれ表出した。〈陳列所〉は制度に完全に縛られることがなく、また施設としてもひとつの定型に収束しなかったが、それらは一様に〈陳列所〉を名乗る。こうした状況をつくり出したのは、〈陳列所〉を所管する農商務省をひとつの中心として〈陳列所〉相互間に構築された、中央集権的ではないネットワークであった。

参考品の貸与や通商情報の供給に農商務省が関与したことからもうかがえるように、〈陳列所〉は勧業行政を司る農商務省に管轄される。さらにいえば、その基礎となる博覧会・共進会、あるいはその他の勧業施設は農商務省（未設時においては内務省）に管轄されるものであった。農商務省は、各地方の勧業事業を〈陳列所〉の設置以前から様々に支援していたわけであり、それゆえに地方〈陳列所〉はその出自から農商務省の博覧会・共進会や巡回教師のネットワークに接続されていた。地方の〈陳列所〉は、必要とする情報などをそれぞれに引き出し、活動を展開したのである。国内におけるこのネットワークは、同時に農商務省が各地の情報や物品を収集するためにも機能するという、双方向的なものであった。

政府の〈陳列所〉として農商務省商品陳列館が設置されると、〈陳列所〉としてのネットワークを構築しようとする動きが起こる。それは一九〇六年（明治三九）に全国陳列所長協議会として実現し、以後繰り返し開催された。各〈陳列所〉の責任者が農商務省商品陳列館に集う同会は「本省ト各陳列所トノ聯絡ヲ密接ナラシムルノミニ止マラズ時勢ノ進運ニ伴ヒ各陳列所ノ経営ニ於テモ改善ヲ要スルコト多々之レアルベキヲ以テ此等事項ヲ討究シ以テ将来ノ施設ニ資セシメンガ為」(12)に開かれたものであり、〈陳列所〉間の連携強化とその有効活用のための方策が議論された。陳列所長協議会での議案について注目すべき点は、農商務省商品陳列館からのみではなく地方〈陳列所〉からも議案が提出されたことと、同館の活動方針が全体協議されたこと、である。ここで構築された〈陳列所〉のネットワークは、農商務省商品陳列館を核としながらも地方〈陳列所〉との間は完全な上下関係にはなく、むしろ並列関係に近いものであった。

なお、並列的ながらも全国的に展開したネットワークであったことは、〈陳列所〉の設置がしばしば府県行政の〝宿題〟として認識される一因であったように思われる[13]。しばしば「静止的」と揶揄された〈陳列所〉は、こうした箱物行政の産物だといえるかもしれない。

〈陳列所〉に関する法整備も、同協議会をきっかけに実現した。協議会では回を重ねるにつれて、農商務省関係者を中心に欧米のコマーシャル・ミュージアムのような貿易推進機関としての〈陳列所〉を目指す方向に、全体の方向付けが試みられていくが、前節でみたように、一九一六年の時点においても個体差のある状況に変わりはなかった。一方で、地方〈陳列所〉が活動を潤滑に行うための法的根拠を求める声も多く、制度の確立が叫ばれていた。〈陳列所〉の制度化は、こうした双方の事情から進められたのである[14]。その結果、一九二〇年（大正九）に「道府県市立商品陳列所規程[15]」が農商務省令により制定される。この「規程」によって、多くの「物産陳列所」が名称を「商品陳列所」「商品陳列館」といった名称に変更し、「規程」の文面を反映した陳列施設へと規則改正を行った。

しかし、その後の地方〈陳列所〉の事情を鑑みると、農商務省が期待した方向性の統一は、成し遂げられなかったといってよい。一九二七年（昭和二）の時点においても、「一概に商品陳列所といふても、その規模、設備、経費など大小多少の種類あるばかりでなく、その趣旨目的に至りてもいろいろに分かれている[16]」という状態であり、外国貿易の振興を主とするものと内国商業（地方物産の紹介・宣伝・改良・斡旋）を主とするものに〈陳列所〉が大別されている。「規程」による〈陳列所〉の統制は、様々に存在していた〈陳列所〉を一度整頓するという意味では重要な役割を果たしたが、その強制力は細部にまでは至らず、やはりそれぞれの地方色は〈陳列所〉の個性として継続された。別の見方をすれば、紙一枚の「規程」では簡単に統一できないほど、〈陳列所〉がそれぞれのあり方で都市に根を張っていた。「規程」には見出せない、活動の具体的な内容が問題だということである。そして、一九三〇年頃から、「商工奨励館」「産業奨励館」といった名称へとさらに改変するものが多く見られるようになる。

〈陳列所〉は都市の産業に深く関係する一方で、全国的なネットワークを持った。〈陳列所〉が活動の基盤としたこのネットワークが、最終的には近代国家としての日本の発展を目指すものでありながら、地方間に生じる差異を認めた相互発展を目指したものでもあったために、〈陳列所〉は都市ごとに異なる様態を示したのである。

（3）建築

本書では多くの〈陳列所〉建築を紹介したが、それらを俯瞰して見えてくる建築的な特徴を整理しておきたい。

ひとつは、〈陳列所〉は戦前の地方都市を代表する建築であったことである。多くの都市において、〈陳列所〉は、県市庁・警察署・学校などの行政・教育関連施設、あるいは工場などの生産施設や軍事関連施設などと並んで、最初期に整備された公共建築であった。博覧会・共進会の会場整備の一環で建設されるものも多く、他府県からも多く人が訪れるという施設の性格上、華やかな意匠で建てられた。それゆえに、たとえば香川が伊藤平左衛門に、京都が武田五一に、広島がヤン・レツルに設計を依頼しているように、〈陳列所〉の建築には著名な建築家が関わる例も少なくないし、著名な建築家による設計でなくとも、意匠を凝らした魅力的な建築物である例が多い。また、規模においても地域で指折りの規模を持つものであったため、県庁や県会議事堂・学校などとして使用される例もあり、地方都市を飾るとともに、地方行政に直接的に関わる重要な存在であった。大礼や御成婚の記念事業として建設される例が多いことも特徴である。

もうひとつの特質は、ひとつの典型に収束しない多様な建築が生まれたことである。〝〈陳列所〉建築〟と言うと、あたかもビルディング・タイプとして確立されているように聞こえてしまうが、建築計画的な視点から見れば、〈陳列所〉というビルディング・タイプは存在しない、と言うほうがむしろ実態に即しているかもしれない。

このことは、当時の建築界の教科書的存在である『高等建築学』で、〈陳列所〉の計画は博物館のそれが流用できるとされたように、独自の計画学的規範を持たなかったことからもうかがえるだろう。[17]建築単体よりも、どこに、どのような建築で〈陳列所〉を設けるのかが重要であった。陳列の空間に限って言えば、時に博覧会・共進会における陳列館的な、純粋に陳列のためだけの建築であり、または「博物館」的な建築であり、あるいはデパート的な建築であった。これに集会のための会堂や工業試験所などの機能が適宜付加され、時には事務機能を分離独立させた出張所を持った。そもそも活動の内容が都市によって微妙に異なるからである。時間的な変化から見ても、一般的にビルディング・タイプは時間の経過とともにある典型に向かって収束していく傾向があるが、[18]〈陳列所〉はむしろ拡散する。これは、活動と同じく地域や時代によって可逆的に変化したためである。たとえば、大阪では明治中頃には工業試験部門を内包して〈陳列所〉が建てられたが、同部門の拡大とともに分離独立する。一方で、宮城では施設建替えに際して工業試験部門を組み込んだ。このような地域や時代に即応する活動に連動した多様性こそが、〈陳列所〉建築の特徴なのである。

したがって、あるひとつの建築を取り上げて「これが〈陳列所〉の建築の典型である」と言うのは難しい。それは、〈陳列所〉の活動の重心がそれぞれに異なるためであり、評価軸をひとつに定めることが意味をなさないためである。それでも、施設の総合的な充実度や設備の特殊性など、ある部分での代表例といえるものは存在する。以下では、〈陳列所〉建築のいくつかの典型的側面を、簡単に示しておきたい。

①博覧会場型

とりわけ明治期において、〈陳列所〉は博覧会・共進会の会場として整備されることが多く、その構内は、博覧会・共進会の雰囲気を残していた。共進会をきっかけに単純な陳列室を堅牢に建てて使用した鹿児島、物産共進会の基幹施設として繰り返し会場に充てた北海道、大規模な聯合共進会の会場をほとんどそのまま引き継いだ新潟などは、こうした傾向を示す代表的な例だといえるだろう。

博覧会場的な特徴を持つ〈陳列所〉は、郊外の広大な敷地に、複数の陳列館とそれを支える事務所棟などで構成される傾向を持つ。〈陳列所〉の本館は敷地中央の奥に配され（博覧会・共進会時には参考館として政府からの借用品などの貴重な物品が並べられることが多い）、その前庭部分に建てられる即物的な陳列館を並べる。これら陳列用の建物に加えて、別に事務所棟を設ける。広大な敷地を必要とすることから、必然的に市街中心部からは離れた郊外に位置することが多い。

②「博物館」型

大正期以前の大阪のふたつの例や、明治末期の愛知の例、あるいは「産業博物館」と名乗った和歌山の例に顕著なように、たとえば上野公園にある内務省（のち農商務省を経て宮内省）や文部省の「博物館」と、建築的に相違ない〈陳列所〉も多く見受けられる。実際に、『高等建築学』では、建築計画的に「博物館」と〈陳列所〉は同一の範疇に位置づけられているし、福島の〈陳列所〉では表慶館のイメージが流用されたことにも、物品を陳列する施設として共有される部分があったためであろう。ここに挙げたいくつかの事例だけを見ても、戦前の地方都市には「博物館」はほとんどないとされるが、「博物館」的建築は、〈陳列所〉として多く存在していたのである。

敷地内に庭園を備え、中央に本館を置く点では、前述の博覧会場型と相違ない。あえて差別化を図るならば、敷地の大きさと本館建築の大規模化・複合施設化が挙げられる。「博物館」型も、もちろん博覧会・共進会の会場となった。ただし、これらは敷地が限られる場合が多いため、〈陳列所〉を主会場としつつ、隣接する広大な敷地（県庁や練兵場など）を別会場とする傾向が見られる。複合施設化の点で言えば、博覧会場型の本館が陳列に特化する傾向がある一方で、「博物館」型は、規模が大きく（多くは二階建て）、集会室や図書室などの機能を本館に組み込んだものと言える。ただし、初期の「博物館」は、むしろ陳列に特化する傾向があったため、本館の複合施設化は、〈陳列所〉独自の特徴といえるだろう。「博物館」とはいえ昭和期に建て替えられた科学博物館などはこの限りではないが、陳列施設と集会・事務などの諸機能の複合化という点においては、やはり〈陳列所〉建築と同列に捉えることができるのである。

③公会堂型

〈陳列所〉は、そもそものはじまりにおいて、集会的な機能を内包する。この機能が拡大し、集会室から会堂へと充実していくなかで、〈陳列所〉と公会堂が並列的に置かれる例が登場する。高知や茨城などに見られるように、一階を〈陳列所〉に、二階を公会堂（集会室）とすることが多い。こうした事例の延長に、群馬会館や埼玉会館などの、大規模な「会館」が位置づけられる。後に公会堂機能が中心になるため忘れられがちだが、これらの会館には当初は〈陳列所〉が組み込まれていた。その集会機能が特化して公会堂が主となり、やがて陳列機能は失われていく。これもまた〈陳列所〉のひとつのあり方なのである。

④百貨店型

大正末期頃から、市街中心部に百貨店のような体裁の〈陳列所〉が現れる。市街地に三～四階建てのビルを建て、各階のほとんどを物品の陳列に充てる。街路沿いにショーウィンドウを設けるものもある。これらは、もちろん参考品の陳列も行ったが、地元製品の紹介や販売にとりわけ力を入れた。現存する横浜商工奨励館の他、京城や三重・愛知の〈陳列所〉が、その代表例である。とりわけ京城の朝鮮総督府商工奨励館は、具体的に百貨店を意識して設計されており、最上階に催場を置いた。この種の〈陳列所〉は、やがて大阪や神戸で計画された大規模な国際見本市会館へとつながる。

なお、〈陳列所〉では陳列の方法などにおいては、明治期から百貨店が参照されており（本書第六章参照）、同じ陳列施設（あるいは販売施設）として、百貨店に密接な関わりを持つ。百貨店も「博物館」も、博覧会を原点とするものであるが、時代を経てこれらは〈陳列所〉を通じて接続される。陳列施設としての〈陳列所〉は、「博物館」と百貨店を両極とする振れ幅の中に位置づけられるといえるだろう。

⑤施設転用型

陳列施設として建設されたわけではない建築を転用して〈陳列所〉を設置する例も多い。これは、〈陳列所〉における陳列活動においては、物が陳列される空間を確保することが第一義にあったことに起因する（もちろん〈陳列所〉にとって物品の陳列環境は重要な関心事であるが）。それゆえに、〈陳列所〉のために新しく施設を建設することが叶わない場合でも、何らかの施設を暫定的にでも確保することが求められた。

事務所建築を転用した福岡や京城の例は、まさにこのことを裏付ける。当然ながら、こうした事例ではいずれも陳列環境の不良が常に問題となり、それを理由として建替え・移転が進められた。一方で、島根や台北のように、不要となった庁舎を転用して長く使い続けた例もある。限られた財政の中で事業を進めるために、施設を転用して遣り繰りする地方行政の懸命な姿を、ここに見ることができる。

以上、ごく簡単にではあるが、〈陳列所〉建築に見られる特徴を述べた。各事例をより詳細に分析することで、〈陳列所〉建築のはっきりとした分類や系統立てを示すことも可能かもしれないが、現時点ではそこまで考察が及んでおらず、今後の大きな課題としたい。ただ、改めて指摘しておきたいのは、〈陳列所〉の建築は、その建築単体だけではなく、それ以上に、〈陳列所〉に求められた活動などの無形の側面と、立地環境などの都市的な側面を、合わせて捉える必要があるということである。〈陳列所〉をひとつのビルディング・タイプとして考えるとき、その作業は不可欠となる。

三　〈陳列所〉にみる近代の日本

日本の近代における〈陳列所〉は、「道府県市立商品陳列所規程」による制度化以前から、農商務省（当初は内務省）を中心とした政府と、地方行政当局の勧業担当部局によりなる行政基盤の上に存在していた。それは政府によって牽引されるものの、具体的な施策に関しては政府の方針も地方の事情を汲み取る形で進められ、陳列品や商工情報の収集に関して、相互補助的な関係が築かれていた。そして、〈陳列所〉の具体的な活動については、その普及が一応の完了を見たのちに定められた「道府県市立商品陳列所規程」まで確固たる制度がなく、地方行政当局がそれぞれにいくつかの勧業機関の要素を組み合わせるように決定していった。ただし、それらは唐突に登場するわけではなく、〈陳列所〉相互の情報共有の中から、取捨選択されていった結果生みだされたものであり、その多様なあり方は一定の範囲における〝変種〟であったといえる。

中央政府は地方の〈陳列所〉を支援する立場にあったものの、常にそれらの最先端に位置したわけではない。コマーシャル・ミュージアムとしての〈陳列所〉を大阪がいち早く実現し、山口貴雄が地方の立場から〈陳列所〉界全体について提言を続けたように、地方が牽引する場面も少なくない。また、陳列所長協議会における議論にみられるように、その制度構築自体が地方との相互関係を通して進められた。網の目状に繋がった〈陳列所〉は、こうしたいくつかの核を持ち相互補助的に発展する。それゆえに、農商務省の〈陳列所〉が消滅した後も、大阪府立商品陳列所を中心として全国商品陳列所連合会が結成されるなど、その連携は保たれたのである。〈陳列所〉は地域産業を通して市井の人々と共にあり、その実際的な課題に応えることを最大の推進力とした。この意味において、

〈陳列所〉行政における中央は権威的な立場からは自由であったといえる。この中央の不在ともいえる状況は一方で制度的な脆弱さを意味するものであったが、このことは、同じ出発点にあった歴史・美術に重きを置く「博物館」が、分館の設置により帝国博物館という特権的な地位を獲得していくことと対照的である。

〈陳列所〉は近代日本の都市において、その土地の産業と密接な関わりを持って展開した都市施設であった。それゆえに、〈陳列所〉のあり方は都市によって様々であり、活動内容や施設整備に至るまでそれぞれに差異を持った。ここで見られる〈陳列所〉のあり方の振れ幅は、近代を迎えた都市がそれぞれに描く都市のビジョンの振れ幅であったとも言える。明治維新を経て、政治的・文化的・産業的な変革を迫られた都市が、日本という国家に開かれると同時に世界経済の渦へと投げ込まれた時に、その波を乗り越えて新しい都市を実現していく可能性は、広範にあり得た。その使命が勧業施設としての〈陳列所〉に託された時、展開の可能性は開かれたネットワークによって担保されていた。

このことは、〈陳列所〉の成り立ちの差異にも関係している。〈陳列所〉は、その展開過程において、陳列施設・試験場・集会施設・情報施設・貸会場などの様々な新しい機能を取り込んだ（時には、陳列施設ではないところから始まり、勧業のネットワークを通して〈陳列所〉として姿を現したものもある）。しかし、こうした機能は効果が発揮され始めると独立し、博物館、公会堂、見本市会館、各種試験所、あるいは市井の商工業を支援する中小企業センターなどの専門的な施設・機関へと分化・発展していく。それゆえに、〈陳列所〉は、様々な近代のシステムが孵卵するまでに仮の形を与える装置として、様々な活動を包括し得る場であったといえる。〈陳列所〉は常設施設であるものの、時代に即応して、都市が求める形に姿を変える。

〈陳列所〉に並べられる物品を通して、あるいは〈陳列所〉自体のありようを通して、どのように都市を見せようとしていたのか。近代的な視覚の空間である博覧会に都市の理想像が見出されたように、物・人・情報が集まる

〈陳列所〉は、時に大きな力を持ち、また持つことが期待された。このことは、〈陳列所〉建築の設計が著名な建築家に依頼されたことや（大阪・奈良・京都・広島・茨城・秋田など）、最新の美術館建築を模して建築されたこと（福島）からも明らかである。ただし、博覧会とは異なり常設施設であるために、〈陳列所〉は日常的な都市の姿とも無関係ではない。このことは、〈陳列所〉の空間が、都市のビジョンをより長い視点で映し出す存在となる要因であろう。〈陳列所〉に込められた近代都市のビジョンは現代にも大きな影響を残しており、実際に多くの都市において、〈陳列所〉の跡地には博物館や公会堂といった、関連する公共施設が建ち並んでいる。

物と情報のインフラストラクチャーとして機能するネットワークの上に、空間として立ち現れる〈陳列所〉は、いわば都市の産業や空間の近代を実体化するためのプラットフォームであった。これをどのように活用し、整備していくかは、都市のビジョンに一任される。そして私たちが生きる現代の都市も、このプラットフォームの上に成り立っている。それぞれに近代を迎えた都市の事情が反映され、地方色に富む多様な〈陳列所〉が生まれた。この多様性こそが、「博物館」などの同時期の類似施設に対する〈陳列所〉の特質であるとともに、世界において日本という国を特徴づけるものである。それゆえに、〈陳列所〉は日本の近代を重層的に映し出すのである。

（1）「松山道後案内」（『松山市街図：附道後湯之町』、關印刷所、一九三六年）。
（2）『石川県物産陳列館　第一年報』、一九一〇年、三八～三九頁。
（3）『三重県勧業陳列館　第九年報』、一九一七年、二四頁。
（4）犬塚康博「反商品の教育主義：博物館の自意識に関する考察」（『千葉大学人文社会科学研究』第二〇号、二〇一〇年）六九～八四頁。
（5）『拓地殖民要録』（北海道、一八九二年）一九九～二〇二頁。

(6) 新藤浩伸『公会堂と民衆の近代：歴史が演出された舞台空間』(東京大学出版会、二〇一四年)。新藤は明治期の公会堂を論じる中でその役割を担った三つの施設のひとつとして「物産陳列場」を挙げ、額田郡などの事例を取り上げている。地方都市の公会堂と〈陳列所〉、あるいは公共施設と斯民との関係への視点は、〈陳列所〉研究にも重要な示唆を与える。

(7) 杉原薫「明治日本の産業政策と情報のインフラストラクチャー」(同『アジア間貿易の形成と構造』ミネルヴァ書房、一九九六年) 第八章、二四八〜二六三頁。

(8) 「農商務大臣訓示」(『読売新聞』一九〇六年四月二八日付)。

(9) 同右。

(10) 「商品陳列機関 於大阪実業協会総会山口貴雄氏講演」(『大阪毎日新聞』一九一七年一二月一一日付)。

(11) 「商品陳列所の改革」(『日出新聞』一九一八年一二月九日付)。

(12) 「全国陳列所長協議会議事」(『農商務省商品陳列館報告』第一六巻、一九〇九年)。

(13) 「日本の都市(四九)：松山市(下)」(『大阪時事新報』(東京) 一九一二年四月八日付)。松山市の勧業事業の紹介において「物産陳列場の設立は宿題となり居る」という指摘とともに、〈陳列所〉の設置計画が報じられている。

(14) 制度化を具体的に初めて議論した第三回協議会では、議長である鶴見左吉雄(農商務省商品陳列館館長)の使命で組織された特別協議会により制度化の是非が議論された。ここで「各陳列所と本省商品陳列館との関係を制度上連絡せしむる為め本省に於いて研究の上相当の制度を制定せられんことを望む」と結論づけられたことにより、制度化が具体的に進められていくこととなる。なお、特別協議会の調査委員については本書第四章註(77)を参照。

(15) 「農商務省令第四号(道府県市立商品陳列所規程)」(『官報』第二三一五号、一九二〇年四月二三日付)。

(16) 「商品陳列所に関する商工省改正問題」(『通商彙報』第一九五号、大阪府立商品陳列所、一九二七年)一頁。

(17) 下元連『博物館・商品陳列館』(小林政一・下元連『高等建築学』第二一巻所収、常磐書房、一九三三年)。

(18) 石田潤一郎『都道府県庁舎：その建築史的考察』(思文閣出版、一九九三年)など。

あとがき

思い返せば、私が〈陳列所〉に関心を持ったきっかけは、修士論文のテーマを探していた頃に、知人の書棚整理を手伝っていて、偶然手に取った一冊の本だった。日本近代の博物館史研究の第一人者・椎名仙卓先生の『図解 博物館史』（雄山閣出版、一九九三年）である。

それまでに目を通していた博物館史の文献とは異なり、同書には多くの図版が掲載されていた。この中に、東京・奈良・京都の帝国博物館や教育博物館、大倉集古館や東京府美術館などの「博物館」「美術館」と並んで、七つの〈陳列所〉の写真が掲載されていたのだ。写真の中の建築は、近代和風建築の事例として知られる奈良県物産陳列所などと同様に、地方行政が心血を注いで実現させたことを想像させる壮麗な姿をそれぞれに示していた。その魅力は、全国に建てられたという〈陳列所〉の、残る全ての姿を見てみたいと思わせるには十分だった。さらに、それらの建築と前後に紹介される「博物館」「美術館」の建築との間に大きな差異を認めることができないように思えたことから、建築や都市の視点で従来とは異なる博物館史を描けるのではないか、と漠然と考えさせられたりもした。

こうして研究をスタートさせたものの、関心は広がるばかりで気がつけば約八年の時が経った。未だ課題も多く志半ばだが、〈陳列所〉研究の最初の地ならし程度は達成できたものと思いたい。

本書は、二〇一二年一二月に京都工芸繊維大学に提出した博士論文「近代日本における物産・商品陳列施設に関する史的研究」を基とし、その後の研究成果を付け加えて、一部の構成を入れ替えた上で新たに全体を書き起こしたものである。博士論文の執筆、そして本書の公刊にあたっては、実に多くの方々のお世話になった。記して謝意を表したい。なお、本書の刊行にあたり、日本学術振興会より平成二六年度科学研究費補助金「研究成果公開促進費」の交付を受けた。

まず、学部生時代より研究活動全般にわたってご指導をいただいている石田潤一郎先生に心から感謝申し上げたい。風呂敷を広げるばかりで畳もうとしない私の研究に対していつも親身になってご助言をくださり、あたたかく導いてくださった。調査に訪れた街で朝から図書館の膨大な史料を閲覧した夕方に、誰よりも元気に街を探索する先生の姿に、建築や都市を研究する面白さ、楽しさを教えていただいた。今の私があるのも、先生との出会いがあったからこそと思う。

博士論文の審査の労にあたってくださった京都工芸繊維大学の中川理、並木誠士、小野芳朗諸先生には、機会ある度にまとまりのない研究に対して、広い視点から的確なご助言をいただいた。特に小野先生からは、筆の進まない筆者にいつも厳しくもあたたかい激励の声をかけていただいた。

ゼミでお世話になった岩本馨先生には、発表の度に鋭いご指摘と的確なご助言を頂戴しただけでなく、文書資料の読み方からご指導いただいた。博士課程在籍時、それぞれにご専門の異なる石田先生・小野先生・岩本先生の合同ゼミで日々ご指導いただく恵まれた環境にあったことに感謝したい。また、韓国での史料調査においては、慶尚大学校の金珠也先生にいつもお世話になっている。

建築・都市から離れがちだった時期に、日本建築学会都市史小委員会ワーキンググループなどに参加させていただいたことは有難かった。そこでは都市史研究の最先端を多く学ばせていただいているばかりか、研究会での未熟な発表に対して的確なご助言をいただいた。また、中川理先生が代表をつとめられる都市基盤史研究会で発表した際には、同会の先生方から的確なご指摘をいただいた。更なる研究の充実を図り、都市史研究にも貢献できるよう研鑽を積んでいきたい。

建築・都市の分野以外にもお世話になった方は多い。

全日本博物館学会では、論文誌や大会の場を通じて学ばせていただいている。中部大学の財部香枝先生には、シンポジウムや学会の席で、博物館史研究としての〈陳列所〉研究にご助言と激励の言葉をいただいた。このことは博物館研究者と接する機会がなかった私にとって大きな励みとなった。同学会から拙稿に対して望外の評価をいただけたことも、研究に対する自信につながった。

神戸大学の岩本和子先生が主宰されるベルギー研究会（当時 関西ベルギー研究会）のみなさんには、史料に「白耳義」の文字が出てきたというだけの理由で門を叩いた筆者を快く受け入れていただいただけでなく、ベルギーに特有な政治的・文化的・歴史的な事情を踏まえて、国際関係論的な視点からも有意義なご指摘をいただいた。ブリュッセルでの史料調査の際には、同会を通じてお世話になっている日本大学の石部尚登先生に懇切なご助言をいただいた。なお、初めて訪れたブリュッセルで安心して調査ができたのは、現地で迎えてくださった前田彩子さんのおかげである。

全国工業高等学校長協会のみなさんには、機関誌『工業教育』の貴重な誌面に数回にわたり拙稿を発表する機会を与えていただいた。とりわけ、突然の問い合わせにも快くご対応くださった村田敬一先生（当時事務局次長）には、寄稿をご提案いただいたばかりか毎回の原稿に的確なコメントを寄せていただき、大変お世話になった。山口貴雄についての研究は、この連載の機会が大きな原動力となったことは言うまでもない。

史料調査に際しては、貴重な史料を閲覧する機会を与えてくださった成巽閣をはじめ、内外各地の公共図書館・公文書館や関係機関、大学図書館の方々に史料閲覧の便宜を図っていただいた。とくに京都工芸繊維大学附属図書館のみなさんには、図書の取り寄せや外部機関への閲覧申請などで、度々お世話になった。また、本書では各機関がインターネットを通じて公開されているデジタル・アーカイブの恩恵に与った。

博士論文の執筆にあたっては、当時の職場である東京都現代美術館のみなさんに大変お世話になった。とくに学芸員の先輩方のご理解なしに書き終えることはできなかった。多忙な展覧会業務にもかかわらず、複雑なプロジェクトと真摯に向き合い、ひとつひとつ全力で実現させていく先輩方の姿からは、学ぶことばかりであった。今後、研究を通じて少しでも恩返しができればと思う。

漠然と建築家を志して大学の門を叩いた私が、気付けば歴史研究の面白さにはまり、こうして論文をまとめることができたのは、学部に入学してから一一年間在籍した京都工芸繊維大学の、有意義で豊かな研究環境があったからこそである。

近代建築に関する調査・研究や美術工芸資料館での建築資料に関する活動に際しては、論文指導にあたってくださった先生方や、松隈洋、笠原一人、玉田浩之（現 大手前大学）諸先生をはじめ工芸科学研究科の先生方と職員のみなさんに、様々な場面でご指導やご援助をいただいた。同学の「建築リソースマネジメントの人材育成」や「京の伝統工芸――知・美・技――」といった充実したプログラムを通じて、新しく建てるだけではない建築の魅力と、建築の内外に広がる日本の文化的・技術的な蓄積を学ぶことができた経験は、今の私にとって大きな財産となっている。

大学生活においては、研究室の垣根を越えて、先輩や同輩・後輩、友人から多くの刺激を与えられ、公私ともにお世話になった。とりわけ、学部での研究室配属以来、同じ研究室で共に奔走した博士課程同期生の松下迪生さんと平井直樹さんの存在は大きい。研究の内容に限らず、日頃から気兼ねなく相談できる両氏がいなければ、私の大学院生活は全く違うものになっていたように思う。

二〇一三年六月から、京都工芸繊維大学に奉職することとなり、再び松ヶ崎の地で過ごしているが、先生方や職員のみなさんには相変わらずお世話になってばかりである。一線でご活躍される先生方には遠く及ばないが、研究に教育に、少しでも貢献できるよう精進していきたい。

そして、思文閣出版の大地亜希子さんには、科研費への応募から本書の編集まで一貫してお世話になった。鈍重な筆者の校正作業が前進したのは、大地さんの辛抱強いご対応のおかげである。装丁は松村康平さんが引き受けてくださり、題名からはイメージしにくい本書の内容を、一目瞭然な図版選択と美しいデザインで仕上げてくださった。覚束ない私の文章が本としてのまとまりを得たのは、ひとえに両氏のお力である。

以上の方々の他にも、多くの方からご援助とご協力をいただいた。みなさんのお名前を記すことは叶わないが、お世話になった全ての方々に、この場を借りて感謝申し上げる。

最後に私事にわたるが、いつ終わるとも知れない学生生活を見守ってくれた両親に、感謝の気持ちを記す事をお許しいただきたい。博物館に興味を持ったのも、建築に関心を持ったのも、幼い頃から街へ、海・山・川へと連れ出してくれた両親の影響が大きいように思う。そして、不規則になりがちな研究者生活を支えてくれている妻・瑛子に、心から感謝したい。ありがとう。

二〇一五年一月　京都・松ヶ崎にて

三宅　拓也

初出一覧

序　章　新稿。

第一章　（第一節）「明治期の通商博物館設置計画にみる商品陳列所の受容」（『博物館学雑誌』第三六巻二号、全日本博物館学会、二〇一一年四月）を一部改稿。

（第二節）「近代日本における商品陳列所の受容：ブリュッセル商業博物館からの学習と展開」（岩本和子・石部尚登編『「ベルギー」とは何か？：アイデンティティの多層性』松籟社、二〇一三年）の一部を改稿して加筆。

第二章　（第一・二節）二〇一二年提出博士論文『近代日本における物産・商品陳列施設に関する史的研究』第一章を一部改稿して加筆。

（第三節）「明治期における勧業施設の建設にともなう大名庭園の近代化」（『危機に際しての都市の衰退と再生に関する国際比較［若手奨励］特別研究委員会報告書』、同委員会（日本建築学会）、二〇一四年）を一部改稿。

第三章　（第一節）「明治期の通商博物館設置計画にみる商品陳列所の受容」（『博物館学雑誌』第三六巻二号、全日本博物館学会、二〇一一年四月）を一部改稿。

（第二節）「近代日本の技術革新を支えたミュージアム：大阪府立商品陳列所にみる陳列所の一側面」（『第四回国際シンポジウム「日本の技術革新：理工系における技術史研究」講演集・研究論文発表会論文集』文部科学省科学研究費補助金　特定領域研究「日本の技術革新：経験蓄積と知

識基盤化」総括班、二〇〇八年）および「近代日本における商品陳列所の受容：ブリュッセル商業博物館からの学習と展開」（岩本和子・石部尚登編『「ベルギー」とは何か？：アイデンティティの多層性』松籟社、二〇一三年）の一部を改稿して加筆。

第四章　二〇一二年提出博士論文『近代日本における物産・商品陳列施設に関する史的研究』第四章を一部改稿。

第五章　Takuya, MIYAKE, "Expressing Modernization in Local City and Its Industry: Diversity in the Architecture of "Chinretsujo" in Modern Japan", *Whose East Asia? The East Asian Architecture and Urbanism under Occidentalism [International Conference on East Asian Architectural Culture, Tainan 2009] Proceedings II*, Society of Architectural Historians of Taiwan, pp. 353-364, 2009. および二〇一二年提出博士論文『近代日本における物産・商品陳列施設に関する史的研究』第五章を大幅に改稿。

第六章　「山口貴雄の商品陳列所運営」（『博物館学雑誌』第三六巻二号、全日本博物館学会、二〇一一年四月）に加筆。

結　章　新稿。

図版一覧

＊は著者所蔵

序　章　〈陳列所〉研究史と本書の視座

図1　鹿児島県立博物館 考古資料館　著者撮影……5
図2　奈良国立博物館 仏教美術資料研究センター　同前……5
図3　岡崎市郷土館 収蔵庫　同前……5
図4　横浜情報文化センター　同前……5
図5　香川県商工奨励館　同前……5
図6　原爆ドーム　同前……5
図7　フィラデルフィア・コマーシャル・ミュージアム *The Philadelphia Commercial Museum: Illustrated*. Bureau of Information and Foreign Trade Department, 1904. 大阪市立大学学術情報総合センター所蔵……23

第一章　一九世紀末における商品陳列機関の世界的流行

図1　「ムレイ報告」『商品見本陳列所設立ニ関シ外務、文部、農商務三省協議一件』第二巻分割1　外務省外交史料館所蔵……39
図2　*Supplement to the Chamber of Commerce Journal*. October 5, 1886.　ハーバード大学図書館所蔵……39
図3　*Bulletin du Musée Commercial*. Première année, P. Weissenbruch, 1880.　ベルギー外務省図書室所蔵……48
図4　*Plan de Bruxelleset ses environs*. Institute cartographic militaire, 1881.　ブリュッセル公文書館所蔵……53
図5　同前……53
図6　ブリュッセル・コマーシャル・ミュージアム　各階平面図　Royaume de Belgique, Minisère des Affaires Étrangères, *Musée Commercial, Classification Generale des Collections, Annee 1882*. Weissenbruch, 1882.　ベルギー王立図書館所蔵……54
図7　ブリュッセル・コマーシャル・ミュージアム　立面図　ブリュッセル公文書館所蔵[TP 1600]……54
図8　ブリュッセル・コマーシャル・ミュージアム　二・三階陳列室断面図　同前所蔵[TP 37048]……56

第二章　明治初期の勧業政策と陳列施設

図1　「改正区分東京細図 全」　一八八一年　国際日本文化研究センター所蔵……75
図2　内山下町博物館 平面図　野村重治編「博物館列品所ノ沿革」付図 甲　一八七六年(東京国立博物館編『東京国立博物館百年史』資料編所収　一九七三年)……82
図3　内山下町博物館の正門と第一列品館　同前……82

図4　第一回内国勧業博覧会 会場配置図　「東京勧業博覧会視察報告第一回」(『建築雑誌』第二巻二四七号　建築学会　一九〇七年)……88
図5　第二回内国勧業博覧会 会場配置図　同前……93
図6　博物館　『最新東京名所写真帖』　一九〇九年……94
図7　博物館 平面図　東京国立博物館編『東京国立博物館百年史』　一九七三年……94
図8　「五千分一東京図測量原図」　一八八六~八七年……98
図9　「大日本東京府永楽町第一勧工場案内絵図」　個人所蔵……98
図10　「第一軍管地方二万分一迅速測図原図」　一八八一~八二年……104
図11　神奈川県物産陳列場　『横浜市史稿』産業編　一九三二年……104
図12　「金沢市街全図」　一八九九年　国際日本文化研究センター所蔵……109
図13　「金沢公園勧業博物館之図」　一八九〇年　金沢市立玉川図書館所蔵……117
図14①　第五回関西府県聯合共進会 会場俯瞰図　『関西聯合府県繭・生糸・茶・米・麦・菜種・実綿・麻・葉煙草・織物・陶磁器・漆器・紙共進会報告』事務顚末之部　第五回関西聯合府県共進会事務所　一八九五年……122
②　第五回関西府県聯合共進会 会場配置図　同前……122
③　第五回関西府県聯合共進会 第一号館平面図・立面図　同前……123
図15　「兼六公園全図」　小川政成『兼六公園誌』　一八九四年……123
図16　兼六園内に残る煉瓦塀　著者撮影……126
図17　「兼六公園全図」　小川政成『兼六公園誌』再版　一九一七年……127

第三章　「通商博物館」設置計画と「商品陳列所」の受容

図1　「五千分一東京図測量原図」　一八八六~八七年……149
図2　東京商業学校 平面図　『高等商業学校一覧』(付図を補正)　一八八七年……150
図3　商工徒弟講習所 平面図　同前……162
図4　「商品陳列所ニ充ツベキ建物之絵図」(「商品陳列所創立手続書」資料画像の一階部分を集約して作成)　『商品見本陳列所設立ニ関シ外務、文部、農商務三省協議一件』第一巻　外務省外交史料館所蔵……163
図5　『大阪府商品陳列所設立趣意書』……178
図6　『大阪商品陳列所報告』第一号　一八九〇年　国立国会図書館所蔵……178
図7　「改正新町名入大阪市新地図」　一九〇〇年　国際日本

文化研究センター所蔵……181
図8 大阪商品陳列所 正面 秋山廣太『平賀義美先生』丁酉倶楽部 一九三四年……182
図9 「築港之光景 商品陳列所之図」(『大阪名所』一八九八年) 早稲田大学図書館特別資料室所蔵……183
図10 大阪商品陳列所 平面図 「本所陳列室之縮図」(『大阪商品陳列所報告』第一号 一八九〇年)……183
図11 北東から見た大阪商品陳列所 『大阪測候所年報』明治四拾壱年度 気象之部 一九〇九年……184
図12 大阪商品陳列所 平面図 「府立大阪商品陳列所平面図」(『府立大阪商品陳列所十年紀要』 一九〇一年)……185

第四章 農商務省による〈陳列所〉組織化の試み

図1 貿易品陳列館の開館を報じる新聞記事 『読売新聞』一八九六年三月五日付……206
図2 農商務省木挽町庁舎(農工業品陳列所部分) 『農商務省商品陳列館報告』 一八九七年……207
図3 農商務省木挽町庁舎(農商工会堂・特許局部分) 『東京景色写真版』 一八九三年頃……207
図4 農商務省庁舎 平面図 『建築雑誌』第七巻七四号 造家学会(日本建築学会) 一八九三年……207
図5 官庁集中計画 H・エンデ案(一八八七年五～七月立案) 藤森照信『明治の東京計画』(岩波書店 一九八二年)図57より転載 日本建築学会所蔵……211
図6 H・ムテジウス設計の「専売特許局」立図面 日本建築学会図書館デジタルアーカイブス資料……211
図7 農商務省商品陳列館 陳列配置図 『農商務省商品陳列館案内』 一八九七年……221
図8 貿易品陳列館 開館時の様子 『読売新聞』一八九七年三月七日付……225
図9 陳列品を紹介する記事 『読売新聞』一八九七年三月六日付……225
図10 農商務省商品陳列館 陳列の様子 『東京風景』 小川一真出版部 一九一一年……227

第五章 多様化する〈陳列所〉

図1① 石川県物産陳列館 本館 『石川県物産陳列館 第一年報』 一九〇九年……259
② 石川県物産陳列館 平面図 同前……259
図2① 「府立大阪博物場案内図」 一九〇三年(『東区史』第四巻 一九八二年)……261
② 国際見本市会館 模型 『商工彙報』第四〇〇号 大阪府立貿易館 一九四〇年……265
③ 国際見本市会館 配置図 大蔵義雄編『貿易及び海外

事情』第三輯　兵庫県立第一神戸商業学校産業調査部　一九三七年……265
④　大阪府立産業会館　『近代建築画譜』　一九三六年……267
図3①　埼玉県商品陳列所の案内広告とその位置　『埼玉県商品陳列所要覧：昭和三年事業概況』　一九二九年　大分大学経済学部教育研究支援室所蔵……269
②　埼玉県商品陳列所　同前……269
③　埼玉会館　京北振興会編・刊『浦和総覧』　一九二七年……269
図4①　岩手県勧業場　配置図　『盛岡市奉迎録』　盛岡市　一九八二年……270
②　岩手県物産館　『東宮行啓記念写真帖』　岩手県奉迎会　一九〇八年……271
③　岩手県物産館　『盛岡案内』　一九二六年……271
図5①　「名古屋新図：実地測量」　一八九二年　国際日本文化研究センター所蔵……273
②　愛知県博物館　正門図　「名古屋明細全図」　一八九五年　同前所蔵……275
③　愛知県商品陳列館　『愛知県商品陳列館要覧』　一九一六年……275
④　愛知県商品陳列館　配置図　『愛知県商品陳列館内雑観』　一九一一年……276
⑤　愛知県商工館　絵はがき　＊……277
⑥　愛知県商工館　平面図　『愛知県商工館要覧』　一九三七年　大分大学経済学部教育研究支援室所蔵……278
図6①　「大広島市街地図最新」　一九二九年　国際日本文化研究センター所蔵……280
②　広島県物産陳列館　遠景　絵はがき　＊……281
③　広島県物産陳列館　平面図　『建築世界』第八巻七・八号　一九一四年……282
④　広島県物産陳列館　断面図　『建築世界』第八巻七号　一九一四年……285
⑤　広島県物産陳列館　畳敷の陳列室　『建築世界』第八巻七号　一九一四年……286
図7①　「和歌山市街実測地図」　一九一三年　国際日本文化研究センター所蔵……288
②　和歌山県物産陳列場　絵はがき　＊……289
③　和歌山県商品陳列所　絵はがき　＊……289
④　和歌山県商品陳列所　平面図　『和歌山県商品陳列所事業報告』大正一四年度　一九二五年　大分大学経済学部教育研究支援室所蔵……289
図8①　「松山市街地図」　一九二五年　国際日本文化研究センター所蔵……290

②愛媛県物産陳列場　絵はがき　＊……290
図9①長野県主催一府十県聯合共進会　会場図　「一府十県聯合共進会場図」（長野商工会議所編・刊『長野商工案内』一九〇八年）……292
②長野県商品陳列館 広告　倉島鬼成編『善光寺案内記』仏都新報社　一九一八年……292
③長野県商品陳列館　絵はがき　＊……292
図10①震災復興後の日本大通り　『横浜市商工奨励館』横浜産業振興公社　一九九七年……296
②横浜商工奨励館　絵はがき　＊……296
③横浜商工奨励館 平面図　『高等建築学』第二一巻　常磐書房　一九三三年……296
図11①島根県勧業展覧場 平面図　「庶務雑款」　島根県庶務部　一九二三年　島根県公文書センター所蔵（山根大知・中野茂夫・小林久高「明治四十年山陰行啓における東宮一行の滞在施設に関する建築史的考察：島根県内の滞在先を中心に」『日本建築学会計画系論文集』第七九巻七〇一号　二〇一四年より転載）……299
②島根県物産陳列所　絵はがき　＊……299
③興雲閣　絵はがき　＊……300
図12①神戸商業講習所　兵庫県立第一神戸商業学校編・刊『六十年史』　一九二八年……301
②神戸商業講習所 平面図　同前……301
③「実地踏測神戸市街全図」　和樂路屋　一九三五年　国際日本文化研究センター所蔵……302
④兵庫県産業奨励館　『近代建築画譜』　一九三六年……304
⑤兵庫県産業奨励館 平面図　同前……304
⑥神戸商業会議所　同前……305
⑦神戸商業会議所 各階平面図　『高等建築学』第二一巻　常磐書房　一九三三年……305
図13①「徳島市街全図」　阿浪染織同業組合　一九一三年　国際日本文化研究センター所蔵……309
②徳島県測候所　『徳島県写真帖』　一九〇八年……309
③徳島県物産陳列場　同前……309
図14①下関商業会議所　『下関商業会議所七十五年史』　一九五六年……313
②下関商業会議所 平面図　同前……313
図15①鹿児島県物産陳列場 本館　『鹿児島県物産陳列館要覧』　一九一四年　京都大学経済学部図書室所蔵……314
②鹿児島県物産陳列場 正門　同前……314
③第一〇回九州沖縄八県聯合共進会　会場図　『鹿児島案内』　一九二二年……316
④鹿児島県物産陳列場　第三号館　『鹿児島県物産陳列

館要覧』 一九一四年……316
⑤ 鹿児島県物産陳列場 庭園 同前……316
⑥ 鹿児島県物産陳列場 陳列の様子 同前……317
図16 南陽館 絵はがき 那覇市歴史博物館所蔵……319
図17 ① 三重県内物産博覧会 会場図 『三重県史』資料編・近代三 一九八八年……321
② 仮徴古館 『明治百景：百年前の三重県』 三重県生活部文化課 二〇〇〇年……321
③ 三重県勧業陳列館 絵はがき ＊……323
④ 三重県勧業陳列館 平面図 『建築雑誌』第二一巻二四九号 一九〇七年……323
⑤ 三重県勧業陳列館 配置図 『三重県商品陳列所要覧』大正一一年度 一九二二年 滋賀大学経済経営研究所所蔵……323
⑥ 三重県商工奨励館 『昭和十一年度事業要覧』 三重県商工奨励館 一九三七年 ＊……325
⑦ 三重県商工奨励館 平面図 同前……325
図18 ① 宮崎県勧業物品陳列場 『宮崎県勧業物品陳列場一覧』 一九〇八年……327
② 宮崎県勧業物品陳列場 配置図 同前……327
③ 宮崎県商品陳列所 『第一七回宮崎県商品陳列所業務報告』 一九三八年 大分大学経済学部教育研究支援室所蔵……328
④ 宮崎県商品陳列所 配置図 同前……328
図19 ① 北海道物産共進会 会場図 「北海道物産共進会場内配置之図」(『北海道物産共進会報告』 一八九二年)……331
② 北海道物産陳列場 本館立面図 同前……331
③ 北海道物産陳列場 新本館 絵はがき ＊……331
④ 北海道物産共進会 会場図 「第一図会場平面図」(『北海道物産共進会事務及審査報告』 一八九二年)……331
図20 ① 「市区改正福井市街地図」 一九一一年 国際日本文化研究センター所蔵……334
② 福井県物産館 配置図 『第十七年報』 福井県商品陳列所 一九二八年 大分大学経済学部教育研究支援室所蔵……334
③ 福井県物産館 絵はがき ＊……334
図21 ① 「仮製二万分一京都十号大津」 一八九二年 国際日本文化研究センター所蔵……337
② 滋賀県物産共進会 会場図 『滋賀県物産共進会報告書』 一九〇〇年……337
③ 滋賀県物産蒐集所 同前……337
④ 滋賀県物産陳列場 配置図 『滋賀県物産陳列場報告』 一九〇九年……338
⑤ 滋賀県商品陳列所 陳列配置図 『滋賀県商品陳列所

同出品協会 昭和二年報』一九二八年 滋賀大学経済経営研究所所蔵……338
⑥ 滋賀県物産陳列場『滋賀県写真帖』一九一〇年……338
⑦ 滋賀県物産陳列場 陳列の様子 絵はがき ＊……338
⑧ 滋賀県公会堂『滋賀県写真帖』一九一五年……339
図22
① 一府六県聯合共進会 会場図『一府六県聯合共進会報告書』一八八八年……341
② 「水戸市全地図」明辰堂 一九二五年 国際日本文化研究センター所蔵……342
③ 茨城県物産陳列館 配置図・平面図『茨城県物産陳列館 第二年報』一九一八年……342
④ 茨城県物産陳列館『茨城県物産陳列館年報』一九一七年……342
⑤ 茨城県物産陳列館 陳列室『茨城県物産陳列館 第一年報』一九一七年……342
⑥ 茨城県物産陳列館 貴賓室 同前……342
図23
① 第六回九州沖縄八県聯合共進会 会場図『第六回九州沖縄八県聯合共進会審査報告』一八八八年……343
② 「大分市街新地図」駸々堂旅行案内部 一九一九年……344
③ 大分県物産陳列場 絵はがき ＊……344
④ 「殖産館道程図」(『大分県殖産館事業報告』昭和七年度 一九三三年) 大分大学経済学部教育研究支援室所蔵……345
⑤ 大分県商品陳列所 本館『大分県商品陳列所事業報告』昭和七年度 一九三三年 同前所蔵……346
⑥ 大分県商品陳列所『大分県殖産館事業報告』昭和八年度 一九三四年 同前所蔵……347
⑦ 大分県商品陳列所 平面図『大分県商品陳列所事業報告』昭和七年度 一九三三年 同前所蔵……347
⑧ 大分県殖産館『大分県殖産館事業報告』昭和一二年度 一九三八年 同前所蔵……347
図24
① 第三回奥羽六県聯合物産共進会 会場俯瞰図『第三回奥羽六県聯合物産共進会報告』一九〇〇年……349
② 「青森市区改正地図」岡田精弘堂 一九一七年 国際日本文化研究センター所蔵……349
③ 弘前物産陳列館『青森県写真帖』一九一五年……350
④ 弘前物産陳列館 陳列の様子『弘前商業会議所五十年史』一九五八年……350
図25
① 芭蕉辻商館 仙台戦災記念館所蔵……352
② 「仙台市街全図」大正一〇年度最新版 一九二一年 国際日本文化研究センター所蔵……352
③ 宮城県物産陳列場『東宮行啓紀念写真帖』一九〇

八年……352
④宮城県物産陳列所『宮城県商品陳列所年報』昭和三年度 一九二九年……353
⑤宮城県商品陳列所 平面図『高等建築学』第二一巻 常磐書房 一九三三年……353
図26 ①富山県物産陳列場 配置図『富山県物産陳列場報告』一八九六年……354
②富山県物産陳列場 立面図 同前……354
③富山県物産陳列場 絵はがき ＊……356
図27 ①「最新鳥取市実測全図」山元静観堂ほか 一九〇七年 国際日本文化研究センター所蔵……357
②鳥取県物産陳列場 絵はがき ＊……357
③鳥取県物産陳列場 配置図『業務報告』鳥取県物産陳列場 一九一九年……357
図28 ①「岡山市明細地図」大久保翠琴堂 一九〇九年 国際日本文化研究センター所蔵……359
②岡山県物産陳列場『岡山県物産陳列場事業報告』一九一四年 京都大学経済学部図書室所蔵……359
③岡山県物産陳列場 陳列室 同前……359
④岡山県物産館『岡山県案内写真帖』一九二六年……360
図29 ①第一一回九州沖縄八県聯合共進会 会場図『第一一回九州沖縄八県聯合共進会報告書』一九〇一年……362
②熊本県物産陳列場の諸施設『熊本県商品陳列所年報』大正一五・昭和元年度 一九二七年 大分大学経済学部教育研究支援室所蔵……362
③熊本勧業館 絵はがき ＊……364
④熊本勧業館 平面図『高等建築学』第二一巻 常磐書房 一九三三年……364
⑤熊本勧業館 陳列配置図 笹浪健一『勧業館の研究』一九三七年 大分大学経済学部教育研究支援室所蔵……364
図30 ①佐賀県物産陳列場『佐賀県写真帖』一九一一年……366
②佐賀県物産陳列館 絵はがき ＊……367
③佐賀県物産陳列館 平面図『大正十一年度佐賀県商品陳列所概覧』一九二三年……367
④『佐賀案内』一九〇六年……367
図31 ①秋田県物産陳列所 絵はがき ＊……369
②秋田県物産館『年報』大正一二年度（秋田県商品陳列所 一九二四年）滋賀大学経済経営研究所所蔵……369
③秋田県物産館 平面図『物産館移転ニ関スル書類』商工水産課 一九二五年 秋田県公文書館所蔵（角哲・永井康雄「秋田県記念物産館（大正一四年）の建設経緯と建築的特徴について：秋田の近代建築に関する基礎的研

究その三」『日本建築学会東北支部研究報告集』計画系七四 二〇一一年より転載）……369
図32 ①「最新長崎市街全図」 東洋印刷株式会社 一九〇九年 国際日本文化研究センター所蔵……371
②第九回九州沖縄八県聯合共進会 会場図 『第九回九州沖縄八県聯合共進会事務報告』 一八九七年……371
③長崎商品陳列所 配置図 『年報』大正一三年度 一九二三年 滋賀大学経済経営研究所所蔵……371
④長崎市商品陳列所 絵はがき ＊……372
図33 ①『高知県物産陳列場 第三年報』 一九一七年 京都大学経済学部図書室所蔵……373
②高知県物産陳列場 配置図 『高知県物産陳列場 第壱年報』 一九一三年 同前所蔵……373
③高知県物産陳列場 同前……373
④高知県物産陳列場 陳列の様子 同前……373
⑤高知県物産陳列場 陳列配置図 『高知県物産陳列場第三年報』 一九一七年 同前所蔵……373
図34 ①一府十四県聯合共進会 参考館 樫村南窓編『共進会遊覧』 興進社 一九一〇年……376
②群馬会館 『前橋観光案内』 一九三六年……376
③群馬会館 平面図 『要覧』 群馬県商品陳列所 一九三七年……376
図35 ①「高松市明細全図」 一九〇五年 国際日本文化研究センター所蔵……378
②同前……378
③香川県物産陳列所 『香川県物産陳列所報告』大正四年 一九一六年 京都大学経済学部図書室所蔵……378
④香川県物産陳列所 平面図 『香川県物産陳列所報告』大正三年 一九一五年 同前所蔵……380
図36 ①「新潟市全図」 一九一二年 国際日本文化研究センター所蔵……382
②新潟県物産陳列館 平面図 『新潟県物産陳列館 第十二年報』 一九一四年……382
③新潟県物産陳列館 絵はがき ＊……382
④新潟県物産陳列館 陳列の様子 絵はがき ＊……383
⑤新潟県物産陳列館 庭園 絵はがき ＊……383
図37 ①「静岡市詳細図」 報知新聞社静岡支局 一九二九年 国際日本文化研究センター所蔵……386
②静岡市物産陳列館 平面図 『静岡市物産陳列館 第五年報』 一九一一年……386
③静岡市物産陳列館 絵はがき ＊……387
図38 ①「最近岐阜市街図」 一九二四年 国際日本文化研究センター所蔵……389
②岐阜県物産館 『岐阜県写真帖』 一九〇九年……389

③ 岐阜県物産館 庭園 絵はがき ＊……389
④ 岐阜県商品陳列所 平面図 『岐阜県商品陳列所要覧』第四年報 一九三〇年 大分大学経済学部教育研究支援室所蔵……389
⑤ 岐阜県商品陳列所が出張陳列会で実施した鵜飼のジオラマ展示 『岐阜県商品陳列所要覧』第四年報 一九三〇年 同前所蔵……390
図39 ① 「山形市全図」 一九三二年 国際日本文化研究センター所蔵……392
② 第四回奥羽六県聯合物産共進会 会場図 『第四回奥羽六県聯合物産共進会報告』 一九〇二年……392
③ 山形県物産陳列場 絵はがき ＊……392
④ 山形県商品陳列所 絵はがき ＊……392
図40 ① 『奈良市御案内』 一九一五年 奈良県立図書情報館所蔵……395
② 奈良県物産陳列所 『大和名勝写真帖』 一九一五年 奈良県立図書情報館所蔵……395
③ 奈良県物産陳列所 平面図・立面図 『重要文化財旧奈良県物産陳列所修理報告書』 文化庁 二〇〇〇年……395
図41 ① 「千葉県共進会会場案内図」 古川国三郎編『千葉県共進会案内』 多田屋書店 一九一一年……398
② 千葉県物産陳列館 千葉県企画部県民課編『千葉県百年のあゆみ』 一九七三年……398
③ 千葉県物産陳列館 平面図 ①に同じ……398
④ 成田町立千葉県物産陳列館 絵はがき ＊……400
⑤ 「成田山案内図」 新勝寺編『成田山余光』 成田山開祖一千年祭事務局 一九三八年……400
図42 ① 『福博の道しるべ』 九州帝国大学耳鼻咽喉科教室 一九一九年……402
② 福岡県物産陳列場 『福岡県物産陳列場 第七年報』 一九一四年 京都大学経済学部図書室所蔵……403
③ 福岡県物産陳列場 平面図 同前……403
④ 福岡県物産陳列所 絵はがき ＊……403
⑤ 福岡県物産陳列所 平面図 『高等建築学』第一一巻 常盤書房 一九三三年……403
図43 ① 「甲府市街全図」（『甲府案内』 甲府商業会議所 一九一八年）……407
② 甲府物産陳列館 『山梨県商工会議所五十年史』 一九六〇年……407
③ 甲府物産陳列館（二代目） 同前……407
図44 ① 「京都市街全図」 一九一三年 国際日本文化研究センター所蔵……409
② 京都商品陳列所 配置図 『京都商品陳列所案内』

一九一六年……409
③ 京都商品陳列所 全景 同前……410
④ 京都商品陳列所 平面図 『武田博士作品集』 武田博士還暦記念事業会 一九三三年……410
⑤ 京都商品陳列所 庭園 『京都商品陳列所案内』 一九一六年……412
図45 ① 「福島市街全図：最新」 福島地図刊行会 一九二三年 国際日本文化研究センター所蔵……416
② 福島県物産陳列館 配置図 『福島県物産陳列館 第壱年報』 一九一二年……416
③ 福島県物産陳列館 平面図 同前……416
④ 福島県物産陳列館 絵はがき ＊……418
⑤ 表慶館 『建築と社会』第一七巻八号 一九三四年……418
⑥ 福島県物産陳列館 陳列の様子 『福島県物産陳列館第三年報』 一九一四年……418
⑦ 福島ビルヂング 絵はがき ＊……418
図46 ① 復興局監修「復興完成記念東京市街地図」（東京日々新聞付録） 一九三〇年……421
② 東京商工奨励館 構内配置図 『府立東京商工奨励館一覧』 東京都公文書館蔵……421
③ 東京商工奨励館 平面図 『高等建築学』第二一巻 常磐書房 一九三三年……422
④ 東京商工奨励館 『建築世界』第一二巻一〇号 一九一八年……423
⑤ 東京商工奨励館の金性検定マーク 『中外商業新報』 一九二七年一月二九日付……425
⑥ 国産トヨダ大衆車完成展覧会 『トヨタ自動車七五年史』 二〇一三年……425
図47 ① 「宇都宮市及郊外全図」 集英堂書店 一九三一年……427
② 栃木県商品陳列所 『商品陳列所総覧』第二回版 商品陳列所連合会 一九三三年……427
図48 ① 丸ビル地方物産陳列所の広告 『読売新聞』第二夕刊 一九三八年一二月九日付……429
② 丸ビル地方物産陳列所の様子 三菱地所株式会社社史編纂室編・刊『丸の内百年のあゆみ』 一九九三年 429
図49 ① 「台北市区改正図」 台湾総督府土木部 一九〇九年……432
② 台湾総督府博物館 『台湾写真帖』 台湾総督府総督官房文書課 一九〇八年……432
③ 台湾勧業博覧会 第二会場図 『台湾勧業共進会例規』 「台湾勧業共進会(1)」 アジア歴史資料センター提供 [C08020673200]『大正四年 公文備考 巻八六 物件9』

防衛省防衛研究所蔵……433
④台湾勧業共進会迎賓館　正面　『台湾勧業共進会協賛会報告書』一九一六年……433
⑤台湾勧業共進会迎賓館　背面　同前……433
⑥台湾総督府商品陳列館として使用された旧・台北電話交換局　『台湾建築会誌』第五巻二号　一九四一年……433
図50 ①「京城府市街略図」一九三〇年代　国立国会図書館所蔵……436
②「京城市街図」三中井呉服店　一九一二〜二五年頃　国立国会図書館所蔵……436
③朝鮮総督府商品陳列館　『朝鮮総督府商品陳列館案内』一九二五年……437
④倭城台の統監府庁舎　統監府『日韓併合紀念　大日本帝国朝鮮写真帖』一九一〇年……437
⑤「京城市街図」②に同じ……439
⑥朝鮮総督府商工奨励館　配置図　『朝鮮と建築』第八輯二号　朝鮮建築会　一九二八年……440
⑦朝鮮総督府商工奨励館　『朝鮮と建築』第八輯一一号　朝鮮建築会　一九二八年……440
⑧朝鮮総督府商工奨励館　平面図　同前……440
⑨朝鮮総督府商工奨励館　玄関ステンドグラス　『朝鮮と建築』第八輯七号　一九二九年……440
図51 ①『簡易満州案内記』南満州鉄道株式会社　一九三八年……444
②哈爾濱商品陳列館　配置図　『哈爾濱商品陳列館十年誌』一九二七年……444
③哈爾濱商品陳列館　絵はがき　＊……444
④哈爾濱商品陳列館　平面図　②に同じ……446
図52 ①「新嘉坡市街地図」(『赤道を行く』付録　新嘉坡日本人倶楽部　一九三〇年代)……448
②新嘉坡商品陳列館　『南洋協会々報』第四巻六号　一九二一年……449
③新嘉坡商品陳列館　陳列室　(左)『南洋協会々報』第四巻六号　一九二一年　(右)同第五巻二号　一九二二年……449
④新嘉坡商品陳列館に併設された学生会館　『南洋協会々報』第四巻一一号　一九二一年……449
⑤新嘉坡商品陳列館　『南洋協会々報』第七巻八号　一九二四年……450
⑥南洋協会スラバヤ商品陳列館　『南洋協会々報』第一〇巻一二号　一九二七年……451
第六章　社会教育施設としての〈陳列所〉
図1　山口貴雄　大阪府立商品陳列所創立三十周年記念協賛

会編・刊『回顧三十年』一九二〇年……481
図2 第一三回工芸展覧会審査員 松岡寿先生伝記編纂会編・刊『松岡壽先生』一九四一年……488
図3 『大日本織物協会会報』第一〇〇号 一八九五年 一橋大学附属図書館所蔵……492
図4 『欧米染織鑑』実用社 一九〇一年 京都工芸繊維大学付属図書館所蔵……494
図5 『染工之友』第一号 一九〇〇年……494
図6 平賀義美 秋山廣太『平賀義美先生』丁酉倶楽部 一九三四年……496
図7 平賀義美の喜寿祝賀会 同前……498
図8 愛知県商品陳列館 絵はがき ＊……504
図9 通俗展示の例 『愛知県商品陳列館報告』第二七号 一九一三年……508
図10 洋式会堂「クラウン・ホール」（上）『愛知県商品陳列館館内雑観』一九一七年（下）『愛知県商品陳列館案内』一九一一年……511
図11 大阪府立商品陳列所『再築公開五周年記念 最近六ヶ年施設概要』大阪府立商品陳列所 一九二三年……514
図12 広告館のショーウィンドウと発明館 大阪府立商品陳列所創立三十周年記念協賛会編・刊『回顧三十年』一九二〇年……517
図13「世界国情展覧会記念 世界各国風俗絵はがき」商工中心会 ＊……519
図14 大阪府立商品陳列所の交遊施設『再築公開五周年記念 最近六ヶ年施設概要』大阪府立商品陳列所 一九二三年……521

結章 近代日本の〈陳列所〉

図1 〈陳列所〉が使用したロゴマーク……558

本館竣工	本館 規模構造	主な施設構成	備考	図版出典
	B3	本館／館員宿舎／倉庫	仮事務所に入居後、既存建物を購入して建設。館内には職員用の居住設備が整えられる。	絵はがき（著者所蔵）
	B2		元・オリエンタル・ホテルの建物を借用・改修して使用。1階を陳列所に、2階を学生会館として使用。	『南洋協会々報』第4巻12号（1918年）
	B3		既存建物を購入して入居。	『南洋協会々報』第7巻8号（1921年）

道府県	代	本館写真	名称	開館(改称) 年月日	設置主体	所在地
哈爾濱 (442)	1		哈爾濱商品陳列館	1919.12.-	日露協会	ヂャゴナーリナヤ街2番地
シンガポール (446)	1		新嘉坡商品陳列館	1919.11.20	南洋協会	ブラス・バザー通り77番地
	2		新嘉坡商品陳列館	1921.-.-	南洋協会	ハイ・ストリート44-1番地

本館竣工	本館 規模構造	主な施設構成	備考	図版出典
1888.-.-		本館／有美館／看守人室／倉庫[1907]	宮崎県重要物産共進会(1907年)の会場となり本館以外の数棟を新築。	『宮崎県勧業物品陳列場一覧』(1908年、著者所蔵)
1928.-.-		本館／有美館／東館／西館／小使室／倉庫[1938]	公会堂の建設にともない、同敷地内で従来施設を移築集約。	『宮崎県商品陳列所業務報告』第17回(1938年、大分大学経済学部教育研究支援室所蔵)
1883.9.-	ST1	本館／事務所[1883]、第二号館／第三号館／開成館／物置[1899]	竣工後に第2回九州沖縄八県聯合共進会を開催。1899年の第10回九州沖縄八県聯合共進会開催に合わせて施設増設。第三号館は1911年に建替え。	絵はがき(著者所蔵)
			1915年以前に閉所か。	
1908.-.-	2	本館	採票局として計画・建設されたが、工事中に組織が消滅したため、博物館として転用された。	『台湾写真帖』(台湾総督府官房文書課、1908年)
1916.-.-	W2	本館	施工：台湾建物株式会社 台湾勧業共進会迎賓館として建設、閉会後に陳列所として使用。	『台湾勧業共進会協賛会報告書』(1916年)
1908.-.-	RC2	本館	台北電話交換局として建設されたものを転用。	『台湾建築会誌』第5巻2号(1941年)
1912.4.-	B2	本館／別館／温室／噴水	統監府農商工部庁舎として建設されたものを転用。後に専売局として使用される。	『朝鮮総督府商品陳列館報告』
1907.-.-	W2	本館／温室／噴水	総督府庁舎として建設されたものを転用。	『大日本帝国記念写真帖』
1929.4.-	RC4(1)	本館(即売場／陳列場／余興場・講堂)		絵はがき(著者所蔵)

道府県	代	本館写真	名称	開館(改称) 年月日	設置主体	所在地
宮崎 (326)	1		宮崎県勧業物品陳列場 宮崎県物産陳列場	1886.3.1 1911.7.-	宮崎県	宮崎郡宮崎町大字上別府
	2		宮崎県商品陳列所	1928.7.-	宮崎県	宮崎町
鹿児島 (313)	1		興業館 鹿児島県物産陳列場 鹿児島県商品陳列所 鹿児島県商工奨励館 ○鹿児島県博物館考古資料館	1883.9.- 1894.7.- 1921.4.- 1932.4.1	鹿児島県	鹿児島市山下町　鶴嶺社前
沖縄 (317)	1		博物陳列所・物産所		沖縄県	
	2		沖縄県物産陳列所	1909.12.1	沖縄県	那覇区字西本町
台湾 (431)	1		商品陳列館	1900.-.-	台湾総督府	台北南門街　測候所北隣
	2		博物館	1905.5.-	台湾総督府	台北南門街　測候所北隣
	3		台湾総督府商品陳列館	1917.6.17	台湾総督府	台北苗園内
	4		台湾総督府商品陳列館	1938.8.-	台湾総督府	台北栄町
朝鮮 (435)	1		朝鮮総督府商品陳列館	1912.11.3	朝鮮総督府	京城府永楽町
	2		朝鮮総督府商品陳列館	1925.-.-	朝鮮総督府	京城府倭城台
	3		朝鮮総督府商工奨励館	1929.12.14	朝鮮総督府	京城府南大門通り

本館竣工	本館 規模構造	主な施設構成	備考	図版出典
			旧武徳殿。貿易庁日本貿易館九州分館を併設。	絵はがき(著者所蔵)
	W1		既存建築(公会堂跡)に移転。	『佐賀県写真帖』(佐賀県、1911年)
1914.3.-	W2	第一号館／第二号館／当直室／外便所[1914]、第三号館／小遣室／仮物置／人夫詰所／噴水池／東屋		『佐賀県商品陳列所概覧』昭和3年度(1928年)
1897.-.-	B2			絵はがき(著者所蔵)
1895.5.-	W2	参考館／事務所／集義所(旧ジェーンズ館)／物置／小使室[1895]、即売館／倉庫[1917]	ジェーンズ館(1871年竣工・移築されて現存)を移築して事務所として使用。即売館は熊本市主催大典記念国産共進会の農業館を流用。	
1930.3.25	RC3	本館／附属屋[1930]		『新熊本市史』通史編・第7巻(2001年)
			第6回九州沖縄八県聯合共進会(1888年)の会場を存置。1892年閉鎖。	『第六回九州沖縄八県聯合共進会審査報告』(九州沖縄八県聯合共進会事務所、1888年)
1907.3.-	W1	本館[1907]、第二館／実験室／物置／宿直室／便所[1913]	1913年に水産試験場(佐賀関町)の施設を移築。	絵はがき(著者所蔵)
1916.6.-	W2	第一号館／第二号館／事務所／倉庫[1922]、商談館[1933]		『大分県商品陳列所事業報告』昭和7年度(1933年、大分大学経済学部教育研究支援室所蔵)
1936.12.-	RC3+W2	本館／宿直室／小使室／荷解場／倉庫／守衛室[1933]		『大分県殖産館事業報告』昭和12年度(大分県商品陳列所、1933年、大分大学経済学部教育研究支援室所蔵)

道府県	代	本館写真	名称	開館(改称) 年月日	設置主体	所在地
福岡	3		福岡県商工奨励館	1947.6.-	福岡県	福岡市東公園内
佐賀 (365)	1		佐賀県物産陳列場	1896.4.-	佐賀県	佐賀市松原町
	2		佐賀県物産陳列場	1899.5.-	佐賀県	佐賀市松原町
	3		佐賀県物産陳列館 佐賀県商品陳列所 佐賀県商工奨励館	1914.7.7 1921.7.- 1931.4.24	佐賀県	佐賀市松原町　県庁通り
長崎 (370)	長崎市		長崎商品陳列所 長崎市商品陳列所 長崎市商工奨励館 長崎博物館	1897.2.- 1921.5.6 1930.4.1 1941.-.-	長崎市	長崎市炉粕町
熊本 (361)	1		観聚館熊本県物産館 熊本県商品陳列所 熊本県商工奨励館	1895.10.- 1902.9.- 1920.11.12 1930.5.-	熊本県	熊本市南千反畑町
	熊本市		熊本勧業館	1930.5.21	熊本市	熊本市花畑町
大分 (343)	1		大分県物産陳列場	1888.-.-	大分県	大分市南新地
	2		大分県物産陳列場	1907.5.-	大分県	大分市勢家町
	3		大分県物産陳列場 大分県商品陳列所 大分県殖産館	1916.12.1 1921.4.1 1932.1.11	大分県	別府市　別府公園内
	4		大分県殖産館	1936.-.-	大分県	別府市浜脇海岸

本館竣工	本館 規模構造	主な施設構成	備考	図版出典
1922.2.-	RC3		下関商業会議所の新築にともない陳列所を内包して建設。1927年に廃止され、下関商業会議所が引き継ぐ。	『下関商業会議所七十五年史』（1956年）
1908.10.-	W2		開場時に第４回玖珂郡物産共進会を開催（1909年）。	
	W2		1889年12月16日に場内に徳島市役所が開庁し仮使用。1891年３月廃止後、翌月から建物は徳島測候所として使用。	『徳島県写真帖』（写真は徳島測候所時代、徳島県、1908年、徳島県立図書館所蔵）
1907.10.-	W2	本館／事務室［1907］、東館／西館／南館［1909］	日露戦争の記念館として県民有志が建設し、県に寄付。戦災を受け焼失。	『徳島県写真帖』（徳島県、1908年、徳島県立図書館所蔵）
1899.2.-	W2	本館／第一陳列館／第二陳列館／第三陳列館／事務所／第一倉庫／第二倉庫／物置／廊庇［1914］	設計：九代伊藤平左衛門 栗林公園の整備と合わせて建設。塩田真・小沢圭次郎が現地を見分して建築と公園の設計案を提出。	『香川県物産陳列所報告 大正四年』（1916年）
			1887年廃止。	
1914.3.-	2		隣地に公会堂ができる。1934年に産業奨励館を廃止し商業会議所に移管。	絵はがき（著者所蔵）
			既存建築（藩政時代の兵舎）を転用。1901年４月１日～1906年３月31日まで高知県商業会議所に運営委託。	
1912.3.-	W2	本館／付属館／便所及び下駄置場／事務員居宅／小遣室及び湯沸場［1913］	階下を物産陳列場、階上を公会堂とした。	『高知県物産陳列場 第一年報』（部分）
	W2		内務省土木監督署を転用。	『福岡県物産陳列場 第七年報』（1914年）
1916.10.-	W+S3		竣工後、特別大演習の統監部に使用され、その後付属工事を実施して1917年５月５日に落成式を挙行。この間、同年３月に物産陳列所に改称。	絵はがき（著者所蔵）

道府県	代	本館写真	名称	開館(改称) 年月日	設置主体	所在地
山口	2		山口県商品陳列所 下関商業会議所経営 山口県商品陳列所	1922.4.-	山口県 ↓ 下関商業 会議所	下関市西之端町
	玖珂郡		山口県玖珂郡物産陳列場		玖珂郡	玖珂郡岩国町
徳島 (307)	1		徳島県物産蒐集場	1881.12.15	徳島県	徳島町　徳島橋詰
	2		徳島県物産陳列場 徳島県商品陳列所 徳島物産販売斡旋所	1908.4.15 1920.12.- 1934.4.1	徳島県	徳島市　徳島公園内
香川 (377)	1		香川県博物館 香川県物産陳列所 香川県商品陳列所 ○香川県商工奨励館	1899.3.31 1906.8.- 1921.4.1 1938.4.1	香川県	高松市　栗林公園内
愛媛 (290)	1		物産陳列場	1879.-.-	愛媛県	松山市一番町
	2		愛媛県物産陳列場 愛媛県商品陳列所	1914.5.- 1920.10.-	愛媛県	松山市一番町
高知 (372)	1		勧工場	1898.12.27	高知県	高知市帯屋町
	2		高知県物産陳列場 高知県物産陳列館 高知県商品陳列所 高知県商工奨励館	1912.3.30 1918.10.- 1920.4.- 1935.7.1	高知県	高知市帯屋町 大高坂城下
福岡 (401)	1		福岡県物産陳列場	1906.6.-	福岡県	福岡市須崎土手町
	2		福岡県物産陳列場 福岡県商品陳列所 福岡県産業奨励館	1616.10.- 1921.2.14 1932.4.1	福岡県	福岡市天神町　那珂川川岸

本館竣工	本館 規模構造	主な施設構成	備考	図版出典
1920.4.9	W2	参考館(陳列室・貴賓室)／販売館／事務所(事務室・図書室・図書閲覧室・所長室・宿直室)／倉庫・荷解場／夜警詰所／便所[1925]		絵はがき(著者所蔵)
1892.-.-				
1902.12.-	W2	東館／西館／事務室／職員舎宅／物置[1904]、北館／休憩所／炊事場／厠[1912]	1908～12年に施設増築。	絵はがき(著者所蔵)
1882陳列室増築		染織場／織物／製靴工場[当初]、陳列室拡大[1882]	県立高等師範学校付属小学校に隣接。	
1879.1.-	W2	本館／門衛／倉庫／厠[1914]、工業試験室[1919]、旧県会議事堂(図書閲覧室・即売品陳列場)[1920]	既存建築(旧・島根県庁舎)の転用。後に旧議事堂も転用。	絵はがき(著者所蔵)
1903.9.-			明治天皇行幸の御旅館としての使用を想定。3日間の一般公開の後、閲覧は許可制となり実質的には陳列所として使用されていない。	絵はがき(著者所蔵)
1895.4.5	W2		開場式は1895年4月5日。	『岡山県物産陳列場事業報告』大正2年(1914年)
1919.4.8	W2	本館／東別館／西別館	竣工時に岡山県物産共進会を開催。2階に公会堂を備える(1928年公会堂建設にともない廃止、陳列室に転用)。1926年東別館焼失。1933年の改称は販売斡旋本部との合併による。	『岡山県案内写真帖』(岡山県、1926年)
			1880年3月30日に廃止、民営となり播磨屋町に移転。	
1915.3.-	B3	本館／噴水／東屋	設計：ヤン・レツル 施工：椋田組 1945年8月6日に被爆損壊。	『広島県物産陳列館報告』大正5年版(1926年)
1882.4.-			1887年廃止。	

道府県	代	本館写真	名称	開館(改称) 年月日	設置主体	所在地
和歌山	3		産業博物館 和歌山県商品陳列所	1920.4.10 1921.2.10	和歌山県	和歌山市一番町　和歌山公園内
鳥取 (356)	1		鳥取県物品陳列場	1892.11.2	鳥取県	鳥取市東町水道谷
	2		鳥取県物産陳列所 鳥取県商品陳列所 鳥取県商工奨励館	1904.-.-	鳥取県	鳥取市西町
島根 (298)	1		島根県勧業展覧場 島根県物産陳列所	1880.5.- 1899.4.-	島根県	松江市殿町1
	2		島根県物産陳列所 島根県商品陳列所	1910.7.- 1921.3.-	島根県	松江市殿町
	松江市		松江市工芸品陳列所 ○興雲閣	1903.10.13 1912.-.-	松江市	松江市城山
岡山 (358)	1		岡山県物産陳列場	1895.5.1	岡山県	岡山市古京町　後楽園内
	2		岡山県物産館 岡山県商品陳列所 岡山県立商工奨励館	1919.4.1 1921.3.1 1933.4.1	岡山県	岡山市弓之町82
広島 (279)	1		博物館 集産場	1878.11.10 1879.7.20	広島県	広島区下中町　広島県中学校教師館敷地内
	2		広島県物産陳列館 広島県商品陳列所 広島県産業奨励館 ○原爆ドーム	1915.8.15 1921.1.1 1933.11.1	広島県	広島市猿楽町
山口 (310)	1		山口物産陳列場	1882.4.-	山口県	吉敷郡上宇野令村　栽培試験場構内

本館竣工	本館 規模構造	主な施設構成	備考	図版出典
1935.7.-	SRC5(1)		設計：大阪府営繕課 施工：新工務店 国際見本市会館の建設にともない既存建築(産業会館)に入居。	『近代建築画譜』(1936年)
	W2		1883年に神戸商業講習所(後の県立神戸商業学校)として建物売却。	『六〇年史』(写真は講習所時代のもの、兵庫県立第一神戸商業学校、1928年)
			1910年に跡地が高等女学校運動場となる。	
1929.4.-	RC4	本館(陳列室／事務室)	設計：兵庫県営繕課 施工：中島組 戦後は兵庫県庁農林部第一号庁舎として使用。	『近代建築画譜』(1936年)
計画案	RC6(1)	本館(陳列室／即売室／事務室／商談室／会議室／講堂／食堂／集会室／放送室／倶楽部室／図書室／ギャラリーなど)	1937年に計画案がまとまる。大阪に計画された国際見本市会館の施設と、愛知県商工館の組織を模範として計画。	
1929.1.18	RC5		設計：原科建築事務所 意匠設計：古宇田實 施工：大阪橋本組	『近代建築画譜』(1936年)
1902.2.10 1930,1938修繕	W2	本館／事務所[1902]、集会室／便所／倶楽部	設計：関野貞(奈良県技師) 施工：河本辰三 開所前に奈良県物産共進会を開催。	『奈良県産業案内』(奈良県、1914年)
			1882年6月閉場。	
1901.8.-	W1	第一号館／第二号館／第三号館／公報縦覧所／事務所／物置庫／便所／飼鳥舎	物産共進会の会場を存置。	絵はがき(著者所蔵)

道府県	代	本館写真	名称	開館(改称) 年月日	設置主体	所在地
大阪	4		大阪府立貿易館 南方院 大阪府立貿易館	1937.3.- 1943.3.1 1946.1.1	大阪府	大阪市東区内本町橋詰町
兵庫 (301)	1		兵庫県共進館	1880.7.-	兵庫県	神戸下山手通　植物試験場側
	2		商品陳列所		兵庫県	神戸市下山手通
	3		兵庫県産業奨励館	1929.-.-	兵庫県	神戸市下山手通
	4		兵庫県産業貿易館 (計画)	1937立案	兵庫県	神戸市東遊園地北部を想定
	商業会議所		神戸商業会議所 重要輸出品陳列所	1929.-.-	神戸商業会議所	神戸市神戸区海岸通1-6
奈良 (393)	1		奈良県物産陳列所 奈良県商品陳列所 奈良県立商工館 ○奈良国立博物館仏教美術資料研究センター	1902.9.1 1921.5.- 1934.4.1	奈良県	奈良市春日野町
和歌山 (287)	1		集産所	1879.9.-	和歌山県	和歌山市一番町　和歌山植物栽培所内
	2		和歌山県物産陳列場 産業博物館	1901.12.22 1919.4.-	和歌山県	和歌山市一番町　和歌山公園内

本館竣工	本館 規模構造	主な施設構成	備考	図版出典
1903.3.-	W2	本館／事務所／物置／倶楽部／休憩所[1917]	設計：清水保吉(滋賀県技師) 敷地内に公会堂が建築される(1914年)。1922年に滋賀県物産販売斡旋所となり本部事務所は大津市東浦に置かれた。	『滋賀県写真帖』(滋賀県、1910年)
1909.3.-	RC3 柱：S＋RC 梁・床：RC 壁：B 屋根：S	事務室／廊下及び便所／倉庫／物置など	設計：武田五一 造園：七代小川治兵衛(京都造園協会) 陳列配置等：飯田新七ほか 京都市美術館の建設地となり取壊し。	『武田博士作品集』(武田博士還暦記念事業会、1933年)
1928.3.14	RC5(1)	1階部分を陳列所として使用。2階以上はホテル。	設計：清水組 施工：清水組 京都商業会議所が御大典記念事業として建設。後に京都ステーションホテルとなる。	『近代建築画譜』(1936年)
1939.3.21	RC2(1)		勧業館の復旧に際して商品陳列所を併置。1952年12月11日に京都市勧業館別館となり組織が消滅する。建物は、国立近代美術館京都分館に充当され、1984年に新館建設のため取壊し。	『京都国立近代美術館50年史』(写真は京都国立近代美術館時代のもの、2013年)
1890.9.-	W2	事務所／倉庫／内国陳列館[1894]、余興場／工業試験部[1899]	設計：吉井茂則＋大阪府 1909年7月の大火で建物を焼失。	秋山廣太編『平賀義美先生』(丁酉倶楽部、1900年)
1917.3.26	B：S2	事務室兼図書館／機械館(発明館)／倉庫／書庫／図案館／広告館[1918]	設計：大阪府営繕課(葛野壮一郎) 施工：安藤組 竣工後に落成記念展覧会を開催、会期中に開所式を挙行。国際見本市会館建設のため1937年取壊し。	絵はがき(著者所蔵)
一期工事中に建設中止	RC7(2)	本館(食堂／売店／印刷室／ガレージ／銀行／郵便局／ツーリストビューロー／事務室／展示室／大講堂／大会議室／倶楽部室／記念ギャラリー／映写室／展望室兼放送室など)	設計：大阪府営繕課・営繕課出張所 原案：大林組 皇紀2600年記念事業として計画・着工。戦争により建設中止。	『通商彙報』第400号(大阪府立貿易館、1940年)

道府県	代	本館写真	名称	開館(改称)年月日	設置主体	所在地
滋賀	2		滋賀県物産陳列場 滋賀県商品陳列所 滋賀県物産販売斡旋所付属物産陳列場	1903.4.24 1921.4.1 1932.10.1	滋賀県	大津市東浦 大津市三井寺下
京都 (408)	京都市1		京都商品陳列所 京都市商品陳列所 京都工芸館 京都市商品陳列館	1909.5.15 1921.4.- 1926.4.- 1929.7.-	京都市	京都市左京区　岡崎公園
	京都市2		京都市商品陳列館	1931.4.1	京都市	京都市下京区塩小路町京都駅前・京都会館1階
	京都市3		京都市商品陳列館	1939.3.21	京都市	京都市左京区　岡崎公園(京都府立図書館横)
大阪 (191, 260, 513)	1		府立大阪商品陳列所	1890.11.15	大阪府	大阪市北区堂島浜通2
	2		大阪府立商品陳列所 大阪府立貿易館	1917.11.5 1930.1.1	大阪府	大阪市東区内本町橋詰町
	3		大阪国際見本市会館	1937着工 (建設中止)	大阪府	大阪市東区内本町橋詰町

本館竣工	本館 規模構造	主な施設構成	備考	図版出典
			旧館取壊しのため既存ビル内に仮庁舎として移転。	『愛知商工』第201号（1936年、大分大学経済学部教育研究支援室所蔵）
1936.4.30	RC4(1)	1階：陳列室／即売所／陳列窓／事務室、2階：即売所／陳列室／事務室、3階：貴賓室／講堂／映写室／和室／広間、4階：事務室／会議室／配膳室／図書室、地階：食堂／厨房／倉庫[1936]	設計：愛知県総務部営繕課 施工：清水組 沿道に面してショーウィンドウを設置。	『愛知商工』第202号（1936年）
1913.12.19	W1		設計：吉田栄蔵（愛知県技手） 敷地内に公会堂を併せて建設。1961年、敷地内移築され、屋内体育場として使用。1977年から収蔵庫として使用される。	『愛知県額田郡治一班』（愛知県額田郡役所、1913年）
	W1	本館／付属館[1888]	三重県内物産博覧会に使用された建物を利用。1888年に園内移転し付属館を増設。1893年廃止。建物1棟と陳列品が神苑会に寄付され、宇治山田に移築、農業館附属工芸館などとして使われる。	『明治百景：100年前の三重県』（写真は仮徴古館時代、三重県生活部文化課、2000年）
1907.3.-	W2	本館／付属館／奏楽堂／当直室・小使室／休憩所／物置／通券渡場／便所[1917]	第9回関西府県聯合共進会の参考館として建設。	絵はがき（著者所蔵）
1926.6.30	RC3	本館／別館[1928年増築]／職員住宅[1937]	伊勢神宮外宮への参詣路に面してショーウィンドウを設置。屋上には眺望台がある。	『昭和十一年度事業要覧』（三重県商工奨励館、1937年、著者所蔵）
	W1	陳列館（2棟）	当初、建物は滋賀県勧業協会の所有。1898年に県が寄付を受けた。 滋賀県物産共進会の会場となる（1900年）。	『滋賀県物産共進会報告書』（1900年）

道府県	代	本館写真	名称	開館(改称)年月日	設置主体	所在地
愛知	3		愛知県商品陳列所 愛知県商工館	1930.3.- 1936.3.13	愛知県	名古屋市中区新栄町3陸田ビル内
	4		愛知県商工館	1936.5.28	愛知県	名古屋市西区御幸本町通1
	額田郡		額田郡物産陳列所 岡崎市物産陳列所 ○岡崎市郷土館 収蔵庫	1914.4.18 1916.7.1 (市政施行による改称)	額田郡	額田郡岡崎町
三重 (319)	1		三重県物産陳列場	1885.12.-	三重県	津市下部田　偕楽公園内
	2		三重県勧業陳列館 三重県商品陳列所	1907.10.1 1921.4.-	三重県	津市下部田　偕楽公園内
	3		三重県商品陳列所 三重県商工奨励館	1926.7.1 1935.4.1	三重県	宇治山田市本町
滋賀 (335)	1		物産蒐集所 滋賀県物産陳列場	1888.6.- 1898.11.-	滋賀県	大津市東浦　県庁向側

本館竣工	本館 規模構造	主な施設構成	備考	図版出典
1916.7.31	W2		甲府商業奨励会が設置、建設は甲府商業会議所が一任され、会議所隣地に建設。後に甲府商業会議所に移管。	『山梨県商工会議所五十年史』(写真の右側が甲府物産陳列館、甲府商工会議所、1960年)
1930.4.20	RC3		設計：内藤工業所 施工：内藤工業所 甲府商業会議所の建替えに際して、陳列所を1階に内包する形で建設。	『山梨県商工会議所五十年史』(甲府商工会議所、1960年)
1888増築				
1908.-.-	W2		一府十県聯合共進会(1908年)の参考館を転用。1923年に所有が県から市に移る。	絵はがき(著者所蔵)
1910.-.-	W2	本館／別館／附属第三号館／事務所／小使室／門衛所／優待所／奏楽所／土蔵／納屋[1914]	1923年5月から1926年4月まで仮県庁舎として使用(陳列所は休場)。	『岐阜県商品陳列所要覧』第4年報(岐阜県、1930年)
1936.-.-	RC4			『岐阜商工名鑑』(岐阜商工会議所、1933年)
1905.8.-	W2	本館／付属館／小使室／便所／物置／門衛所	開館と同時に静岡県重要物産共進会を開催。付属館は静岡県下の公益実業団体の合同事務所として使用。	絵はがき(著者所蔵)
1878.9.14		第一号館／第二号館／第三号館／第四号館／品評所[1978頃]、松月斎・猿面茶席[1880移築]、第五号館(売品場)[1881]	明治天皇行幸に合わせて建設。1883年7月より愛知県に移管。	「名古屋明細全図」(国際日本文化研究センター所蔵)
1910.3.1	B2	第一号館／第二号館／第三号館／事務館／松月斎／猿面茶席／龍影閣／植物温室／厨房／便所／手荷物預所／下足預所／倉庫[1911]	設計：鈴木禎次・星野則保 敷地周辺の土地を取得して新館を建設。	『愛知県商品陳列所要覧』大正4・5年用(1915年)

道府県	代	本館写真	名称	開館(改称)年月日	設置主体	所在地
山梨 (405)	商業会議所1		甲府市物産陳列館	1916.8.5	甲府産業奨励会 ↓ 甲府商業会議所	甲府市常盤町
	商業会議所2		甲府市物産陳列館 ○甲府法人会館	1930.4.26	甲府商業会議所	甲府市常盤町
長野 (291)	1		勧業場 長野県物産陳列場	1879.-.- 1888.-.-	長野県	上水内郡長野町614
	商業会議所		長野県商品陳列館	1914.7.1	長野商業会議所	長野市　城山公園内
岐阜 (388)	1		岐阜県物産館 岐阜県商品陳列所 岐阜県物産販売斡旋所	1901.8.- 1926.4.- 1931.4.-	岐阜県	岐阜市司町　県庁前
	2		岐阜県商工奨励館 (岐阜県物産販売斡旋所)	1936.5.1	岐阜県	岐阜市神田町
静岡 (384)	静岡市		静岡市物産陳列館 静岡市商品陳列所 静岡市商工奨励館	1908.11.16 1922.4.- 1931.4.1	静岡市	静岡市追手町
愛知 (272, 503)	1		工芸博物館 公立名古屋博物館 愛知県博物館	1878.9.15 1880.2.- 1883.9.15	博覧会社 ↓ 愛知県	名古屋市中区門前町 総見寺境内
	2		愛知県商品陳列館 愛知県商品陳列所	1911.1.15 1921.4.-	愛知県	名古屋市中区門前町

本館竣工	本館 規模構造	主な施設構成	備考	図版出典
1896.4.15	W2	本館／付属館／事務所／門番所[1896]	設計：柳下友太郎(富山県技手) 開館前に富山市勧業博覧会の会場として使用(1894年)。1899年に焼失。	富山市郷土博物館所蔵
	W2		本所を基礎として、1894年10月に富山県立工芸学校を設立。	『富山県写真帖』(富山県、1909年)
1915.5.-	W2		県の陳列所を引き継いだ富山県工業部会(1906年〜)を引き継ぐ形で、富山市が設立。	絵はがき(著者所蔵)
				『富山県写真帖』(富山県、1909年)
東本館(旧デッケン館)：1871.-.- 西本館(成巽閣)：1863.-.-	いずれもW2	東本館／西本館(土蔵／能舞台を含む)／甲部集産館／乙部集産館／機械館[1878]	既存建築(成巽閣、デッケン館)の転用。兼六公園(23,596坪)を付属地とする。1880年7月より石川県に移管。	「金沢公園勧業博物館之図」(部分、金沢市立玉川図書館所蔵)
1894.3.下旬	W2	本館／東本館(旧デッケン館)／成巽閣(土蔵・能舞台含む)／乙館／動物館／古物館／農産館／機械館[1896]、図書館[1903]	第5回関西府県聯合共進会の主館として整備。	「兼六公園版下絵図同実測原図」(部分、金沢市立玉川図書館所蔵)
1909.3.-	W2	本館／別館／事務所／倉庫[1909]、別館・事務所(食堂・荷造所)[1912増築]	成巽閣の前田家移管にともない本館を園内移築。1948年11月焼失。	『石川県商品陳列所 第二十年報』(1930年)
1897.-.-			橋南大火で焼失(1900年)。	
			仮施設として使用。1904年3月廃止。	
1911.3.-	W2	本館／付属建物／南北館／長屋／土蔵	開館時に第2回福井県重要物産共進会を開催。戦災により焼失。	絵はがき(著者所蔵)

道府県	代	本館写真	名称	開館(改称) 年月日	設置主体	所在地
富山 (353)	1		富山県物産陳列場	1894.8.5	富山県	富山市大字富山山王町
	1'		富山県工芸品陳列所	1893.6.3	富山県	高岡市射水郡下関村
	富山市		富山市立物産陳列館 富山市商品陳列所 富山市商工奨励館	1915.7.1 1921.4.- 1927.-.-	富山市	富山市総曲輪
	高岡市		高岡物産陳列場 高岡市商品陳列場 高岡市商工奨励館	1909.-.- 1921.5.- 1937.-.-	高岡市	高岡市桜馬場
石川 (105, 258)	1		金沢博物館 石川県勧業博物館	1876.4.- 1880.7.-	博覧会社 ↓ 石川県	金沢市　兼六公園内 (成巽閣周辺)
	2	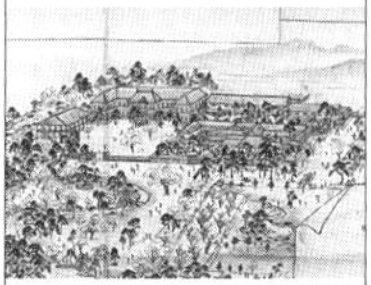	石川県勧業博物館	1894.7.10	石川県	金沢市　兼六公園内 (成巽閣周辺)
	3		石川県物産陳列館 石川県商品陳列所	1909.5.22 1920.10.-	石川県	金沢市　兼六公園内 (時雨邸周辺)
福井 (333)	1		物産陳列場	1897.-.-	福井県	福井市　足羽山
	2		物産陳列場	1900.11.-	福井県	福井市佐久良下町
	3		福井県物産館 福井県商品陳列所 福井県商工館	1911.-.- 1921.5.1 1938.4.-	福井県	福井市西端　三秀園内

本館竣工	本館 規模構造	主な施設構成	備考	図版出典
1913.-.-	W2	本館／付属建物(小使室・便所)[1926]		『埼玉県商品陳列所要覧：昭和三年事業概況』(1929年)、大分大学経済学部教育研究支援室所蔵
1926.11.-				『浦和総覧』(京北振興会、1927年)
1902.10頃	W2	本館／事務所[1911]	1909年3月1日廃止。	『千葉県百年のあゆみ』(千葉県、1973年)
1911.5.-	W2			絵はがき(著者所蔵)
1921.10.-	RC3(1)	本館(商品陳列館／大会堂事務室／談話室)／工業試験場／機械実験場	設計：東京府営繕課 設計顧問：伊東忠太、佐野利器 施工：戸田組 渋沢栄一を会長とする東京商工奨励館設立期成会が設立資金を寄付で集めた。本館建設以前から一部の事業を開始。	『建築世界』第12巻10号(建築世界社、1918年)
1880.3頃	W1		1882年頃使用中止。郵便局の仮局舎として使用後、取壊し。	『横浜市史稿』産業編(1932年)
1929.4.20	RC4(1)	別館[1938]	設計：横浜市建築課 施工：岩崎金太郎 昭和大典記念事業。県の諮問に対して商業会議所が答申した「横浜復興方策」を土台とする。運営は横浜商業会議所に委託。	絵はがき(著者所蔵)
1891.-.-	W2	一号館／二号館／事務所／守衛詰所／巡査派出所／便所／掲示場／消防具置場／物置／東屋／付属建物	開館前に一府十一県聯合共進会を開催。1929年3月廃止。	絵はがき(著者所蔵)

道府県	代	本館写真	名称	開館(改称)年月日	設置主体	所在地
埼玉	3		埼玉県物産陳列館 埼玉県商品陳列所	1914.12.12 1921.3.18	埼玉県	浦和町　調宮公園
	4		埼玉県物産紹介所 ○埼玉会館	1932.-.-	埼玉県	浦和町　埼玉会館内
千葉 (396)	1		千葉県物産陳列館	1903.-.-	千葉県	千葉町
	成田町		成田町立千葉県物産陳列館	1911.11.19	成田町	成田町成田山内
東京 (97, 420)	1		府立東京商工奨励館	(1919.3.-) 1921.11.-	東京府	東京市麹町区有楽町
神奈川 (103, 293)	1		神奈川県立物産陳列所	1880.4.18	神奈川県 1883年1月より民間有志	横浜市　横浜公園内
	横浜市		横浜商工奨励館 ○横浜情報文化センター	1929.4.23	横浜市	横浜市中区日本大通
新潟 (381)	1		新潟県物産陳列館 新潟県商品陳列所	1902.6.25 1921.5.6	新潟県	新潟市学校町通一番町 白山公園横
	2		新潟県物産紹介所	1929.4.1	新潟県	新潟市学校通1　県庁内

本館竣工	本館 規模構造	主な施設構成	備考	図版出典
1915.10.-	W2	（物産陳列場／図書室／会議室／食堂）		絵はがき（著者所蔵）
1911.6.-	W2(1)		表慶館を模した建築。福島県立図書館に充当するため、移転。	『福島県物産陳列館 第三年報』(1914年)
1927.10.-	RC3			絵はがき（著者所蔵）
1888.-.-	W1	本館／事務所[1888]	一府六県聯合共進会の会場として使用(1888年)。	『一府六県聯合共進会報告書』(茨城県、1888年)
1915.1.16	WB2	本館（陳列室／保管室／事務室／宿直室／コック室／集会場／食堂／配膳室／休憩室）／小使室[1918]	設計：佐藤功一 施工：青木組 内部装飾：京都高島屋・東京梅沢組	絵はがき（著者所蔵）
1928.3.-	RC2	本館／公会堂	１階を陳列所、２階を公会堂として使用。	『宇都宮商工案内』(宇都宮商工会議所、1934年)
			既存建築（群馬県農会）の一部を陳列所として充用。	『群馬県農会年報』明治44年度(1911年)
1910.-.-			一府十四県聯合共進会の会場整備を兼ねて建設。当初から物産陳列館として使用を想定。群馬会館の建設決定にともない1938年３月31日に廃止。	絵はがき（著者所蔵）
1930.11.11	RC4(1)	群馬会館（商品陳列室／大集会室／事務室／食堂／会議室／宿泊室など）[1930]	設計：佐藤功一 １階部分を〈陳列所〉が占める。	『前橋観光案内』(前橋商工会議所観光案内部、1936年)
			のちに集産館と改称。間もなく活動中止。	

道府県	代	本館写真	名称	開館(改称) 年月日	設置主体	所在地
山形	鶴岡市		大宝館(物産陳列場) ○大宝館	1915.11.10	鶴岡市	鶴岡市馬場町
福島 (415)	1		福島県物産陳列館 福島県商品陳列所	1911.10.11 1921.6.27	福島県	福島市杉妻町　紅葉山公園内
	2		福島県商品陳列所	1927.2.-	福島県	福島市本町　福島ビルヂング２階
茨城 (340)	1		茨城県勧業見本品陳列場	1888.7.25	茨城県	水戸市北三ノ丸
	2		茨城県物産陳列館 茨城県商品陳列所	1915.7.7 1921.4.25	茨城県	水戸市北三ノ丸
栃木 (427)	1		栃木県商品陳列所 栃木県商工奨励館	1928.4.1 1932.10.11	栃木県	宇都宮市塙田町
群馬 (374)	1		群馬県物産陳列場	1898.10.20	群馬県	前橋市曲輪町　群馬県農会内
	2		群馬県物産陳列館 群馬県商品陳列所	1910.-.- 1910.4.23	群馬県	前橋市連雀町
	3		群馬県商品陳列所 ○群馬会館	1930.11.30	群馬県	前橋市曲輪町　群馬会館１階
埼玉 (268)	1		物産陳列所	1876.-.-	埼玉県	浦和町　埼玉県庁内
	2		勧業博物館	1878.-.-	埼玉県	浦和町

本館竣工	本館 規模構造	主な施設構成	備考	図版出典
	W1		1876年の明治天皇行幸を契機に、勧業場内の一施設として物産陳列所を設置。勧業場は勧業物産会などの会場となる。	
	W1		1901年4月から3年間、県庁舎の建替えにともない仮県庁舎として使用されたため陳列所は活動休止。1904年5月から再開館。	『東宮行啓紀念写真帖』(岩手県奉迎会、1908年)
1913.-.-	鉄網C2	本館／事務室(2棟)／技術室／南館／北館／物置・休憩室[1930]	1925年4月に既設の工業試験場と商品陳列所を合併して岩手県商工奨励館となる。組織内の陳列部が1929年11月に物産陳列所と改称する。	『盛岡案内』(盛岡市、1926年)
1891.-.-			既存建築に入居。1898年3月末閉鎖。1900年焼失。	写真は芭蕉辻商館(仙台市戦災復興記念館所蔵)
1898-1901	W2	本館／陳列館(3棟)／事務室／附属舎		『東宮行啓記念宮城県写真帖』(宮城県、1908年)
1924.4.-	W2	本館／別館／小使室／倉庫／便所[1927]		『宮城県商品陳列所年報』昭和3年度(1929年)
1896.12.20	W2			絵はがき(著者所蔵)
1921.10.4	RC2(1)		設計監督：伊東忠太 設計担当：山田長好(秋田県技手) 施工：菅原組	絵はがき(著者所蔵)
1901.4頃	W2	本館(第一号館)／第二号館／第三号館／事務室［1901共進会時の新築建物]	第4回奥羽六県聯合物産共進会の会場として整備。1911年5月、山形北部大火で焼失。	絵はがき(著者所蔵)
1912.11.-	W2		再建当初は県庁舎として使用。後に、奥羽六県聯合共進会山形県協賛会の第二会場として使用後、陳列所を再開。	絵はがき(著者所蔵)

道府県	代	本館写真	名称	開館(改称) 年月日	設置主体	所在地
岩手 (269)	1		試験所 岩手県勧業場(物産陳列所)	1874.-.- 1876.-.-	岩手県	盛岡市内丸
	2		岩手県物産陳列場 岩手県物産館	1891.6.1 1907.-.-	岩手県	盛岡市内丸
	3		岩手県物産館 岩手県商品陳列所 岩手県商工館 (陳列部→物産陳列所)	1913.-.- 1921.4.- 1925.4.- 1929.11.-	岩手県	盛岡市内丸
宮城 (351)	1		宮城県物産陳列場	1892.11.-	宮城県	仙台市　芭蕉辻商館3階楼上
	2		宮城県物産陳列場 宮城県商品陳列所	1901.11.7 1921.11.-	宮城県	仙台市勾当台通
	3		宮城県商品陳列所	1924.-.-	宮城県	仙台市勾当台通
秋田 (368)	1		秋田県物産陳列所 秋田県商品陳列所 秋田県物産館	1897.2.17 1921.4.25 1925.10.3	秋田県	秋田市土手町　県庁構内
	2		秋田県物産館	1925.12.21	秋田県	秋田市土手町
山形 (390)	1		山形県物産陳列場	1901.12.-	山形県	山形市七日町　県庁前(山形県師範学校跡)
	2		山形県立物産陳列場 山形県商品陳列所	1917.3.10 1920.10.-	山形県	山形市七日町　県庁前

のを、外地には民間団体によるものを含む。

が記されている場合がある。名称の変更時期は右隣の「開館(改称)年月日」が対応する。現存するものについて

構造(W：木造、B：煉瓦造、C：コンクリート造、RC：鉄筋コンクリート造、SRC：鉄骨鉄筋コンクリート造)

設を確認できた年を示す。複数棟からなる場合や別名称等がある場合は、個別の備考として(　)内に付記した。

本館竣工	本館 規模構造	主な施設構成	備考	図版出典
1891.6.-	B3		特許局・農工品陳列所・農商工会議場の複合施設として建てられた木挽町庁舎のうち、農工業品陳列所部分を充当。関東大震災に罹災。	『農商務省商品陳列館報告』(1897年)
1887.-.-	W1	本館／事務室／倉庫・物置[1892]	北海道物産共進会(1887年)の会場として建設後、会場として使用。物産陳列場としての開場は1892年の物産共進会閉会後。当初は国費で経営された(1901年まで)。	『北海道物産共進会報告』(北海道庁、1892年)
1906.-.-	W2	第一館／第二館(1の本館)／林業館／事務所／旧事務所／職員宿舎／倉庫[1911]	施工：篠原要次郎 北海道物産共進会(1906年)を契機に整備。	絵はがき(著者所蔵)
1918.7.31	W2		開道五十年記念北海道博覧会第二会場を転用。1929年に経営を札幌商工会議所に委託。1936年に同所と共同で北海道庁商工奨励館(札幌グランドホテルに併設)を建設・開館。	秋好善太郎編『開道五十年記念北海道博覧会写真帖』(東光園、1918年)
	W2		第3回奥羽六県聯合物産共進会の参考館として使用(1899年)。1910年中止。	『第三回奥羽六県聯合物産共進会報告』(青森県、1900年)
			1910年5月3日の青森大火では罹災を免れるも、同年7月15日に廃止される。	
1914.11.-	W2		館内に弘前商業会議所を含む。	『青森県写真帖』(青森県、1915年)

付録：〈陳列所〉建築一覧

凡例：1．本書で取り上げた〈陳列所〉の建築を道府県の事例ごとに並べた。内地の例には農商務省や市によるも
2．「道府県」名において、県名等の下に付した数字は本書中で取り上げた項の頁番号である。
3．「代」は、名称の変化ではなく、建築物の変更を基準とした。したがって、同じ建築物に複数の名称
は、現名称の頭に○印を付した。
4．「本館写真」に可能な限り図版を掲載したが、未確認のものについては空欄とした。
5．「所在地」は、基本的には当時の表記とした。
6．「本館規模構造」は、施設の中心的役割を担う建築物（本館）の規模と構造を示す。アルファベットは
を、数字は階数（括弧内は地階）を示す。
7．「主な施設構成」は、構内施設が明らかな主のものを記した。[ ]内の数字はそれ以前に表記した施

道府県	代	本館写真	名称	開館（改称）年月日	設置主体	所在地
農商務省 (203, 501)			貿易品陳列館 農商務省商品陳列館	1896.3.5 1897.7.28	農商務省	東京市京橋区本挽町10 農商務省庁舎内
北海道 (329)	1	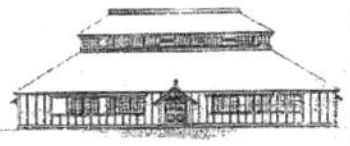	北海道物産陳列場	1892.4.-	北海道	札幌区　中島遊園地内
	2		北海道物産陳列場	1906.9.-	北海道	札幌区　中島遊園地内
	3		北海道物産陳列場 北海道商品陳列所 北海道物産館	1918.-.- 1921.-.- 1929.-.-	北海道	札幌区北一条西四丁目
青森 (348)	1		青森県物産陳列場	1894.6.-	青森県	青森市字長島
	2		青森県物産陳列場		青森県	青森市大字大野
	商業会議所		弘前物産陳列館	1914.11.-	弘前商業会議所	弘前市蛸師町

索　　引

【人　名】

あ行

秋山廣太　491, 497
浅田徳則　173
天野皎　173
飯田新七　411
板原直吉　176, 177
伊東忠太　368
伊藤博文　77
伊藤平左衛門（九代）　378
井上馨　77, 209, 210
岩倉具視　77
岩崎金太郎　295
ウィルソン、ウィリアム・P　22
江島清　441
エンデ、ヘルマン　210
大久保利武　343, 513
大久保利通　77, 85, 87, 92
大倉喜八郎　159
大鳥圭介　86
岡倉覚三　378
小川治兵衛（七代）　411
小沢圭次郎　379

か行

片山東熊　417
河瀬秀治　81
北川満多雄　295
木戸孝允　77
木村達雄　295
桐山純孝　113
楠本正隆　86
黒田喜隆　184
五代友厚　180
小林義雄　227
コンドル、ジョサイア　92, 190, 209

さ行

佐藤功一　322, 341, 375
佐藤芝夫　295
佐野善作　171
佐野常民　77, 79
塩田真　81, 379
柴田才一郎　503
渋沢栄一　159, 166, 420
清水保吉　339
下斗米精三　482
スタッペン、ジュリアン・v　148
関野貞　393
相馬半治　483

た行

高橋是清　208, 209
武田五一　411
辰野金吾　181, 190
田中市兵衛　175
田中芳男　74, 77, 81, 86
珍田捨巳　176
手島精一　483, 497
寺田祐之　283
徳永熊雄　295
徳久恒範　379
登阪秀興　492

な行

名村五八郎元度 209
新家孝正 206
西村捨三 173
丹羽圭介 413

は行

日比忠彦 411
平賀義美 179, 184, 486, 488, 489, 496
福沢諭吉 105
藤井恒久 176
藤村紫朗 405
ヘールツ、アントン・ヨハネス・C 189
ベックマン、ヴィルヘルム 210
ホープレヒト、ジェームス 210

ま行

前川國男 269
前島密 86
前田正名 177
牧野元良 176, 180
益田孝 155, 158
町田久成 74, 77, 81, 86, 87, 89
松方正義 71, 86, 175
ムテジウス、ヘルマン 210
村田文夫 105
ムレイ、ケンリック・B 40, 58

や・ら・わ行

安田為一 181
柳下友太郎 354, 380
山岡次郎 490
山口貴雄(務) 263, 275, 480, 482, 567
山口尚芳 77
山高信離 81, 86
山田七五郎 295
山田長好 368
山脇春樹 501
吉井茂則 181, 190
レツル、ヤン 281
ワグネル、ゴットフリード 79

【事　項】

あ

愛知県産業労働センター 278
『愛知県商品陳列館図案資料』 506
『愛知県商品陳列館報告』 505, 506
『愛知商工』 506
『阿波藩民政資料』 310

い

「遺失物取締規則」 83
伊勢神宮 320
「一千八百八十六年九月十五日倫敦商法会議所執務委員へ「ムレイ」氏ノ提出セシ通商博物館ニ関スル特別報告」 → ムレイ報告
岩倉使節団 77

う

ウィーン万国博覧会 71, 76, 78〜80, 83, 111, 129
上野公園 85, 89, 92, 95, 129
内山下町 81, 92

お

『澳国博覧会報告書』 79, 114
『欧米染色鑑』 493, 494, 497
大蔵省 67
『大阪商品陳列所設立趣意書』 177
『大阪商品陳列書報告』 178
大阪商法会議所 173〜175
『大阪貿易彙纂』 515
岡崎公園 411
岡崎市郷土館 278
『織物時報』 493

か

外務省 147, 153, 166, 168, 176

偕楽公園(三重)　319
鹿児島県博物館 考古資料館　3, 313
金沢公園　110
勧業政策　67
勧業寮　84, 68
勧工場　97
間接的勧業　69
官庁集中計画　210

き

技術伝習場　84
北都留郡立色染所　488
行啓(行幸)　259, 270, 272, 295, 300, 335, 370
共進会　66, 70, 71, 73, 106, 230
京都会館　414
京都博覧会　105, 408
起立工商会社　100

く

宮内省　95, 96, 204
蔵前工業会　520

け

京城市市区改正事業　438
繭糸織物陶漆器共進会　490
原爆ドーム　4, 281
兼六園(兼六公園)　106, 108, 110, 112, 115, 124, 258

こ

『興業意見』　66, 156, 177, 203, 257
工業化学会　487
工業教育振興会　487, 500, 525
工業試験場(勧業寮)　84
工芸院(パリ)　36
工芸博物館(Kunstgewerbmuseum)　36, 44, 50
公示機能　73
厚生館　217
高等商業学校(一ツ橋・文部省)　164, 167
高等商業学校(東京外国語学校付属・文部省)　148
工部省　67
後楽園(岡山)　126, 358
古器旧物保存方　76
国際見本市　265
国立近代美術館京都分室　415
『コマーシャル・オオサカ』　515
『コマーシャル・ナゴヤ』　506
コマーシャル・ミュージアム(Commercial Museum, Musée Commercial)　22, 38, 46, 47, 57, 58, 178, 260, 262
『コマーシャル・ミュージアム報告(Bulletin du Musèe Commercial)』　48, 51
「コマーシャル・ミュージアムについての特別報告(Special Report on Commercial Museums)」　40

さ

三会々堂　217
産業博覧会(パリ)　35
三秀園　335
山林会　216

し

ジェーンズ邸　363
滋賀県公会堂　336
滋賀県物産共進会　336
シカゴ万国博覧会　502
実物統計　508
実用社　493～495
芝公園　102
社会教育　528
巡回陳列　229
『商業経済論』　37
商業博物館(Commercial Museum)　37, 41～46, 57, 58, 145, 158
商工中心会　520
聖徳太子奉賛美術展覧会　520
商品改良会　228
商品陳列所　145, 159

『商品陳列所総覧』 254, 255, 524
『商品陳列所創立手続書』 160
「商品陳列所創立手続書ニ対スル考案」 165
「商品陳列所体系統一案」 523
商品博物館(商業博物館・東京商業学校付属) 148
商品(見本)陳列所 158
商法講習所 214
ショーウィンドウ 263, 278, 297, 324, 516, 517, 518, 557
殖産興業 65, 70, 71
城山公園 291
新勝寺 399, 400

す

水産会 216
水曜談話会 520
諏訪公園 370

せ

善光寺 293
『染工之友』 493
全国商品陳列所連合会 255, 524, 568
全国陳列所長協議会 232, 241, 254, 255, 503, 523, 560
全国陳列所長協議会(第2回) 318
『染織之友』 493
洗濯資料館 487

た

大学南校物産局 74, 76
対照展示 509
『大日本織物協会会報』 491
大日本織物協会 490, 499
大日本農会 216
大名庭園 107
台湾勧業共進会 434
台湾総督府 431
台湾総督府殖産局 431
高島屋 411
太政官布達第16号 110

ち

徴古館 320
朝鮮総督府 435
直接的勧業 69

つ

『通商彙報』 515
『通商月報』 515
通商博物館 41, 157, 158
「通商博物館」設置計画 39, 46, 146, 168, 177, 187, 203, 205
「通商博物館略則案」 153
ツーリスト・ビューロー 266, 429
津公園 319, 322
調宮公園 268
鶴嶺神社 314

て

帝国貿易院 523
逓信省 176
丁酉倶楽部 520
デパート →百貨店

と

統監府 435
東京勧工社 102
東京工業学校 486, 502
東京工業試験所 424
東京商業学校(農商務省) 148, 161
東京商業学校(文部省) 148, 154, 161, 164, 169
東京商工会 159, 160, 162, 165, 166, 169, 215, 216
東京商品見本市 424
東京職工学校 483, 497
動態展示 509, 511
「道府県市立商品陳列所規程」 204, 241, 242, 253, 514, 561, 567
徳島公園 308
徒弟講習所 165

な

内国絵画共進会　262
内国勧業博覧会
（第１回）
71, 81, 97, 101, 116, 270, 319, 490
（第２回）　92, 490
（第３回）　219, 490
（第４回）　184, 262, 358, 414, 490
（第５回）　487, 489, 497
内国勧業博覧会事務局　86, 95, 217
内務省　67, 81, 92
奈良公園　393
奈良国立博物館 仏教美術資料研究センター　3
南洋協会　447

に

日露協会　443
『日本工業教育論』　498
日本博物館協会　479

の

農商工上等会議　216
農商務省　68, 72, 92, 96, 147, 155, 165, 169, 176, 177, 203～205, 218, 486, 496, 560
農商務省工業試験所　489
農商務省（工務局・商工局）　488, 502
『農商務省商品陳列館報告』
11, 227, 239, 254, 502
農商務省特許局　206, 208, 211, 217, 226

は

白山公園　381
『博物館研究』　479, 480, 530
博物館事業促進会　479
博覧会　66, 70, 71, 73, 106, 107
博覧会事務局　77～80, 148
博覧会社（石川）　113～115
パリ万国博覧会　74, 486, 492
藩祖入国三百年祭奉賛会記念第３回物産共進会　288

ひ

美術館　87, 89
百貨店　97, 442, 507, 565
表慶館　417
ビルディング・タイプ　563
広島県物産共進会　281

ふ

フィラデルフィア万国博覧会　86
福井県重要物産共進会（第２回）　335
福島ビルヂング　419
物産会　74
物産共進会（和歌山）　287
ブリュッセル「商業博物館」　42

へ

別府公園　345
ベルギー外務省　47
ベルギー内国博覧会（1880年、独立50周年記念 Cinquantième Aniversaire de L'indépendance de La Belgique, Exposition Nationale de 1880）　46, 50

ほ

『貿易彙報』　515
貿易会議　523
貿易協会
159, 160, 162, 165～169, 208, 215
貿易促進　71
北海道物産共進会　329

み

三井寺　339
三重県内物産博覧会　319
三重県博物館　324
宮崎県重要物産共進会　327
民部省　67

む・め

「ムレイ報告」

38, 41, 43, 46, 157, 158, 178, 187, 188
『明治事物起源』 101, 103
綿糖共進会 261

も

紅葉山公園 415
文部省 148, 153, 164, 167, 169
文部省博物局 74, 76, 78, 80

や

山口県貿易館 313

ゆ

湯島聖堂博覧会 78
輸出振興 65
輸出品標本貯蔵所 37
輸出品見本陳列所(Export Samples Warehouse) 38, 41～45, 57, 145
輸出品見本陳列所(シュトゥットガルト) 42

よ

横浜公園 293
横浜情報文化センター 294

り

栗林公園 377
領事報告 169
臨時建築局 210
臨時博覧会事務局 486

れ

聯合共進会(奥羽)
第3回・青森 348
第4回・山形 390
(関東) 72
第10回・新潟 381
第11回・山梨 293, 405
第12回・長野 291
第13回・群馬 375
(関西)
第1回・大阪 261
第5回・石川 119, 258
第9回・三重 322
(九州沖縄)
第2回・鹿児島 314
第6回・大分 343
第8回・沖縄 318
第9回・長崎 370
第10回・鹿児島 315
第11回・佐賀 363

ろ

ロゴマーク 557
ロンドン商法会議所 40, 58
ロンドン万国博覧会 36

【陳列所】

（〈陳列所〉および関連施設をまとめた。戦後の施設称名や〈陳列所〉が入居した多用途建築は【事項】を参照。）

あ

愛知県産業貿易館　278
愛知県商工館　277
愛知県商品陳列館　275, 277, 480, 487, 503
愛知県商品陳列所　523
愛知県博物館　274, 503
青森県物産陳列場　348
秋田県商品陳列所　368
秋田県物産陳列所　368

い

石川県勧業試験場　119
石川県勧業博物館　118
石川県商品陳列所　260
石川県物産陳列館　259
石川県物産陳列場　554
茨城県勧業見本品陳列場　340
茨城県物産陳列館　341
岩手県商工館　272
岩手県商品陳列所　271
岩手県物産館　271
岩手県物産陳列場　271

え

愛媛県商品陳列所　290
愛媛県物産陳列場　290

お

大分県商品陳列所　345
大分県殖産館　346
大分県物産陳列所　345
大分県物産陳列場　343
大阪商品陳列所（コマーシャル・ミュージアム）→大阪府立商品陳列所
大阪博物場　172, 189, 261
大阪貿易奨励館　530
大阪府立工業奨励館　265
大阪府立産業会館　267
大阪府立商品陳列所　145, 172, 176, 177, 182, 187, 188, 205, 222, 224, 480, 487, 496, 513, 523, 557
大阪府立商品陳列所広告館　516
大阪府立貿易館　264, 266
岡山県商品陳列所　361
岡山県物産館　360
岡山県物産陳列場　358
岡山県立商工奨励館　361
沖縄県物産陳列所　318
沖縄県物産陳列場　318

か

香川県商工奨励館　4, 379
香川県商品陳列所　379
香川県博物館　377
香川県物産陳列所　377
鹿児島県商工奨励館　315
鹿児島県商品陳列所　315
鹿児島県物産陳列場　314
神奈川県物産陳列場　103
神奈川県立物産陳列所　293
金沢博物館　114, 115
仮博物場（札幌・函館）　333
勧業仮博物館（埼玉）　268
勧業館（京都）　415
勧業場（岩手）　269
勧業場（長野）　291
勧業博物館（石川）　258, 259
勧工場（東京）　100
勧工場（長崎）　372
勧工列品所（農商務省）　156
観聚館（熊本）　361

き

岐阜県商工奨励館　390
岐阜県商品陳列所　388

岐阜県物産館 388
共進館(兵庫) 301
京都市商品陳列館 414
京都市商品陳列所 414
京都商品陳列所 559
京都博物館 189

く

熊本勧業館 365
熊本県商工奨励館 363
熊本県物産館 361
群馬会館 375, 565
群馬県商品陳列所 375
群馬県物産陳列館 375
群馬県物産陳列場 374

こ

興雲閣 300
興業館(鹿児島) 314
工芸博物館(愛知) 272, 503
工芸品陳列所(富山) 356
考工廠 176
広告館(大阪府立商品陳列所) 263
高知県商工奨励館 374
高知県商品陳列所 374
高知県物産陳列館 374
高知県物産陳列場 374
甲府物産陳列館 406
神戸商業会議所 304
公立名古屋博物館 274
国際見本市会館(大阪) 264, 265, 306
国際見本市会館(神戸) 566

さ

埼玉会館 268, 269, 565
埼玉県商品陳列所 268
埼玉県物産陳列館 268
サウス・ケンジントン・ミュージアム 36, 44, 45, 79, 89, 129
佐賀県物産陳列館 366
佐賀県物産陳列場 365
産業博物館(和歌山) 288
三田育種場 68, 217
三田農具製作所 211

し

滋賀県商品陳列所 336, 339
滋賀県物産陳列場 336, 557
滋賀県物産販売斡旋所 339
試験所(岩手) 269
静岡市物産陳列館 385
島根県勧業展覧場 298
島根県商品陳列所 299
島根県物産陳列所 298
集古館 74, 87
集産場(広島) 279
集産所(埼玉) 268
集産所(和歌山) 287
新嘉坡産業館 451
新嘉坡商品陳列館 447
壬申検査 76

す・せ

スラバヤ商品陳列館 451
成巽閣(巽御殿) 115, 119, 124

た

大宝館 393
大礼記念京都美術館 414
台湾総督府商品陳列館 431, 434
高岡市商工奨励館 356
高岡物産陳列場 356
竹の台陳列館 220
辰ノ口勧工場 97, 101

ち

千葉県物産陳列館 397
朝鮮総督府商工奨励館 566
朝鮮総督府商品陳列館 437

て

帝国京都博物館 96, 189
帝国奈良博物館 96, 189
帝国博物館 96, 204

と

東京科学博物館　565
東京教育博物館　188, 189
東京商工奨励館　370, 420, 523
東京帝室博物館　188
東京府勧工場　101, 102, 220
東京府第一勧工場　97, 101, 103, 420
東京府第二勧工場　97
東京府美術館　520
徳島県商品陳列所　308
徳島県物産陳列場　308
徳島県物産販売斡旋所　310
栃木県商工奨励館　428
栃木県商品陳列所　428
鳥取県物品陳列場　356
富山県物産陳列場　354, 380
富山市商工奨励館　356
富山市商品陳列所　355
富山市立物産陳列館　355

な

内藤新宿試験場　68, 212
長崎商品陳列所　370
長野県商品陳列館　293
長野県物産陳列場　291
名古屋博物館　503
奈良県商品陳列所　394
奈良県物産陳列所　393
奈良県立商工館　396
成田町立千葉県物産陳列館　400

に

新潟県商品陳列所　384
新潟県物産紹介所　384
新潟県物産陳列館　381

ぬ

額田郡物産陳列所　278, 507

の

農業館　320
農業博物館　68, 95
農具陳列所　212
農工品陳列所　206, 211, 217
農産品陳列所　95
農商工会堂　206, 216, 217
農商工業品陳列所　216
農商務省商品陳列館　203～205, 222, 226, 228, 229, 237, 420, 480, 487, 501, 560

は

博物館(文部省)　76, 80
博物館(石川)　107, 114
博物館(内務省)　80, 83, 188
博物館(農商務省)　95, 221
博物館(広島)　279
博物館(台湾総督府)　434
博物陳列所(沖縄)　317
発明館　518
パテント・オフィス　208
哈爾濱商品陳列館　443

ひ

兵庫県産業奨励館　303
兵庫県産業貿易館　304
弘前物産陳列館　350
広島県産業奨励館　281
広島県物産陳列館　280
広島県商品陳列所　281

ふ

フィラデルフィア・コマーシャル・ミュージアム　22, 59, 190, 510, 531
福井県商工館　335
福井県商品陳列所　335
福井県物産館　335
福岡県物産陳列場　401, 404
福島県商品陳列所　419
福島県物産陳列館　415
福島県物産陳列所　415
物産館(青森)　349
物産蒐集所(滋賀)　335

物産蒐集場（徳島）　307
物産蒐集場（三重）　320
物産蒐集場（青森）　348
物産陳列所（東京）　99
物産陳列所（埼玉）　268
物産陳列場（福井）　333
物産陳列場（三重）　320
府立大阪商品陳列所　→大阪府立商品陳列所
府立大阪博物場　→大阪博物場
ブリティッシュ・ミュージアム　45, 89
ブリュッセル・コマーシャル・ミュージアム　46, 48, 50～52, 57, 58, 152, 158, 176, 177, 187, 188, 190, 222, 543

ほ

貿易品陳列館　145, 203, 205, 221, 222, 225, 420, 501
北海道物産陳列場　330, 554

ま

松江市工芸品陳列所　300
丸ビル地方物産陳列所　428

み

三重県勧業陳列館　322, 554
三重県商品陳列所　322
宮城県商品陳列所　328, 351
宮城県物産陳列場　327, 351
宮崎県勧業物品陳列場　326

や

山形県商品陳列所　311, 393
山形県物産陳列場　313, 391
山形県立物産陳列場　393
山口県玖珂郡物産陳列場　313
山口県商品陳列所　312
山口県物産陳列場　313
山梨県勧業試験場　405

よ

横浜商工奨励館　294, 566

ろ

鹿鳴館　95

わ

和歌山県商品陳列所　288
和歌山県物産陳列場　287

◎著者略歴◎

三宅拓也（みやけ・たくや）

略歴

1983年　大阪府豊中市生まれ

2006年　京都工芸繊維大学工芸学部造形工学科卒業

2011年　東京都歴史文化財団東京都現代美術館 専門調査員

2013年　京都工芸繊維大学大学院工芸科学研究科博士後期課程修了、博士（学術）

現　在　京都工芸繊維大学大学院工芸科学研究科助教

主要著書・論文

「近代日本における商品陳列所の受容　ブリュッセル商業博物館からの学習と展開」（岩本和子・石部尚登編『「ベルギー」とは何か？：アイデンティティの多層性』松籟社、2013年）

「明治期の通商博物館設置計画にみる商品陳列所の受容」（『博物館学雑誌』第36巻２号、全日本博物館学会、2011年。2012年度全日本博物館学会奨励賞を受賞）

「山口貴雄の商品陳列所運営」（『博物館学雑誌』第36巻２号、全日本博物館学会、2011年）

近代《きんだい》日本《にほん》〈陳列所《ちんれつじょ》〉研究《けんきゅう》

2015（平成27）年２月28日発行

定価：本体7,800円（税別）

著　者　三宅拓也

発行者　田中　大

発行所　株式会社　思文閣出版

〒605-0089 京都市東山区元町355

電話 075-751-1781（代表）

装　幀　松村康平

印　刷
製　本　株式会社 図書印刷 同朋舎

ISBN978-4-7842-1788-5　C3052